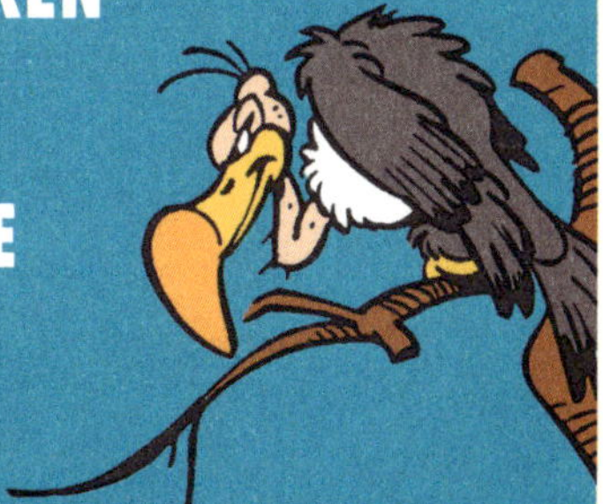

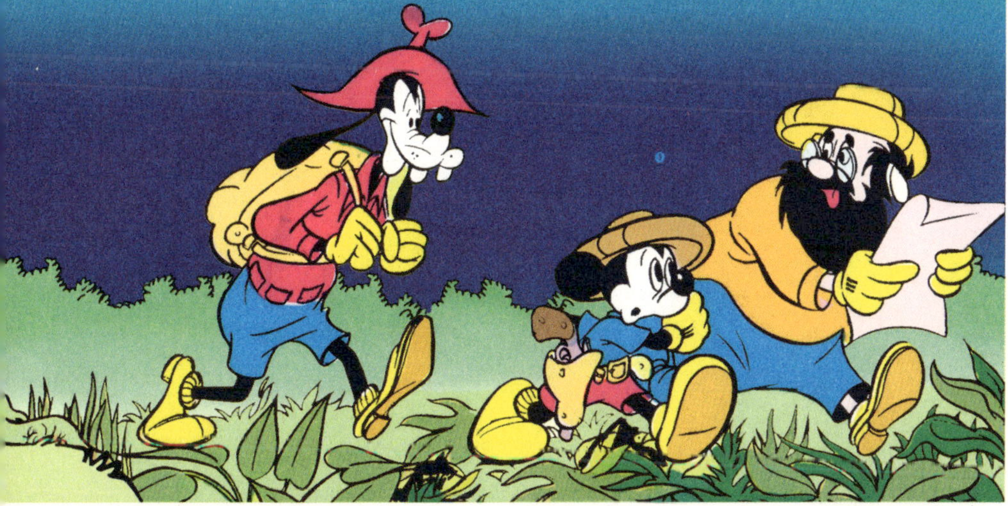

EDITORIAL

Hallo Freunde,

Donald Duck, Micky Maus und Co. sind auf großer Weltreise. Nach Europa, Nordamerika, Afrika und Asien machen unsere Freunde diesmal halt in Südamerika – mit kurzen Abstechern nach Zentralamerika. Dort warten auf die Reisenden dichter Dschungel, mächtige Berge und einsame Inseln. Sie treffen auf riesige Kondore ebenso wie auf diebische Affen. Und sie begegnen längst ausgestorben geglaubten Völkern.

Das Fähnlein Fieselschweif ist zu Besuch in Peru. Die Pfadfinder helfen der ortsansässigen Fieselschweif-Sektion, ein weißes Zwerglama wiederzufinden. Ihre Suche führt sie tief in die Bergwelt der Anden. Dort entdecken sie in einem von der Außenwelt abgeschirmten Tal die Ruine einer uralten Inkastadt. Doch zu ihrer Überraschung ist die Stadt nicht verlassen. Und auch Micky Maus und Goofy sind in Peru. Allerdings verschlägt es sie in die Vergangenheit. Dort sollen sie im Auftrag von Professor Zapotek das Geheimnis der Nazca-Linien lüften. Denn niemand kann mit Sicherheit sagen, wann diese Zeichnungen angefertigt wurden. Und noch einer begibt sich auf die Suche: Dagobert Duck. Mit einer antiken Galeone als Reisegefährt und in Begleitung von Donald, Tick, Trick und Track sticht er in See, um den Schatz eines spanischen Konquistadoren zu finden. Sein unfehlbarer Riecher führt die Schatzsucher auf eine einsame Insel. Doch vom Gold fehlt jede Spur. Hat sich der Fantastilliardär geirrt? Nun, das dürft ihr selbst lesen.

Eine unterhaltsame Lesereise wünscht

die LTB-Redaktion

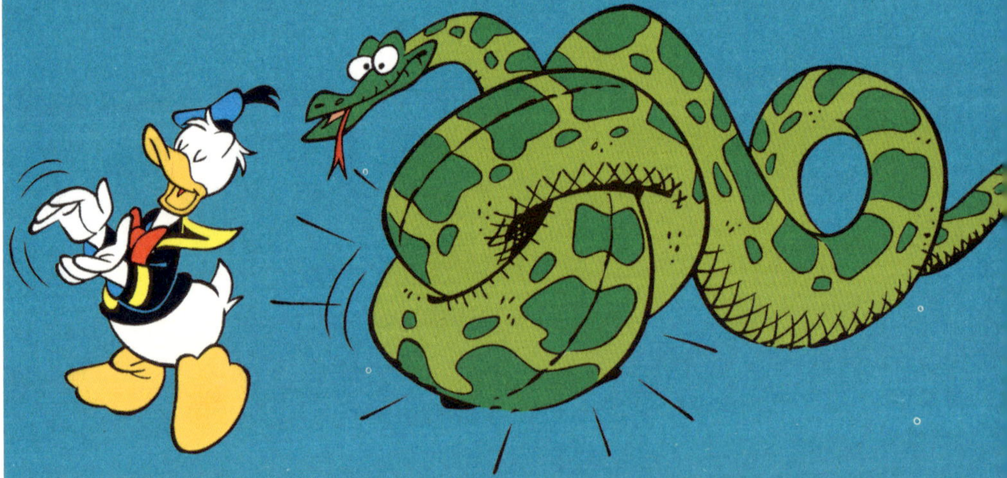

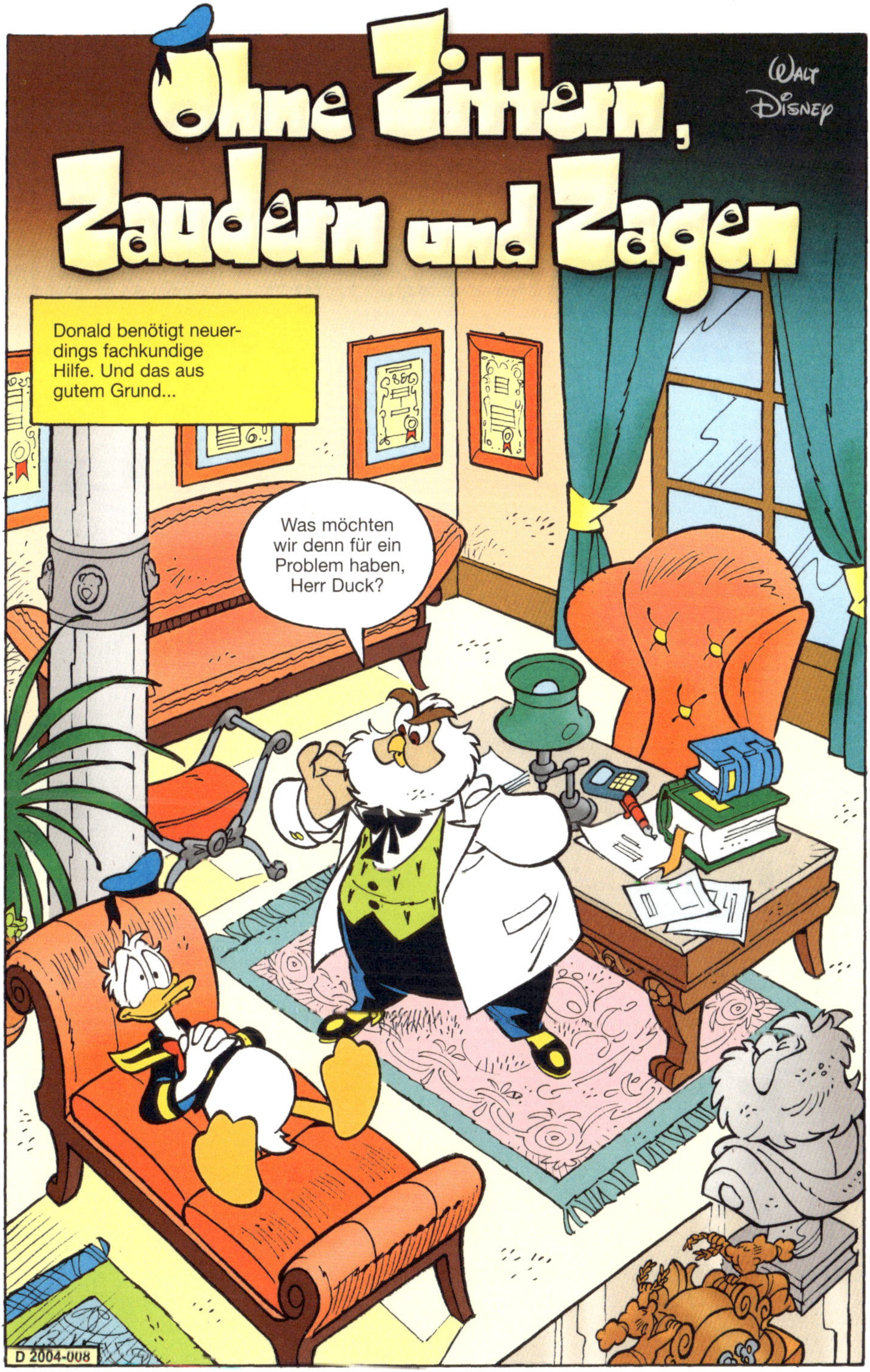

Paul Halas (Story), **Massimo Fecchi** & **Fecchi Studio** (Zeichnungen)

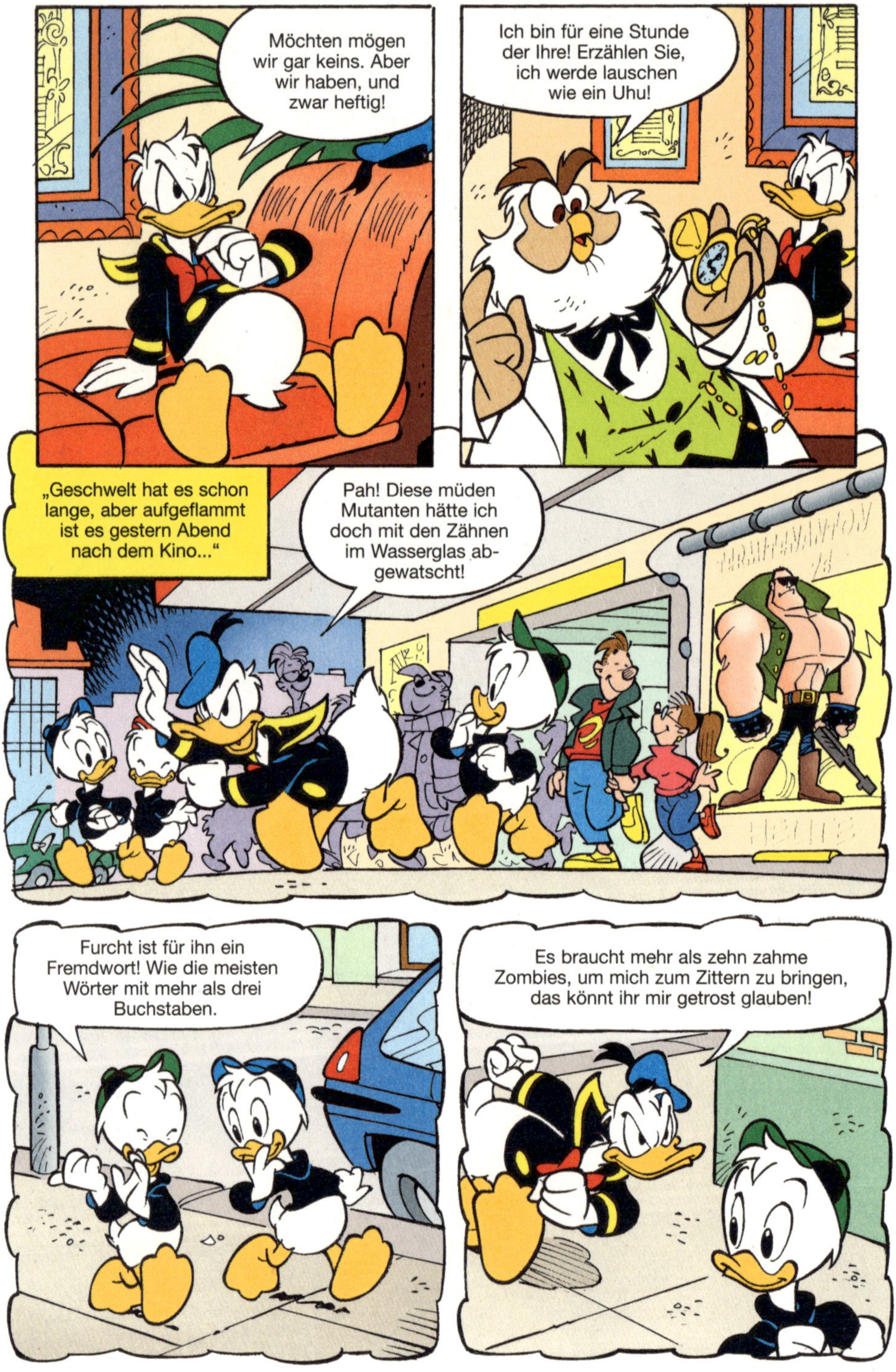
Möchten mögen wir gar keins. Aber wir haben, und zwar heftig!
Ich bin für eine Stunde der Ihre! Erzählen Sie, ich werde lauschen wie ein Uhu!
„Geschwelt hat es schon lange, aber aufgeflammt ist es gestern Abend nach dem Kino..."
Pah! Diese müden Mutanten hätte ich doch mit den Zähnen im Wasserglas abgewatscht!
Furcht ist für ihn ein Fremdwort! Wie die meisten Wörter mit mehr als drei Buchstaben.
Es braucht mehr als zehn zahme Zombies, um mich zum Zittern zu bringen, das könnt ihr mir getrost glauben!

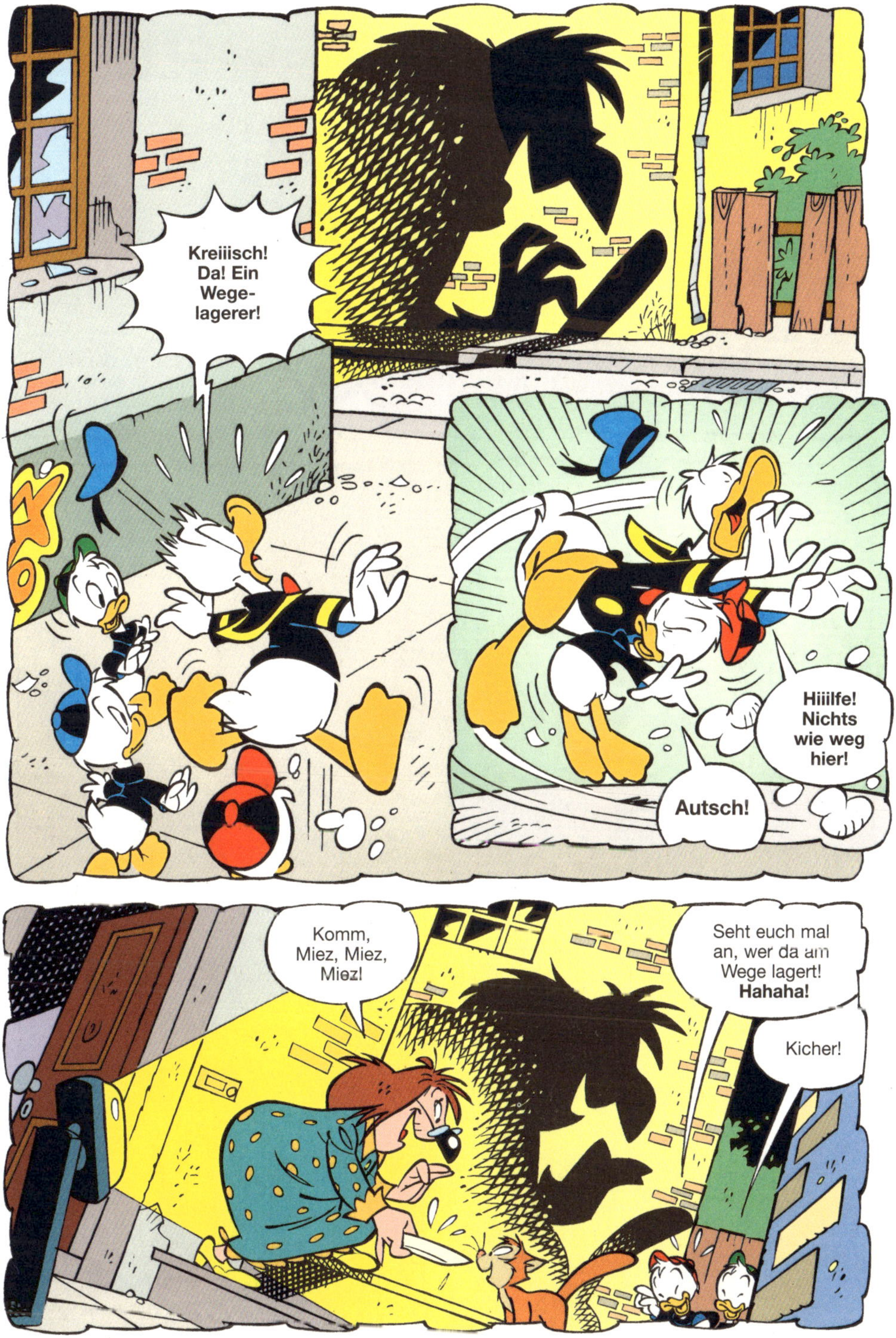
Kreiiisch! Da! Ein Wege-lagerer!
Hiiilfe! Nichts wie weg hier!
Autsch!
Komm, Miez, Miez, Miez!
Seht euch mal an, wer da am Wege lagert! **Hahaha!**
Kicher!

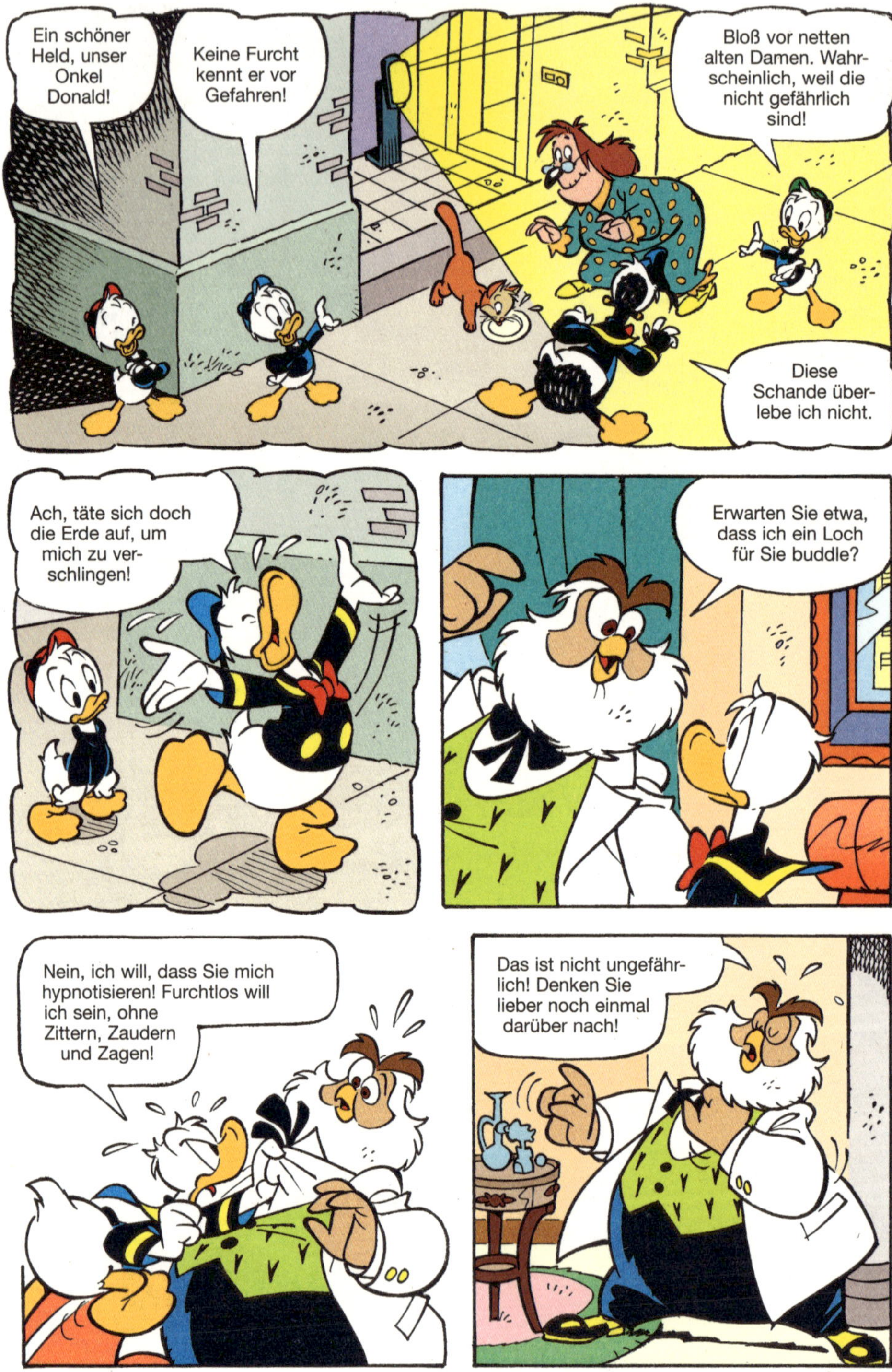
Ein schöner Held, unser Onkel Donald!
Keine Furcht kennt er vor Gefahren!
Bloß vor netten alten Damen. Wahrscheinlich, weil die nicht gefährlich sind!
Diese Schande überlebe ich nicht.
Ach, täte sich doch die Erde auf, um mich zu verschlingen!
Erwarten Sie etwa, dass ich ein Loch für Sie buddle?
Nein, ich will, dass Sie mich hypnotisieren! Furchtlos will ich sein, ohne Zittern, Zaudern und Zagen!
Das ist nicht ungefährlich! Denken Sie lieber noch einmal darüber nach!

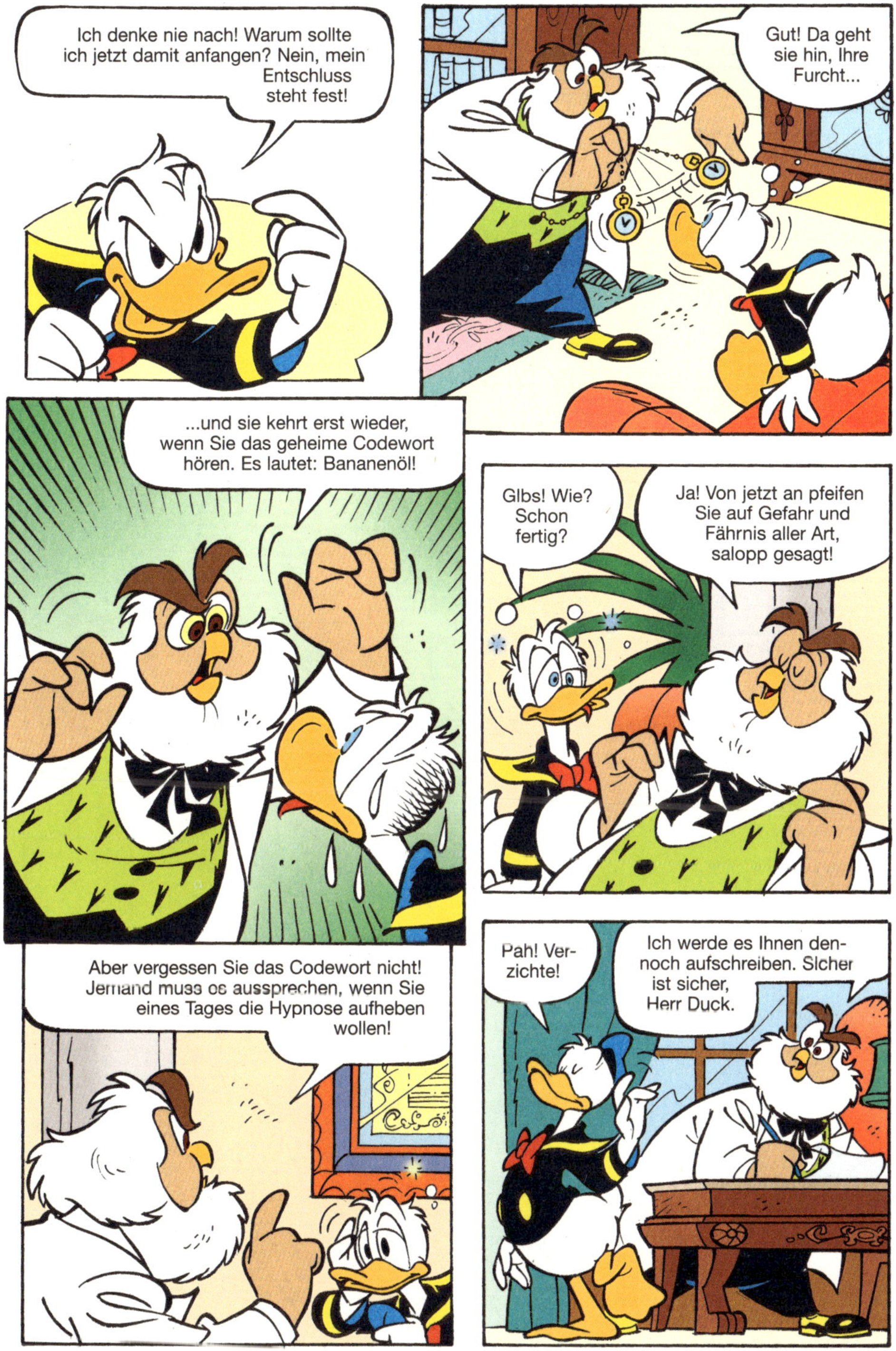
Ich denke nie nach! Warum sollte ich jetzt damit anfangen? Nein, mein Entschluss steht fest!
Gut! Da geht sie hin, Ihre Furcht...
...und sie kehrt erst wieder, wenn Sie das geheime Codewort hören. Es lautet: Bananenöl!
Glbs! Wie? Schon fertig?
Ja! Von jetzt an pfeifen Sie auf Gefahr und Fährnis aller Art, salopp gesagt!
Aber vergessen Sie das Codewort nicht! Jemand muss es aussprechen, wenn Sie eines Tages die Hypnose aufheben wollen!
Pah! Verzichte!
Ich werde es Ihnen dennoch aufschreiben. Sicher ist sicher, Herr Duck.

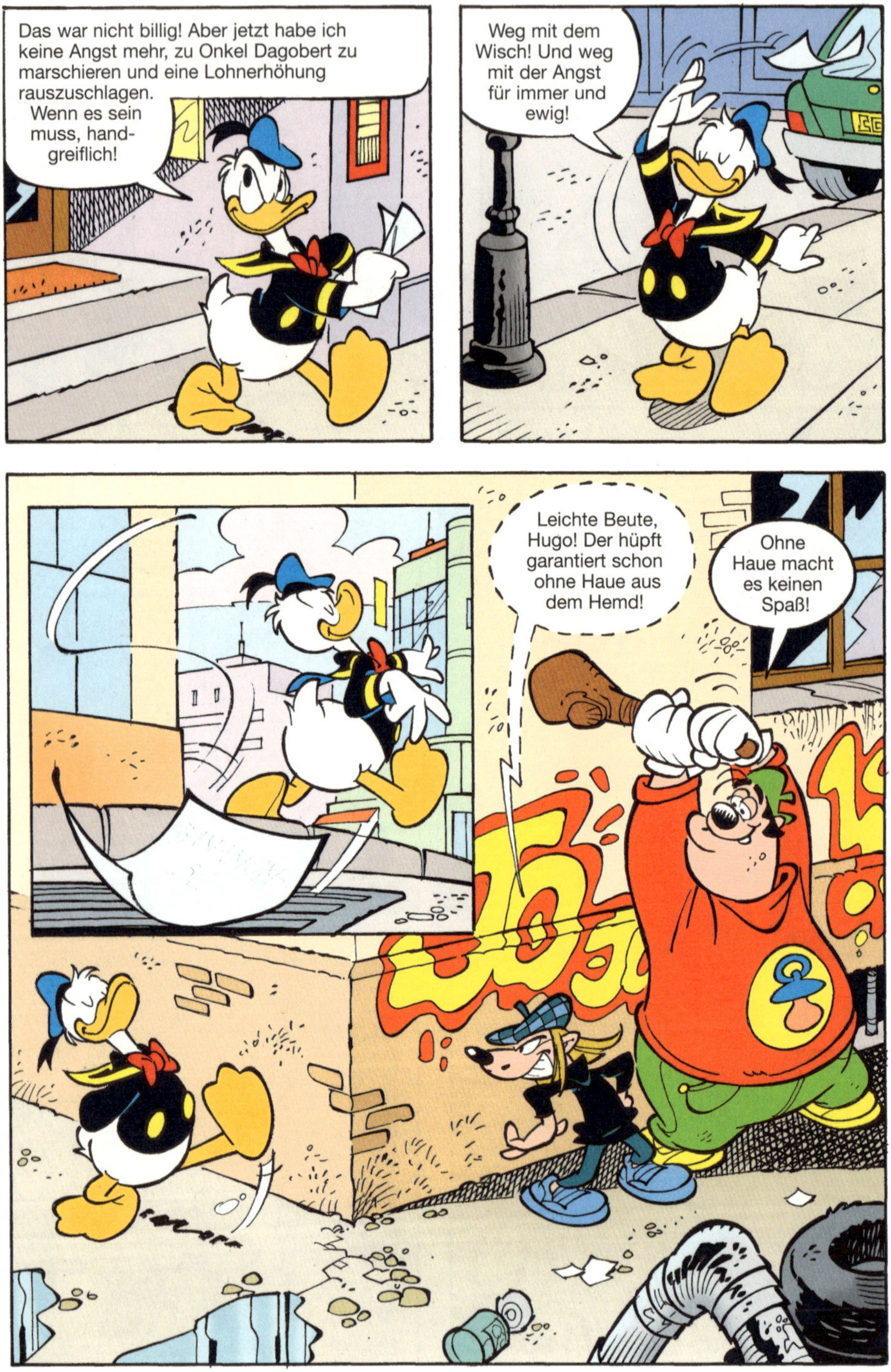
Das war nicht billig! Aber jetzt habe ich keine Angst mehr, zu Onkel Dagobert zu marschieren und eine Lohnerhöhung rauszuschlagen.
Wenn es sein muss, handgreiflich!
Weg mit dem Wisch! Und weg mit der Angst für immer und ewig!
Leichte Beute, Hugo! Der hüpft garantiert schon ohne Haue aus dem Hemd!
Ohne Haue macht es keinen Spaß!

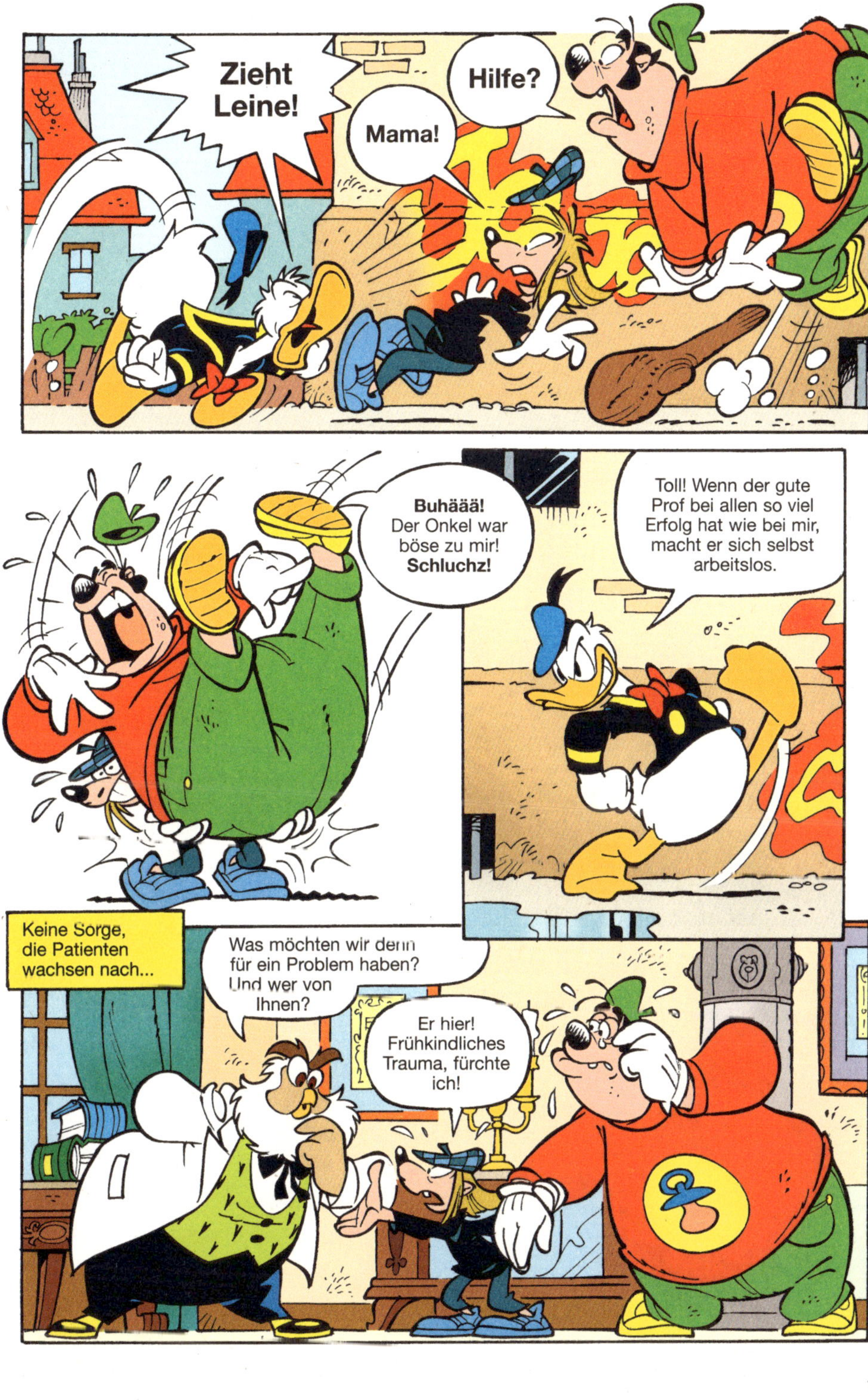

Zieht Leine!
Hilfe?
Mama!
Buhäää! Der Onkel war böse zu mir! **Schluchz!**
Toll! Wenn der gute Prof bei allen so viel Erfolg hat wie bei mir, macht er sich selbst arbeitslos.
Keine Sorge, die Patienten wachsen nach...
Was möchten wir denn für ein Problem haben? Und wer von Ihnen?
Er hier! Frühkindliches Trauma, fürchte ich!

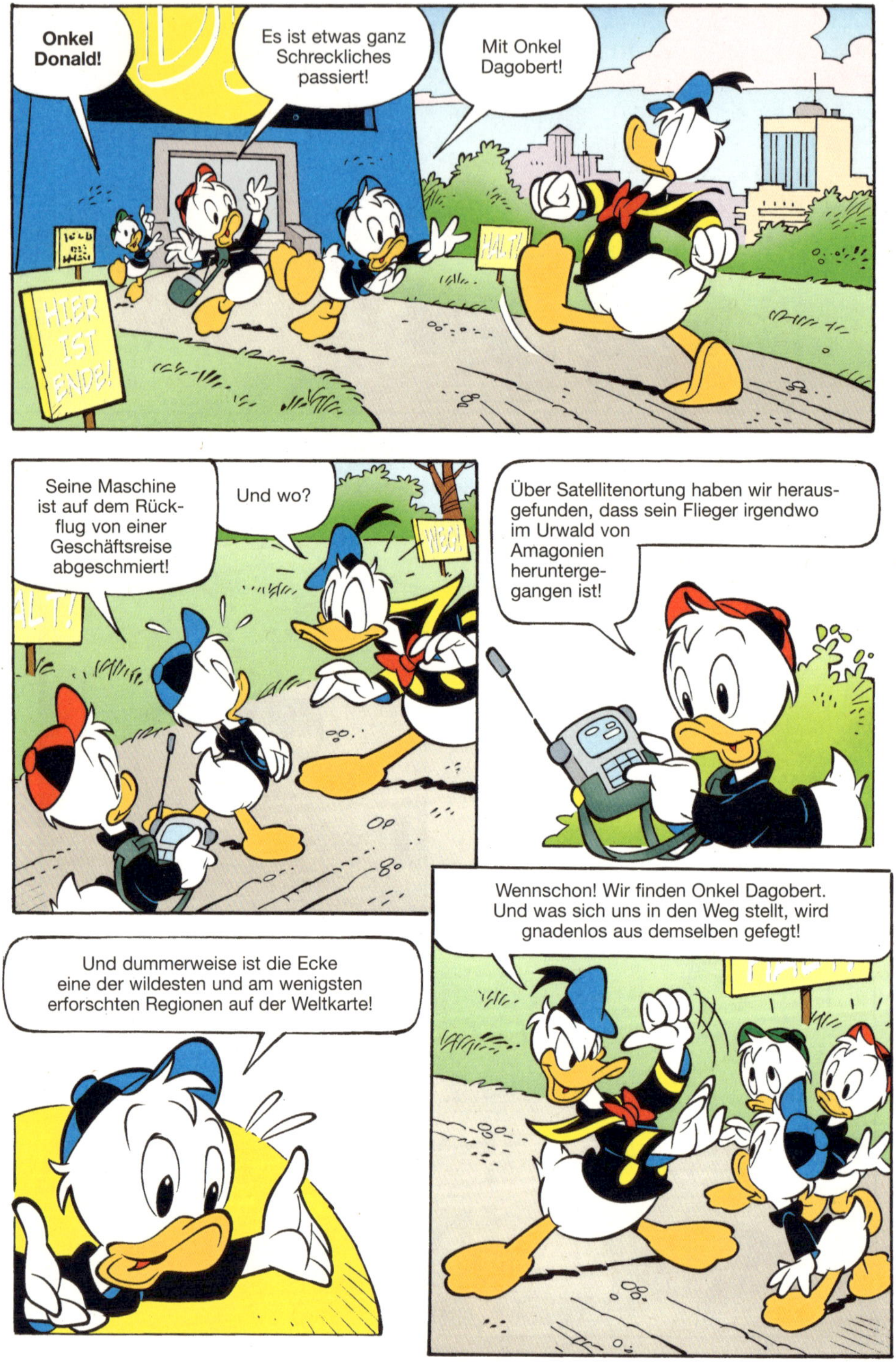
Onkel Donald!
Es ist etwas ganz Schreckliches passiert!
Mit Onkel Dagobert!
HIER IST ENDE!
HALT!
Seine Maschine ist auf dem Rückflug von einer Geschäftsreise abgeschmiert!
Und wo?
WEG!
Über Satellitenortung haben wir herausgefunden, dass sein Flieger irgendwo im Urwald von Amagonien heruntergegangen ist!
Und dummerweise ist die Ecke eine der wildesten und am wenigsten erforschten Regionen auf der Weltkarte!
Wennschon! Wir finden Onkel Dagobert. Und was sich uns in den Weg stellt, wird gnadenlos aus demselben gefegt!

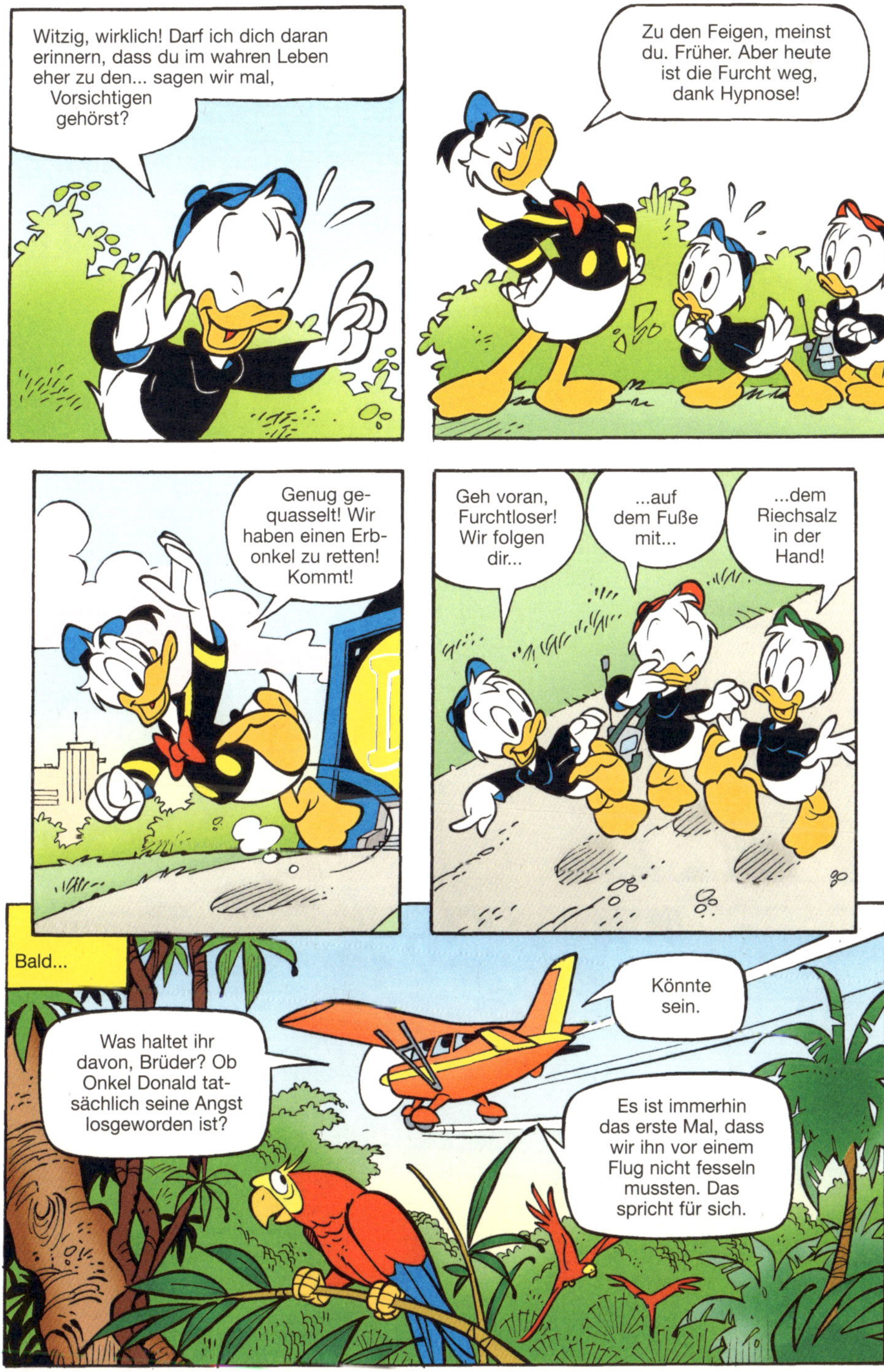
Witzig, wirklich! Darf ich dich daran erinnern, dass du im wahren Leben eher zu den... sagen wir mal, Vorsichtigen gehörst?
Zu den Feigen, meinst du. Früher. Aber heute ist die Furcht weg, dank Hypnose!
Genug gequasselt! Wir haben einen Erbonkel zu retten! Kommt!
Geh voran, Furchtloser! Wir folgen dir...
...auf dem Fuße mit...
...dem Riechsalz in der Hand!
Bald...
Was haltet ihr davon, Brüder? Ob Onkel Donald tatsächlich seine Angst losgeworden ist?
Könnte sein.
Es ist immerhin das erste Mal, dass wir ihn vor einem Flug nicht fesseln mussten. Das spricht für sich.

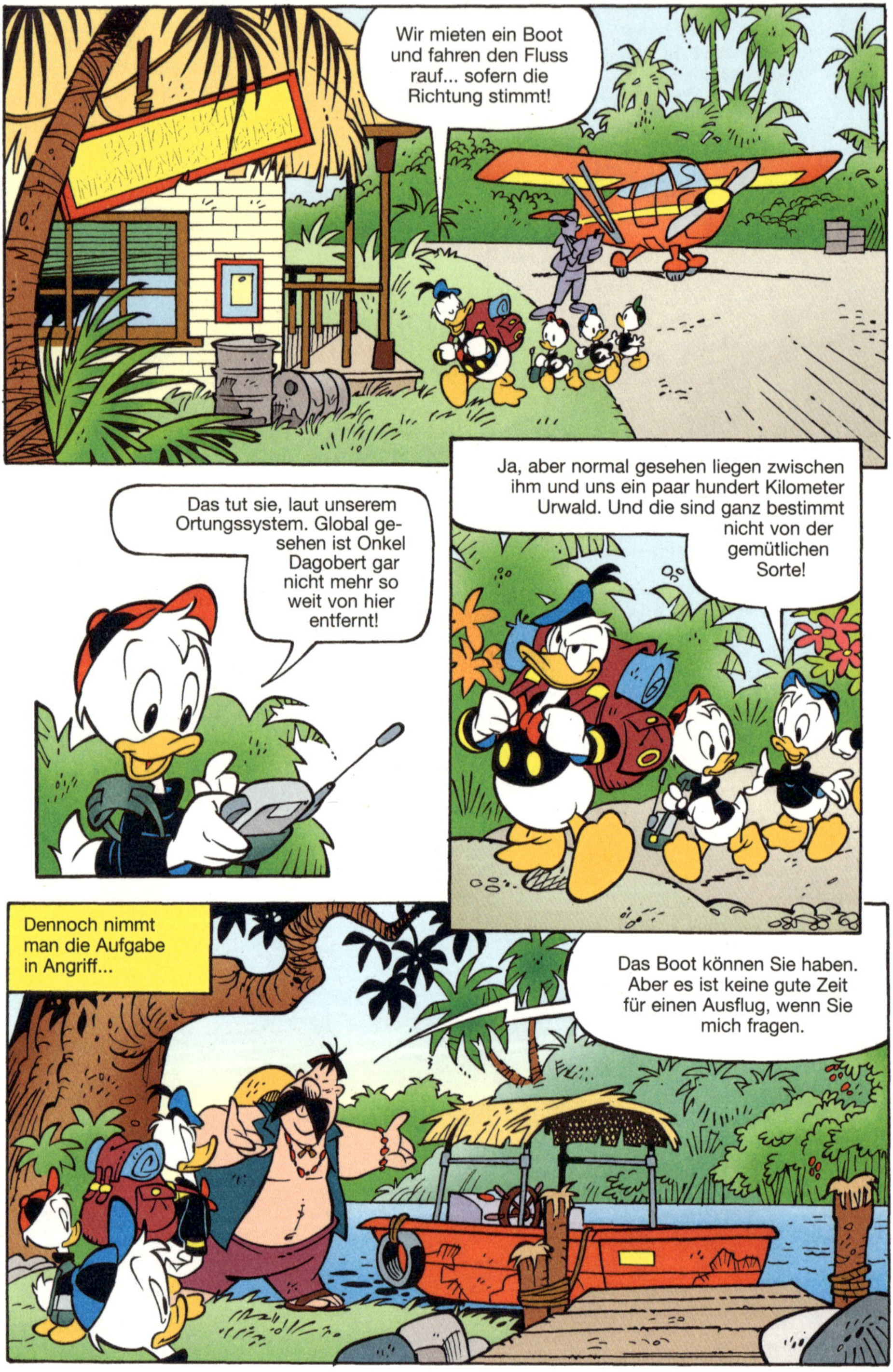
Wir mieten ein Boot und fahren den Fluss rauf... sofern die Richtung stimmt!
Das tut sie, laut unserem Ortungssystem. Global gesehen ist Onkel Dagobert gar nicht mehr so weit von hier entfernt!
Ja, aber normal gesehen liegen zwischen ihm und uns ein paar hundert Kilometer Urwald. Und die sind ganz bestimmt nicht von der gemütlichen Sorte!
Dennoch nimmt man die Aufgabe in Angriff...
Das Boot können Sie haben. Aber es ist keine gute Zeit für einen Ausflug, wenn Sie mich fragen.

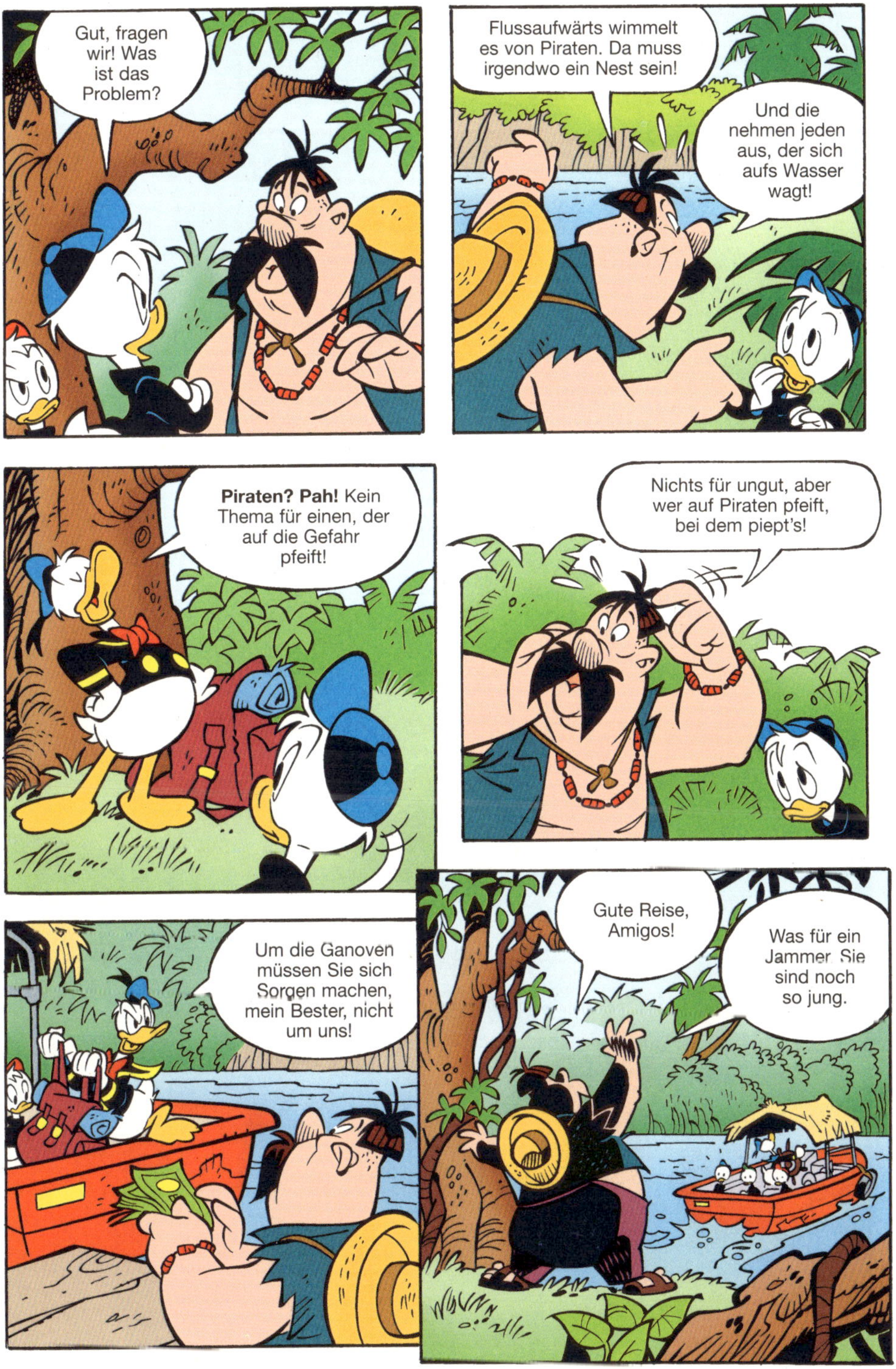
Gut, fragen wir! Was ist das Problem?
Flussaufwärts wimmelt es von Piraten. Da muss irgendwo ein Nest sein!
Und die nehmen jeden aus, der sich aufs Wasser wagt!
Piraten? Pah! Kein Thema für einen, der auf die Gefahr pfeift!
Nichts für ungut, aber wer auf Piraten pfeift, bei dem piept's!
Um die Ganoven müssen Sie sich Sorgen machen, mein Bester, nicht um uns!
Gute Reise, Amigos!
Was für ein Jammer. Sie sind noch so jung.

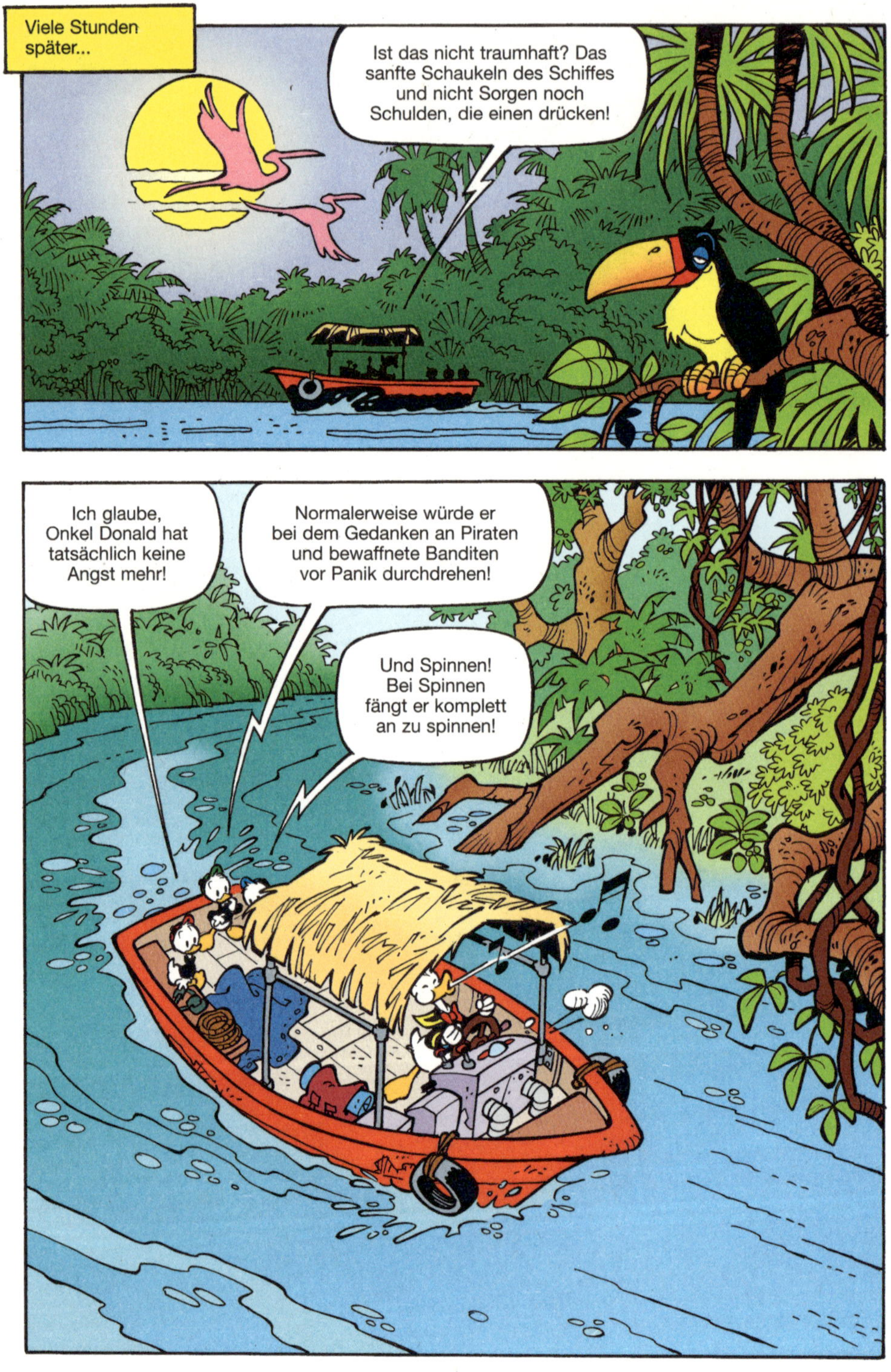
Viele Stunden später...
Ist das nicht traumhaft? Das sanfte Schaukeln des Schiffes und nicht Sorgen noch Schulden, die einen drücken!
Ich glaube, Onkel Donald hat tatsächlich keine Angst mehr!
Normalerweise würde er bei dem Gedanken an Piraten und bewaffnete Banditen vor Panik durchdrehen!
Und Spinnen! Bei Spinnen fängt er komplett an zu spinnen!

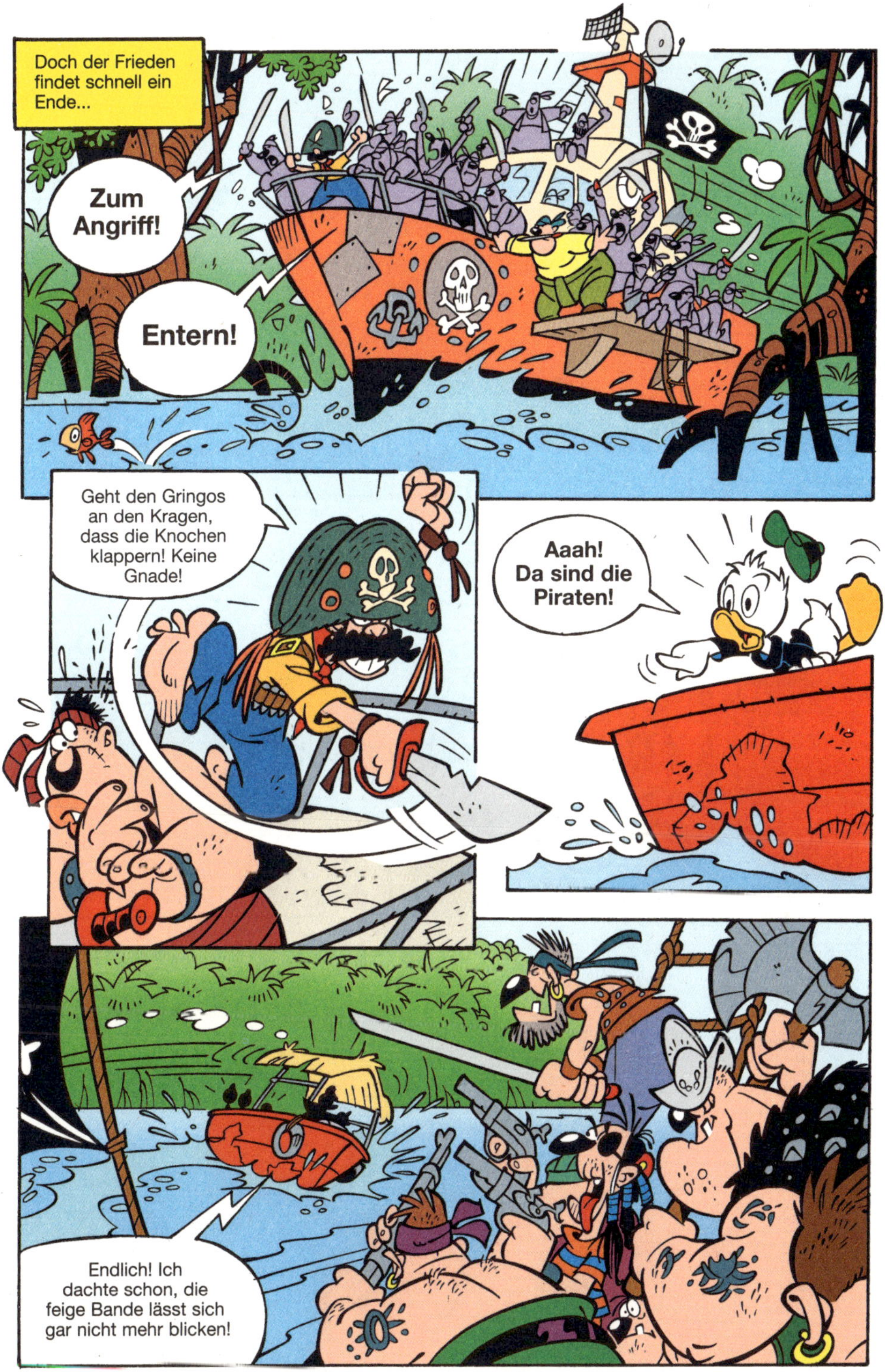
Doch der Frieden findet schnell ein Ende...
Zum Angriff!
Entern!
Geht den Gringos an den Kragen, dass die Knochen klappern! Keine Gnade!
Aaah! Da sind die Piraten!
Endlich! Ich dachte schon, die feige Bande lässt sich gar nicht mehr blicken!

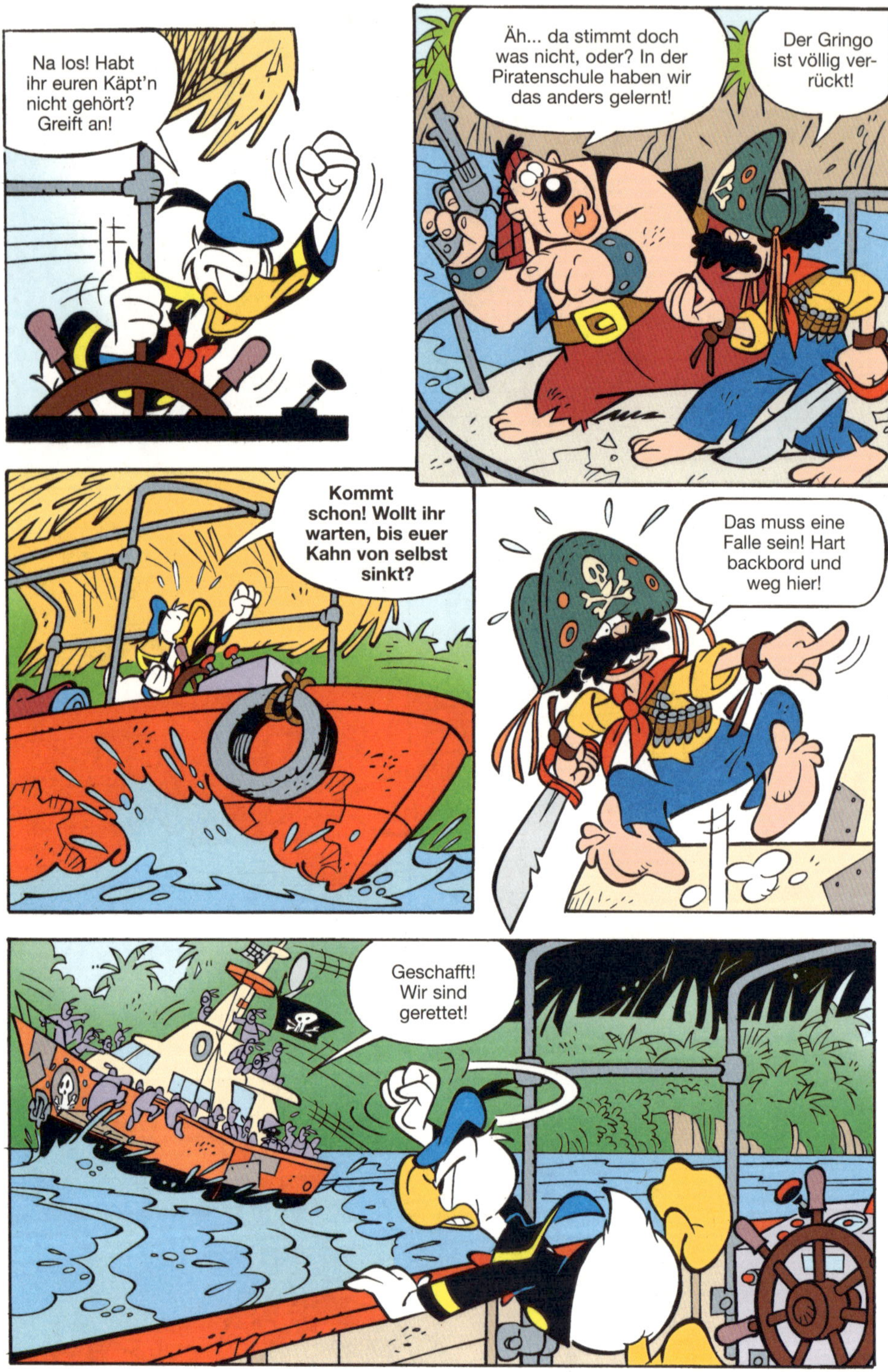
Na los! Habt ihr euren Käpt'n nicht gehört? Greift an!
Äh... da stimmt doch was nicht, oder? In der Piratenschule haben wir das anders gelernt!
Der Gringo ist völlig verrückt!
Kommt schon! Wollt ihr warten, bis euer Kahn von selbst sinkt?
Das muss eine Falle sein! Hart backbord und weg hier!
Geschafft! Wir sind gerettet!

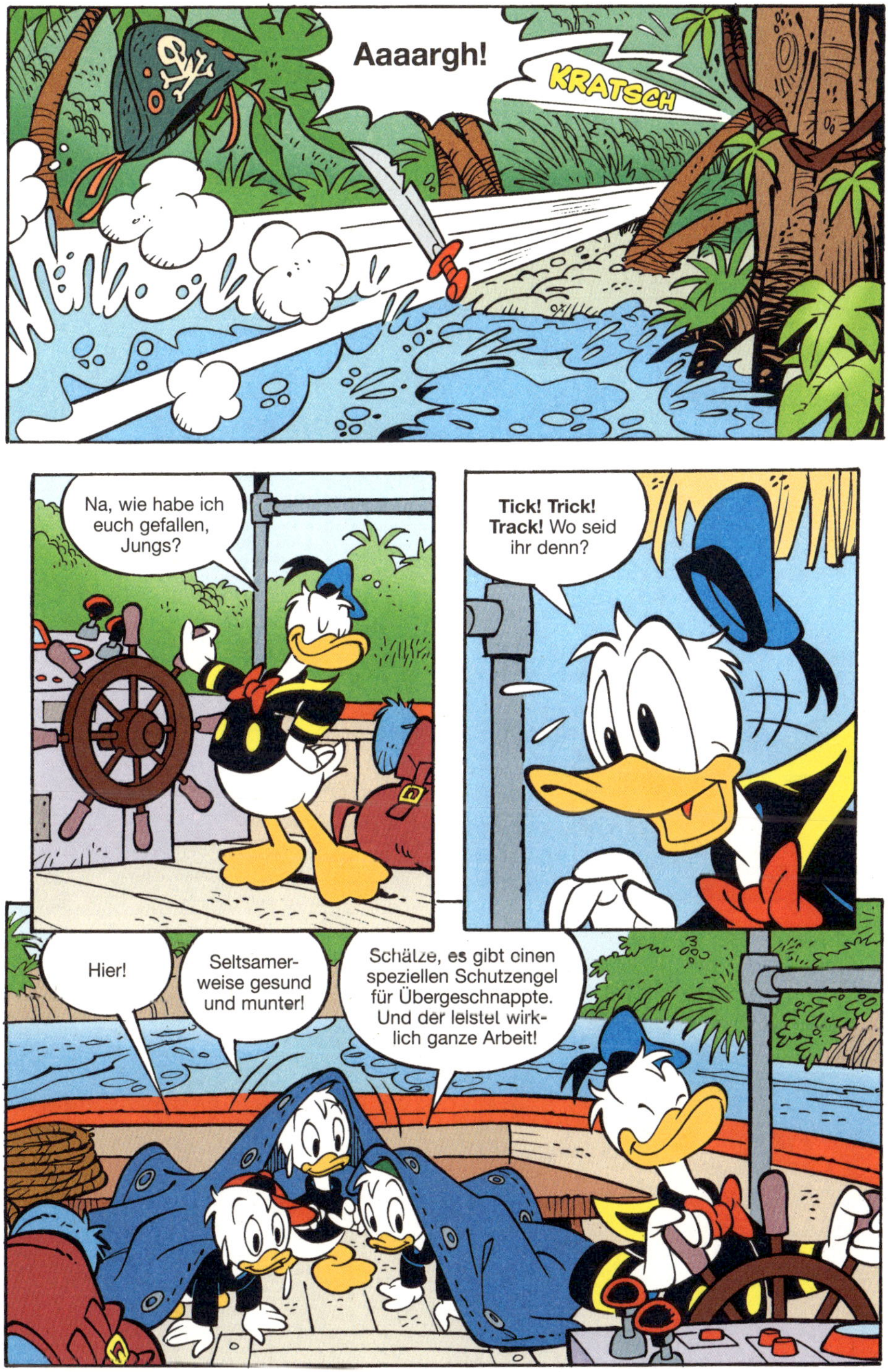
Aaaargh!
KRATSCH
Na, wie habe ich euch gefallen, Jungs?
Tick! Trick! Track! Wo seid ihr denn?
Hier!
Seltsamerweise gesund und munter!
Schätze, es gibt einen speziellen Schutzengel für Übergeschnappte. Und der leistet wirklich ganze Arbeit!

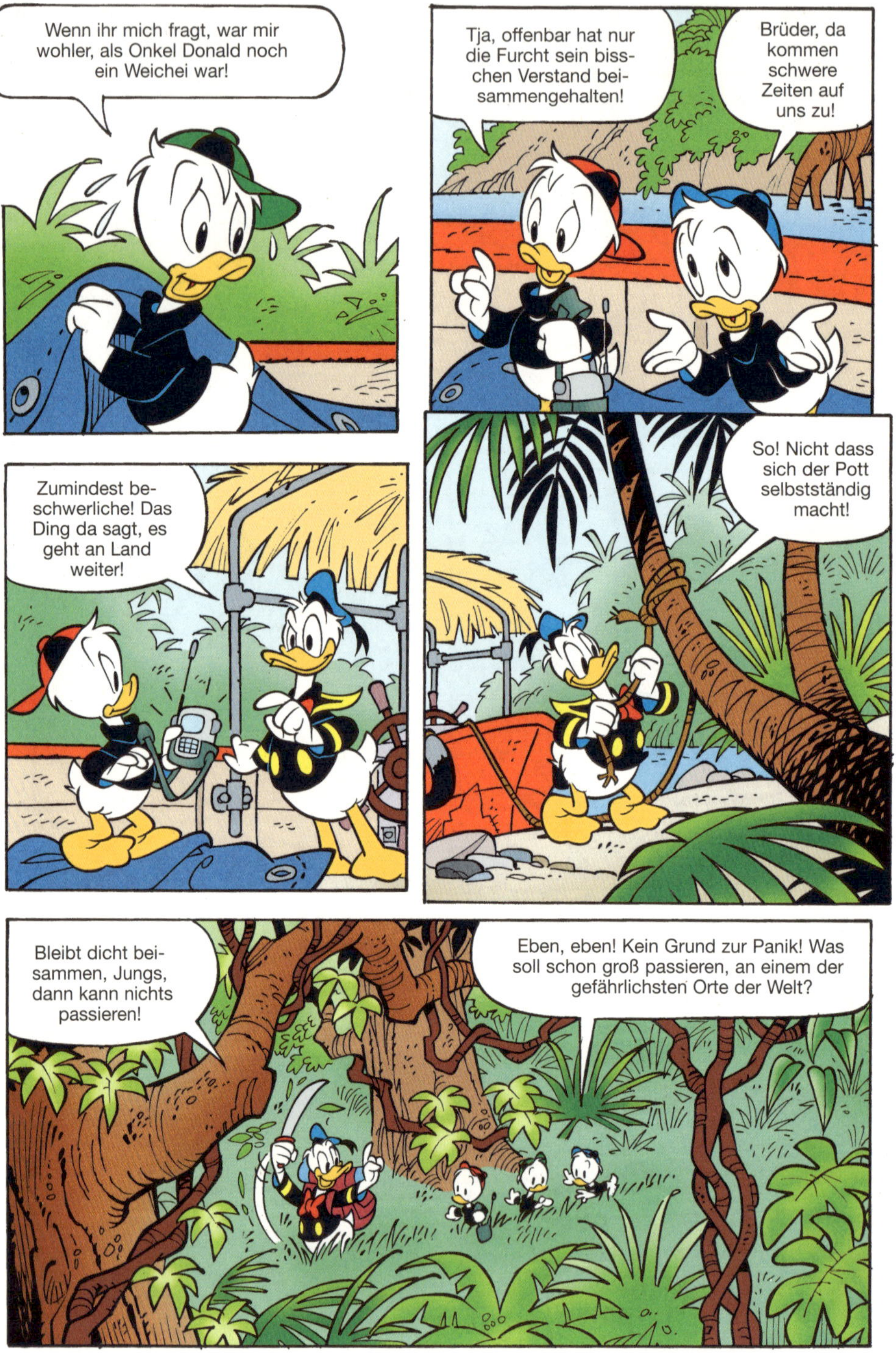
Wenn ihr mich fragt, war mir wohler, als Onkel Donald noch ein Weichei war!
Tja, offenbar hat nur die Furcht sein bisschen Verstand beisammengehalten!
Brüder, da kommen schwere Zeiten auf uns zu!
Zumindest beschwerliche! Das Ding da sagt, es geht an Land weiter!
So! Nicht dass sich der Pott selbstständig macht!
Bleibt dicht beisammen, Jungs, dann kann nichts passieren!
Eben, eben! Kein Grund zur Panik! Was soll schon groß passieren, an einem der gefährlichsten Orte der Welt?

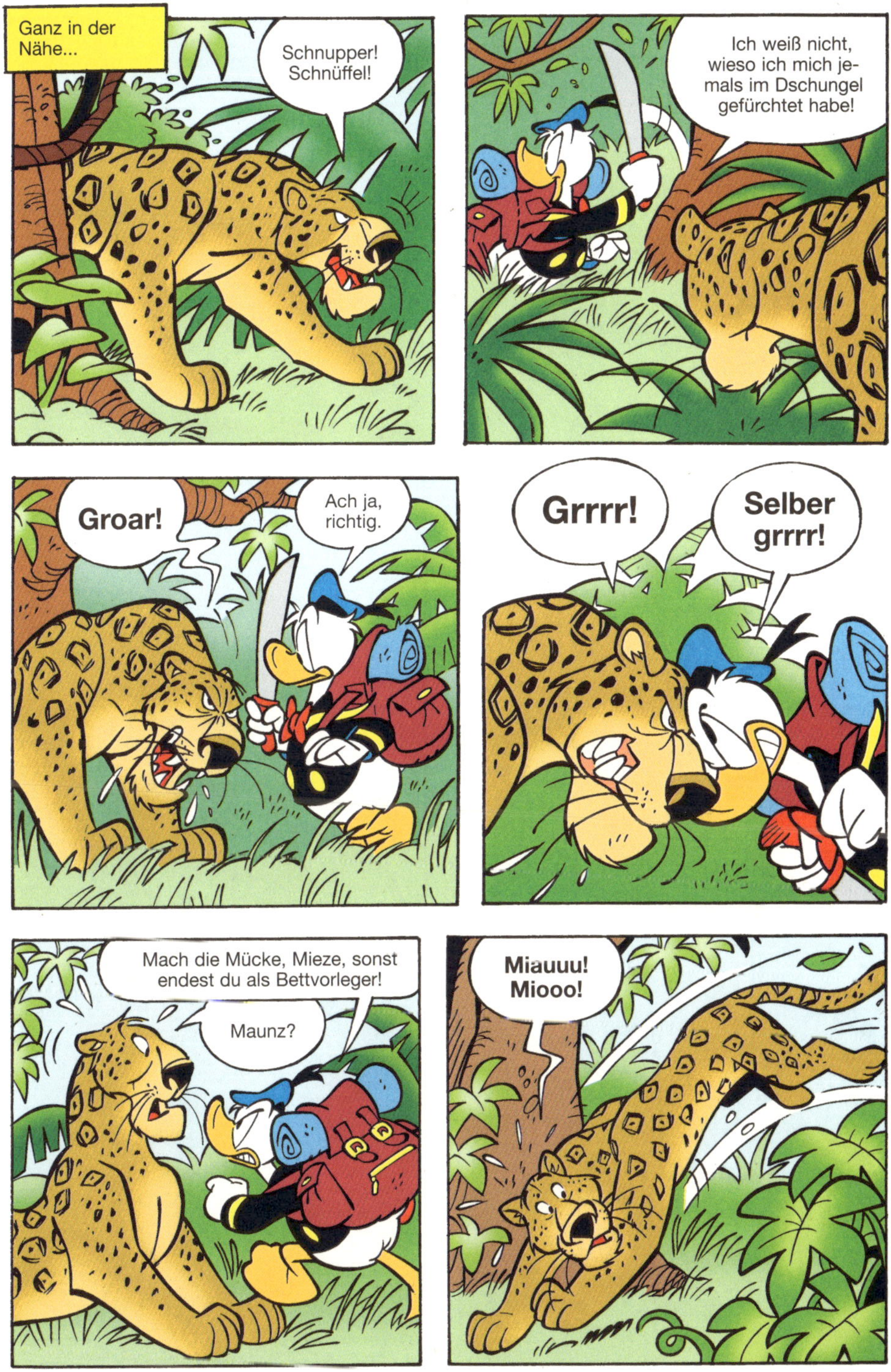
Ganz in der Nähe...
Schnupper! Schnüffel!
Ich weiß nicht, wieso ich mich jemals im Dschungel gefürchtet habe!
Groar!
Ach ja, richtig.
Grrrr!
Selber grrrr!
Mach die Mücke, Mieze, sonst endest du als Bettvorleger!
Maunz?
Miauuu! Miooo!

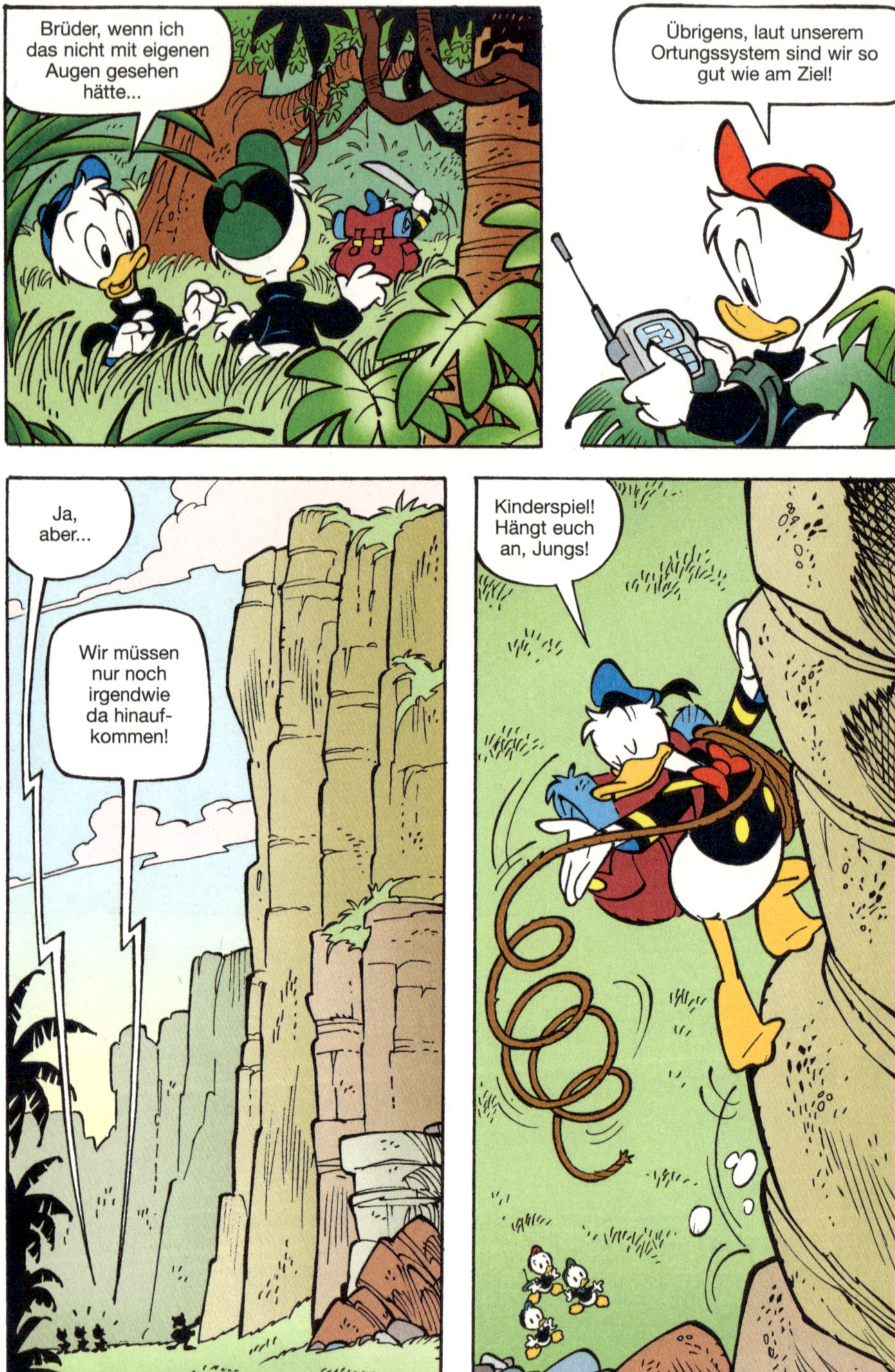
Brüder, wenn ich das nicht mit eigenen Augen gesehen hätte...
Übrigens, laut unserem Ortungssystem sind wir so gut wie am Ziel!
Ja, aber...
Wir müssen nur noch irgendwie da hinauf-kommen!
Kinderspiel! Hängt euch an, Jungs!

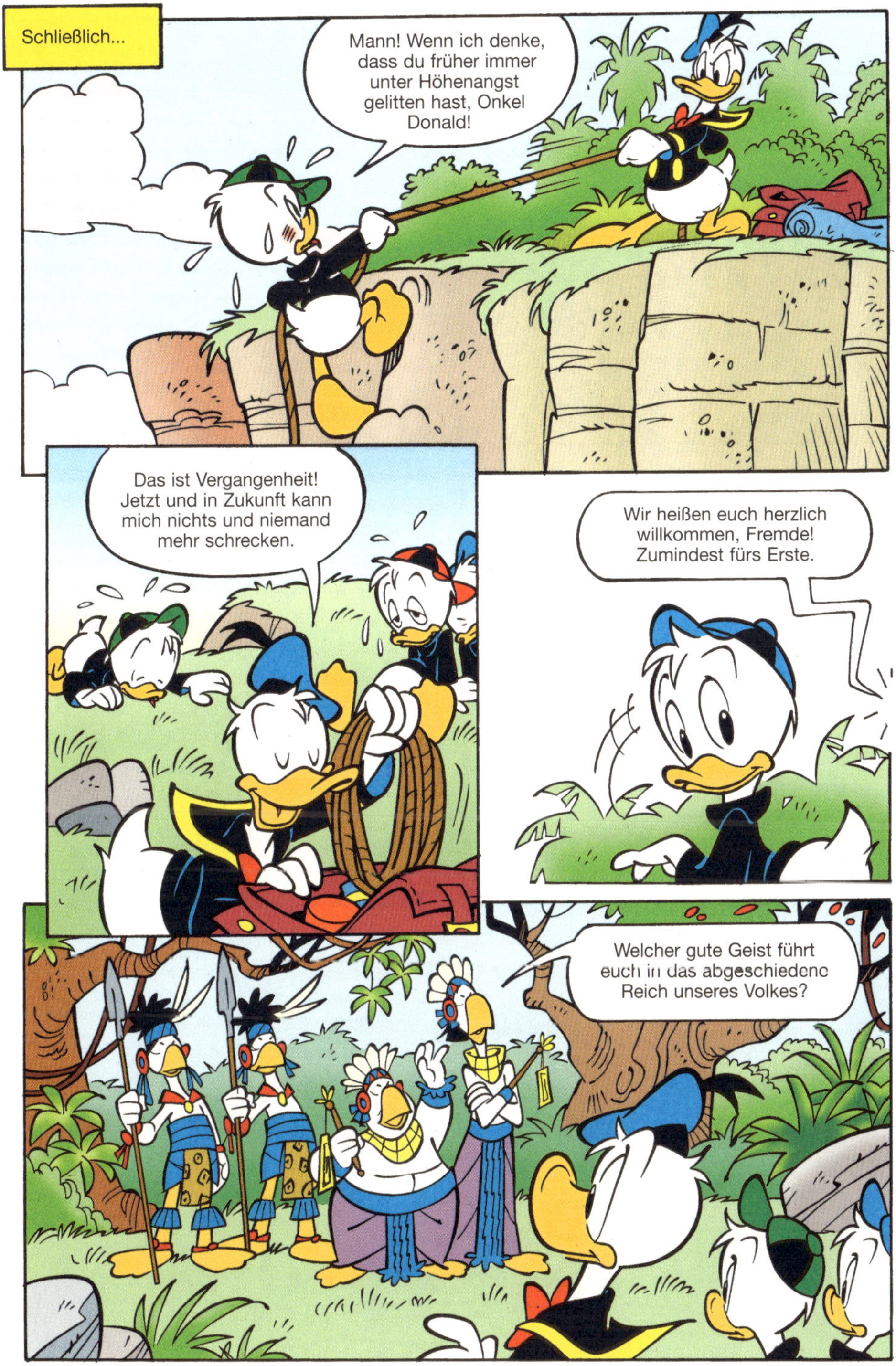
Schließlich...
Mann! Wenn ich denke, dass du früher immer unter Höhenangst gelitten hast, Onkel Donald!
Das ist Vergangenheit! Jetzt und in Zukunft kann mich nichts und niemand mehr schrecken.
Wir heißen euch herzlich willkommen, Fremde! Zumindest fürs Erste.
Welcher gute Geist führt euch in das abgeschiedene Reich unseres Volkes?

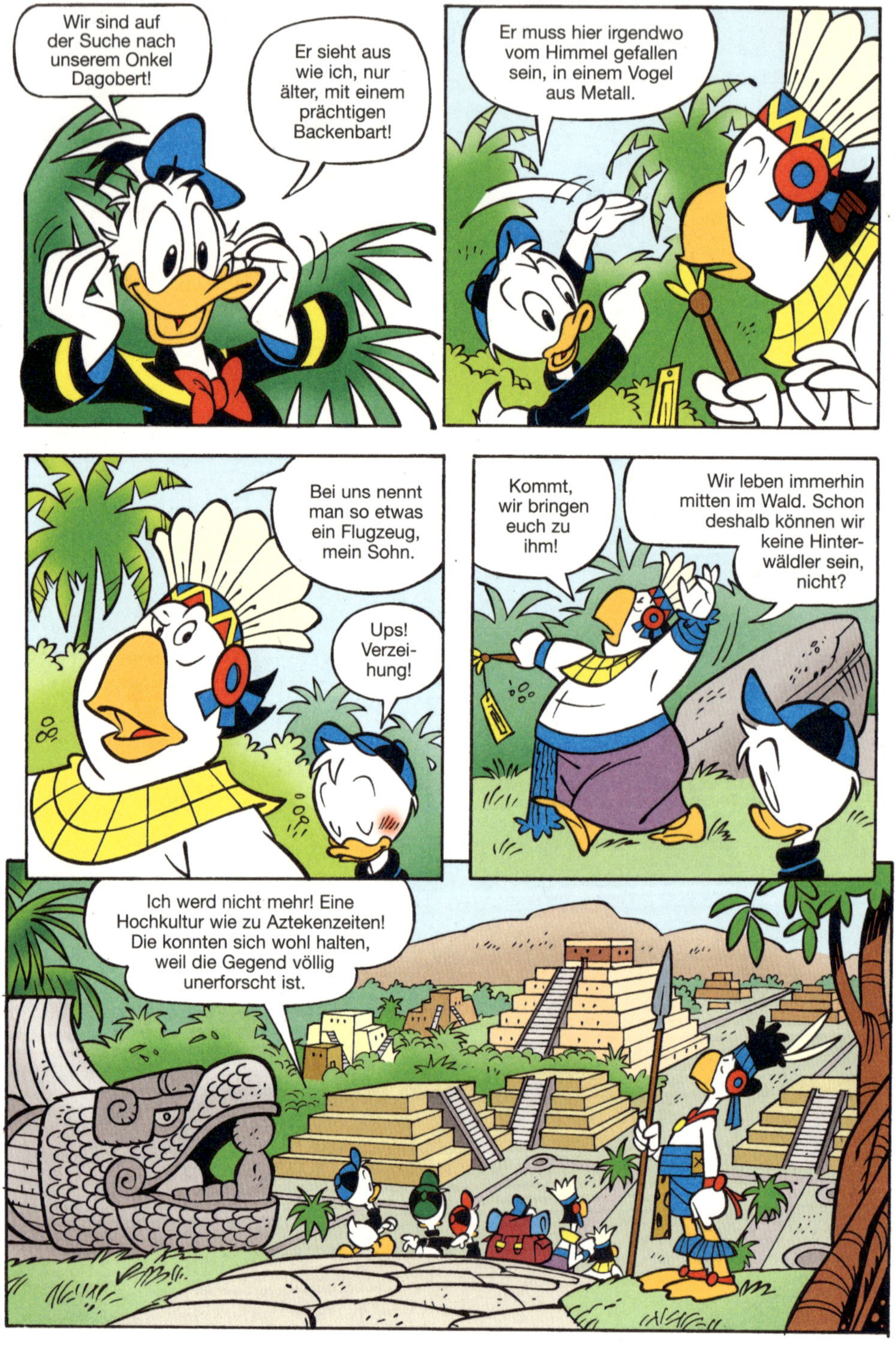
Wir sind auf der Suche nach unserem Onkel Dagobert!
Er sieht aus wie ich, nur älter, mit einem prächtigen Backenbart!
Er muss hier irgendwo vom Himmel gefallen sein, in einem Vogel aus Metall.
Bei uns nennt man so etwas ein Flugzeug, mein Sohn.
Ups! Verzeihung!
Kommt, wir bringen euch zu ihm!
Wir leben immerhin mitten im Wald. Schon deshalb können wir keine Hinterwäldler sein, nicht?
Ich werd nicht mehr! Eine Hochkultur wie zu Aztekenzeiten! Die konnten sich wohl halten, weil die Gegend völlig unerforscht ist.

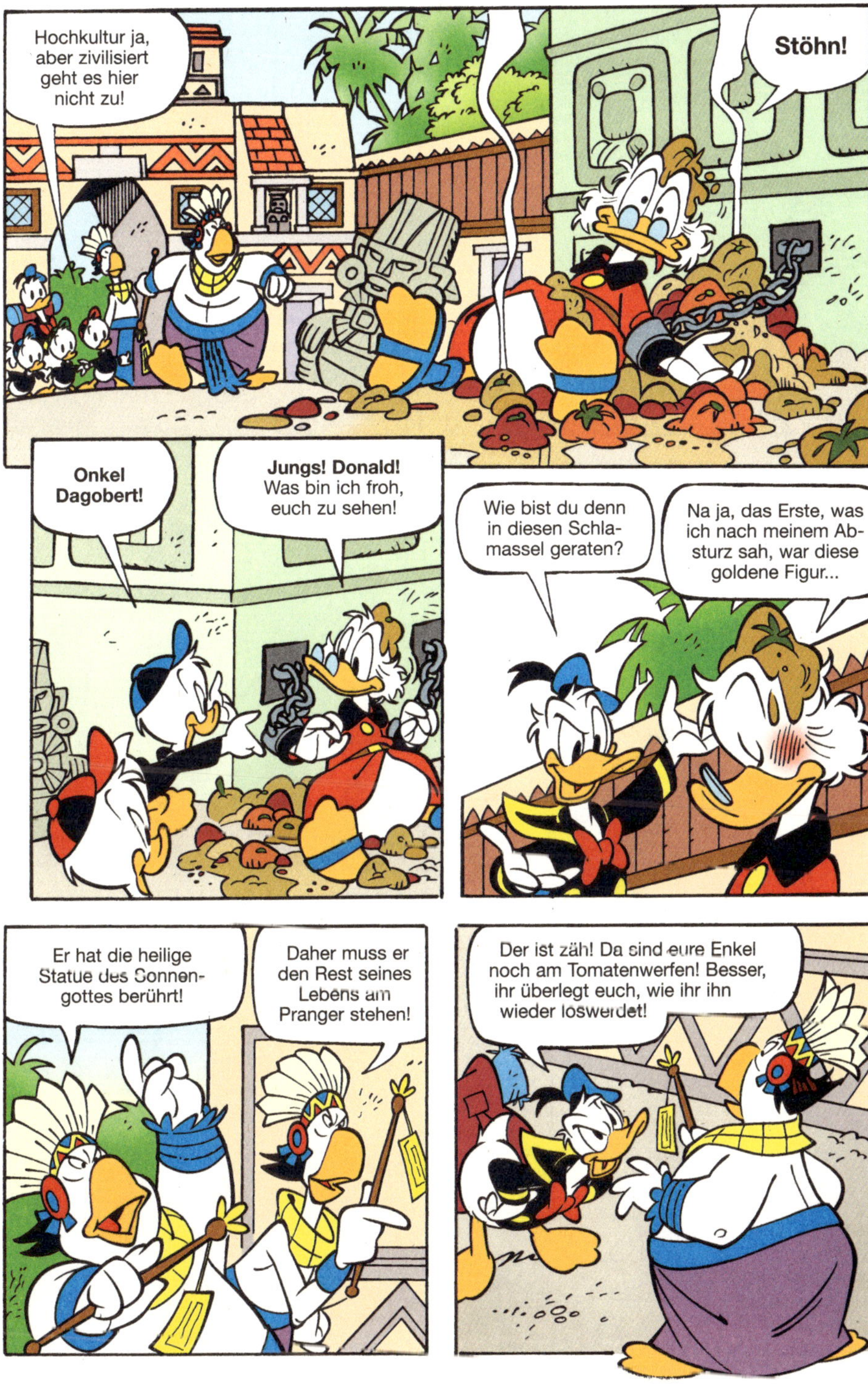
Hochkultur ja, aber zivilisiert geht es hier nicht zu!
Stöhn!
Onkel Dagobert!
Jungs! Donald! Was bin ich froh, euch zu sehen!
Wie bist du denn in diesen Schlamassel geraten?
Na ja, das Erste, was ich nach meinem Absturz sah, war diese goldene Figur...
Er hat die heilige Statue des Sonnengottes berührt!
Daher muss er den Rest seines Lebens am Pranger stehen!
Der ist zäh! Da sind eure Enkel noch am Tomatenwerfen! Besser, ihr überlegt euch, wie ihr ihn wieder loswerdet!

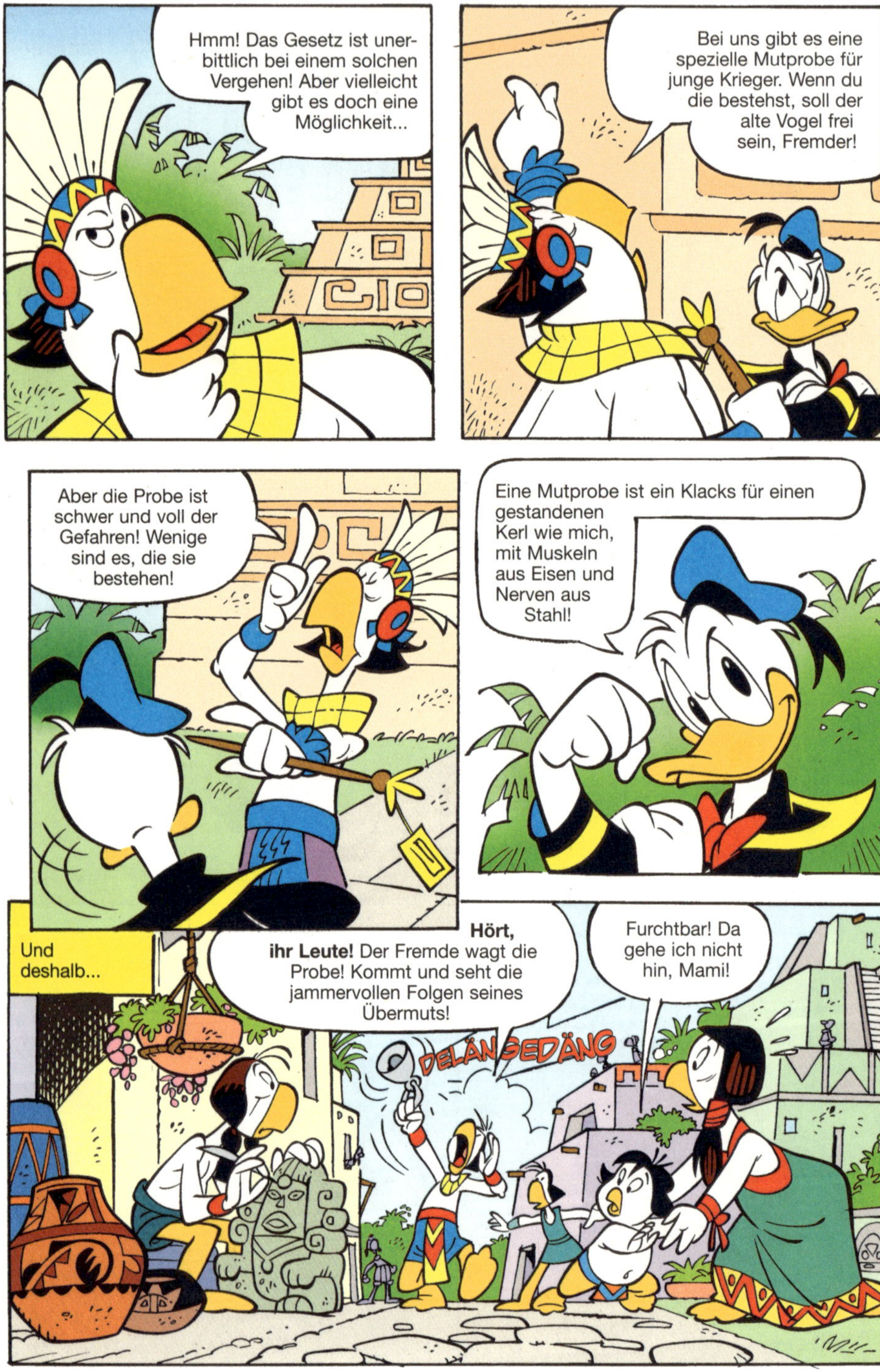

Hmm! Das Gesetz ist unerbittlich bei einem solchen Vergehen! Aber vielleicht gibt es doch eine Möglichkeit...
Bei uns gibt es eine spezielle Mutprobe für junge Krieger. Wenn du die bestehst, soll der alte Vogel frei sein, Fremder!
Aber die Probe ist schwer und voll der Gefahren! Wenige sind es, die sie bestehen!
Eine Mutprobe ist ein Klacks für einen gestandenen Kerl wie mich, mit Muskeln aus Eisen und Nerven aus Stahl!
Und deshalb...
Hört, ihr Leute! Der Fremde wagt die Probe! Kommt und seht die jammervollen Folgen seines Übermuts!
DELÄNGEDÄNG
Furchtbar! Da gehe ich nicht hin, Mami!

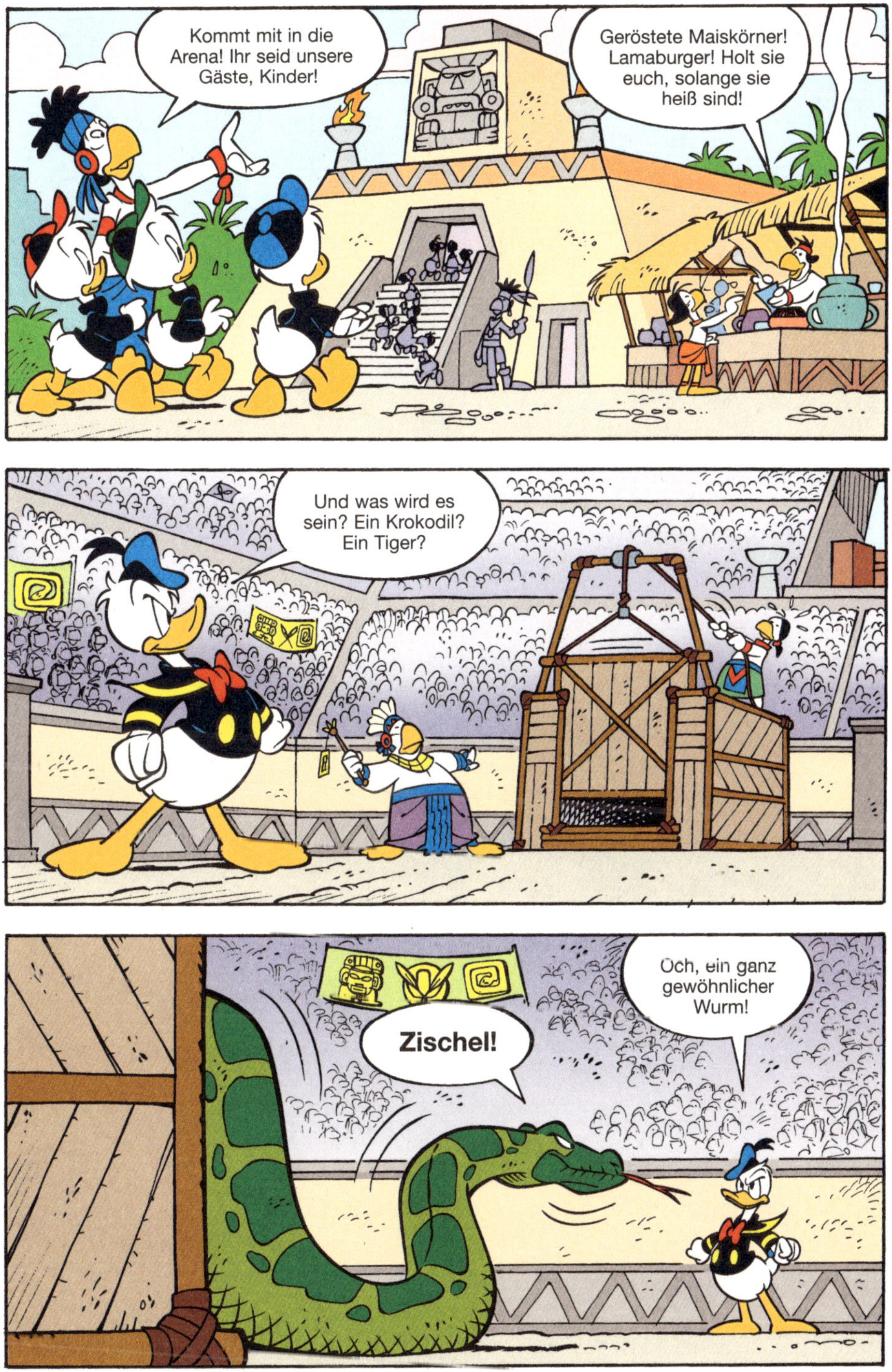
Kommt mit in die Arena! Ihr seid unsere Gäste, Kinder!
Geröstete Maiskörner! Lamaburger! Holt sie euch, solange sie heiß sind!
Und was wird es sein? Ein Krokodil? Ein Tiger?
Zischel!
Och, ein ganz gewöhnlicher Wurm!

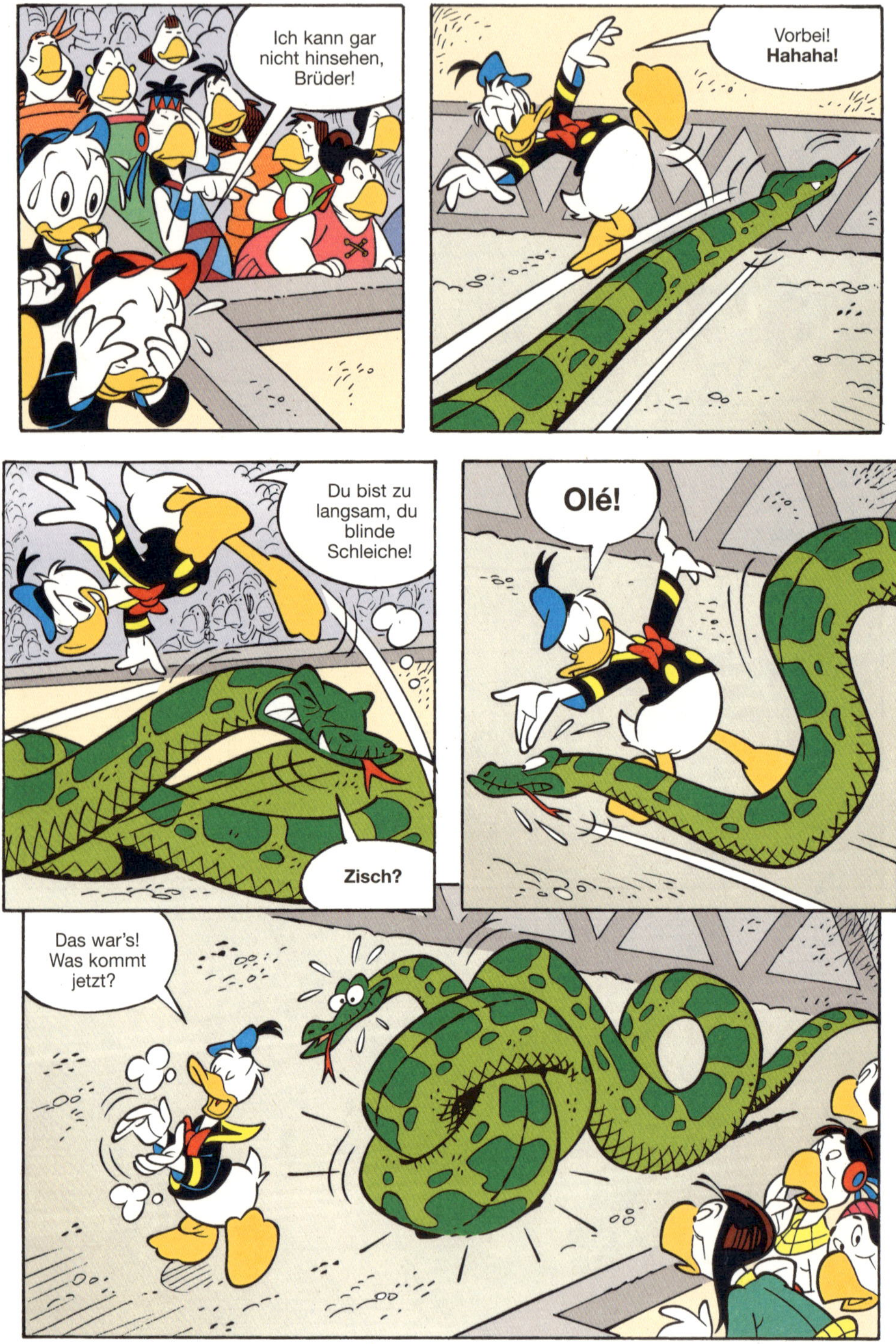
Ich kann gar nicht hinsehen, Brüder!
Vorbei! **Hahaha!**
Du bist zu langsam, du blinde Schleiche!
Zisch?
Olé!
Das war's! Was kommt jetzt?

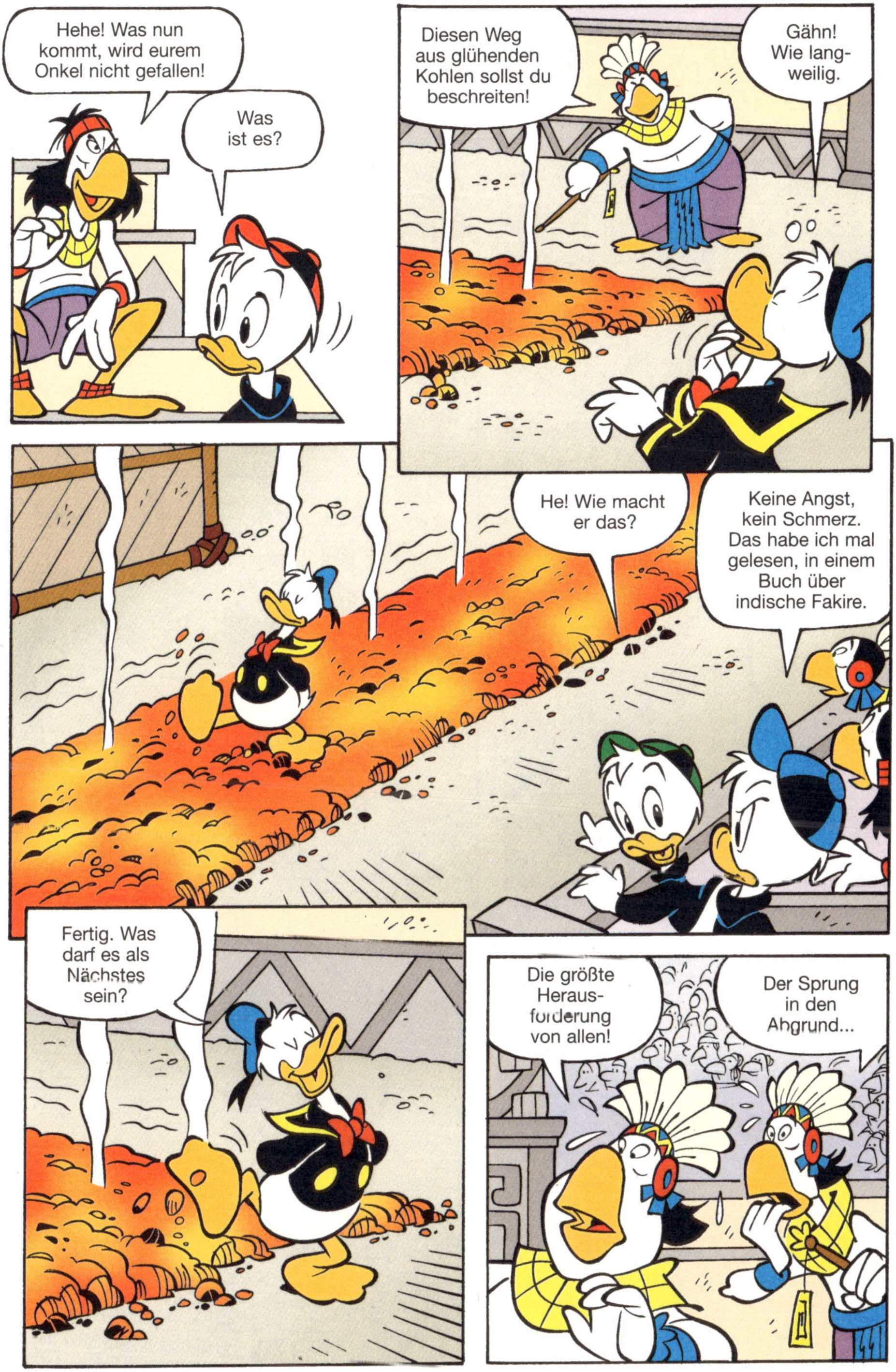
Hehe! Was nun kommt, wird eurem Onkel nicht gefallen!
Was ist es?
Diesen Weg aus glühenden Kohlen sollst du beschreiten!
Gähn! Wie langweilig.
He! Wie macht er das?
Keine Angst, kein Schmerz. Das habe ich mal gelesen, in einem Buch über indische Fakire.
Fertig. Was darf es als Nächstes sein?
Die größte Herausforderung von allen!
Der Sprung in den Abgrund...

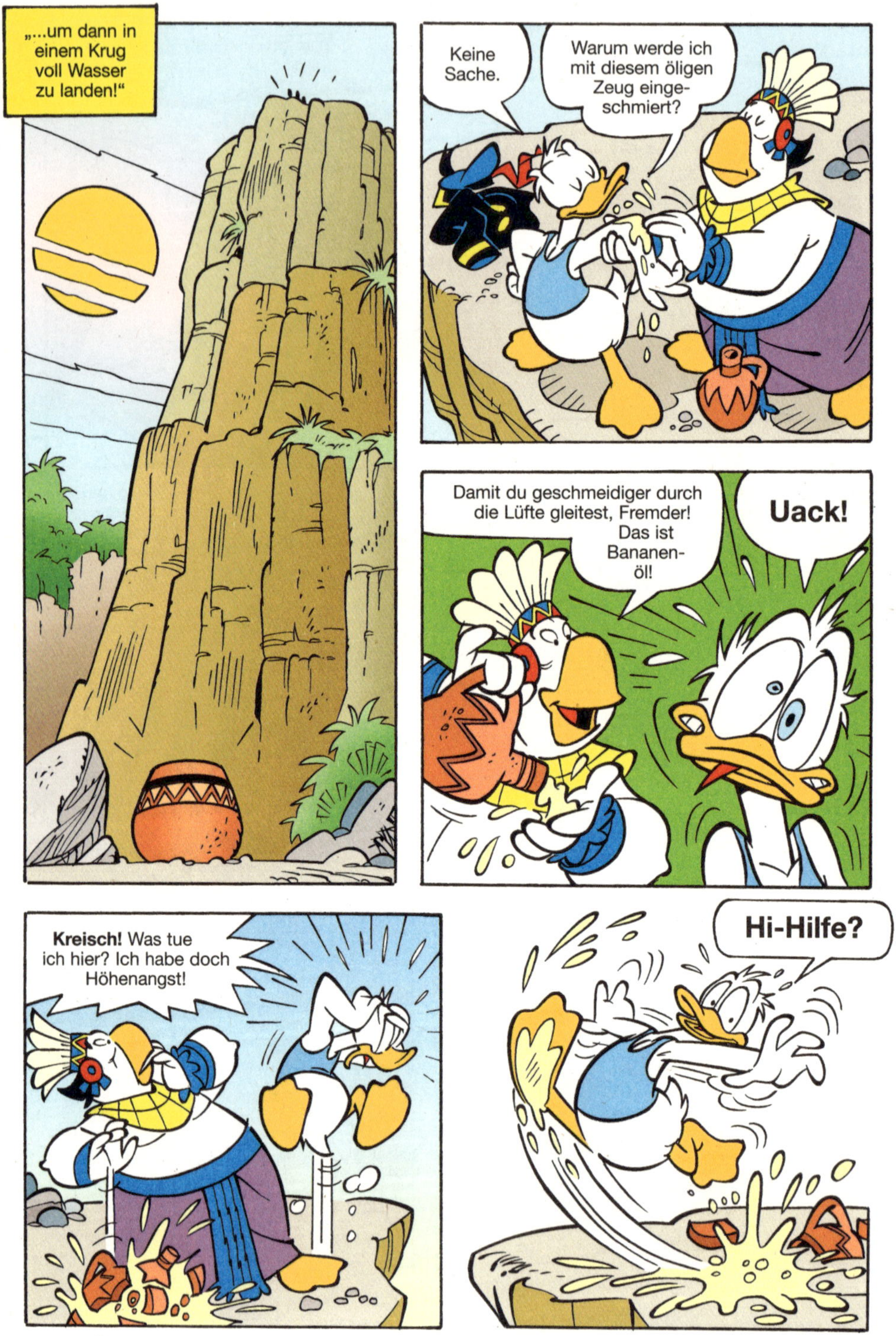
„...um dann in einem Krug voll Wasser zu landen!“
Keine Sache.
Warum werde ich mit diesem öligen Zeug einge-schmiert?
Damit du geschmeidiger durch die Lüfte gleitest, Fremder! Das ist Bananen-öl!
Uack!
Kreisch! Was tue ich hier? Ich habe doch Höhenangst!
Hi-Hilfe?

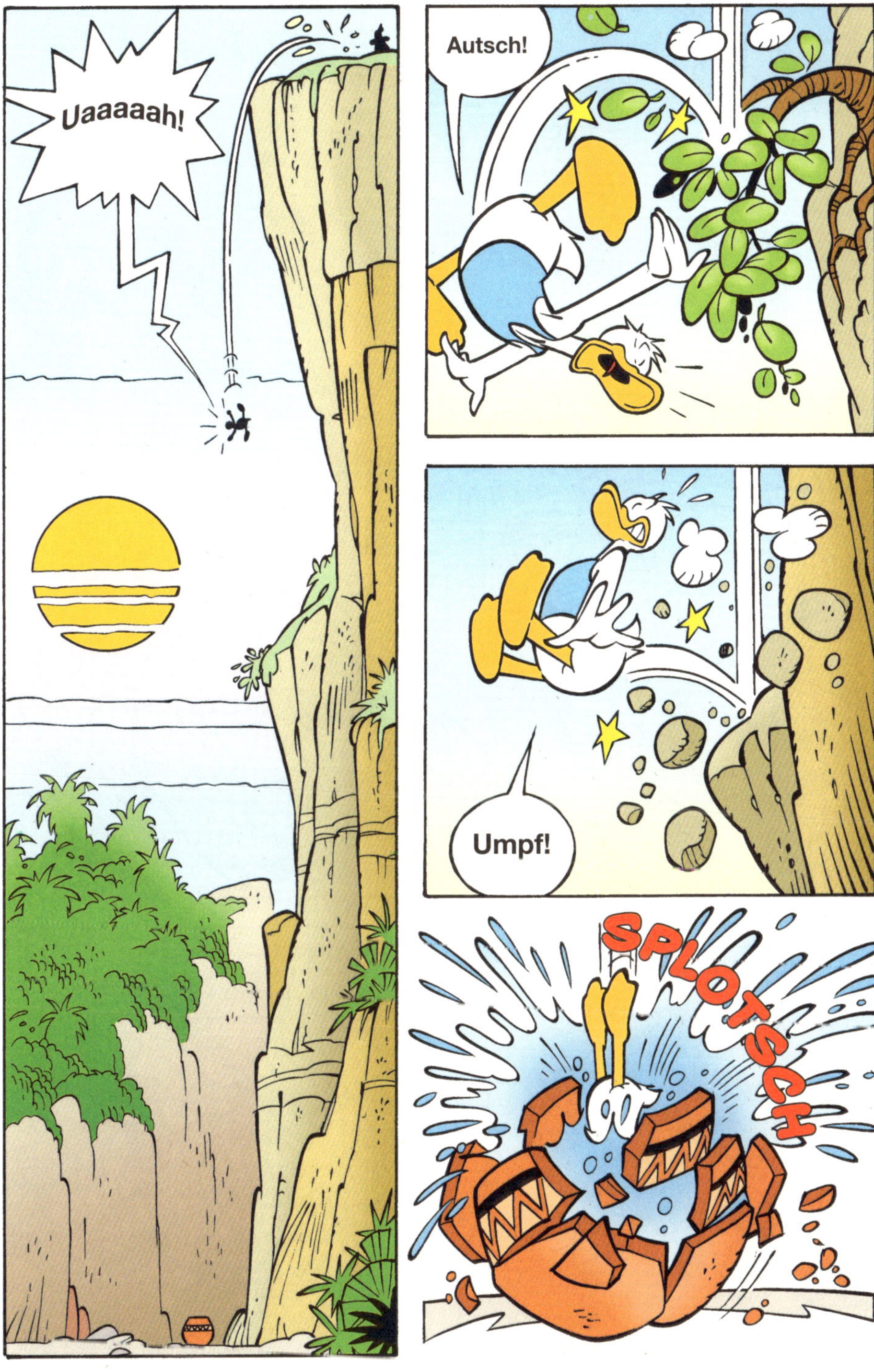
Uaaaaah!
Autsch!
Umpf!
SPLOTSCH

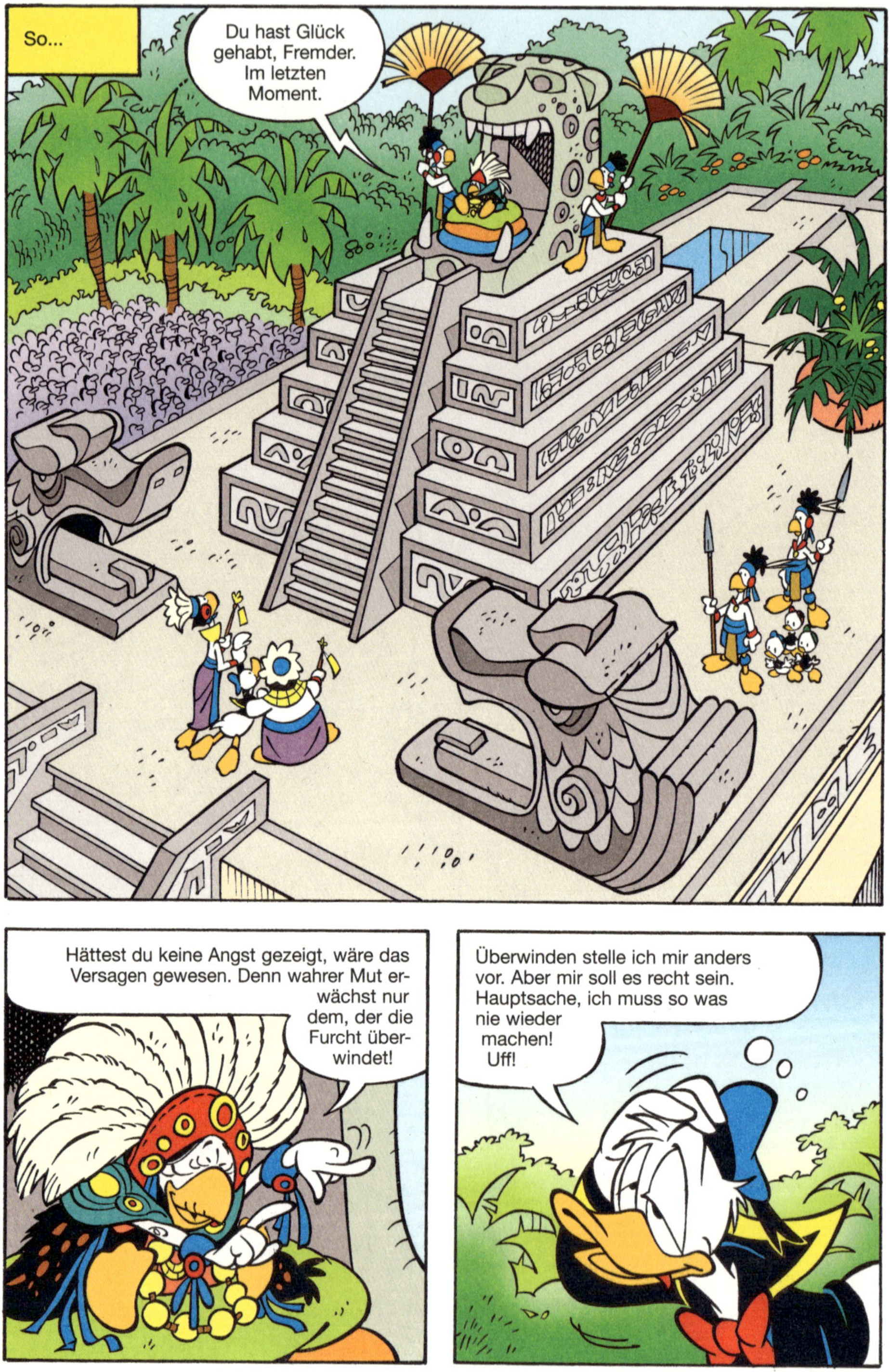
So...
Du hast Glück gehabt, Fremder. Im letzten Moment.
Hättest du keine Angst gezeigt, wäre das Versagen gewesen. Denn wahrer Mut erwächst nur dem, der die Furcht überwindet!
Überwinden stelle ich mir anders vor. Aber mir soll es recht sein. Hauptsache, ich muss so was nie wieder machen! Uff!

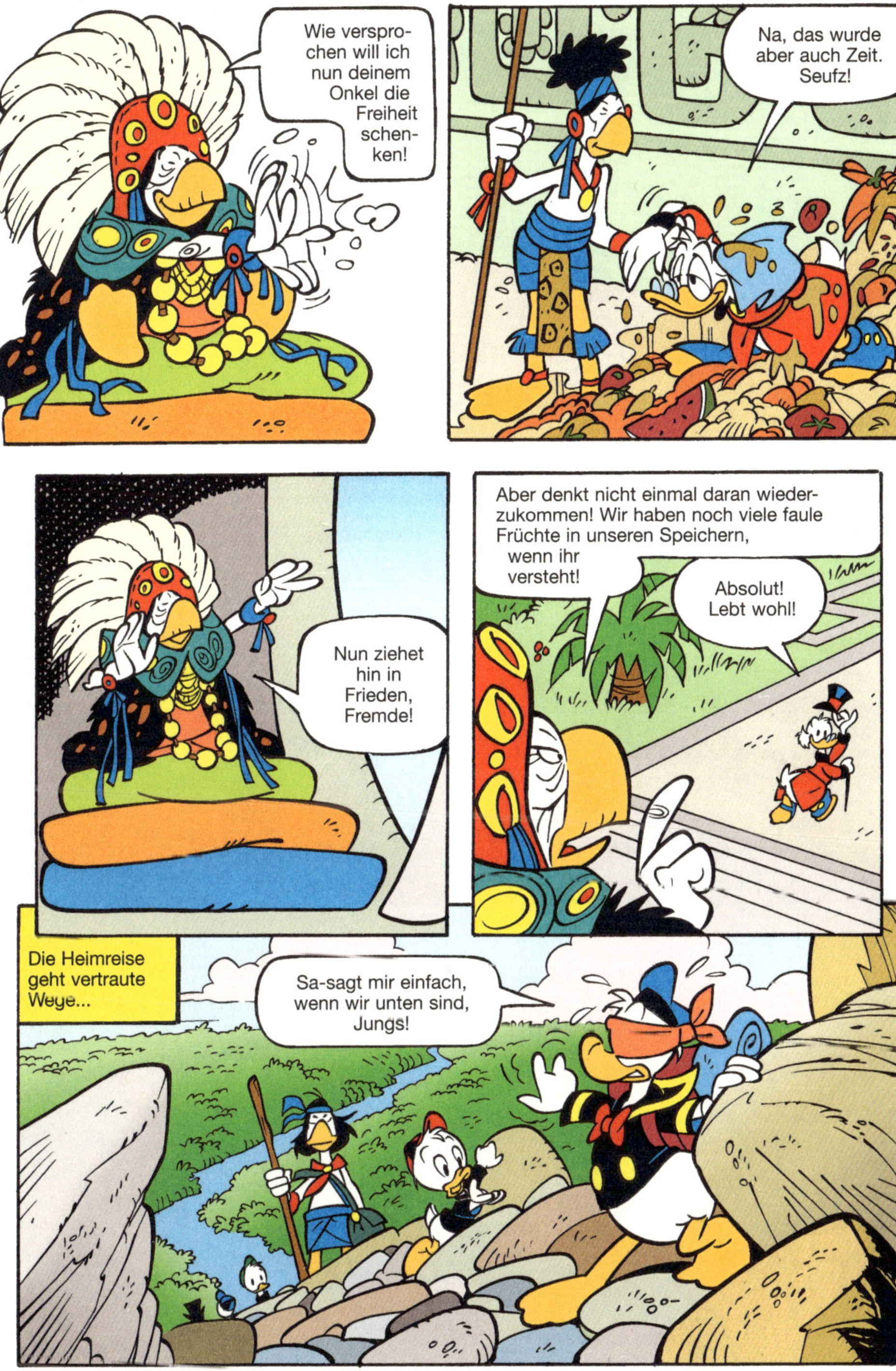
Wie versprochen will ich nun deinem Onkel die Freiheit schenken!
Na, das wurde aber auch Zeit. Seufz!
Nun ziehet hin in Frieden, Fremde!
Aber denkt nicht einmal daran wiederzukommen! Wir haben noch viele faule Früchte in unseren Speichern, wenn ihr versteht!
Absolut! Lebt wohl!
Die Heimreise geht vertraute Wege...
Sa-sagt mir einfach, wenn wir unten sind, Jungs!

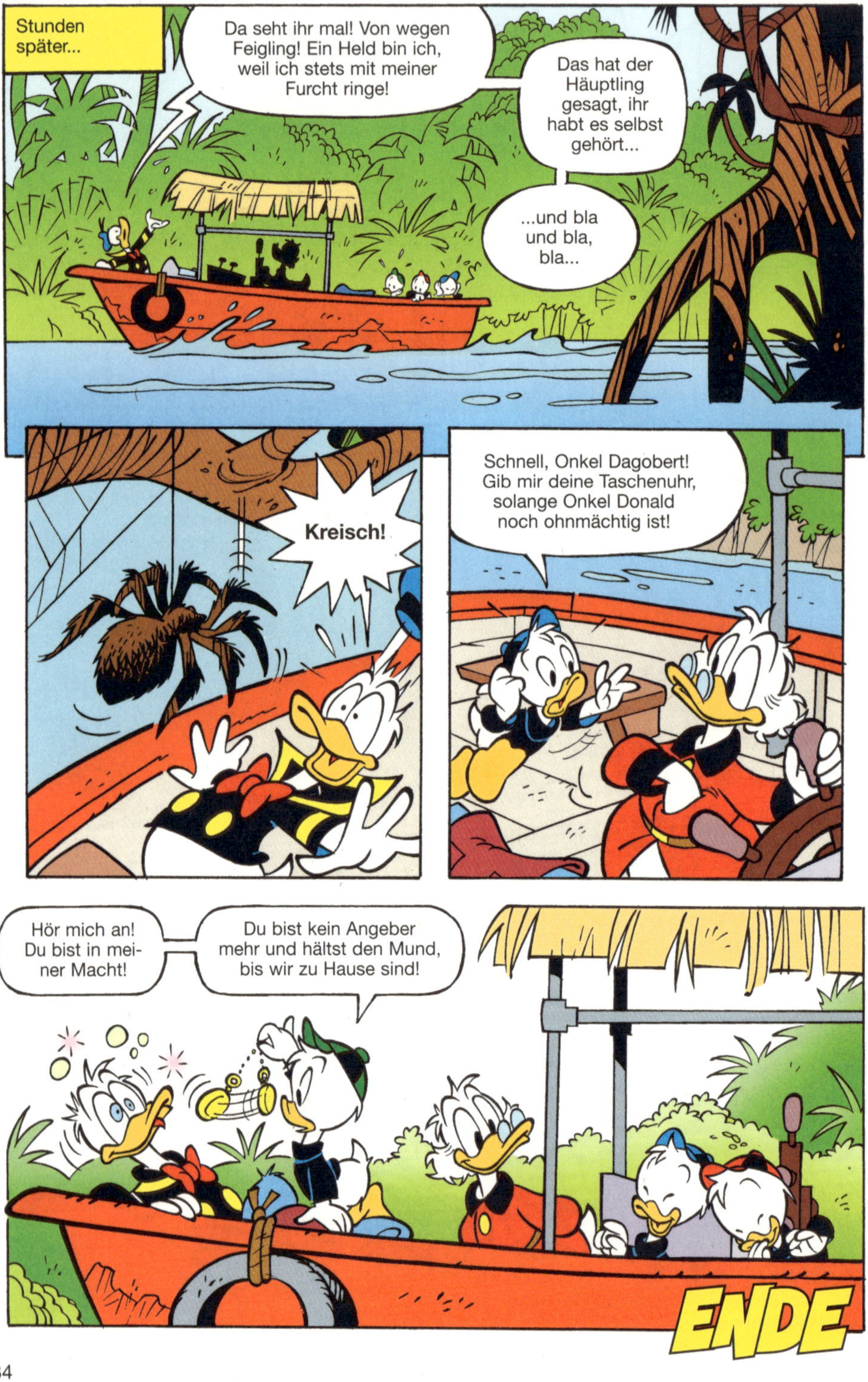
Stunden später...
Da seht ihr mal! Von wegen Feigling! Ein Held bin ich, weil ich stets mit meiner Furcht ringe!
Das hat der Häuptling gesagt, ihr habt es selbst gehört...
...und bla und bla, bla...
Kreisch!
Schnell, Onkel Dagobert! Gib mir deine Taschenuhr, solange Onkel Donald noch ohnmächtig ist!
Hör mich an! Du bist in meiner Macht!
Du bist kein Angeber mehr und hältst den Mund, bis wir zu Hause sind!
ENDE

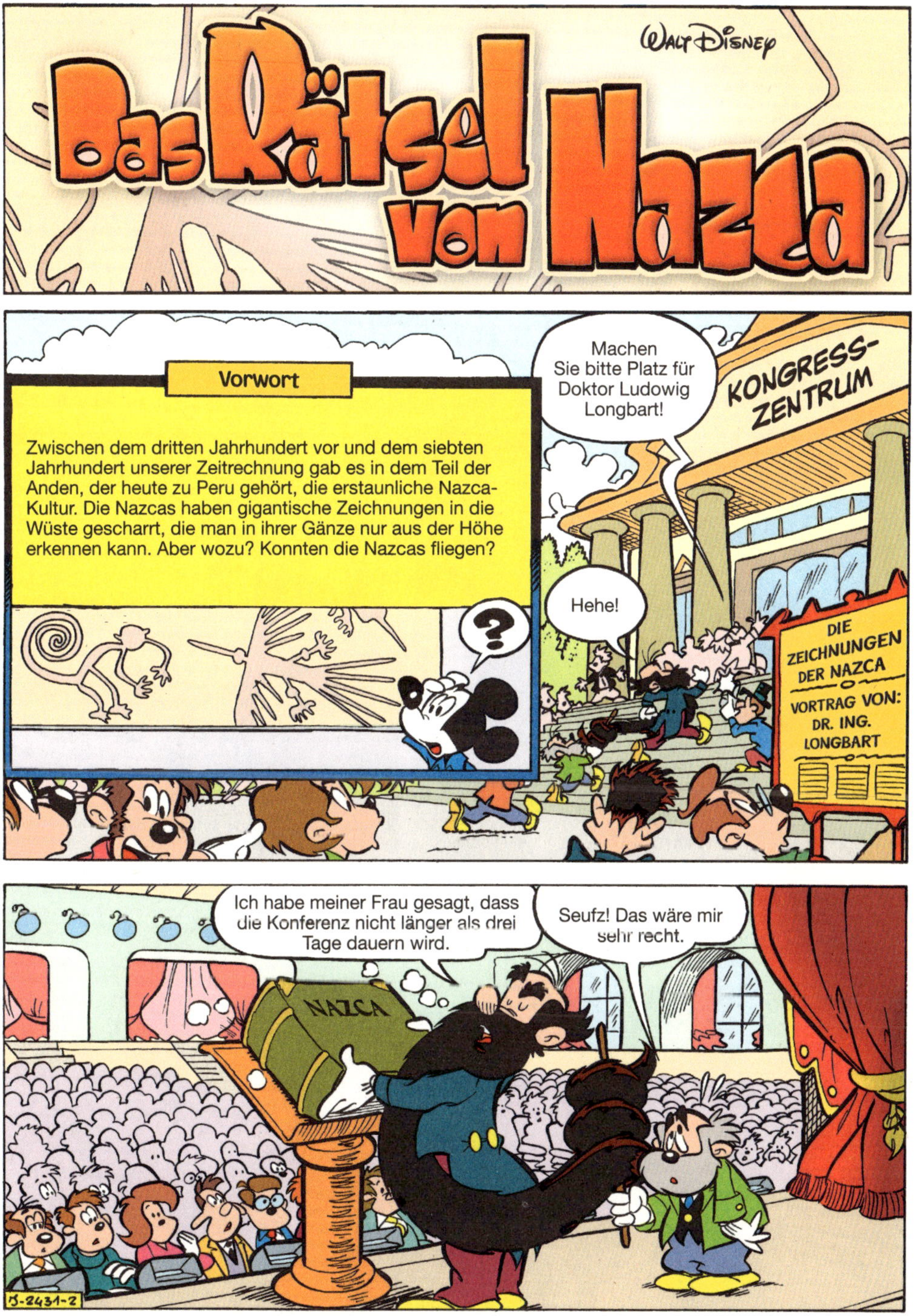

Nino Russo (Story), **Carlo Limido** (Zeichnungen)

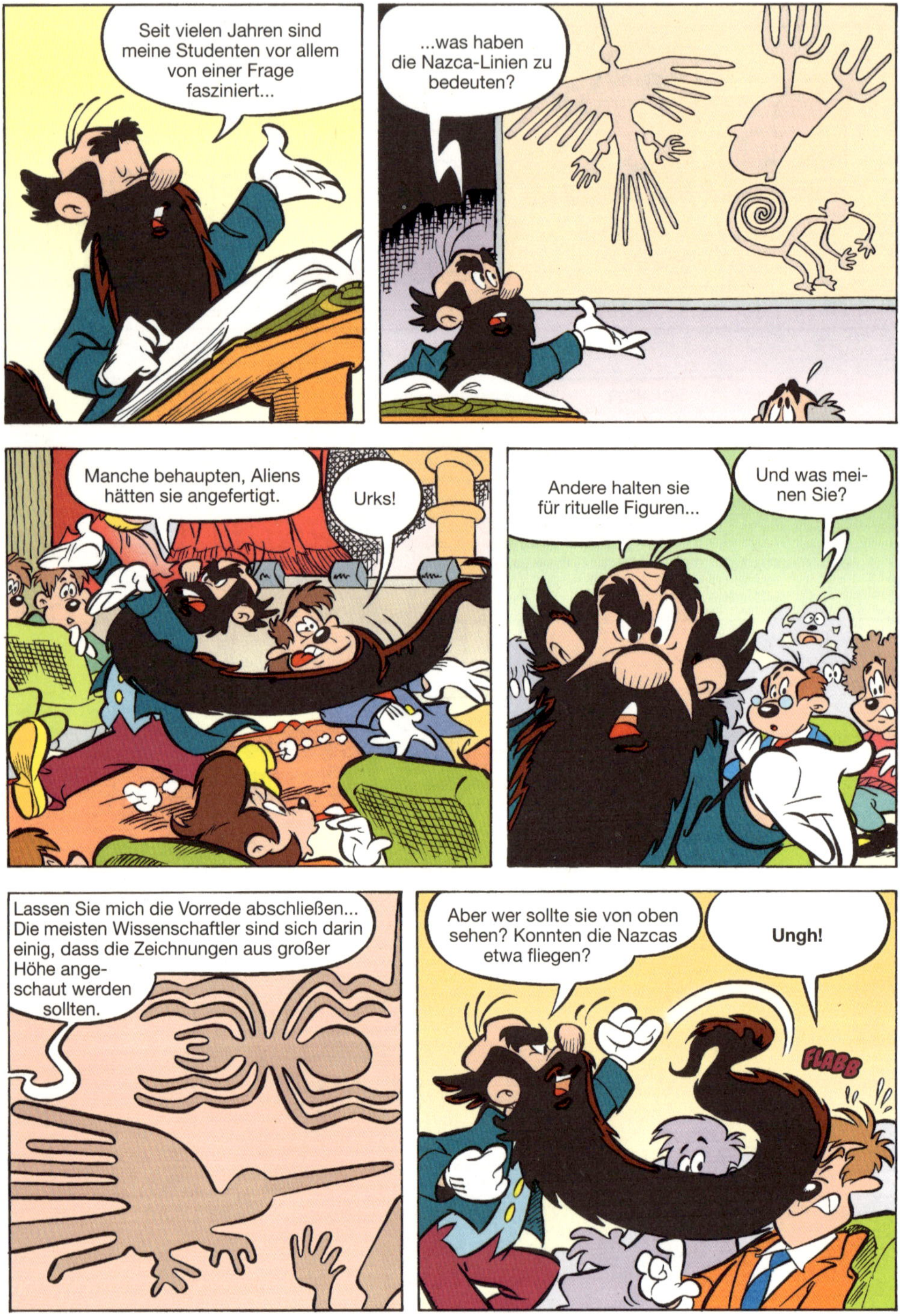
Seit vielen Jahren sind meine Studenten vor allem von einer Frage fasziniert...
...was haben die Nazca-Linien zu bedeuten?
Manche behaupten, Aliens hätten sie angefertigt.
Urks!
Andere halten sie für rituelle Figuren...
Und was meinen Sie?
Lassen Sie mich die Vorrede abschließen... Die meisten Wissenschaftler sind sich darin einig, dass die Zeichnungen aus großer Höhe angeschaut werden sollten.
Aber wer sollte sie von oben sehen? Konnten die Nazcas etwa fliegen?
Ungh!
FLABB

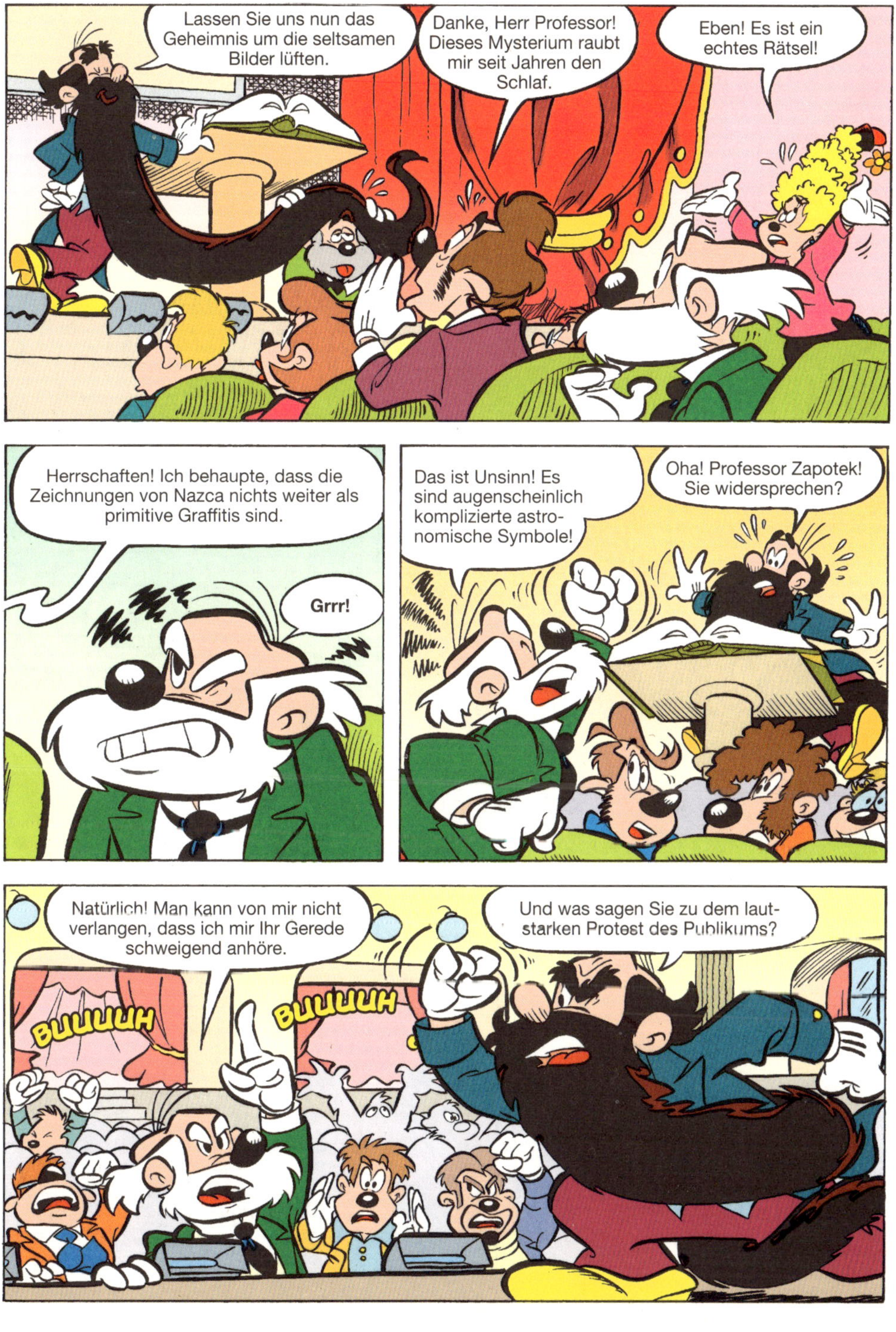
Lassen Sie uns nun das Geheimnis um die seltsamen Bilder lüften.
Danke, Herr Professor! Dieses Mysterium raubt mir seit Jahren den Schlaf.
Eben! Es ist ein echtes Rätsel!
Herrschaften! Ich behaupte, dass die Zeichnungen von Nazca nichts weiter als primitive Graffitis sind.
Grrr!
Das ist Unsinn! Es sind augenscheinlich komplizierte astronomische Symbole!
Oha! Professor Zapotek! Sie widersprechen?
Natürlich! Man kann von mir nicht verlangen, dass ich mir Ihr Gerede schweigend anhöre.
BUUUUH
BUUUUH
Und was sagen Sie zu dem lautstarken Protest des Publikums?

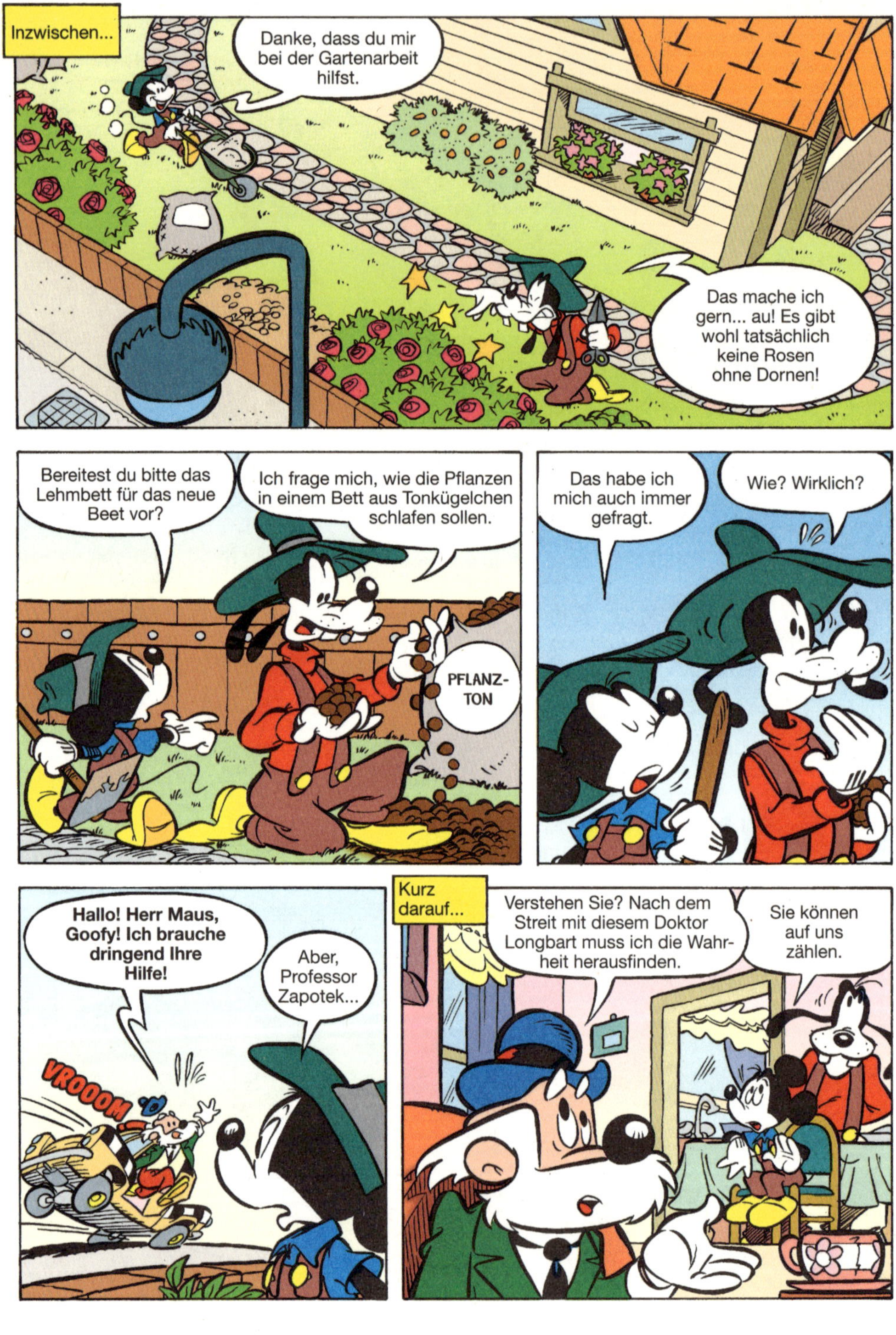

Inzwischen...
Danke, dass du mir bei der Gartenarbeit hilfst.
Das mache ich gern... au! Es gibt wohl tatsächlich keine Rosen ohne Dornen!
Bereitest du bitte das Lehmbett für das neue Beet vor?
Ich frage mich, wie die Pflanzen in einem Bett aus Tonkügelchen schlafen sollen.
PFLANZ-TON
Das habe ich mich auch immer gefragt.
Wie? Wirklich?
Hallo! Herr Maus, Goofy! Ich brauche dringend Ihre Hilfe!
VROOOM
Aber, Professor Zapotek...
Kurz darauf...
Verstehen Sie? Nach dem Streit mit diesem Doktor Longbart muss ich die Wahrheit herausfinden.
Sie können auf uns zählen.

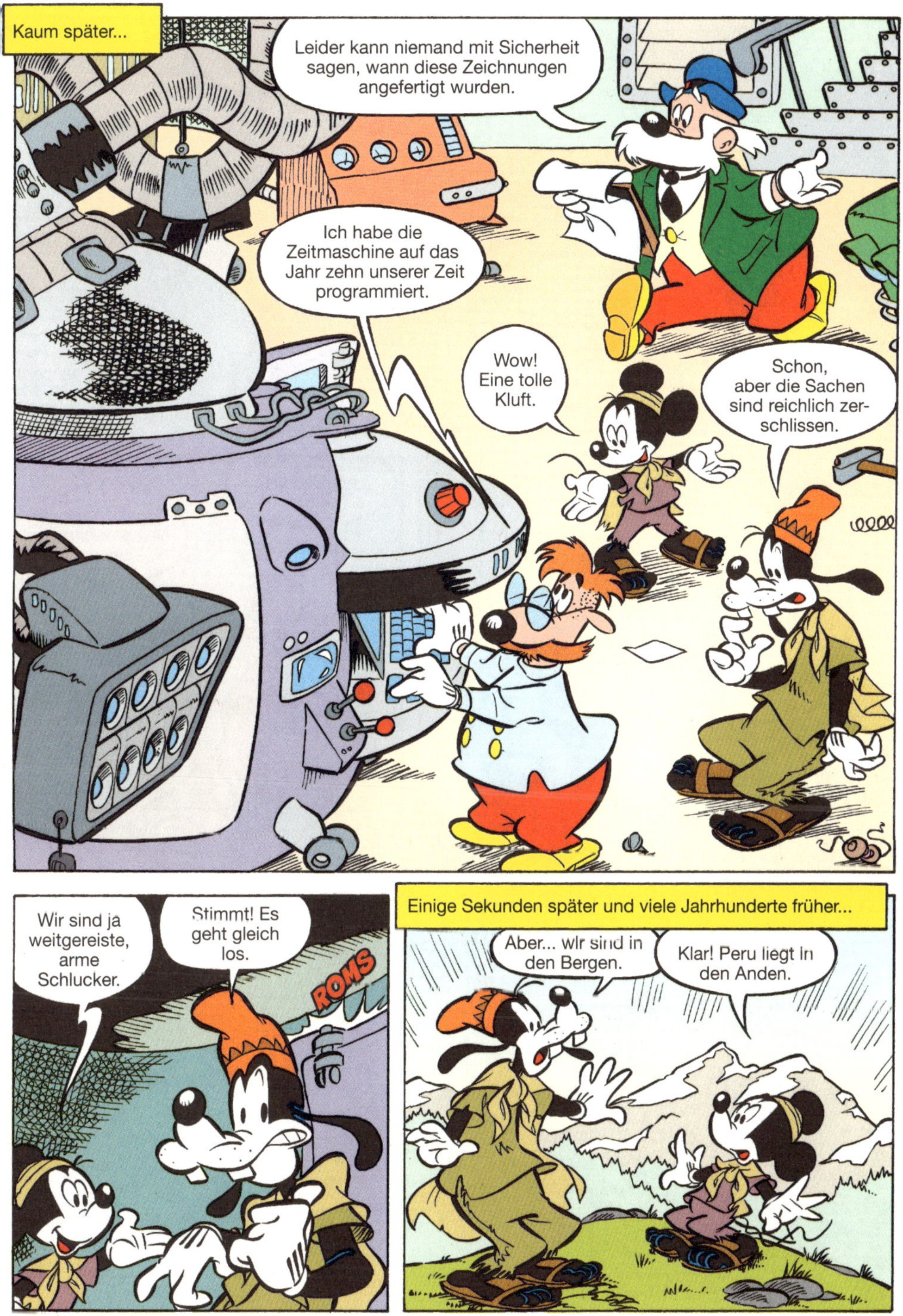
Kaum später...
Leider kann niemand mit Sicherheit sagen, wann diese Zeichnungen angefertigt wurden.
Ich habe die Zeitmaschine auf das Jahr zehn unserer Zeit programmiert.
Wow! Eine tolle Kluft.
Schon, aber die Sachen sind reichlich zerschlissen.
Wir sind ja weitgereiste, arme Schlucker.
Stimmt! Es geht gleich los.
ROMS
Einige Sekunden später und viele Jahrhunderte früher...
Aber... wir sind in den Bergen.
Klar! Peru liegt in den Anden.

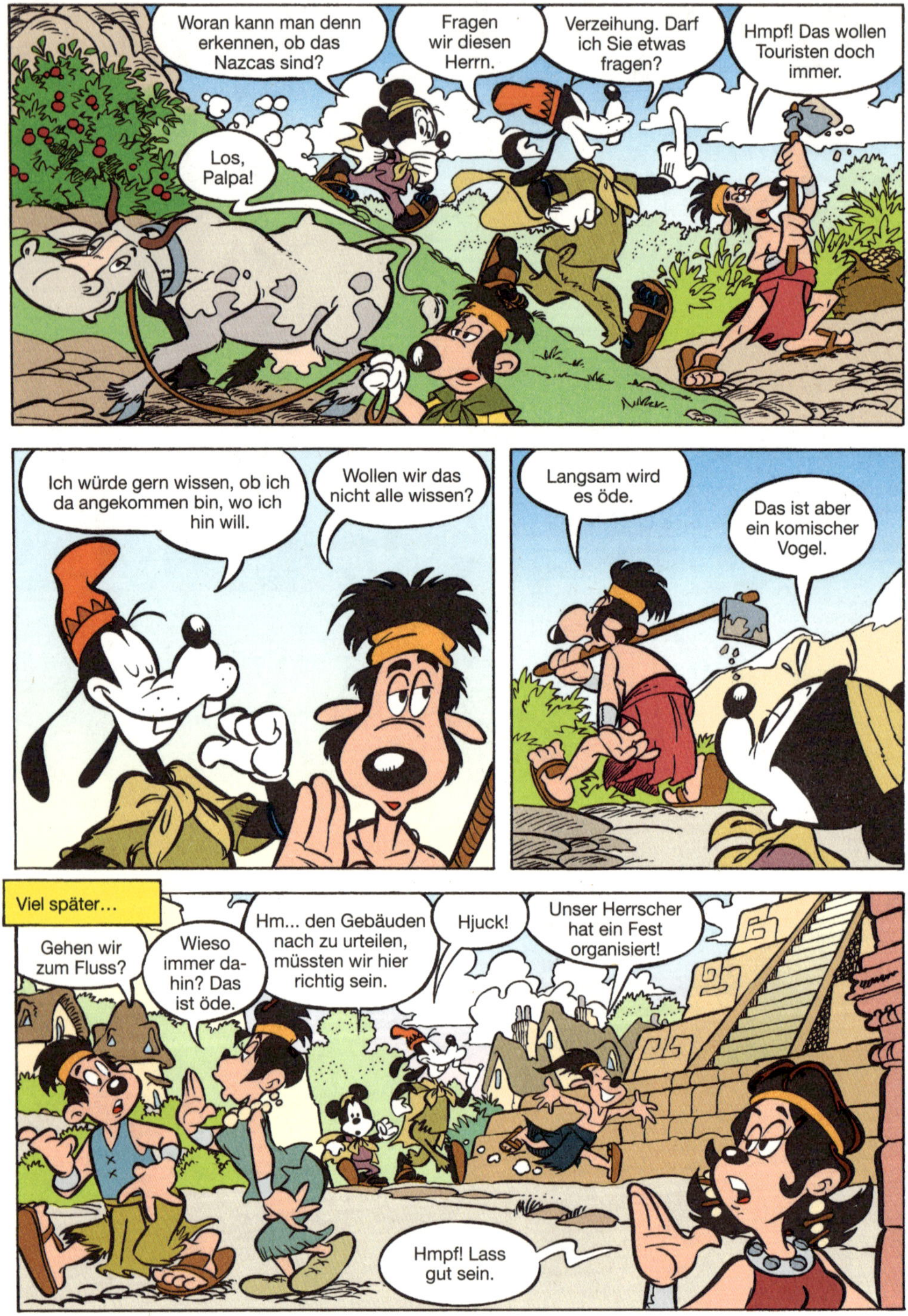
Woran kann man denn erkennen, ob das Nazcas sind?
Fragen wir diesen Herrn.
Verzeihung. Darf ich Sie etwas fragen?
Hmpf! Das wollen Touristen doch immer.
Los, Palpa!
Ich würde gern wissen, ob ich da angekommen bin, wo ich hin will.
Wollen wir das nicht alle wissen?
Langsam wird es öde.
Das ist aber ein komischer Vogel.
Viel später…
Gehen wir zum Fluss?
Wieso immer dahin? Das ist öde.
Hm… den Gebäuden nach zu urteilen, müssten wir hier richtig sein.
Hjuck!
Unser Herrscher hat ein Fest organisiert!
Hmpf! Lass gut sein.

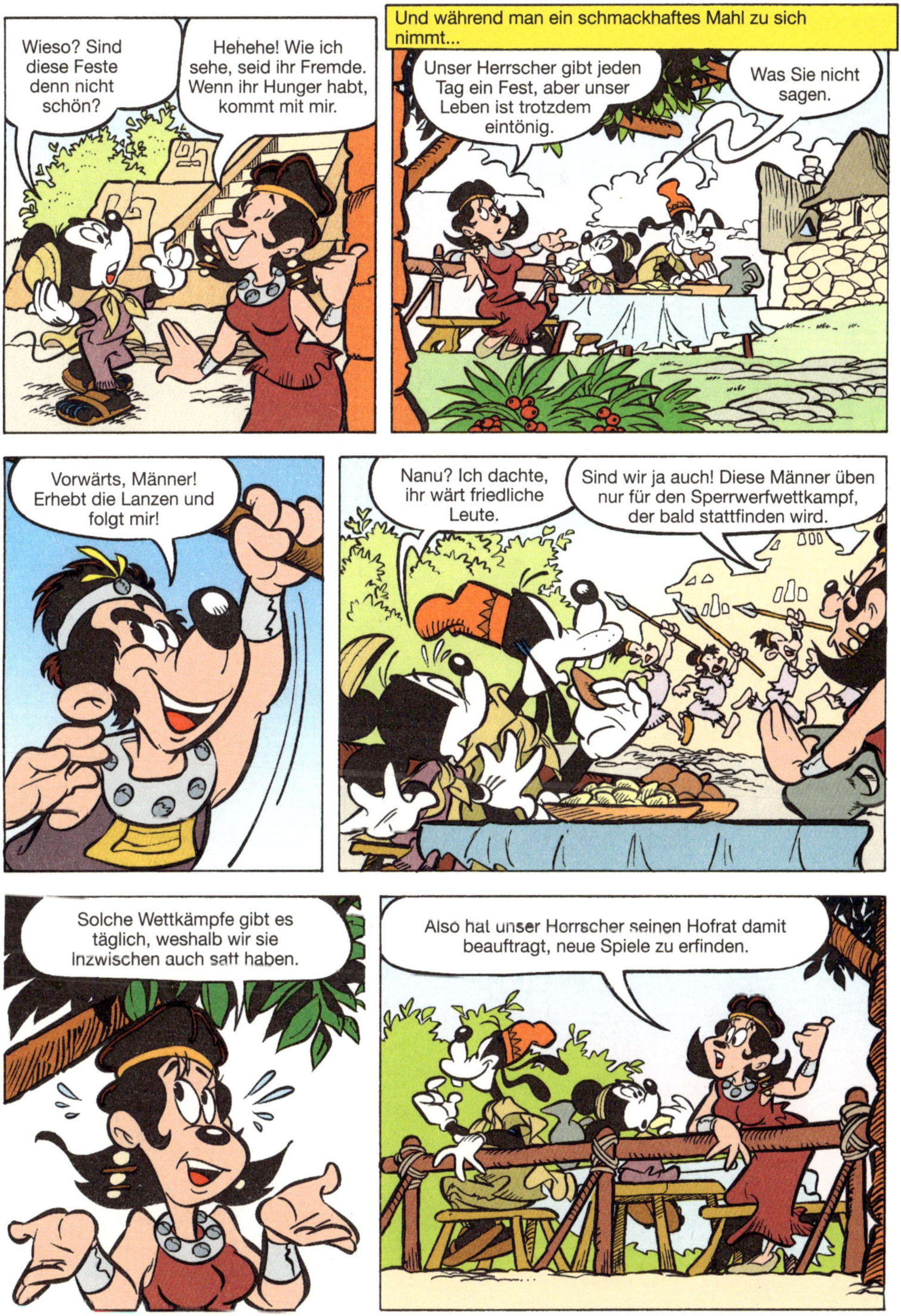

Wieso? Sind diese Feste denn nicht schön?
Hehehe! Wie ich sehe, seid ihr Fremde. Wenn ihr Hunger habt, kommt mit mir.
Und während man ein schmackhaftes Mahl zu sich nimmt...
Unser Herrscher gibt jeden Tag ein Fest, aber unser Leben ist trotzdem eintönig.
Was Sie nicht sagen.
Vorwärts, Männer! Erhebt die Lanzen und folgt mir!
Nanu? Ich dachte, ihr wärt friedliche Leute.
Sind wir ja auch! Diese Männer üben nur für den Sperrwerfwettkampf, der bald stattfinden wird.
Solche Wettkämpfe gibt es täglich, weshalb wir sie inzwischen auch satt haben.
Also hat unser Herrscher seinen Hofrat damit beauftragt, neue Spiele zu erfinden.

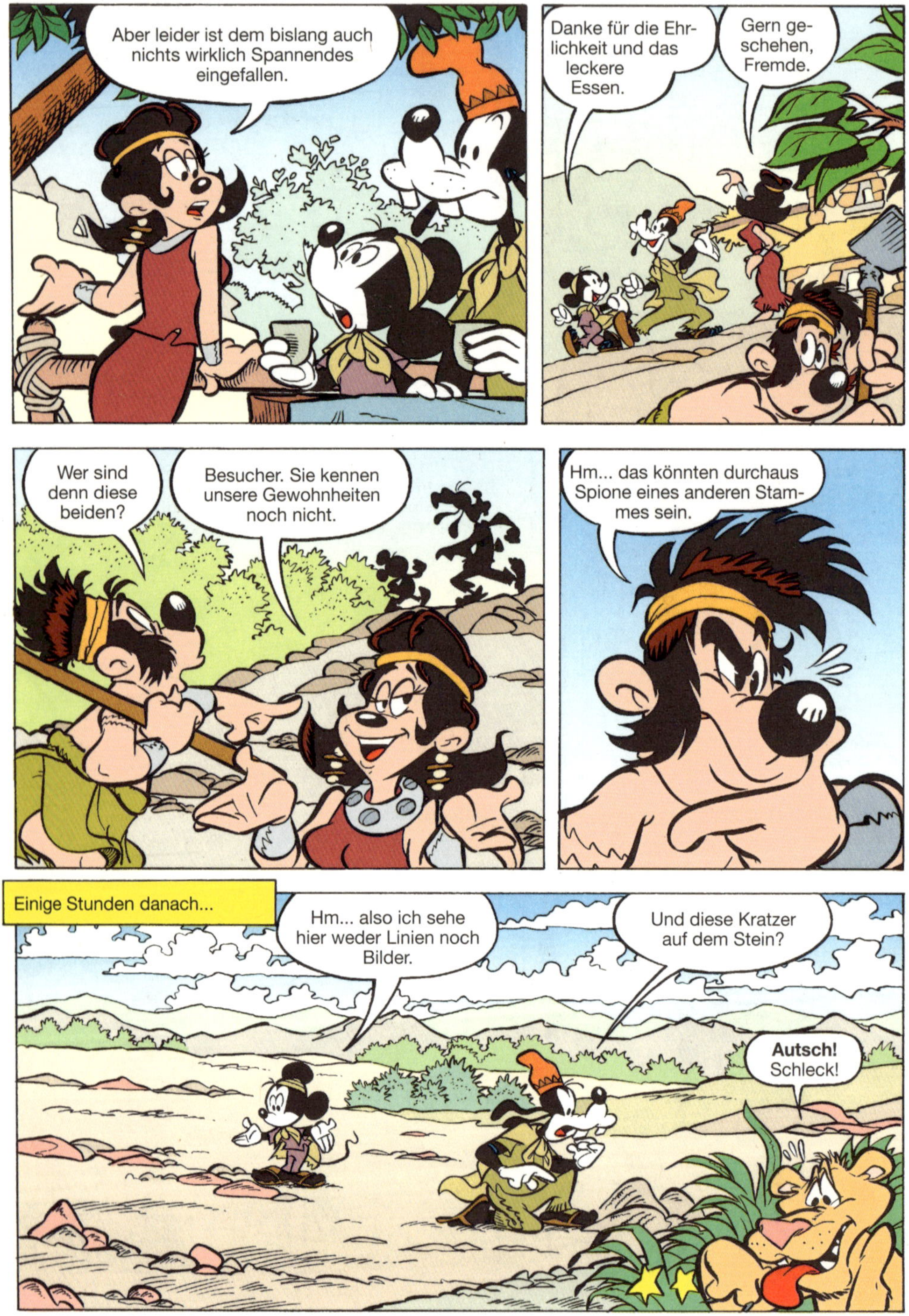
Aber leider ist dem bislang auch nichts wirklich Spannendes eingefallen.
Danke für die Ehrlichkeit und das leckere Essen.
Gern geschehen, Fremde.
Wer sind denn diese beiden?
Besucher. Sie kennen unsere Gewohnheiten noch nicht.
Hm... das könnten durchaus Spione eines anderen Stammes sein.
Einige Stunden danach...
Hm... also ich sehe hier weder Linien noch Bilder.
Und diese Kratzer auf dem Stein?
Autsch! Schleck!

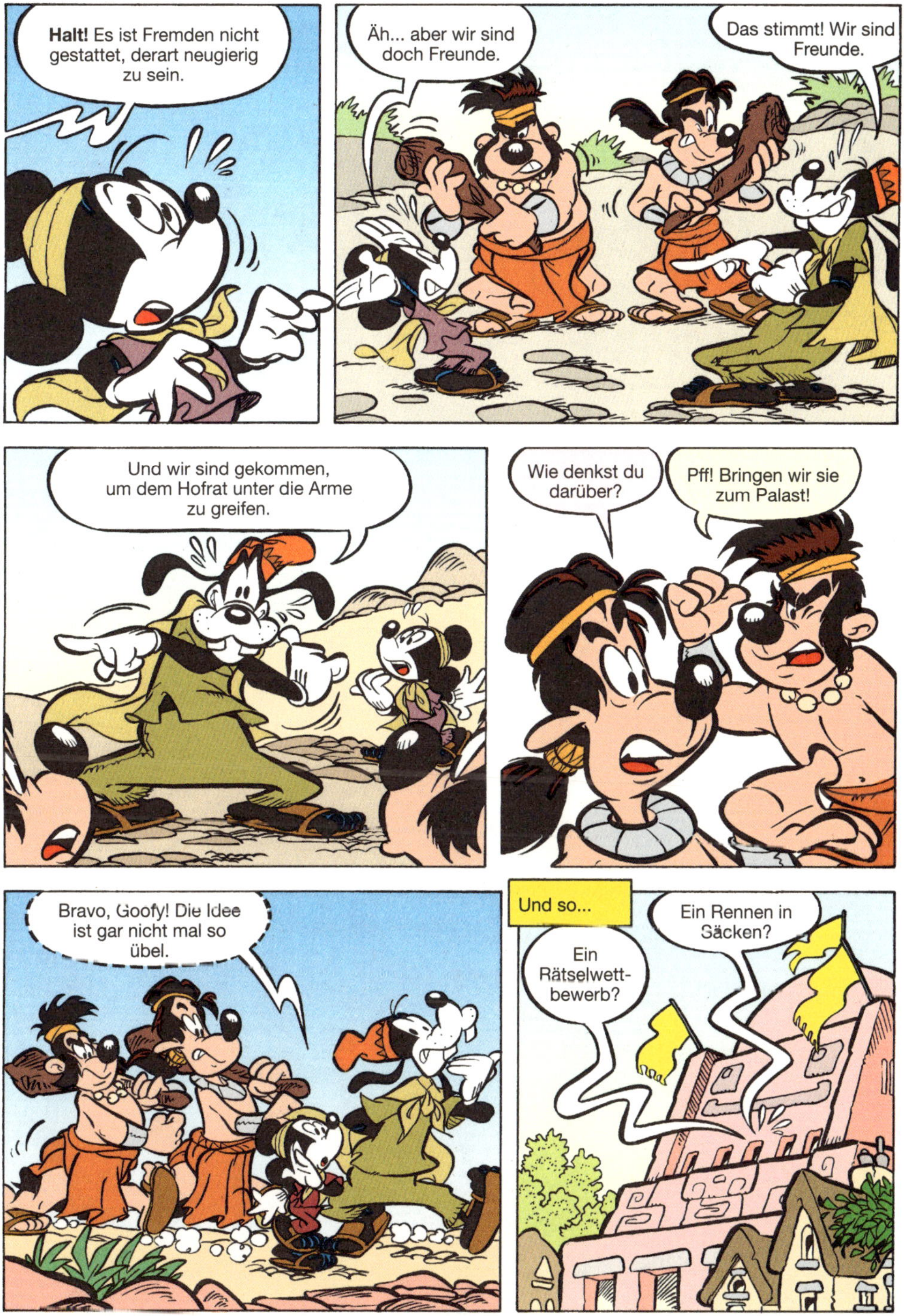
Halt! Es ist Fremden nicht gestattet, derart neugierig zu sein.
Äh... aber wir sind doch Freunde.
Das stimmt! Wir sind Freunde.
Und wir sind gekommen, um dem Hofrat unter die Arme zu greifen.
Wie denkst du darüber?
Pff! Bringen wir sie zum Palast!
Bravo, Goofy! Die Idee ist gar nicht mal so übel.
Und so...
Ein Rennen in Säcken?
Ein Rätselwett-bewerb?

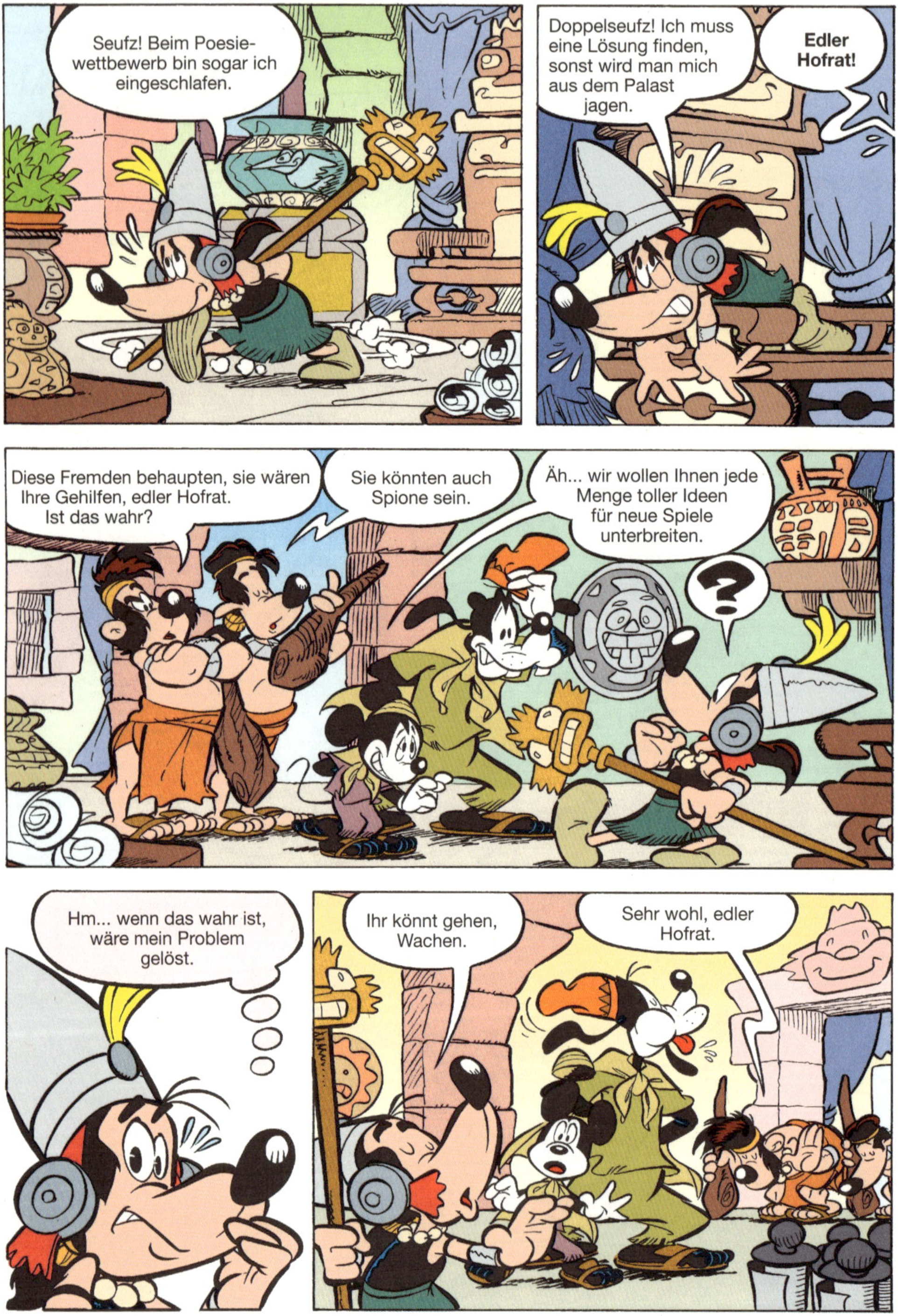
Seufz! Beim Poesie-wettbewerb bin sogar ich eingeschlafen.
Doppelseufz! Ich muss eine Lösung finden, sonst wird man mich aus dem Palast jagen.
Edler Hofrat!
Diese Fremden behaupten, sie wären Ihre Gehilfen, edler Hofrat. Ist das wahr?
Sie könnten auch Spione sein.
Äh... wir wollen Ihnen jede Menge toller Ideen für neue Spiele unterbreiten.
?
Hm... wenn das wahr ist, wäre mein Problem gelöst.
Ihr könnt gehen, Wachen.
Sehr wohl, edler Hofrat.

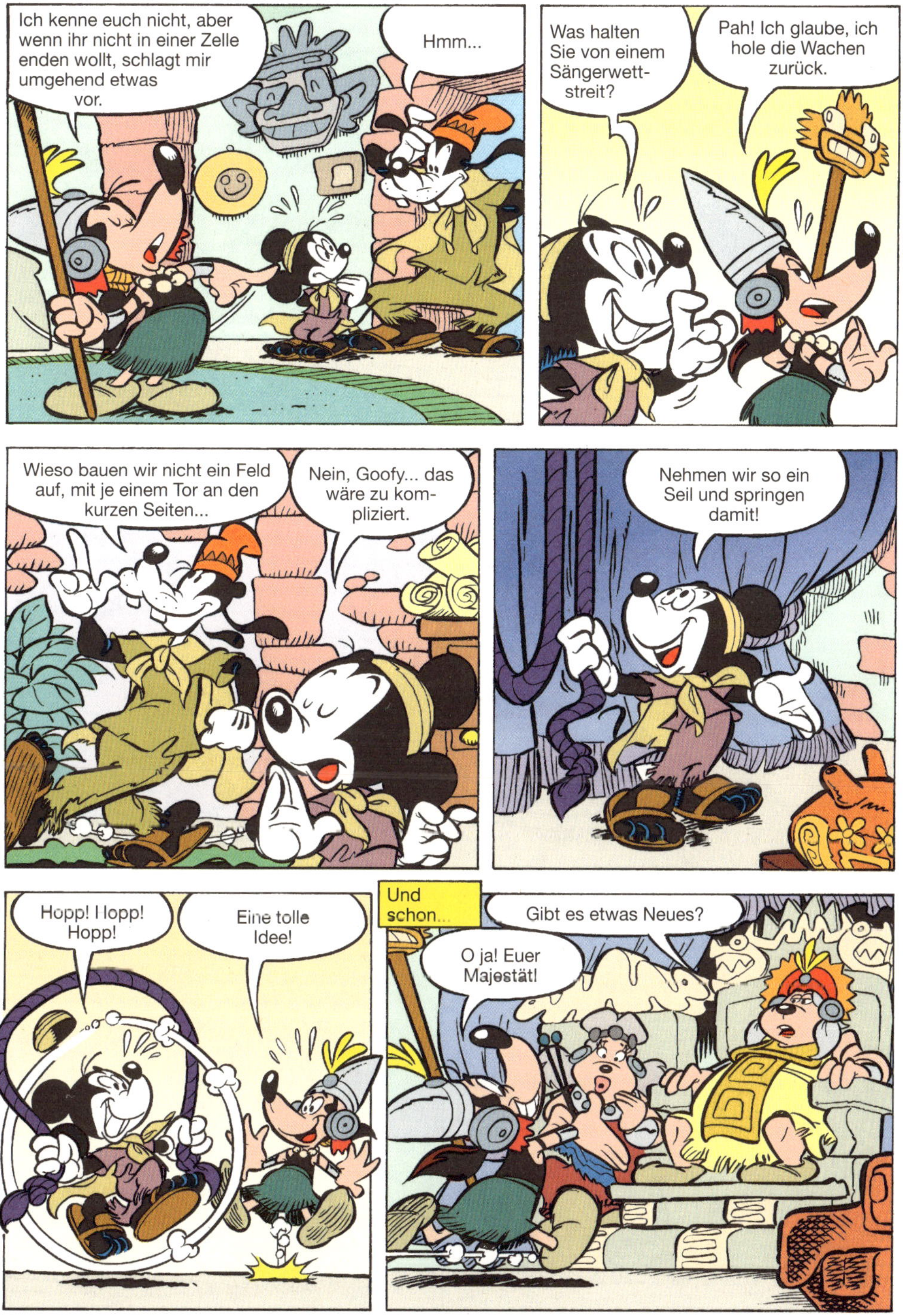
Ich kenne euch nicht, aber wenn ihr nicht in einer Zelle enden wollt, schlagt mir umgehend etwas vor.
Hmm...
Was halten Sie von einem Sängerwett-streit?
Pah! Ich glaube, ich hole die Wachen zurück.
Wieso bauen wir nicht ein Feld auf, mit je einem Tor an den kurzen Seiten...
Nein, Goofy... das wäre zu kom-pliziert.
Nehmen wir so ein Seil und springen damit!
Hopp! Hopp! Hopp!
Eine tolle Idee!
Und schon...
Gibt es etwas Neues?
O ja! Euer Majestät!

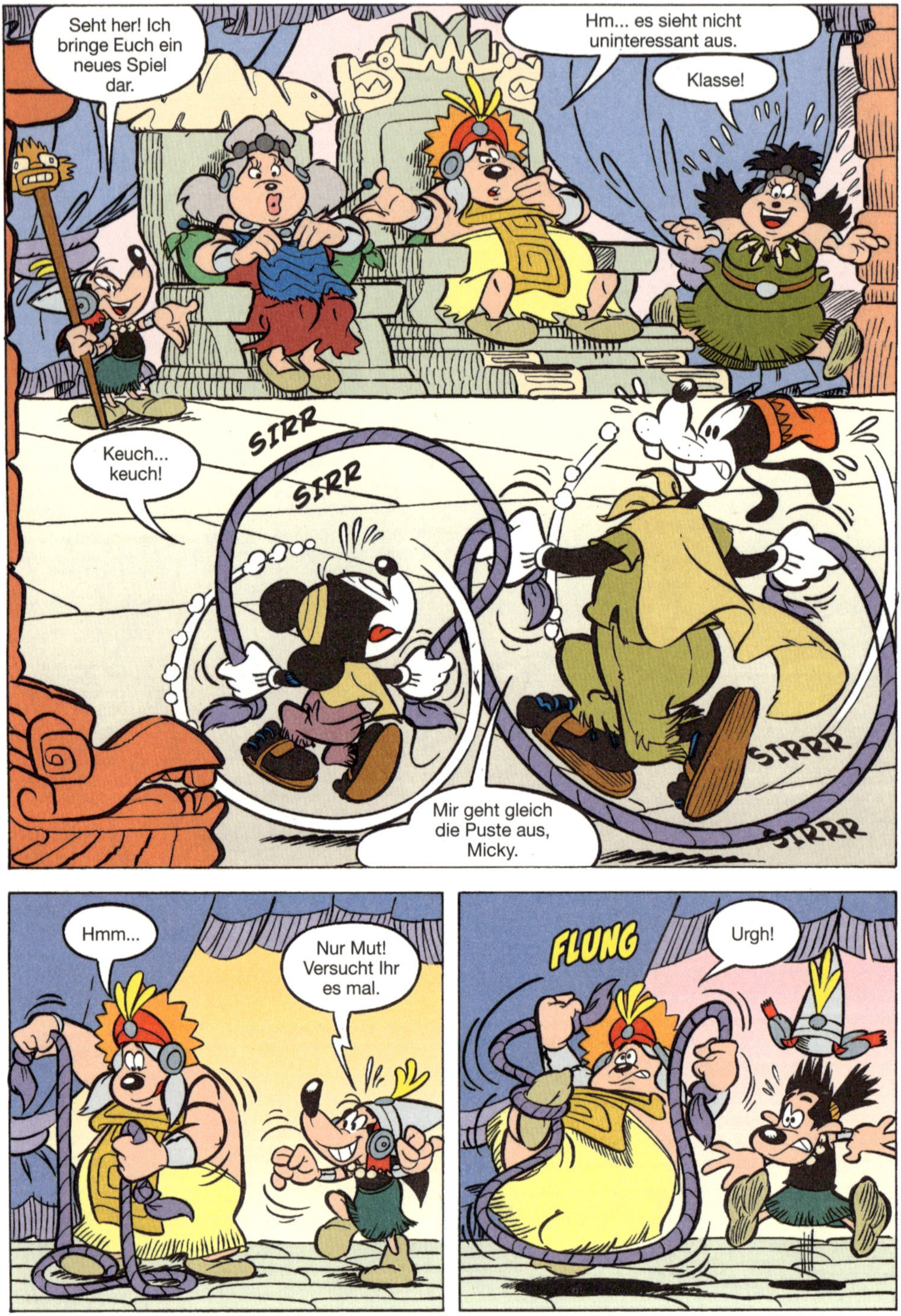
Seht her! Ich bringe Euch ein neues Spiel dar.
Hm... es sieht nicht uninteressant aus.
Klasse!
SIRR
SIRR
Keuch... keuch!
SIRRR
SIRRR
Mir geht gleich die Puste aus, Micky.
Hmm...
Nur Mut! Versucht Ihr es mal.
FLUNG
Urgh!

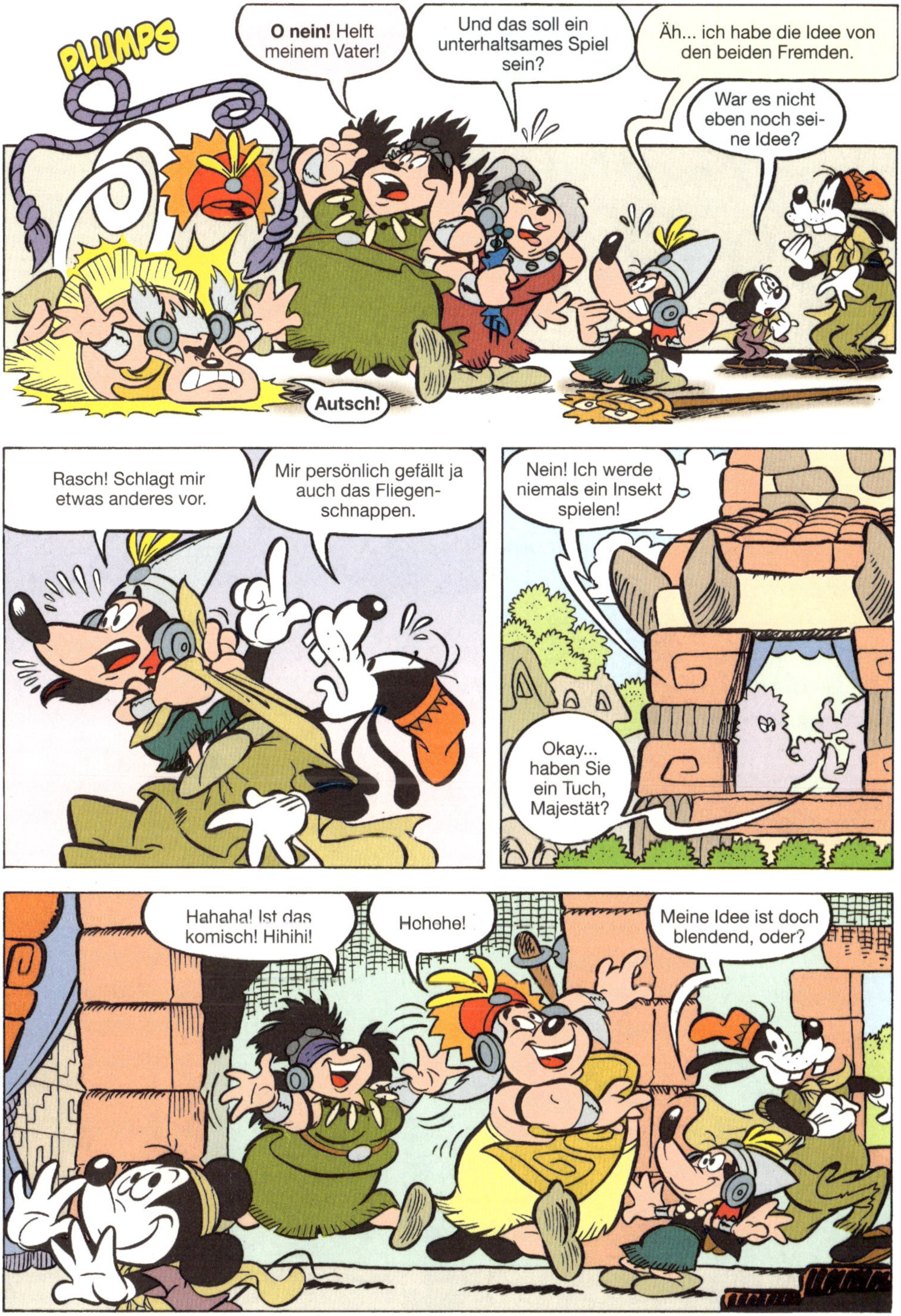

PLUMPS
O nein! Helft meinem Vater!
Autsch!
Und das soll ein unterhaltsames Spiel sein?
Äh... ich habe die Idee von den beiden Fremden.
War es nicht eben noch seine Idee?
Rasch! Schlagt mir etwas anderes vor.
Mir persönlich gefällt ja auch das Fliegen-schnappen.
Nein! Ich werde niemals ein Insekt spielen!
Okay... haben Sie ein Tuch, Majestät?
Hahaha! Ist das komisch! Hihihi!
Hohohe!
Meine Idee ist doch blendend, oder?

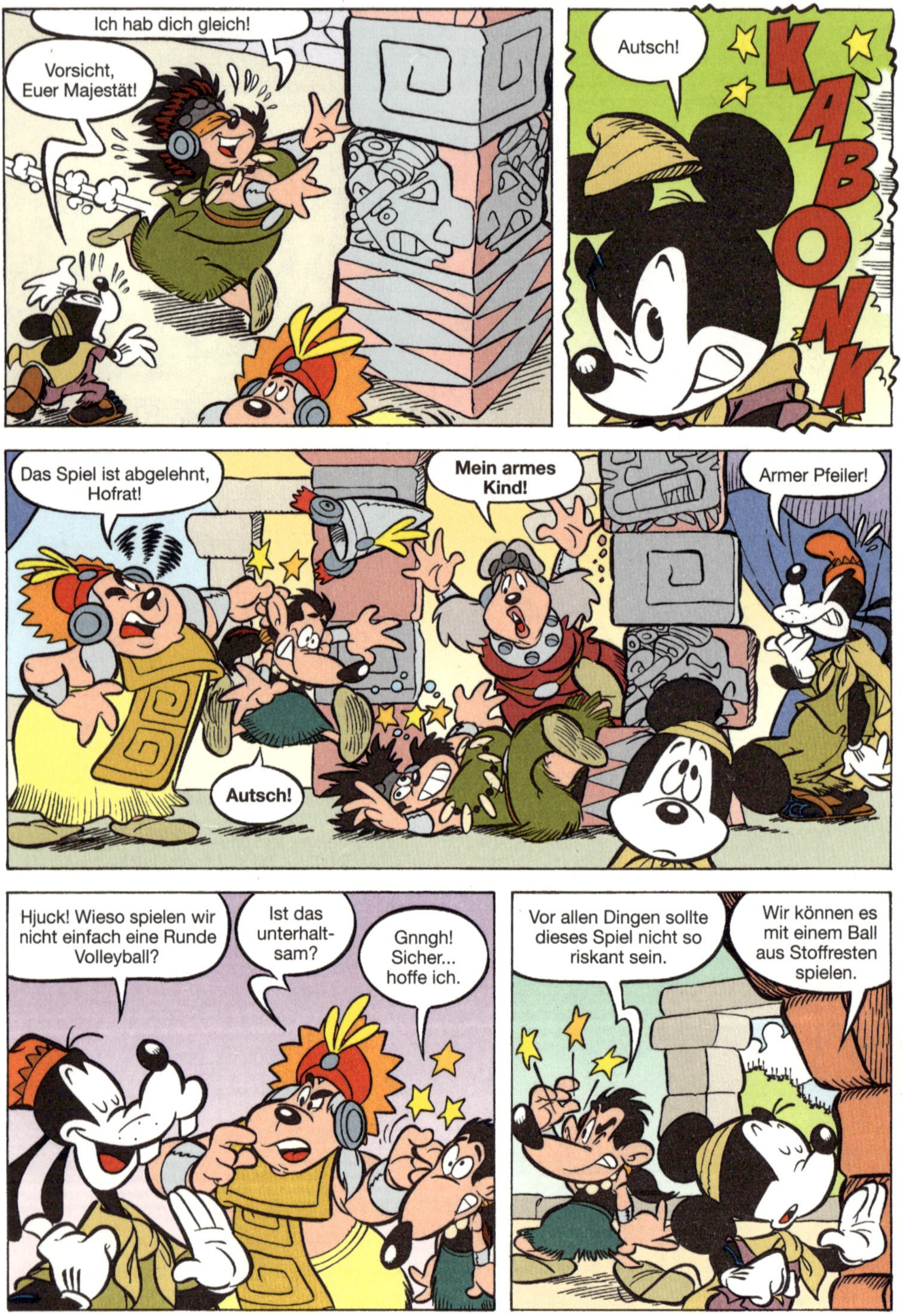
Ich hab dich gleich!
Vorsicht, Euer Majestät!
Autsch!
KABONK
Das Spiel ist abgelehnt, Hofrat!
Autsch!
Mein armes Kind!
Armer Pfeiler!
Hjuck! Wieso spielen wir nicht einfach eine Runde Volleyball?
Ist das unterhaltsam?
Gnngh! Sicher... hoffe ich.
Vor allen Dingen sollte dieses Spiel nicht so riskant sein.
Wir können es mit einem Ball aus Stoffresten spielen.

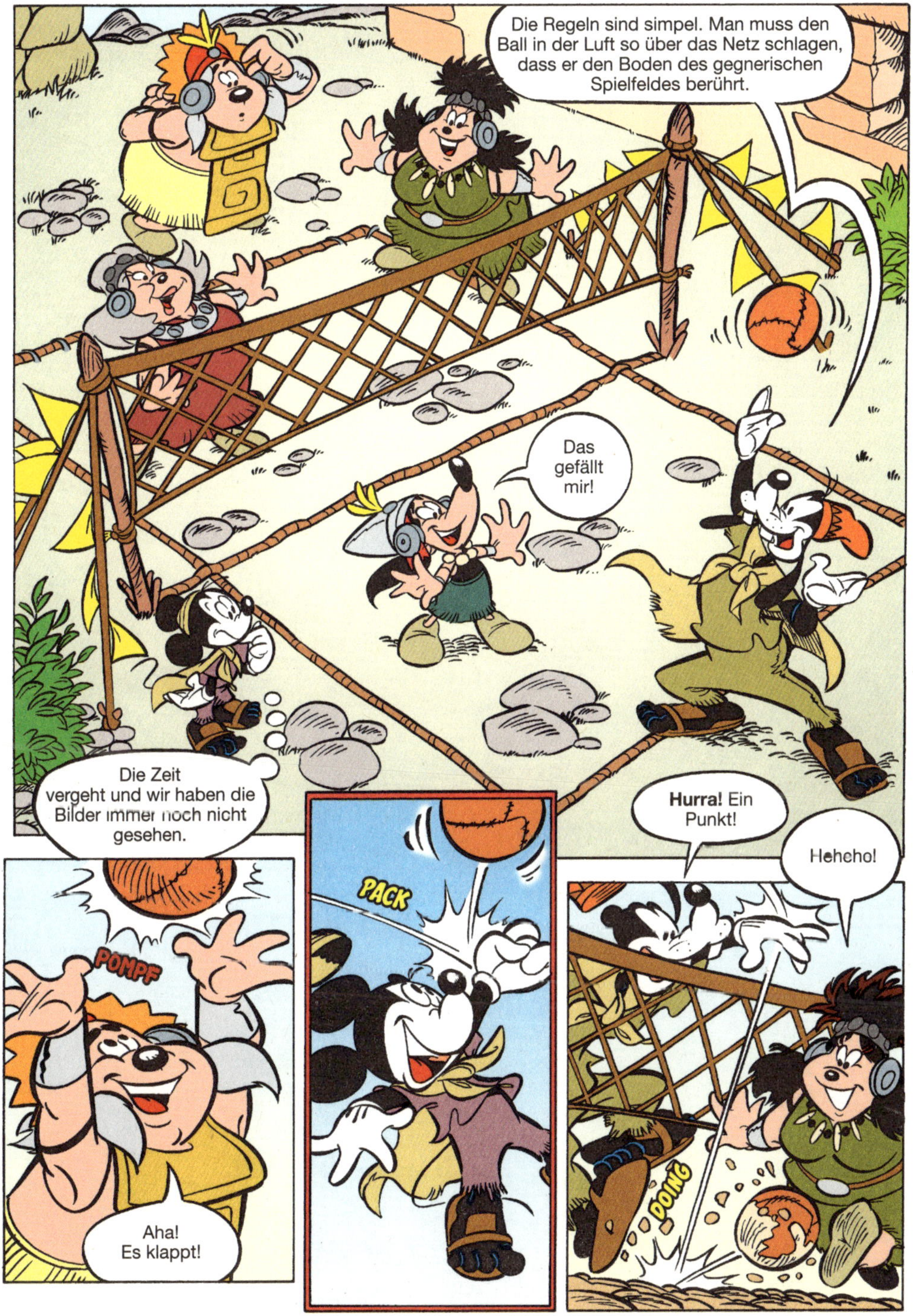
Die Regeln sind simpel. Man muss den Ball in der Luft so über das Netz schlagen, dass er den Boden des gegnerischen Spielfeldes berührt.
Das gefällt mir!
Die Zeit vergeht und wir haben die Bilder immer noch nicht gesehen.
POMPF
Aha! Es klappt!
PACK
Hurra! Ein Punkt!
Hehoho!
DOING

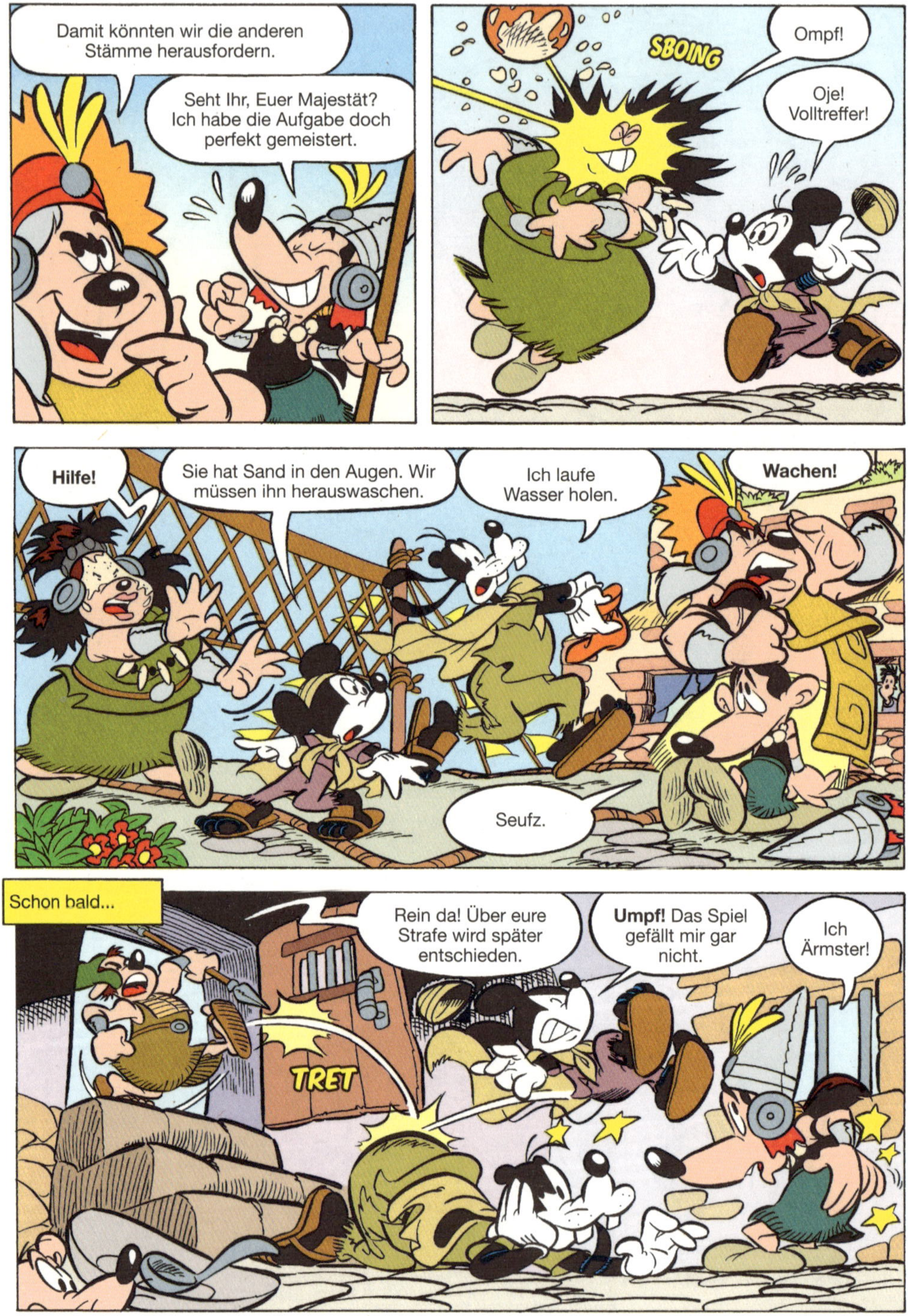
Damit könnten wir die anderen Stämme herausfordern.
Seht Ihr, Euer Majestät? Ich habe die Aufgabe doch perfekt gemeistert.
SBOING
Ompf!
Oje! Volltreffer!
Hilfe!
Sie hat Sand in den Augen. Wir müssen ihn herauswaschen.
Ich laufe Wasser holen.
Wachen!
Seufz.
Schon bald...
Rein da! Über eure Strafe wird später entschieden.
Umpf! Das Spiel gefällt mir gar nicht.
Ich Ärmster!
TRET

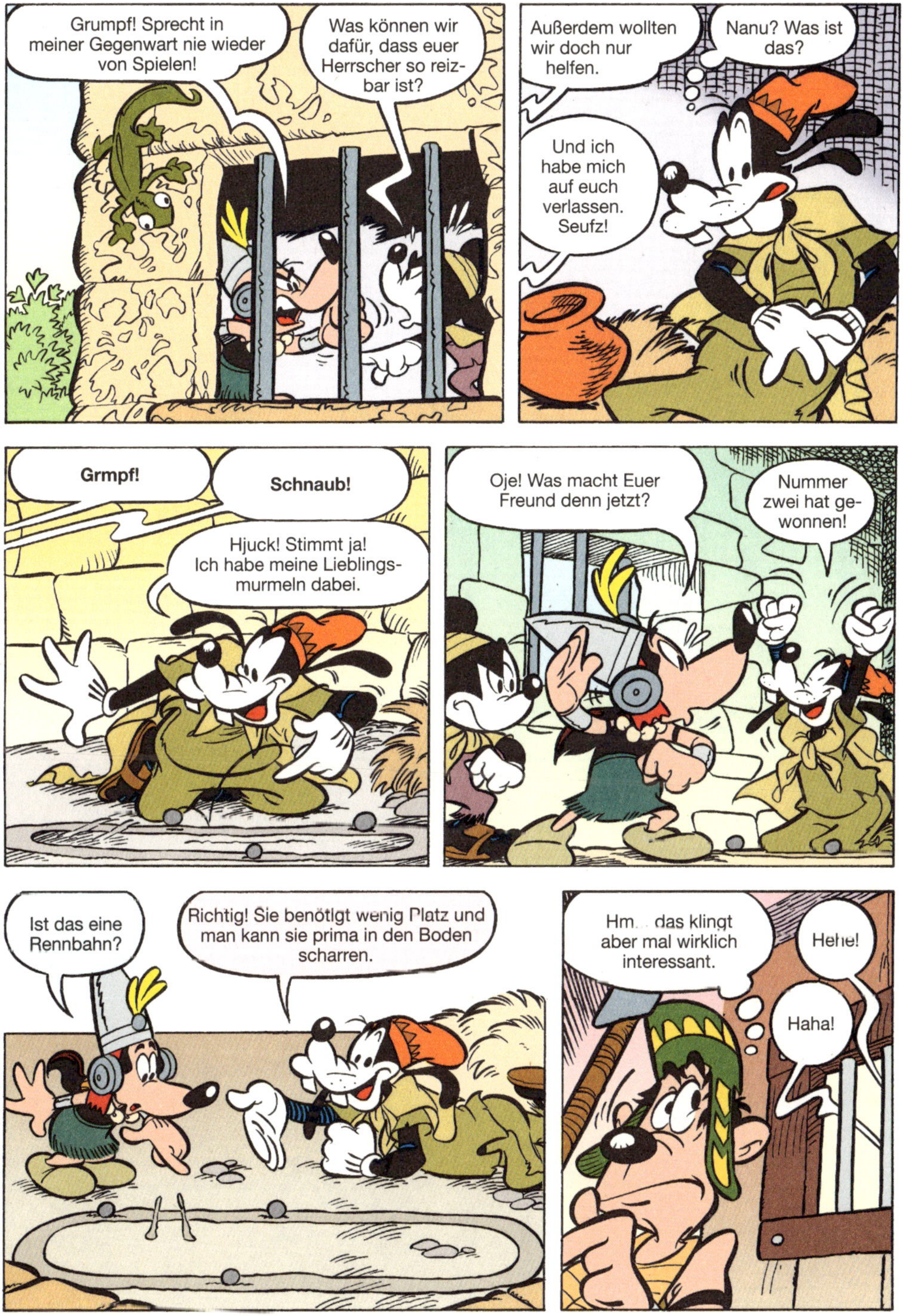
Grumpf! Sprecht in meiner Gegenwart nie wieder von Spielen!
Was können wir dafür, dass euer Herrscher so reizbar ist?
Außerdem wollten wir doch nur helfen.
Nanu? Was ist das?
Und ich habe mich auf euch verlassen. Seufz!
Grmpf!
Schnaub!
Hjuck! Stimmt ja! Ich habe meine Lieblingsmurmeln dabei.
Oje! Was macht Euer Freund denn jetzt?
Nummer zwei hat gewonnen!
Ist das eine Rennbahn?
Richtig! Sie benötigt wenig Platz und man kann sie prima in den Boden scharren.
Hm... das klingt aber mal wirklich interessant.
Hehe!
Haha!

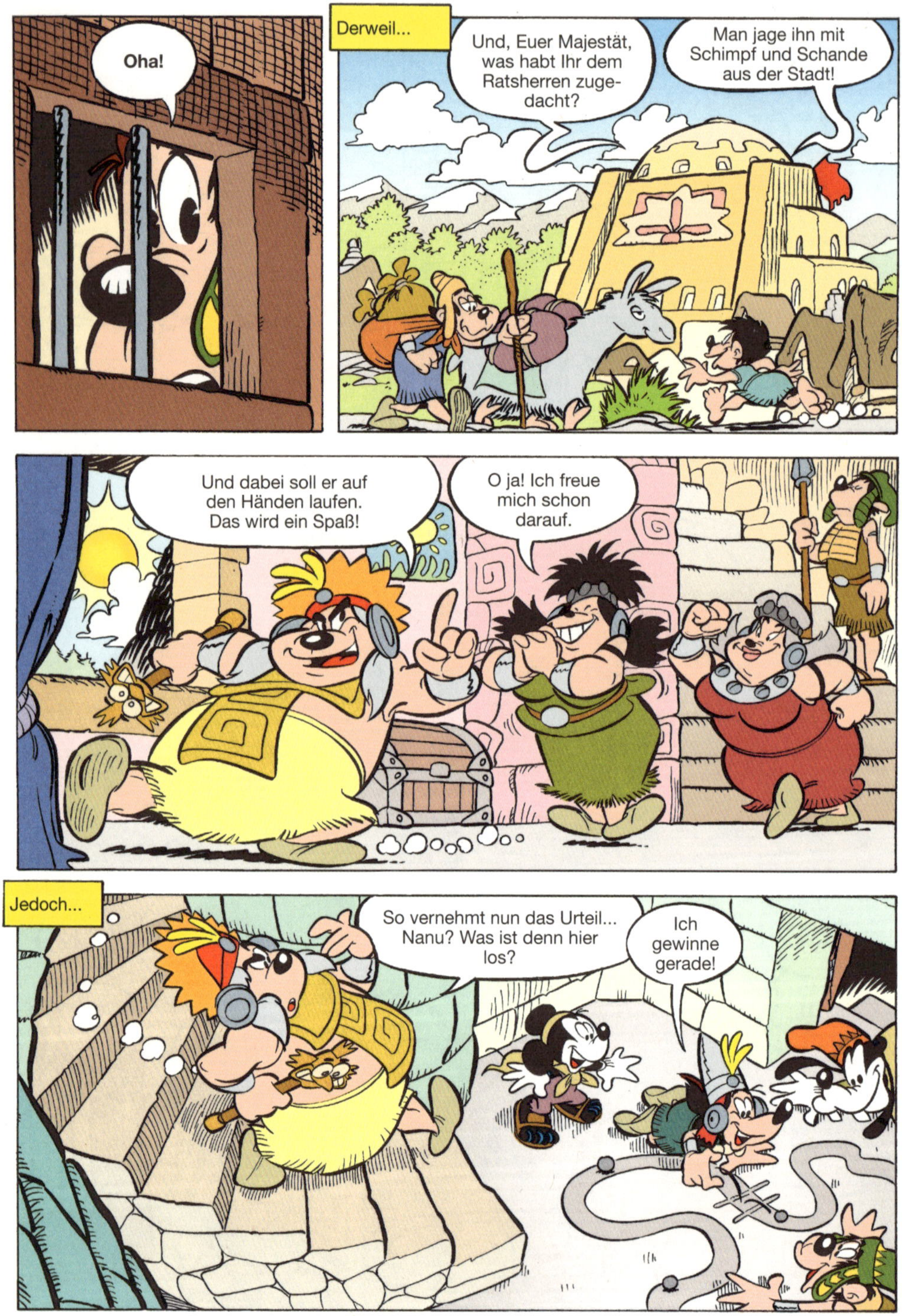
Oha!
Derweil...
Und, Euer Majestät, was habt Ihr dem Ratsherren zugedacht?
Man jage ihn mit Schimpf und Schande aus der Stadt!
Und dabei soll er auf den Händen laufen. Das wird ein Spaß!
O ja! Ich freue mich schon darauf.
Jedoch...
So vernehmt nun das Urteil... Nanu? Was ist denn hier los?
Ich gewinne gerade!

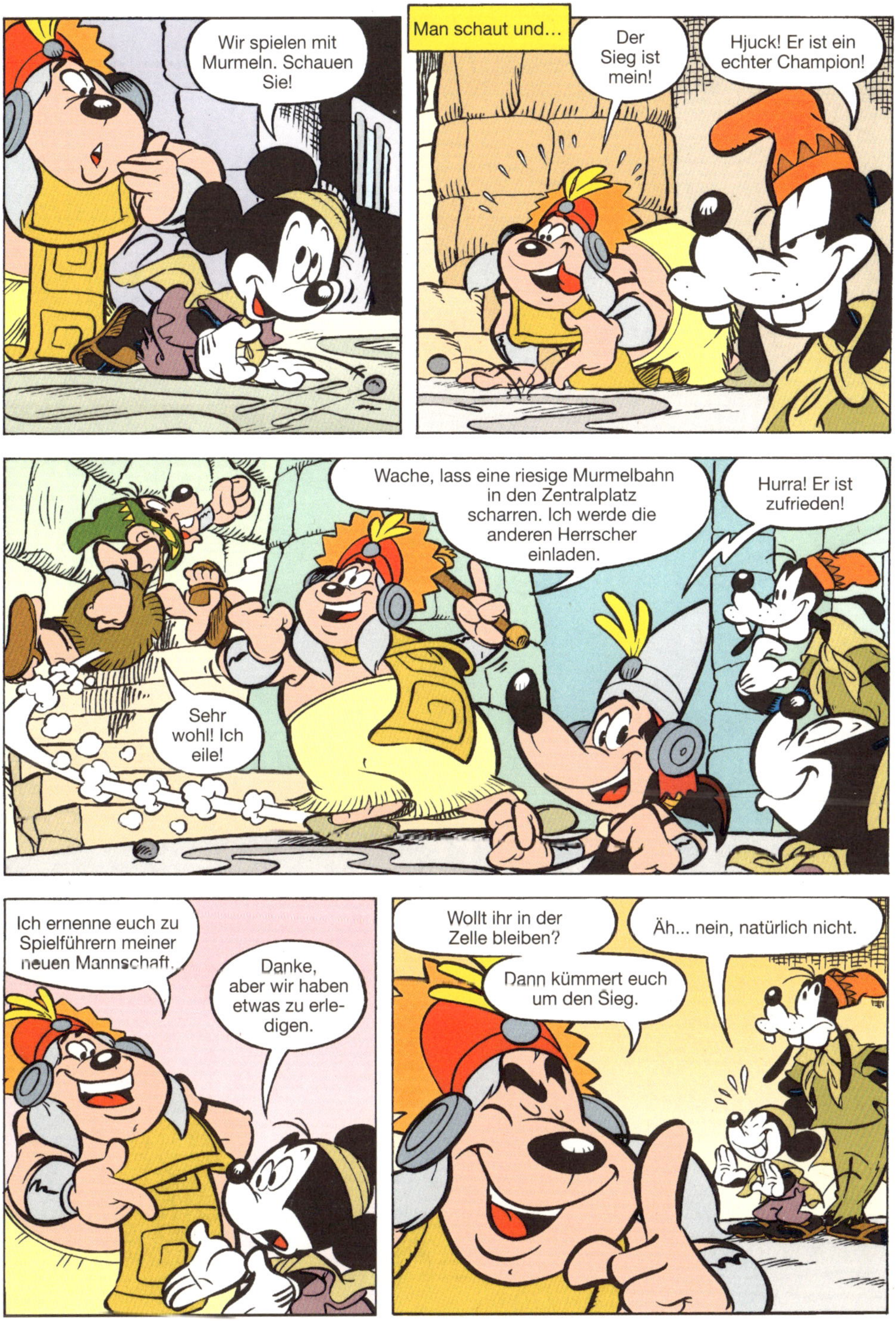
Wir spielen mit Murmeln. Schauen Sie!
Man schaut und...
Der Sieg ist mein!
Hjuck! Er ist ein echter Champion!
Wache, lass eine riesige Murmelbahn in den Zentralplatz scharren. Ich werde die anderen Herrscher einladen.
Hurra! Er ist zufrieden!
Sehr wohl! Ich eile!
Ich ernenne euch zu Spielführern meiner neuen Mannschaft.
Danke, aber wir haben etwas zu erle- digen.
Wollt ihr in der Zelle bleiben?
Äh... nein, natürlich nicht.
Dann kümmert euch um den Sieg.

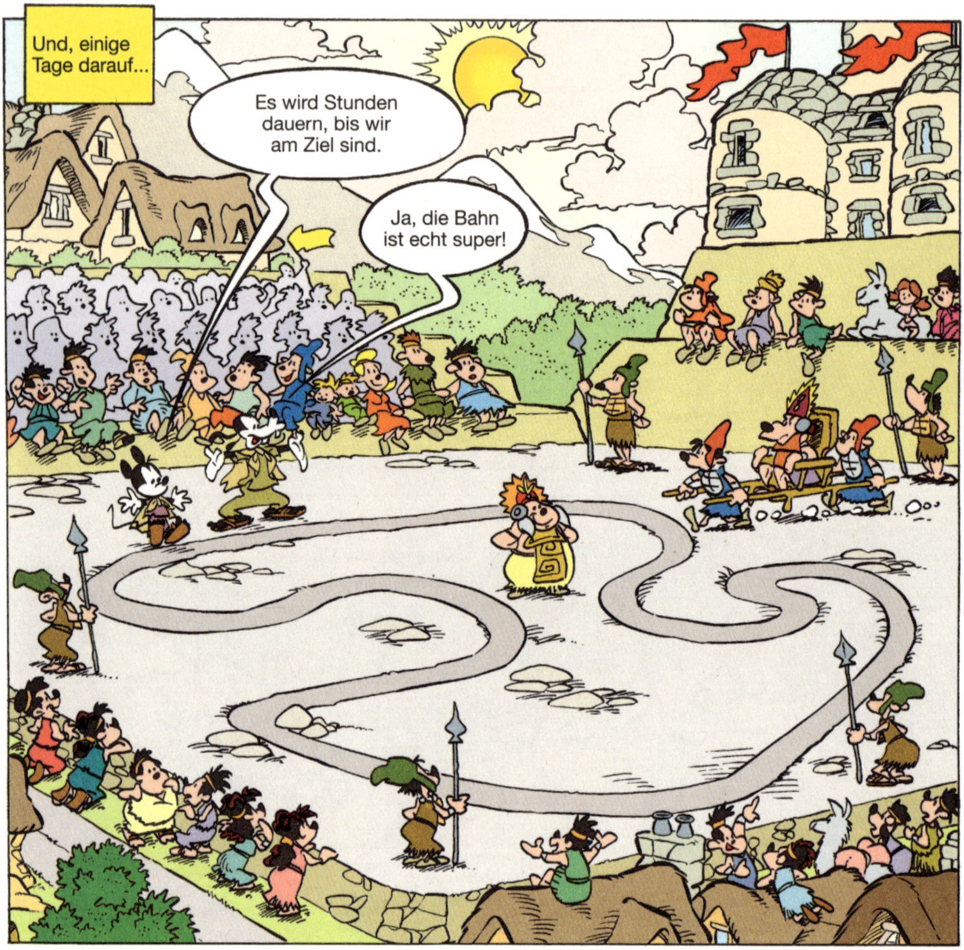

Und, einige Tage darauf...
Es wird Stunden dauern, bis wir am Ziel sind.
Ja, die Bahn ist echt super!

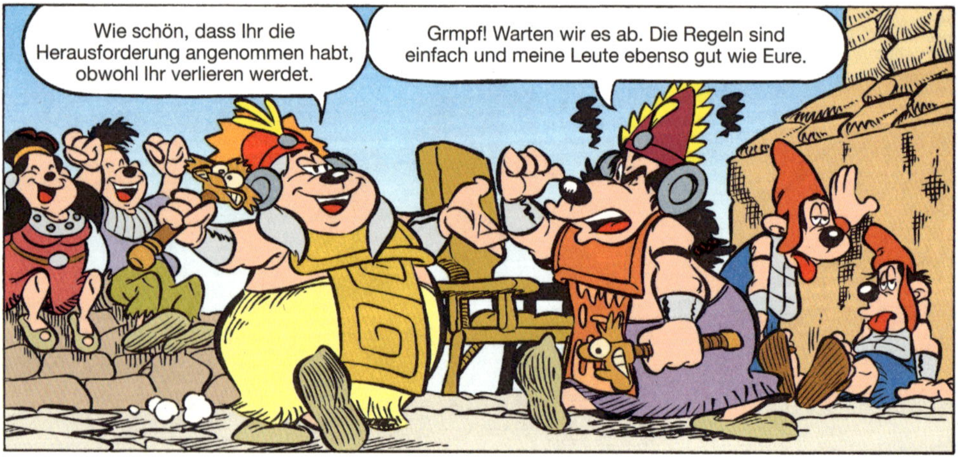

Wie schön, dass Ihr die Herausforderung angenommen habt, obwohl Ihr verlieren werdet.
Grmpf! Warten wir es ab. Die Regeln sind einfach und meine Leute ebenso gut wie Eure.

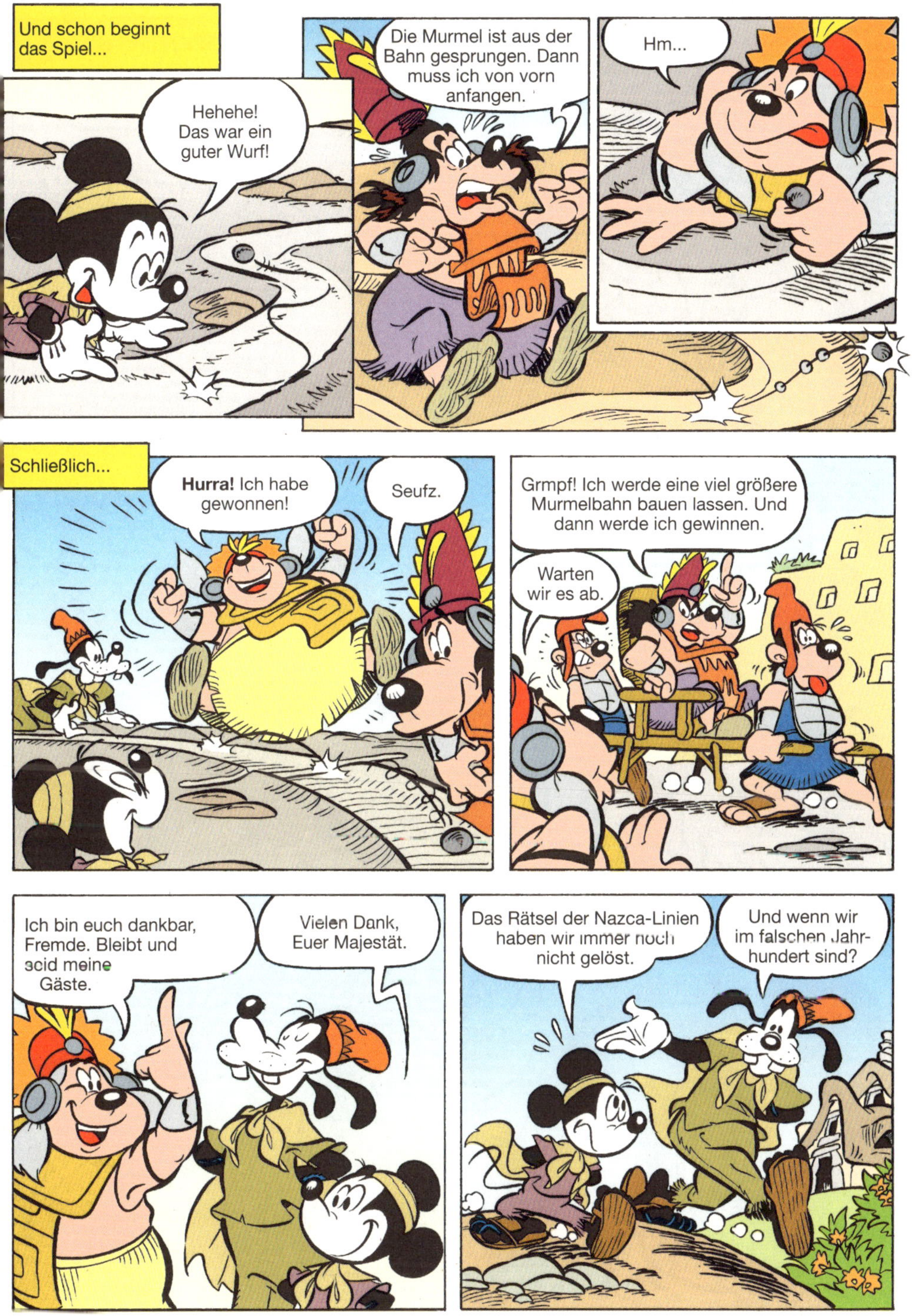

Und schon beginnt das Spiel...
Hehehe! Das war ein guter Wurf!
Die Murmel ist aus der Bahn gesprungen. Dann muss ich von vorn anfangen.
Hm...
Schließlich...
Hurra! Ich habe gewonnen!
Seufz.
Grmpf! Ich werde eine viel größere Murmelbahn bauen lassen. Und dann werde ich gewinnen.
Warten wir es ab.
Ich bin euch dankbar, Fremde. Bleibt und seid meine Gäste.
Vielen Dank, Euer Majestät.
Das Rätsel der Nazca-Linien haben wir immer noch nicht gelöst.
Und wenn wir im falschen Jahrhundert sind?

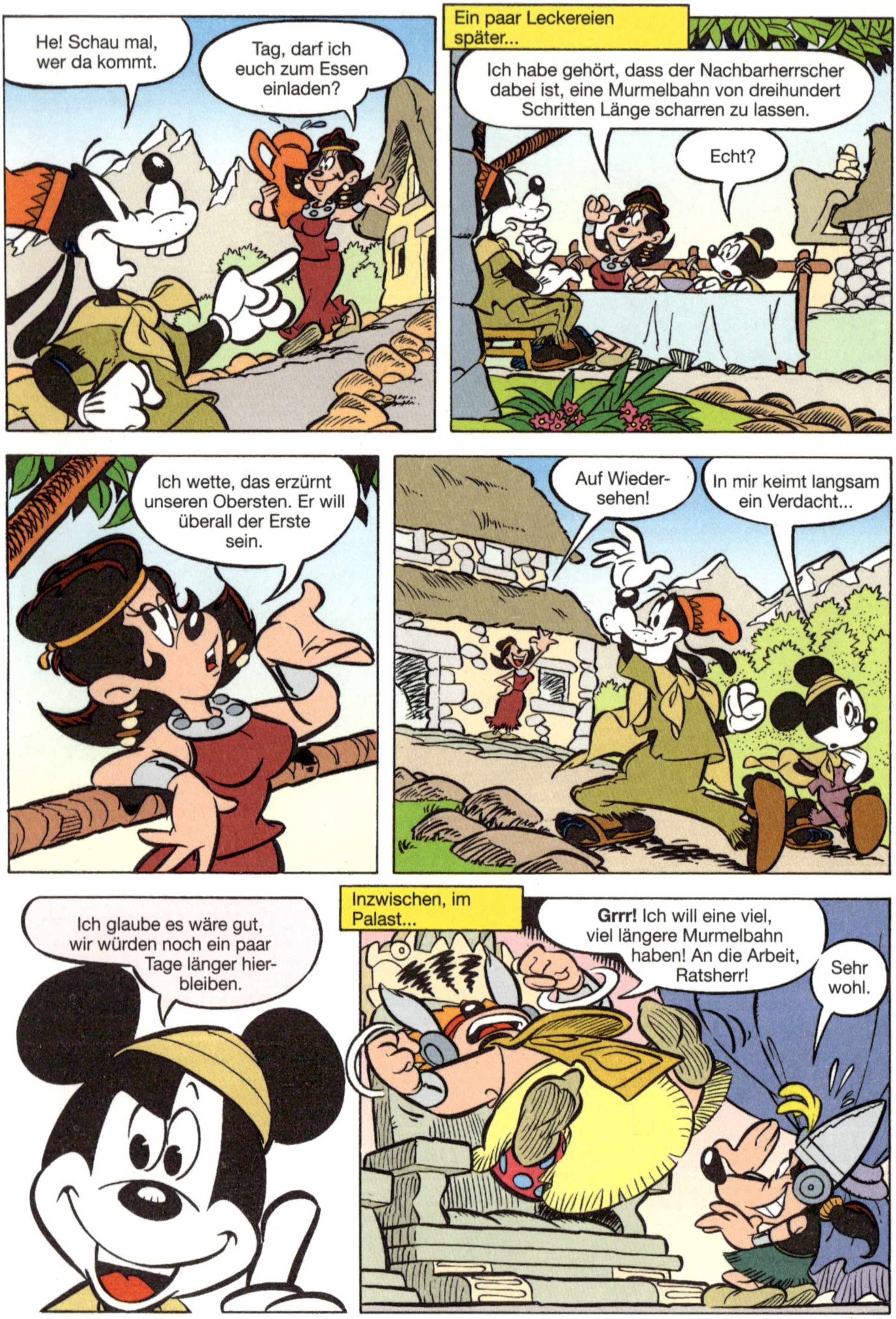
He! Schau mal, wer da kommt.
Tag, darf ich euch zum Essen einladen?
Ein paar Leckereien später...
Ich habe gehört, dass der Nachbarherrscher dabei ist, eine Murmelbahn von dreihundert Schritten Länge scharren zu lassen.
Echt?
Ich wette, das erzürnt unseren Obersten. Er will überall der Erste sein.
Auf Wieder-sehen!
In mir keimt langsam ein Verdacht...
Ich glaube es wäre gut, wir würden noch ein paar Tage länger hier-bleiben.
Inzwischen, im Palast...
Grrr! Ich will eine viel, viel längere Murmelbahn haben! An die Arbeit, Ratsherr!
Sehr wohl.

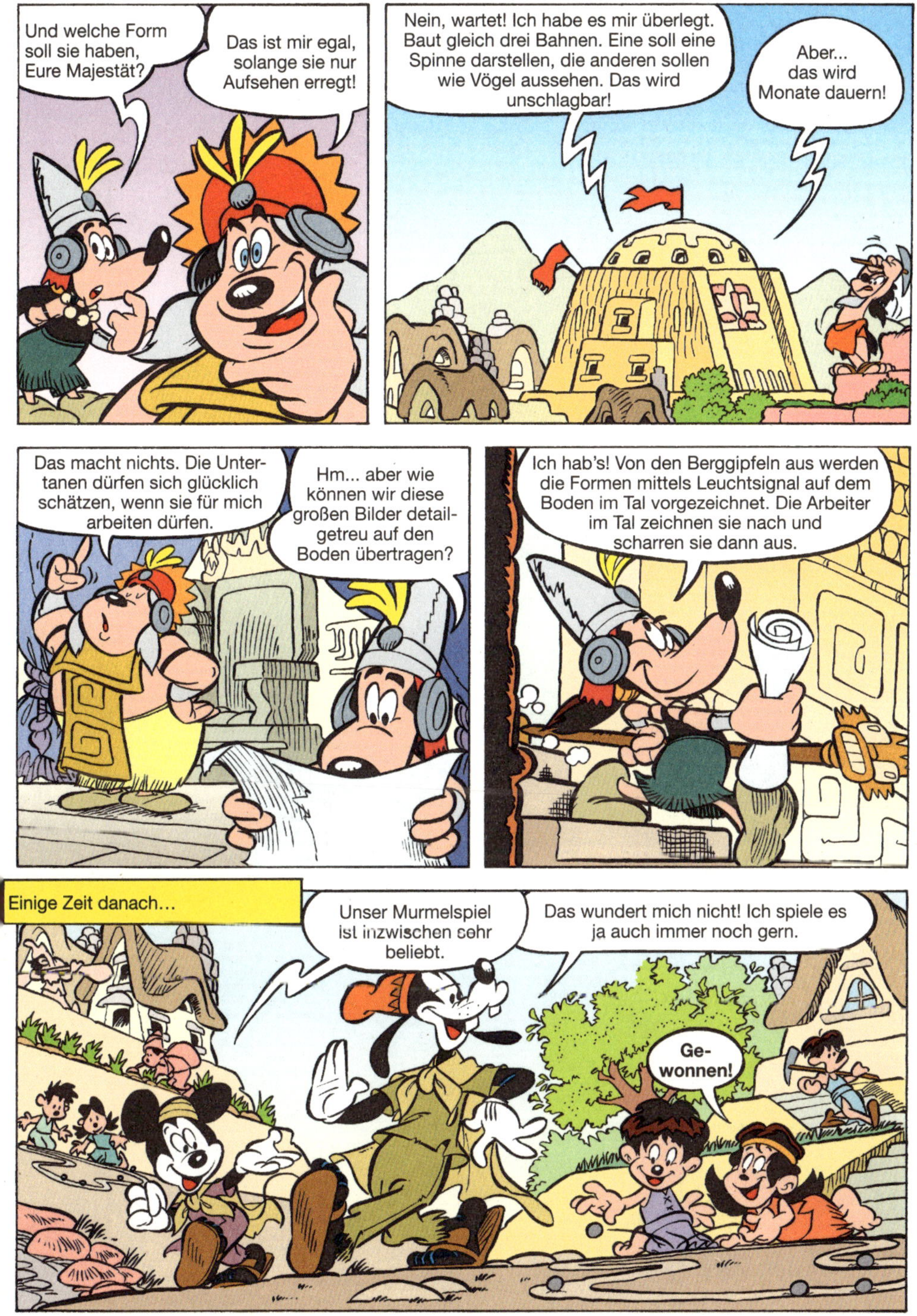
Und welche Form soll sie haben, Eure Majestät?
Das ist mir egal, solange sie nur Aufsehen erregt!
Nein, wartet! Ich habe es mir überlegt. Baut gleich drei Bahnen. Eine soll eine Spinne darstellen, die anderen sollen wie Vögel aussehen. Das wird unschlagbar!
Aber... das wird Monate dauern!
Das macht nichts. Die Untertanen dürfen sich glücklich schätzen, wenn sie für mich arbeiten dürfen.
Hm... aber wie können wir diese großen Bilder detailgetreu auf den Boden übertragen?
Ich hab's! Von den Berggipfeln aus werden die Formen mittels Leuchtsignal auf dem Boden im Tal vorgezeichnet. Die Arbeiter im Tal zeichnen sie nach und scharren sie dann aus.
Einige Zeit danach...
Unser Murmelspiel ist inzwischen sehr beliebt.
Das wundert mich nicht! Ich spiele es ja auch immer noch gern.
Ge-wonnen!

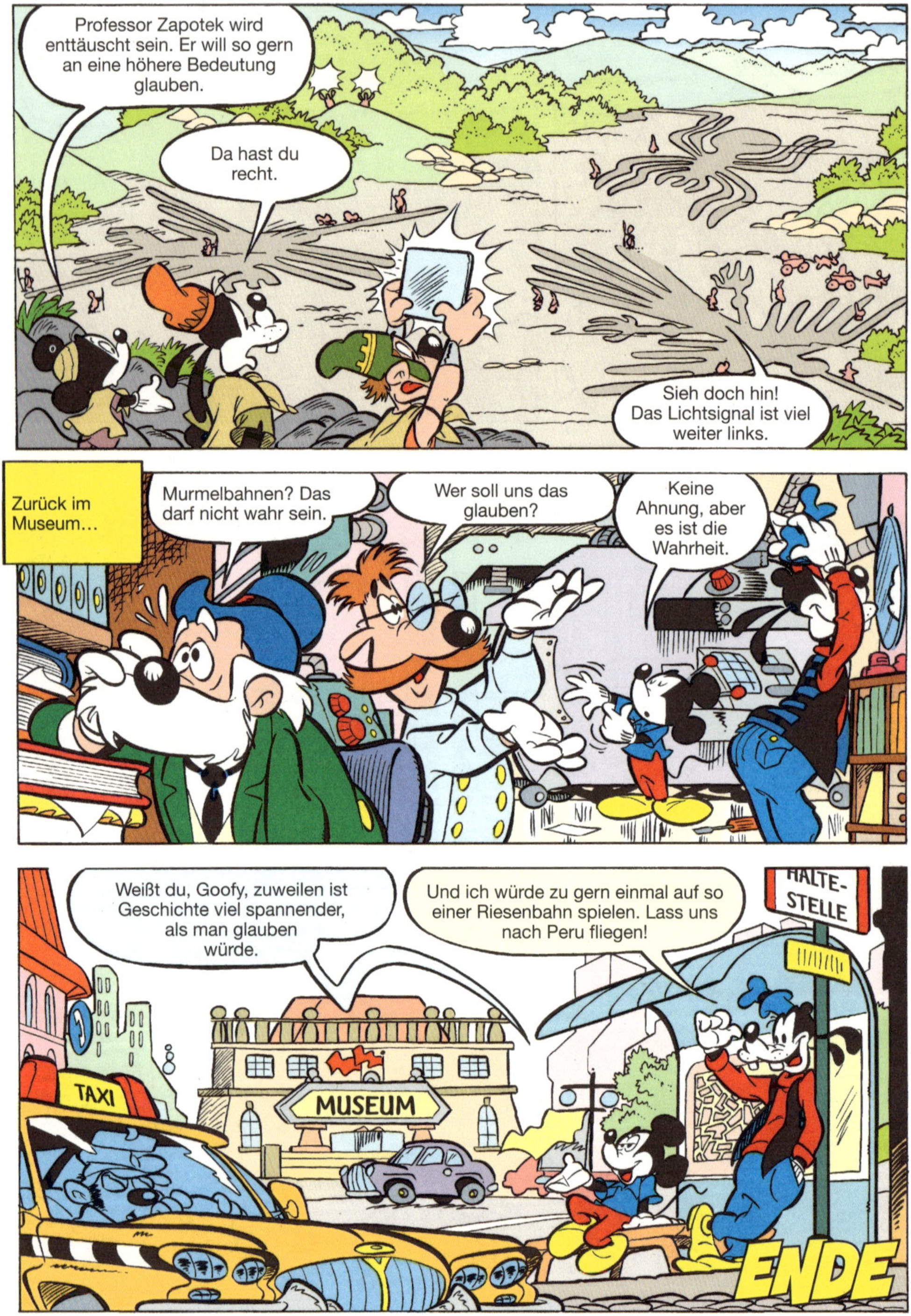
Professor Zapotek wird enttäuscht sein. Er will so gern an eine höhere Bedeutung glauben.
Da hast du recht.
Sieh doch hin! Das Lichtsignal ist viel weiter links.
Zurück im Museum…
Murmelbahnen? Das darf nicht wahr sein.
Wer soll uns das glauben?
Keine Ahnung, aber es ist die Wahrheit.
HALTE-STELLE
Weißt du, Goofy, zuweilen ist Geschichte viel spannender, als man glauben würde.
Und ich würde zu gern einmal auf so einer Riesenbahn spielen. Lass uns nach Peru fliegen!
TAXI
MUSEUM
ENDE

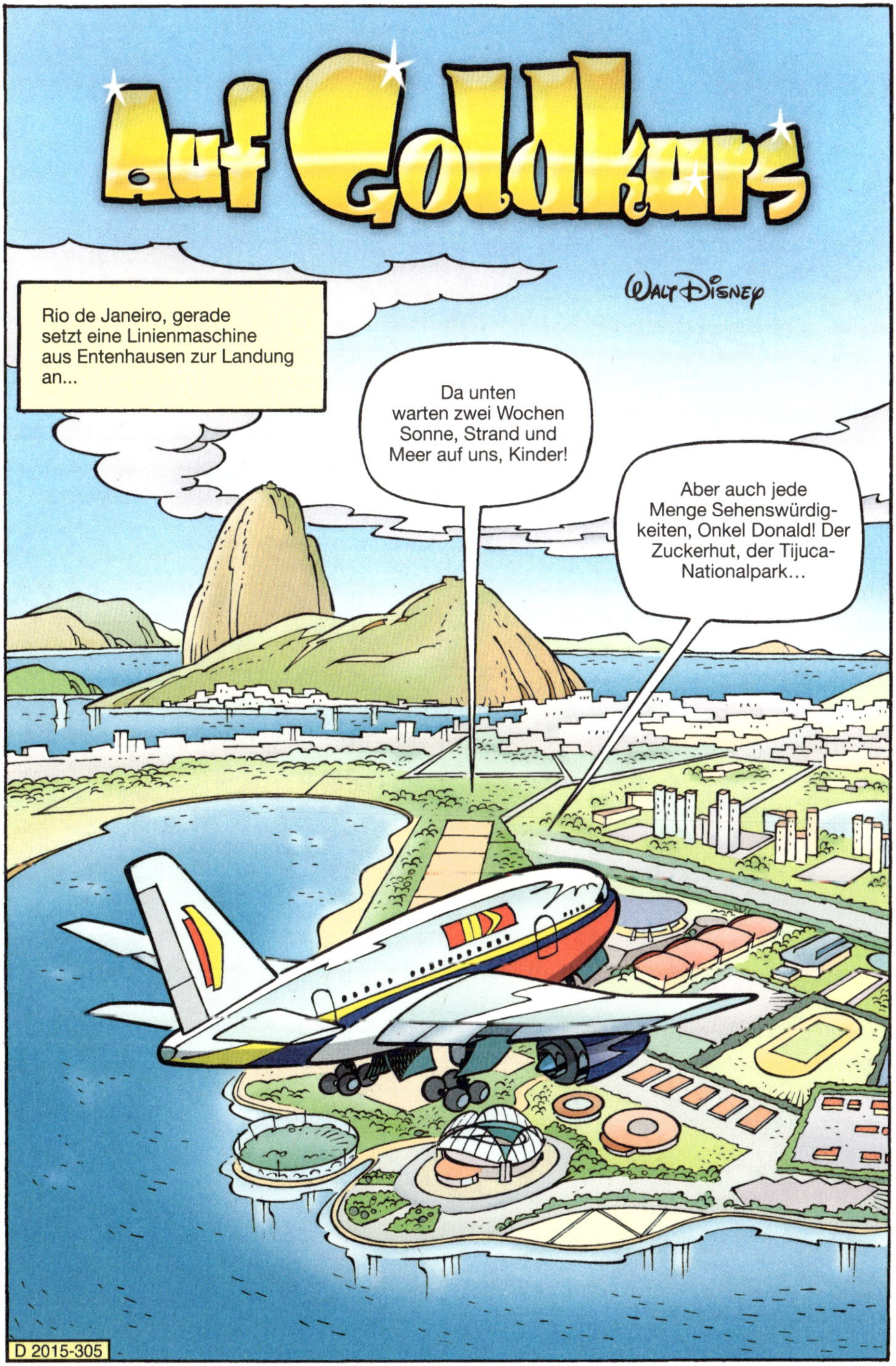

Carol & **Pat McGreal** (Story), **Massimo Fecchi** (Zeichnungen)

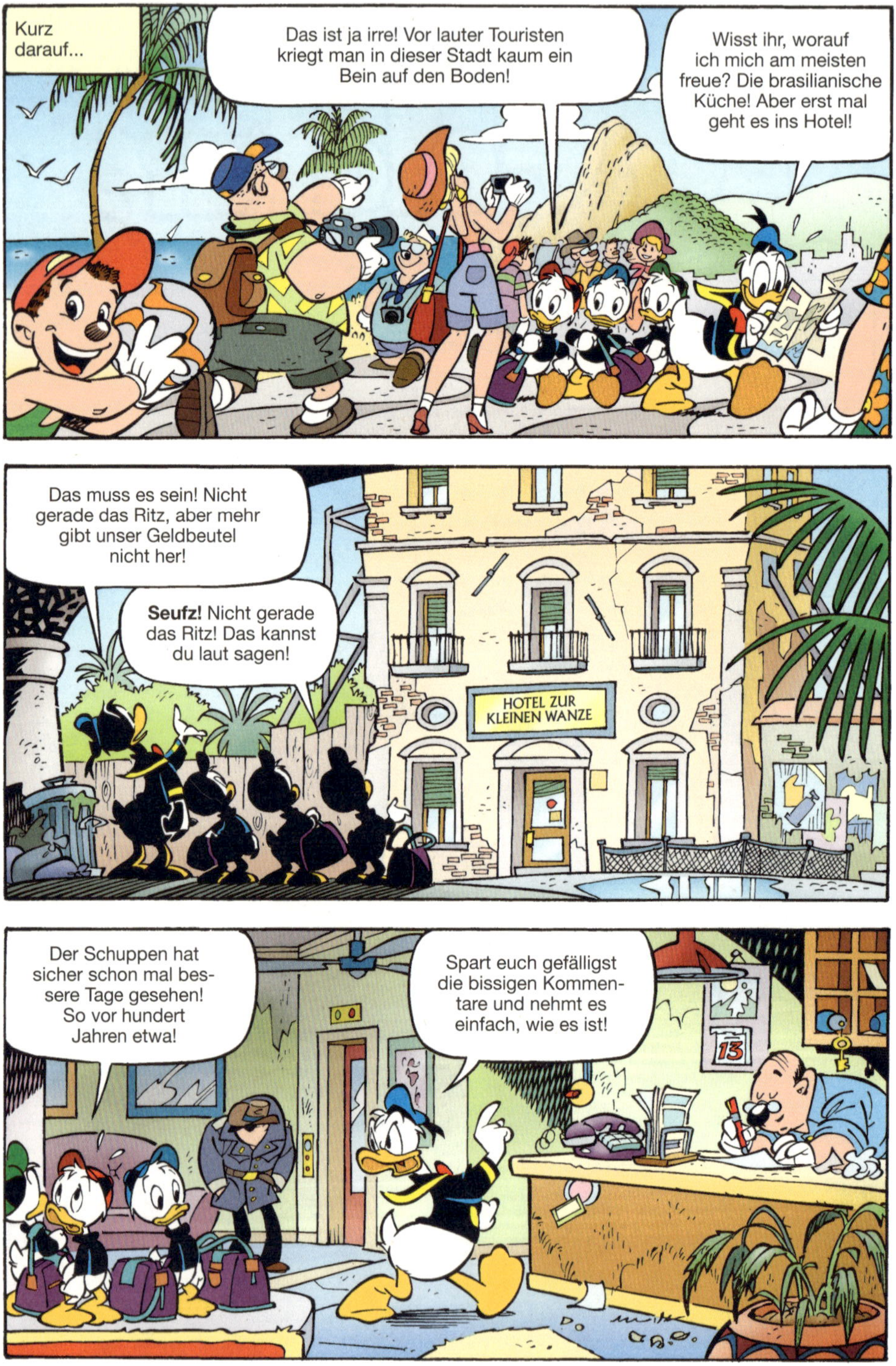
Kurz darauf...
Das ist ja irre! Vor lauter Touristen kriegt man in dieser Stadt kaum ein Bein auf den Boden!
Wisst ihr, worauf ich mich am meisten freue? Die brasilianische Küche! Aber erst mal geht es ins Hotel!
Das muss es sein! Nicht gerade das Ritz, aber mehr gibt unser Geldbeutel nicht her!
Seufz! Nicht gerade das Ritz! Das kannst du laut sagen!
HOTEL ZUR KLEINEN WANZE
Der Schuppen hat sicher schon mal bessere Tage gesehen! So vor hundert Jahren etwa!
Spart euch gefälligst die bissigen Kommentare und nehmt es einfach, wie es ist!
13

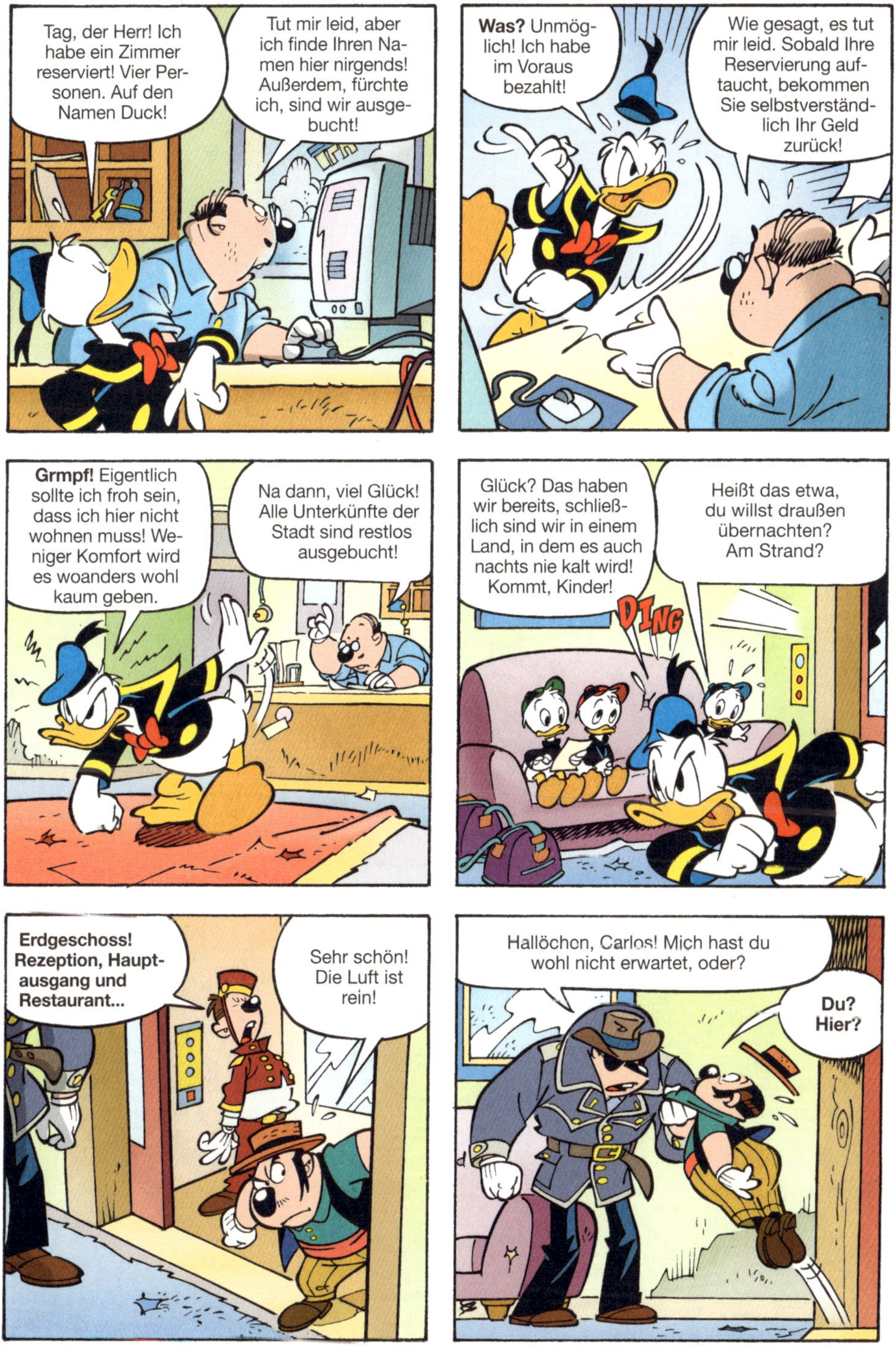
Tag, der Herr! Ich habe ein Zimmer reserviert! Vier Personen. Auf den Namen Duck!
Tut mir leid, aber ich finde Ihren Namen hier nirgends! Außerdem, fürchte ich, sind wir ausgebucht!
Was? Unmöglich! Ich habe im Voraus bezahlt!
Wie gesagt, es tut mir leid. Sobald Ihre Reservierung auftaucht, bekommen Sie selbstverständlich Ihr Geld zurück!
Grmpf! Eigentlich sollte ich froh sein, dass ich hier nicht wohnen muss! Weniger Komfort wird es woanders wohl kaum geben.
Na dann, viel Glück! Alle Unterkünfte der Stadt sind restlos ausgebucht!
Glück? Das haben wir bereits, schließlich sind wir in einem Land, in dem es auch nachts nie kalt wird! Kommt, Kinder!
Heißt das etwa, du willst draußen übernachten? Am Strand?
DING
Erdgeschoss! Rezeption, Hauptausgang und Restaurant...
Sehr schön! Die Luft ist rein!
Hallöchen, Carlos! Mich hast du wohl nicht erwartet, oder?
Du? Hier?

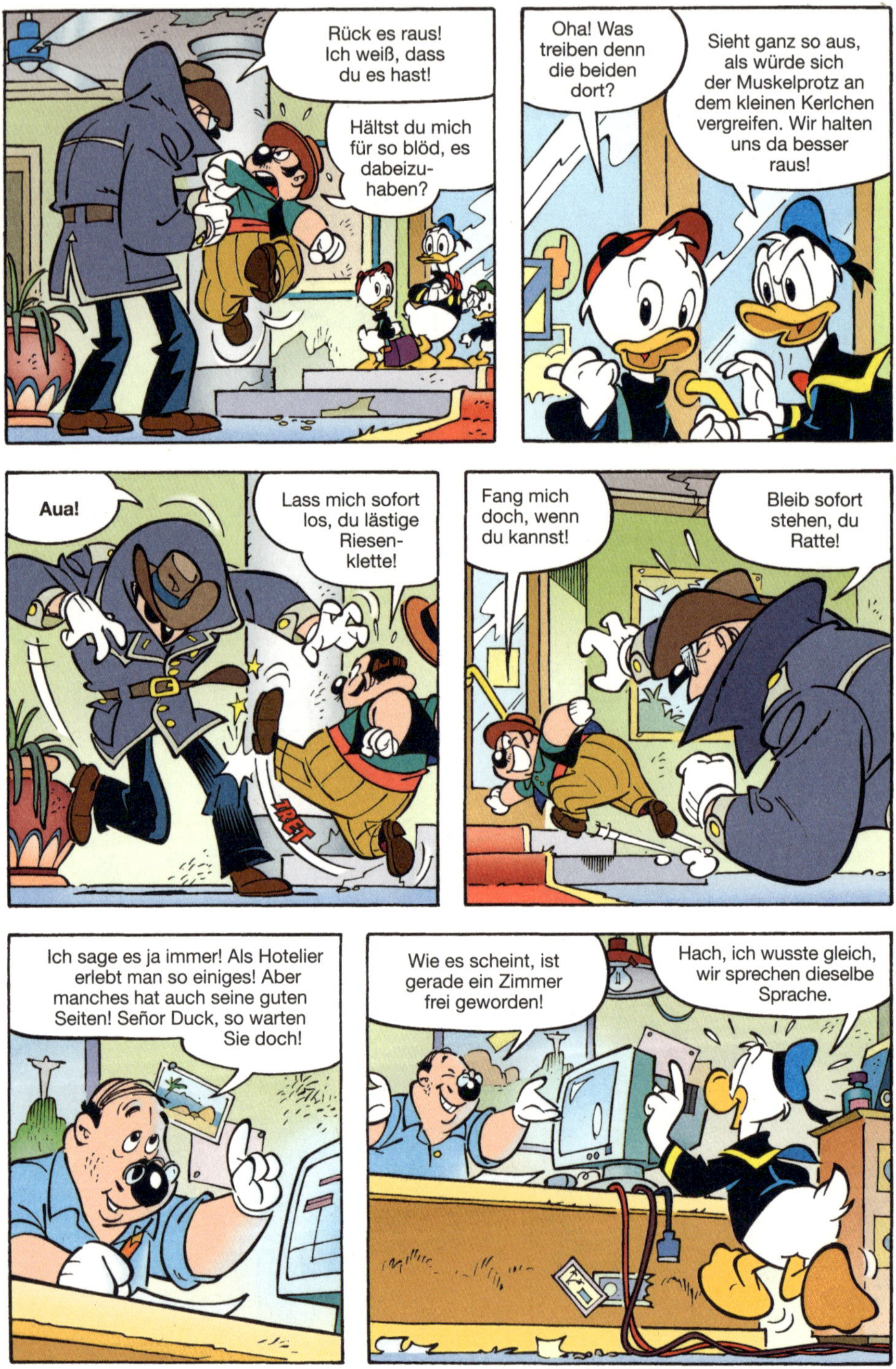
Rück es raus! Ich weiß, dass du es hast!
Hältst du mich für so blöd, es dabeizuhaben?
Oha! Was treiben denn die beiden dort?
Sieht ganz so aus, als würde sich der Muskelprotz an dem kleinen Kerlchen vergreifen. Wir halten uns da besser raus!
Aua!
Lass mich sofort los, du lästige Riesenklette!
TRET
Fang mich doch, wenn du kannst!
Bleib sofort stehen, du Ratte!
Ich sage es ja immer! Als Hotelier erlebt man so einiges! Aber manches hat auch seine guten Seiten! Señor Duck, so warten Sie doch!
Wie es scheint, ist gerade ein Zimmer frei geworden!
Hach, ich wusste gleich, wir sprechen dieselbe Sprache.

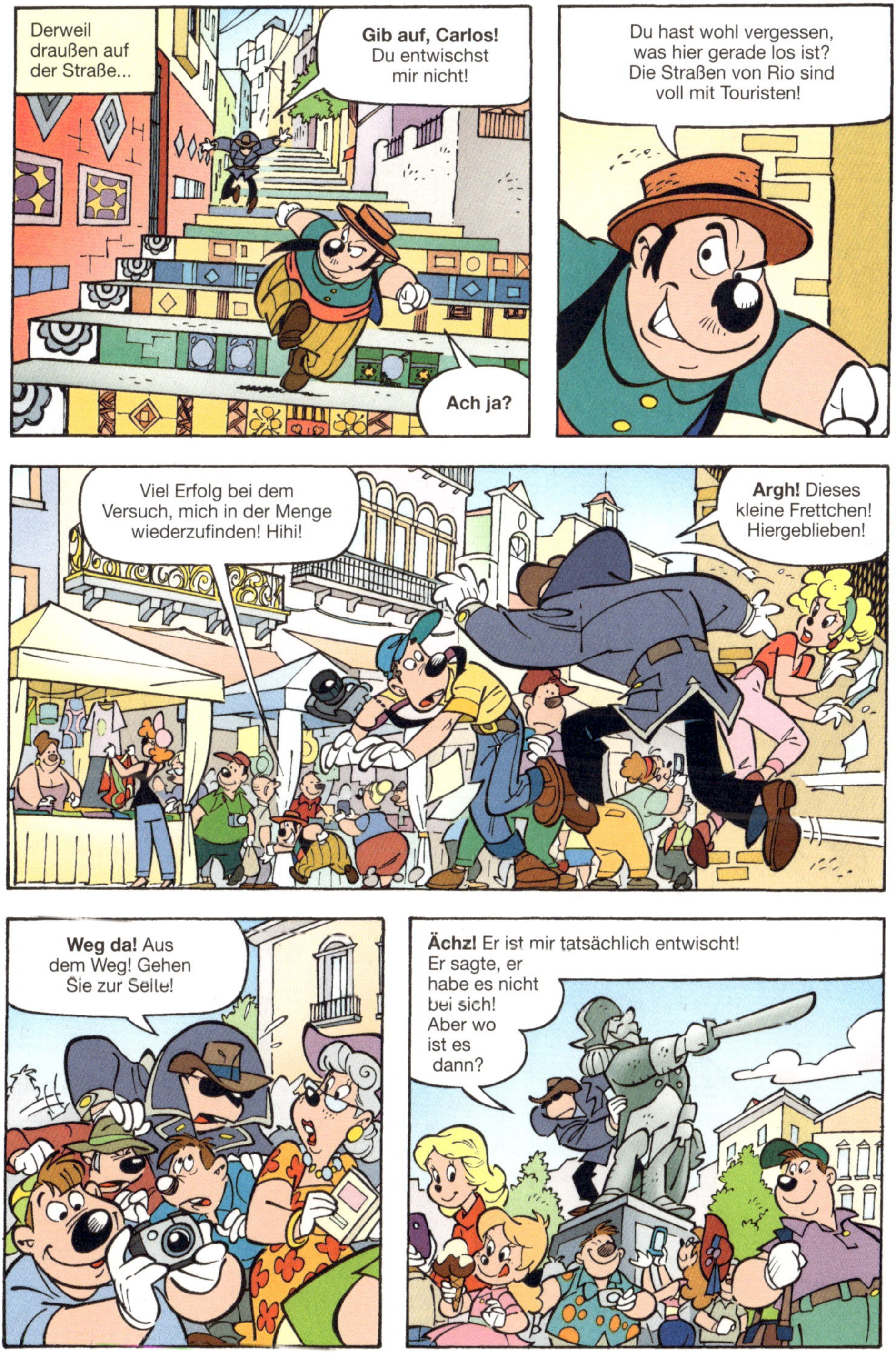
Derweil draußen auf der Straße...
Gib auf, Carlos! Du entwischst mir nicht!
Ach ja?
Du hast wohl vergessen, was hier gerade los ist? Die Straßen von Rio sind voll mit Touristen!
Viel Erfolg bei dem Versuch, mich in der Menge wiederzufinden! Hihi!
Argh! Dieses kleine Frettchen! Hiergeblieben!
Weg da! Aus dem Weg! Gehen Sie zur Seite!
Ächz! Er ist mir tatsächlich entwischt! Er sagte, er habe es nicht bei sich! Aber wo ist es dann?

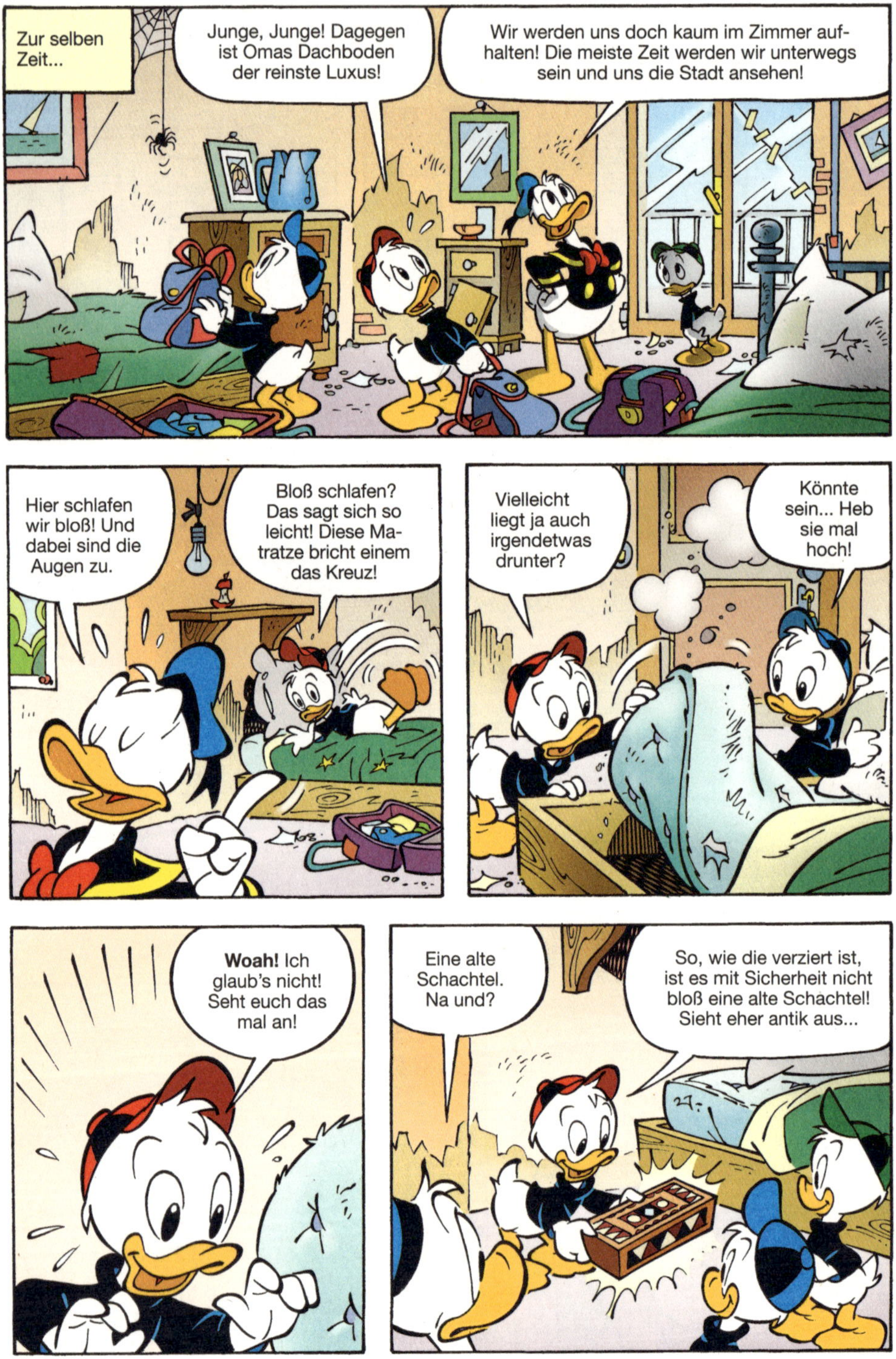
Zur selben Zeit...
Junge, Junge! Dagegen ist Omas Dachboden der reinste Luxus!
Wir werden uns doch kaum im Zimmer aufhalten! Die meiste Zeit werden wir unterwegs sein und uns die Stadt ansehen!
Hier schlafen wir bloß! Und dabei sind die Augen zu.
Bloß schlafen? Das sagt sich so leicht! Diese Matratze bricht einem das Kreuz!
Vielleicht liegt ja auch irgendetwas drunter?
Könnte sein... Heb sie mal hoch!
Woah! Ich glaub's nicht! Seht euch das mal an!
Eine alte Schachtel. Na und?
So, wie die verziert ist, ist es mit Sicherheit nicht bloß eine alte Schachtel! Sieht eher antik aus...

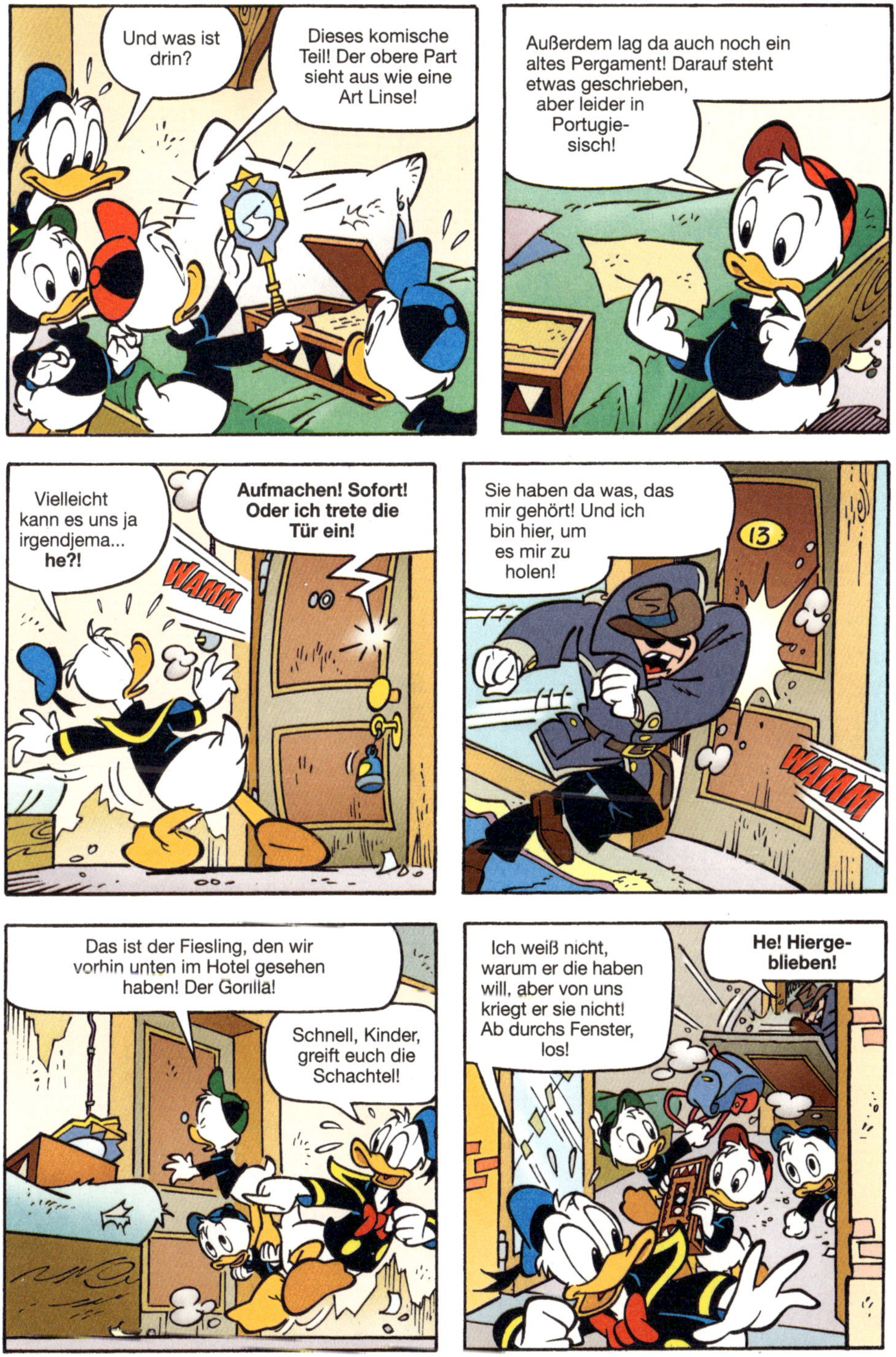
Und was ist drin?
Dieses komische Teil! Der obere Part sieht aus wie eine Art Linse!
Außerdem lag da auch noch ein altes Pergament! Darauf steht etwas geschrieben, aber leider in Portugie-sisch!
Vielleicht kann es uns ja irgendjema... **he?!**
WAMM
Aufmachen! Sofort! Oder ich trete die Tür ein!
Sie haben da was, das mir gehört! Und ich bin hier, um es mir zu holen!
13
WAMM
Das ist der Fiesling, den wir vorhin unten im Hotel gesehen haben! Der Gorilla!
Schnell, Kinder, greift euch die Schachtel!
Ich weiß nicht, warum er die haben will, aber von uns kriegt er sie nicht! Ab durchs Fenster, los!
He! Hierge-blieben!

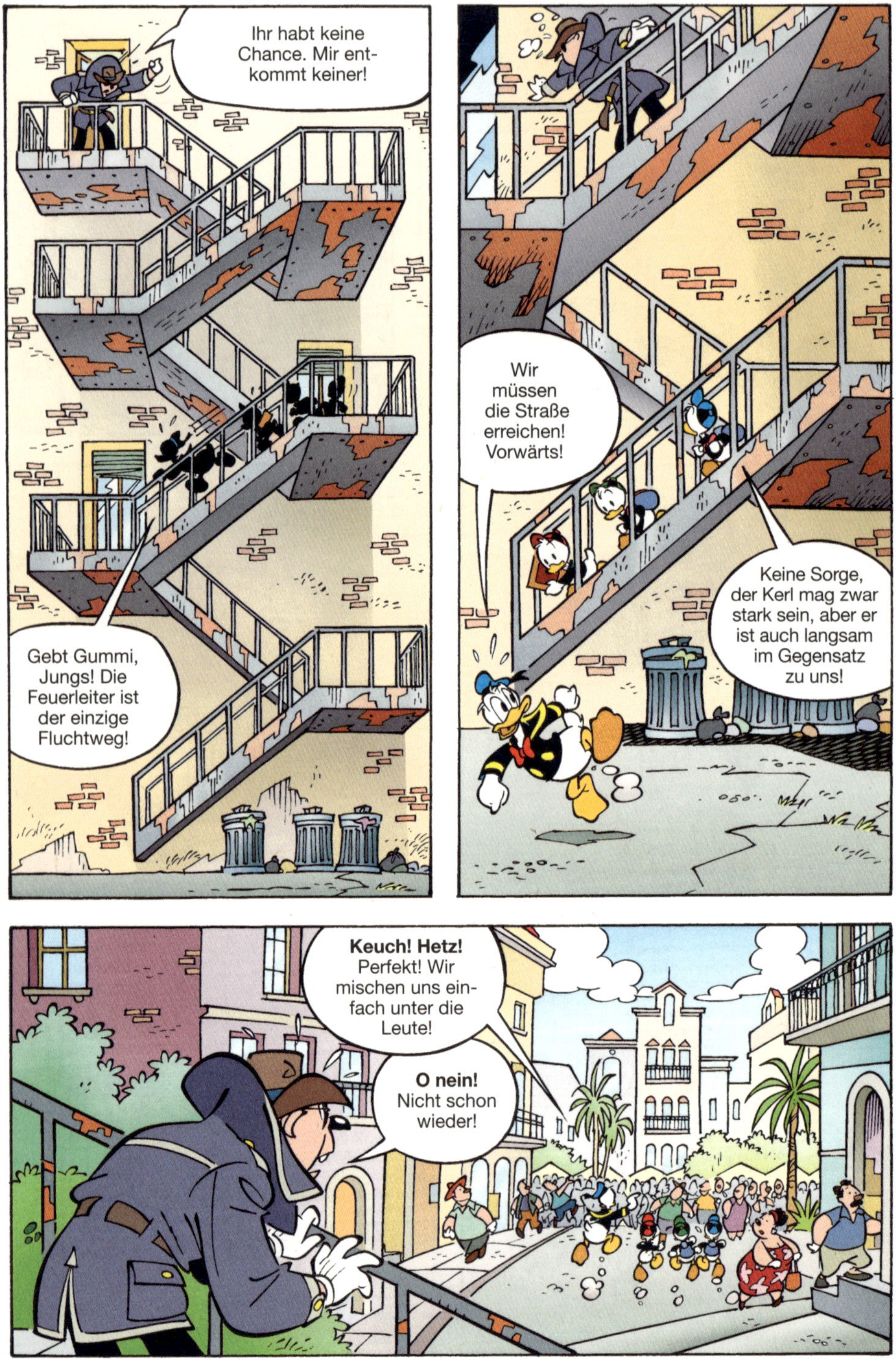
Ihr habt keine Chance. Mir entkommt keiner!
Gebt Gummi, Jungs! Die Feuerleiter ist der einzige Fluchtweg!
Wir müssen die Straße erreichen! Vorwärts!
Keine Sorge, der Kerl mag zwar stark sein, aber er ist auch langsam im Gegensatz zu uns!
Keuch! Hetz! Perfekt! Wir mischen uns einfach unter die Leute!
O nein! Nicht schon wieder!

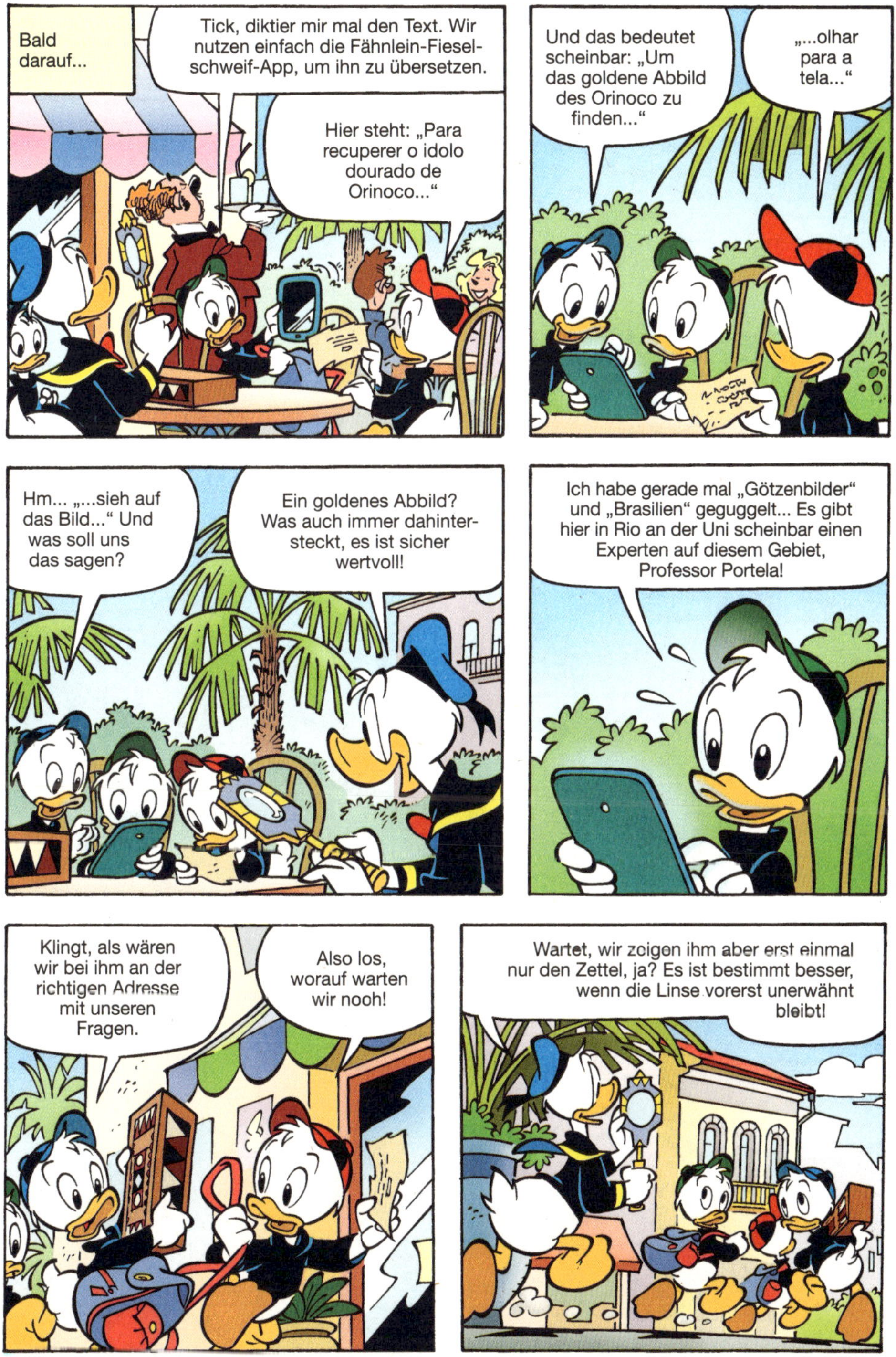
Bald darauf...
Tick, diktier mir mal den Text. Wir nutzen einfach die Fähnlein-Fieselschweif-App, um ihn zu übersetzen.
Hier steht: „Para recuperer o idolo dourado de Orinoco..."
Und das bedeutet scheinbar: „Um das goldene Abbild des Orinoco zu finden..."
„...olhar para a tela..."
Hm... „...sieh auf das Bild..." Und was soll uns das sagen?
Ein goldenes Abbild? Was auch immer dahintersteckt, es ist sicher wertvoll!
Ich habe gerade mal „Götzenbilder" und „Brasilien" geguggelt... Es gibt hier in Rio an der Uni scheinbar einen Experten auf diesem Gebiet, Professor Portela!
Klingt, als wären wir bei ihm an der richtigen Adresse mit unseren Fragen.
Also los, worauf warten wir noch!
Wartet, wir zeigen ihm aber erst einmal nur den Zettel, ja? Es ist bestimmt besser, wenn die Linse vorerst unerwähnt bleibt!

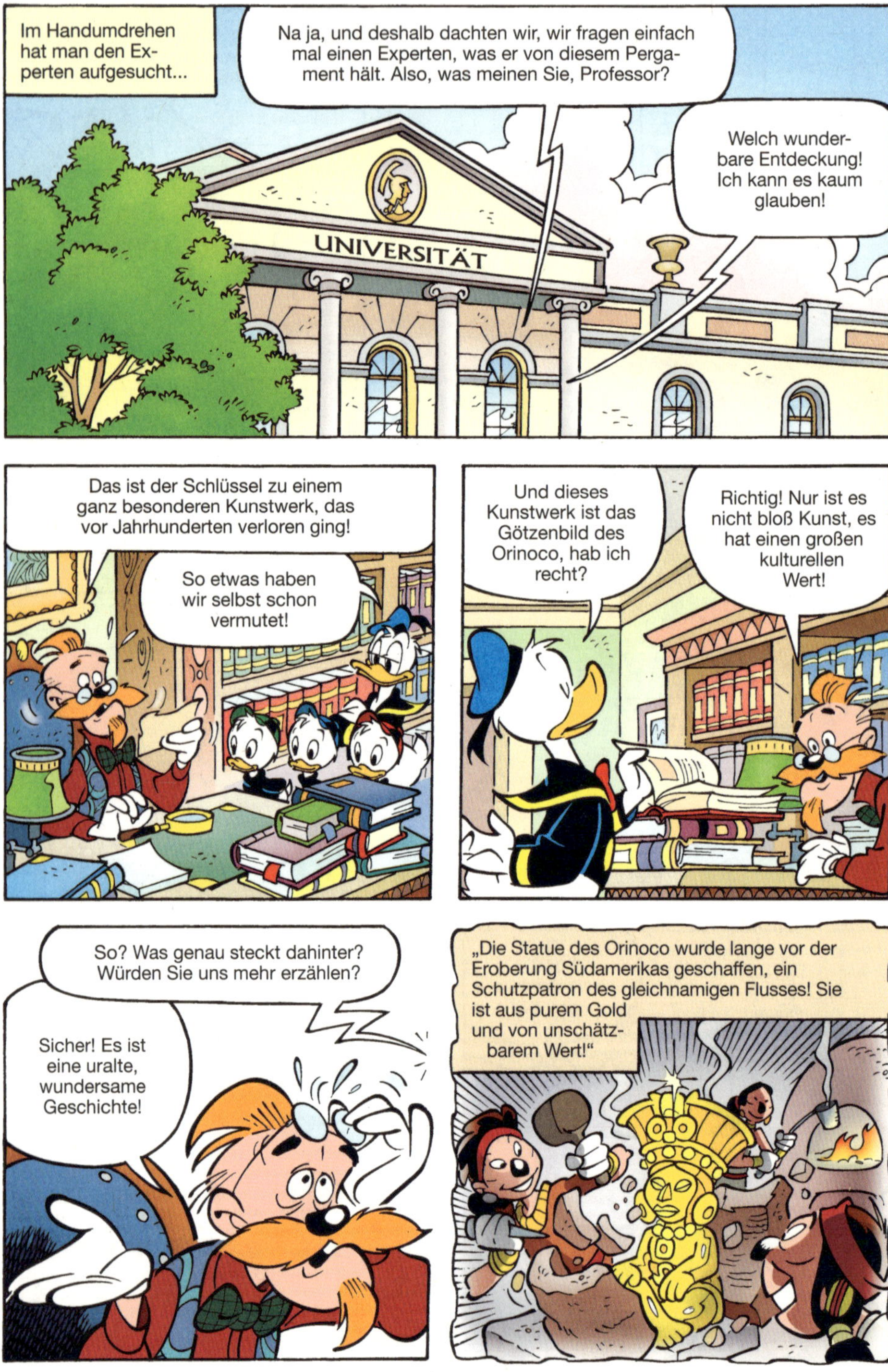
Im Handumdrehen hat man den Experten aufgesucht...
Na ja, und deshalb dachten wir, wir fragen einfach mal einen Experten, was er von diesem Pergament hält. Also, was meinen Sie, Professor?
Welch wunderbare Entdeckung! Ich kann es kaum glauben!
UNIVERSITÄT
Das ist der Schlüssel zu einem ganz besonderen Kunstwerk, das vor Jahrhunderten verloren ging!
So etwas haben wir selbst schon vermutet!
Und dieses Kunstwerk ist das Götzenbild des Orinoco, hab ich recht?
Richtig! Nur ist es nicht bloß Kunst, es hat einen großen kulturellen Wert!
So? Was genau steckt dahinter? Würden Sie uns mehr erzählen?
Sicher! Es ist eine uralte, wundersame Geschichte!
„Die Statue des Orinoco wurde lange vor der Eroberung Südamerikas geschaffen, ein Schutzpatron des gleichnamigen Flusses! Sie ist aus purem Gold und von unschätzbarem Wert!“

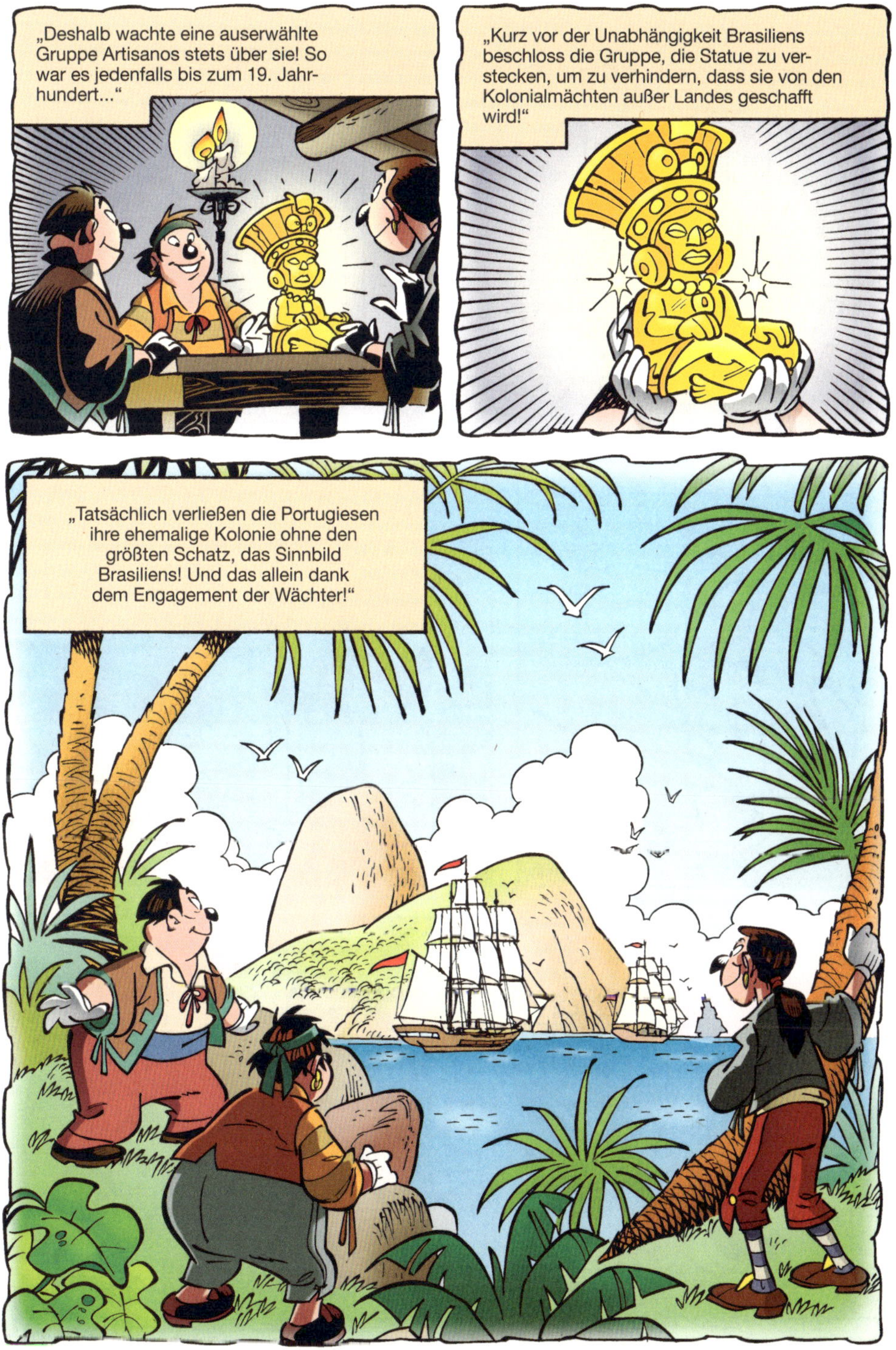
„Deshalb wachte eine auserwählte Gruppe Artisanos stets über sie! So war es jedenfalls bis zum 19. Jahrhundert..."
„Kurz vor der Unabhängigkeit Brasiliens beschloss die Gruppe, die Statue zu verstecken, um zu verhindern, dass sie von den Kolonialmächten außer Landes geschafft wird!"
„Tatsächlich verließen die Portugiesen ihre ehemalige Kolonie ohne den größten Schatz, das Sinnbild Brasiliens! Und das allein dank dem Engagement der Wächter!"

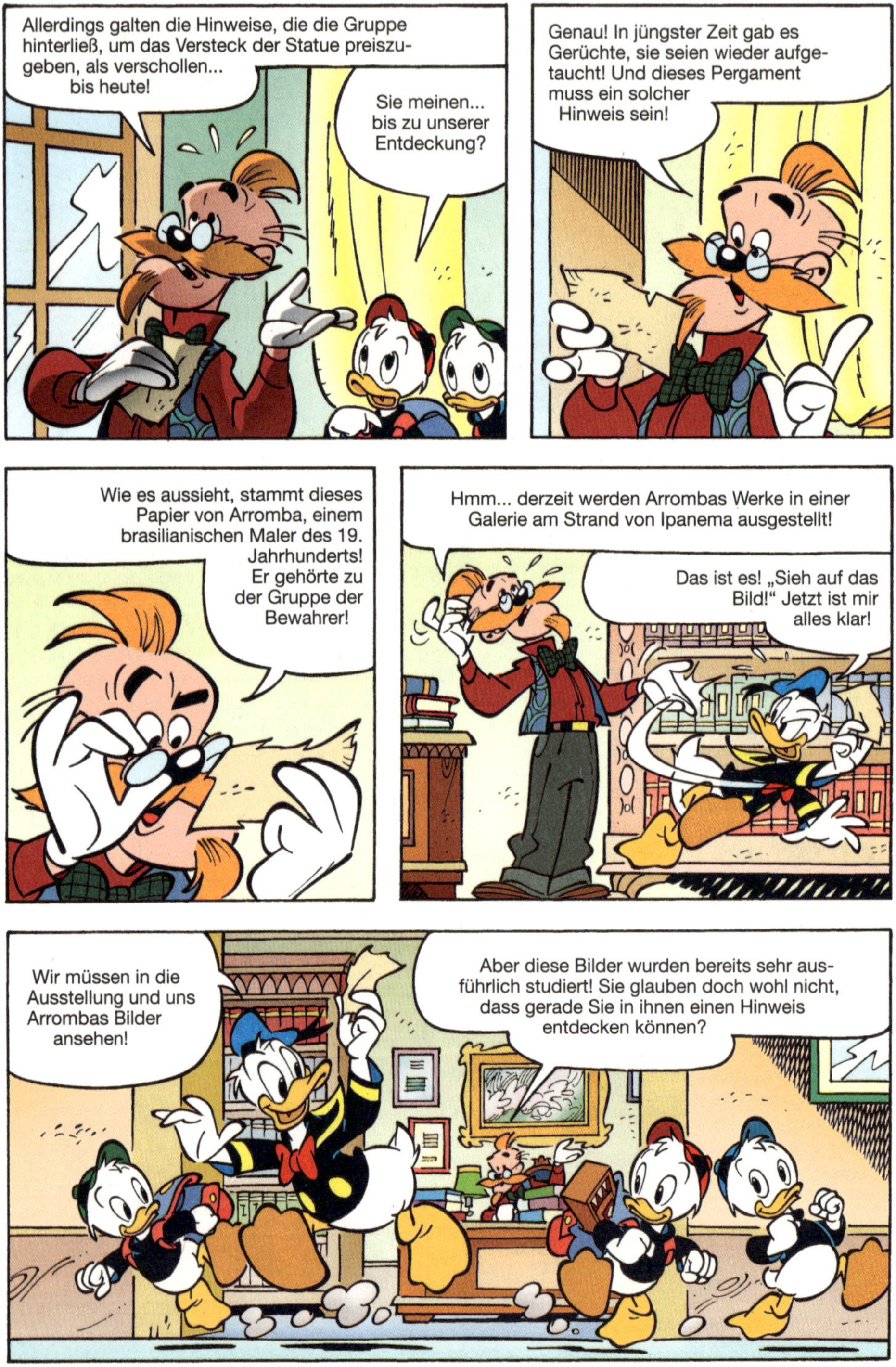
Allerdings galten die Hinweise, die die Gruppe hinterließ, um das Versteck der Statue preiszugeben, als verschollen... bis heute!
Sie meinen... bis zu unserer Entdeckung?
Genau! In jüngster Zeit gab es Gerüchte, sie seien wieder aufgetaucht! Und dieses Pergament muss ein solcher Hinweis sein!
Wie es aussieht, stammt dieses Papier von Arromba, einem brasilianischen Maler des 19. Jahrhunderts! Er gehörte zu der Gruppe der Bewahrer!
Hmm... derzeit werden Arrombas Werke in einer Galerie am Strand von Ipanema ausgestellt!
Das ist es! „Sieh auf das Bild!“ Jetzt ist mir alles klar!
Wir müssen in die Ausstellung und uns Arrombas Bilder ansehen!
Aber diese Bilder wurden bereits sehr ausführlich studiert! Sie glauben doch wohl nicht, dass gerade Sie in ihnen einen Hinweis entdecken können?

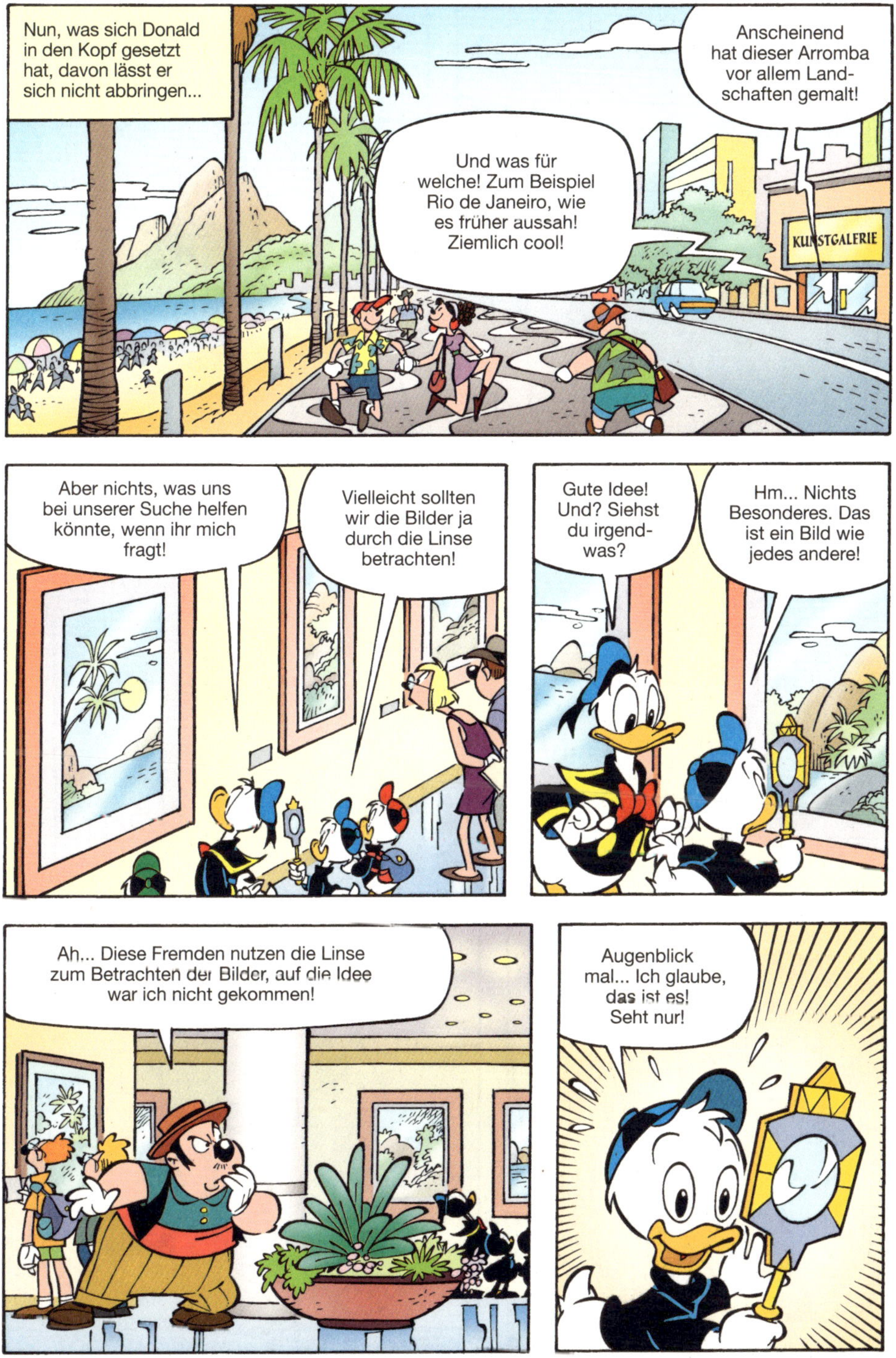
Nun, was sich Donald in den Kopf gesetzt hat, davon lässt er sich nicht abbringen...
Anscheinend hat dieser Arromba vor allem Landschaften gemalt!
Und was für welche! Zum Beispiel Rio de Janeiro, wie es früher aussah! Ziemlich cool!
KUNSTGALERIE
Aber nichts, was uns bei unserer Suche helfen könnte, wenn ihr mich fragt!
Vielleicht sollten wir die Bilder ja durch die Linse betrachten!
Gute Idee! Und? Siehst du irgendwas?
Hm... Nichts Besonderes. Das ist ein Bild wie jedes andere!
Ah... Diese Fremden nutzen die Linse zum Betrachten der Bilder, auf die Idee war ich nicht gekommen!
Augenblick mal... Ich glaube, das ist es! Seht nur!

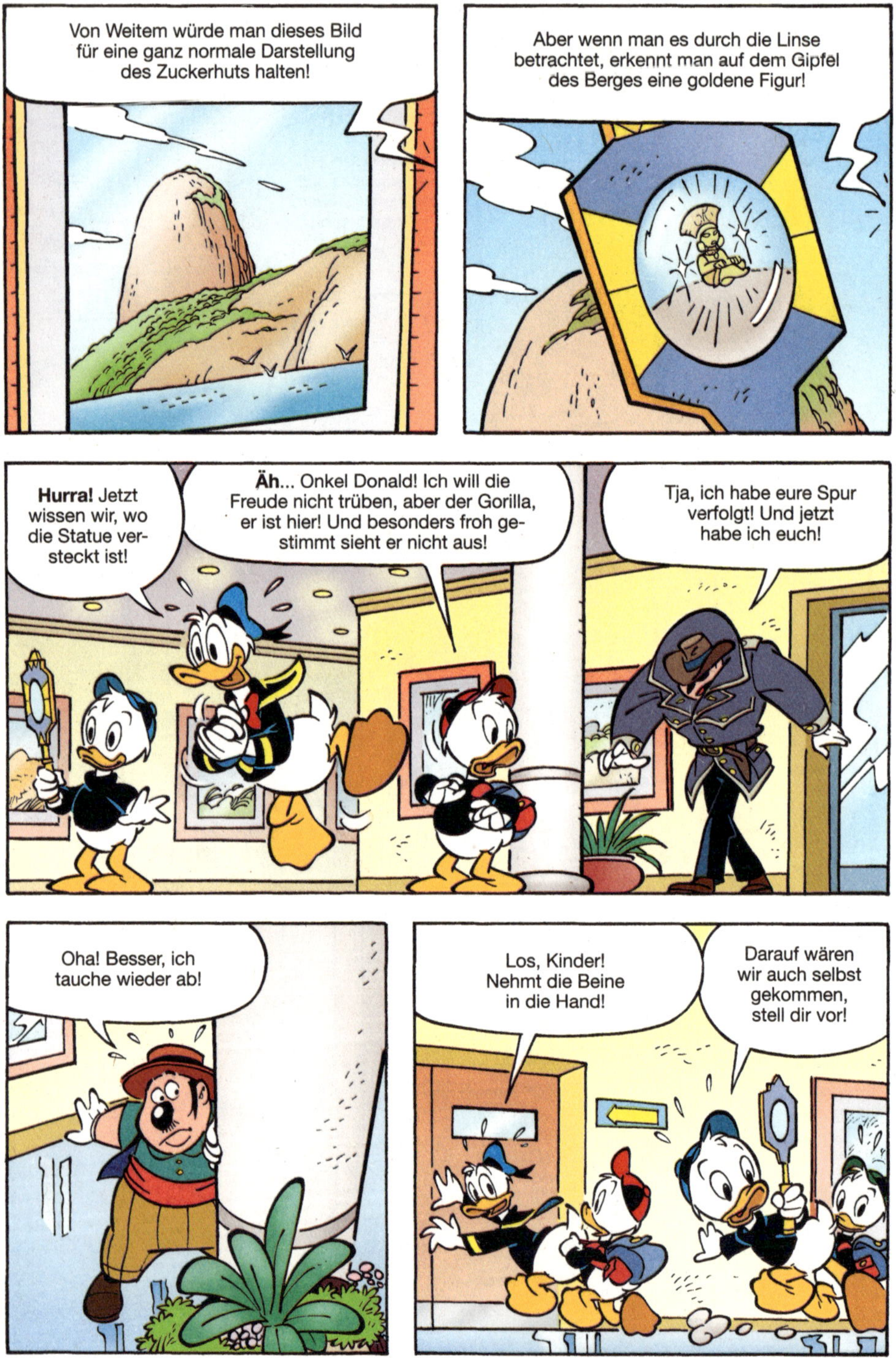
Von Weitem würde man dieses Bild für eine ganz normale Darstellung des Zuckerhuts halten!
Aber wenn man es durch die Linse betrachtet, erkennt man auf dem Gipfel des Berges eine goldene Figur!
Hurra! Jetzt wissen wir, wo die Statue versteckt ist!
Äh... Onkel Donald! Ich will die Freude nicht trüben, aber der Gorilla, er ist hier! Und besonders froh gestimmt sieht er nicht aus!
Tja, ich habe eure Spur verfolgt! Und jetzt habe ich euch!
Oha! Besser, ich tauche wieder ab!
Los, Kinder! Nehmt die Beine in die Hand!
Darauf wären wir auch selbst gekommen, stell dir vor!

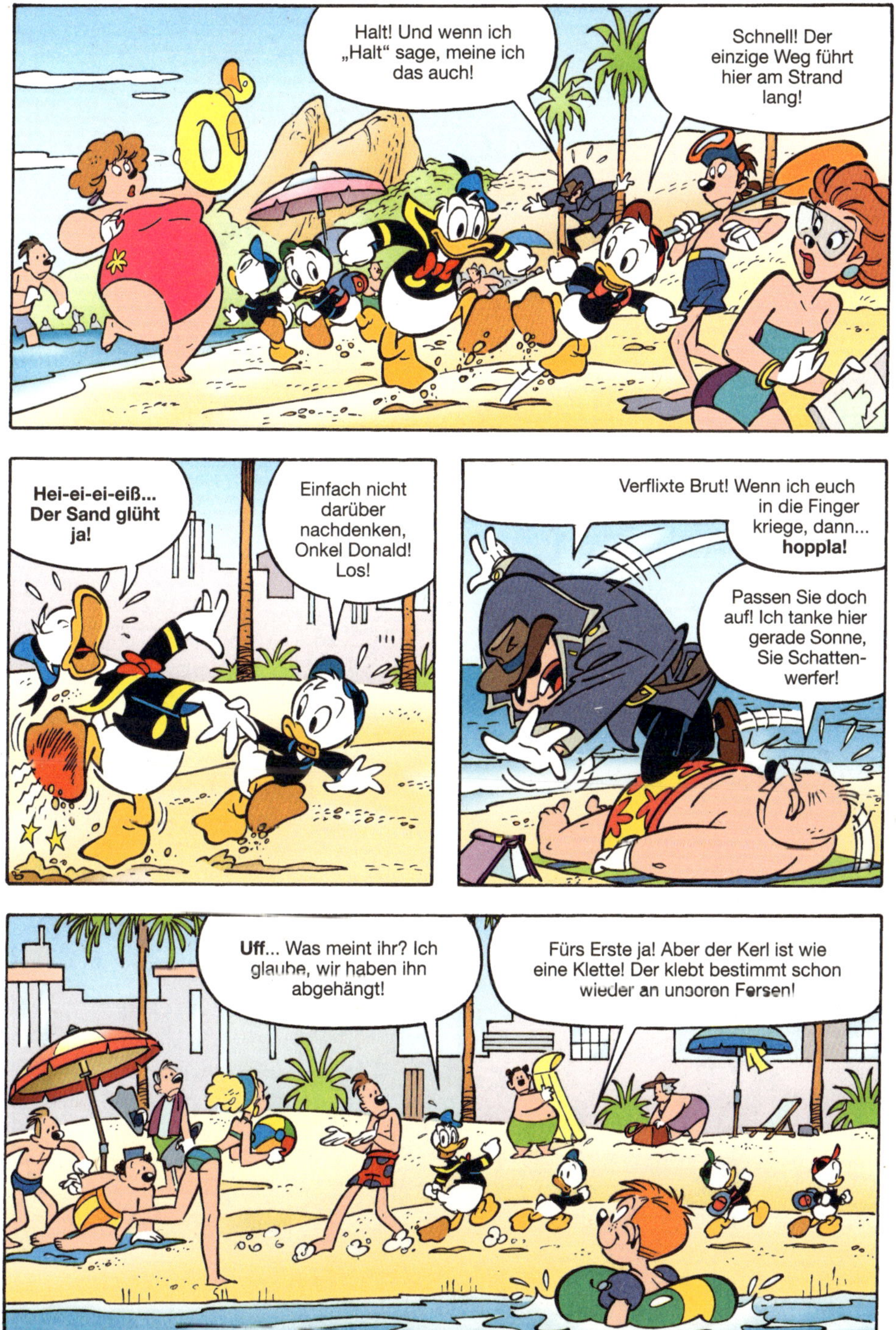
Halt! Und wenn ich „Halt“ sage, meine ich das auch!
Schnell! Der einzige Weg führt hier am Strand lang!
Hei-ei-ei-eiß... Der Sand glüht ja!
Einfach nicht darüber nachdenken, Onkel Donald! Los!
Verflixte Brut! Wenn ich euch in die Finger kriege, dann... hoppla!
Passen Sie doch auf! Ich tanke hier gerade Sonne, Sie Schattenwerfer!
Uff... Was meint ihr? Ich glaube, wir haben ihn abgehängt!
Fürs Erste ja! Aber der Kerl ist wie eine Klette! Der klebt bestimmt schon wieder an unseren Fersen!

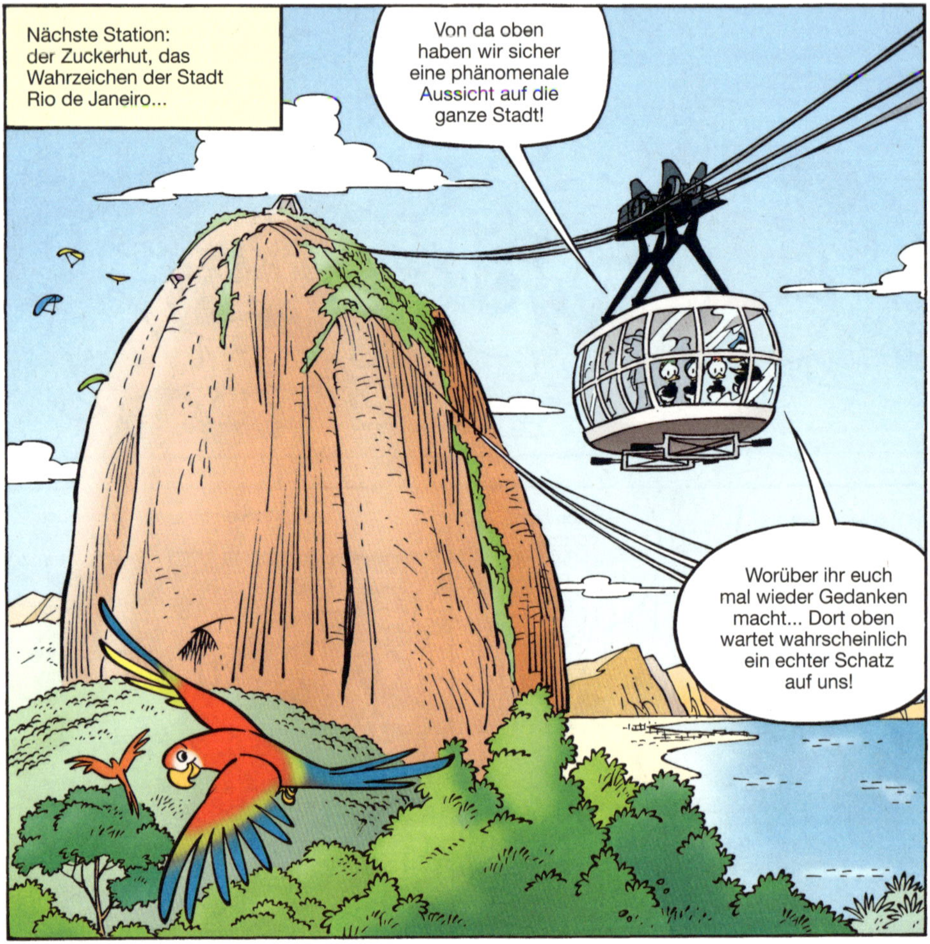
Nächste Station: der Zuckerhut, das Wahrzeichen der Stadt Rio de Janeiro...
Von da oben haben wir sicher eine phänomenale Aussicht auf die ganze Stadt!
Worüber ihr euch mal wieder Gedanken macht... Dort oben wartet wahrscheinlich ein echter Schatz auf uns!

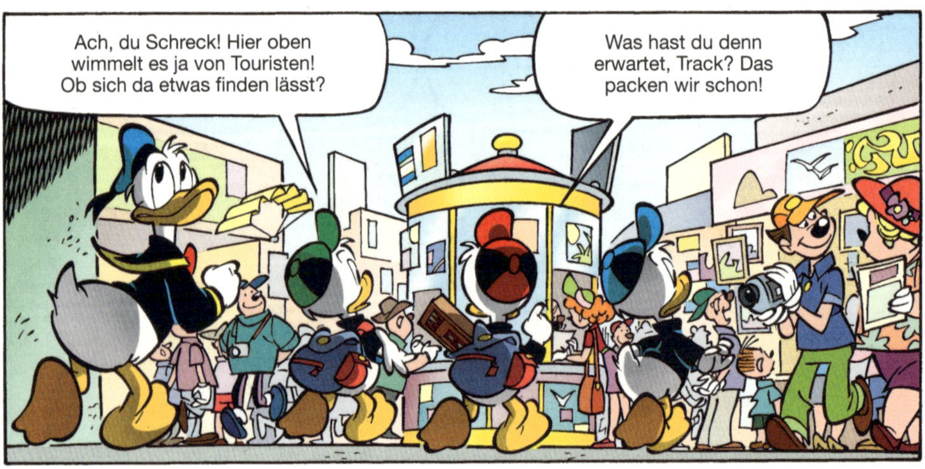
Ach, du Schreck! Hier oben wimmelt es ja von Touristen! Ob sich da etwas finden lässt?
Was hast du denn erwartet, Track? Das packen wir schon!

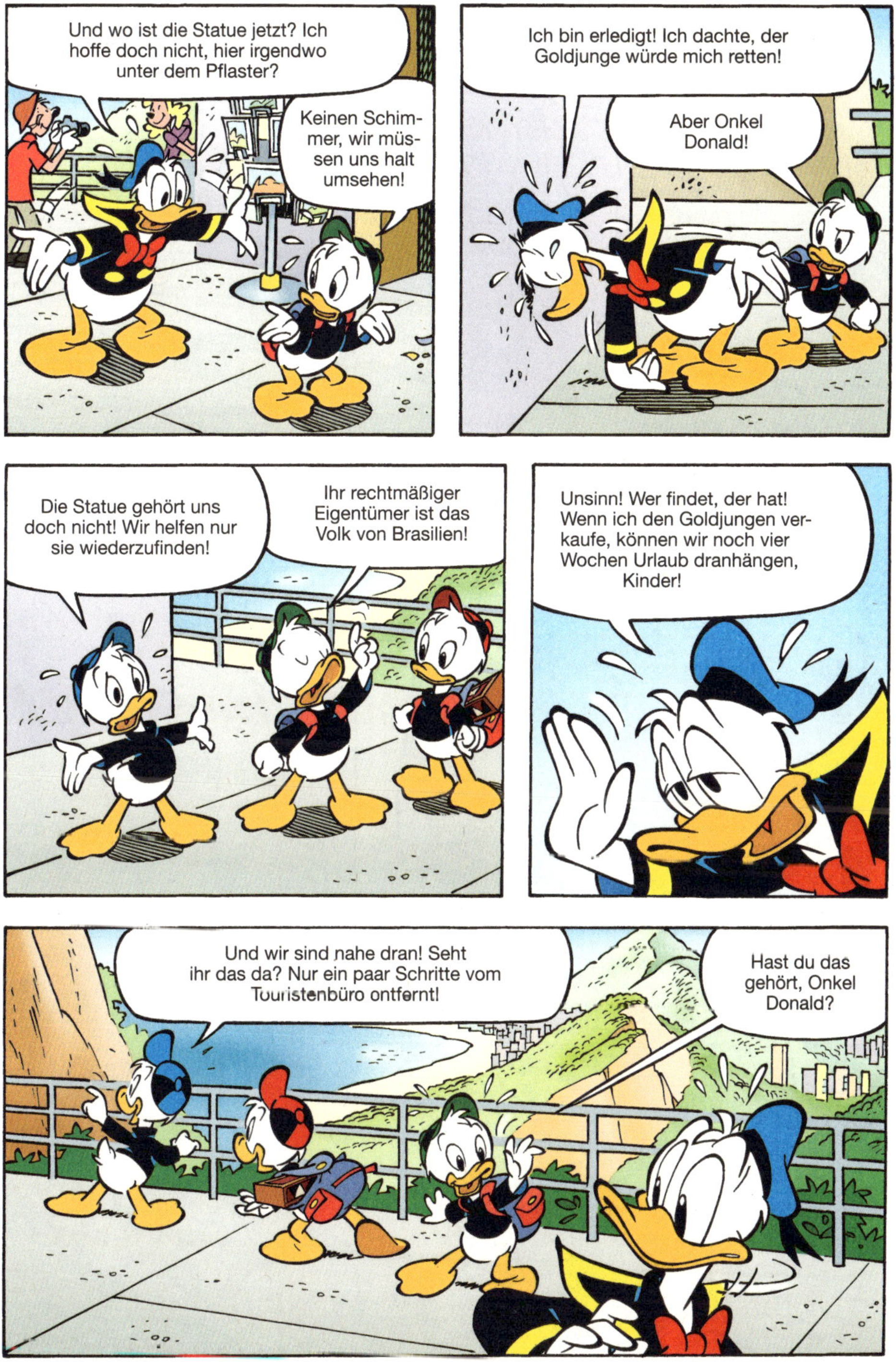
Und wo ist die Statue jetzt? Ich hoffe doch nicht, hier irgendwo unter dem Pflaster?
Keinen Schimmer, wir müssen uns halt umsehen!
Ich bin erledigt! Ich dachte, der Goldjunge würde mich retten!
Aber Onkel Donald!
Die Statue gehört uns doch nicht! Wir helfen nur sie wiederzufinden!
Ihr rechtmäßiger Eigentümer ist das Volk von Brasilien!
Unsinn! Wer findet, der hat! Wenn ich den Goldjungen verkaufe, können wir noch vier Wochen Urlaub dranhängen, Kinder!
Und wir sind nahe dran! Seht ihr das da? Nur ein paar Schritte vom Touristenbüro entfernt!
Hast du das gehört, Onkel Donald?

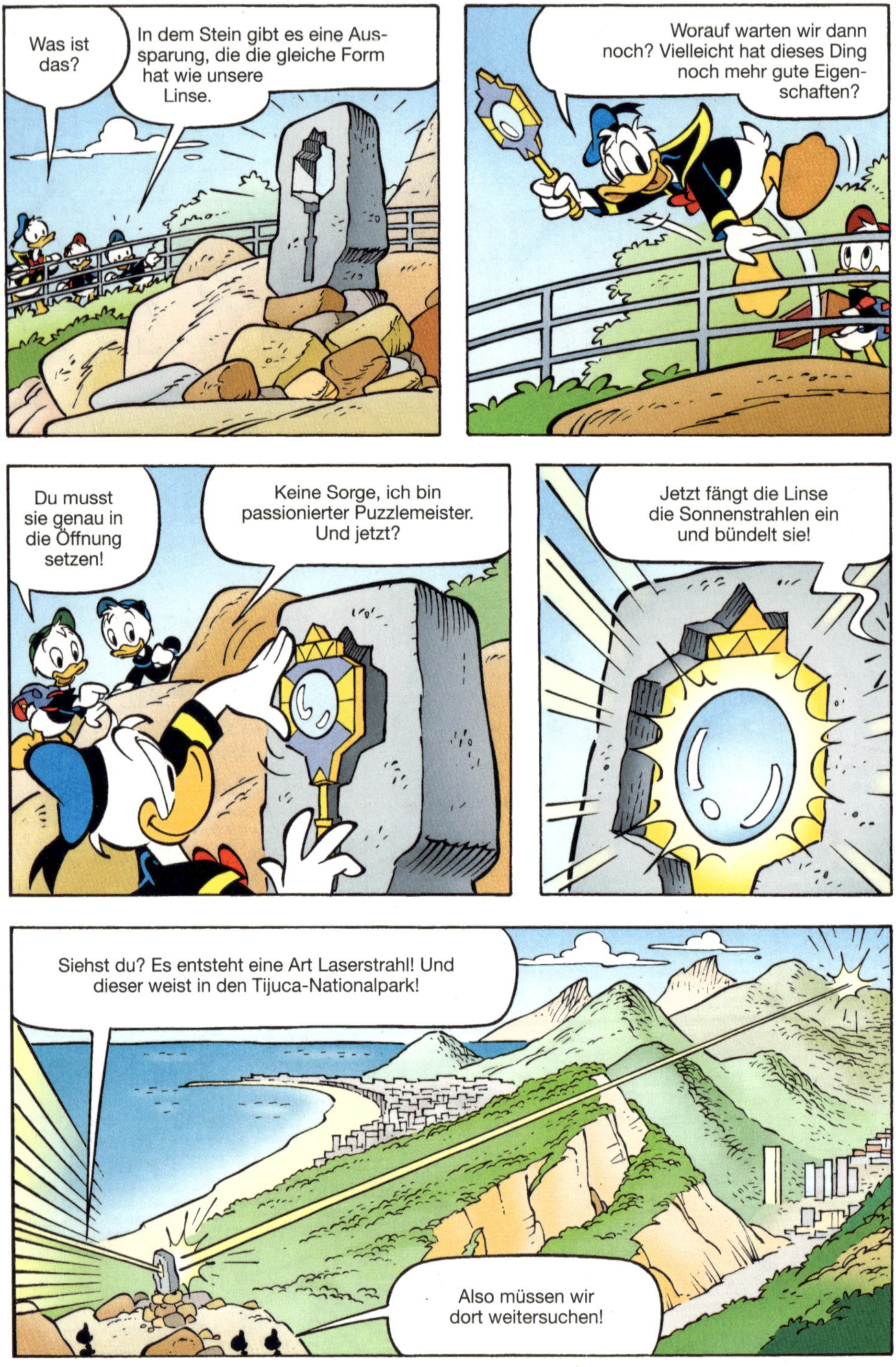
Was ist das?
In dem Stein gibt es eine Aussparung, die die gleiche Form hat wie unsere Linse.
Worauf warten wir dann noch? Vielleicht hat dieses Ding noch mehr gute Eigenschaften?
Du musst sie genau in die Öffnung setzen!
Keine Sorge, ich bin passionierter Puzzlemeister. Und jetzt?
Jetzt fängt die Linse die Sonnenstrahlen ein und bündelt sie!
Siehst du? Es entsteht eine Art Laserstrahl! Und dieser weist in den Tijuca-Nationalpark!
Also müssen wir dort weitersuchen!

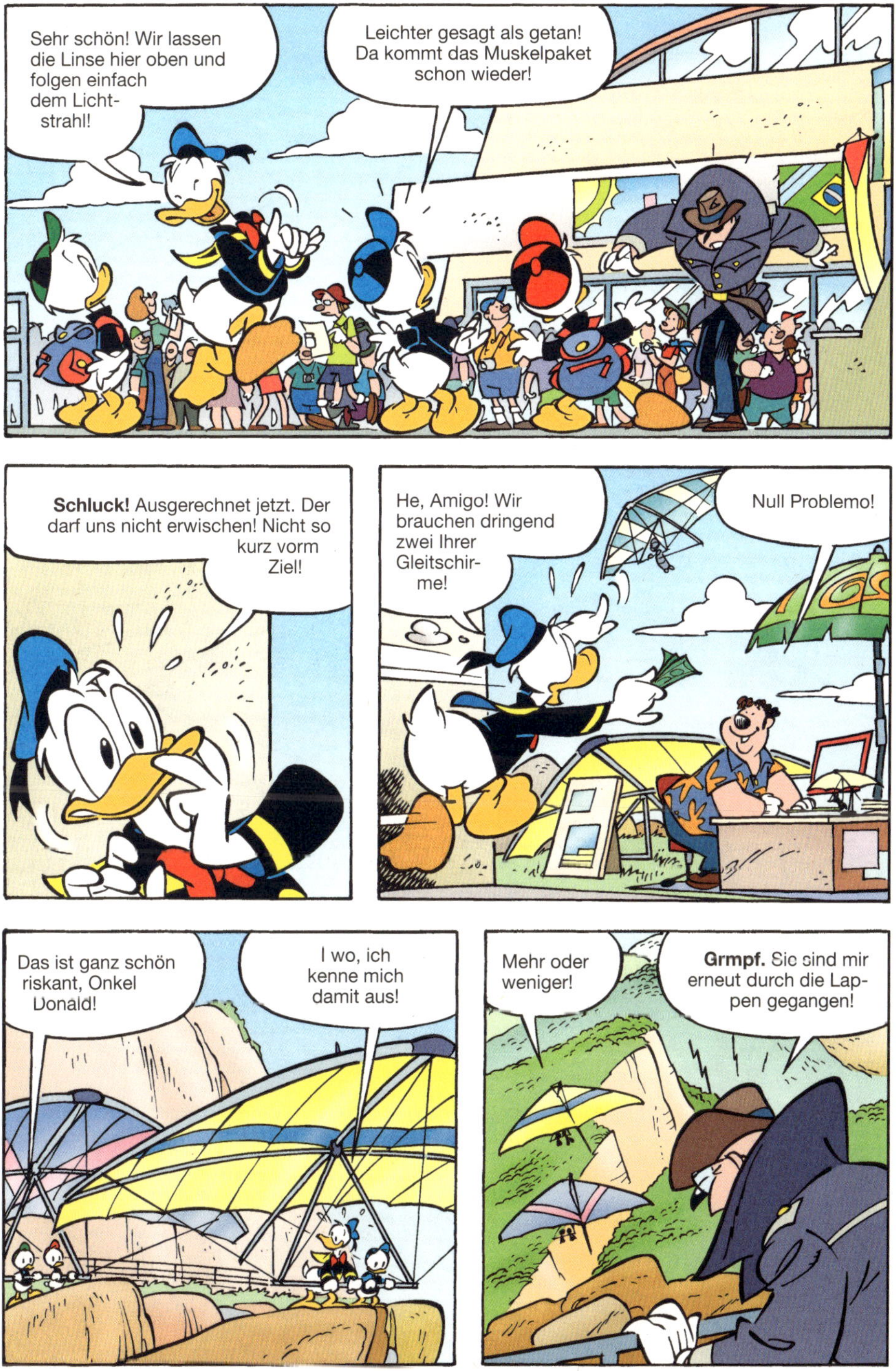

Sehr schön! Wir lassen die Linse hier oben und folgen einfach dem Lichtstrahl!
Leichter gesagt als getan! Da kommt das Muskelpaket schon wieder!
Schluck! Ausgerechnet jetzt. Der darf uns nicht erwischen! Nicht so kurz vorm Ziel!
He, Amigo! Wir brauchen dringend zwei Ihrer Gleitschirme!
Null Problemo!
Das ist ganz schön riskant, Onkel Donald!
I wo, ich kenne mich damit aus!
Mehr oder weniger!
Grmpf. Sie sind mir erneut durch die Lappen gegangen!

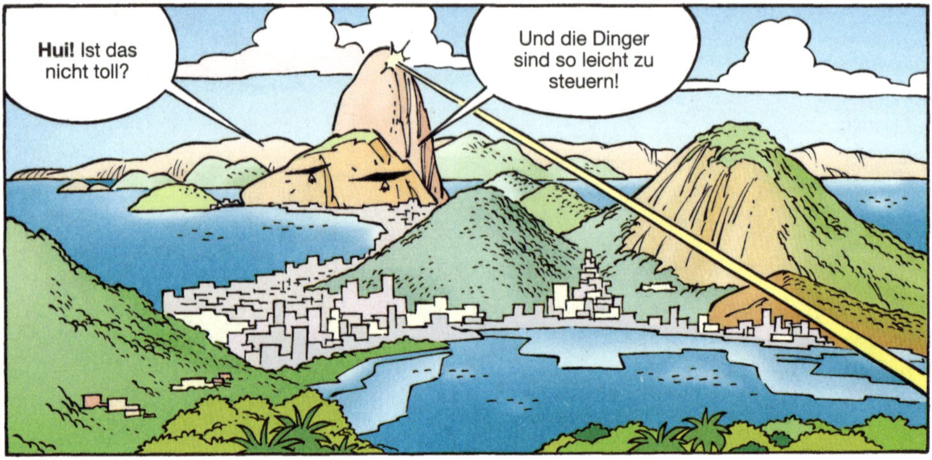
Hui! Ist das nicht toll?
Und die Dinger sind so leicht zu steuern!

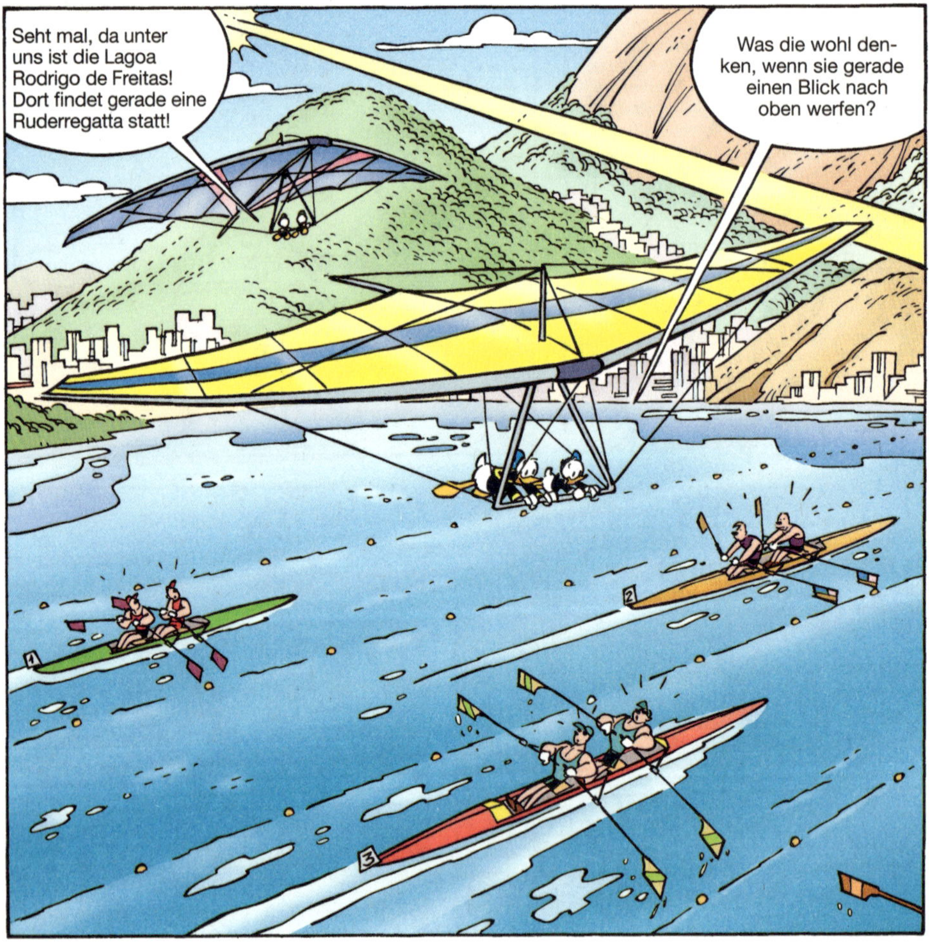
Seht mal, da unter uns ist die Lagoa Rodrigo de Freitas! Dort findet gerade eine Ruderregatta statt!
Was die wohl denken, wenn sie gerade einen Blick nach oben werfen?

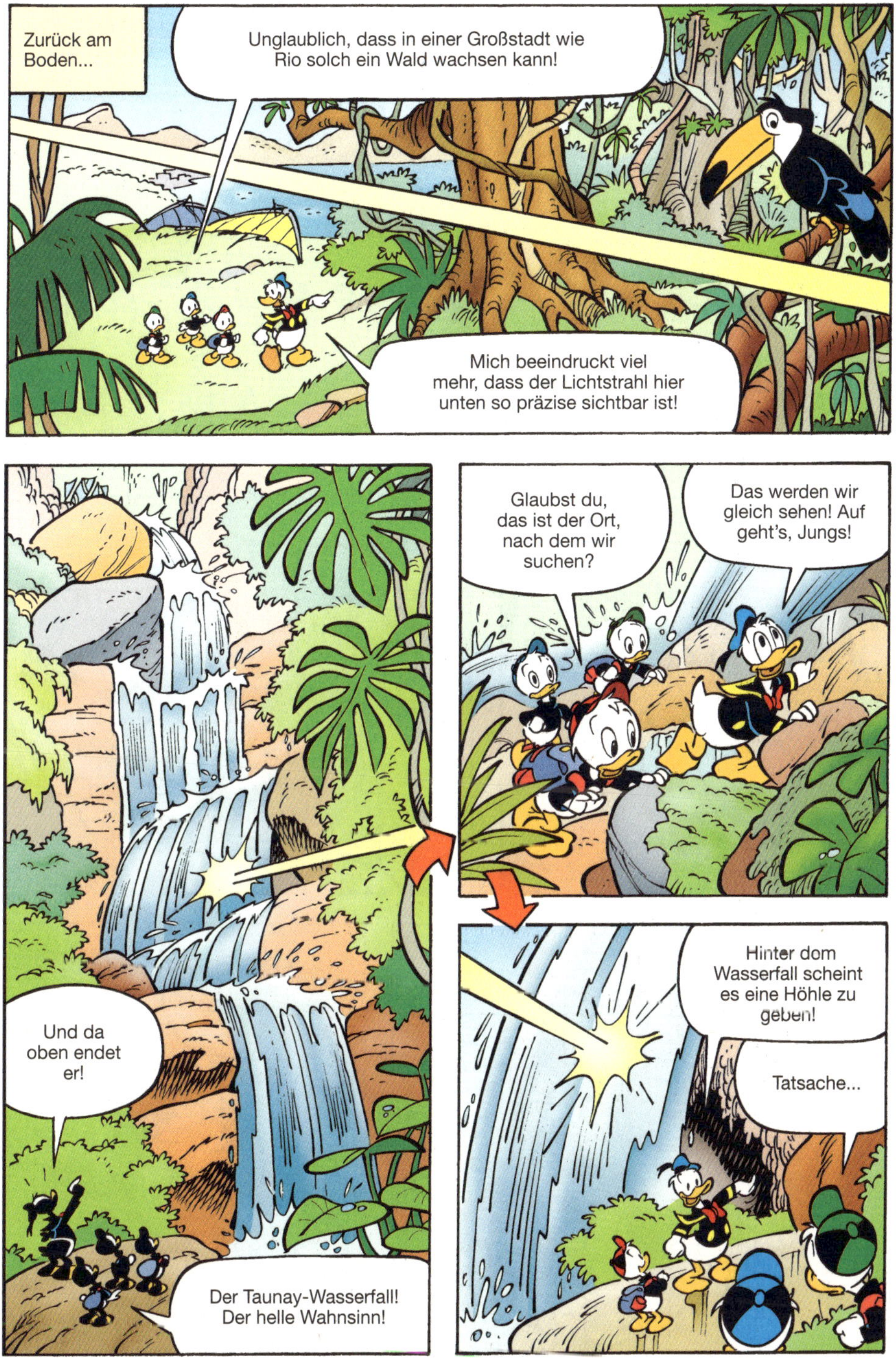

Zurück am Boden...
Unglaublich, dass in einer Großstadt wie Rio solch ein Wald wachsen kann!
Mich beeindruckt viel mehr, dass der Lichtstrahl hier unten so präzise sichtbar ist!
Und da oben endet er!
Der Taunay-Wasserfall! Der helle Wahnsinn!
Glaubst du, das ist der Ort, nach dem wir suchen?
Das werden wir gleich sehen! Auf geht's, Jungs!
Hinter dem Wasserfall scheint es eine Höhle zu geben!
Tatsache...

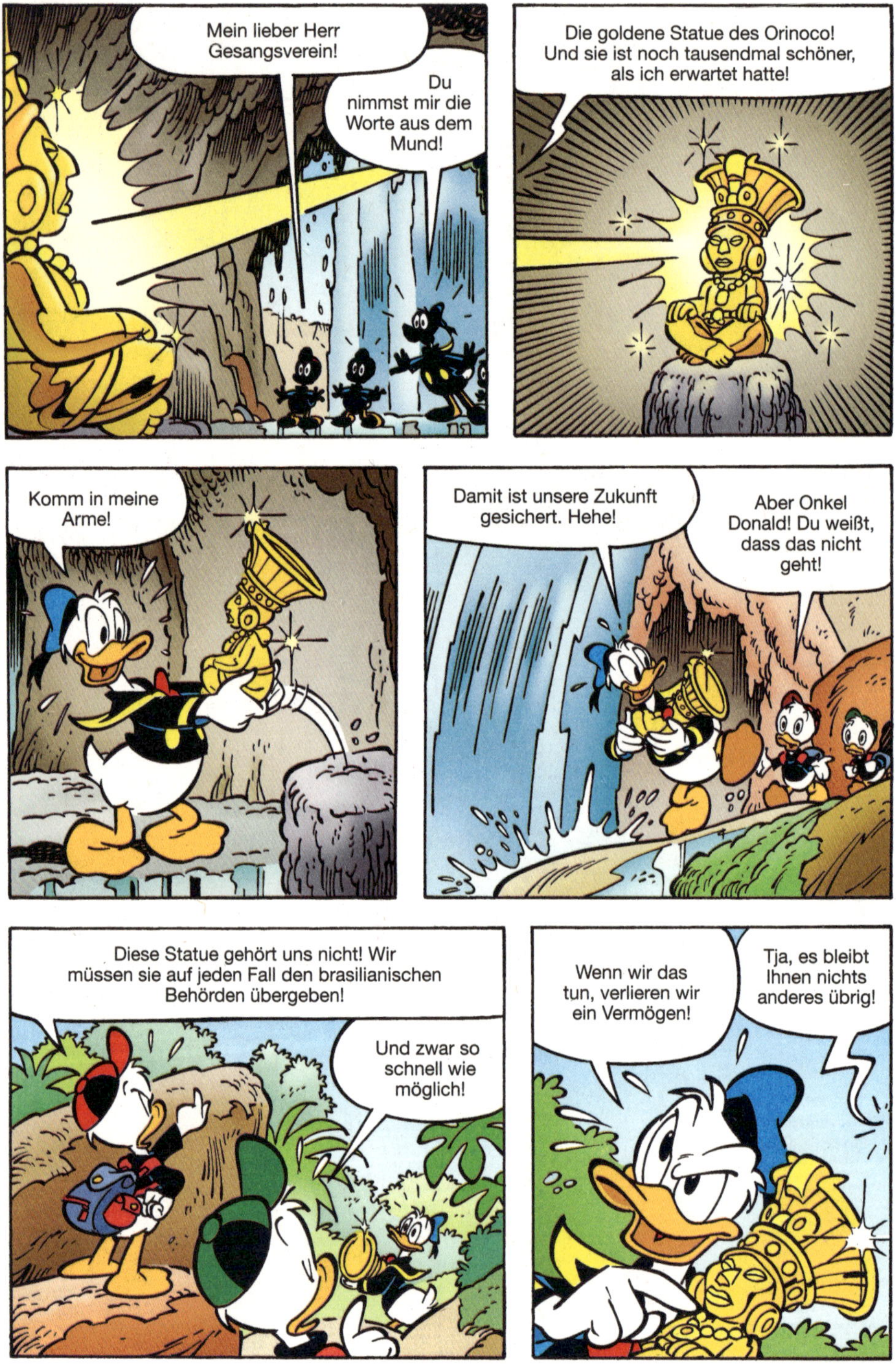

Mein lieber Herr Gesangsverein!
Du nimmst mir die Worte aus dem Mund!
Die goldene Statue des Orinoco! Und sie ist noch tausendmal schöner, als ich erwartet hatte!
Komm in meine Arme!
Damit ist unsere Zukunft gesichert. Hehe!
Aber Onkel Donald! Du weißt, dass das nicht geht!
Diese Statue gehört uns nicht! Wir müssen sie auf jeden Fall den brasilianischen Behörden übergeben!
Und zwar so schnell wie möglich!
Wenn wir das tun, verlieren wir ein Vermögen!
Tja, es bleibt Ihnen nichts anderes übrig!

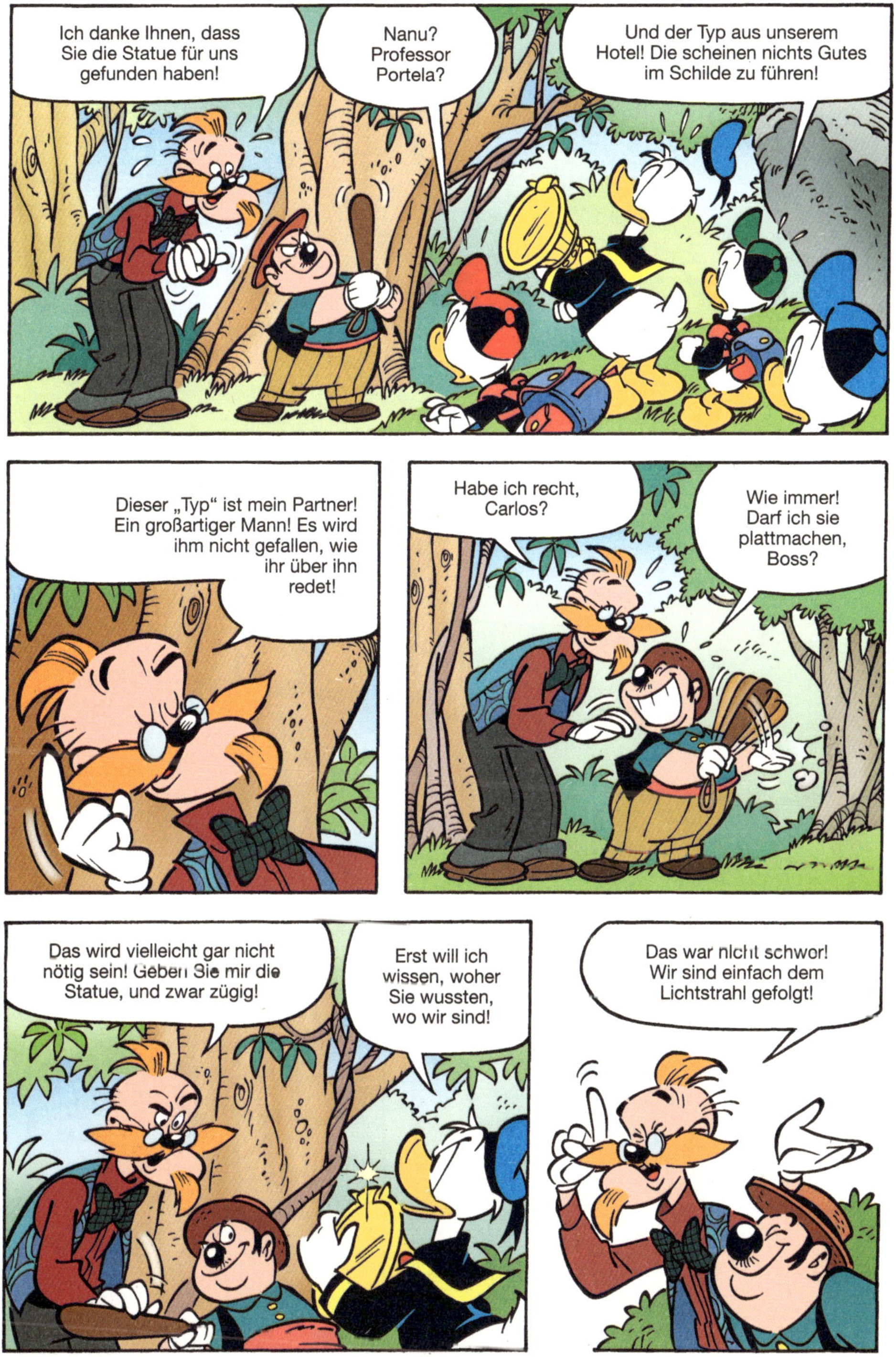

Ich danke Ihnen, dass Sie die Statue für uns gefunden haben!
Nanu? Professor Portela?
Und der Typ aus unserem Hotel! Die scheinen nichts Gutes im Schilde zu führen!
Dieser „Typ“ ist mein Partner! Ein großartiger Mann! Es wird ihm nicht gefallen, wie ihr über ihn redet!
Habe ich recht, Carlos?
Wie immer! Darf ich sie plattmachen, Boss?
Das wird vielleicht gar nicht nötig sein! Geben Sie mir die Statue, und zwar zügig!
Erst will ich wissen, woher Sie wussten, wo wir sind!
Das war nicht schwer! Wir sind einfach dem Lichtstrahl gefolgt!

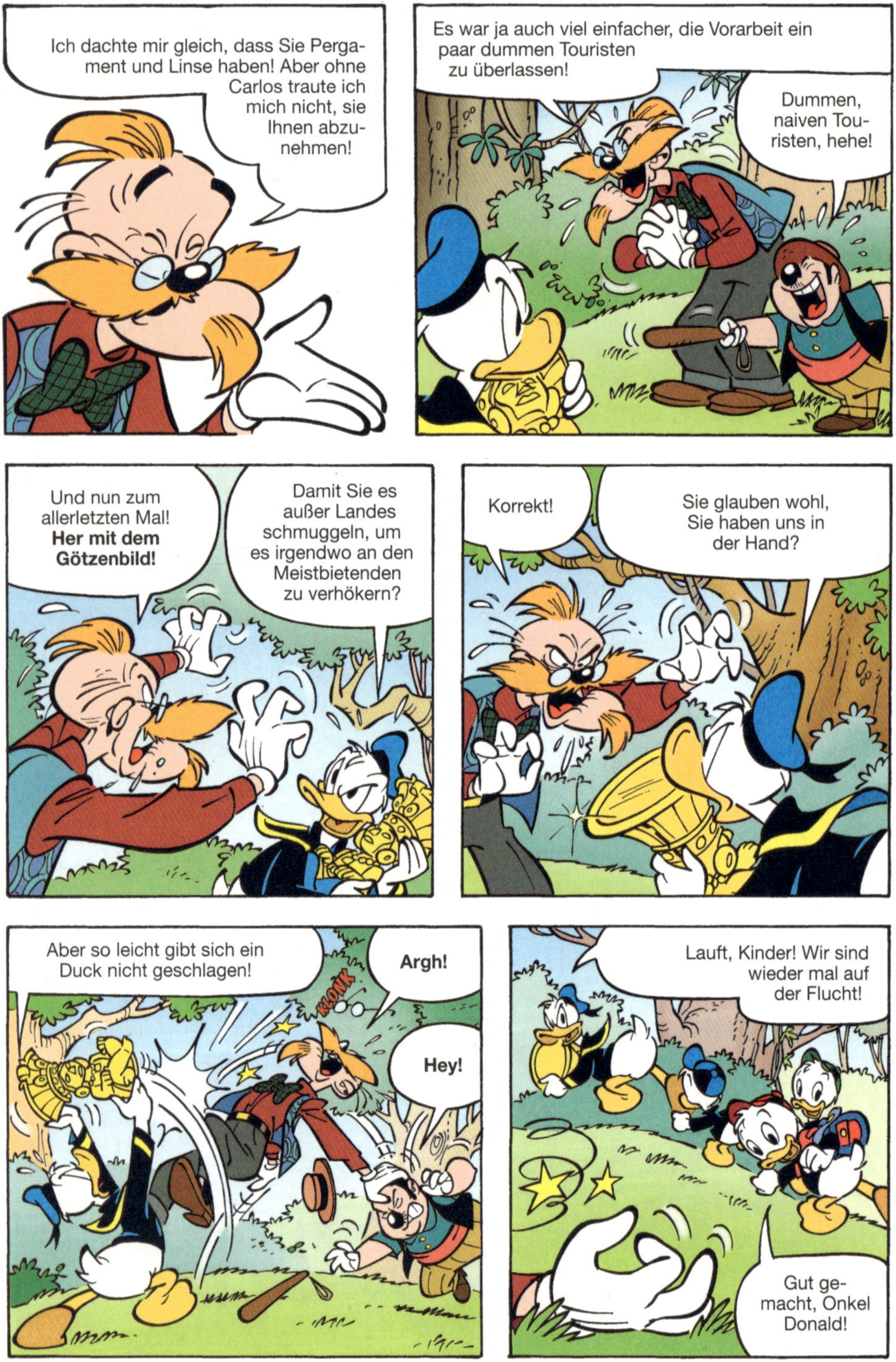
Ich dachte mir gleich, dass Sie Pergament und Linse haben! Aber ohne Carlos traute ich mich nicht, sie Ihnen abzunehmen!
Es war ja auch viel einfacher, die Vorarbeit ein paar dummen Touristen zu überlassen!
Dummen, naiven Touristen, hehe!
Und nun zum allerletzten Mal! **Her mit dem Götzenbild!**
Damit Sie es außer Landes schmuggeln, um es irgendwo an den Meistbietenden zu verhökern?
Korrekt!
Sie glauben wohl, Sie haben uns in der Hand?
Aber so leicht gibt sich ein Duck nicht geschlagen!
KLONK
Argh!
Hey!
Lauft, Kinder! Wir sind wieder mal auf der Flucht!
Gut gemacht, Onkel Donald!

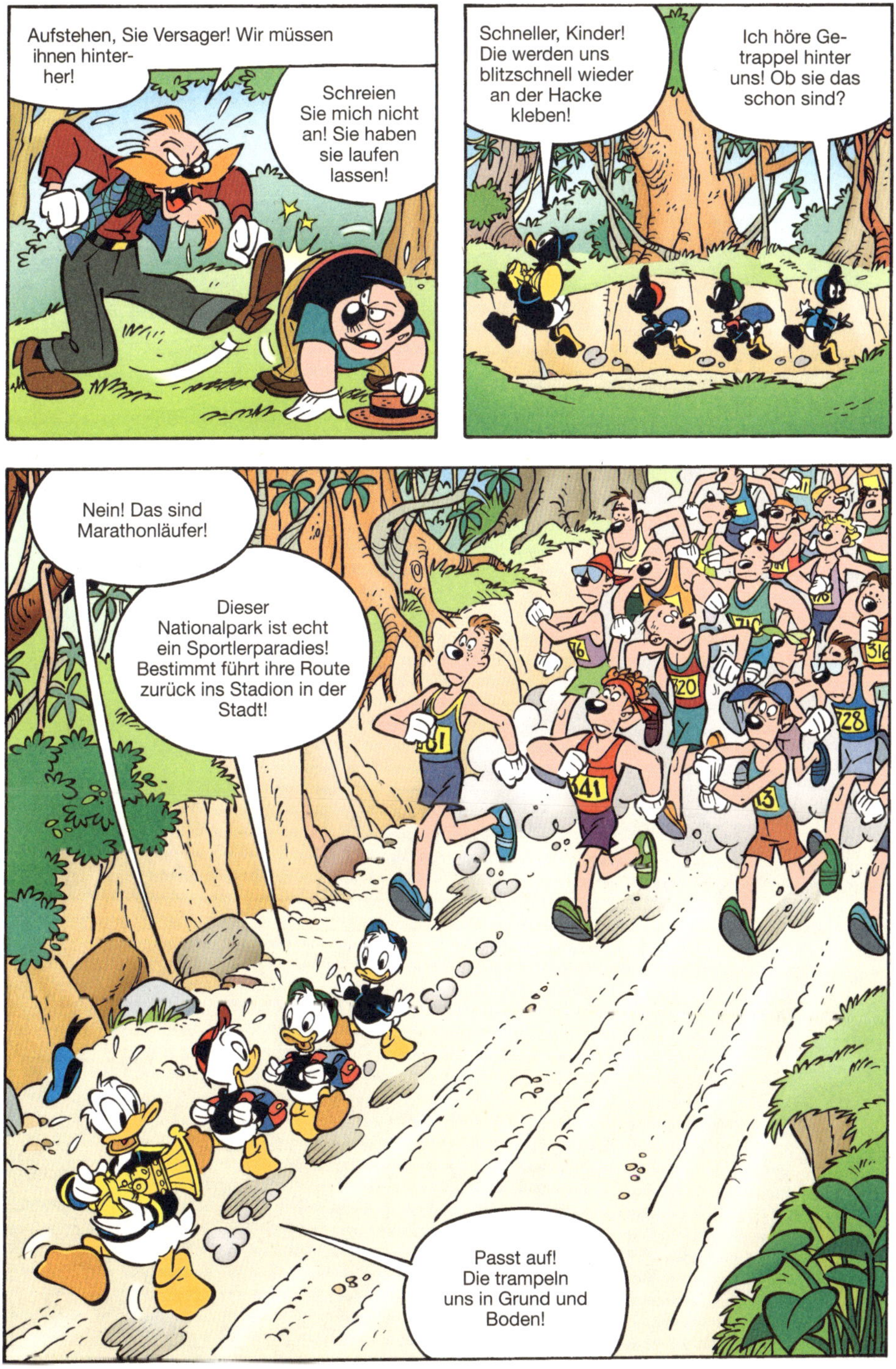
Aufstehen, Sie Versager! Wir müssen ihnen hinter-her!
Schreien Sie mich nicht an! Sie haben sie laufen lassen!
Schneller, Kinder! Die werden uns blitzschnell wieder an der Hacke kleben!
Ich höre Getrappel hinter uns! Ob sie das schon sind?
Nein! Das sind Marathonläufer!
Dieser Nationalpark ist echt ein Sportlerparadies! Bestimmt führt ihre Route zurück ins Stadion in der Stadt!
Passt auf! Die trampeln uns in Grund und Boden!

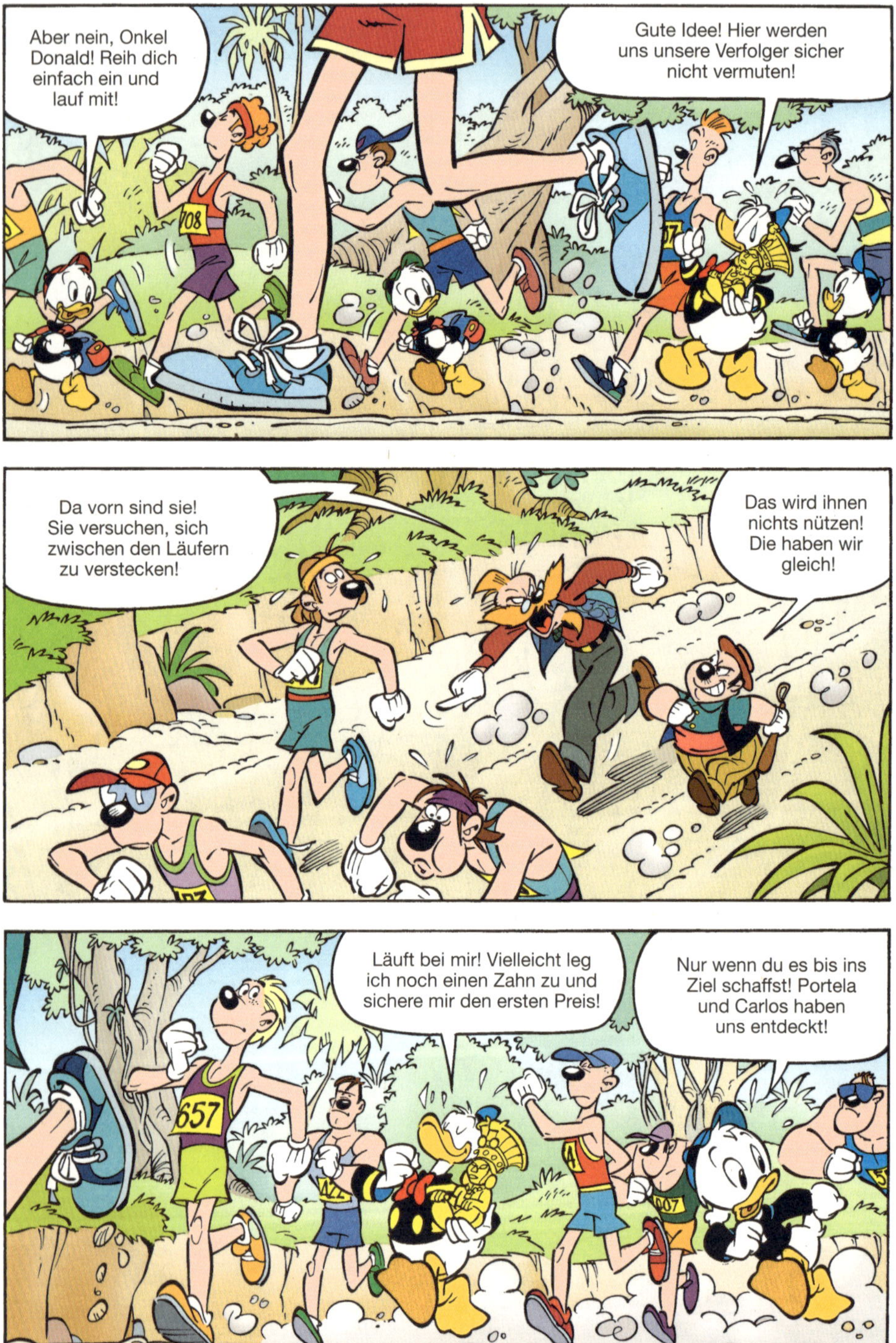
Aber nein, Onkel Donald! Reih dich einfach ein und lauf mit!
Gute Idee! Hier werden uns unsere Verfolger sicher nicht vermuten!
Da vorn sind sie! Sie versuchen, sich zwischen den Läufern zu verstecken!
Das wird ihnen nichts nützen! Die haben wir gleich!
Läuft bei mir! Vielleicht leg ich noch einen Zahn zu und sichere mir den ersten Preis!
Nur wenn du es bis ins Ziel schaffst! Portela und Carlos haben uns entdeckt!

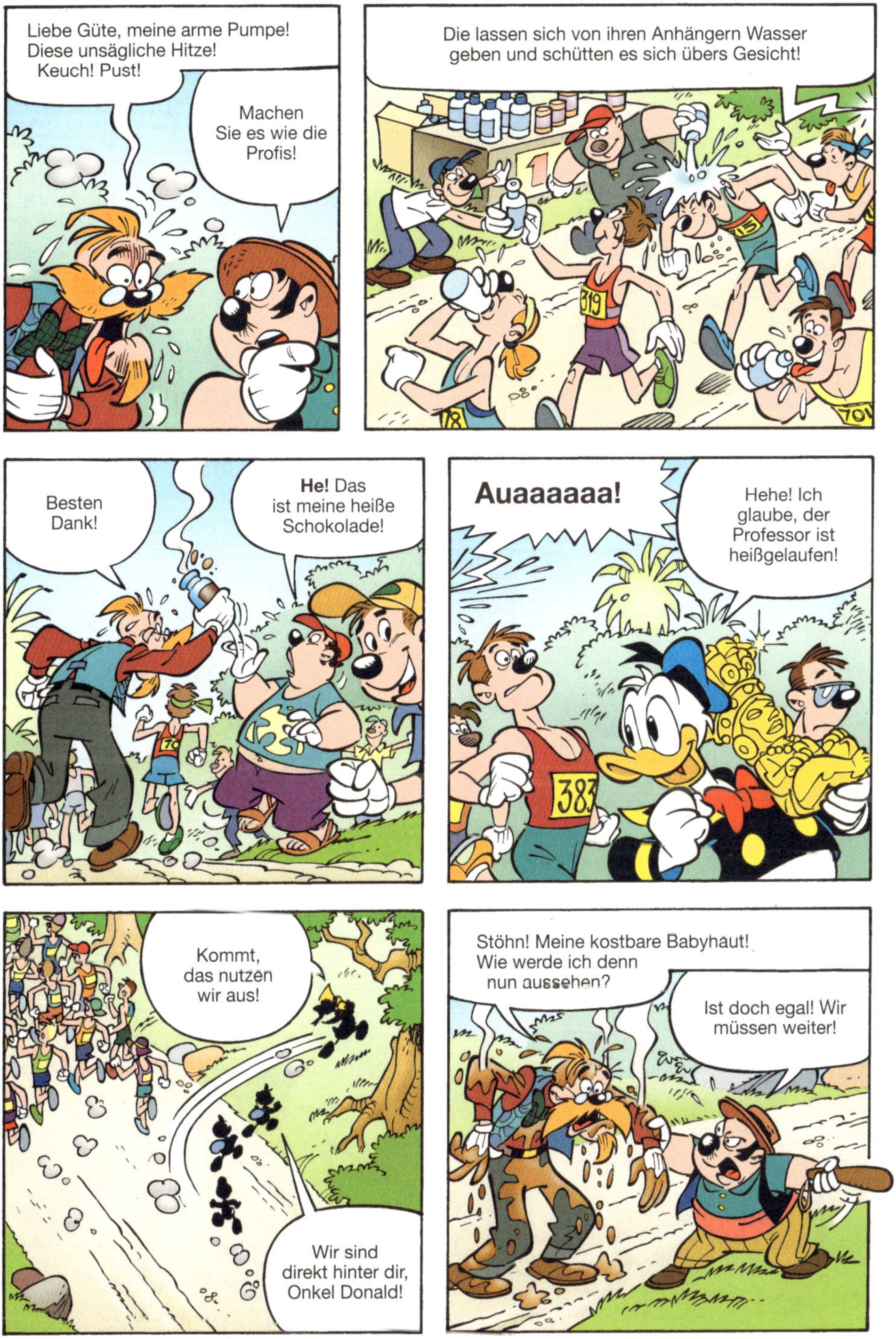
Liebe Güte, meine arme Pumpe! Diese unsägliche Hitze! Keuch! Pust!
Machen Sie es wie die Profis!
Die lassen sich von ihren Anhängern Wasser geben und schütten es sich übers Gesicht!
Besten Dank!
He! Das ist meine heiße Schokolade!
Auaaaaaa!
Hehe! Ich glaube, der Professor ist heißgelaufen!
Kommt, das nutzen wir aus!
Wir sind direkt hinter dir, Onkel Donald!
Stöhn! Meine kostbare Babyhaut! Wie werde ich denn nun aussehen?
Ist doch egal! Wir müssen weiter!

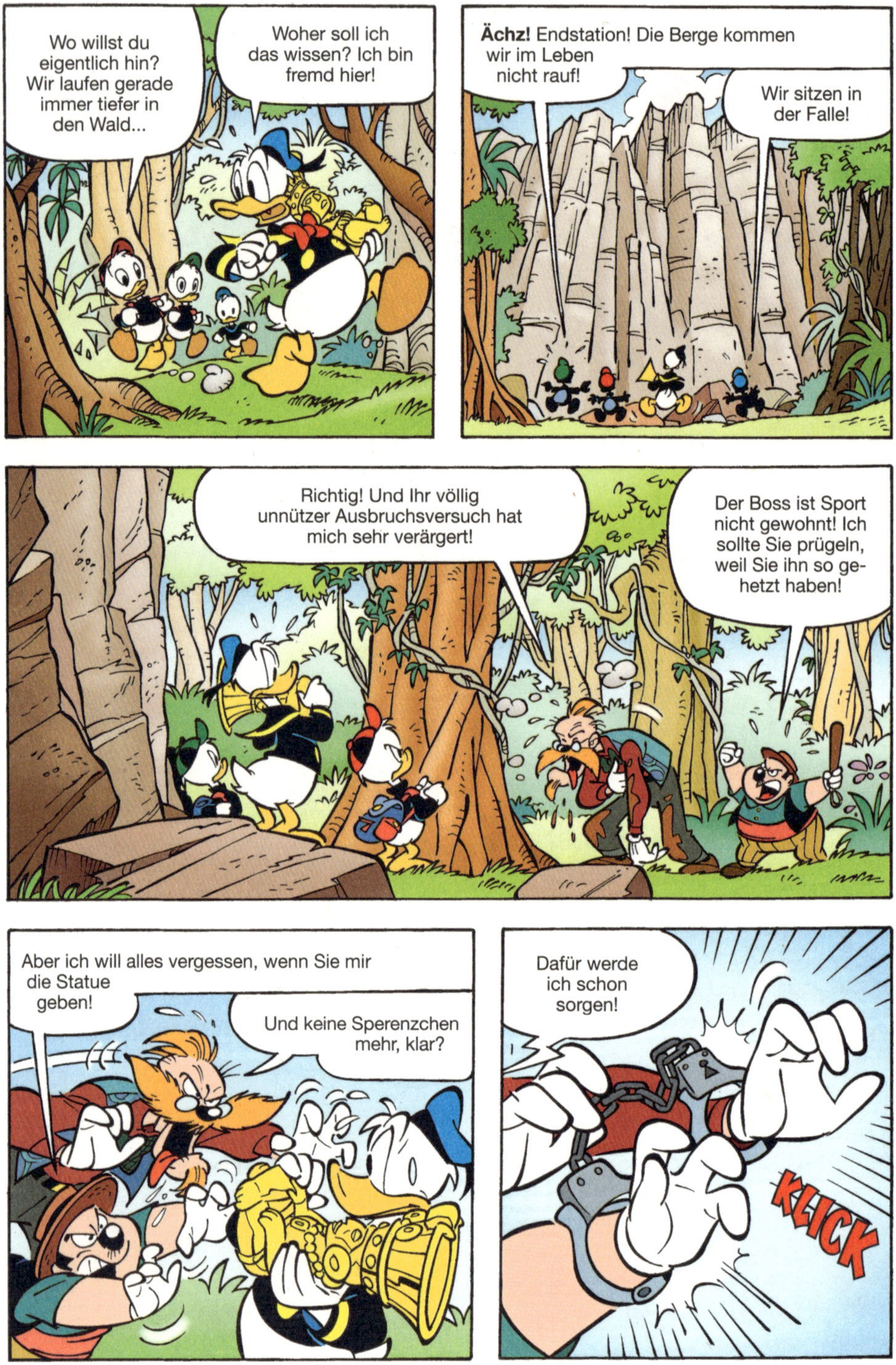
Wo willst du eigentlich hin? Wir laufen gerade immer tiefer in den Wald...
Woher soll ich das wissen? Ich bin fremd hier!
Ächz! Endstation! Die Berge kommen wir im Leben nicht rauf!
Wir sitzen in der Falle!
Richtig! Und Ihr völlig unnützer Ausbruchsversuch hat mich sehr verärgert!
Der Boss ist Sport nicht gewohnt! Ich sollte Sie prügeln, weil Sie ihn so gehetzt haben!
Aber ich will alles vergessen, wenn Sie mir die Statue geben!
Und keine Sperenzchen mehr, klar?
Dafür werde ich schon sorgen!
KLICK

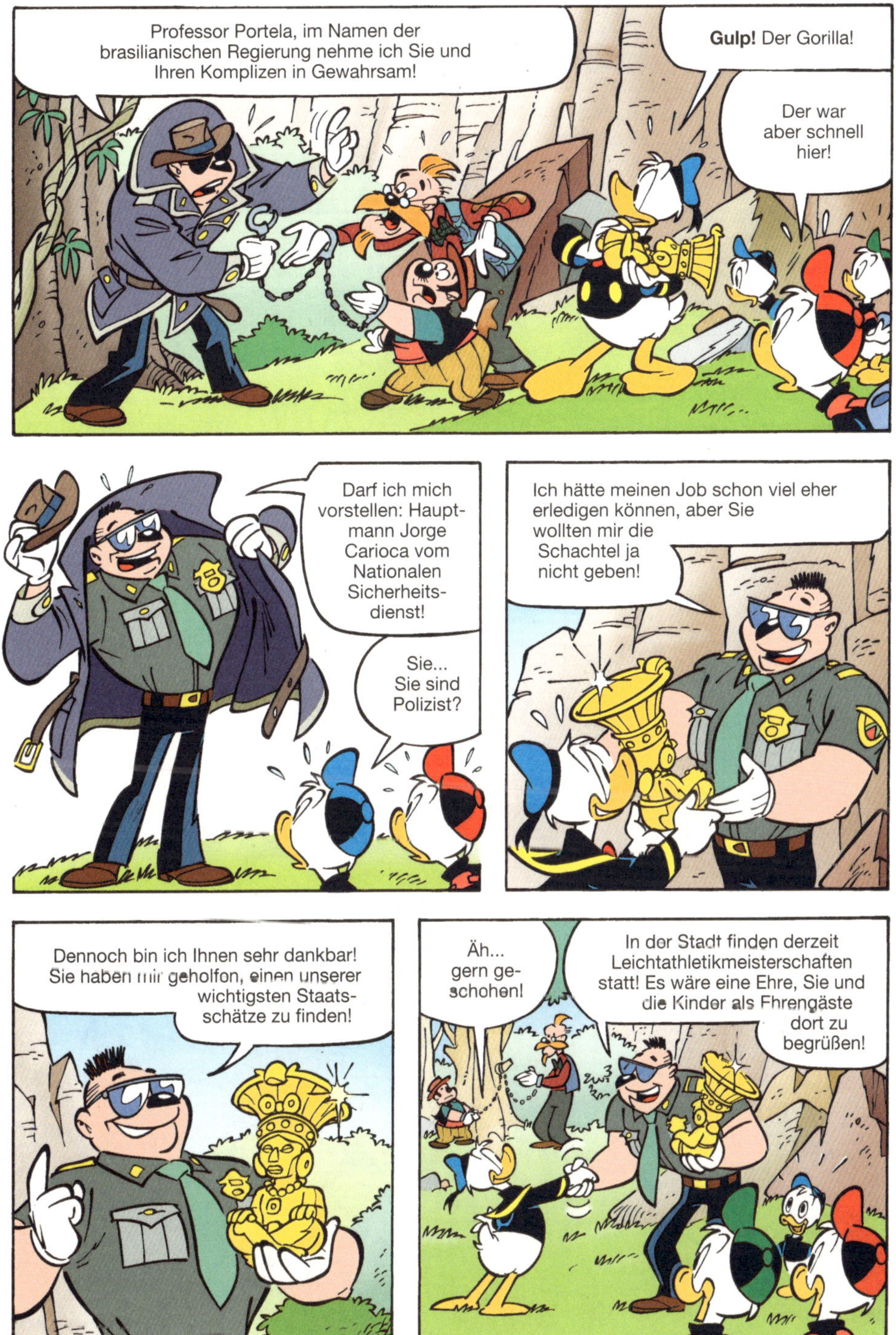
Professor Portela, im Namen der brasilianischen Regierung nehme ich Sie und Ihren Komplizen in Gewahrsam!
Gulp! Der Gorilla!
Der war aber schnell hier!
Darf ich mich vorstellen: Hauptmann Jorge Carioca vom Nationalen Sicherheitsdienst!
Sie... Sie sind Polizist?
Ich hätte meinen Job schon viel eher erledigen können, aber Sie wollten mir die Schachtel ja nicht geben!
Dennoch bin ich Ihnen sehr dankbar! Sie haben mir geholfen, einen unserer wichtigsten Staatsschätze zu finden!
Äh... gern geschehen!
In der Stadt finden derzeit Leichtathletikmeisterschaften statt! Es wäre eine Ehre, Sie und die Kinder als Ehrengäste dort zu begrüßen!

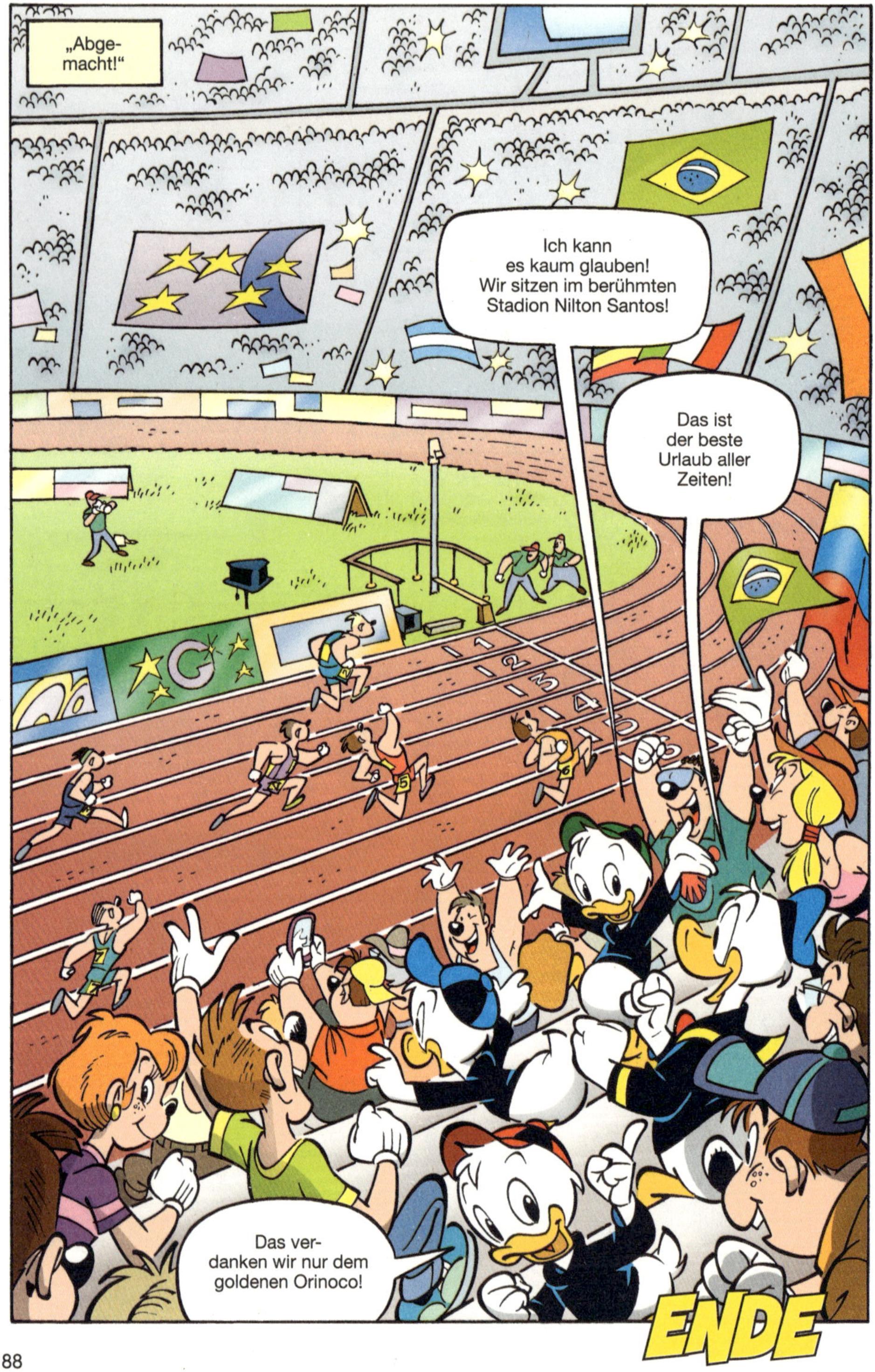
„Abgemacht!“
Ich kann es kaum glauben! Wir sitzen im berühmten Stadion Nilton Santos!
Das ist der beste Urlaub aller Zeiten!
Das verdanken wir nur dem goldenen Orinoco!
ENDE

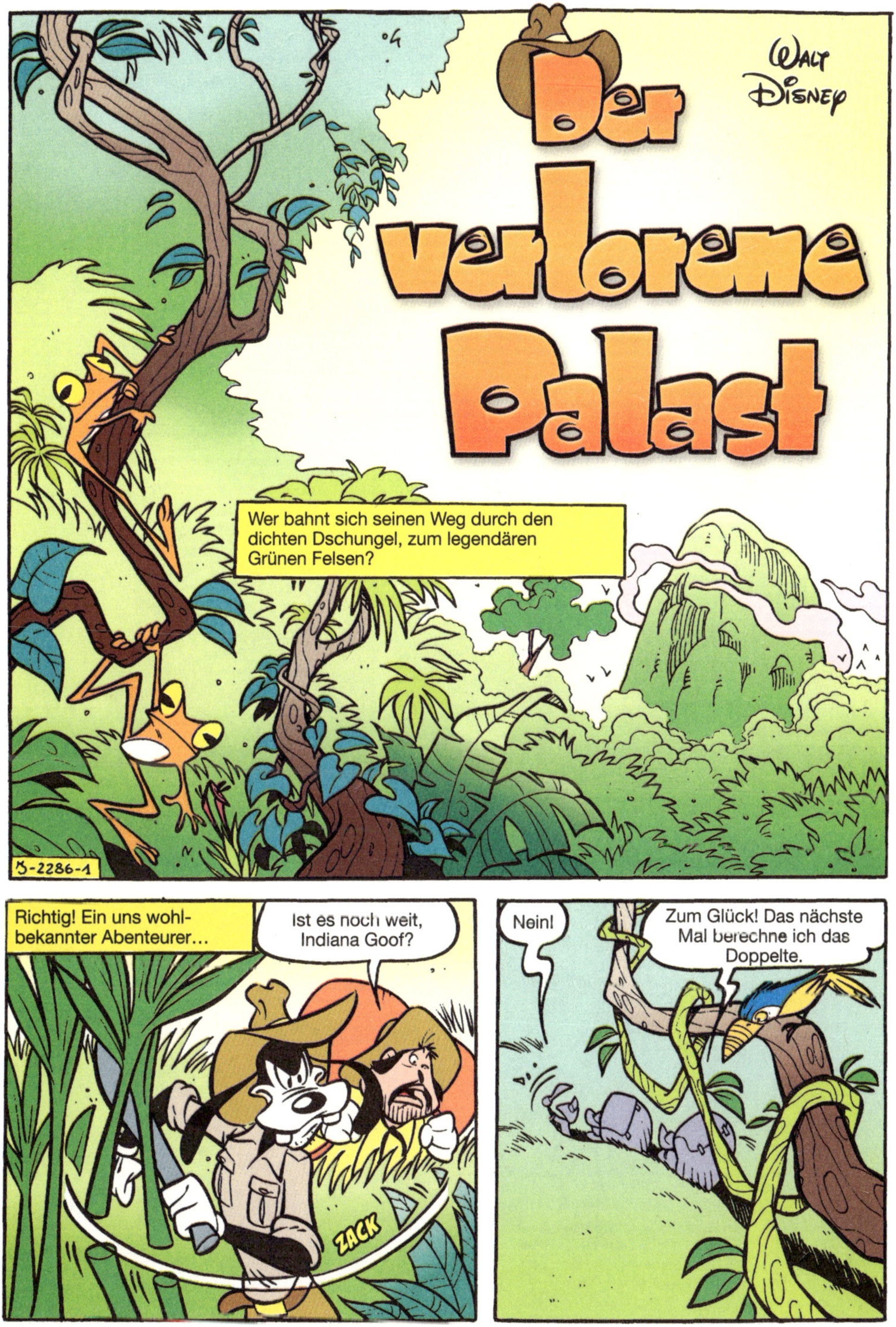

Stefano Ambrosio (Story), **Stefano Turconi** (Zeichnungen)

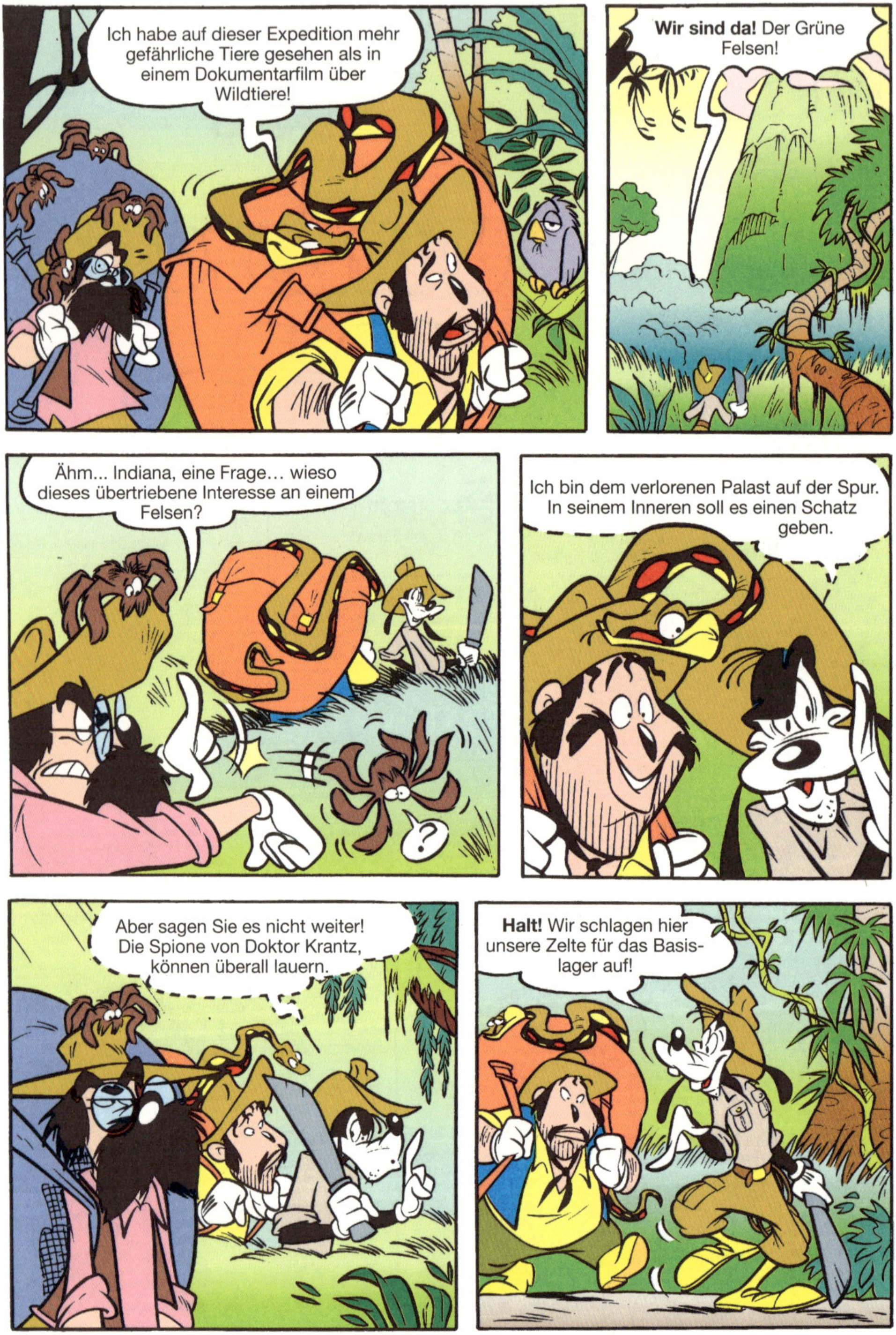
Ich habe auf dieser Expedition mehr gefährliche Tiere gesehen als in einem Dokumentarfilm über Wildtiere!
Wir sind da! Der Grüne Felsen!
Ähm... Indiana, eine Frage... wieso dieses übertriebene Interesse an einem Felsen?
?
Ich bin dem verlorenen Palast auf der Spur. In seinem Inneren soll es einen Schatz geben.
Aber sagen Sie es nicht weiter! Die Spione von Doktor Krantz, können überall lauern.
Halt! Wir schlagen hier unsere Zelte für das Basislager auf!

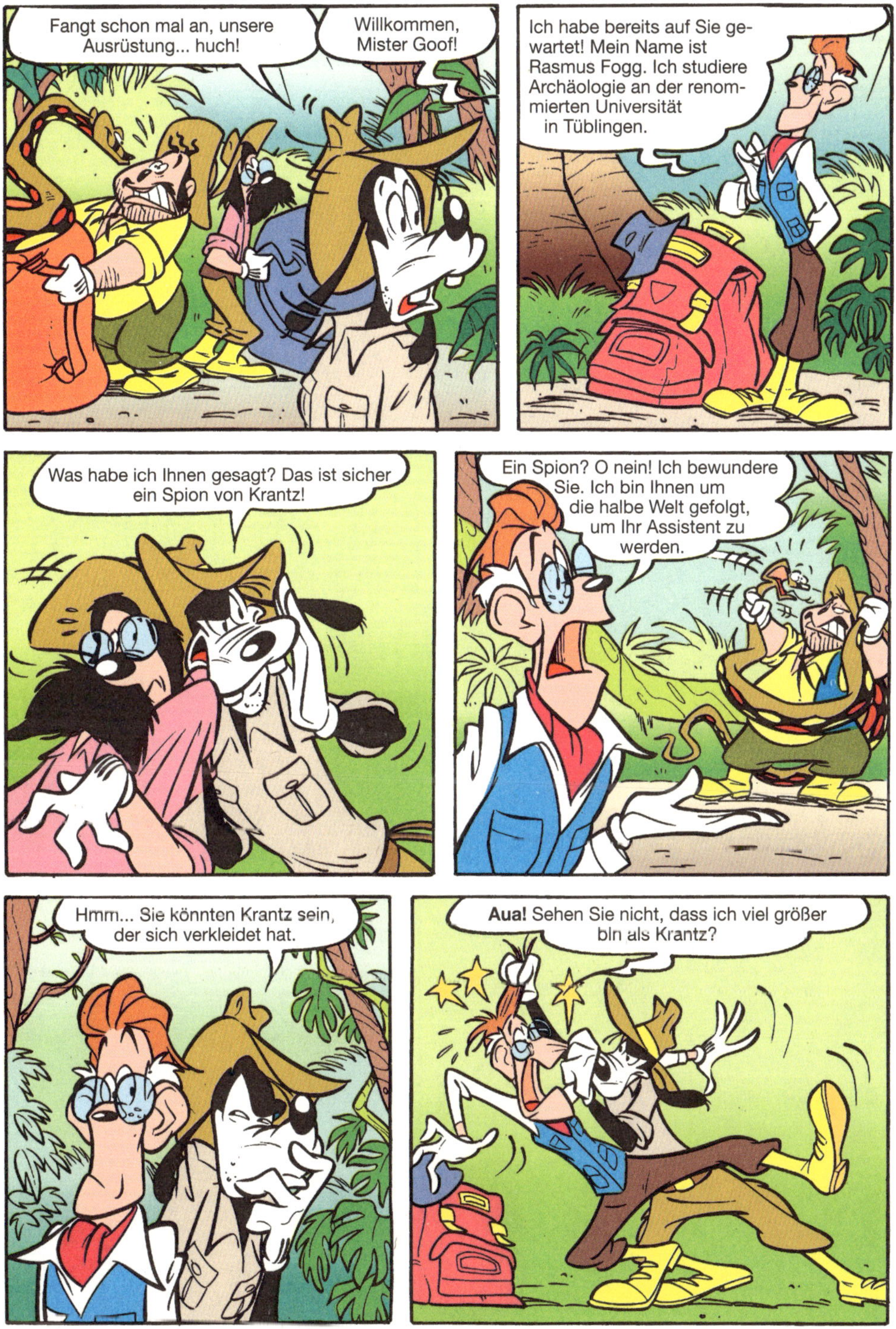
Fangt schon mal an, unsere Ausrüstung... huch!
Willkommen, Mister Goof!
Ich habe bereits auf Sie gewartet! Mein Name ist Rasmus Fogg. Ich studiere Archäologie an der renommierten Universität in Tüblingen.
Was habe ich Ihnen gesagt? Das ist sicher ein Spion von Krantz!
Ein Spion? O nein! Ich bewundere Sie. Ich bin Ihnen um die halbe Welt gefolgt, um Ihr Assistent zu werden.
Hmm... Sie könnten Krantz sein, der sich verkleidet hat.
Aua! Sehen Sie nicht, dass ich viel größer bin als Krantz?

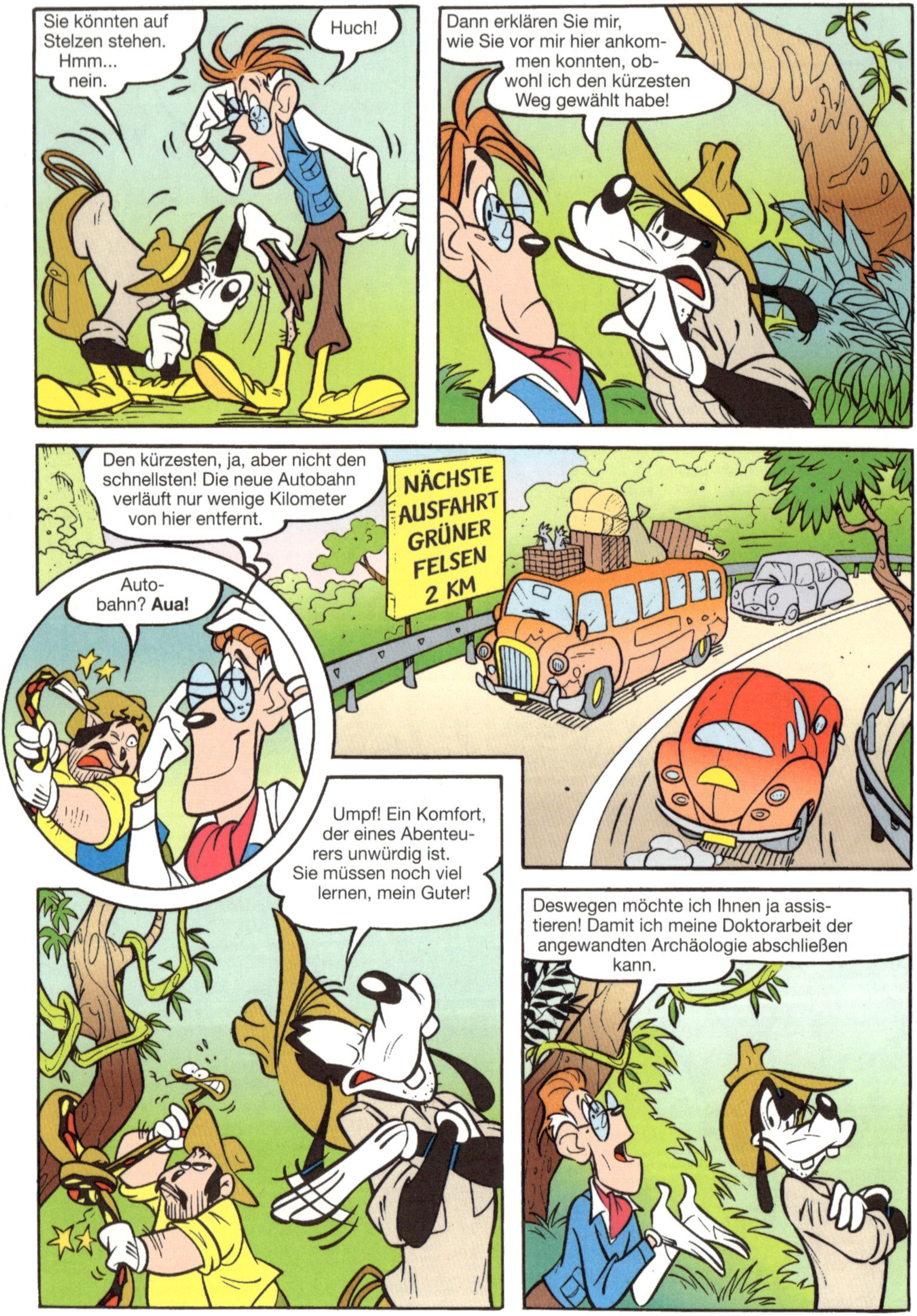
Sie könnten auf Stelzen stehen. Hmm... nein.
Huch!
Dann erklären Sie mir, wie Sie vor mir hier ankommen konnten, obwohl ich den kürzesten Weg gewählt habe!
Den kürzesten, ja, aber nicht den schnellsten! Die neue Autobahn verläuft nur wenige Kilometer von hier entfernt.
NÄCHSTE AUSFAHRT GRÜNER FELSEN 2 KM
Autobahn? **Aua!**
Umpf! Ein Komfort, der eines Abenteurers unwürdig ist. Sie müssen noch viel lernen, mein Guter!
Deswegen möchte ich Ihnen ja assistieren! Damit ich meine Doktorarbeit der angewandten Archäologie abschließen kann.

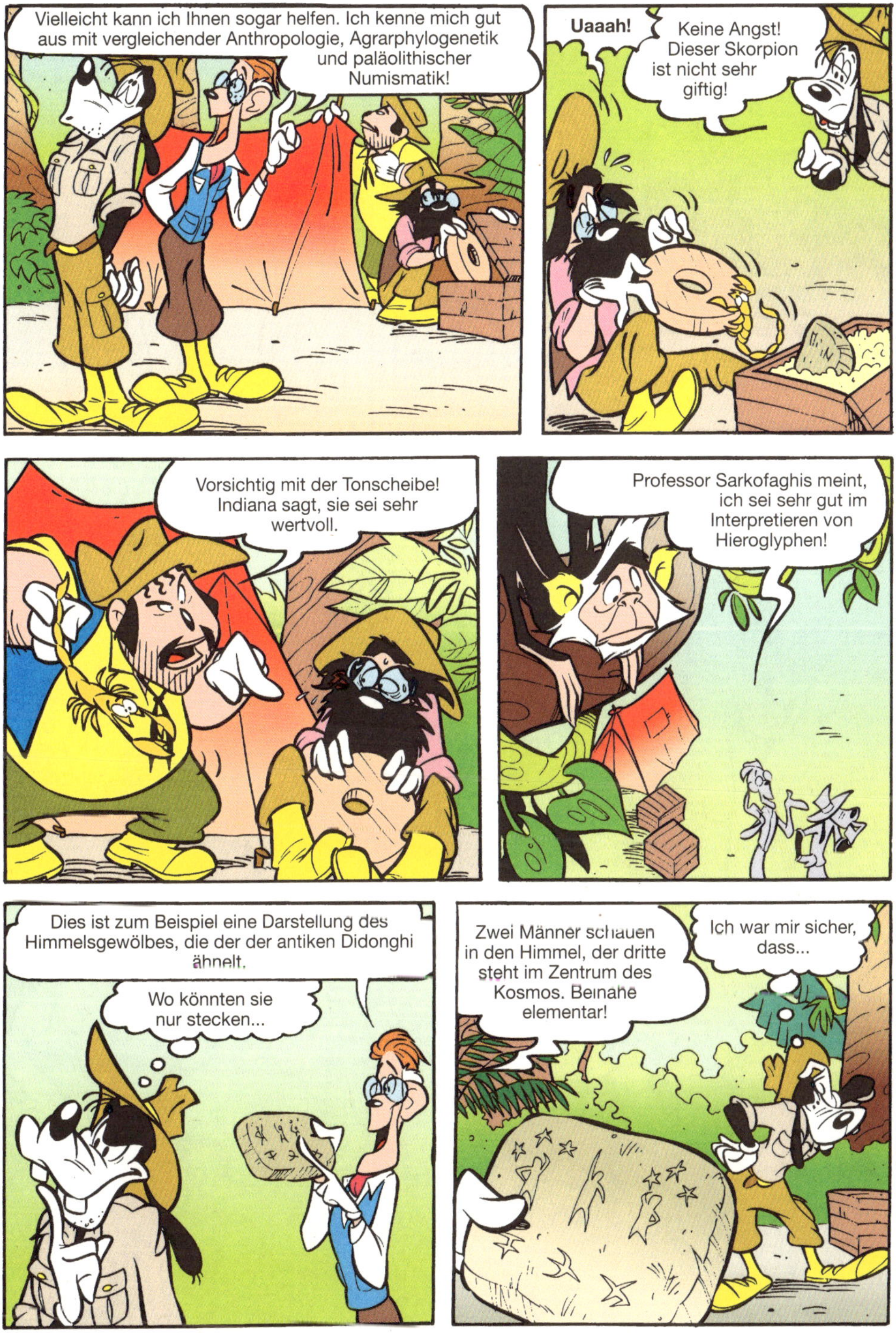
Vielleicht kann ich Ihnen sogar helfen. Ich kenne mich gut aus mit vergleichender Anthropologie, Agrarphylogenetik und paläolithischer Numismatik!
Uaaah!
Keine Angst! Dieser Skorpion ist nicht sehr giftig!
Vorsichtig mit der Tonscheibe! Indiana sagt, sie sei sehr wertvoll.
Professor Sarkofaghis meint, ich sei sehr gut im Interpretieren von Hieroglyphen!
Dies ist zum Beispiel eine Darstellung des Himmelsgewölbes, die der der antiken Didonghi ähnelt.
Wo könnten sie nur stecken...
Zwei Männer schauen in den Himmel, der dritte steht im Zentrum des Kosmos. Beinahe elementar!
Ich war mir sicher, dass...

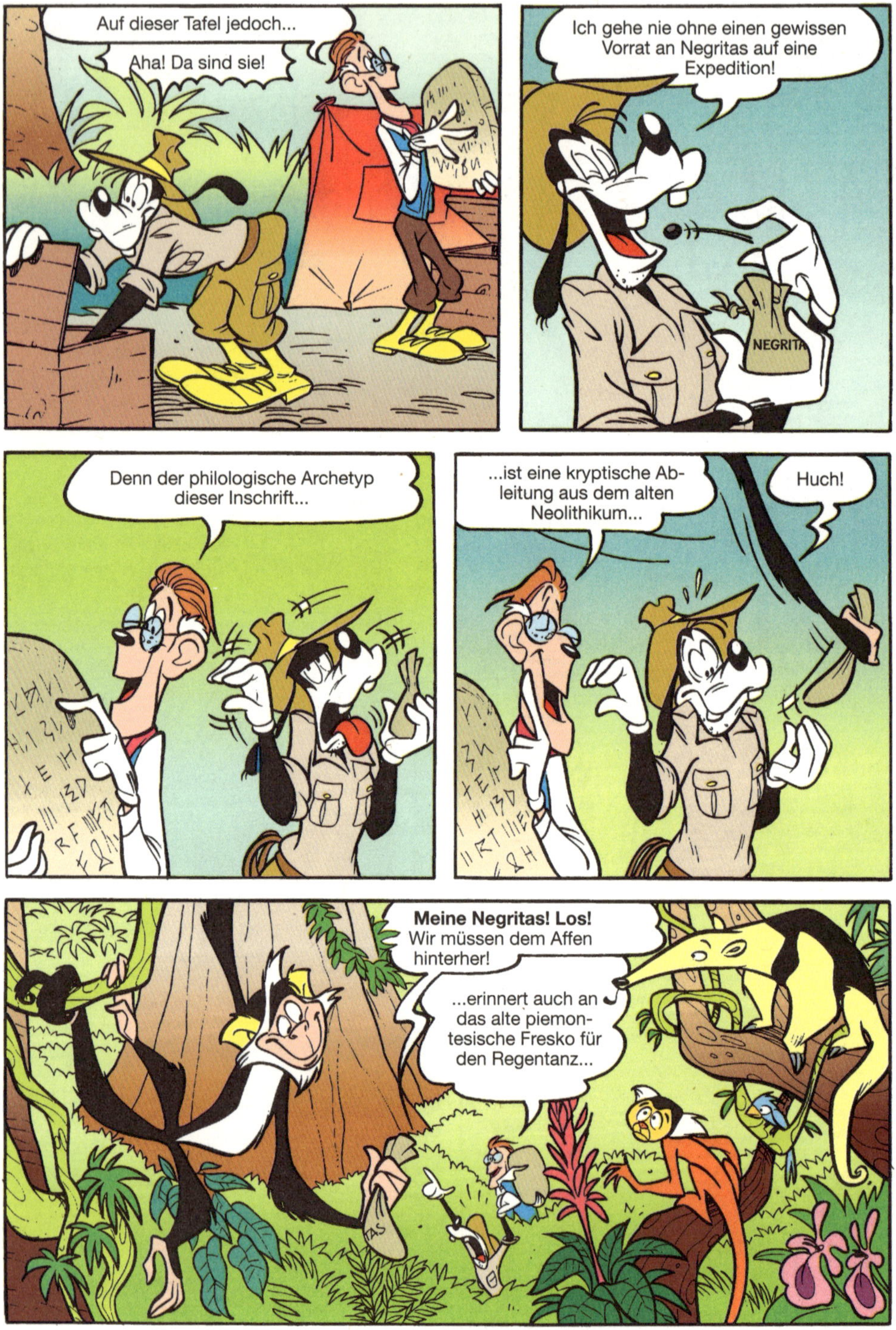

Auf dieser Tafel jedoch...
Aha! Da sind sie!
Ich gehe nie ohne einen gewissen Vorrat an Negritas auf eine Expedition!
NEGRITA
Denn der philologische Archetyp dieser Inschrift...
...ist eine kryptische Ableitung aus dem alten Neolithikum...
Huch!
Meine Negritas! Los! Wir müssen dem Affen hinterher!
...erinnert auch an das alte piemontesische Fresko für den Regentanz...

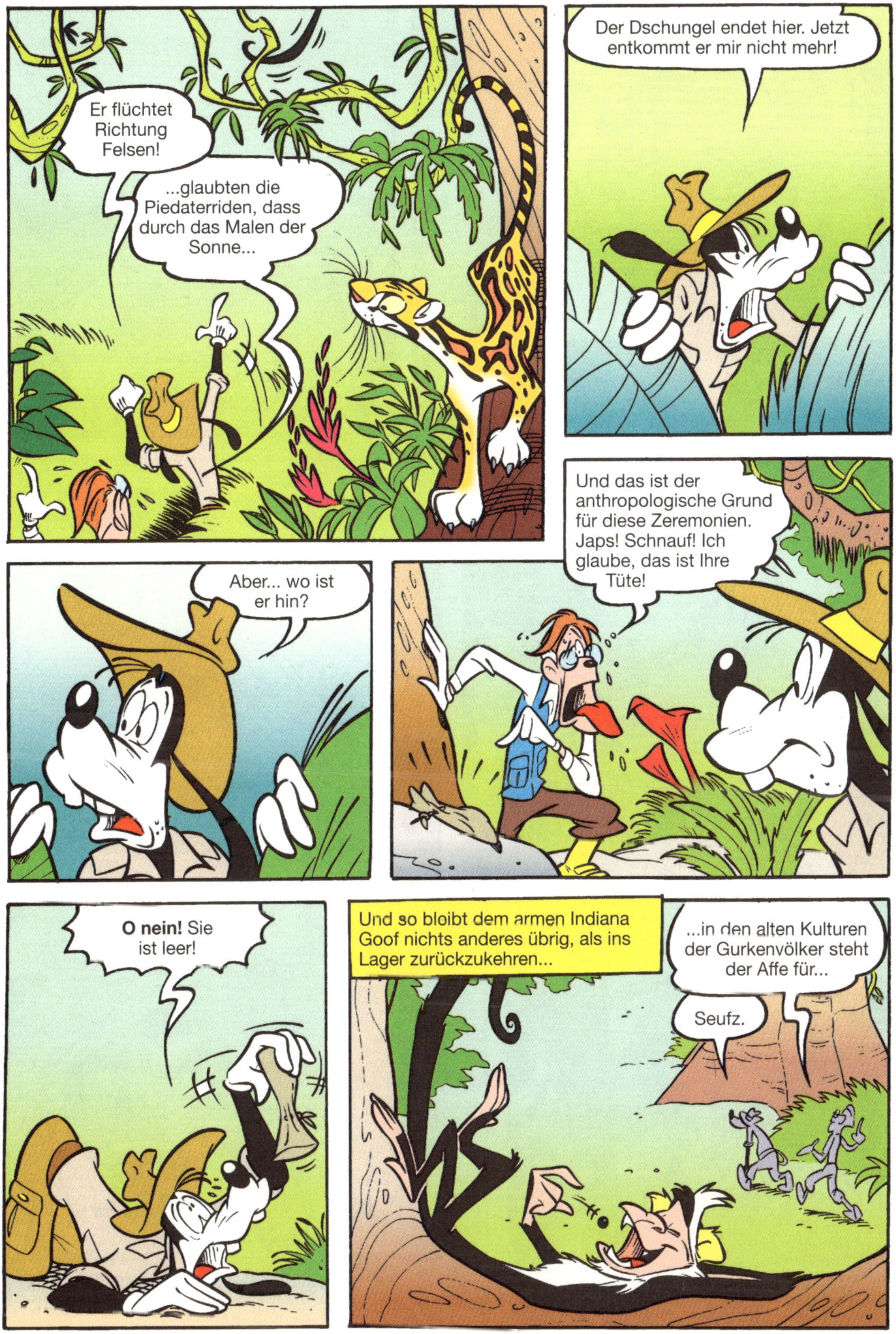
Er flüchtet Richtung Felsen!
...glaubten die Piedaterriden, dass durch das Malen der Sonne...
Der Dschungel endet hier. Jetzt entkommt er mir nicht mehr!
Aber... wo ist er hin?
Und das ist der anthropologische Grund für diese Zeremonien. Japs! Schnauf! Ich glaube, das ist Ihre Tüte!
O nein! Sie ist leer!
Und so bleibt dem armen Indiana Goof nichts anderes übrig, als ins Lager zurückzukehren...
...in den alten Kulturen der Gurkenvölker steht der Affe für...
Seufz.

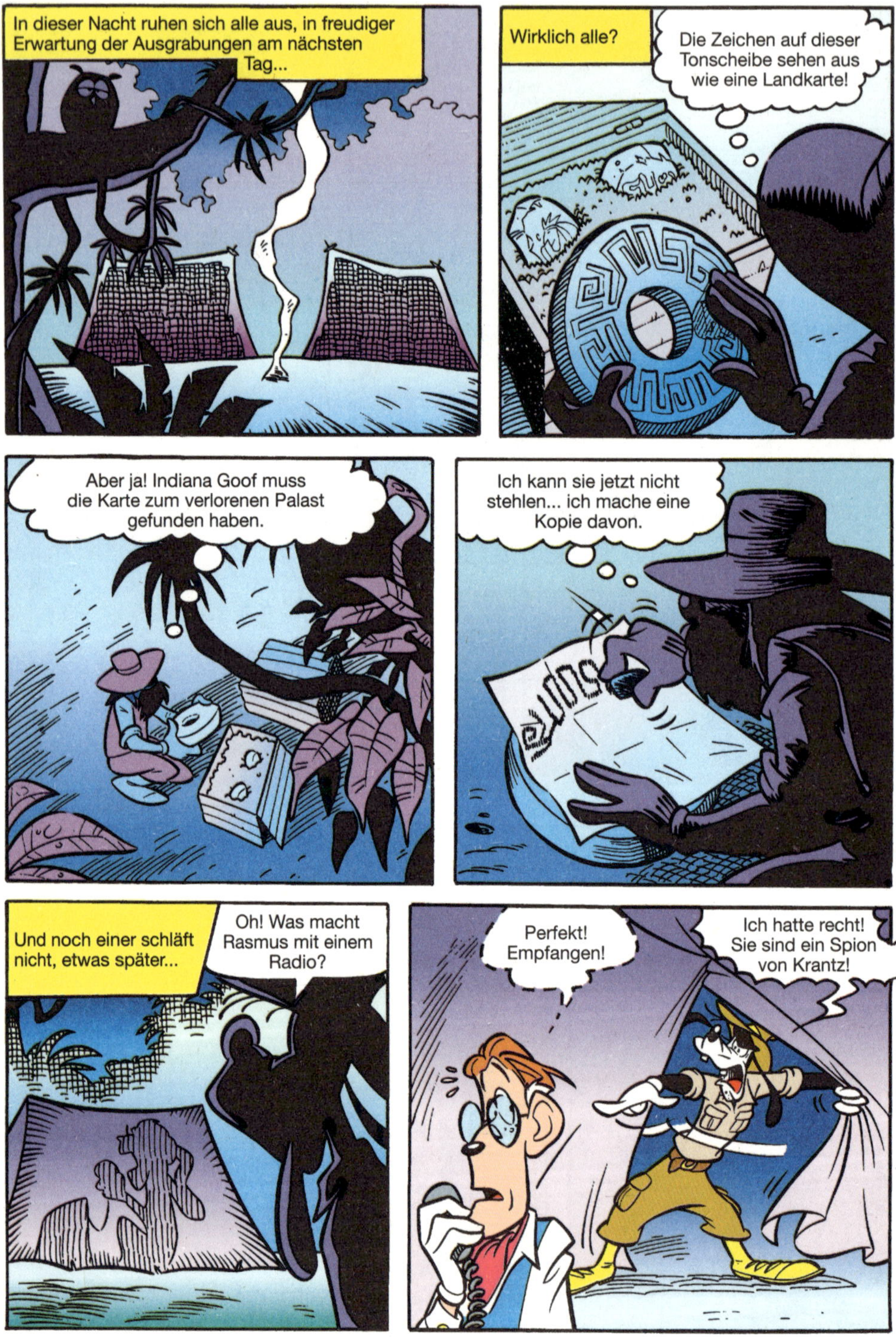

In dieser Nacht ruhen sich alle aus, in freudiger Erwartung der Ausgrabungen am nächsten Tag...
Wirklich alle?
Die Zeichen auf dieser Tonscheibe sehen aus wie eine Landkarte!
Aber ja! Indiana Goof muss die Karte zum verlorenen Palast gefunden haben.
Ich kann sie jetzt nicht stehlen... ich mache eine Kopie davon.
Und noch einer schläft nicht, etwas später...
Oh! Was macht Rasmus mit einem Radio?
Perfekt! Empfangen!
Ich hatte recht! Sie sind ein Spion von Krantz!

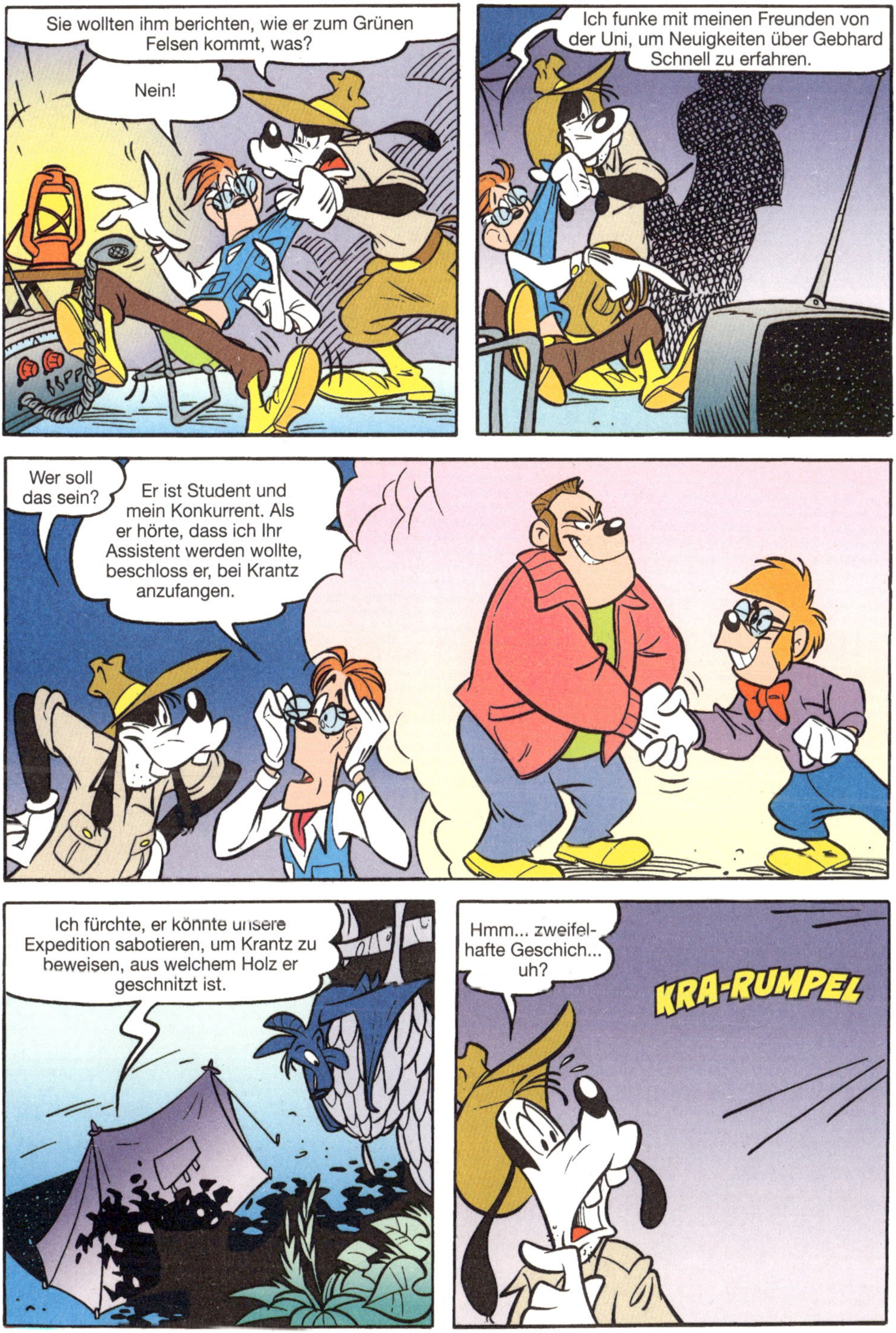
Sie wollten ihm berichten, wie er zum Grünen Felsen kommt, was?
Nein!
Ich funke mit meinen Freunden von der Uni, um Neuigkeiten über Gebhard Schnell zu erfahren.
Wer soll das sein?
Er ist Student und mein Konkurrent. Als er hörte, dass ich Ihr Assistent werden wollte, beschloss er, bei Krantz anzufangen.
Ich fürchte, er könnte unsere Expedition sabotieren, um Krantz zu beweisen, aus welchem Holz er geschnitzt ist.
Hmm... zweifelhafte Geschich... uh?
KRA-RUMPEL

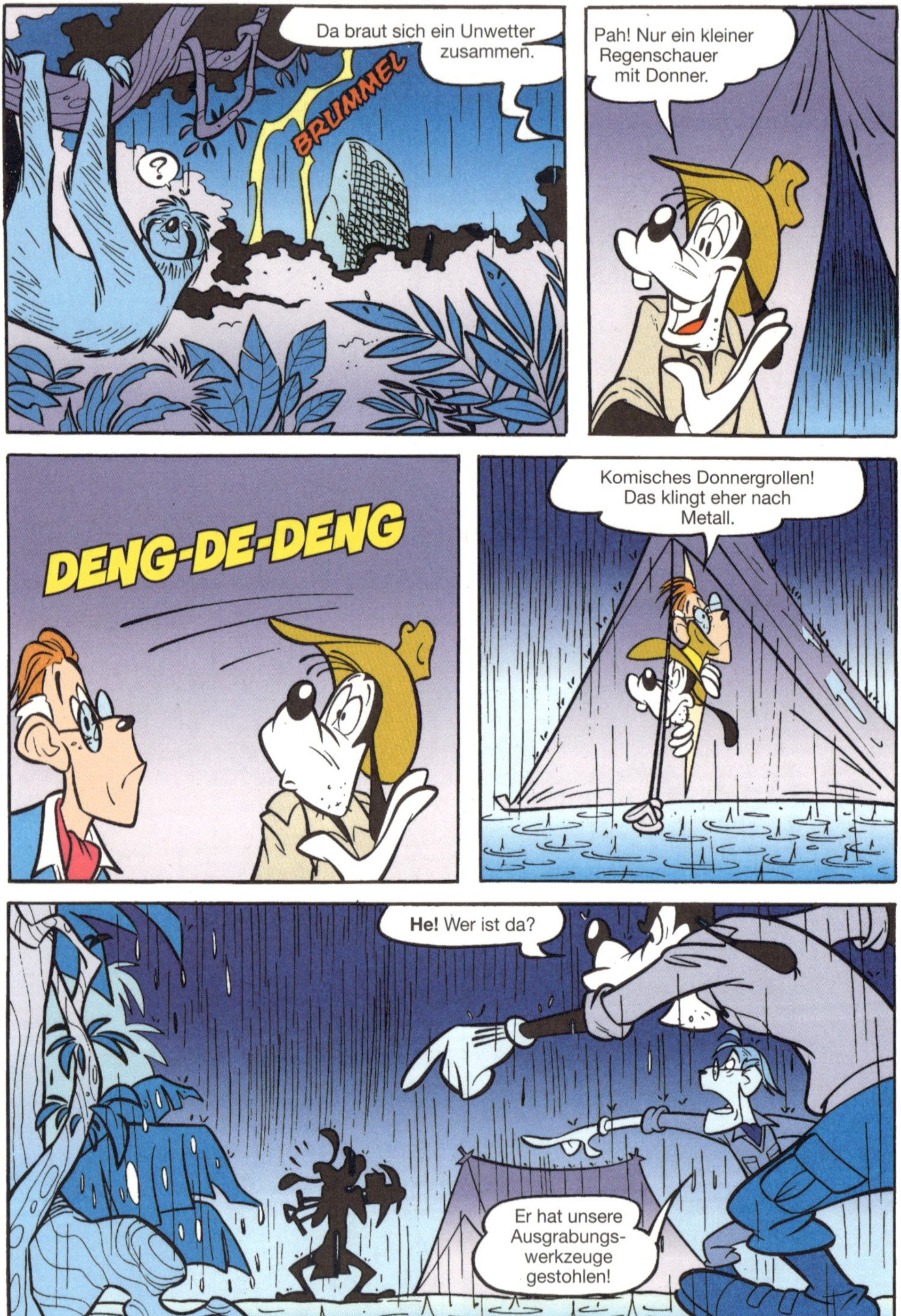
Da braut sich ein Unwetter zusammen.
BRUMMEL
?
Pah! Nur ein kleiner Regenschauer mit Donner.
DENG-DE-DENG
Komisches Donnergrollen! Das klingt eher nach Metall.
He! Wer ist da?
Er hat unsere Ausgrabungs-werkzeuge gestohlen!

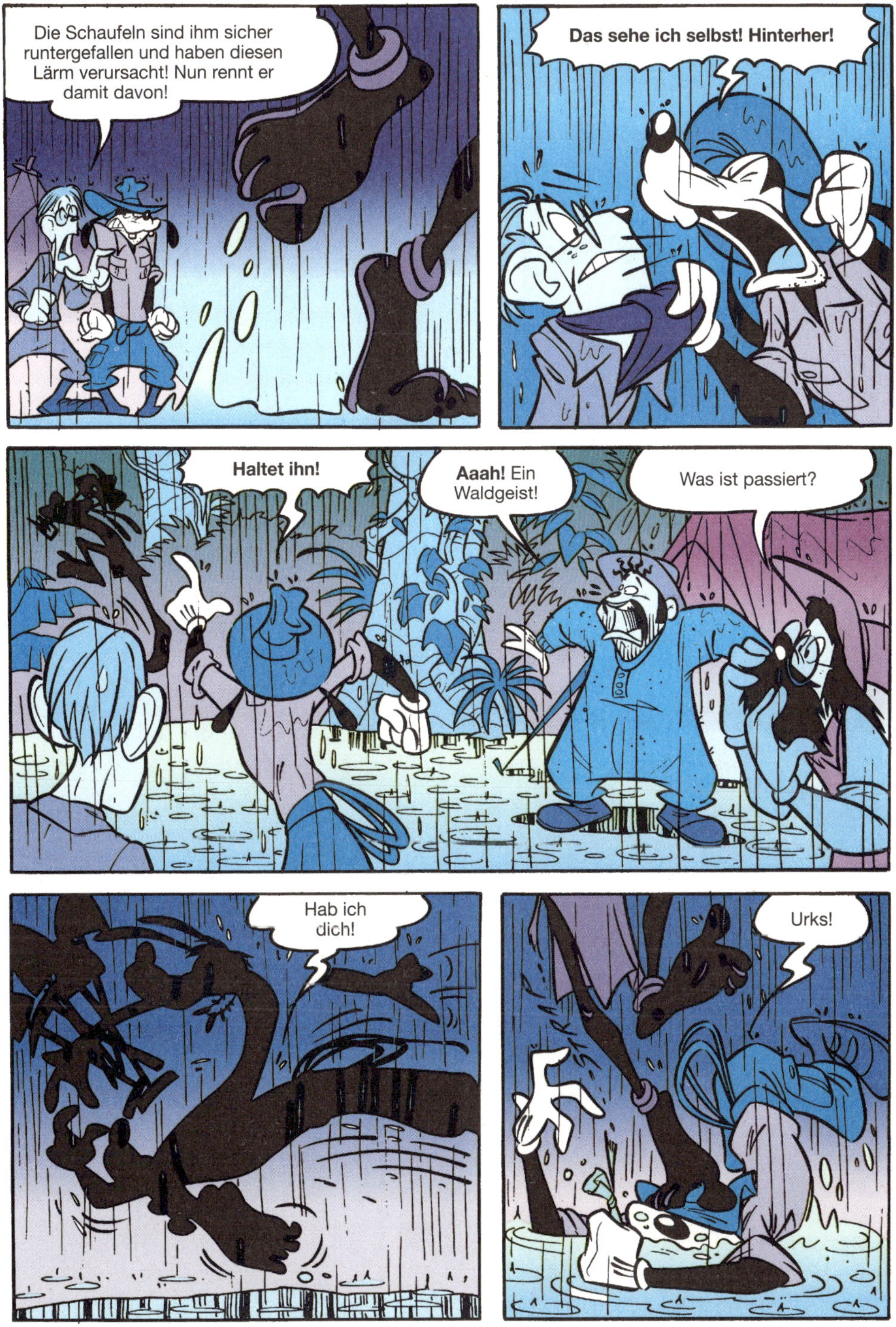
Die Schaufeln sind ihm sicher runtergefallen und haben diesen Lärm verursacht! Nun rennt er damit davon!
Das sehe ich selbst! Hinterher!
Haltet ihn!
Aaah! Ein Waldgeist!
Was ist passiert?
Hab ich dich!
Urks!

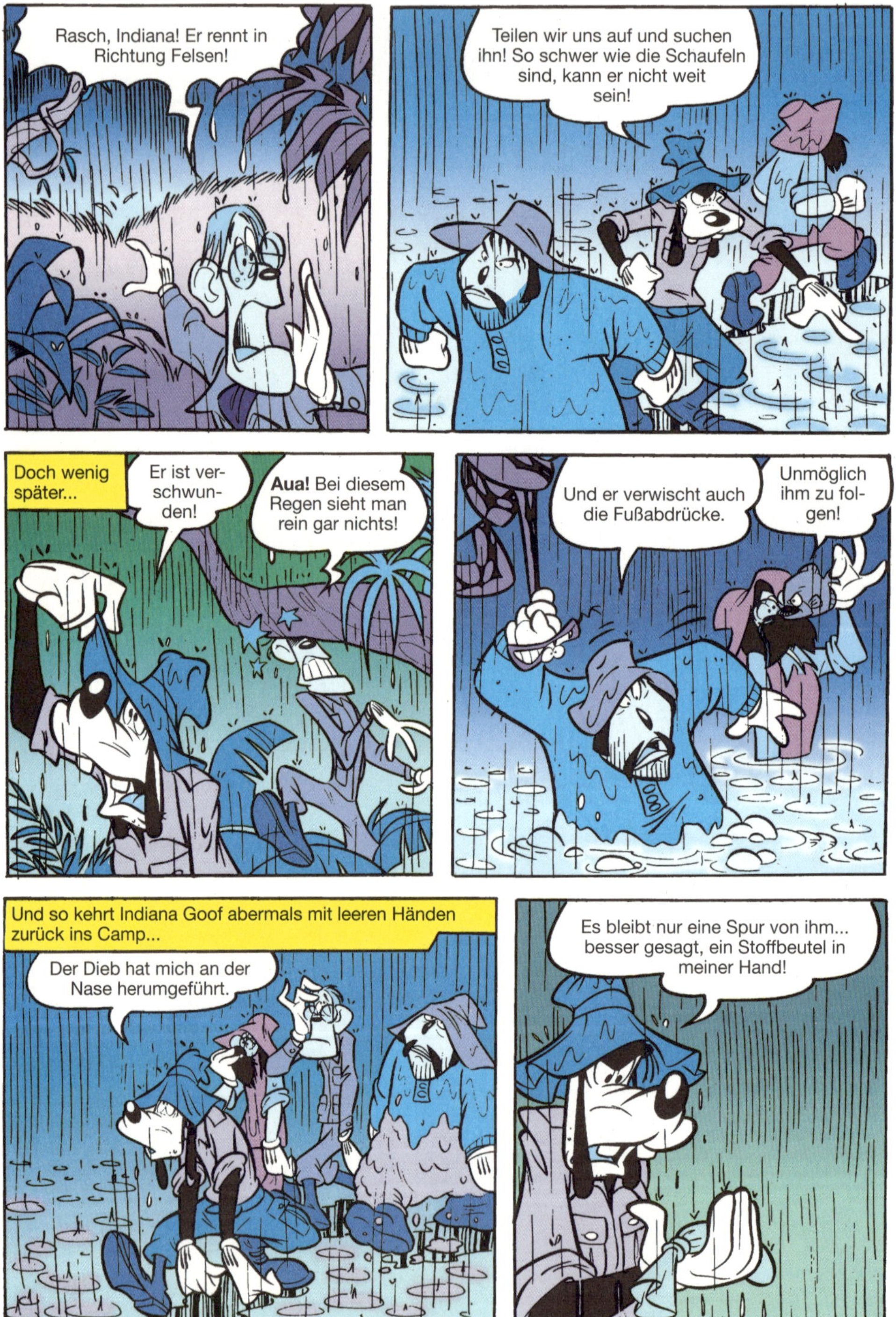

Rasch, Indiana! Er rennt in Richtung Felsen!
Teilen wir uns auf und suchen ihn! So schwer wie die Schaufeln sind, kann er nicht weit sein!
Doch wenig später...
Er ist verschwunden!
Aua! Bei diesem Regen sieht man rein gar nichts!
Und er verwischt auch die Fußabdrücke.
Unmöglich ihm zu folgen!
Und so kehrt Indiana Goof abermals mit leeren Händen zurück ins Camp...
Der Dieb hat mich an der Nase herumgeführt.
Es bleibt nur eine Spur von ihm... besser gesagt, ein Stoffbeutel in meiner Hand!

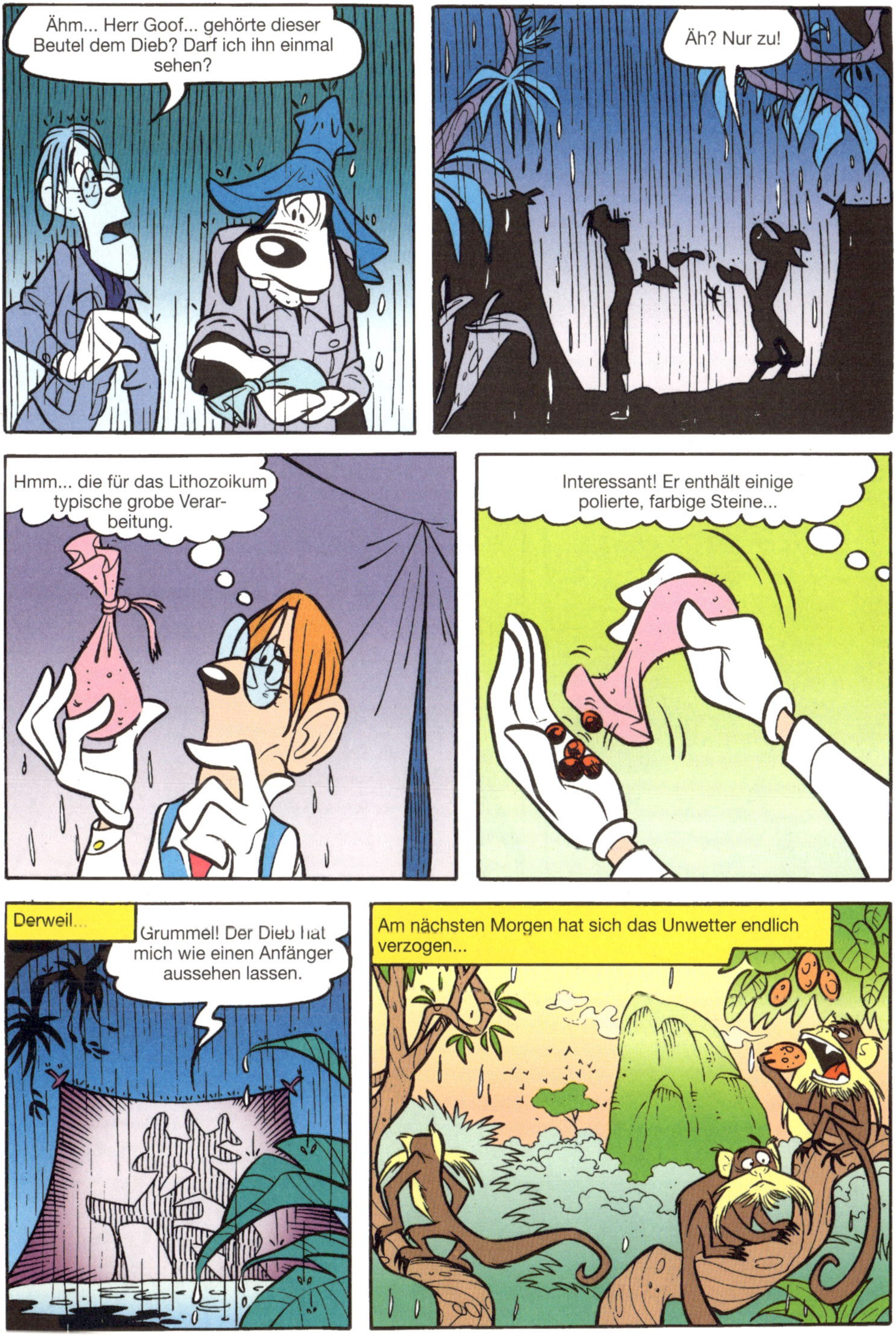
Ähm... Herr Goof... gehörte dieser Beutel dem Dieb? Darf ich ihn einmal sehen?
Äh? Nur zu!
Hmm... die für das Lithozoikum typische grobe Verar-beitung.
Interessant! Er enthält einige polierte, farbige Steine...
Derweil...
Grummel! Der Dieb hat mich wie einen Anfänger aussehen lassen.
Am nächsten Morgen hat sich das Unwetter endlich verzogen...

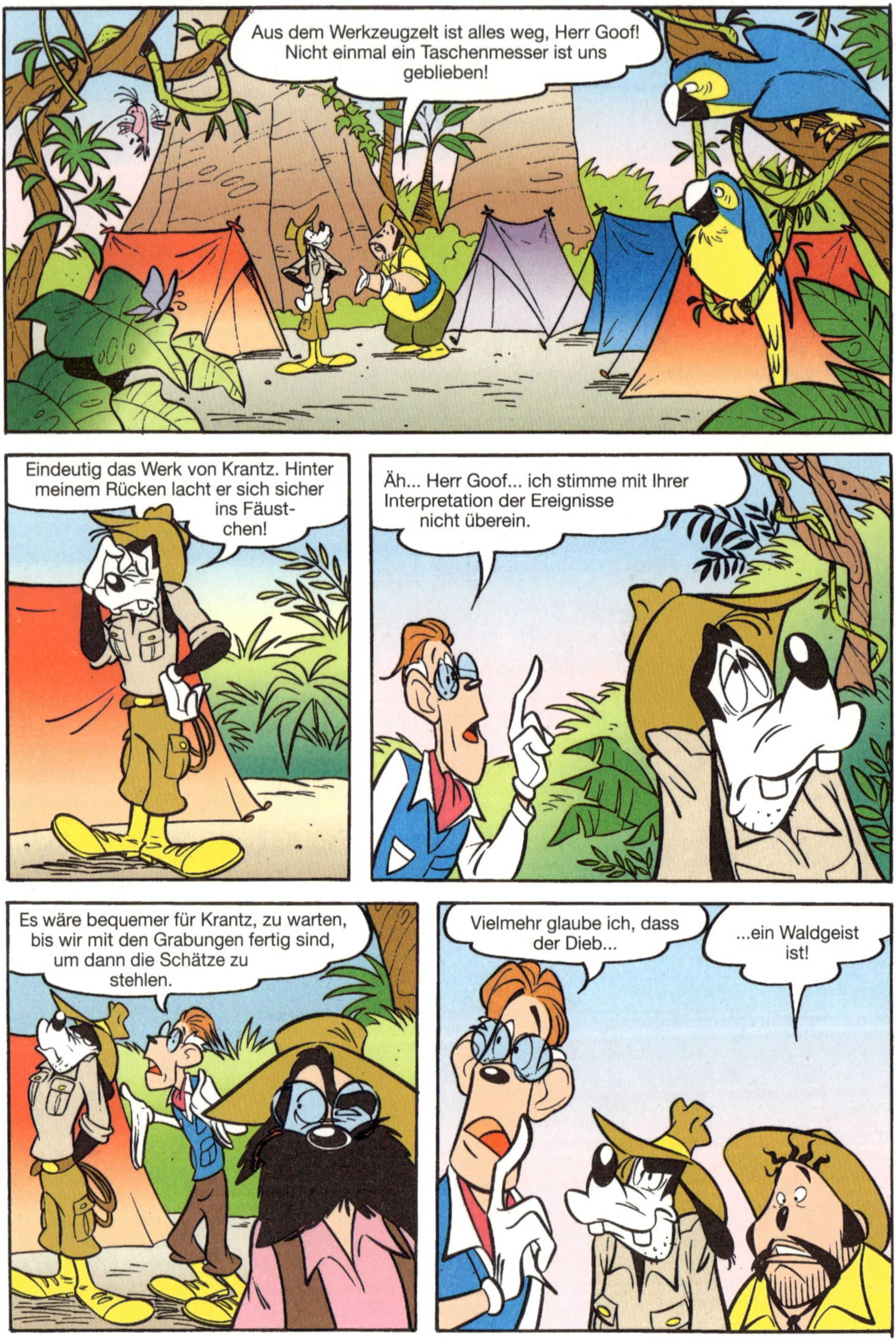
Aus dem Werkzeugzelt ist alles weg, Herr Goof! Nicht einmal ein Taschenmesser ist uns geblieben!
Eindeutig das Werk von Krantz. Hinter meinem Rücken lacht er sich sicher ins Fäustchen!
Äh... Herr Goof... ich stimme mit Ihrer Interpretation der Ereignisse nicht überein.
Es wäre bequemer für Krantz, zu warten, bis wir mit den Grabungen fertig sind, um dann die Schätze zu stehlen.
Vielmehr glaube ich, dass der Dieb...
...ein Waldgeist ist!

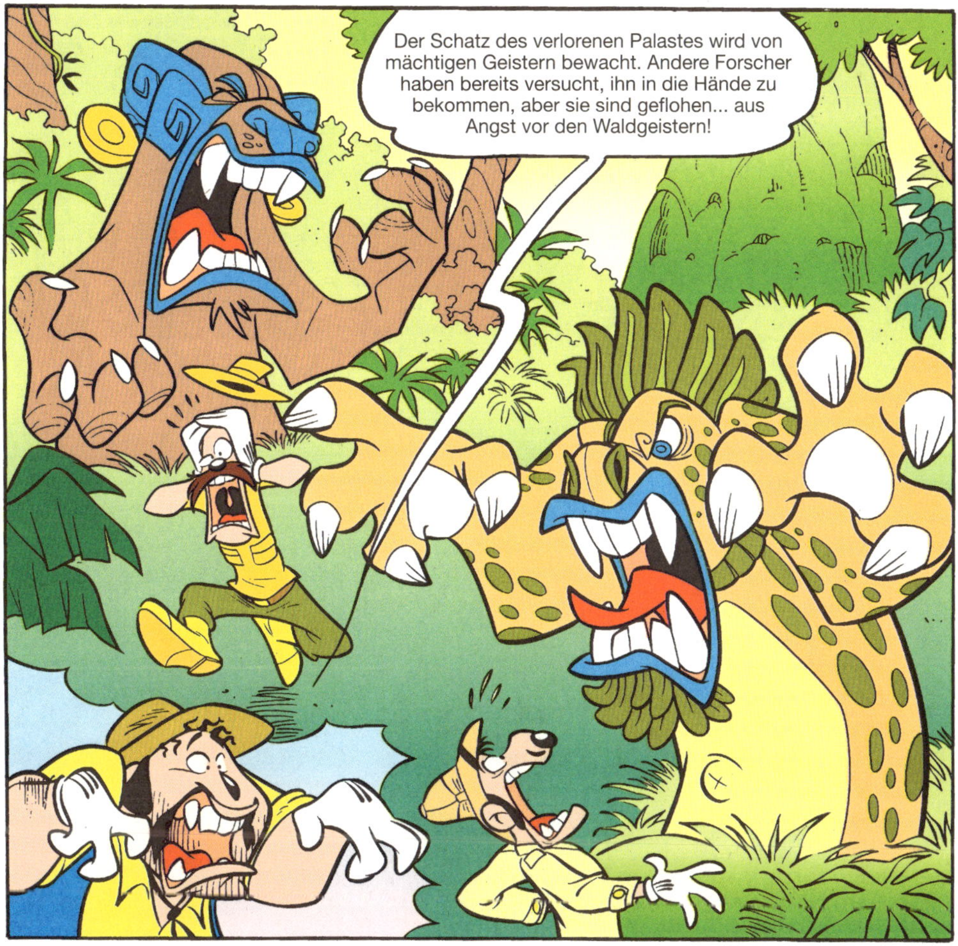
Der Schatz des verlorenen Palastes wird von mächtigen Geistern bewacht. Andere Forscher haben bereits versucht, ihn in die Hände zu bekommen, aber sie sind geflohen... aus Angst vor den Waldgeistern!

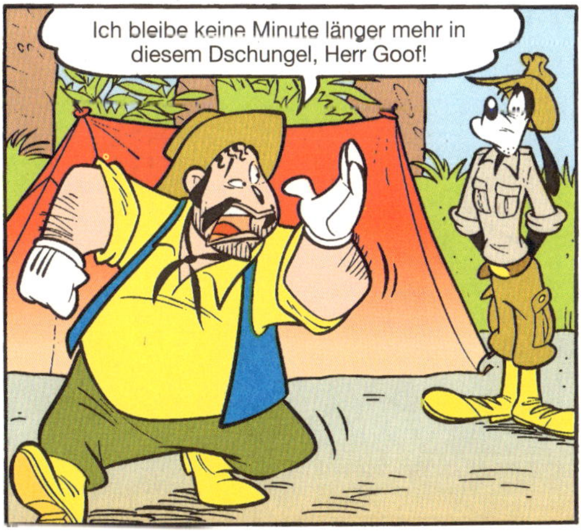
Ich bleibe keine Minute länger mehr in diesem Dschungel, Herr Goof!

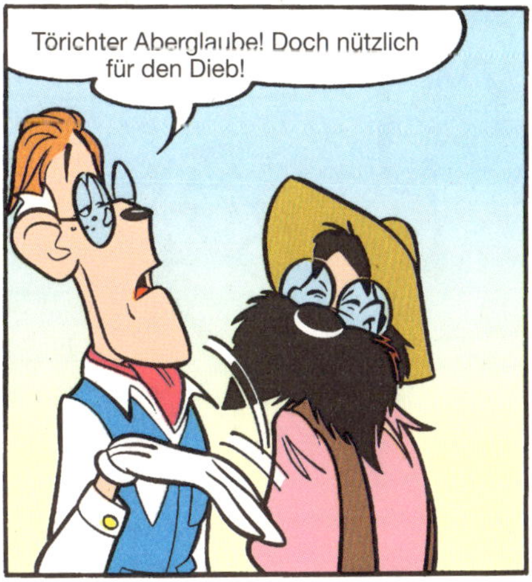
Törichter Aberglaube! Doch nützlich für den Dieb!

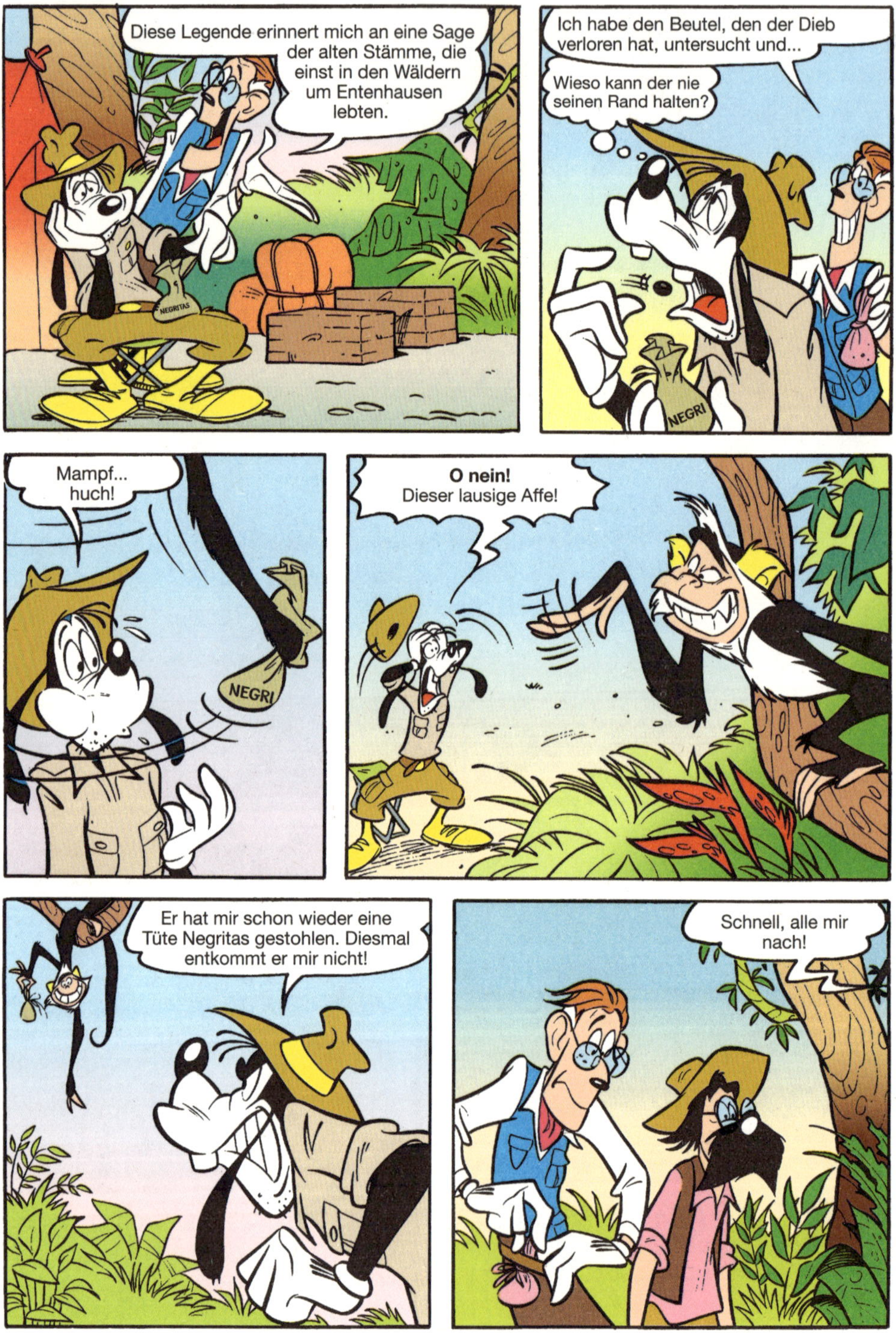
Diese Legende erinnert mich an eine Sage der alten Stämme, die einst in den Wäldern um Entenhausen lebten.
NEGRITAS
Ich habe den Beutel, den der Dieb verloren hat, untersucht und...
Wieso kann der nie seinen Rand halten?
NEGRI
Mampf... huch!
NEGRI
O nein! Dieser lausige Affe!
Er hat mir schon wieder eine Tüte Negritas gestohlen. Diesmal entkommt er mir nicht!
Schnell, alle mir nach!

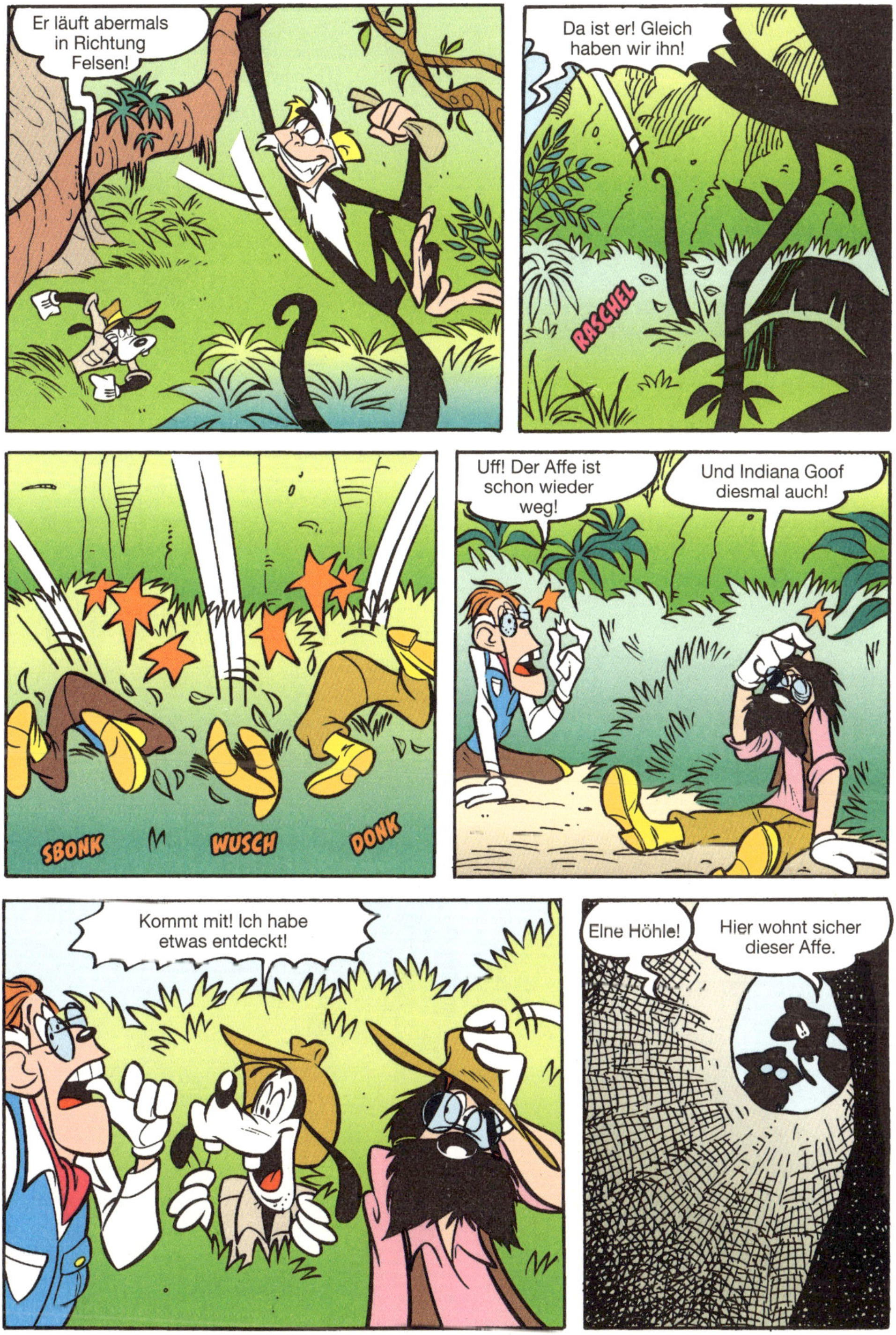
Er läuft abermals in Richtung Felsen!
Da ist er! Gleich haben wir ihn!
RASCHEL
SBONK
WUSCH
DONK
Uff! Der Affe ist schon wieder weg!
Und Indiana Goof diesmal auch!
Kommt mit! Ich habe etwas entdeckt!
Eine Höhle!
Hier wohnt sicher dieser Affe.

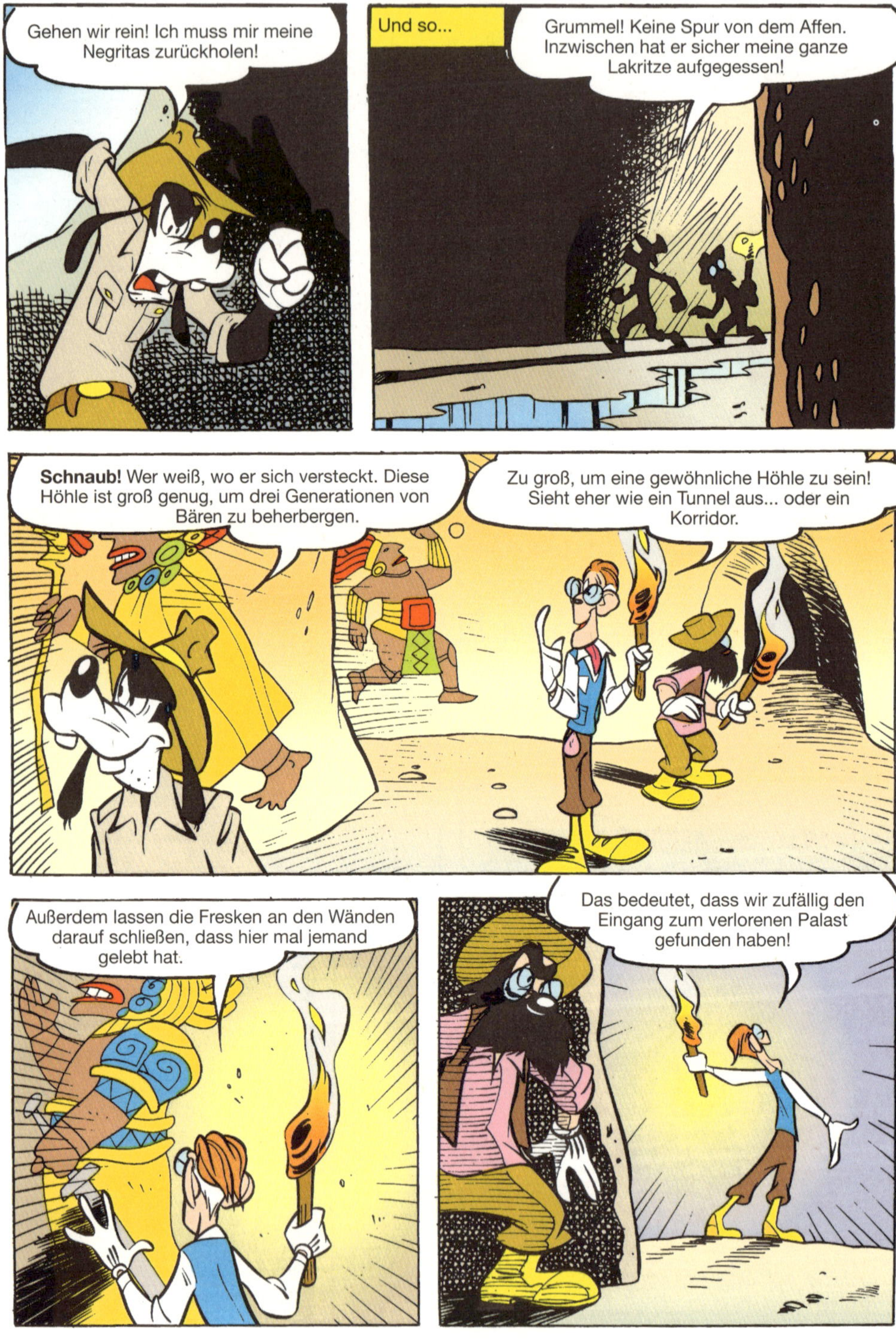
Gehen wir rein! Ich muss mir meine Negritas zurückholen!
Und so...
Grummel! Keine Spur von dem Affen. Inzwischen hat er sicher meine ganze Lakritze aufgegessen!
Schnaub! Wer weiß, wo er sich versteckt. Diese Höhle ist groß genug, um drei Generationen von Bären zu beherbergen.
Zu groß, um eine gewöhnliche Höhle zu sein! Sieht eher wie ein Tunnel aus... oder ein Korridor.
Außerdem lassen die Fresken an den Wänden darauf schließen, dass hier mal jemand gelebt hat.
Das bedeutet, dass wir zufällig den Eingang zum verlorenen Palast gefunden haben!

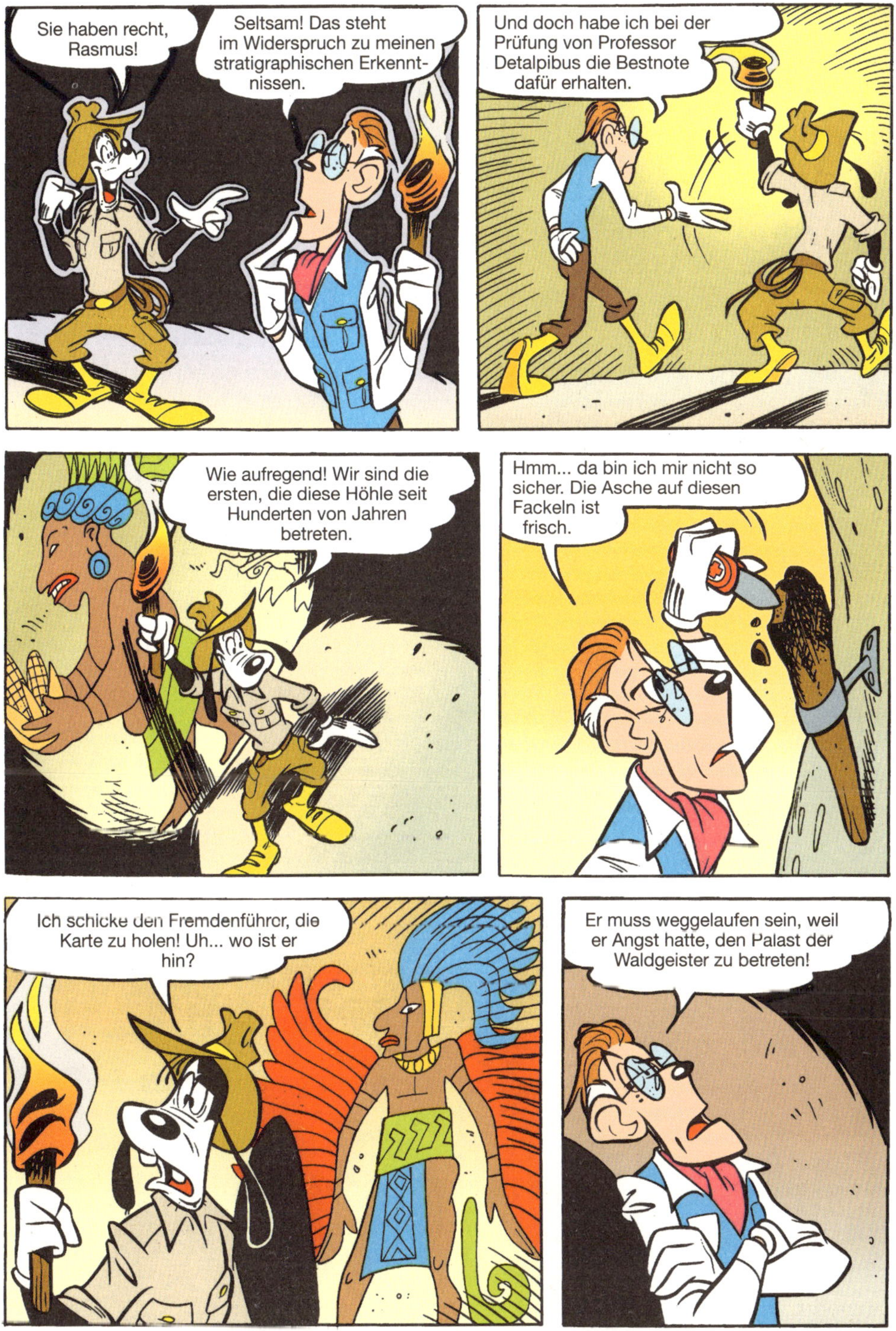
Sie haben recht, Rasmus!
Seltsam! Das steht im Widerspruch zu meinen stratigraphischen Erkenntnissen.
Und doch habe ich bei der Prüfung von Professor Detalpibus die Bestnote dafür erhalten.
Wie aufregend! Wir sind die ersten, die diese Höhle seit Hunderten von Jahren betreten.
Hmm... da bin ich mir nicht so sicher. Die Asche auf diesen Fackeln ist frisch.
Ich schicke den Fremdenführer, die Karte zu holen! Uh... wo ist er hin?
Er muss weggelaufen sein, weil er Angst hatte, den Palast der Waldgeister zu betreten!

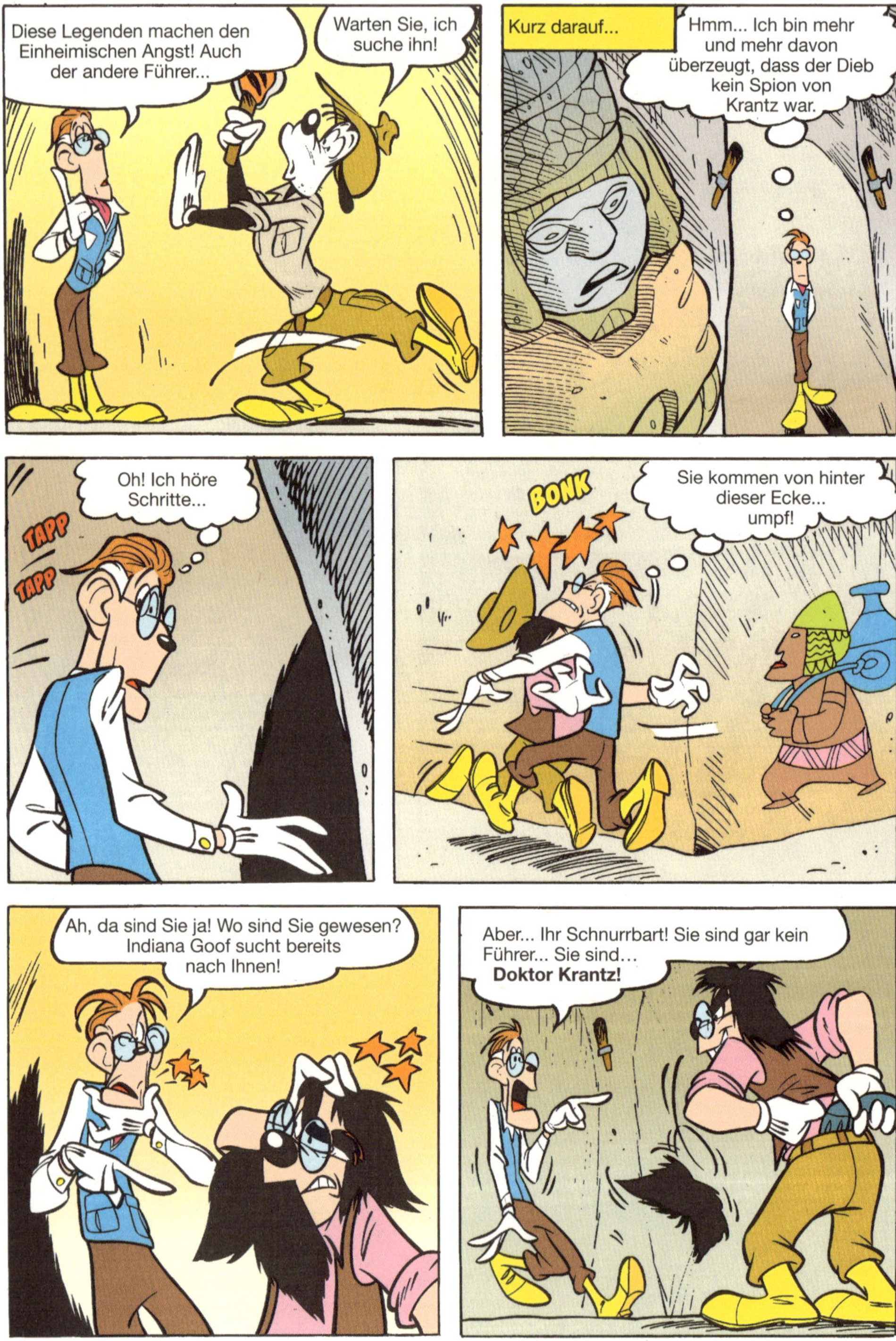
Diese Legenden machen den Einheimischen Angst! Auch der andere Führer...
Warten Sie, ich suche ihn!
Kurz darauf...
Hmm... Ich bin mehr und mehr davon überzeugt, dass der Dieb kein Spion von Krantz war.
Oh! Ich höre Schritte...
TAPP
TAPP
BONK
Sie kommen von hinter dieser Ecke... umpf!
Ah, da sind Sie ja! Wo sind Sie gewesen? Indiana Goof sucht bereits nach Ihnen!
Aber... Ihr Schnurrbart! Sie sind gar kein Führer... Sie sind...
Doktor Krantz!

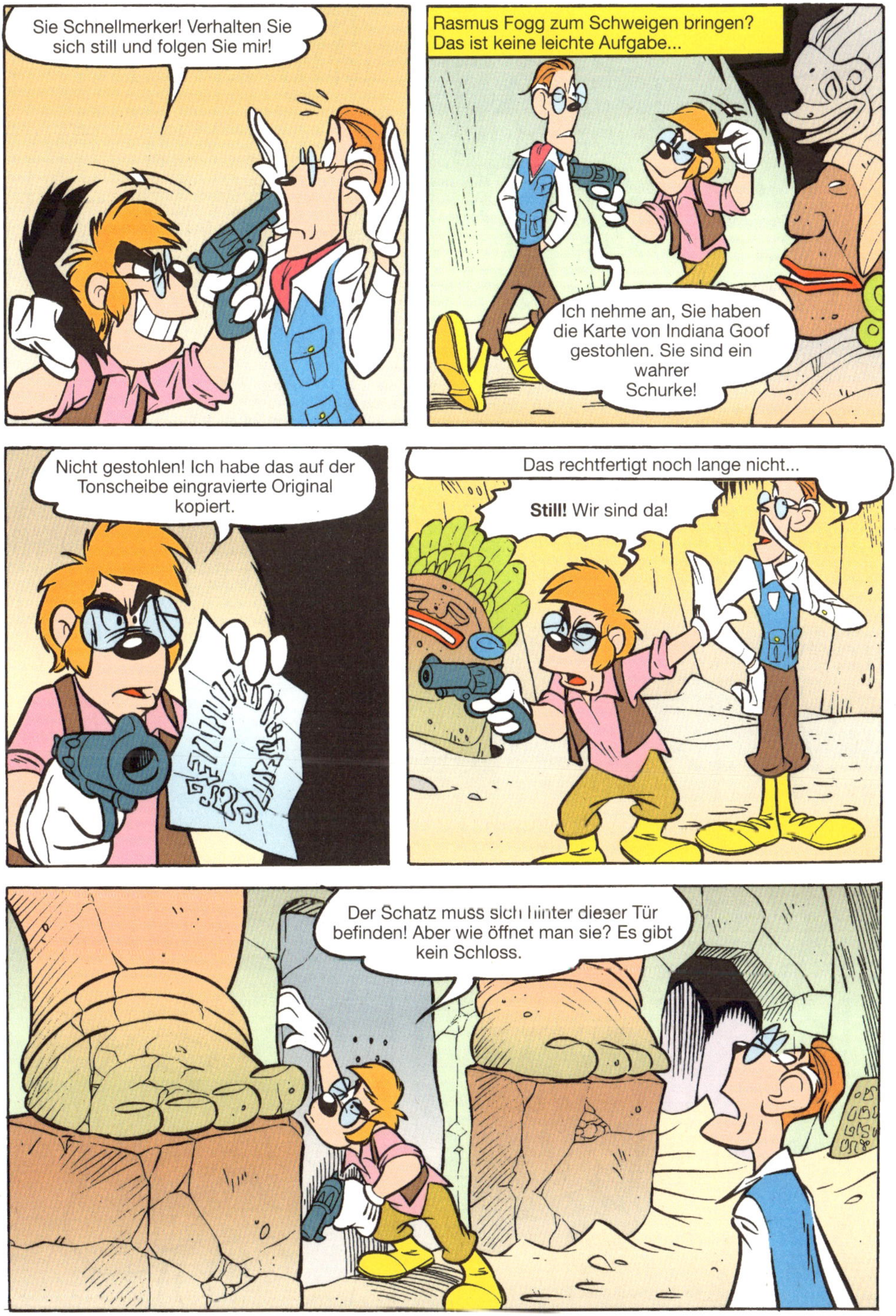
Sie Schnellmerker! Verhalten Sie sich still und folgen Sie mir!
Rasmus Fogg zum Schweigen bringen? Das ist keine leichte Aufgabe...
Ich nehme an, Sie haben die Karte von Indiana Goof gestohlen. Sie sind ein wahrer Schurke!
Nicht gestohlen! Ich habe das auf der Tonscheibe eingravierte Original kopiert.
Das rechtfertigt noch lange nicht...
Still! Wir sind da!
Der Schatz muss sich hinter dieser Tür befinden! Aber wie öffnet man sie? Es gibt kein Schloss.

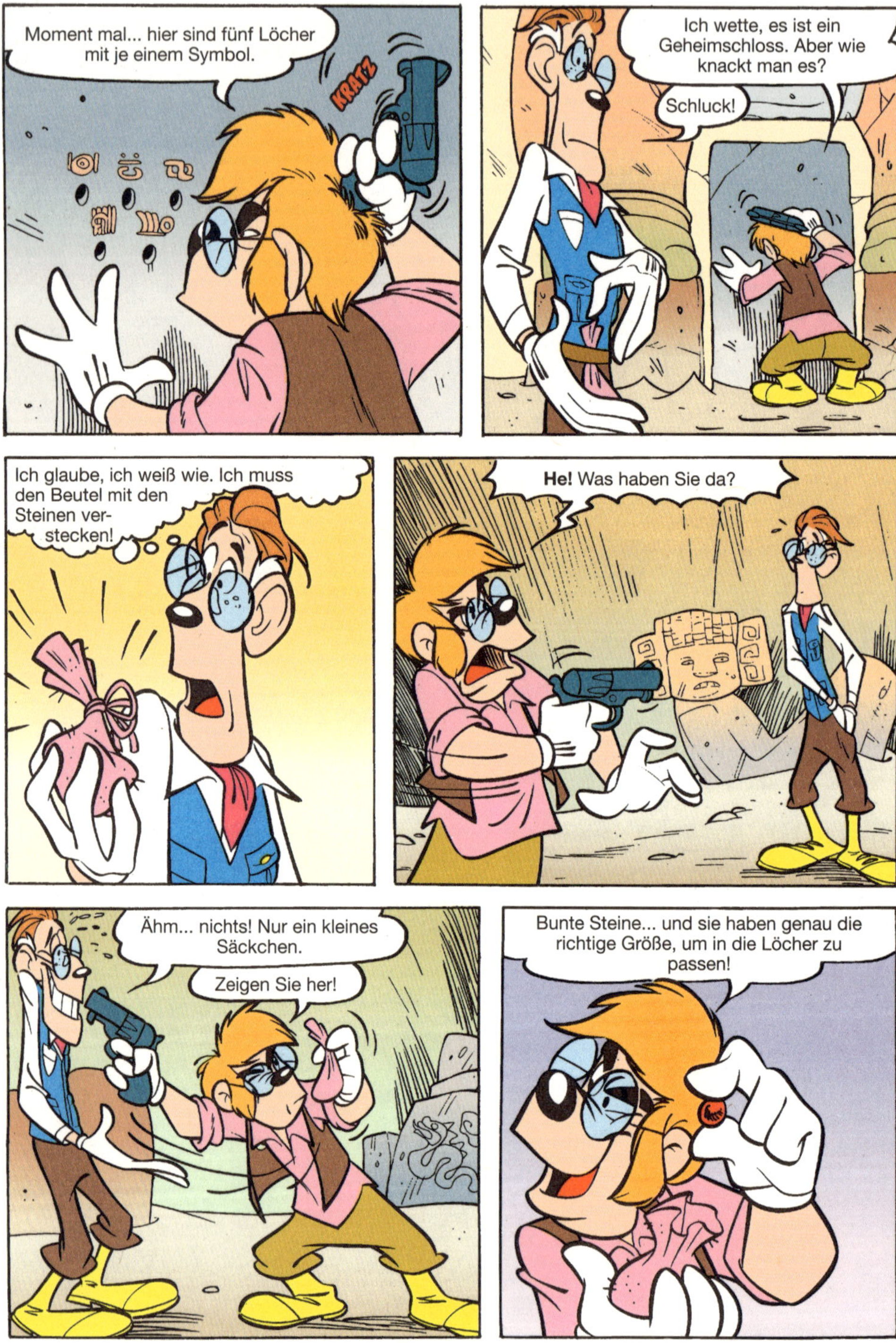
Moment mal... hier sind fünf Löcher mit je einem Symbol.
KRATZ
Ich wette, es ist ein Geheimschloss. Aber wie knackt man es?
Schluck!
Ich glaube, ich weiß wie. Ich muss den Beutel mit den Steinen verstecken!
He! Was haben Sie da?
Ähm... nichts! Nur ein kleines Säckchen.
Zeigen Sie her!
Bunte Steine... und sie haben genau die richtige Größe, um in die Löcher zu passen!

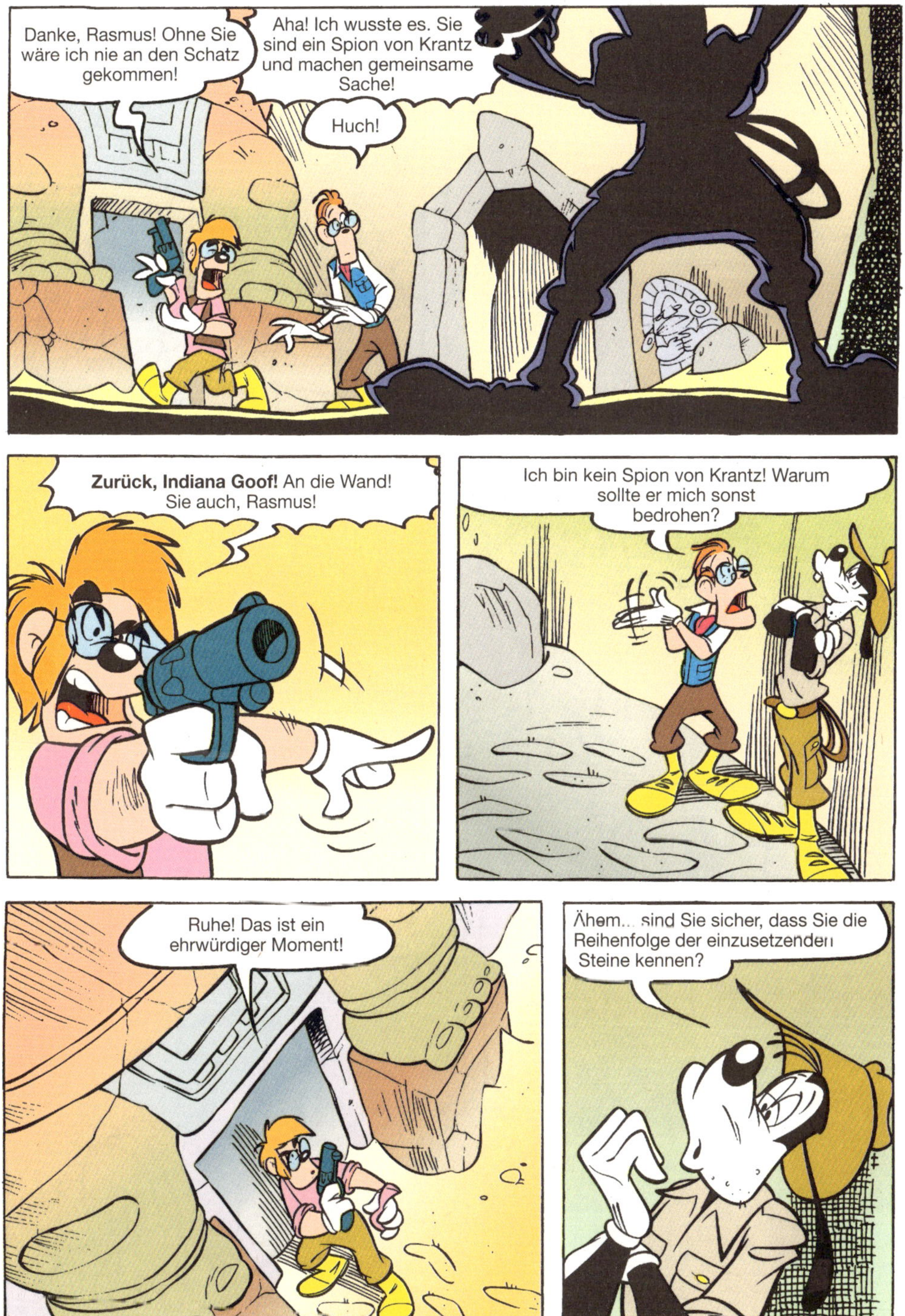
Danke, Rasmus! Ohne Sie wäre ich nie an den Schatz gekommen!
Aha! Ich wusste es. Sie sind ein Spion von Krantz und machen gemeinsame Sache!
Huch!
Zurück, Indiana Goof! An die Wand! Sie auch, Rasmus!
Ich bin kein Spion von Krantz! Warum sollte er mich sonst bedrohen?
Ruhe! Das ist ein ehrwürdiger Moment!
Ähem... sind Sie sicher, dass Sie die Reihenfolge der einzusetzenden Steine kennen?

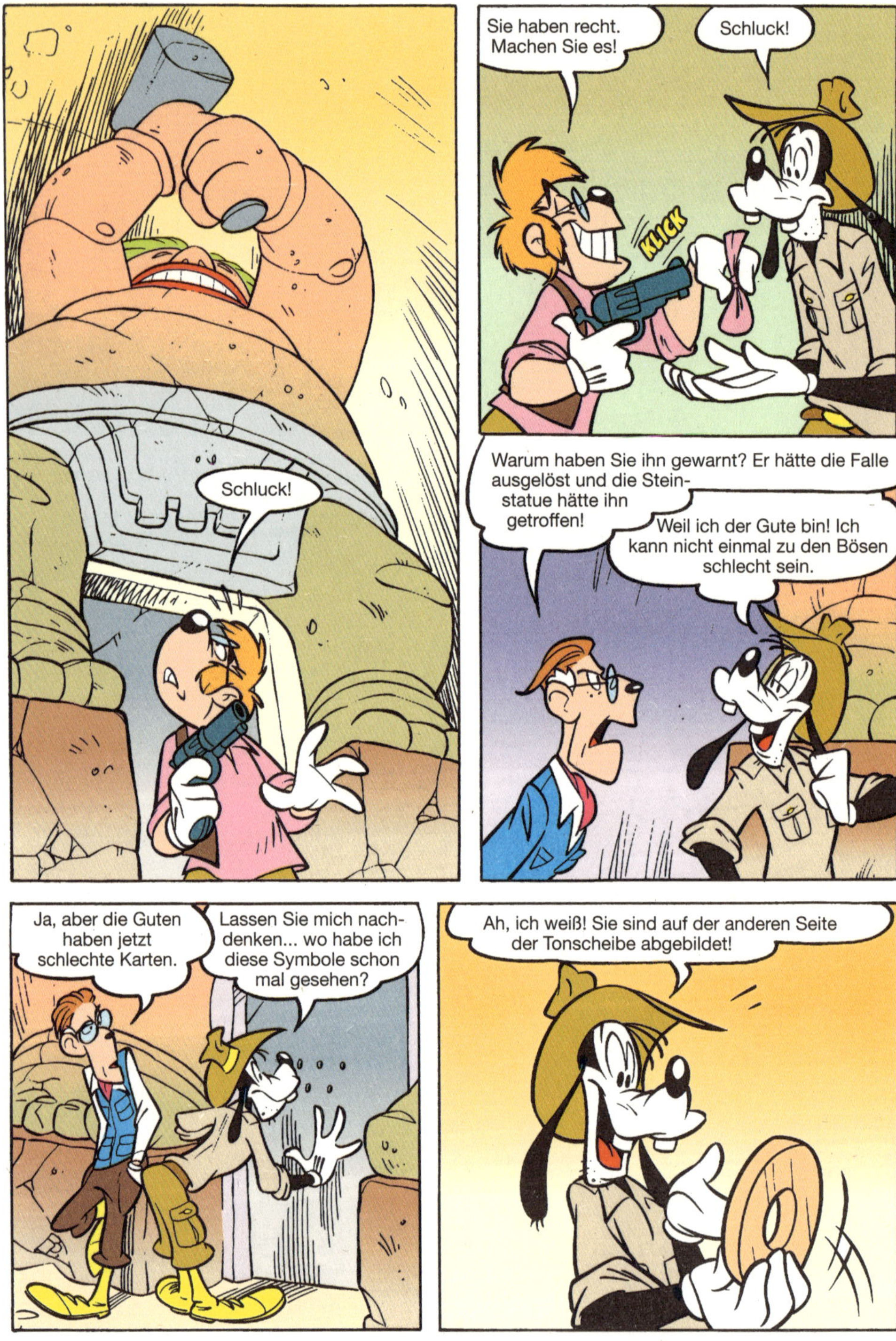
Schluck!
Sie haben recht. Machen Sie es!
Schluck!
KLICK
Warum haben Sie ihn gewarnt? Er hätte die Falle ausgelöst und die Steinstatue hätte ihn getroffen!
Weil ich der Gute bin! Ich kann nicht einmal zu den Bösen schlecht sein.
Ja, aber die Guten haben jetzt schlechte Karten.
Lassen Sie mich nachdenken... wo habe ich diese Symbole schon mal gesehen?
Ah, ich weiß! Sie sind auf der anderen Seite der Tonscheibe abgebildet!

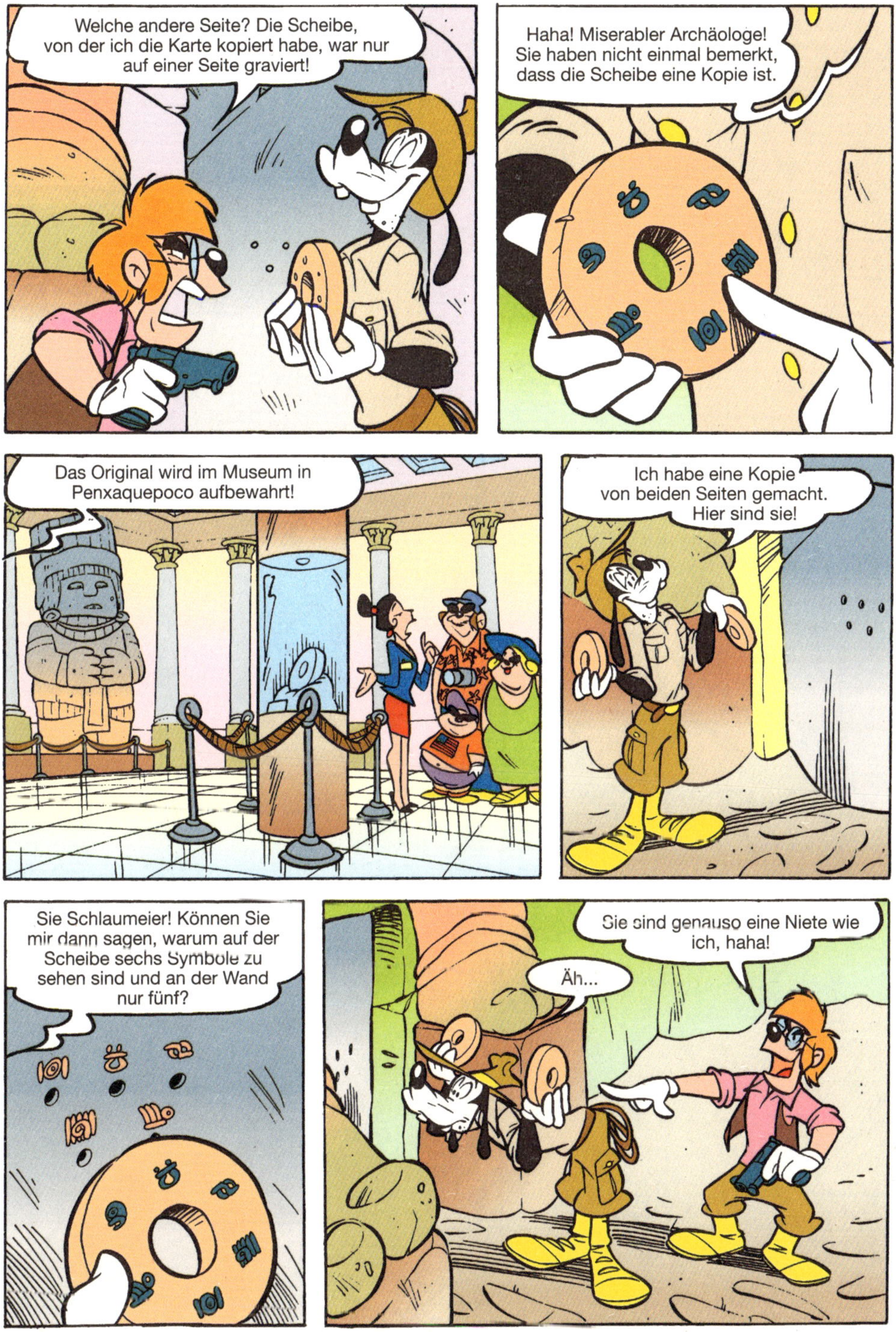

Welche andere Seite? Die Scheibe, von der ich die Karte kopiert habe, war nur auf einer Seite graviert!
Haha! Miserabler Archäologe! Sie haben nicht einmal bemerkt, dass die Scheibe eine Kopie ist.
Das Original wird im Museum in Penxaquepoco aufbewahrt!
Ich habe eine Kopie von beiden Seiten gemacht. Hier sind sie!
Sie Schlaumeier! Können Sie mir dann sagen, warum auf der Scheibe sechs Symbole zu sehen sind und an der Wand nur fünf?
Sie sind genauso eine Niete wie ich, haha!
Äh...

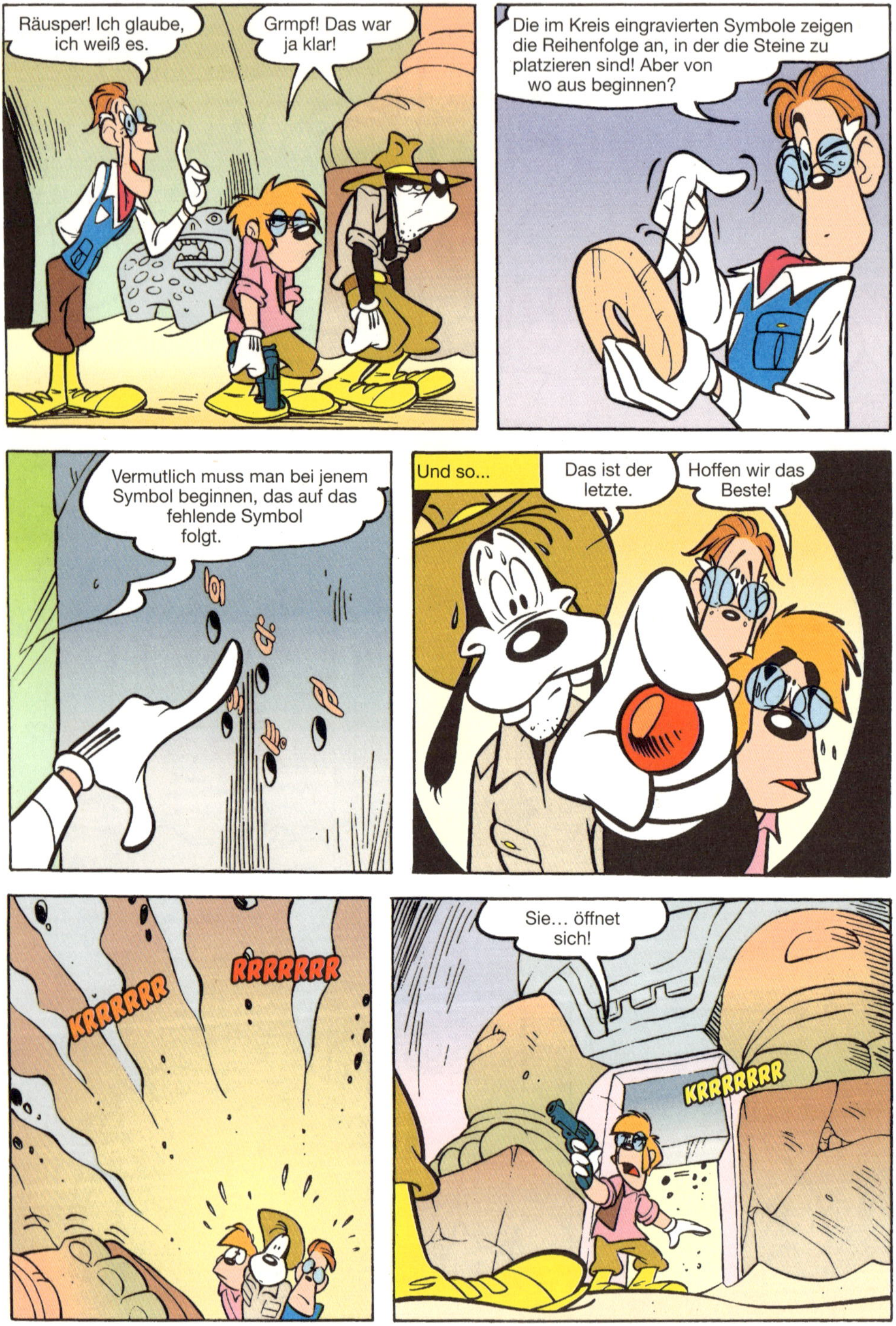
Räusper! Ich glaube, ich weiß es.
Grmpf! Das war ja klar!
Die im Kreis eingravierten Symbole zeigen die Reihenfolge an, in der die Steine zu platzieren sind! Aber von wo aus beginnen?
Vermutlich muss man bei jenem Symbol beginnen, das auf das fehlende Symbol folgt.
Und so...
Das ist der letzte.
Hoffen wir das Beste!
KRRRRRR
RRRRRRR
Sie… öffnet sich!
KRRRRRRR

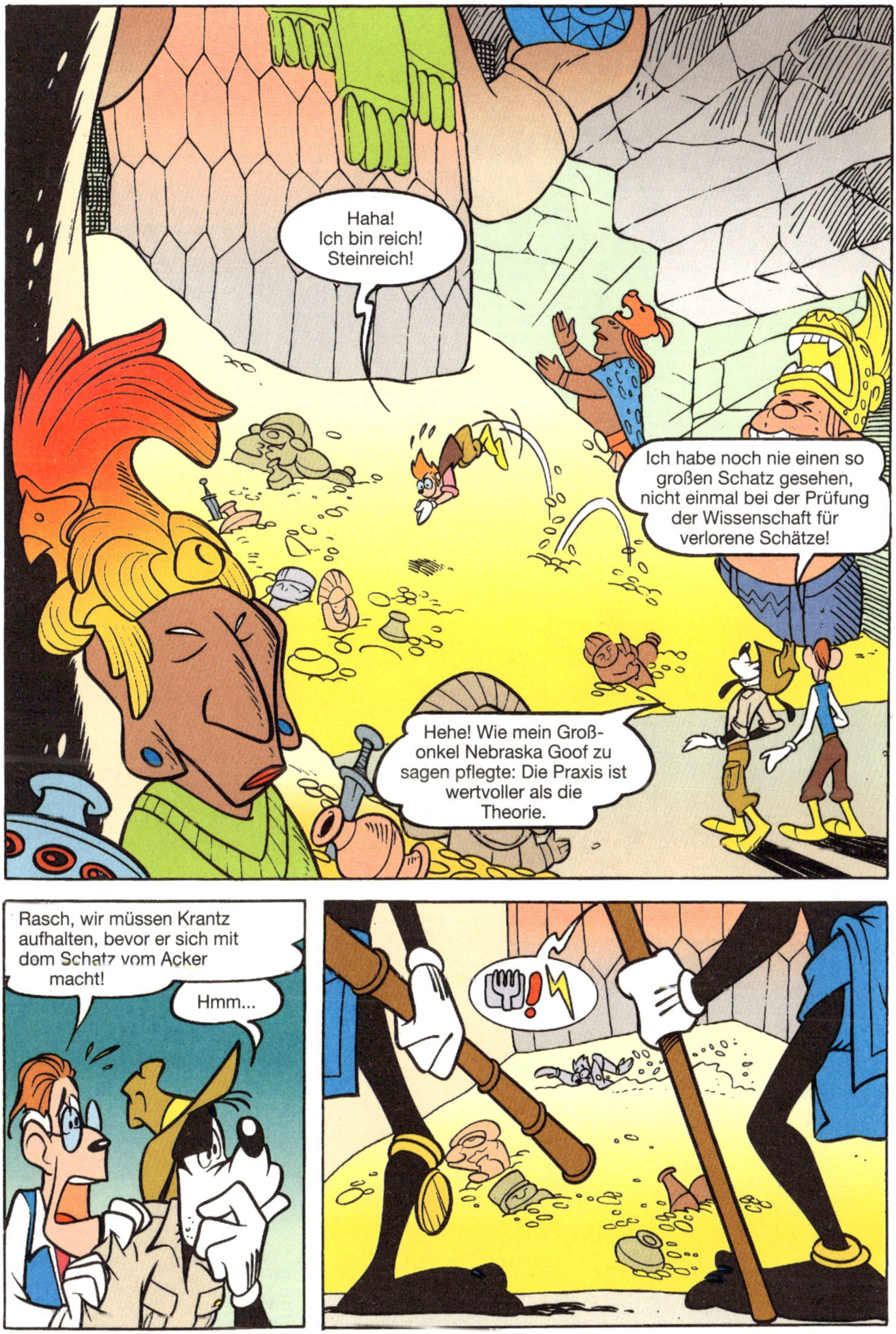

Haha! Ich bin reich! Steinreich!
Ich habe noch nie einen so großen Schatz gesehen, nicht einmal bei der Prüfung der Wissenschaft für verlorene Schätze!
Hehe! Wie mein Groß-onkel Nebraska Goof zu sagen pflegte: Die Praxis ist wertvoller als die Theorie.
Rasch, wir müssen Krantz aufhalten, bevor er sich mit dem Schatz vom Acker macht!
Hmm...

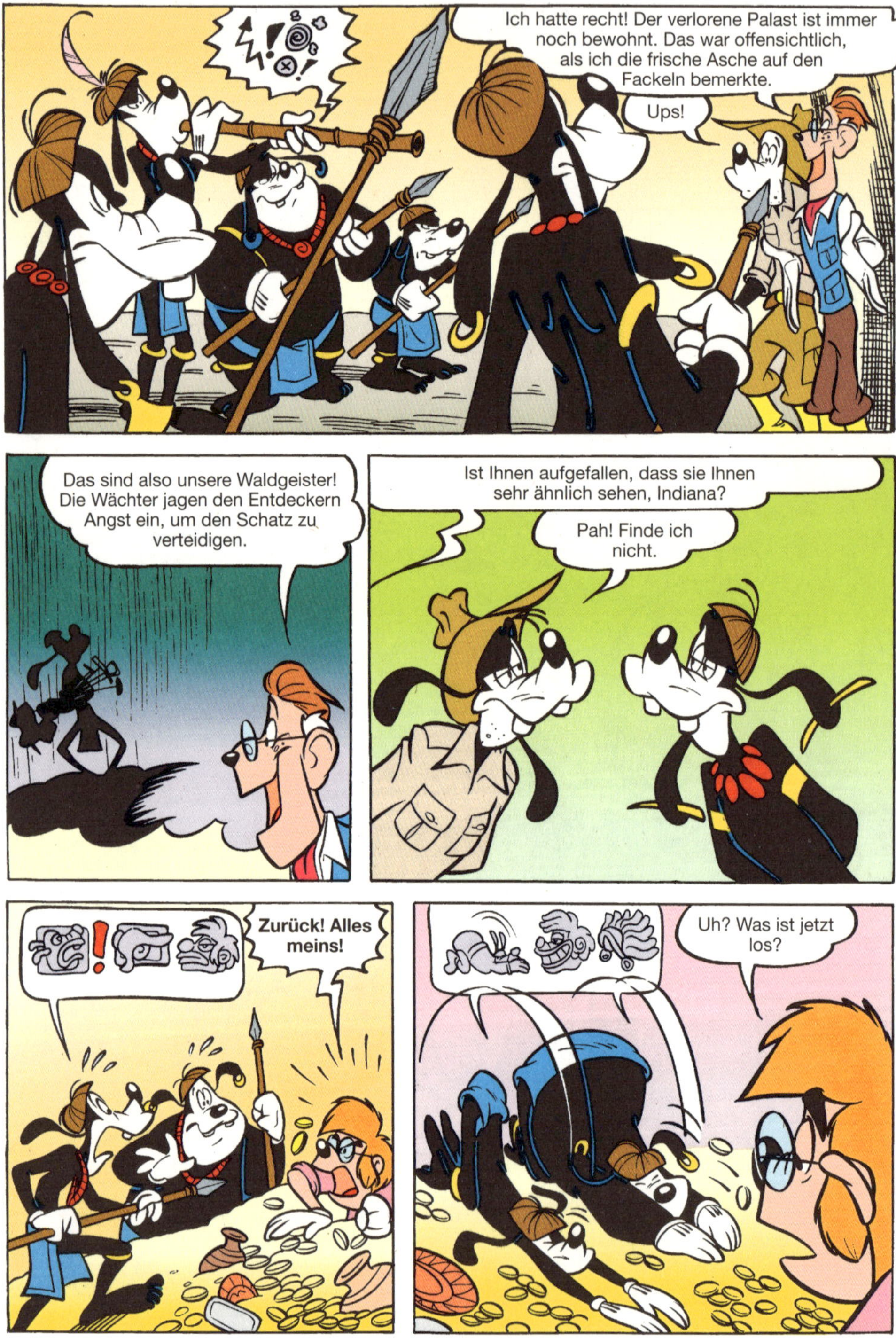
Ich hatte recht! Der verlorene Palast ist immer noch bewohnt. Das war offensichtlich, als ich die frische Asche auf den Fackeln bemerkte.
Ups!
Das sind also unsere Waldgeister! Die Wächter jagen den Entdeckern Angst ein, um den Schatz zu verteidigen.
Ist Ihnen aufgefallen, dass sie Ihnen sehr ähnlich sehen, Indiana?
Pah! Finde ich nicht.
Zurück! Alles meins!
Uh? Was ist jetzt los?

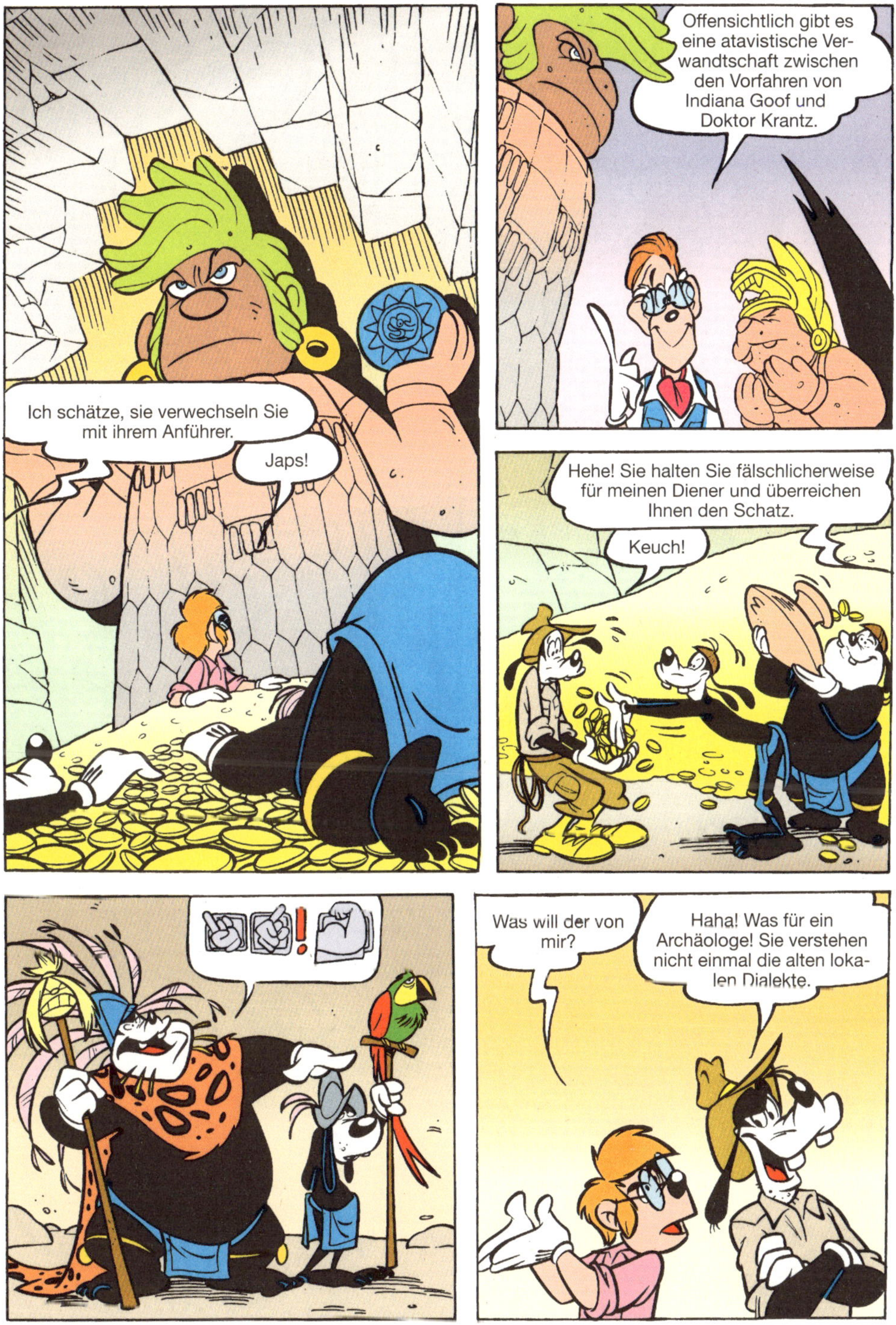
Ich schätze, sie verwechseln Sie mit ihrem Anführer.
Japs!
Offensichtlich gibt es eine atavistische Verwandtschaft zwischen den Vorfahren von Indiana Goof und Doktor Krantz.
Hehe! Sie halten Sie fälschlicherweise für meinen Diener und überreichen Ihnen den Schatz.
Keuch!
!
Was will der von mir?
Haha! Was für ein Archäologe! Sie verstehen nicht einmal die alten lokalen Dialekte.

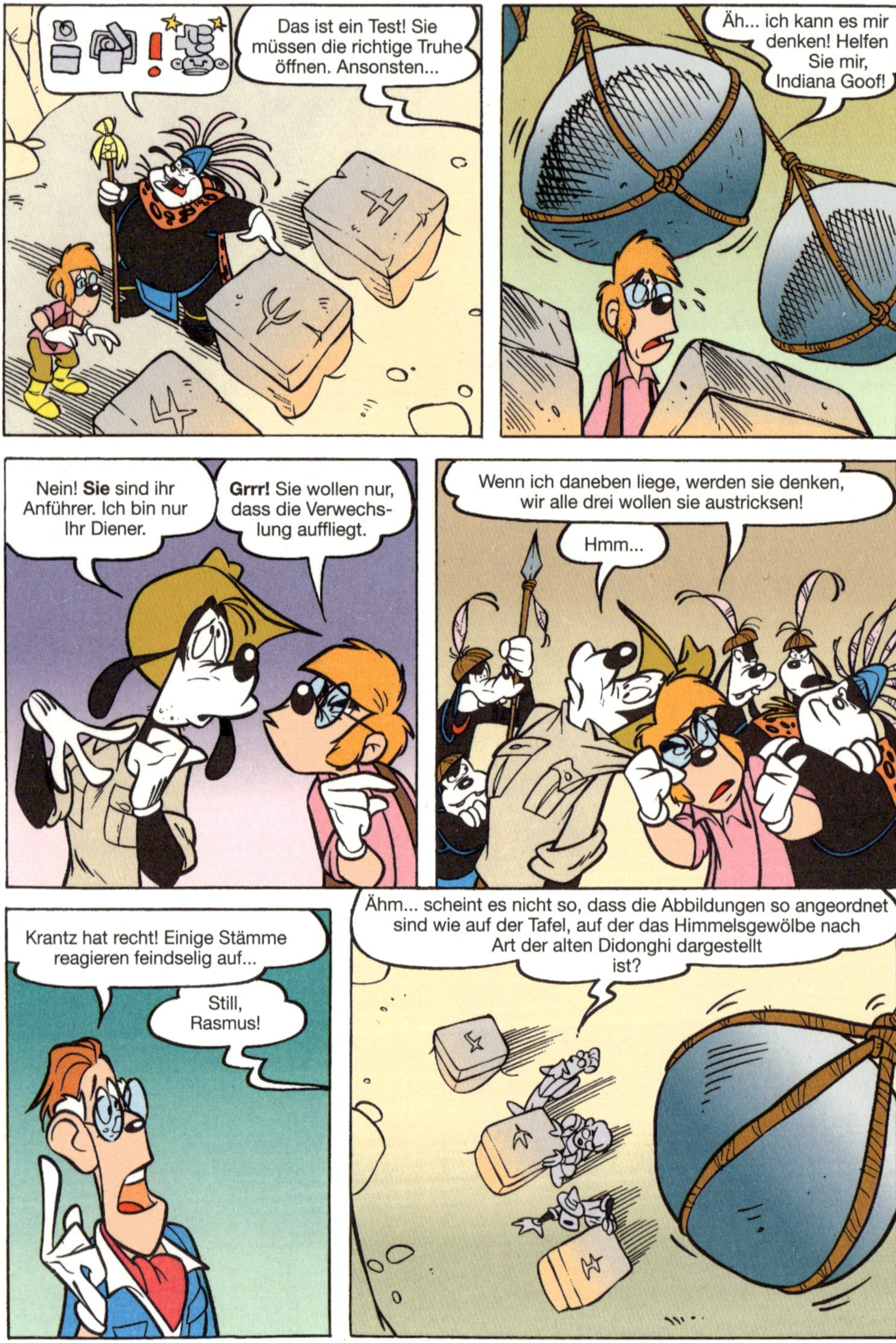
Das ist ein Test! Sie müssen die richtige Truhe öffnen. Ansonsten...
Äh... ich kann es mir denken! Helfen Sie mir, Indiana Goof!
Nein! **Sie** sind ihr Anführer. Ich bin nur Ihr Diener.
Grrr! Sie wollen nur, dass die Verwechslung auffliegt.
Wenn ich daneben liege, werden sie denken, wir alle drei wollen sie austricksen!
Hmm...
Krantz hat recht! Einige Stämme reagieren feindselig auf...
Still, Rasmus!
Ähm... scheint es nicht so, dass die Abbildungen so angeordnet sind wie auf der Tafel, auf der das Himmelsgewölbe nach Art der alten Didonghi dargestellt ist?

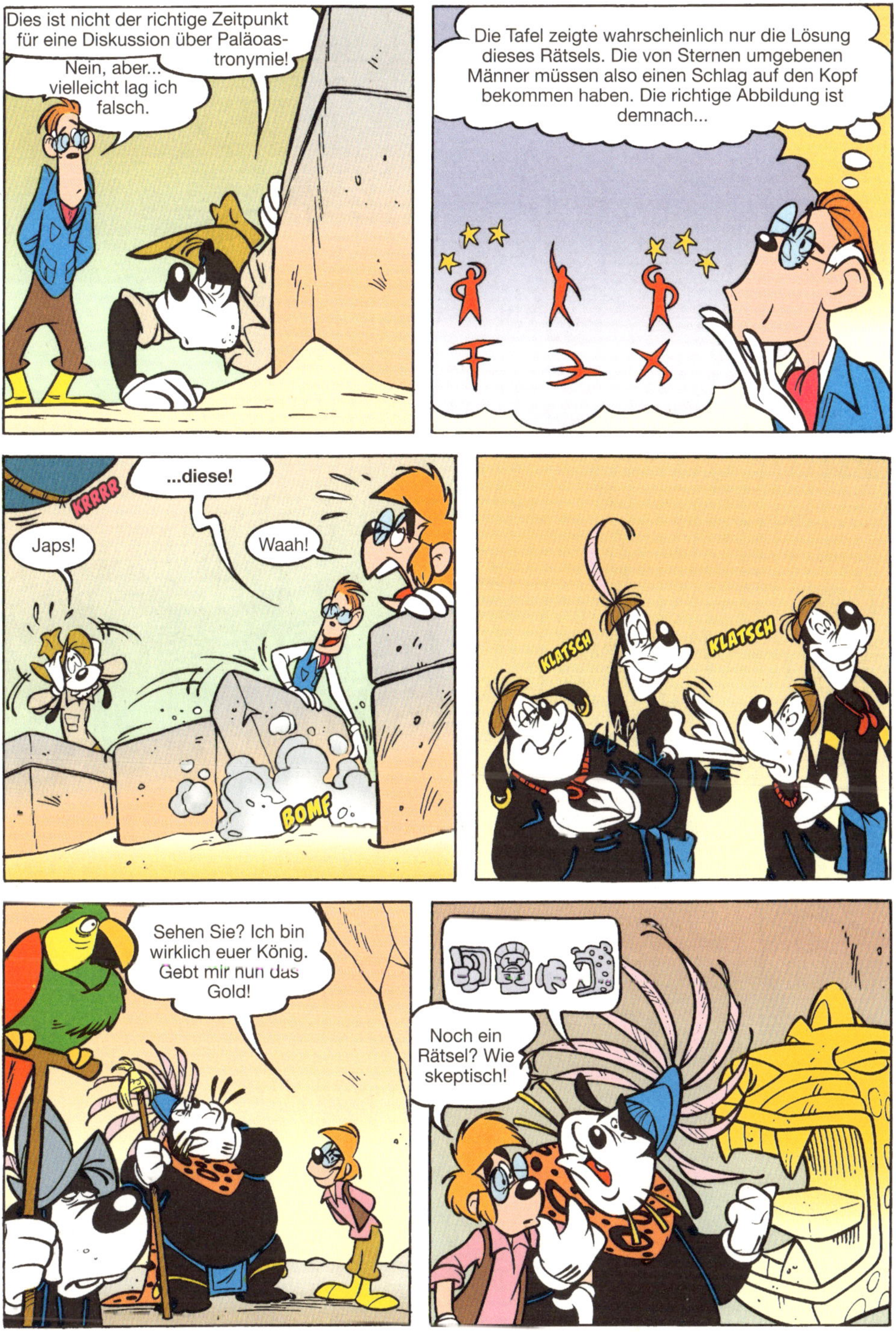
Dies ist nicht der richtige Zeitpunkt für eine Diskussion über Paläoas-tronymie!
Nein, aber... vielleicht lag ich falsch.
Die Tafel zeigte wahrscheinlich nur die Lösung dieses Rätsels. Die von Sternen umgebenen Männer müssen also einen Schlag auf den Kopf bekommen haben. Die richtige Abbildung ist demnach...
KRRRR
...diese!
Japs!
Waah!
BOMF
KLATSCH
KLATSCH
Sehen Sie? Ich bin wirklich euer König. Gebt mir nun das Gold!
Noch ein Rätsel? Wie skeptisch!

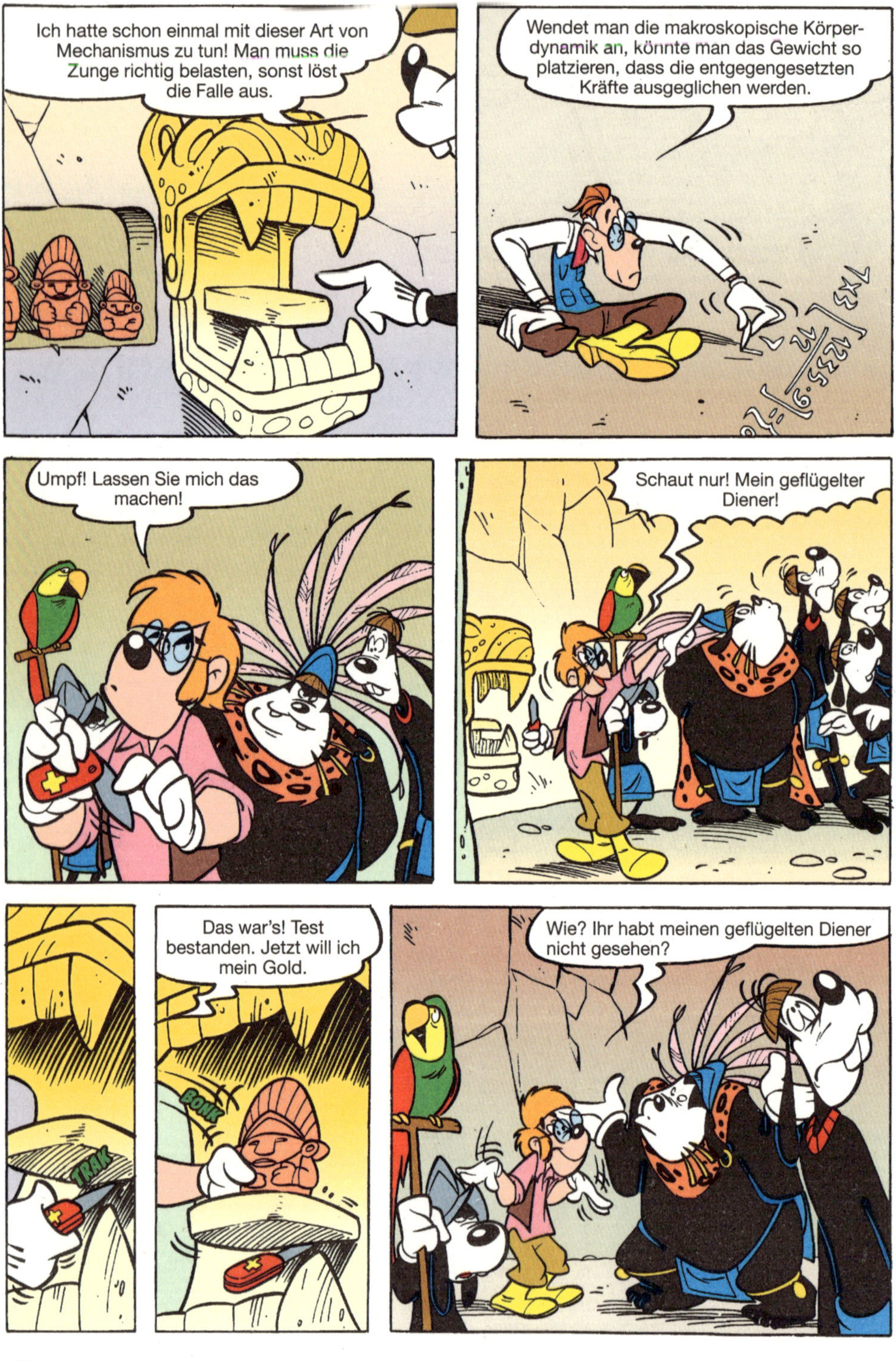

Ich hatte schon einmal mit dieser Art von Mechanismus zu tun! Man muss die Zunge richtig belasten, sonst löst die Falle aus.
Wendet man die makroskopische Körperdynamik an, könnte man das Gewicht so platzieren, dass die entgegengesetzten Kräfte ausgeglichen werden.
Umpf! Lassen Sie mich das machen!
Schaut nur! Mein geflügelter Diener!
TRAK
Das war's! Test bestanden. Jetzt will ich mein Gold.
BONK
Wie? Ihr habt meinen geflügelten Diener nicht gesehen?

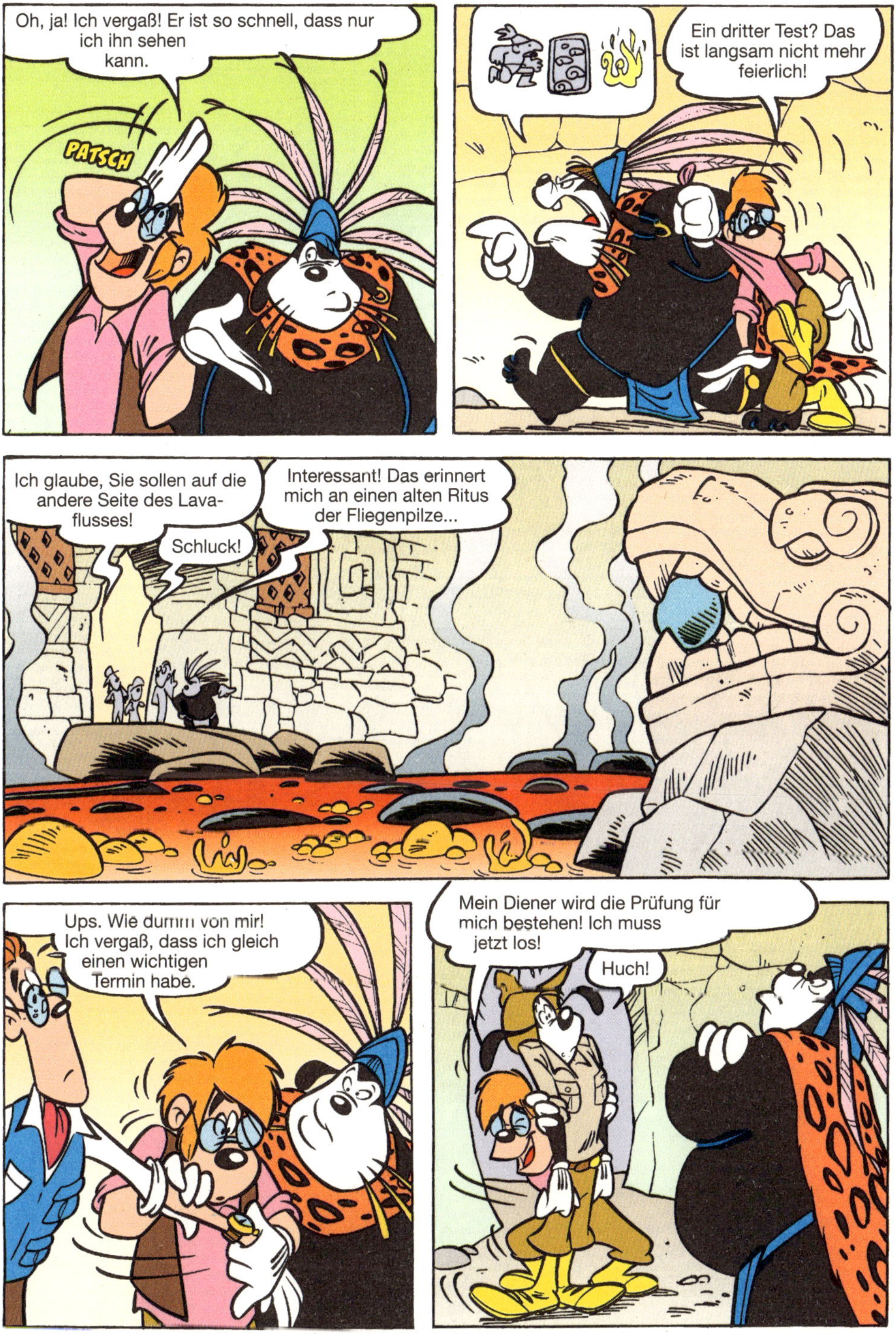
Oh, ja! Ich vergaß! Er ist so schnell, dass nur ich ihn sehen kann.
PATSCH
Ein dritter Test? Das ist langsam nicht mehr feierlich!
Ich glaube, Sie sollen auf die andere Seite des Lavaflusses!
Schluck!
Interessant! Das erinnert mich an einen alten Ritus der Fliegenpilze...
Ups. Wie dumm von mir! Ich vergaß, dass ich gleich einen wichtigen Termin habe.
Mein Diener wird die Prüfung für mich bestehen! Ich muss jetzt los!
Huch!

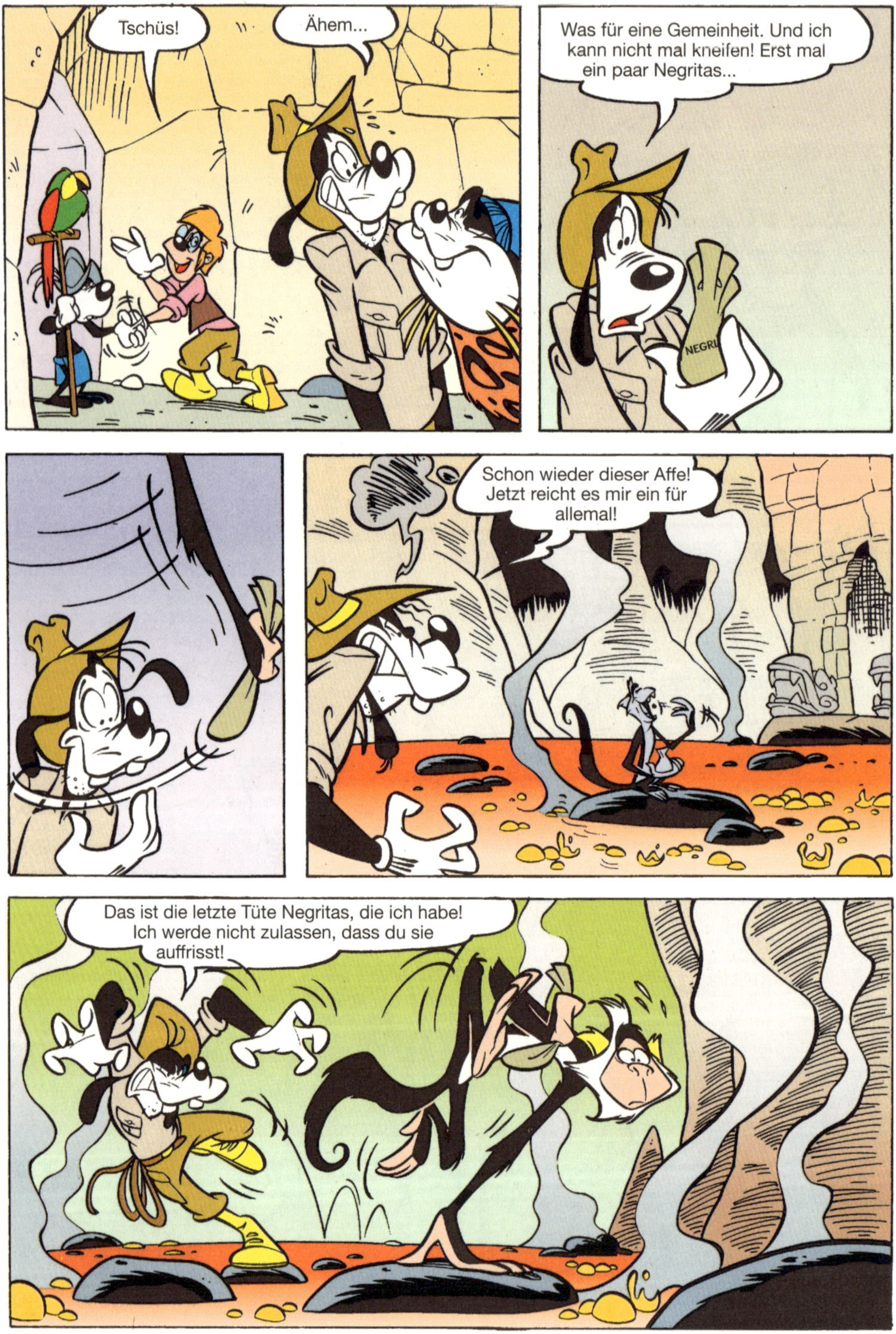
Tschüs!
Ähem...
Was für eine Gemeinheit. Und ich kann nicht mal kneifen! Erst mal ein paar Negritas...
NEGRI
Schon wieder dieser Affe! Jetzt reicht es mir ein für allemal!
Das ist die letzte Tüte Negritas, die ich habe! Ich werde nicht zulassen, dass du sie auffrisst!

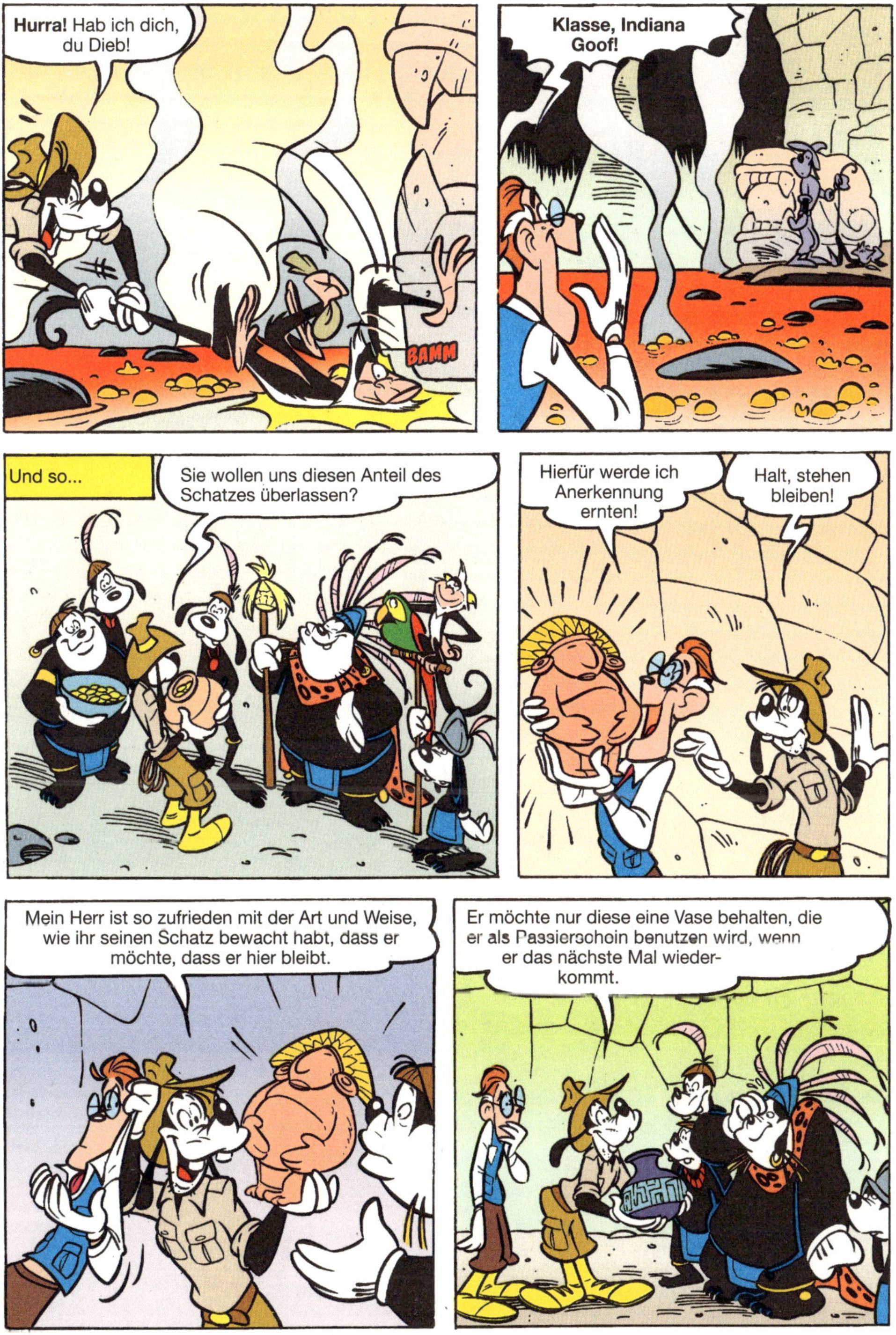
Hurra! Hab ich dich, du Dieb!
BAMM
Klasse, Indiana Goof!
Und so...
Sie wollen uns diesen Anteil des Schatzes überlassen?
Hierfür werde ich Anerkennung ernten!
Halt, stehen bleiben!
Mein Herr ist so zufrieden mit der Art und Weise, wie ihr seinen Schatz bewacht habt, dass er möchte, dass er hier bleibt.
Er möchte nur diese eine Vase behalten, die er als Passierschein benutzen wird, wenn er das nächste Mal wieder-kommt.

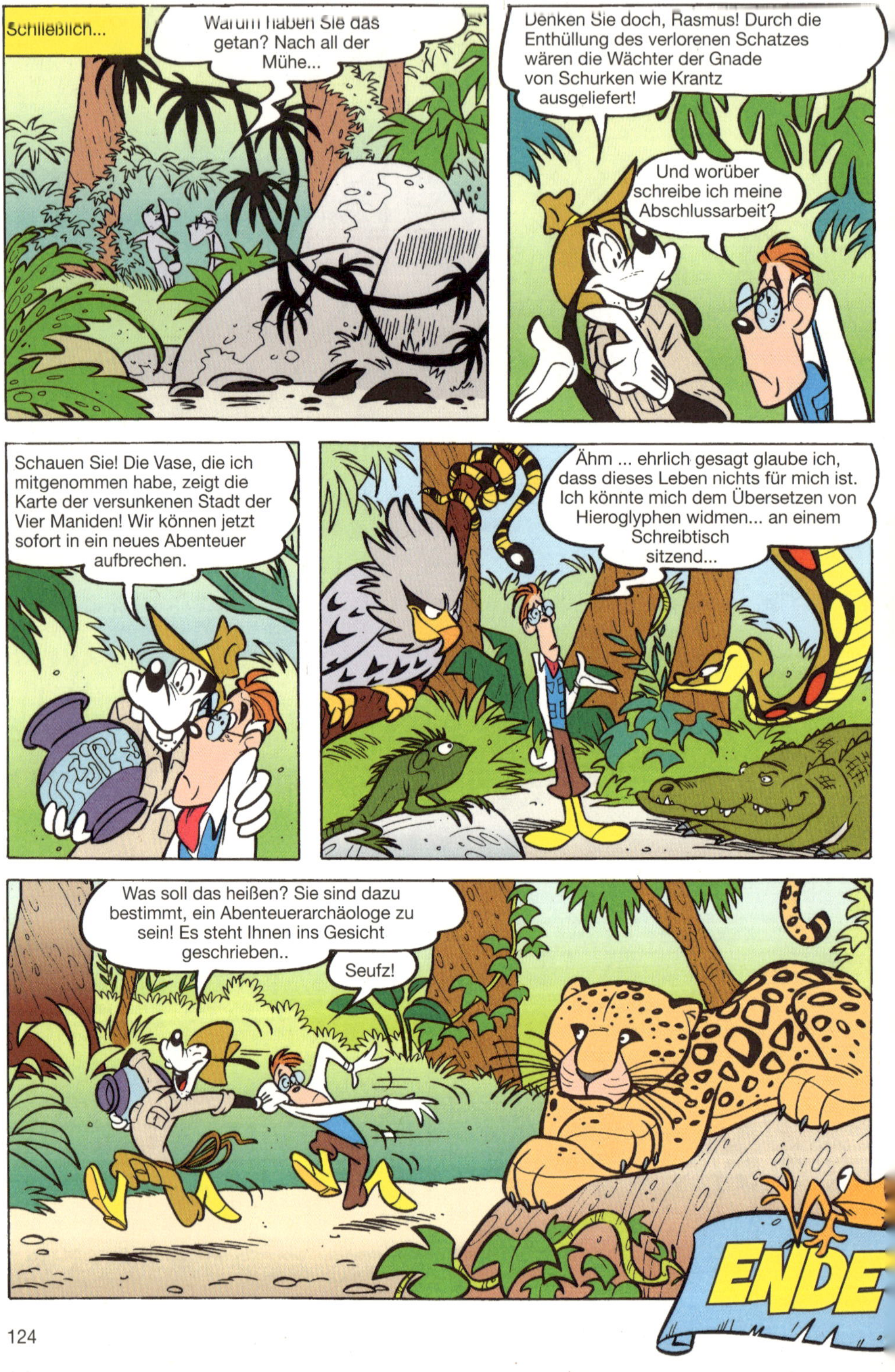
Schließlich...
Warum haben Sie das getan? Nach all der Mühe...
Denken Sie doch, Rasmus! Durch die Enthüllung des verlorenen Schatzes wären die Wächter der Gnade von Schurken wie Krantz ausgeliefert!
Und worüber schreibe ich meine Abschlussarbeit?
Schauen Sie! Die Vase, die ich mitgenommen habe, zeigt die Karte der versunkenen Stadt der Vier Maniden! Wir können jetzt sofort in ein neues Abenteuer aufbrechen.
Ähm ... ehrlich gesagt glaube ich, dass dieses Leben nichts für mich ist. Ich könnte mich dem Übersetzen von Hieroglyphen widmen... an einem Schreibtisch sitzend...
Was soll das heißen? Sie sind dazu bestimmt, ein Abenteuerarchäologe zu sein! Es steht Ihnen ins Gesicht geschrieben..
Seufz!
ENDE

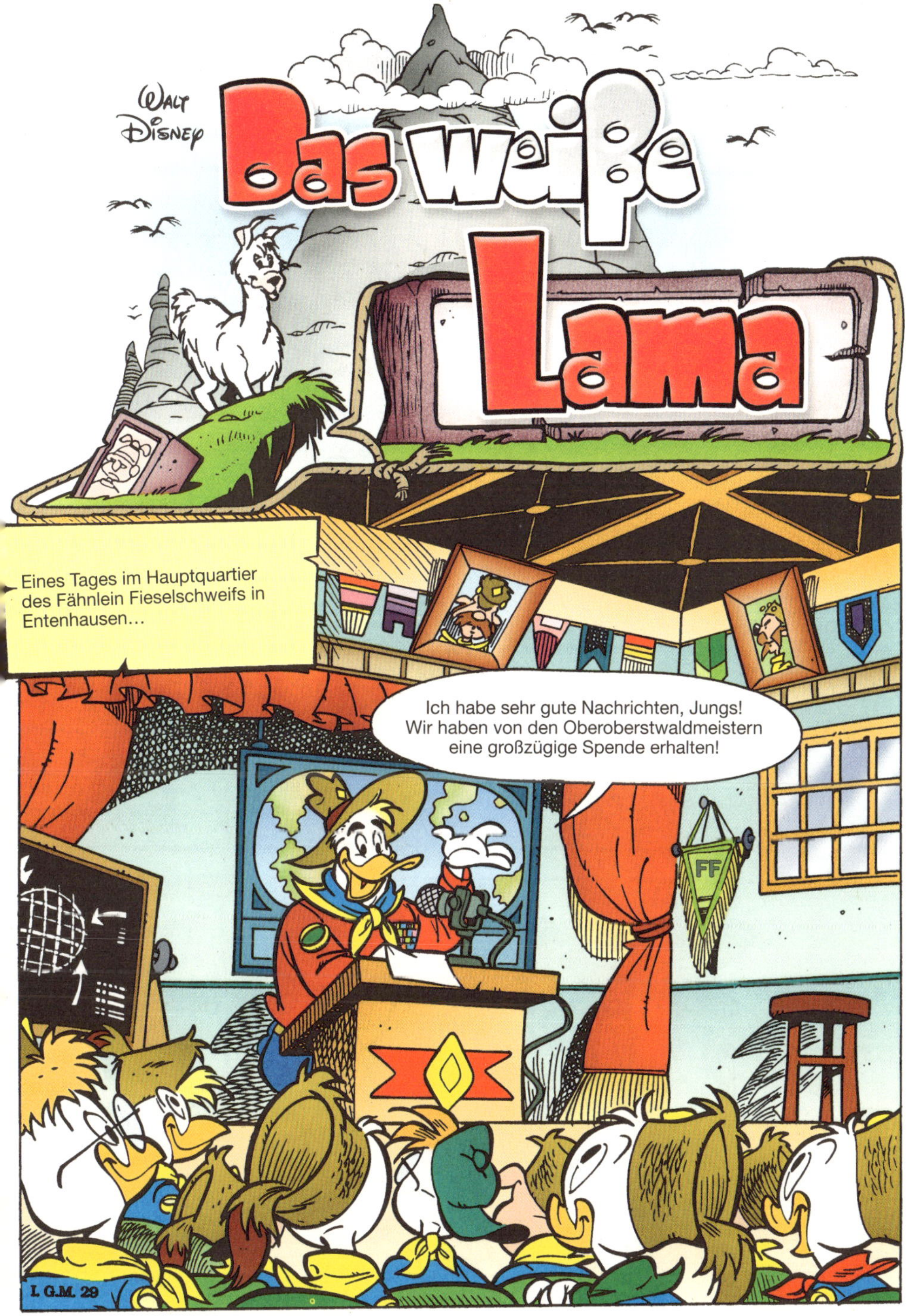

Giorgio Figus (Story), **Luciano Milano** (Zeichnungen)

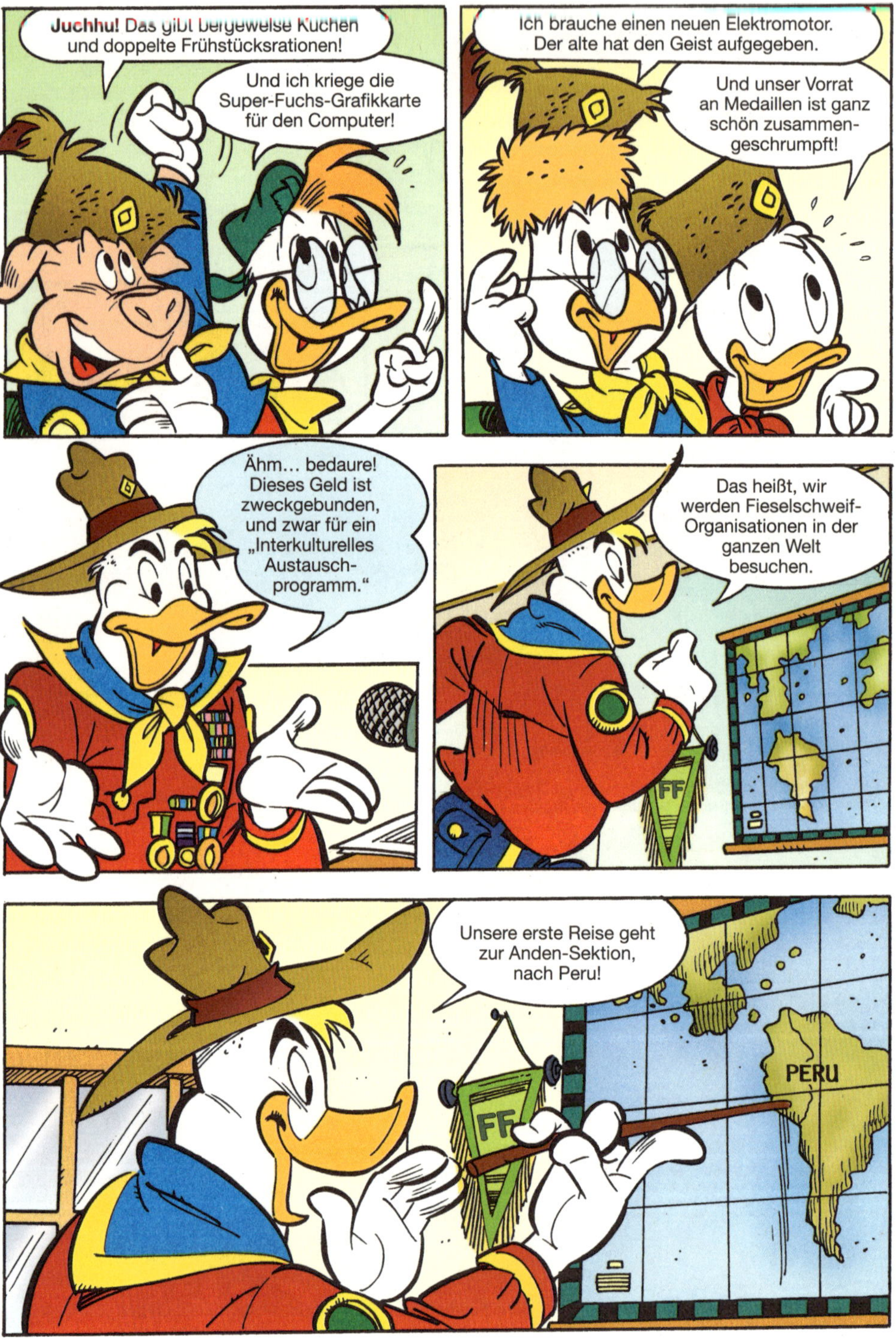
Juchhu! Das gibt bergeweise Kuchen und doppelte Frühstücksrationen!
Und ich kriege die Super-Fuchs-Grafikkarte für den Computer!
Ich brauche einen neuen Elektromotor. Der alte hat den Geist aufgegeben.
Und unser Vorrat an Medaillen ist ganz schön zusammengeschrumpft!
Ähm… bedaure! Dieses Geld ist zweckgebunden, und zwar für ein „Interkulturelles Austauschprogramm."
Das heißt, wir werden Fieselschweif-Organisationen in der ganzen Welt besuchen.
Unsere erste Reise geht zur Anden-Sektion, nach Peru!
PERU

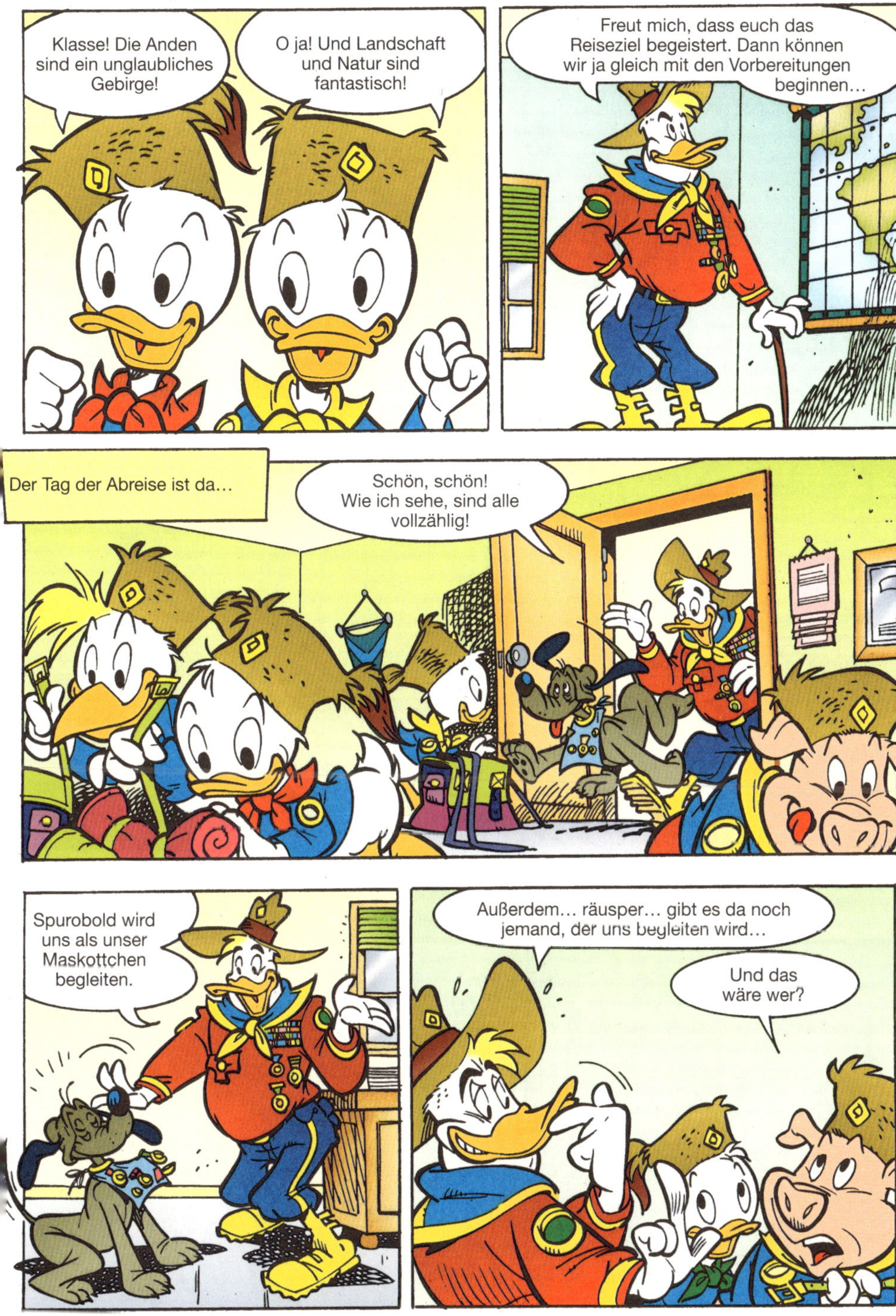
Klasse! Die Anden sind ein unglaubliches Gebirge!
O ja! Und Landschaft und Natur sind fantastisch!
Freut mich, dass euch das Reiseziel begeistert. Dann können wir ja gleich mit den Vorbereitungen beginnen…
Der Tag der Abreise ist da…
Schön, schön! Wie ich sehe, sind alle vollzählig!
Spurobold wird uns als unser Maskottchen begleiten.
Außerdem… räusper… gibt es da noch jemand, der uns begleiten wird…
Und das wäre wer?

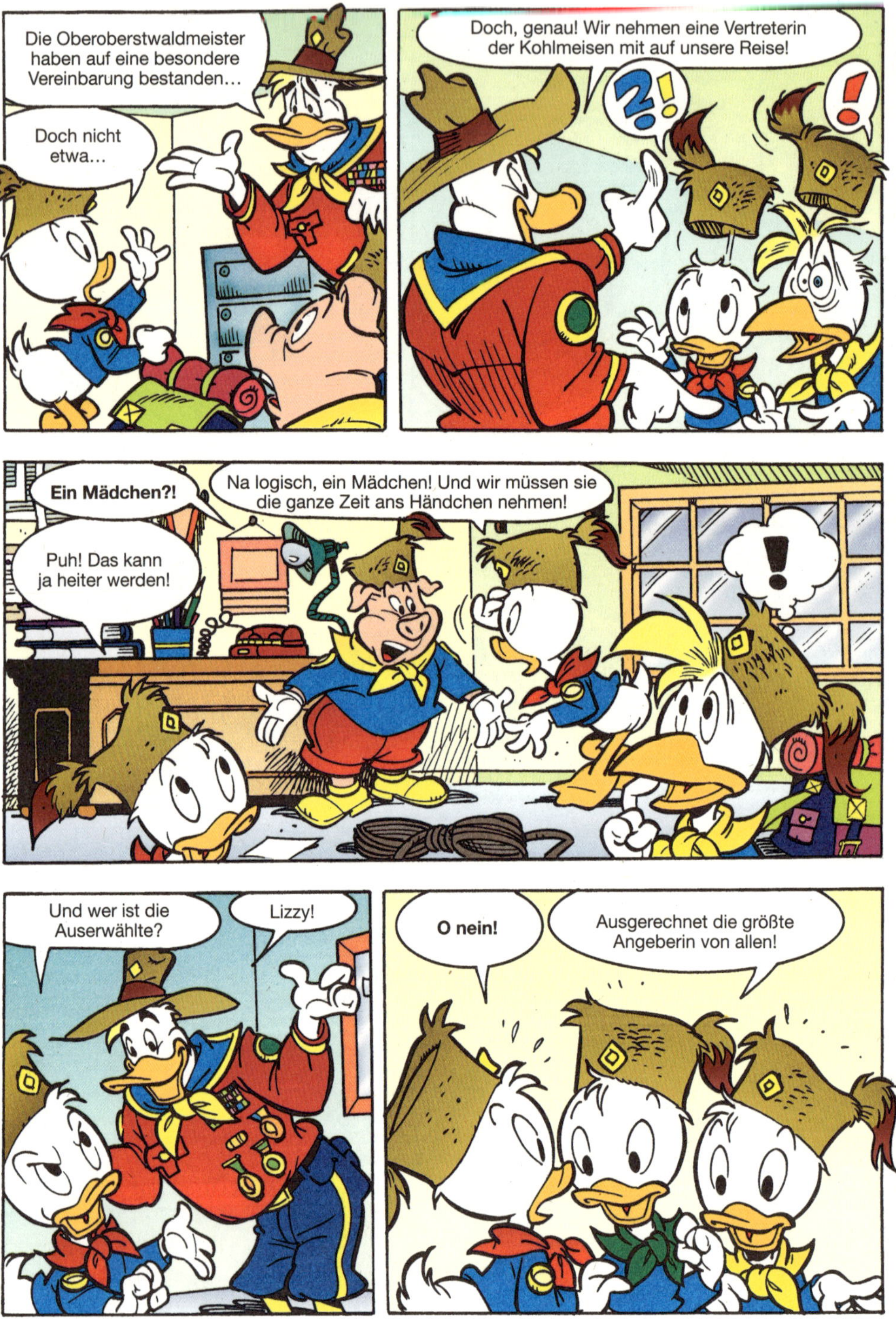
Die Oberoberstwaldmeister haben auf eine besondere Vereinbarung bestanden…
Doch nicht etwa…
Doch, genau! Wir nehmen eine Vertreterin der Kohlmeisen mit auf unsere Reise!
?!
!
Ein Mädchen?!
Na logisch, ein Mädchen! Und wir müssen sie die ganze Zeit ans Händchen nehmen!
Puh! Das kann ja heiter werden!
!
Und wer ist die Auserwählte?
Lizzy!
O nein!
Ausgerechnet die größte Angeberin von allen!

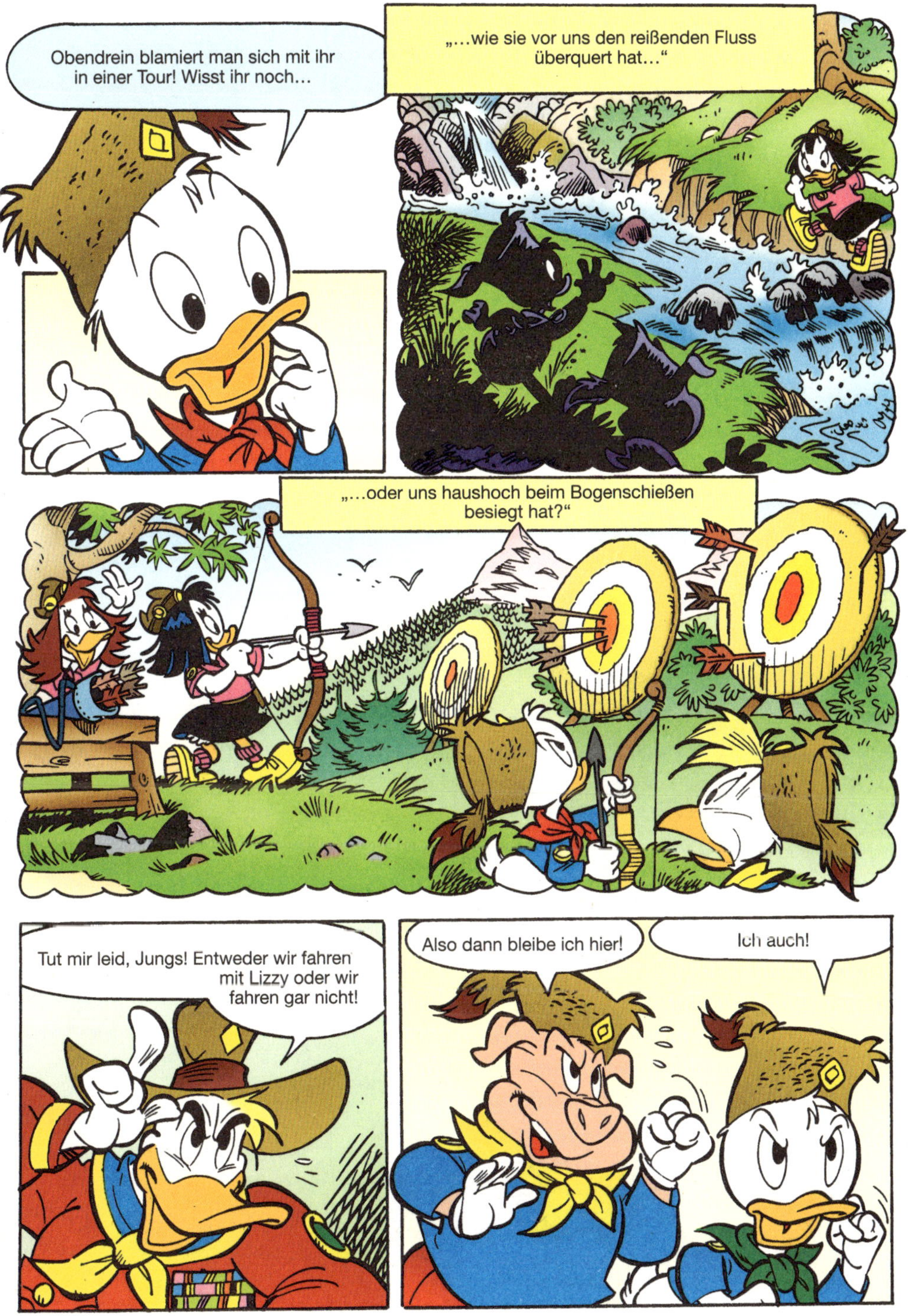
Obendrein blamiert man sich mit ihr in einer Tour! Wisst ihr noch…
„…wie sie vor uns den reißenden Fluss überquert hat…“
„…oder uns haushoch beim Bogenschießen besiegt hat?“
Tut mir leid, Jungs! Entweder wir fahren mit Lizzy oder wir fahren gar nicht!
Also dann bleibe ich hier!
Ich auch!

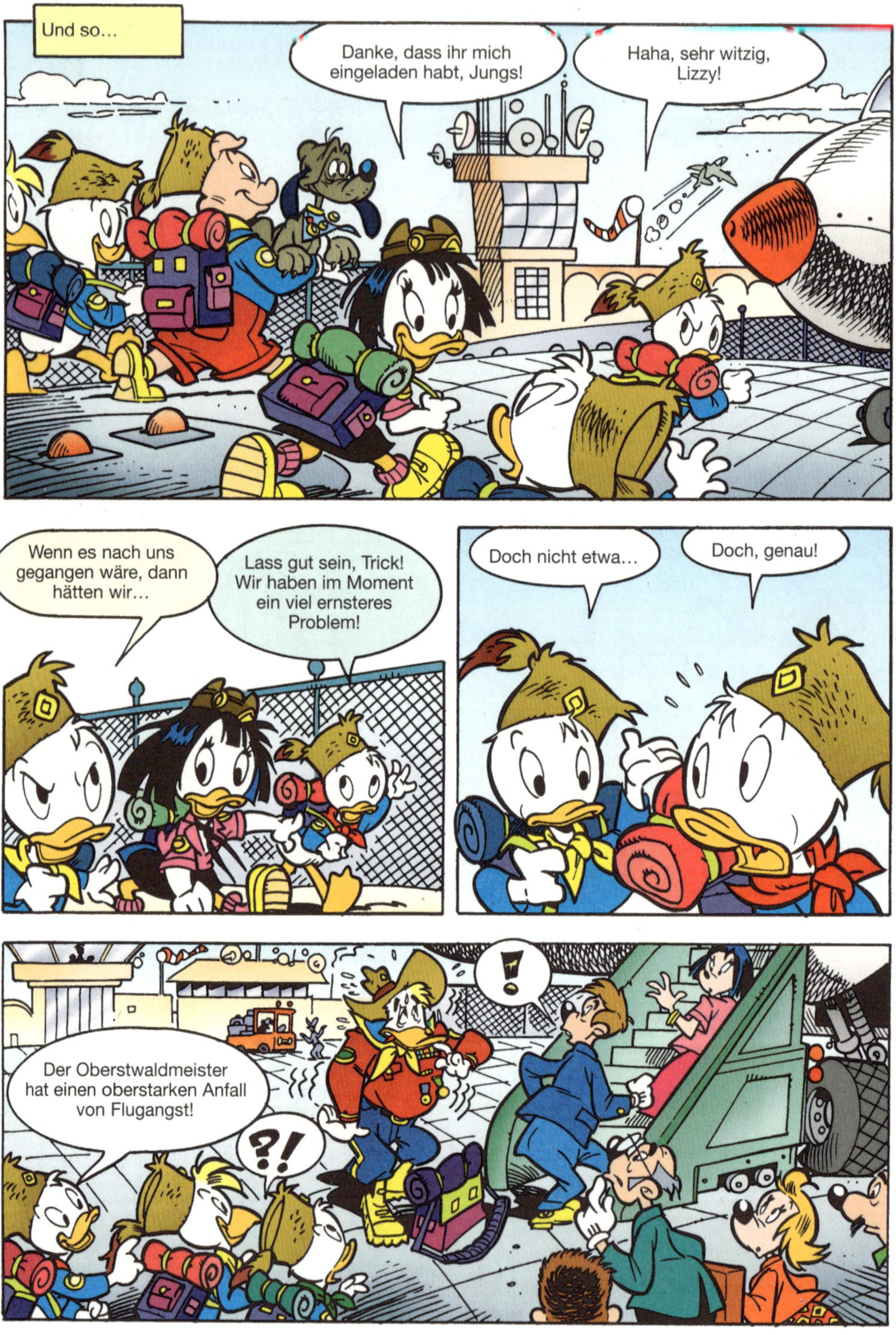
Und so…
Danke, dass ihr mich eingeladen habt, Jungs!
Haha, sehr witzig, Lizzy!
Wenn es nach uns gegangen wäre, dann hätten wir…
Lass gut sein, Trick! Wir haben im Moment ein viel ernsteres Problem!
Doch nicht etwa…
Doch, genau!
Der Oberstwaldmeister hat einen oberstarken Anfall von Flugangst!
?!
!

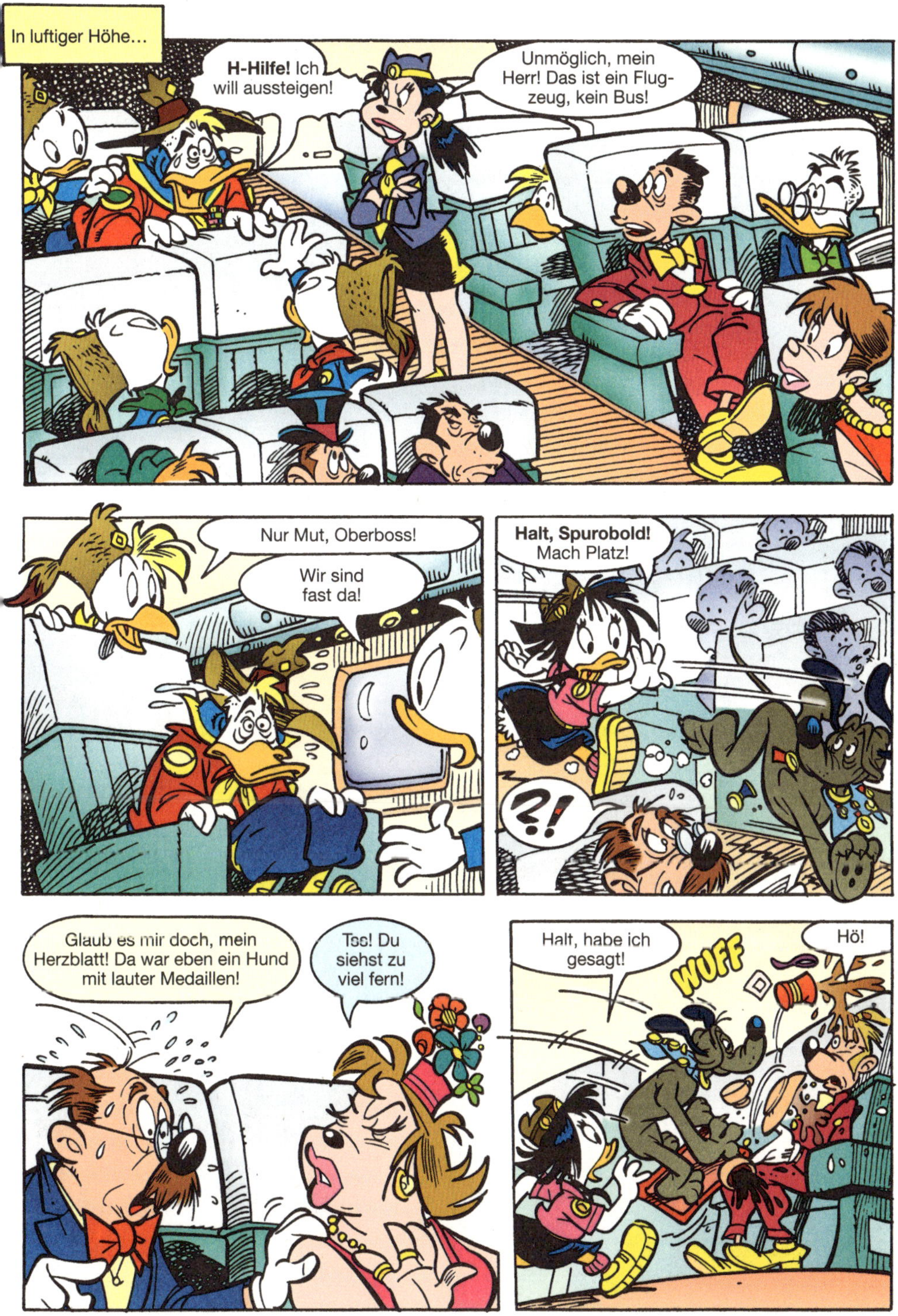
In luftiger Höhe…
H-Hilfe! Ich will aussteigen!
Unmöglich, mein Herr! Das ist ein Flugzeug, kein Bus!
Nur Mut, Oberboss!
Wir sind fast da!
Halt, Spurobold! Mach Platz!
?!
Glaub es mir doch, mein Herzblatt! Da war eben ein Hund mit lauter Medaillen!
Tss! Du siehst zu viel fern!
Halt, habe ich gesagt!
WUFF
Hö!

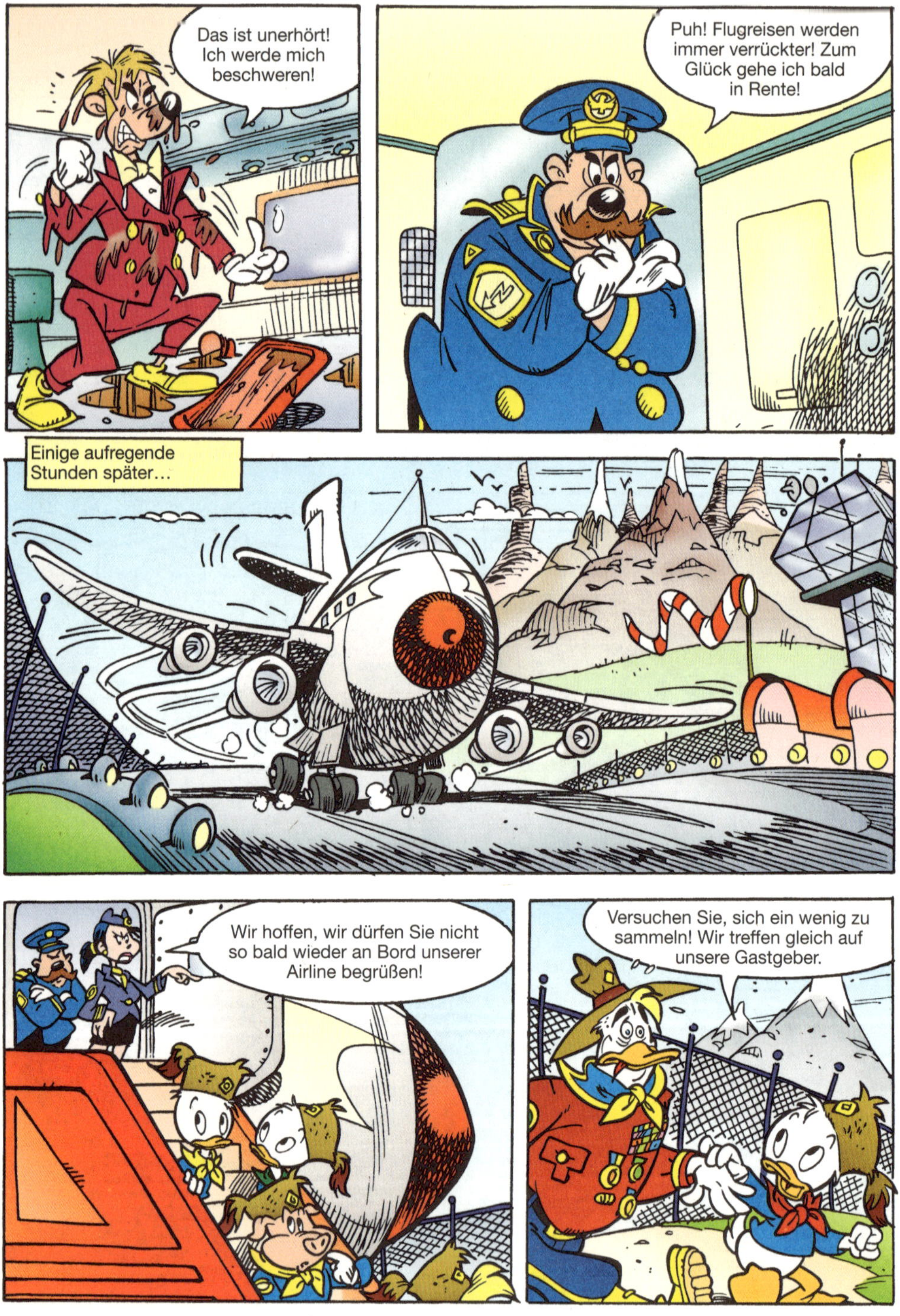
Das ist unerhört! Ich werde mich beschweren!
Puh! Flugreisen werden immer verrückter! Zum Glück gehe ich bald in Rente!
Einige aufregende Stunden später…
Wir hoffen, wir dürfen Sie nicht so bald wieder an Bord unserer Airline begrüßen!
Versuchen Sie, sich ein wenig zu sammeln! Wir treffen gleich auf unsere Gastgeber.

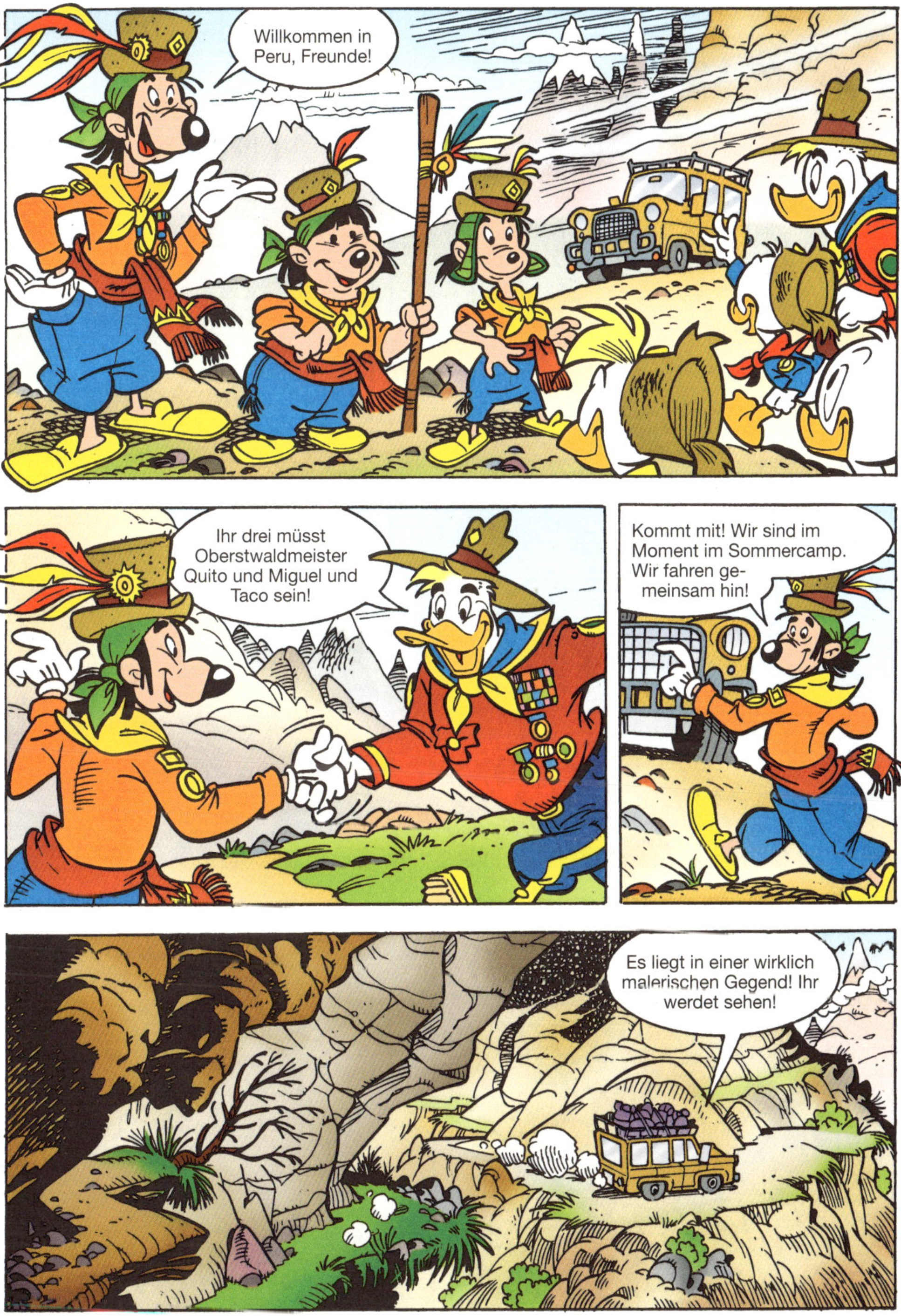
Willkommen in Peru, Freunde!
Ihr drei müsst Oberstwaldmeister Quito und Miguel und Taco sein!
Kommt mit! Wir sind im Moment im Sommercamp. Wir fahren gemeinsam hin!
Es liegt in einer wirklich malerischen Gegend! Ihr werdet sehen!

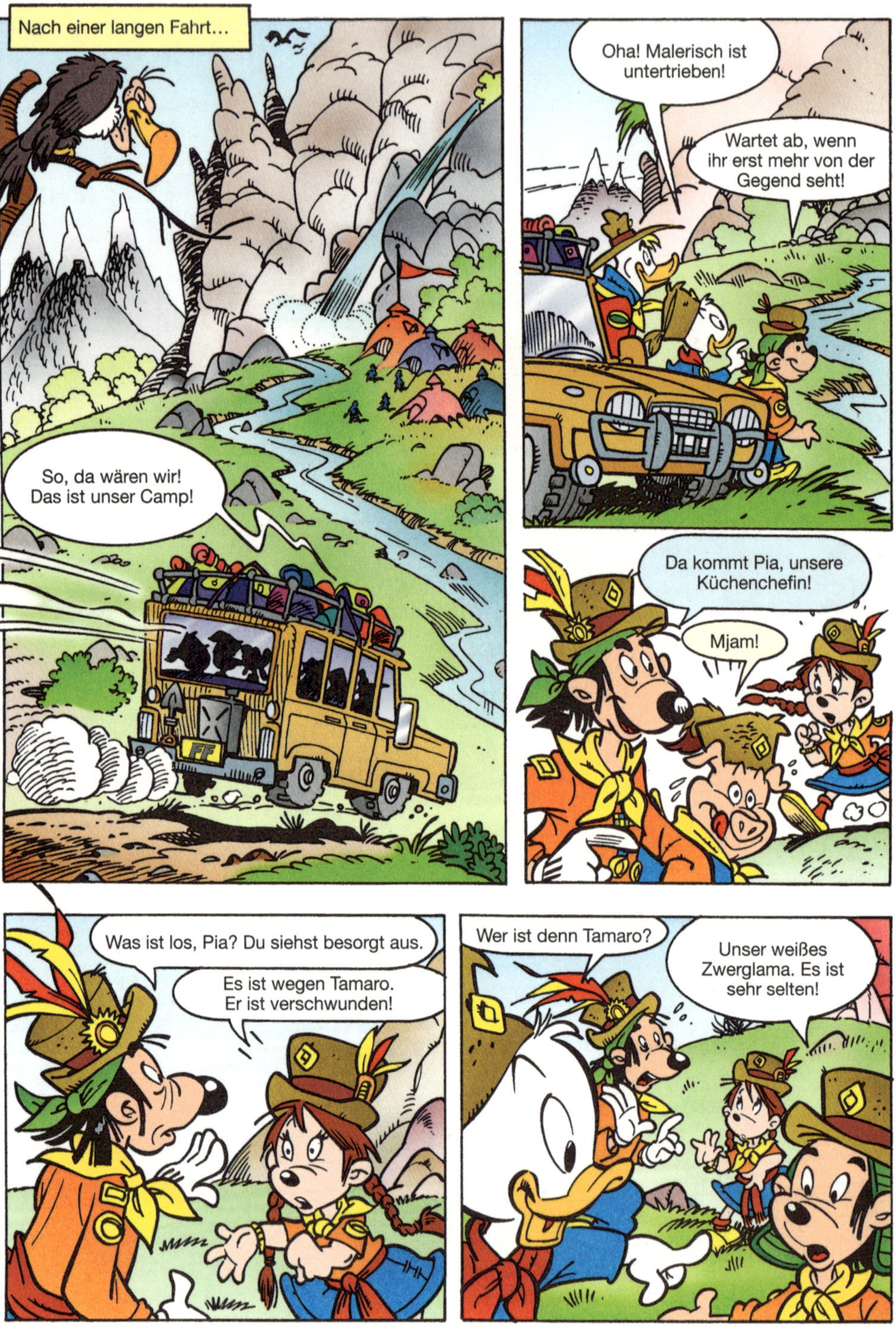
Nach einer langen Fahrt...
So, da wären wir! Das ist unser Camp!
FF
Oha! Malerisch ist untertrieben!
Wartet ab, wenn ihr erst mehr von der Gegend seht!
Da kommt Pia, unsere Küchenchefin!
Mjam!
Was ist los, Pia? Du siehst besorgt aus.
Es ist wegen Tamaro. Er ist verschwunden!
Wer ist denn Tamaro?
Unser weißes Zwerglama. Es ist sehr selten!

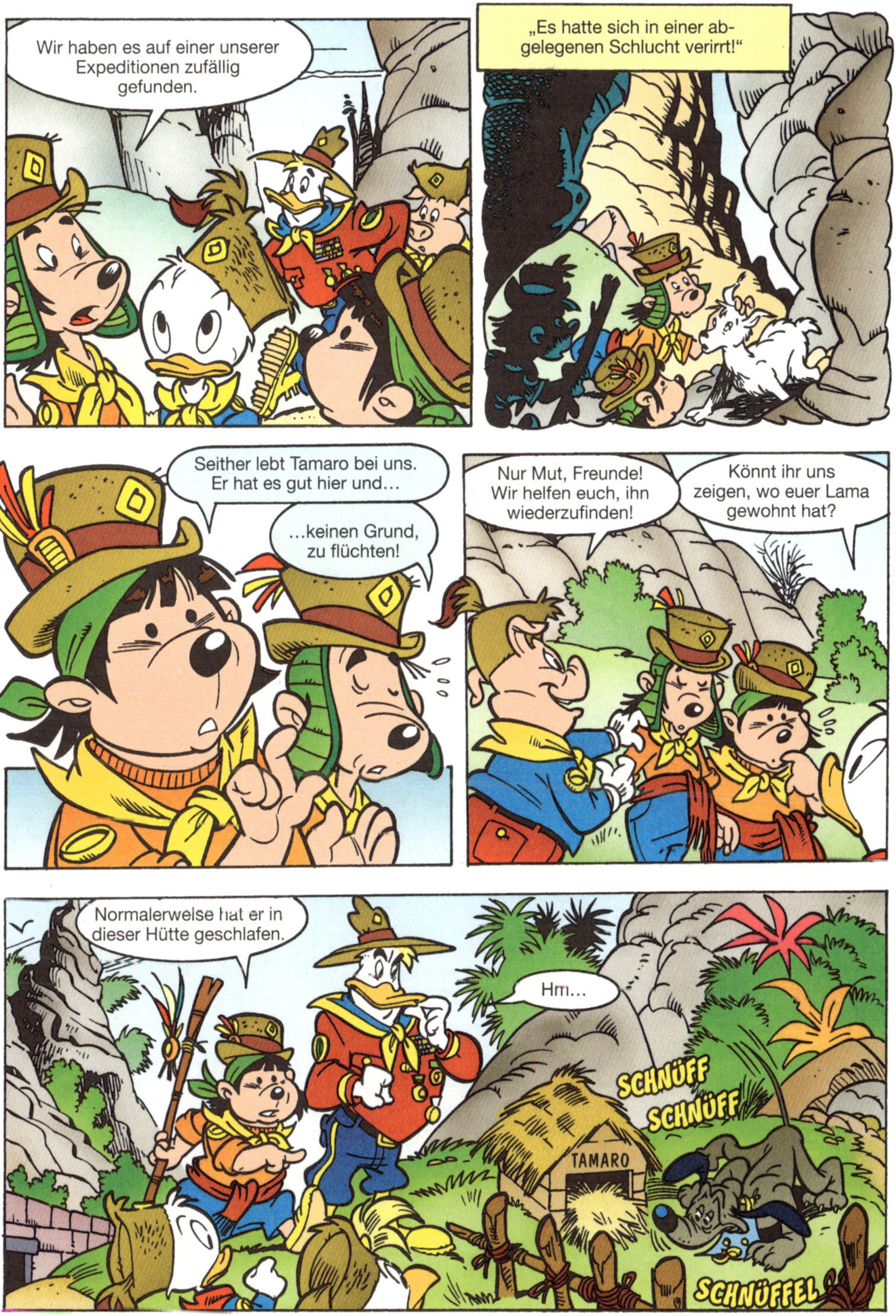
Wir haben es auf einer unserer Expeditionen zufällig gefunden.
„Es hatte sich in einer abgelegenen Schlucht verirrt!“
Seither lebt Tamaro bei uns. Er hat es gut hier und…
…keinen Grund, zu flüchten!
Nur Mut, Freunde! Wir helfen euch, ihn wiederzufinden!
Könnt ihr uns zeigen, wo euer Lama gewohnt hat?
Normalerweise hat er in dieser Hütte geschlafen.
Hm…
SCHNÜFF
SCHNÜFF
TAMARO
SCHNÜFFEL

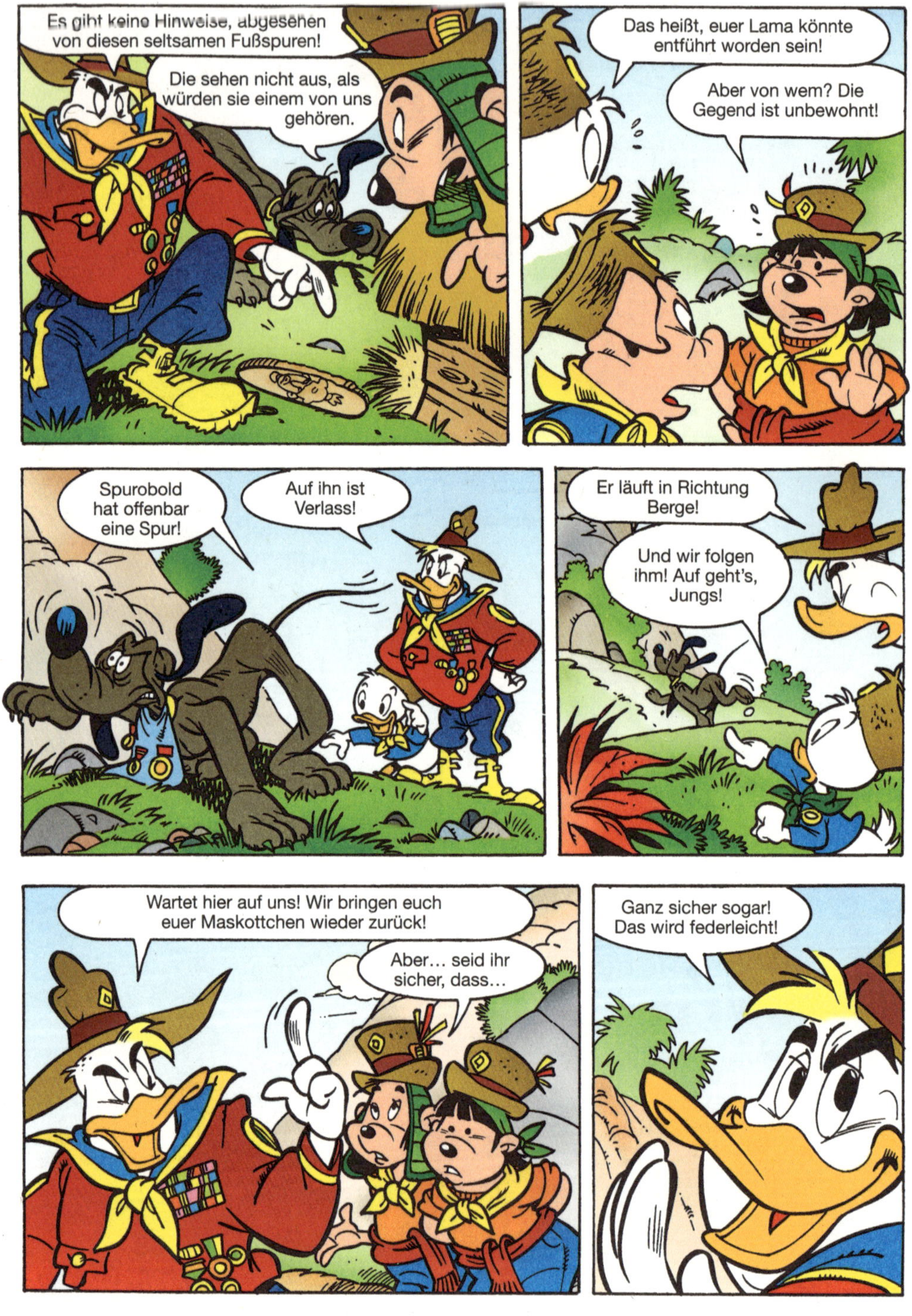
Es gibt keine Hinweise, abgesehen von diesen seltsamen Fußspuren!
Die sehen nicht aus, als würden sie einem von uns gehören.
Das heißt, euer Lama könnte entführt worden sein!
Aber von wem? Die Gegend ist unbewohnt!
Spurobold hat offenbar eine Spur!
Auf ihn ist Verlass!
Er läuft in Richtung Berge!
Und wir folgen ihm! Auf geht's, Jungs!
Wartet hier auf uns! Wir bringen euch euer Maskottchen wieder zurück!
Aber… seid ihr sicher, dass…
Ganz sicher sogar! Das wird federleicht!

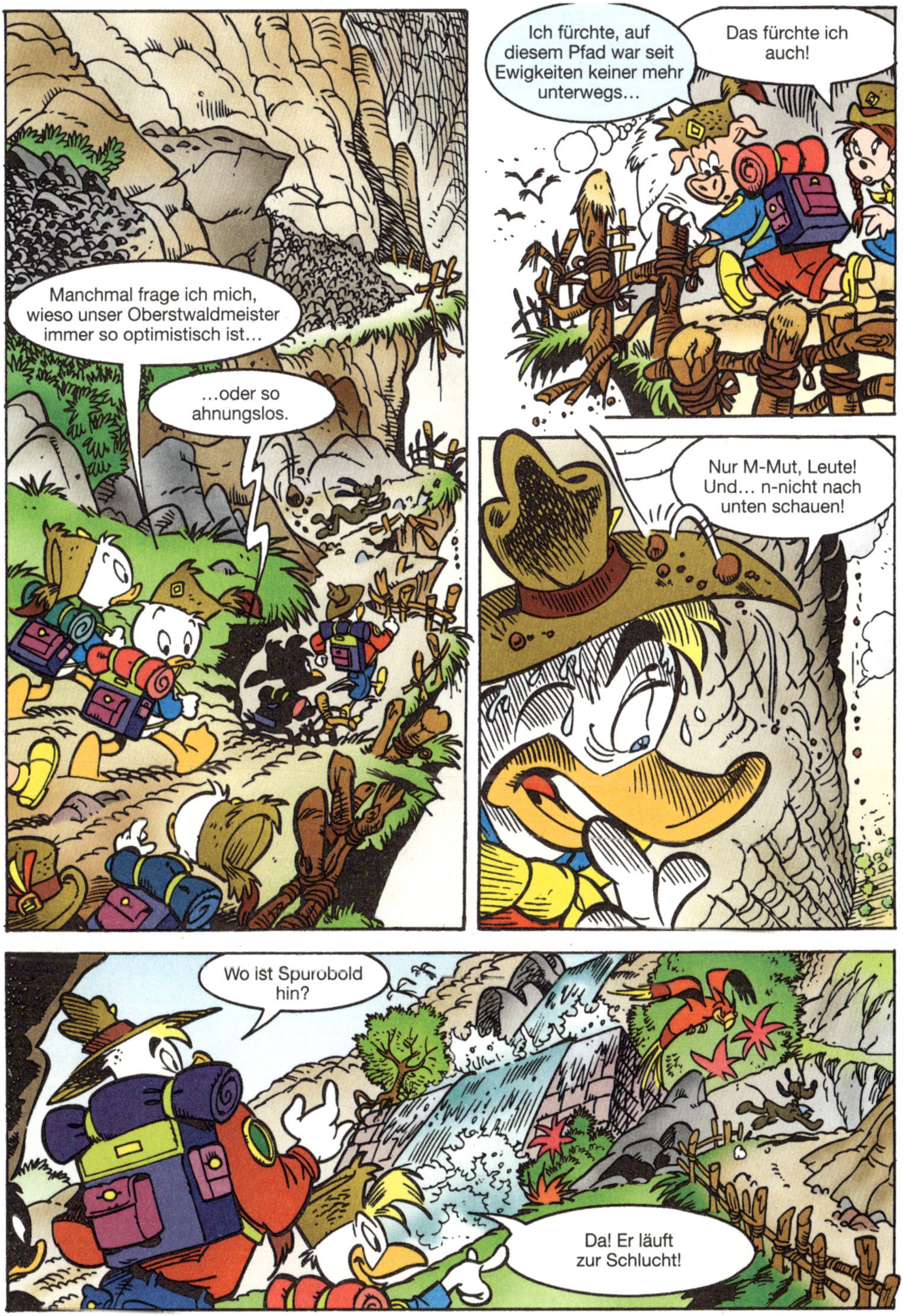
Manchmal frage ich mich, wieso unser Oberstwaldmeister immer so optimistisch ist…
…oder so ahnungslos.
Ich fürchte, auf diesem Pfad war seit Ewigkeiten keiner mehr unterwegs…
Das fürchte ich auch!
Nur M-Mut, Leute! Und… n-nicht nach unten schauen!
Wo ist Spurobold hin?
Da! Er läuft zur Schlucht!

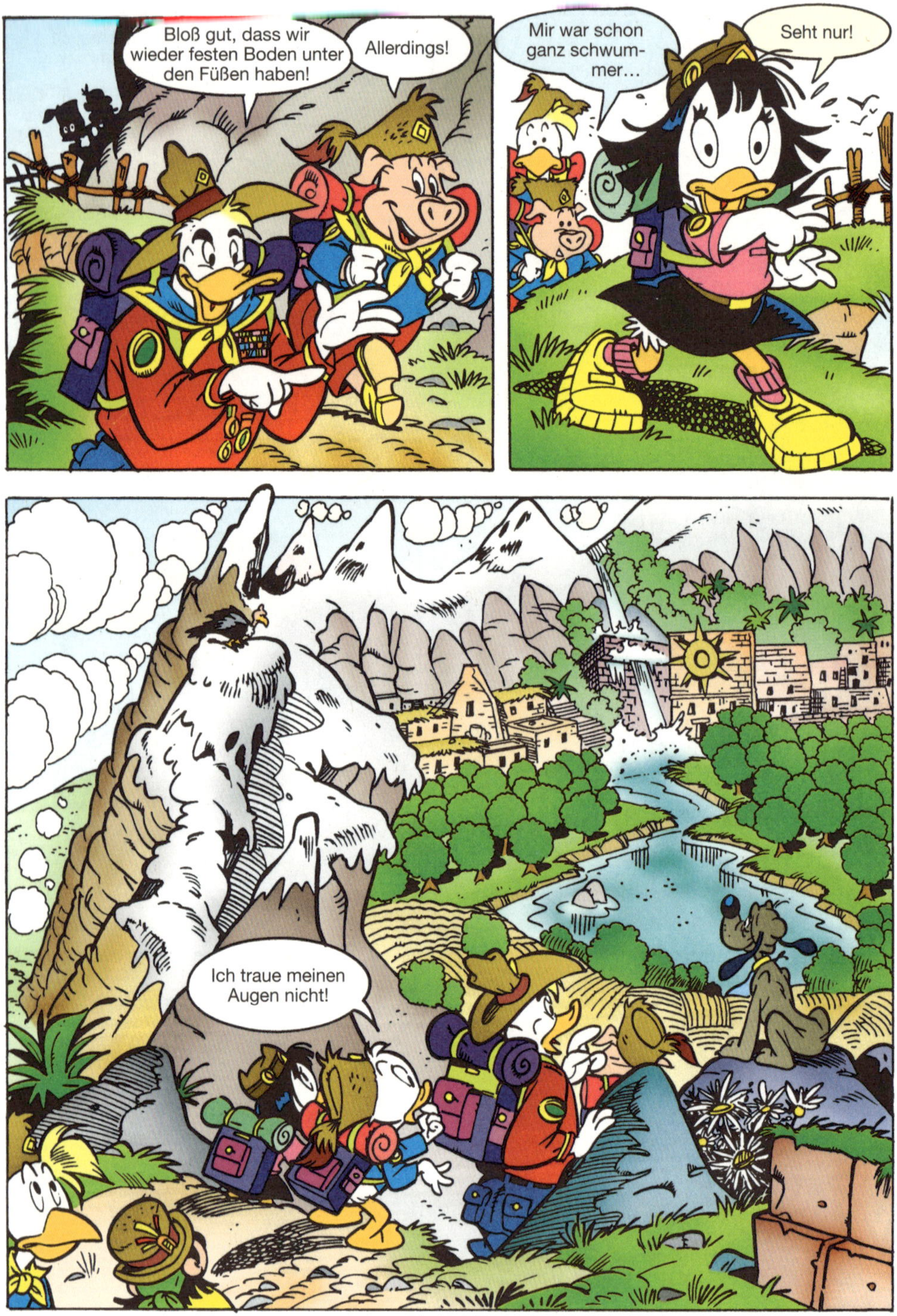
Bloß gut, dass wir wieder festen Boden unter den Füßen haben!
Allerdings!
Mir war schon ganz schwum-mer…
Seht nur!
Ich traue meinen Augen nicht!

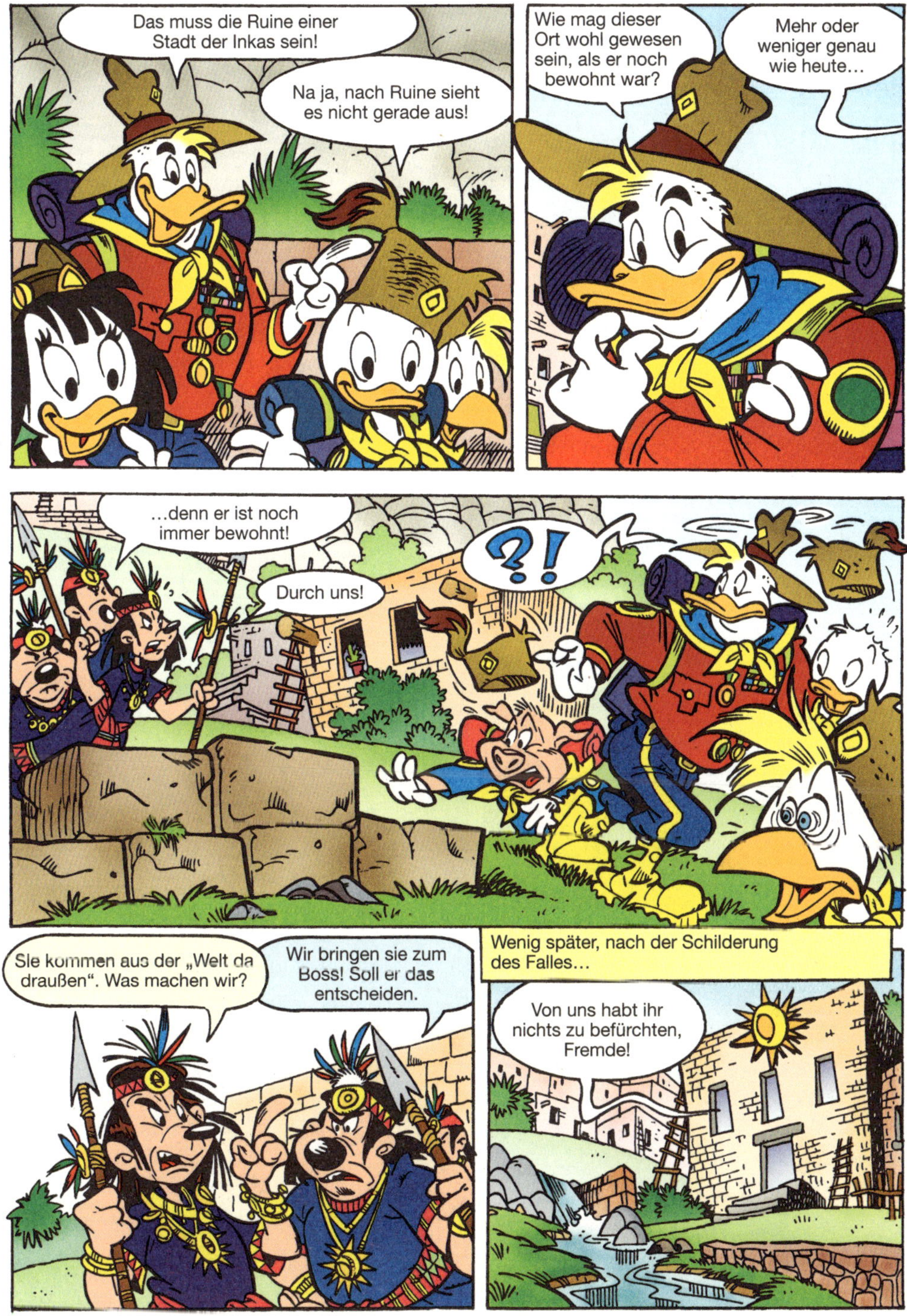

Das muss die Ruine einer Stadt der Inkas sein!
Na ja, nach Ruine sieht es nicht gerade aus!
Wie mag dieser Ort wohl gewesen sein, als er noch bewohnt war?
Mehr oder weniger genau wie heute…
…denn er ist noch immer bewohnt!
Durch uns!
?!
Sie kommen aus der „Welt da draußen". Was machen wir?
Wir bringen sie zum Boss! Soll er das entscheiden.
Wenig später, nach der Schilderung des Falles…
Von uns habt ihr nichts zu befürchten, Fremde!

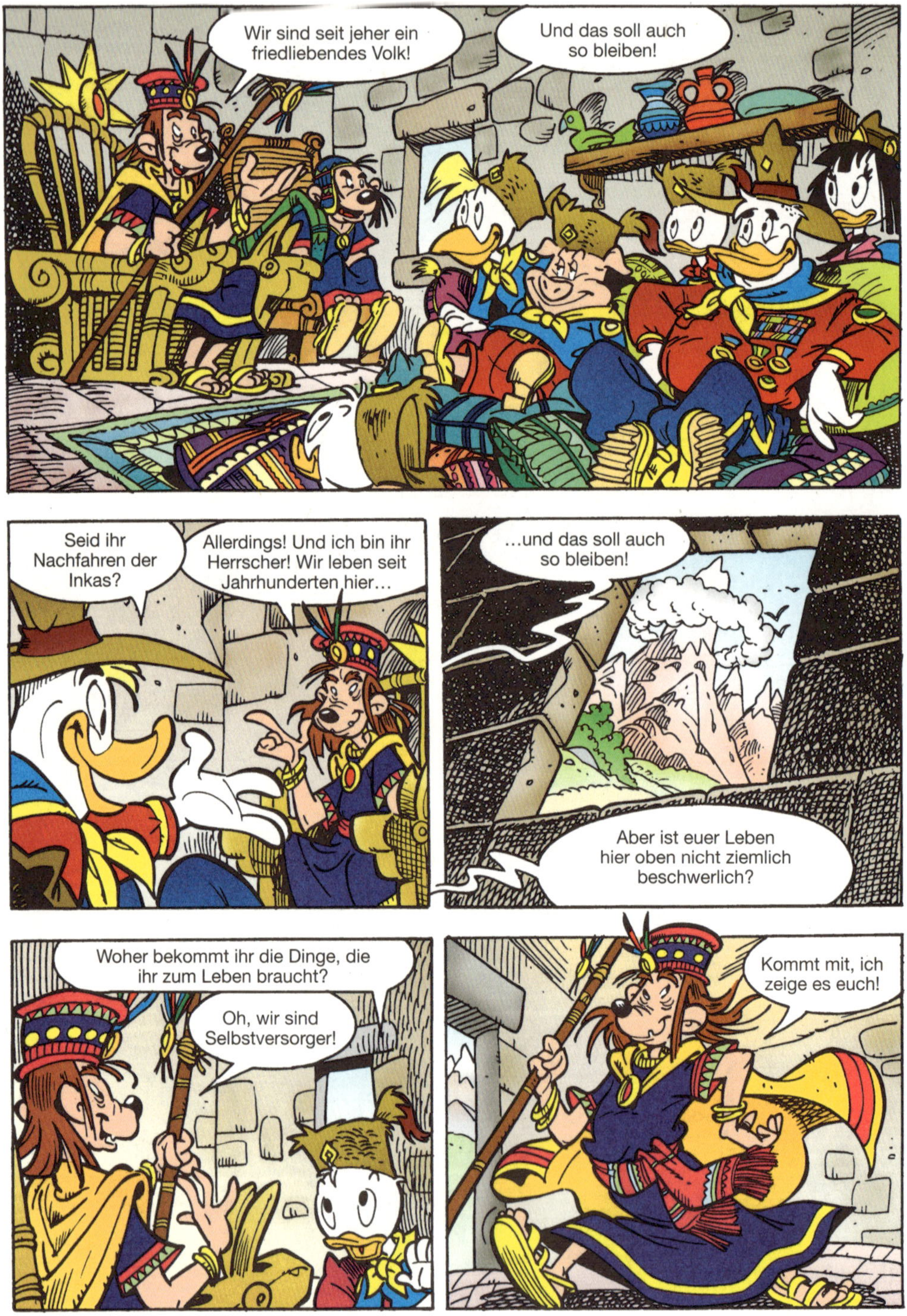
Wir sind seit jeher ein friedliebendes Volk!
Und das soll auch so bleiben!
Seid ihr Nachfahren der Inkas?
Allerdings! Und ich bin ihr Herrscher! Wir leben seit Jahrhunderten hier…
…und das soll auch so bleiben!
Aber ist euer Leben hier oben nicht ziemlich beschwerlich?
Woher bekommt ihr die Dinge, die ihr zum Leben braucht?
Oh, wir sind Selbstversorger!
Kommt mit, ich zeige es euch!

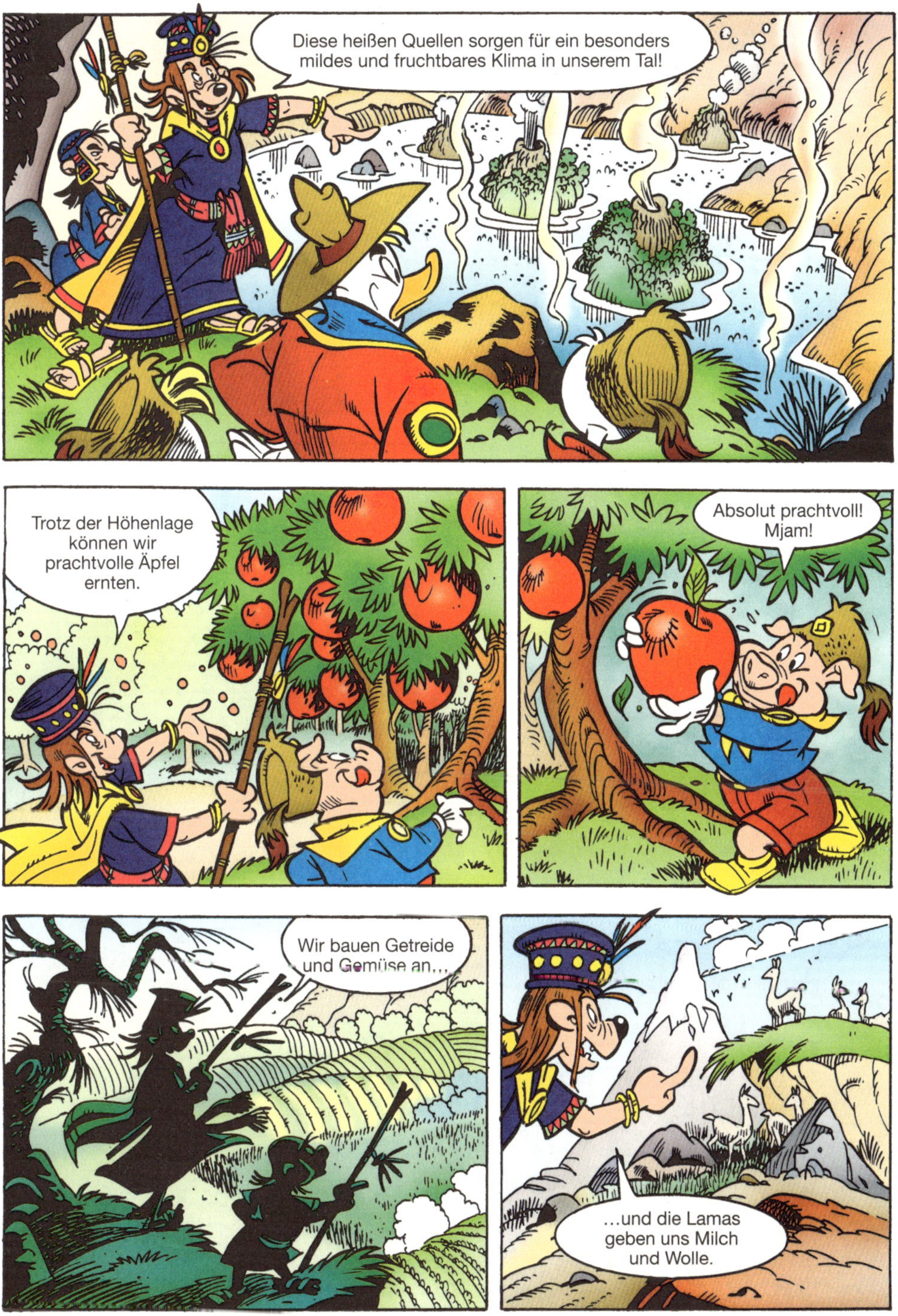
Diese heißen Quellen sorgen für ein besonders mildes und fruchtbares Klima in unserem Tal!
Trotz der Höhenlage können wir prachtvolle Äpfel ernten.
Absolut prachtvoll! Mjam!
Wir bauen Getreide und Gemüse an...
...und die Lamas geben uns Milch und Wolle.

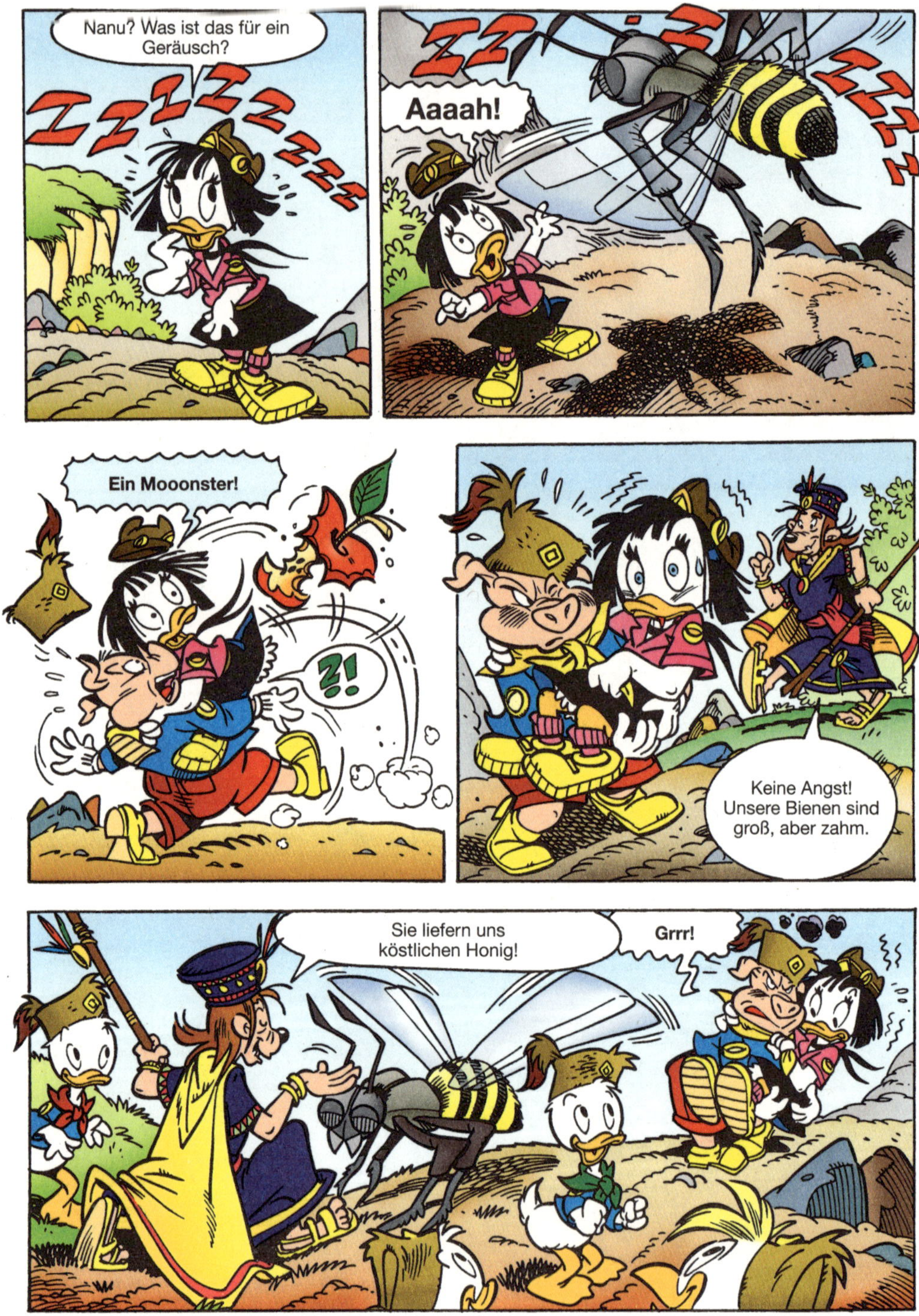
Nanu? Was ist das für ein Geräusch?
ZZZZZZZZZZZ
ZZ-ZZZZZ
Aaaah!
Ein Mooonster!
?!
Keine Angst! Unsere Bienen sind groß, aber zahm.
Sie liefern uns köstlichen Honig!
Grrr!

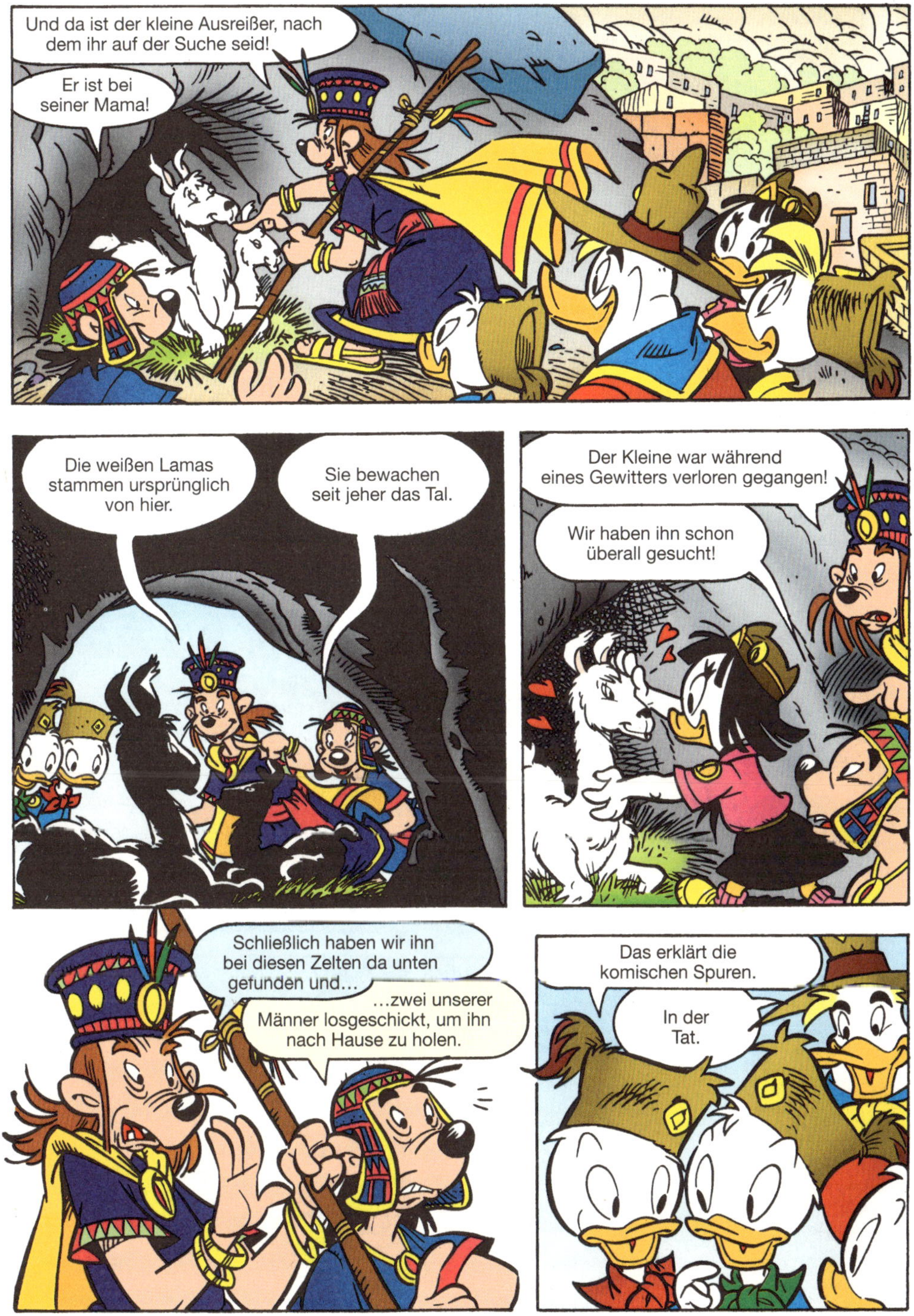
Und da ist der kleine Ausreißer, nach dem ihr auf der Suche seid!
Er ist bei seiner Mama!
Die weißen Lamas stammen ursprünglich von hier.
Sie bewachen seit jeher das Tal.
Der Kleine war während eines Gewitters verloren gegangen!
Wir haben ihn schon überall gesucht!
Schließlich haben wir ihn bei diesen Zelten da unten gefunden und…
…zwei unserer Männer losgeschickt, um ihn nach Hause zu holen.
Das erklärt die komischen Spuren.
In der Tat.

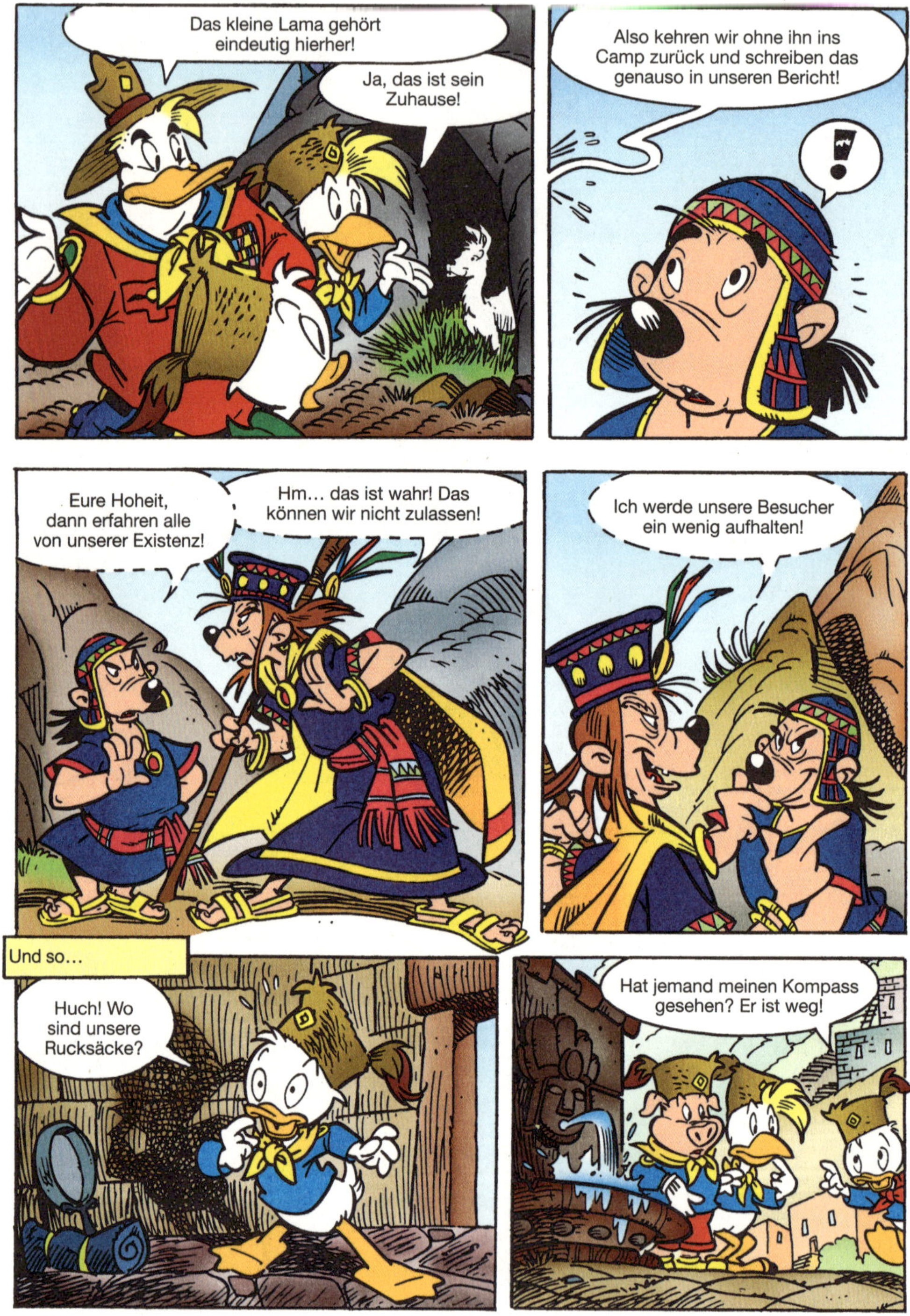
Das kleine Lama gehört eindeutig hierher!
Ja, das ist sein Zuhause!
Also kehren wir ohne ihn ins Camp zurück und schreiben das genauso in unseren Bericht!
!
Eure Hoheit, dann erfahren alle von unserer Existenz!
Hm… das ist wahr! Das können wir nicht zulassen!
Ich werde unsere Besucher ein wenig aufhalten!
Und so…
Huch! Wo sind unsere Rucksäcke?
Hat jemand meinen Kompass gesehen? Er ist weg!

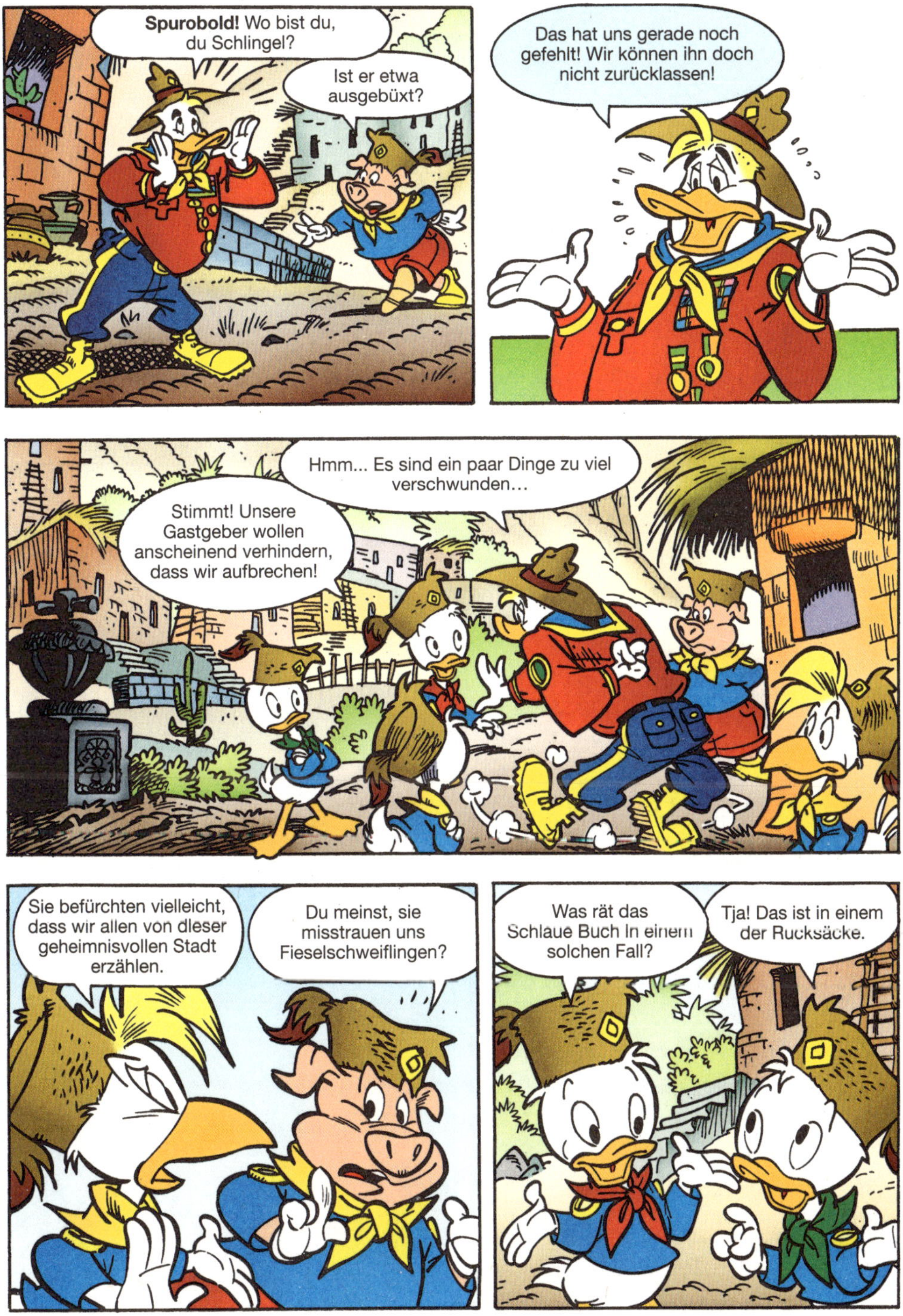
Spurobold! Wo bist du, du Schlingel?
Ist er etwa ausgebüxt?
Das hat uns gerade noch gefehlt! Wir können ihn doch nicht zurücklassen!
Hmm... Es sind ein paar Dinge zu viel verschwunden...
Stimmt! Unsere Gastgeber wollen anscheinend verhindern, dass wir aufbrechen!
Sie befürchten vielleicht, dass wir allen von dieser geheimnisvollen Stadt erzählen.
Du meinst, sie misstrauen uns Fieselschweiflingen?
Was rät das Schlaue Buch in einem solchen Fall?
Tja! Das ist in einem der Rucksäcke.

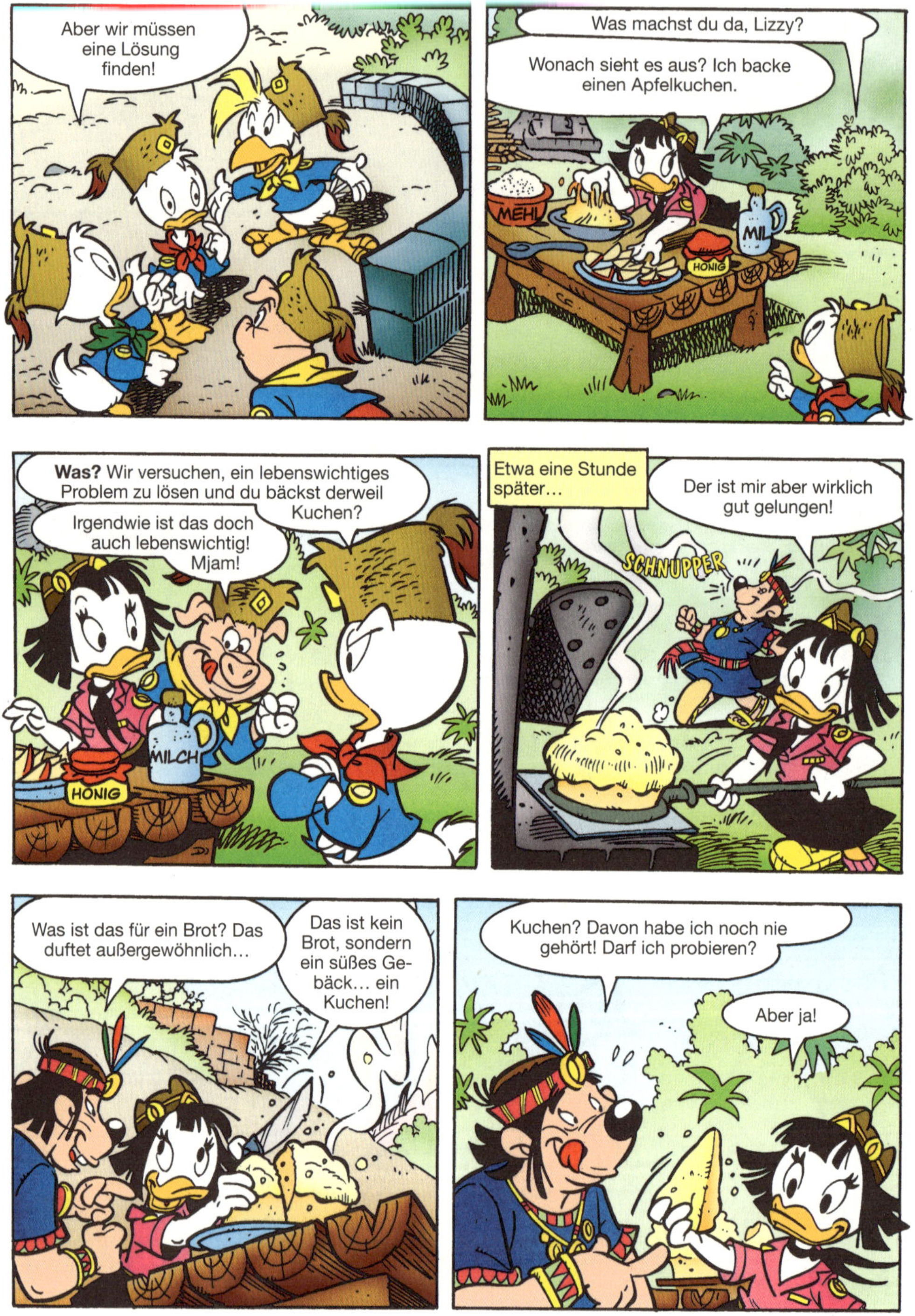

Aber wir müssen eine Lösung finden!
Was machst du da, Lizzy?
Wonach sieht es aus? Ich backe einen Apfelkuchen.
MEHL
HONIG
MIL
Was? Wir versuchen, ein lebenswichtiges Problem zu lösen und du bäckst derweil Kuchen?
Irgendwie ist das doch auch lebenswichtig! Mjam!
MILCH
HONIG
Etwa eine Stunde später…
Der ist mir aber wirklich gut gelungen!
SCHNUPPER
Was ist das für ein Brot? Das duftet außergewöhnlich…
Das ist kein Brot, sondern ein süßes Gebäck… ein Kuchen!
Kuchen? Davon habe ich noch nie gehört! Darf ich probieren?
Aber ja!

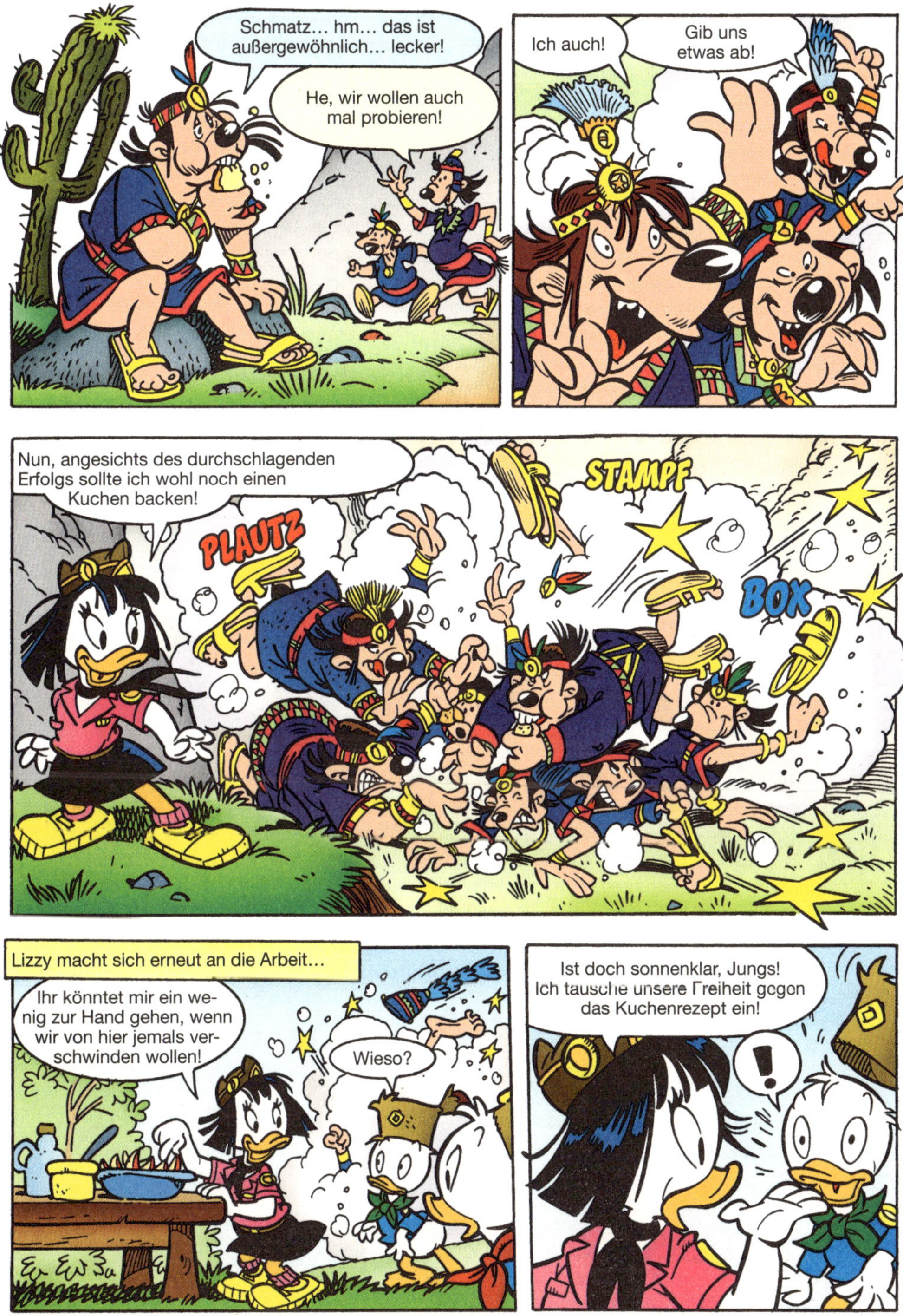

Schmatz… hm… das ist außergewöhnlich… lecker!
He, wir wollen auch mal probieren!
Ich auch!
Gib uns etwas ab!
Nun, angesichts des durchschlagenden Erfolgs sollte ich wohl noch einen Kuchen backen!
PLAUTZ
STAMPF
BOX
Lizzy macht sich erneut an die Arbeit…
Ihr könntet mir ein wenig zur Hand gehen, wenn wir von hier jemals verschwinden wollen!
Wieso?
Ist doch sonnenklar, Jungs! Ich tausche unsere Freiheit gegen das Kuchenrezept ein!
!

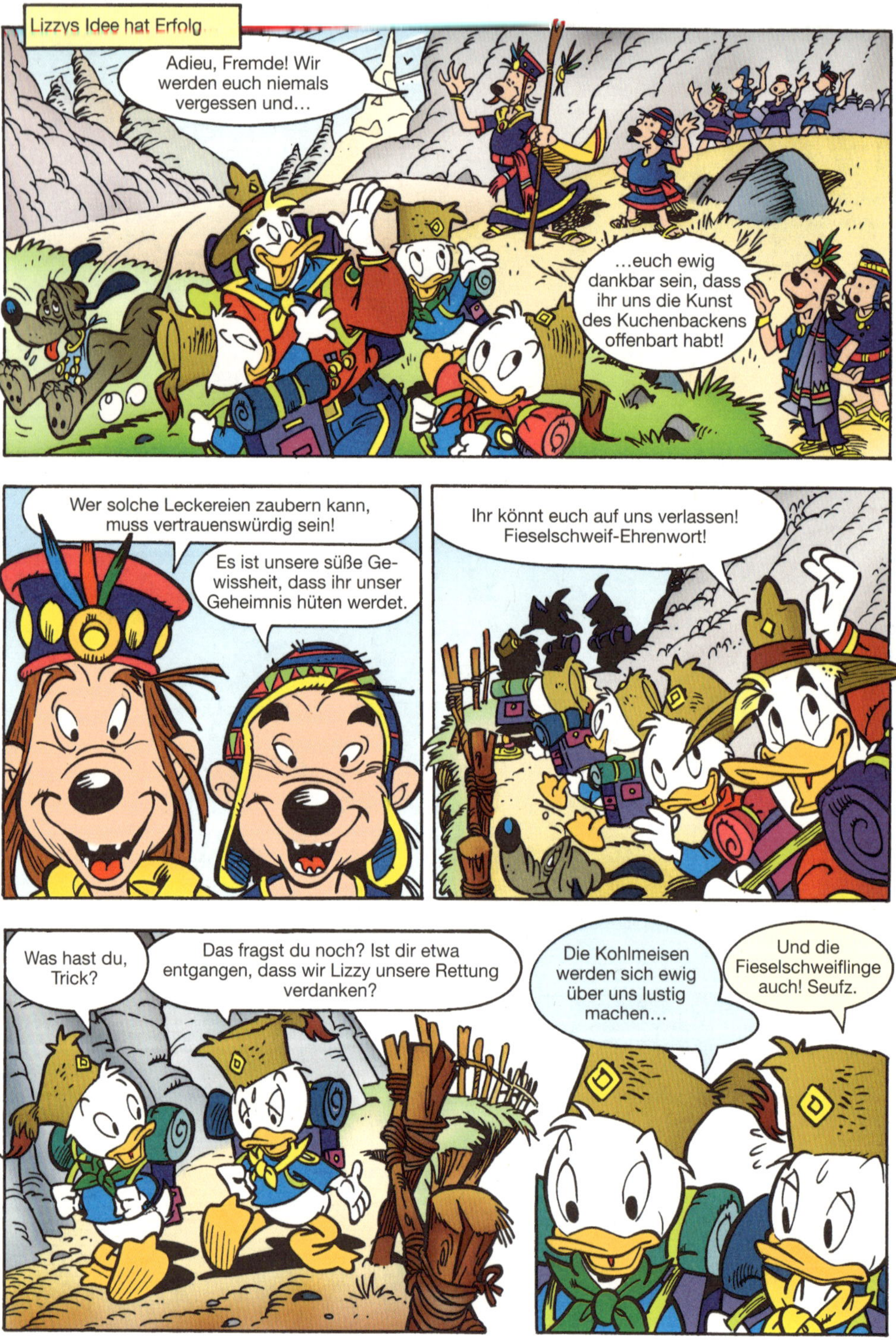
Lizzys Idee hat Erfolg
Adieu, Fremde! Wir werden euch niemals vergessen und…
…euch ewig dankbar sein, dass ihr uns die Kunst des Kuchenbackens offenbart habt!
Wer solche Leckereien zaubern kann, muss vertrauenswürdig sein!
Es ist unsere süße Gewissheit, dass ihr unser Geheimnis hüten werdet.
Ihr könnt euch auf uns verlassen! Fieselschweif-Ehrenwort!
Was hast du, Trick?
Das fragst du noch? Ist dir etwa entgangen, dass wir Lizzy unsere Rettung verdanken?
Die Kohlmeisen werden sich ewig über uns lustig machen…
Und die Fieselschweiflinge auch! Seufz.

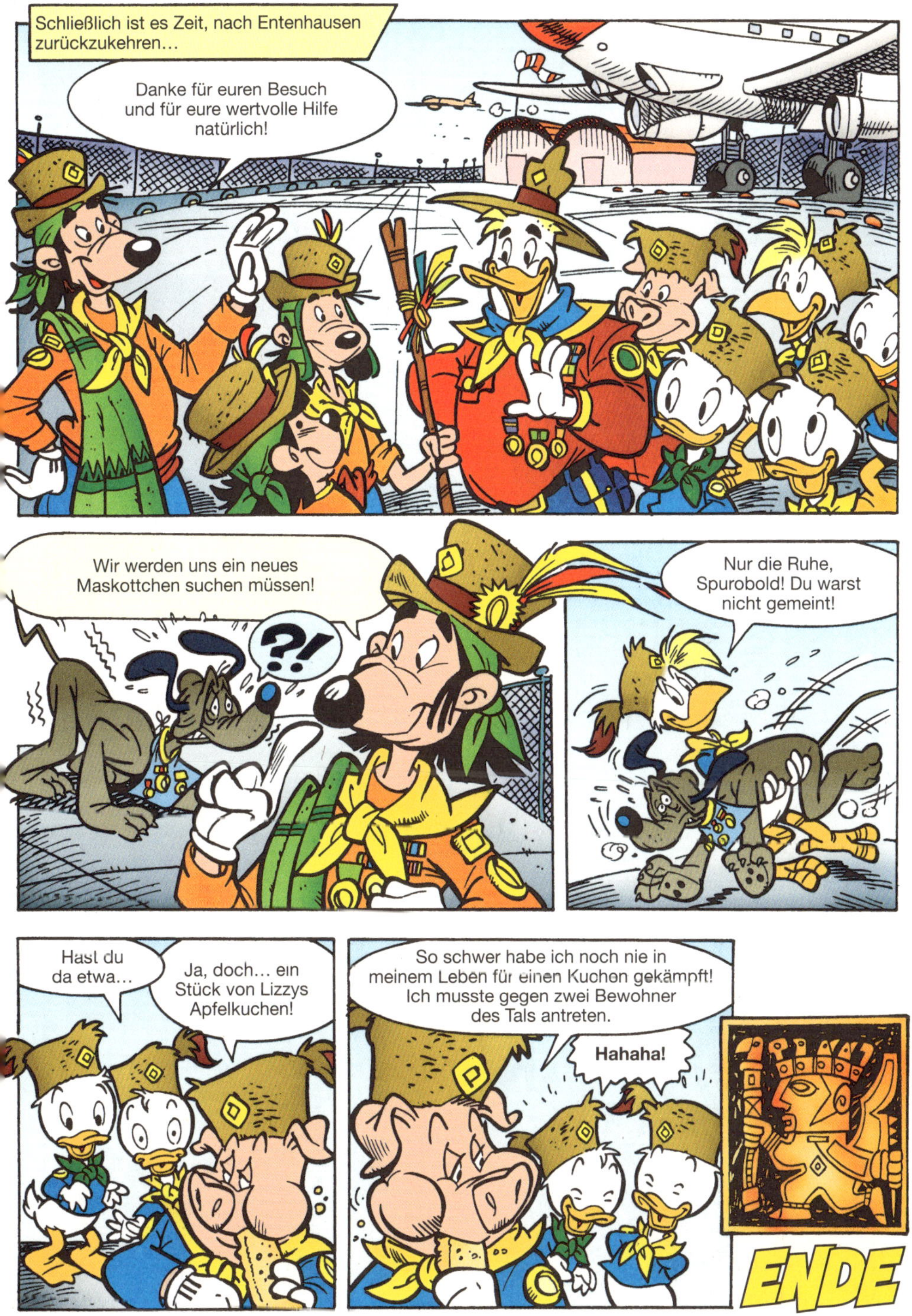
Schließlich ist es Zeit, nach Entenhausen zurückzukehren…
Danke für euren Besuch und für eure wertvolle Hilfe natürlich!
Wir werden uns ein neues Maskottchen suchen müssen!
?!
Nur die Ruhe, Spurobold! Du warst nicht gemeint!
Hast du da etwa…
Ja, doch… ein Stück von Lizzys Apfelkuchen!
So schwer habe ich noch nie in meinem Leben für einen Kuchen gekämpft! Ich musste gegen zwei Bewohner des Tals antreten.
Hahaha!
ENDE

Die unsichtbare Pyramide

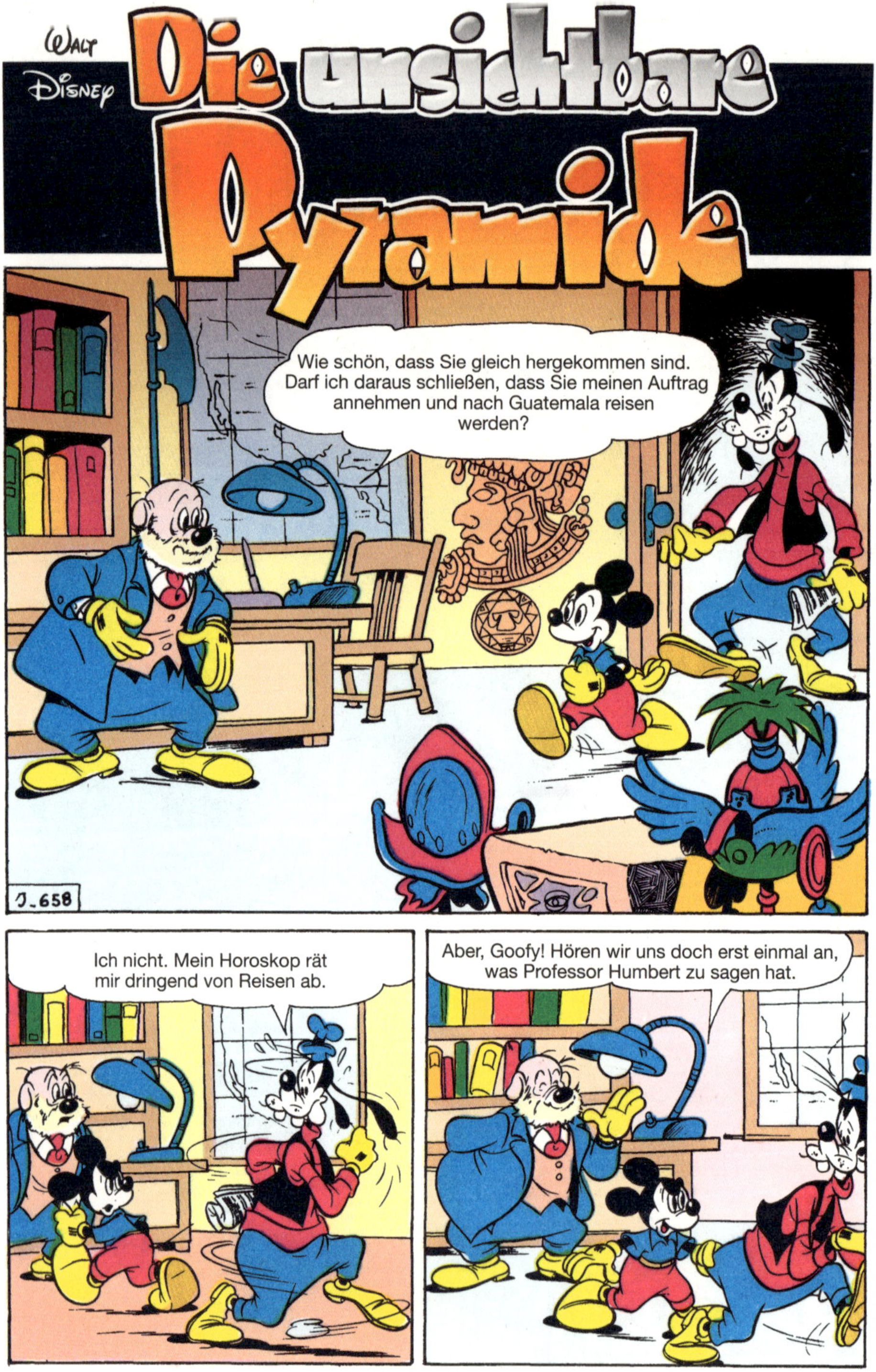

Abramo & **Giampaolo Barosso** (Story), **Sergio Asteriti** (Zeichnungen)

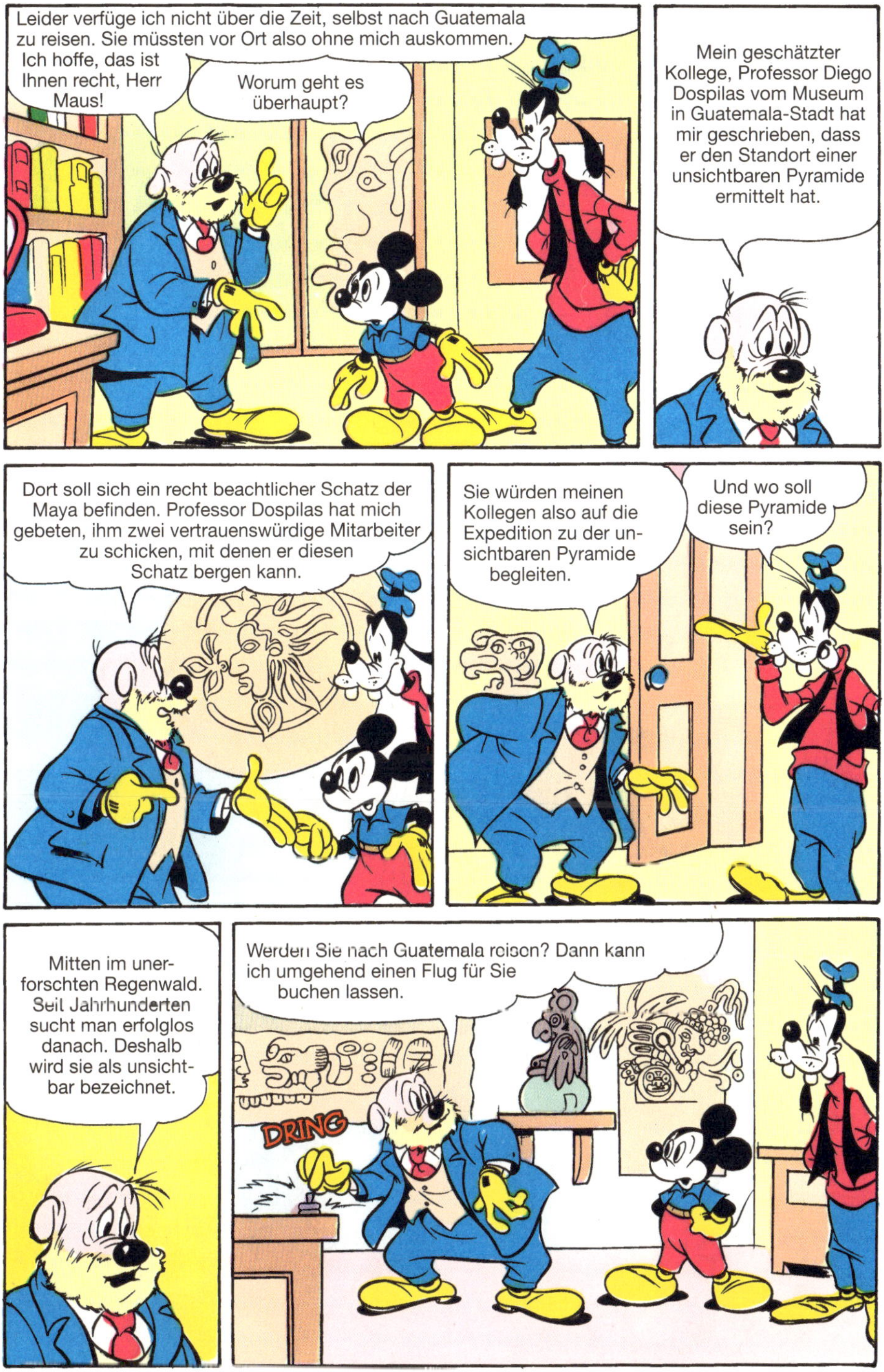
Leider verfüge ich nicht über die Zeit, selbst nach Guatemala zu reisen. Sie müssten vor Ort also ohne mich auskommen.
Ich hoffe, das ist Ihnen recht, Herr Maus!
Worum geht es überhaupt?
Mein geschätzter Kollege, Professor Diego Dospilas vom Museum in Guatemala-Stadt hat mir geschrieben, dass er den Standort einer unsichtbaren Pyramide ermittelt hat.
Dort soll sich ein recht beachtlicher Schatz der Maya befinden. Professor Dospilas hat mich gebeten, ihm zwei vertrauenswürdige Mitarbeiter zu schicken, mit denen er diesen Schatz bergen kann.
Sie würden meinen Kollegen also auf die Expedition zu der unsichtbaren Pyramide begleiten.
Und wo soll diese Pyramide sein?
Mitten im unerforschten Regenwald. Seit Jahrhunderten sucht man erfolglos danach. Deshalb wird sie als unsichtbar bezeichnet.
Werden Sie nach Guatemala reisen? Dann kann ich umgehend einen Flug für Sie buchen lassen.
DRING

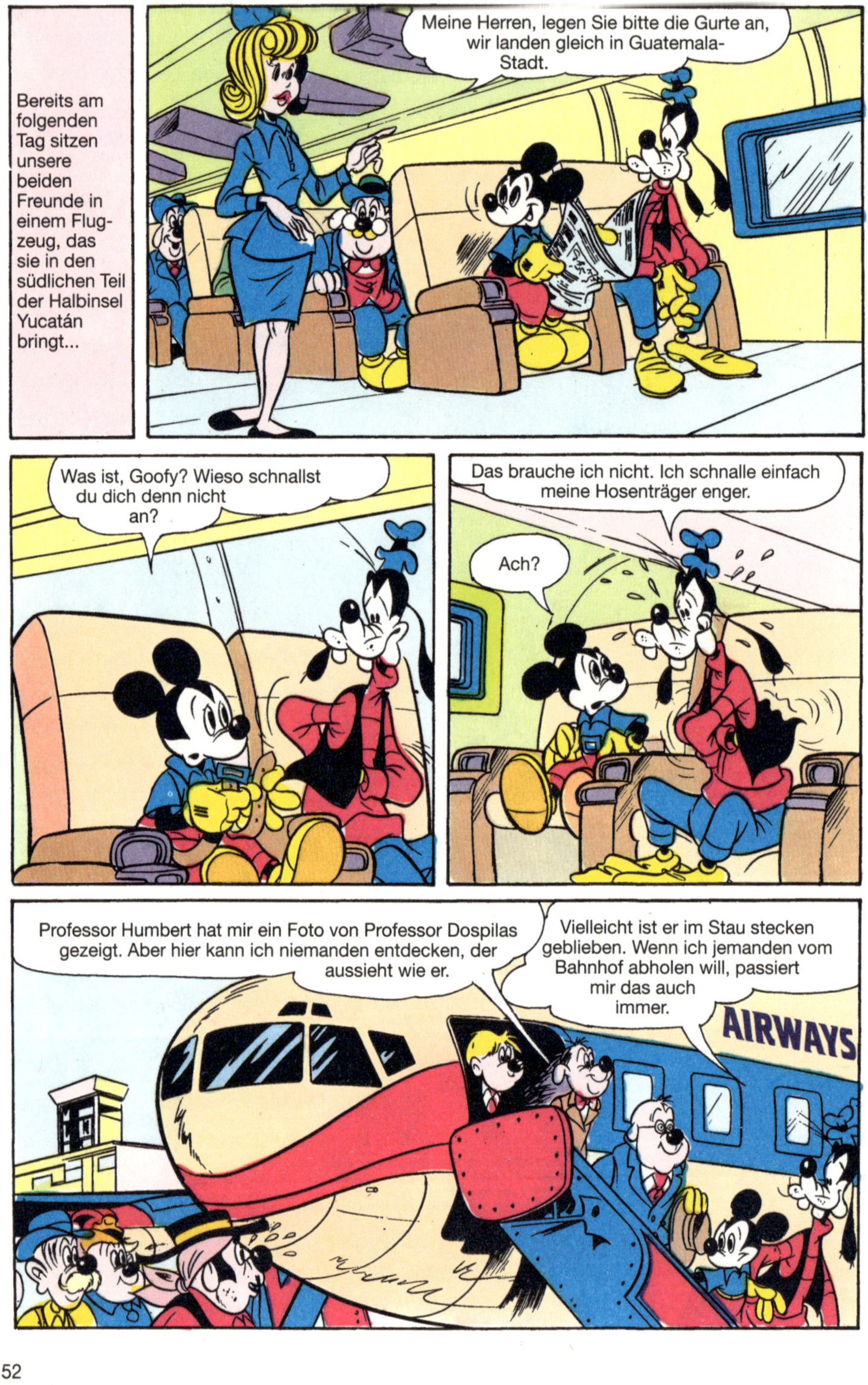
Bereits am folgenden Tag sitzen unsere beiden Freunde in einem Flugzeug, das sie in den südlichen Teil der Halbinsel Yucatán bringt...
Meine Herren, legen Sie bitte die Gurte an, wir landen gleich in Guatemala-Stadt.
Was ist, Goofy? Wieso schnallst du dich denn nicht an?
Das brauche ich nicht. Ich schnalle einfach meine Hosenträger enger.
Ach?
Professor Humbert hat mir ein Foto von Professor Dospilas gezeigt. Aber hier kann ich niemanden entdecken, der aussieht wie er.
Vielleicht ist er im Stau stecken geblieben. Wenn ich jemanden vom Bahnhof abholen will, passiert mir das auch immer.
AIRWAYS

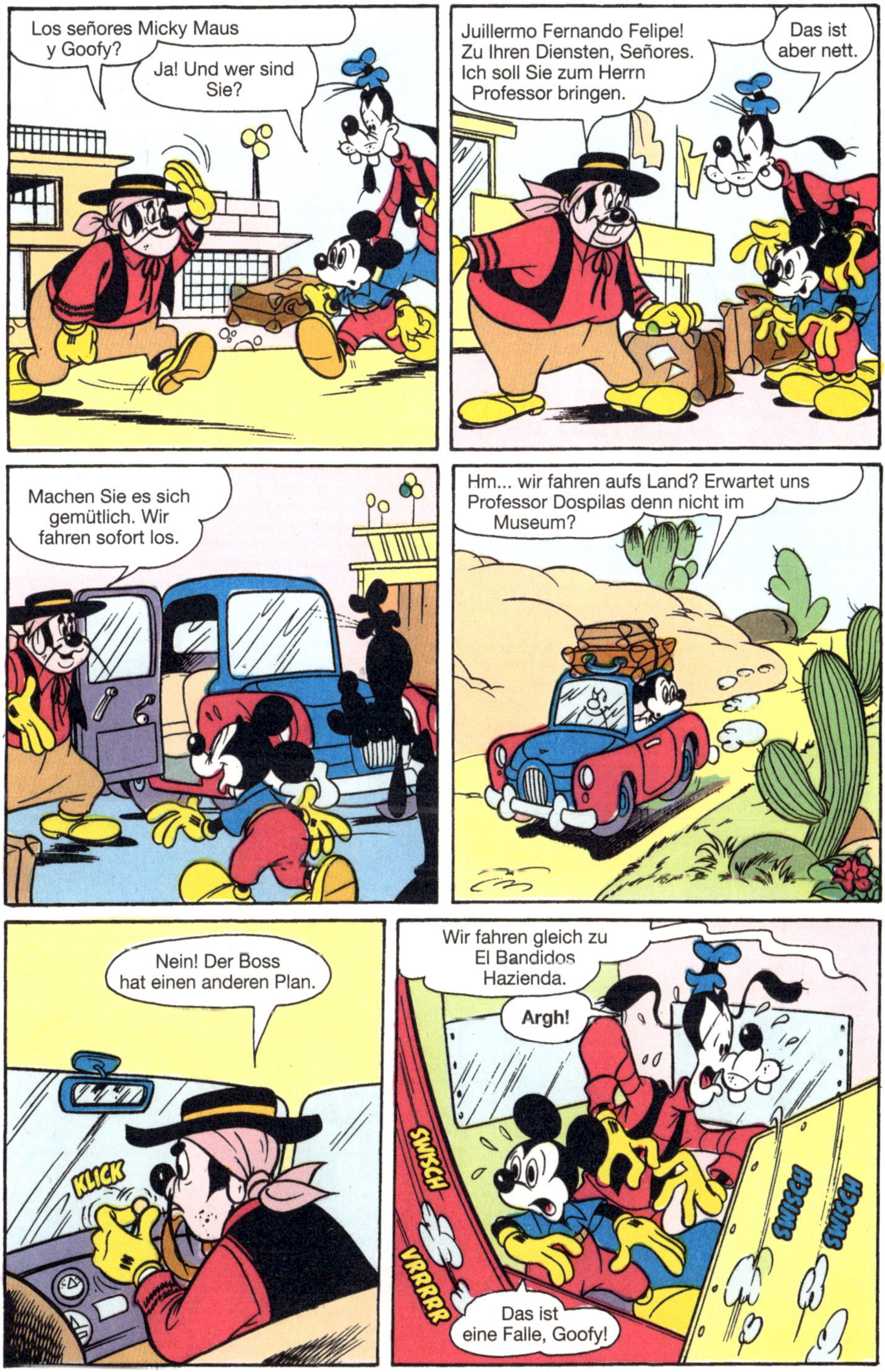

Los señores Micky Maus y Goofy?
Ja! Und wer sind Sie?
Juillermo Fernando Felipe! Zu Ihren Diensten, Señores. Ich soll Sie zum Herrn Professor bringen.
Das ist aber nett.
Machen Sie es sich gemütlich. Wir fahren sofort los.
Hm... wir fahren aufs Land? Erwartet uns Professor Dospilas denn nicht im Museum?
Nein! Der Boss hat einen anderen Plan.
KLICK
Wir fahren gleich zu El Bandidos Hazienda.
Argh!
SWISCH
VRRRRR
Das ist eine Falle, Goofy!
SWISCH
SWISCH

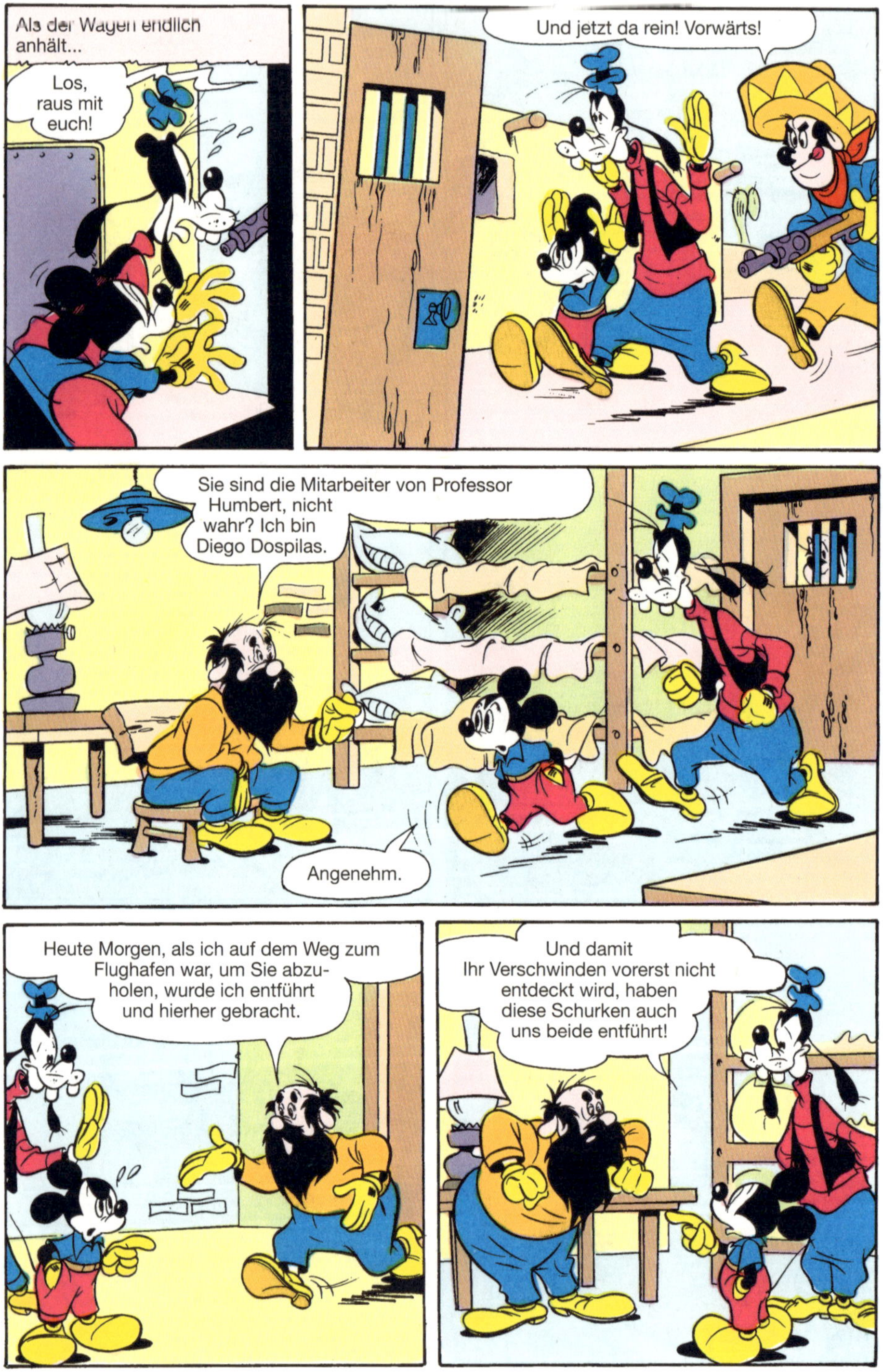

Als der Wagen endlich anhält...
Los, raus mit euch!
Und jetzt da rein! Vorwärts!
Sie sind die Mitarbeiter von Professor Humbert, nicht wahr? Ich bin Diego Dospilas.
Angenehm.
Heute Morgen, als ich auf dem Weg zum Flughafen war, um Sie abzuholen, wurde ich entführt und hierher gebracht.
Und damit Ihr Verschwinden vorerst nicht entdeckt wird, haben diese Schurken auch uns beide entführt!

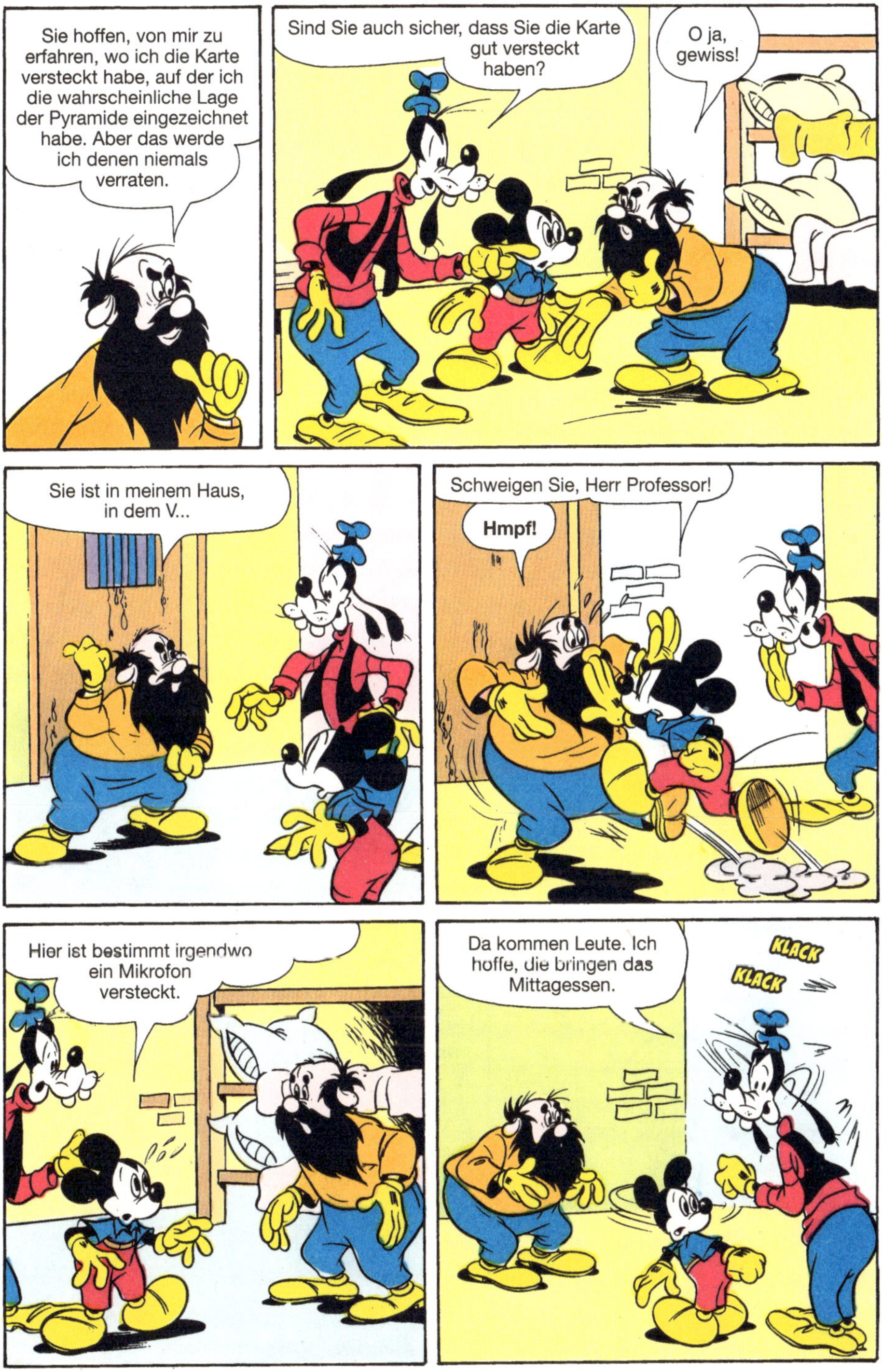

Sie hoffen, von mir zu erfahren, wo ich die Karte versteckt habe, auf der ich die wahrscheinliche Lage der Pyramide eingezeichnet habe. Aber das werde ich denen niemals verraten.
Sind Sie auch sicher, dass Sie die Karte gut versteckt haben?
O ja, gewiss!
Sie ist in meinem Haus, in dem V...
Schweigen Sie, Herr Professor!
Hmpf!
Hier ist bestimmt irgendwo ein Mikrofon versteckt.
Da kommen Leute. Ich hoffe, die bringen das Mittagessen.
KLACK
KLACK

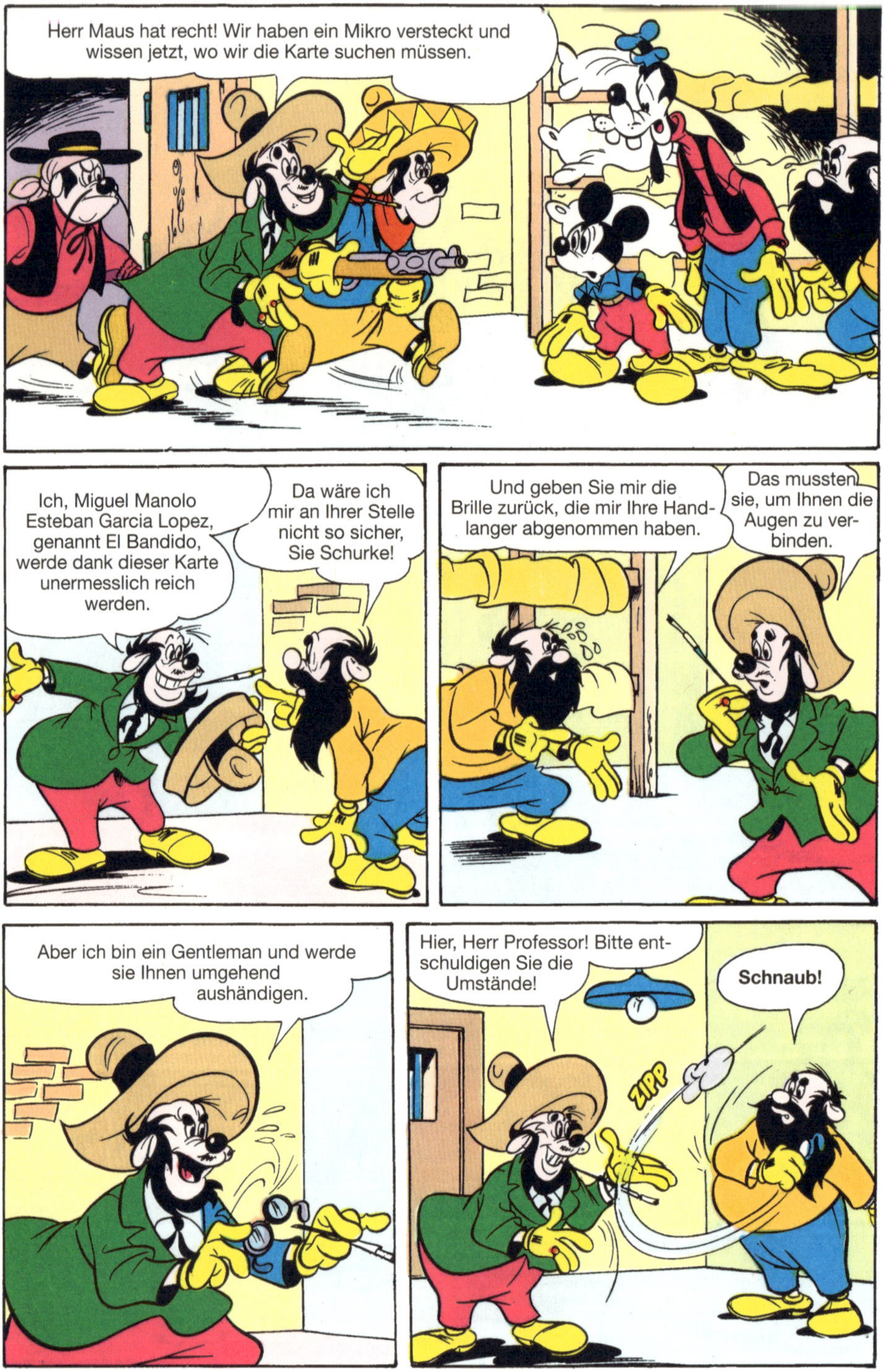
Herr Maus hat recht! Wir haben ein Mikro versteckt und wissen jetzt, wo wir die Karte suchen müssen.
Ich, Miguel Manolo Esteban Garcia Lopez, genannt El Bandido, werde dank dieser Karte unermesslich reich werden.
Da wäre ich mir an Ihrer Stelle nicht so sicher, Sie Schurke!
Und geben Sie mir die Brille zurück, die mir Ihre Handlanger abgenommen haben.
Das mussten sie, um Ihnen die Augen zu verbinden.
Aber ich bin ein Gentleman und werde sie Ihnen umgehend aushändigen.
Hier, Herr Professor! Bitte entschuldigen Sie die Umstände!
ZIPP
Schnaub!

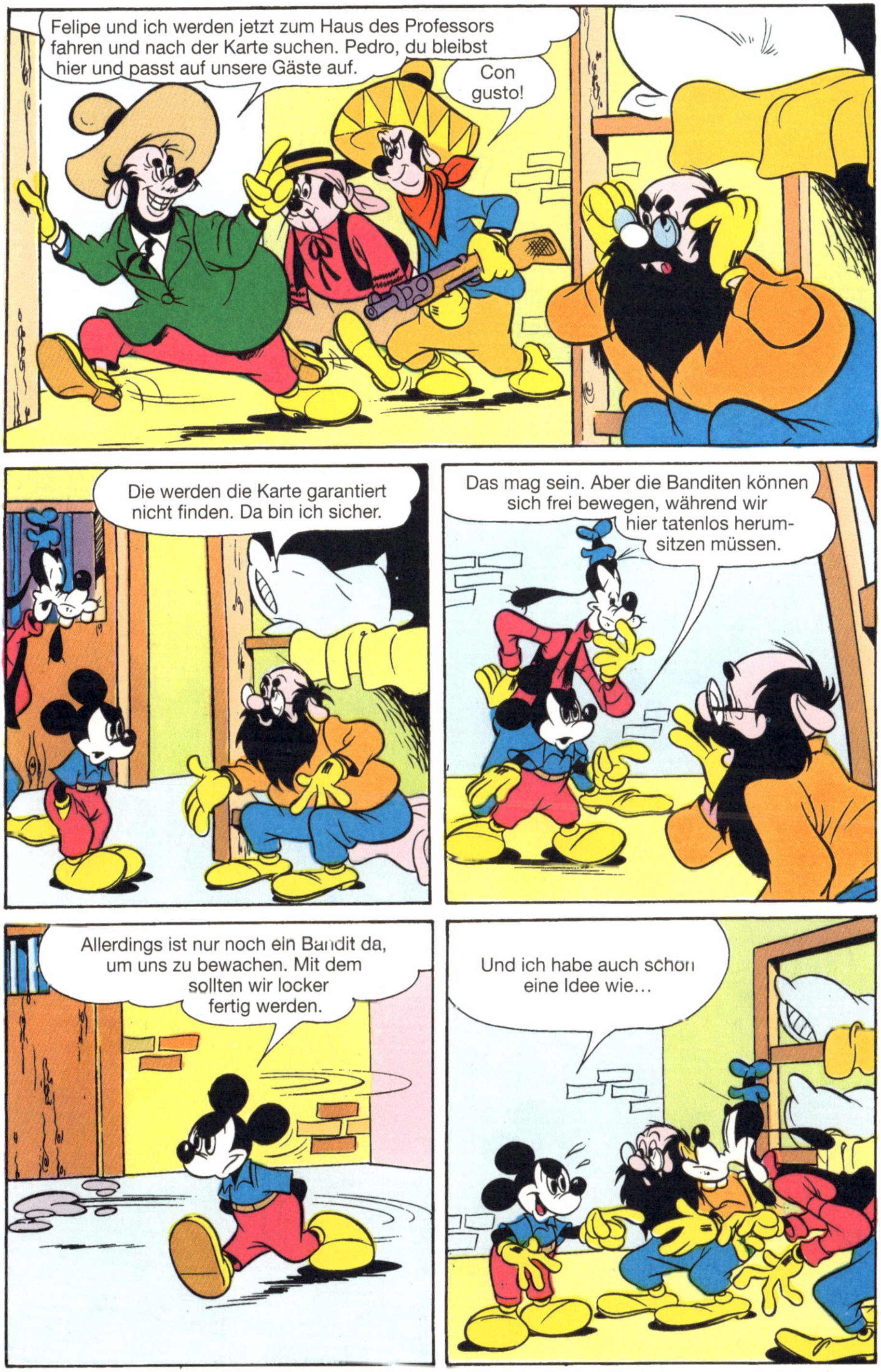
Felipe und ich werden jetzt zum Haus des Professors fahren und nach der Karte suchen. Pedro, du bleibst hier und passt auf unsere Gäste auf.
Con gusto!
Die werden die Karte garantiert nicht finden. Da bin ich sicher.
Das mag sein. Aber die Banditen können sich frei bewegen, während wir hier tatenlos herumsitzen müssen.
Allerdings ist nur noch ein Bandit da, um uns zu bewachen. Mit dem sollten wir locker fertig werden.
Und ich habe auch schon eine Idee wie…

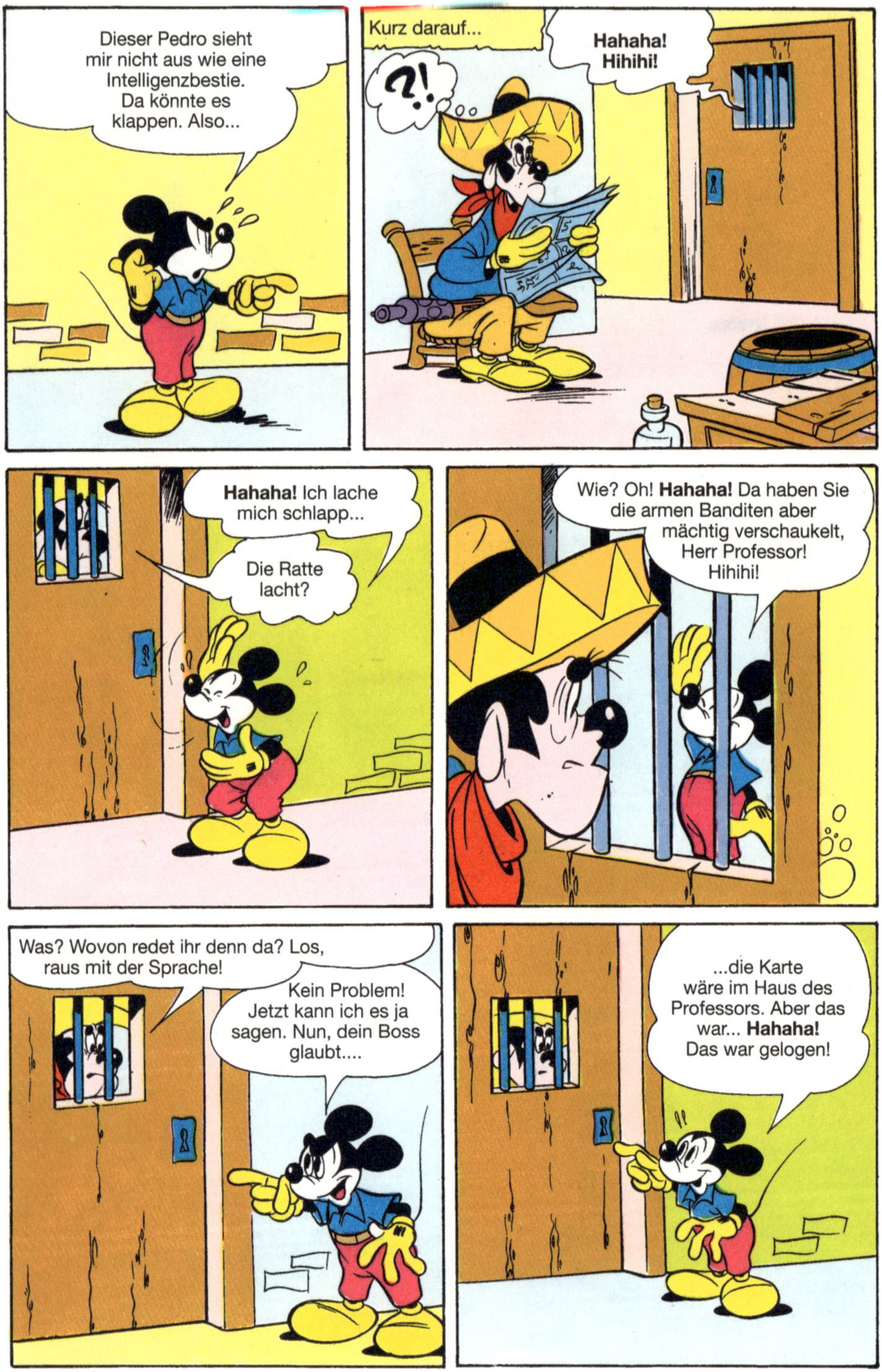

Dieser Pedro sieht mir nicht aus wie eine Intelligenzbestie. Da könnte es klappen. Also...
Kurz darauf...
?!
Hahaha! Hihihi!
Hahaha! Ich lache mich schlapp...
Die Ratte lacht?
Wie? Oh! **Hahaha!** Da haben Sie die armen Banditen aber mächtig verschaukelt, Herr Professor! Hihihi!
Was? Wovon redet ihr denn da? Los, raus mit der Sprache!
Kein Problem! Jetzt kann ich es ja sagen. Nun, dein Boss glaubt....
...die Karte wäre im Haus des Professors. Aber das war... **Hahaha!** Das war gelogen!

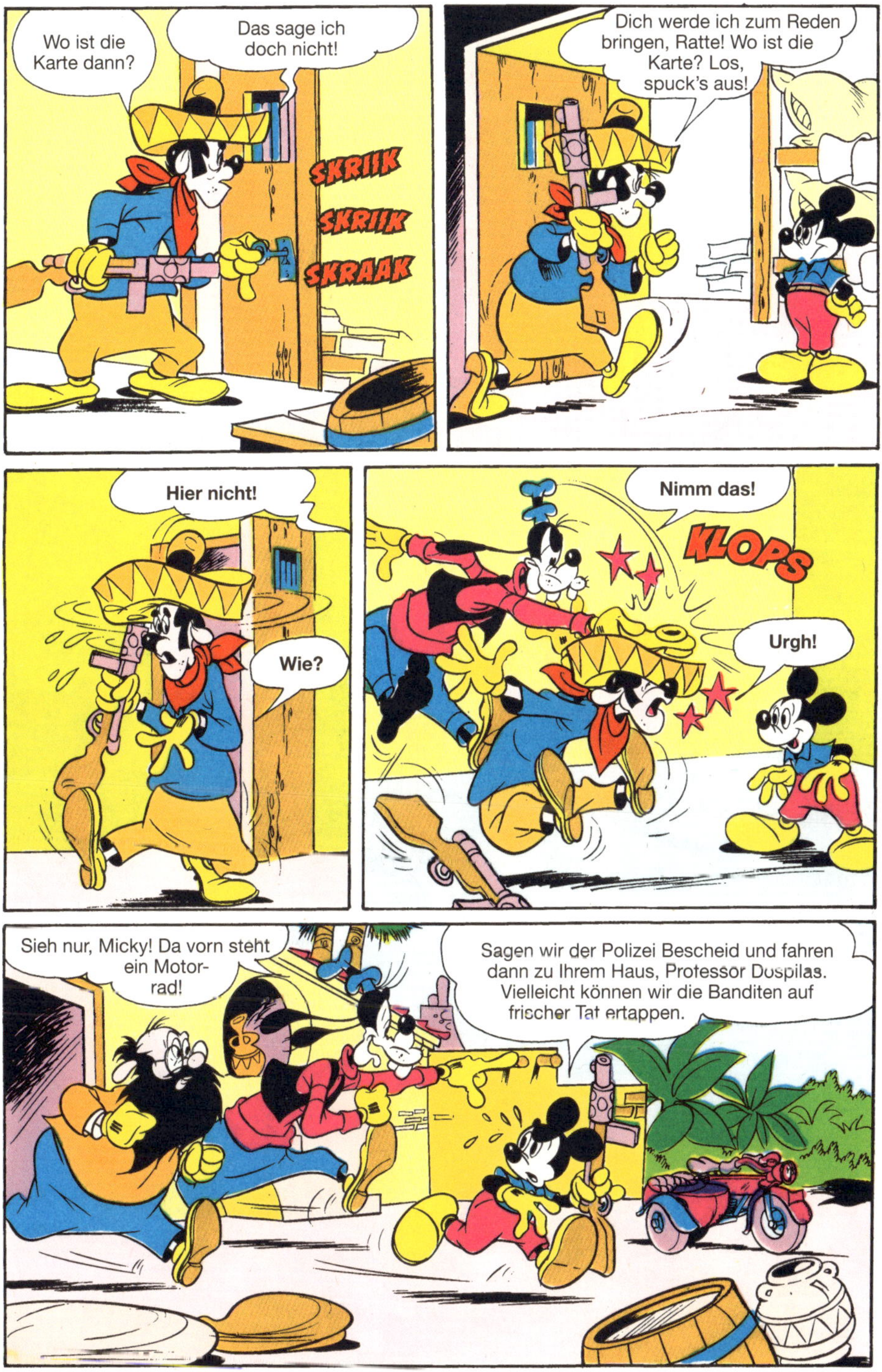
Wo ist die Karte dann?
Das sage ich doch nicht!
SKRIIK
SKRIIK
SKRAAK
Dich werde ich zum Reden bringen, Ratte! Wo ist die Karte? Los, spuck's aus!
Hier nicht!
Wie?
Nimm das!
KLOPS
Urgh!
Sieh nur, Micky! Da vorn steht ein Motorrad!
Sagen wir der Polizei Bescheid und fahren dann zu Ihrem Haus, Professor Dospilas. Vielleicht können wir die Banditen auf frischer Tat ertappen.

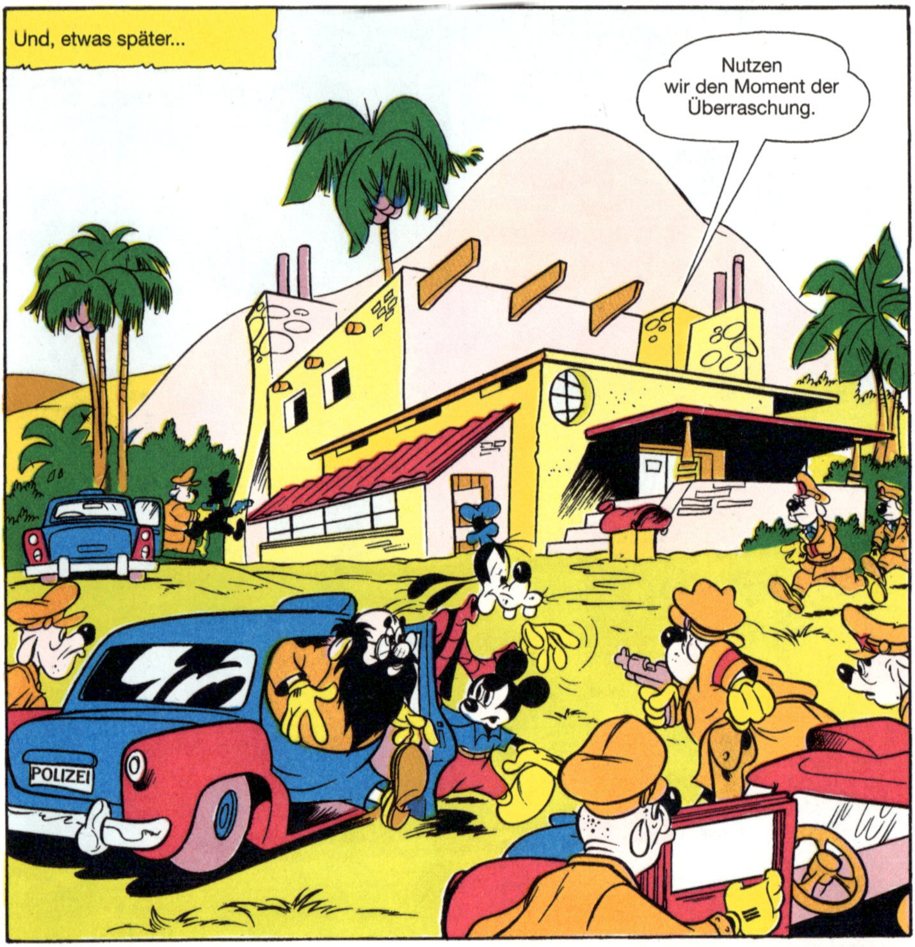
Und, etwas später...
Nutzen wir den Moment der Überraschung.
POLIZEI

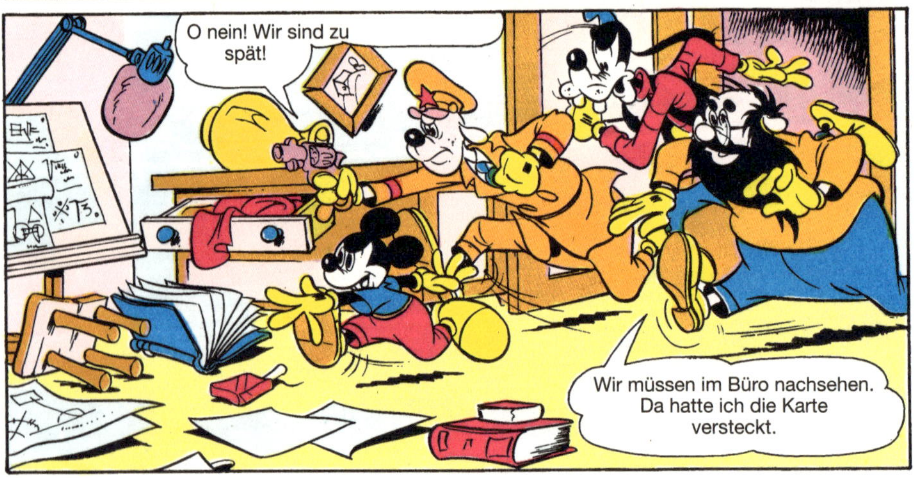
O nein! Wir sind zu spät!
Wir müssen im Büro nachsehen. Da hatte ich die Karte versteckt.

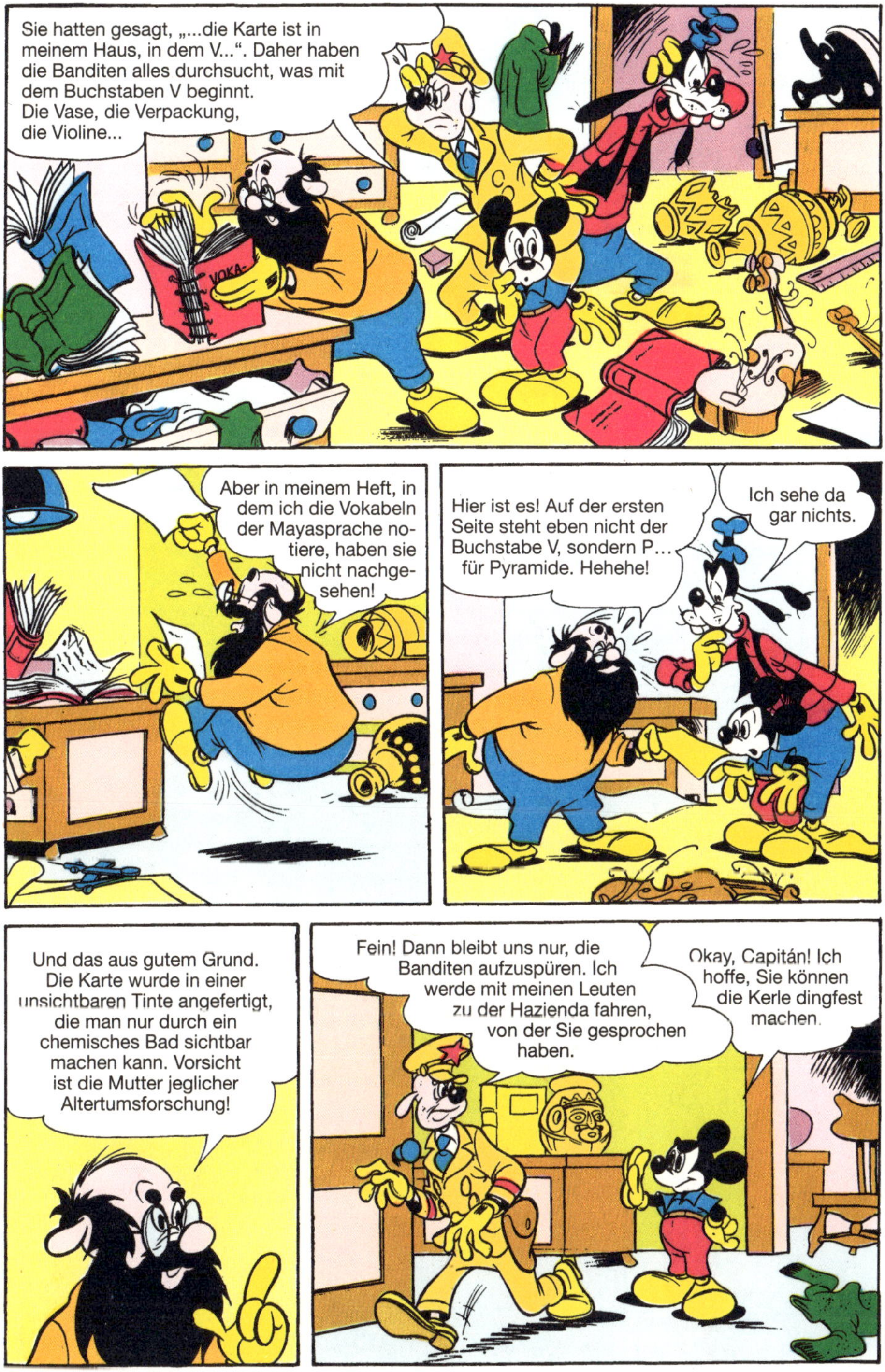

Sie hatten gesagt, „...die Karte ist in meinem Haus, in dem V...“. Daher haben die Banditen alles durchsucht, was mit dem Buchstaben V beginnt. Die Vase, die Verpackung, die Violine...
VOKA-
Aber in meinem Heft, in dem ich die Vokabeln der Mayasprache notiere, haben sie nicht nachgesehen!
Hier ist es! Auf der ersten Seite steht eben nicht der Buchstabe V, sondern P... für Pyramide. Hehehe!
Ich sehe da gar nichts.
Und das aus gutem Grund. Die Karte wurde in einer unsichtbaren Tinte angefertigt, die man nur durch ein chemisches Bad sichtbar machen kann. Vorsicht ist die Mutter jeglicher Altertumsforschung!
Fein! Dann bleibt uns nur, die Banditen aufzuspüren. Ich werde mit meinen Leuten zu der Hazienda fahren, von der Sie gesprochen haben.
Okay, Capitán! Ich hoffe, Sie können die Kerle dingfest machen.

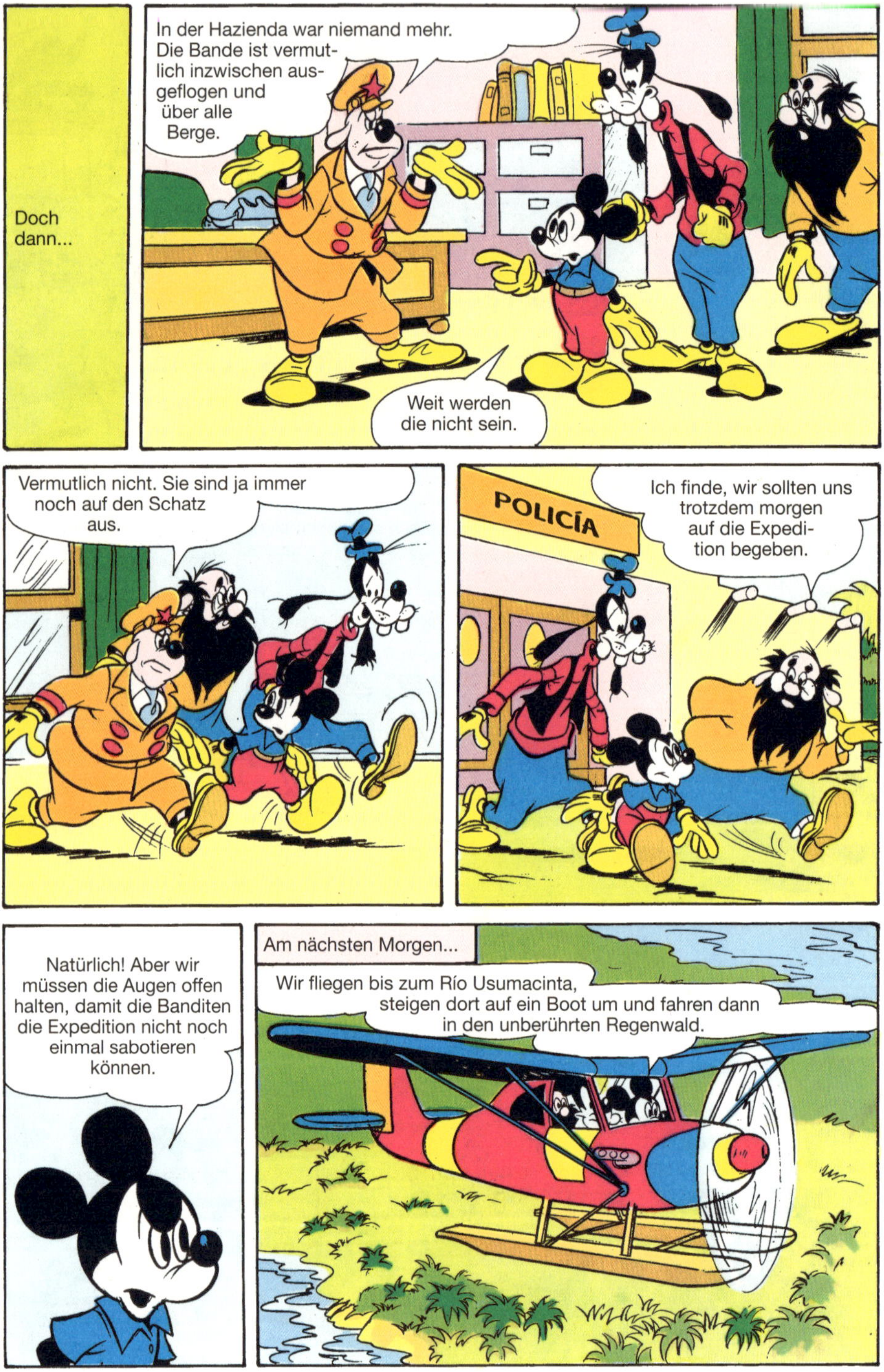
Doch dann...
In der Hazienda war niemand mehr. Die Bande ist vermutlich inzwischen ausgeflogen und über alle Berge.
Weit werden die nicht sein.
Vermutlich nicht. Sie sind ja immer noch auf den Schatz aus.
POLICÍA
Ich finde, wir sollten uns trotzdem morgen auf die Expedition begeben.
Natürlich! Aber wir müssen die Augen offen halten, damit die Banditen die Expedition nicht noch einmal sabotieren können.
Am nächsten Morgen...
Wir fliegen bis zum Río Usumacinta, steigen dort auf ein Boot um und fahren dann in den unberührten Regenwald.

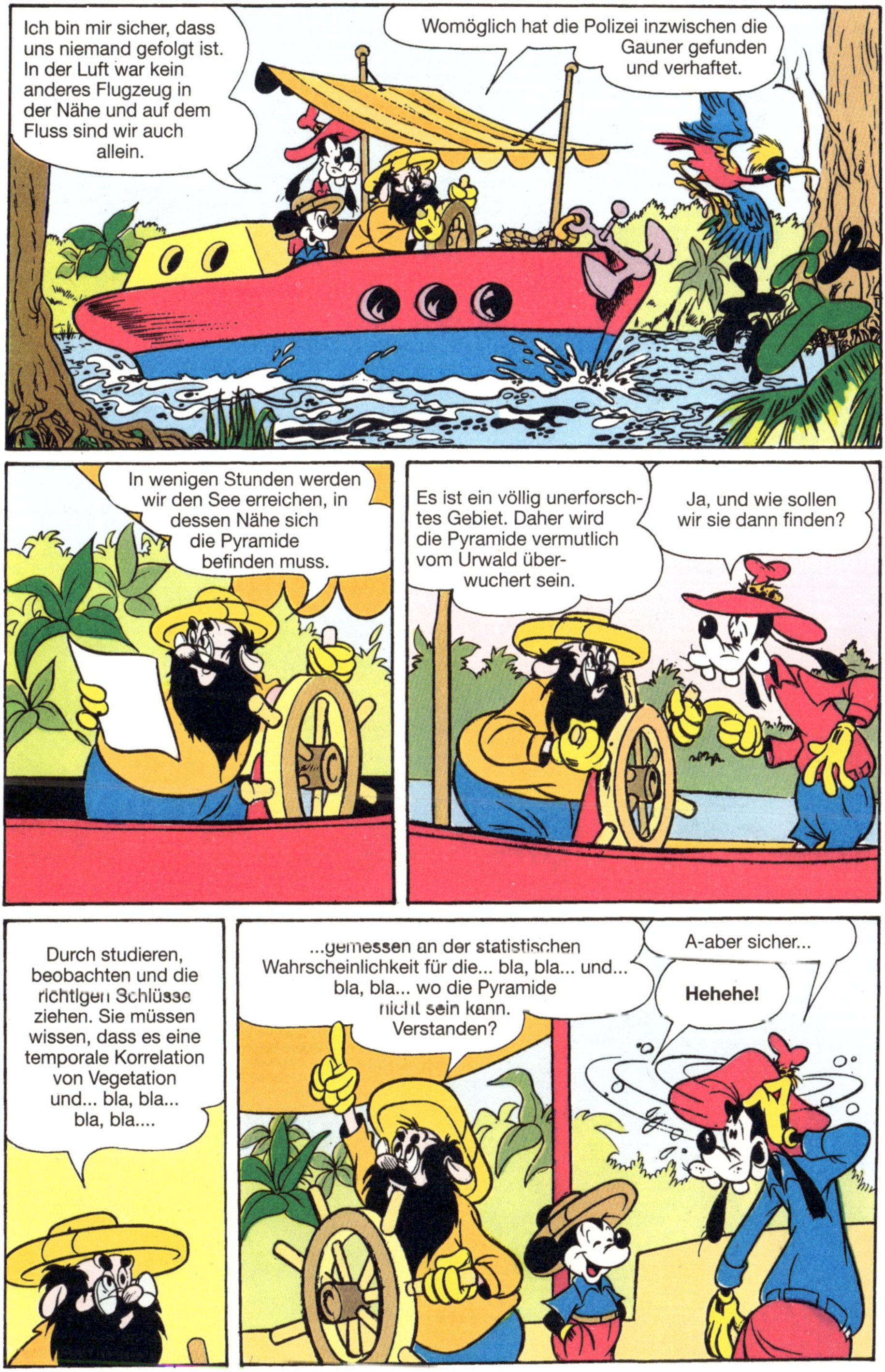
Ich bin mir sicher, dass uns niemand gefolgt ist. In der Luft war kein anderes Flugzeug in der Nähe und auf dem Fluss sind wir auch allein.
Womöglich hat die Polizei inzwischen die Gauner gefunden und verhaftet.
In wenigen Stunden werden wir den See erreichen, in dessen Nähe sich die Pyramide befinden muss.
Es ist ein völlig unerforschtes Gebiet. Daher wird die Pyramide vermutlich vom Urwald überwuchert sein.
Ja, und wie sollen wir sie dann finden?
Durch studieren, beobachten und die richtigen Schlüsse ziehen. Sie müssen wissen, dass es eine temporale Korrelation von Vegetation und... bla, bla... bla, bla....
...gemessen an der statistischen Wahrscheinlichkeit für die... bla, bla... und... bla, bla... wo die Pyramide nicht sein kann. Verstanden?
A-aber sicher...
Hehehe!

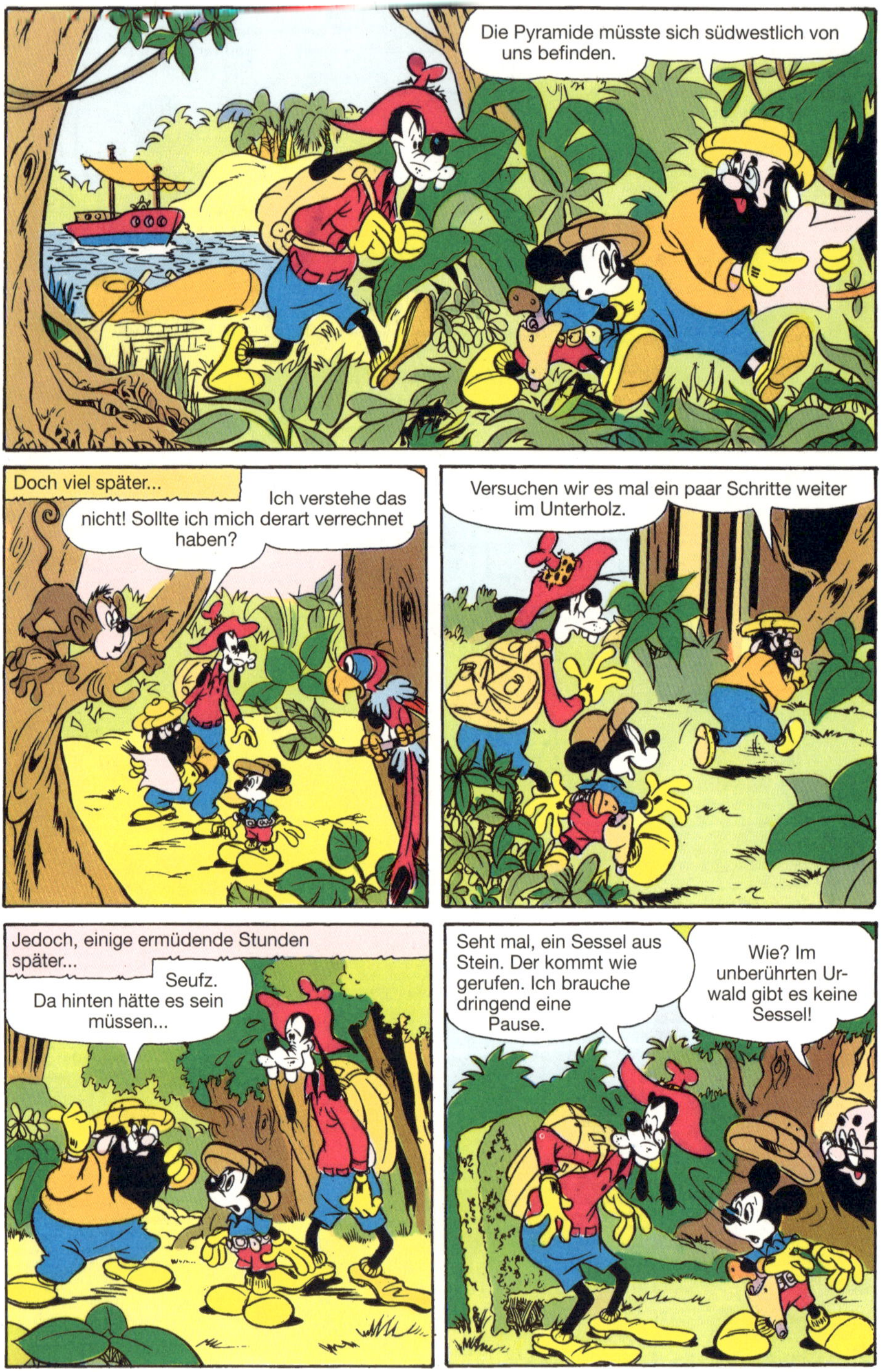
Die Pyramide müsste sich südwestlich von uns befinden.
Doch viel später...
Ich verstehe das nicht! Sollte ich mich derart verrechnet haben?
Versuchen wir es mal ein paar Schritte weiter im Unterholz.
Jedoch, einige ermüdende Stunden später...
Seufz. Da hinten hätte es sein müssen...
Seht mal, ein Sessel aus Stein. Der kommt wie gerufen. Ich brauche dringend eine Pause.
Wie? Im unberührten Urwald gibt es keine Sessel!

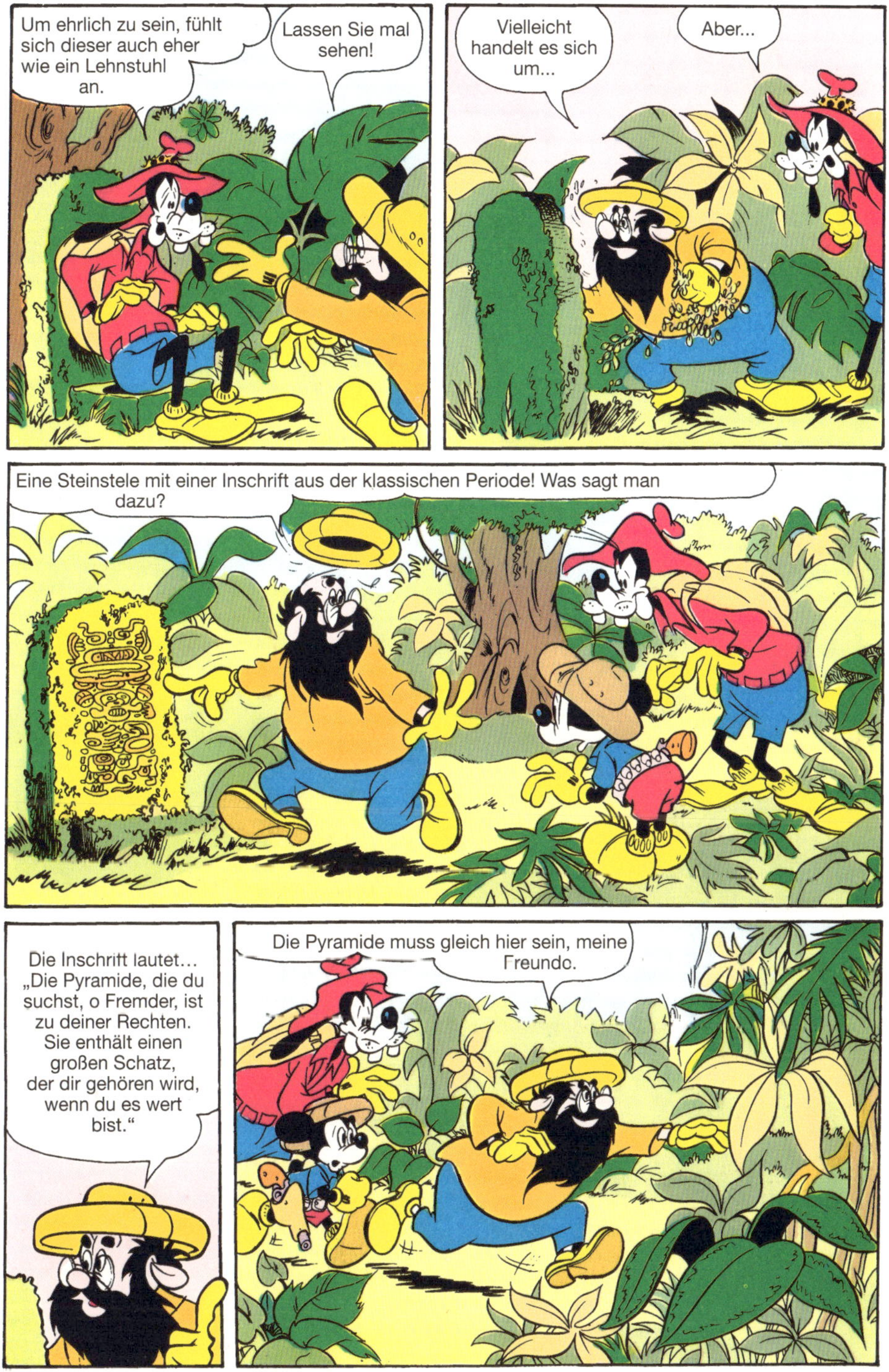
Um ehrlich zu sein, fühlt sich dieser auch eher wie ein Lehnstuhl an.
Lassen Sie mal sehen!
Vielleicht handelt es sich um...
Aber...
Eine Steinstele mit einer Inschrift aus der klassischen Periode! Was sagt man dazu?
Die Inschrift lautet... „Die Pyramide, die du suchst, o Fremder, ist zu deiner Rechten. Sie enthält einen großen Schatz, der dir gehören wird, wenn du es wert bist."
Die Pyramide muss gleich hier sein, meine Freunde.

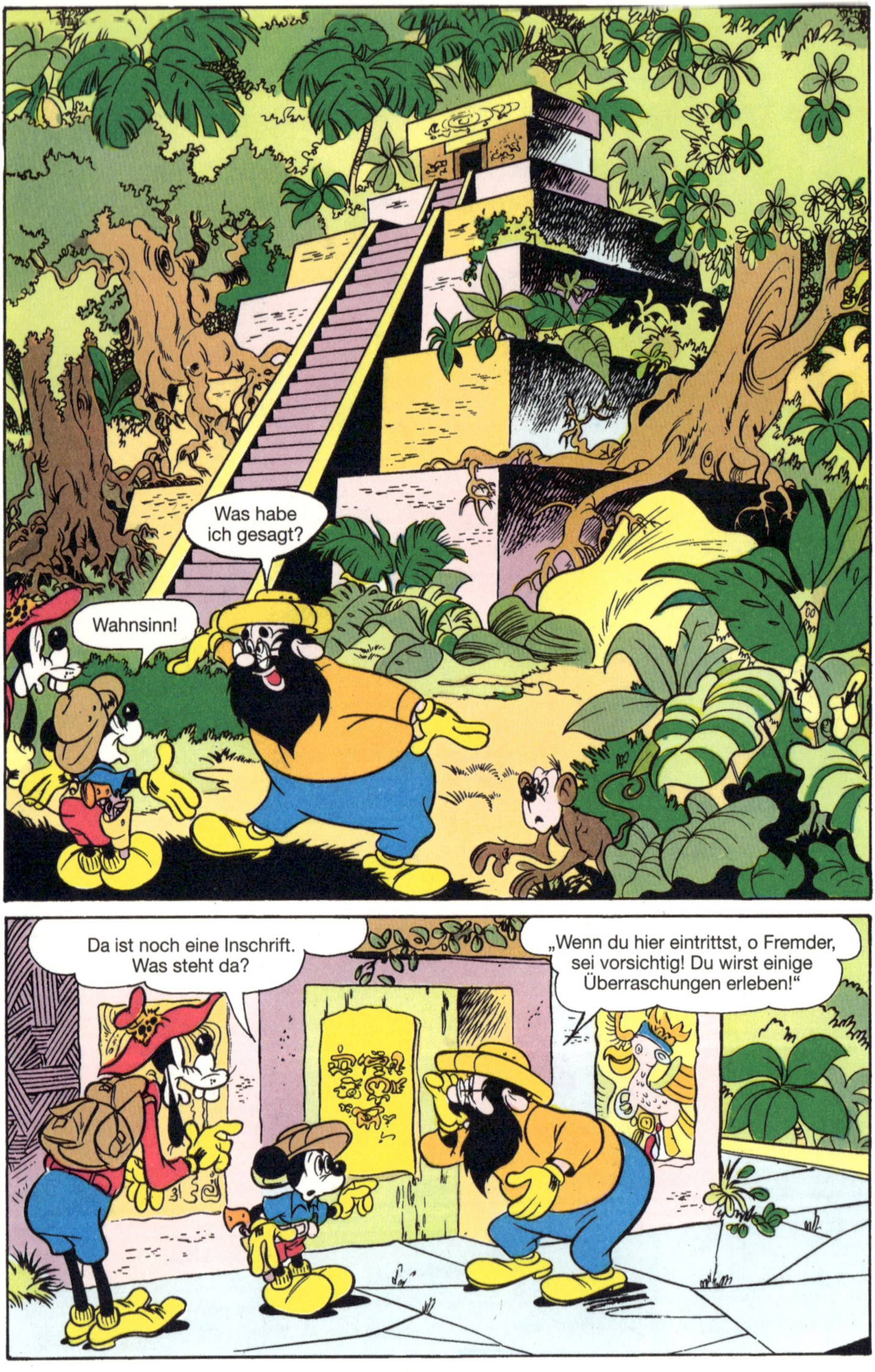

Was habe ich gesagt?
Wahnsinn!
Da ist noch eine Inschrift. Was steht da?
„Wenn du hier eintrittst, o Fremder, sei vorsichtig! Du wirst einige Überraschungen erleben!“

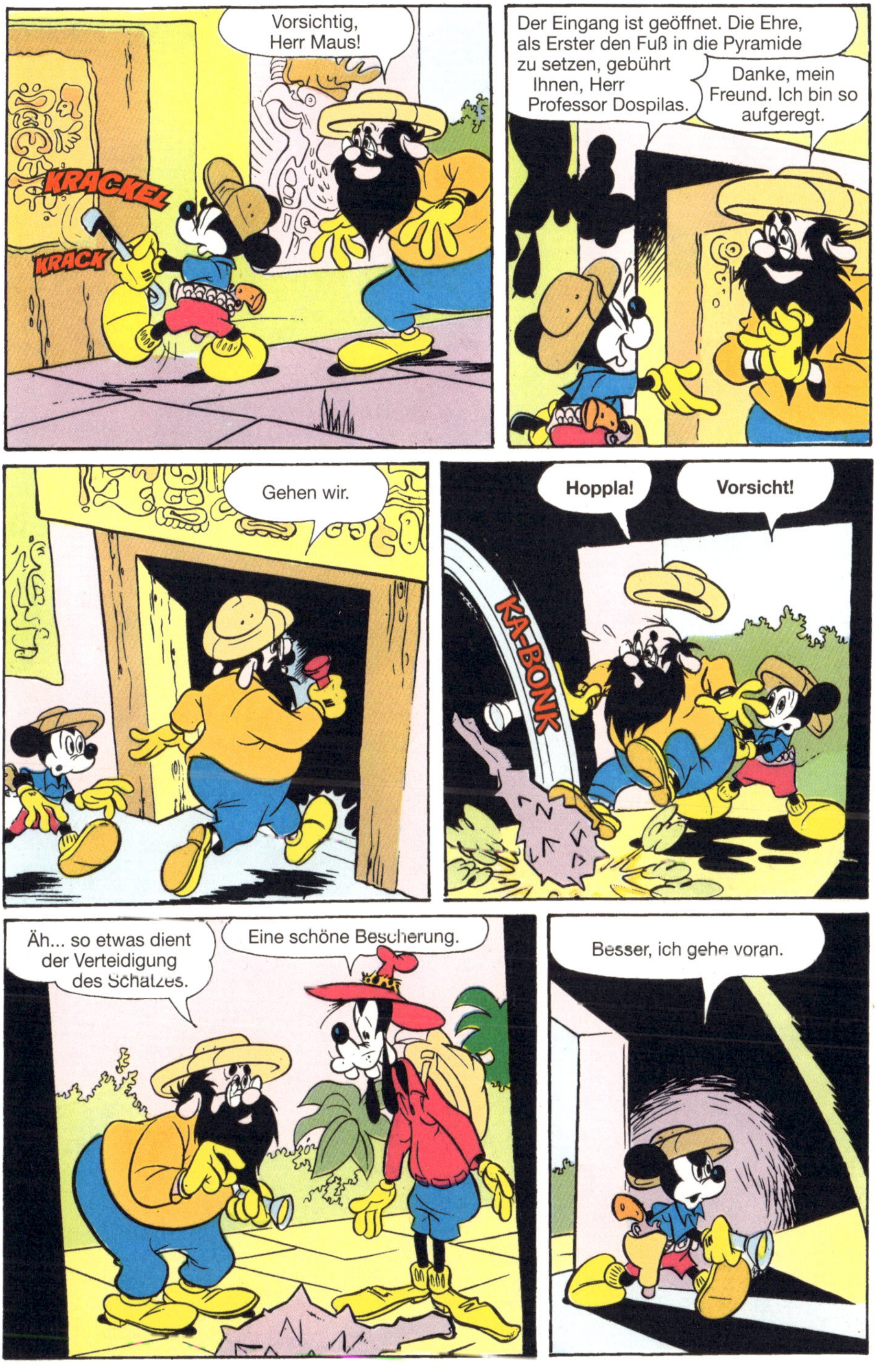
Vorsichtig, Herr Maus!
KRACKEL
KRACK
Der Eingang ist geöffnet. Die Ehre, als Erster den Fuß in die Pyramide zu setzen, gebührt Ihnen, Herr Professor Dospilas.
Danke, mein Freund. Ich bin so aufgeregt.
Gehen wir.
Hoppla!
Vorsicht!
KA-BONK
Äh... so etwas dient der Verteidigung des Schatzes.
Eine schöne Bescherung.
Besser, ich gehe voran.

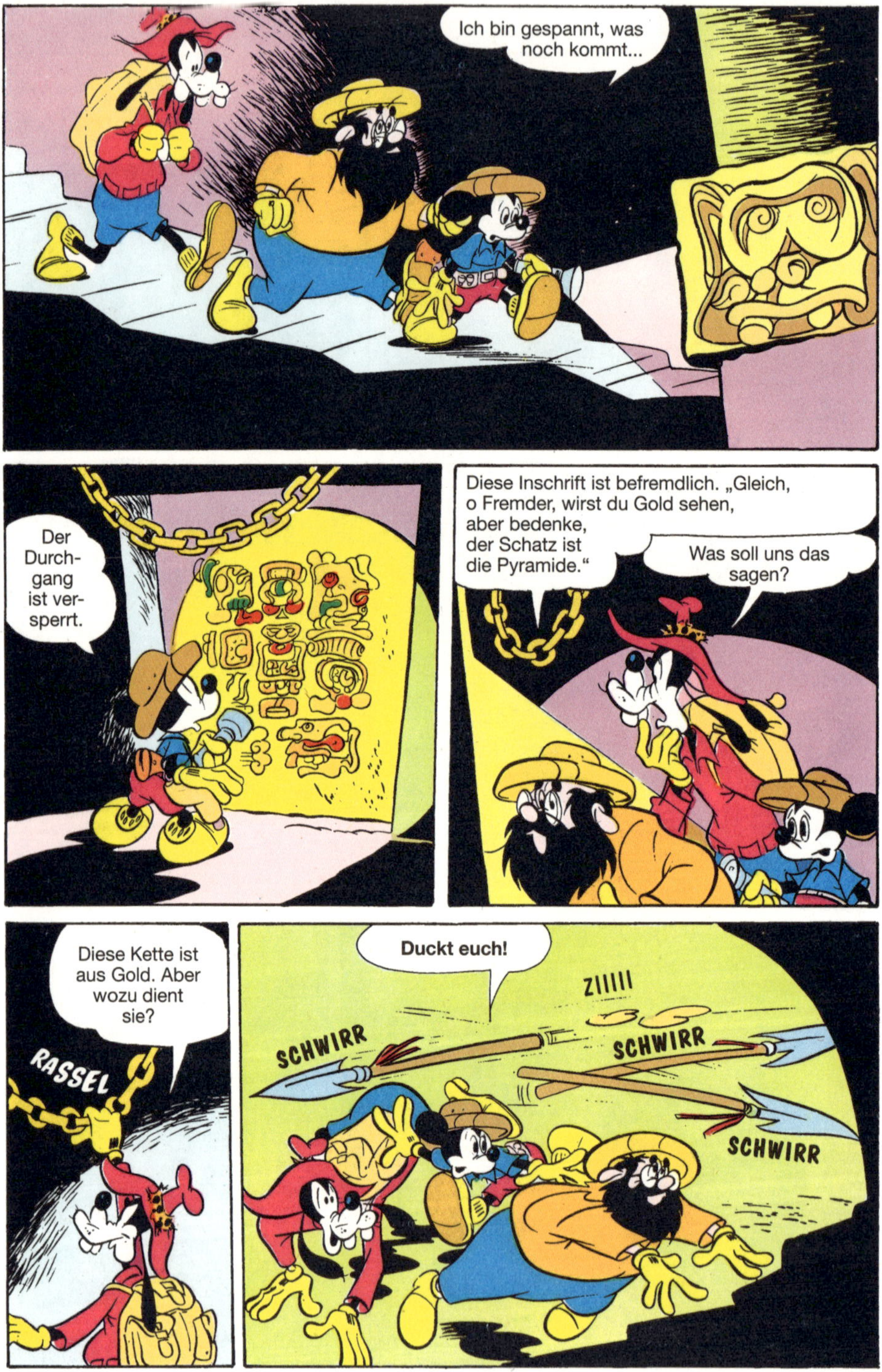
Ich bin gespannt, was noch kommt...
Der Durchgang ist versperrt.
Diese Inschrift ist befremdlich. „Gleich, o Fremder, wirst du Gold sehen, aber bedenke, der Schatz ist die Pyramide."
Was soll uns das sagen?
RASSEL
Diese Kette ist aus Gold. Aber wozu dient sie?
Duckt euch!
ZIIIII
SCHWIRR
SCHWIRR
SCHWIRR

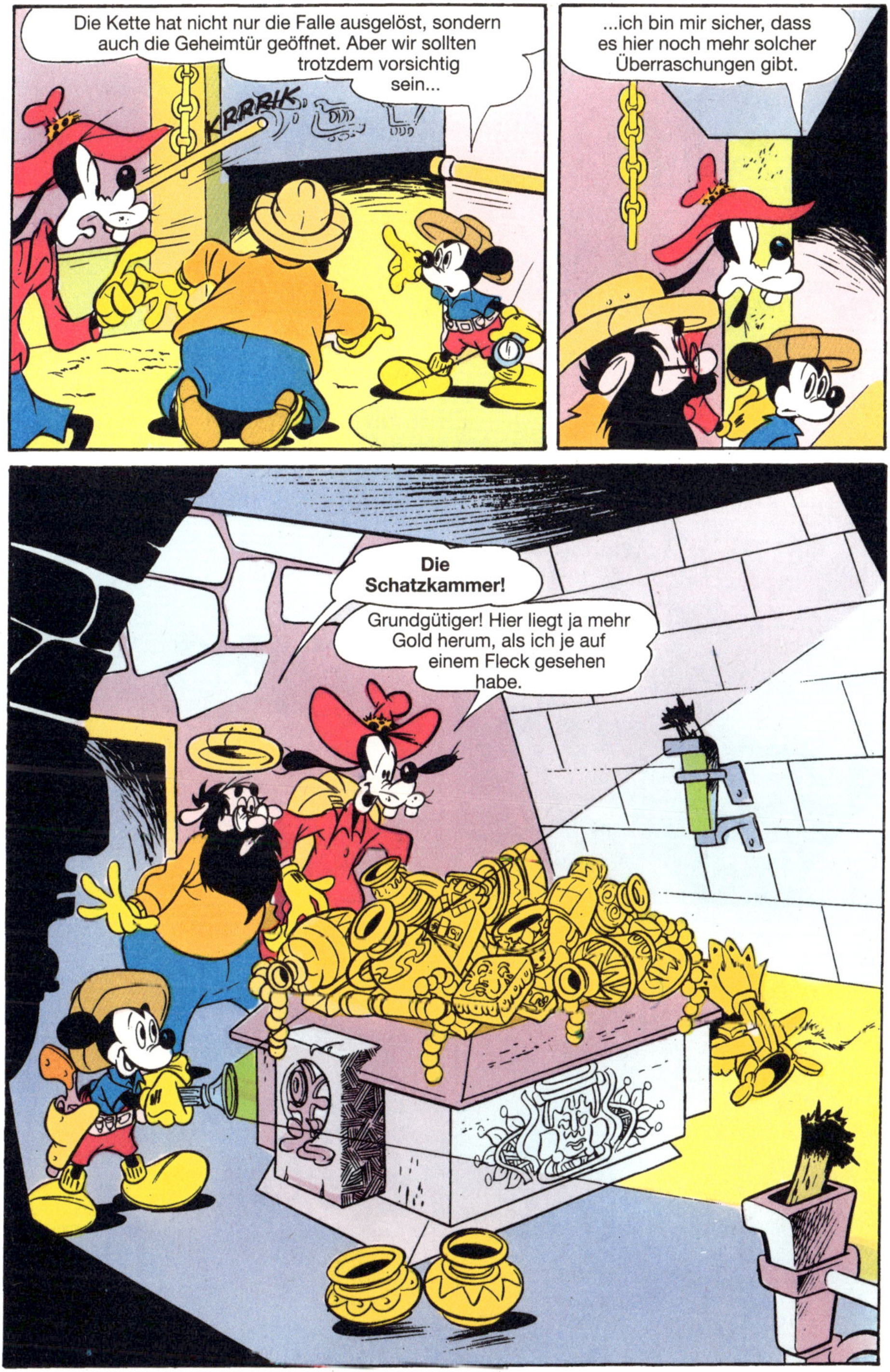
Die Kette hat nicht nur die Falle ausgelöst, sondern auch die Geheimtür geöffnet. Aber wir sollten trotzdem vorsichtig sein...
KRRRIK
...ich bin mir sicher, dass es hier noch mehr solcher Überraschungen gibt.
Die Schatzkammer!
Grundgütiger! Hier liegt ja mehr Gold herum, als ich je auf einem Fleck gesehen habe.

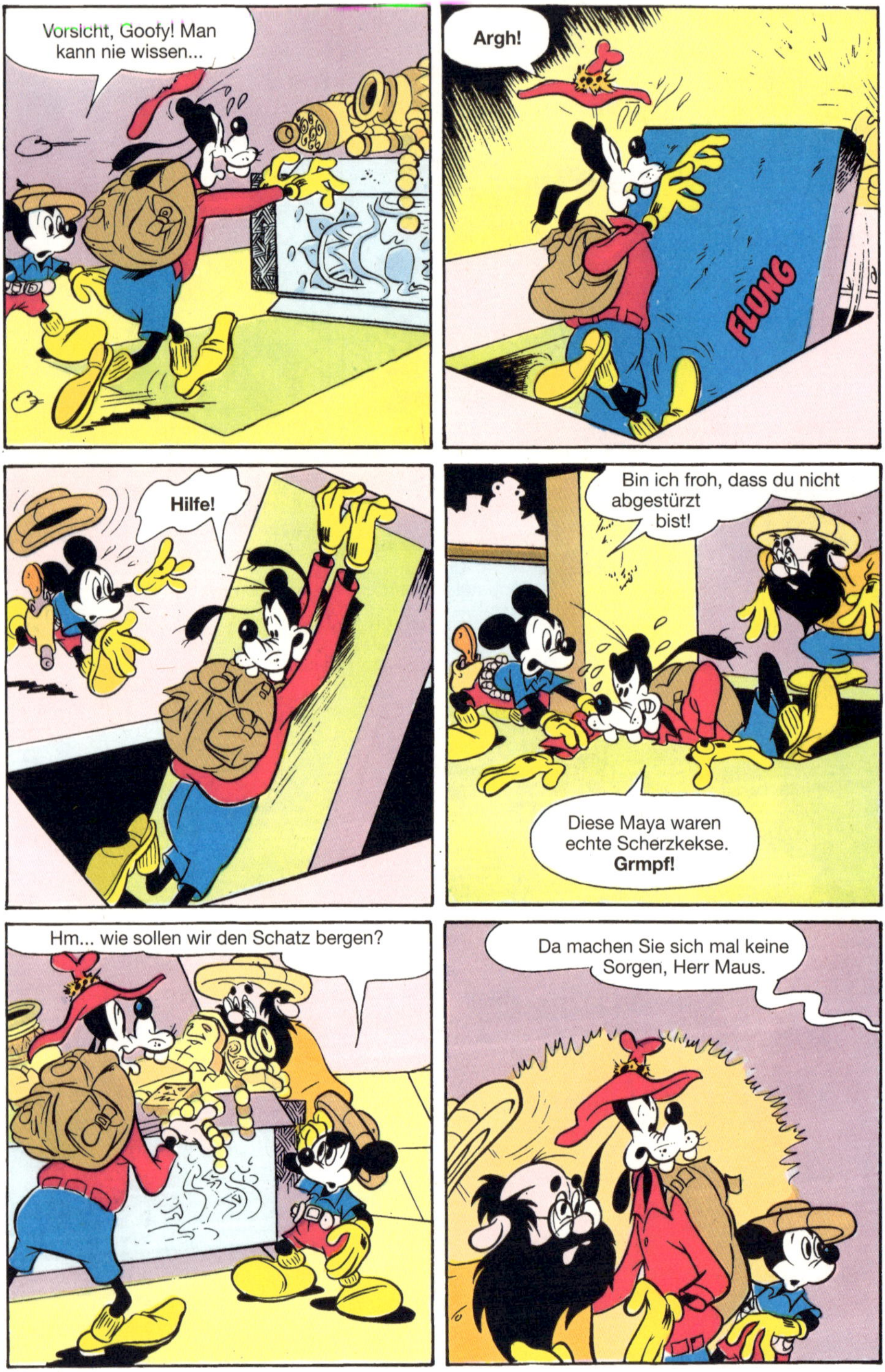
Vorsicht, Goofy! Man kann nie wissen...
Argh!
FLUNG
Hilfe!
Bin ich froh, dass du nicht abgestürzt bist!
Diese Maya waren echte Scherzkekse. **Grmpf!**
Hm... wie sollen wir den Schatz bergen?
Da machen Sie sich mal keine Sorgen, Herr Maus.

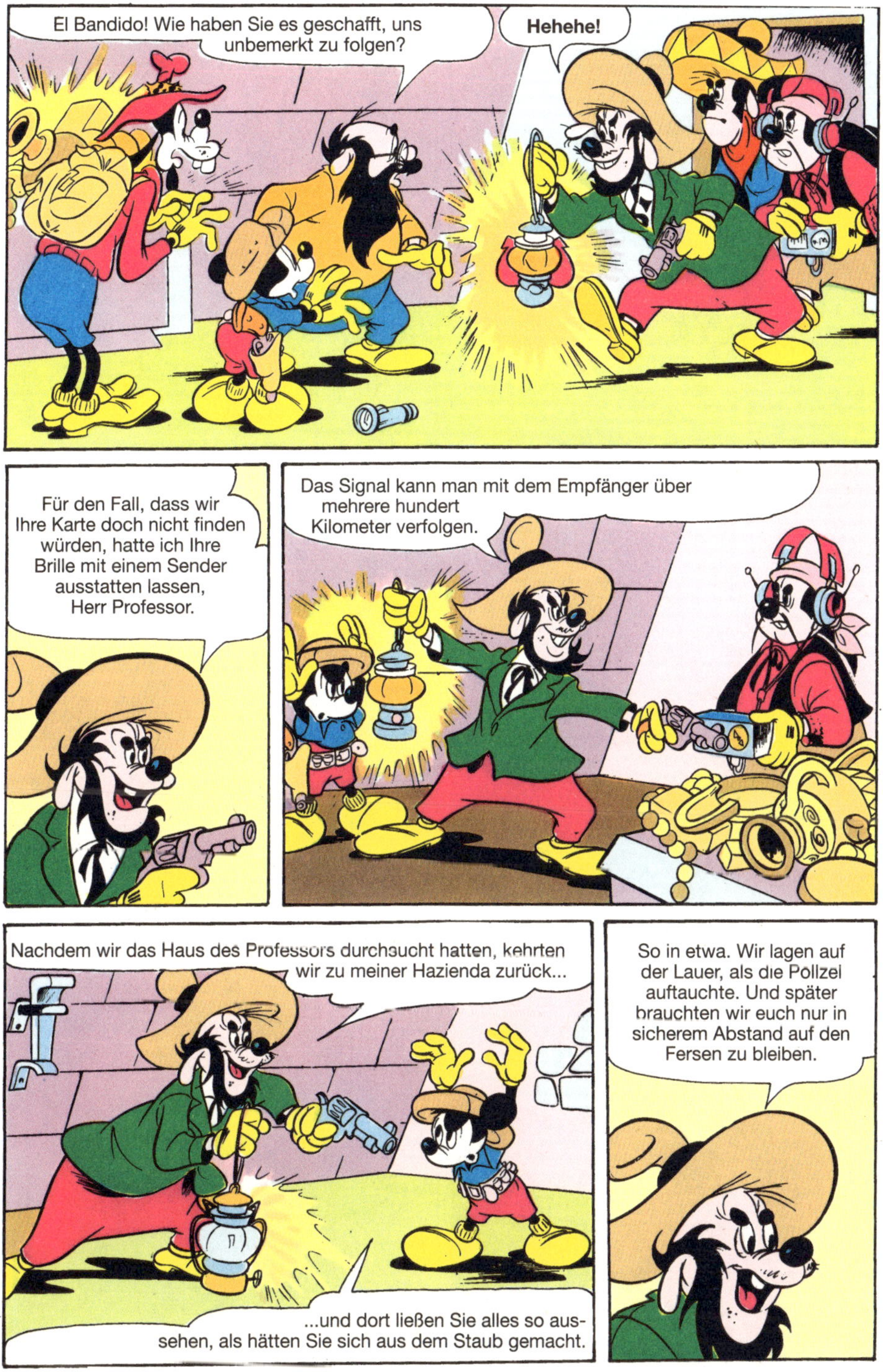

El Bandido! Wie haben Sie es geschafft, uns unbemerkt zu folgen?
Hehehe!
Für den Fall, dass wir Ihre Karte doch nicht finden würden, hatte ich Ihre Brille mit einem Sender ausstatten lassen, Herr Professor.
Das Signal kann man mit dem Empfänger über mehrere hundert Kilometer verfolgen.
Nachdem wir das Haus des Professors durchsucht hatten, kehrten wir zu meiner Hazienda zurück...
...und dort ließen Sie alles so aussehen, als hätten Sie sich aus dem Staub gemacht.
So in etwa. Wir lagen auf der Lauer, als die Polizei auftauchte. Und später brauchten wir euch nur in sicherem Abstand auf den Fersen zu bleiben.

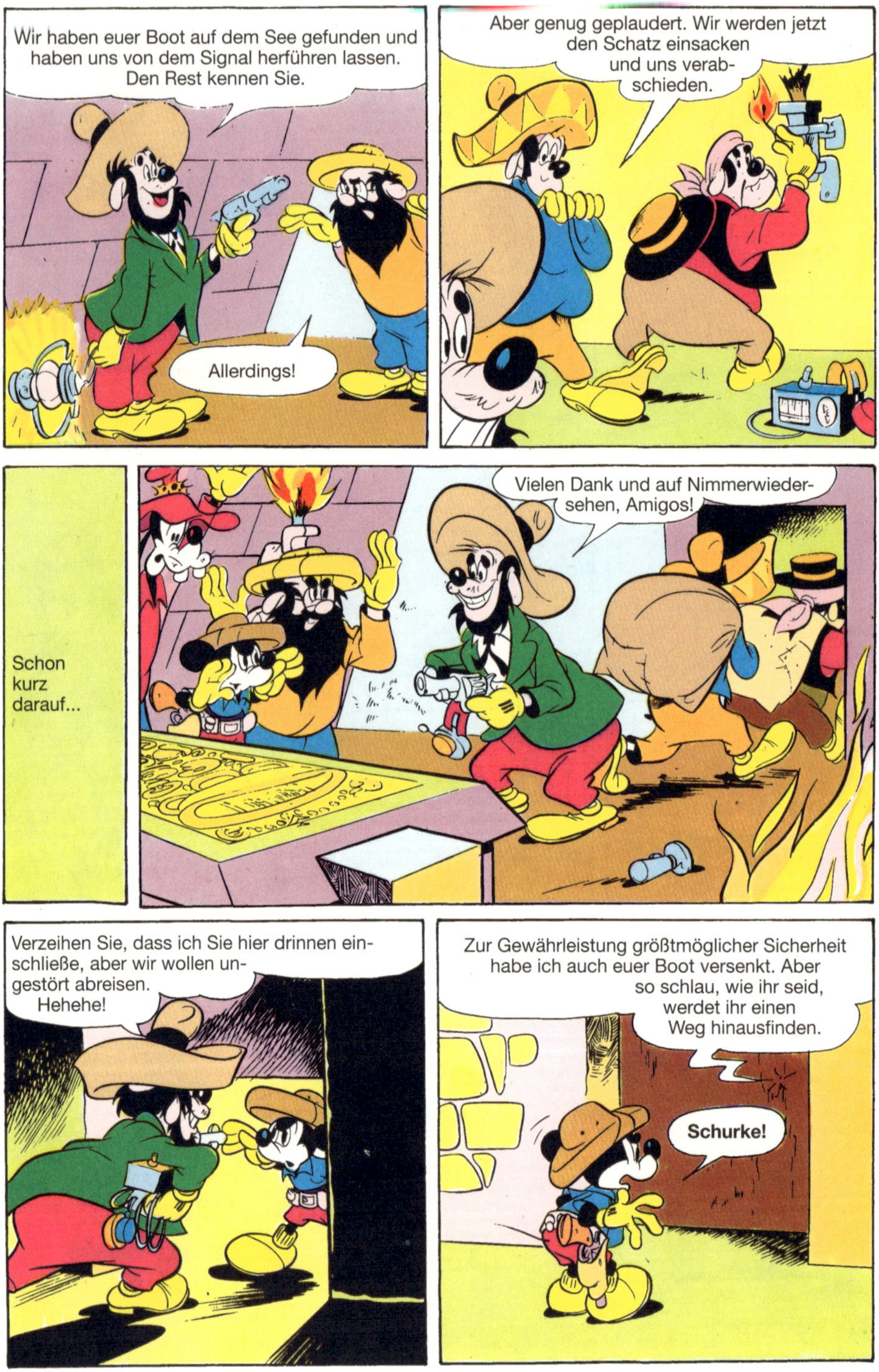
Wir haben euer Boot auf dem See gefunden und haben uns von dem Signal herführen lassen. Den Rest kennen Sie.
Allerdings!
Aber genug geplaudert. Wir werden jetzt den Schatz einsacken und uns verabschieden.
Schon kurz darauf...
Vielen Dank und auf Nimmerwiedersehen, Amigos!
Verzeihen Sie, dass ich Sie hier drinnen einschließe, aber wir wollen ungestört abreisen. Hehehe!
Zur Gewährleistung größtmöglicher Sicherheit habe ich auch euer Boot versenkt. Aber so schlau, wie ihr seid, werdet ihr einen Weg hinausfinden.
Schurke!

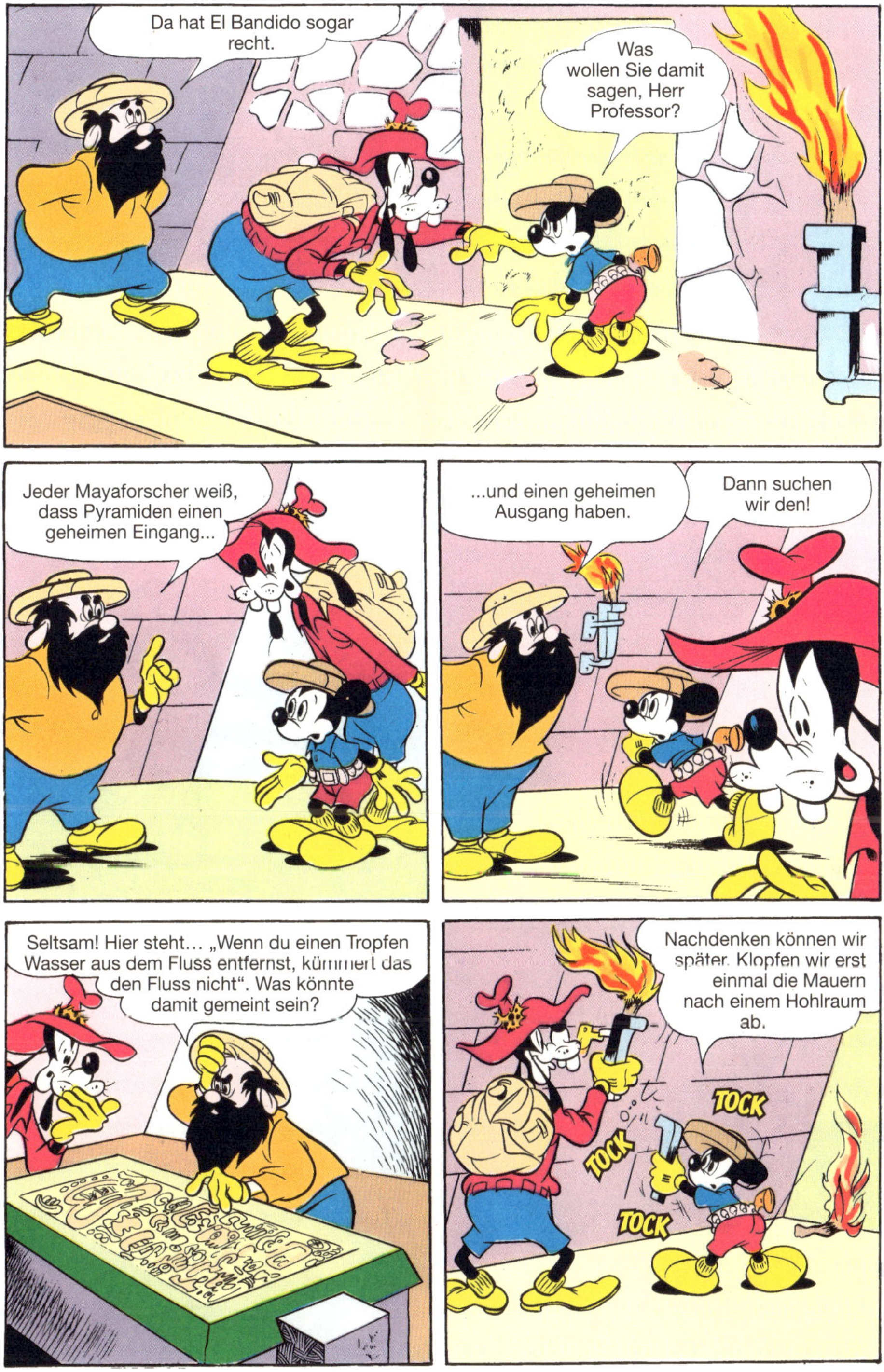
Da hat El Bandido sogar recht.
Was wollen Sie damit sagen, Herr Professor?
Jeder Mayaforscher weiß, dass Pyramiden einen geheimen Eingang...
...und einen geheimen Ausgang haben.
Dann suchen wir den!
Seltsam! Hier steht… „Wenn du einen Tropfen Wasser aus dem Fluss entfernst, kümmert das den Fluss nicht“. Was könnte damit gemeint sein?
Nachdenken können wir später. Klopfen wir erst einmal die Mauern nach einem Hohlraum ab.
TOCK
TOCK
TOCK

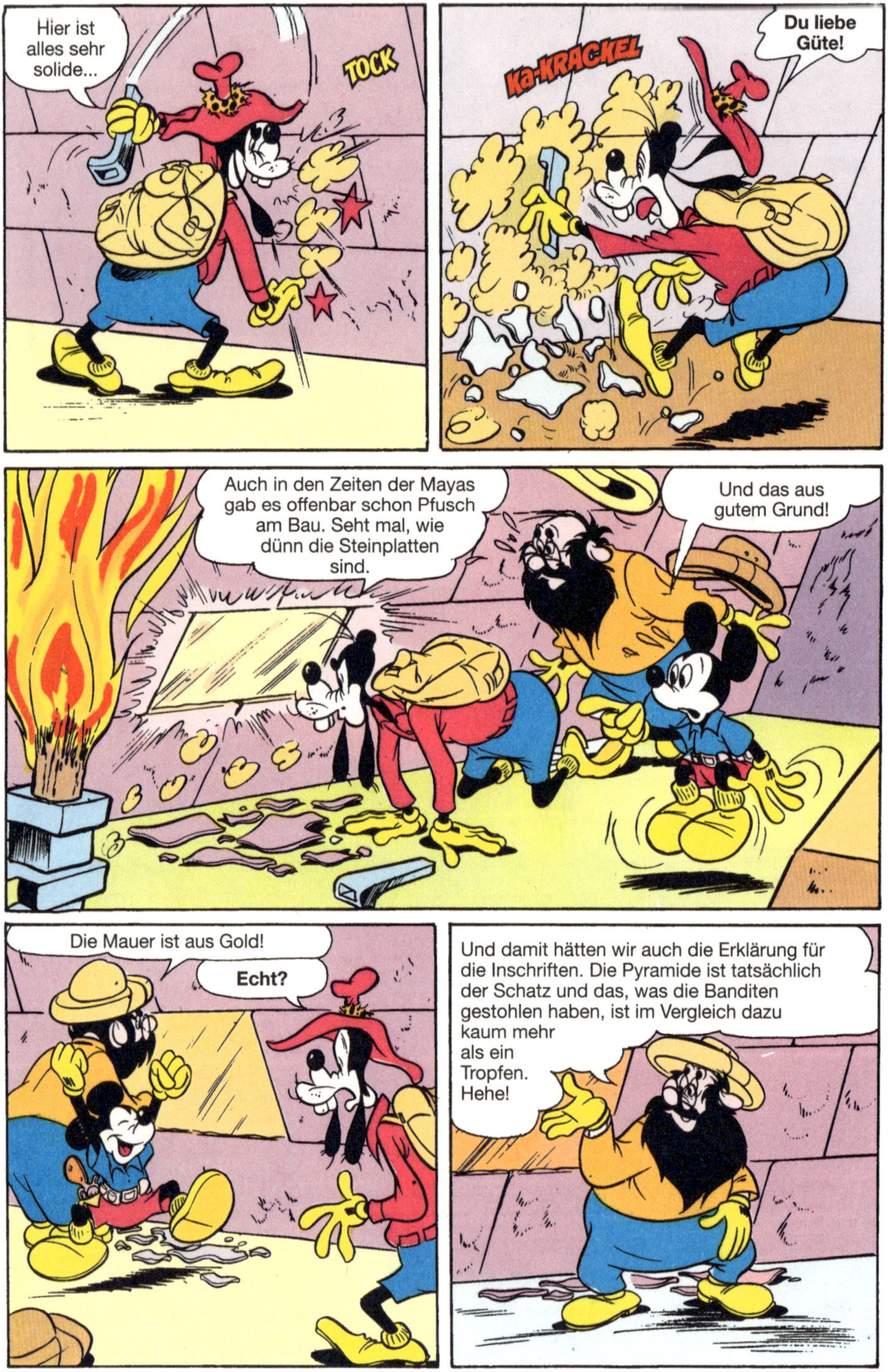
Hier ist alles sehr solide...
TOCK
KA-KRACKEL
Du liebe Güte!
Auch in den Zeiten der Mayas gab es offenbar schon Pfusch am Bau. Seht mal, wie dünn die Steinplatten sind.
Und das aus gutem Grund!
Die Mauer ist aus Gold!
Echt?
Und damit hätten wir auch die Erklärung für die Inschriften. Die Pyramide ist tatsächlich der Schatz und das, was die Banditen gestohlen haben, ist im Vergleich dazu kaum mehr als ein Tropfen. Hehe!

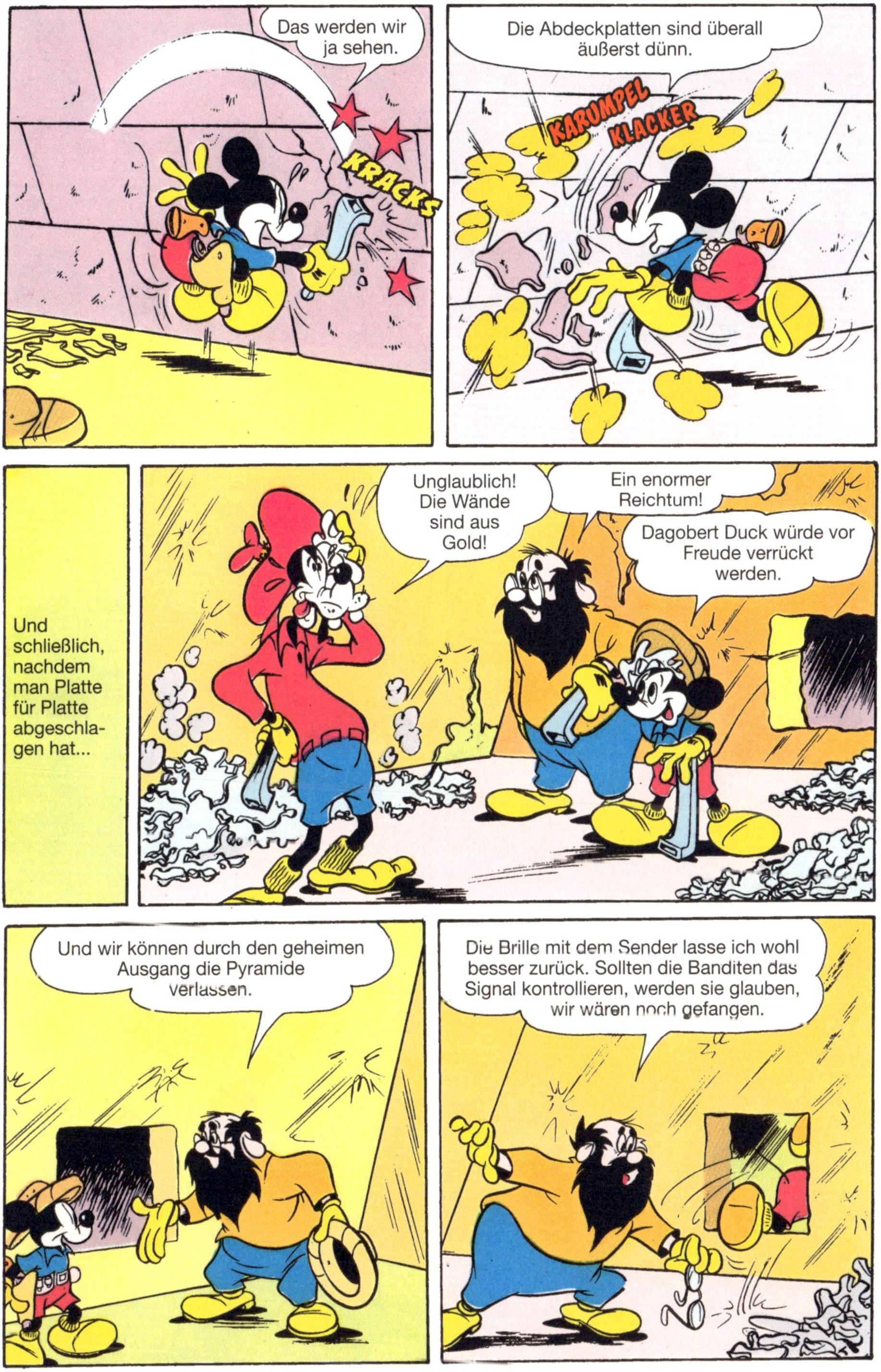
Das werden wir ja sehen.
KRACKS
Die Abdeckplatten sind überall äußerst dünn.
KARUMPEL
KLACKER
Und schließlich, nachdem man Platte für Platte abgeschlagen hat...
Unglaublich! Die Wände sind aus Gold!
Ein enormer Reichtum!
Dagobert Duck würde vor Freude verrückt werden.
Und wir können durch den geheimen Ausgang die Pyramide verlassen.
Die Brille mit dem Sender lasse ich wohl besser zurück. Sollten die Banditen das Signal kontrollieren, werden sie glauben, wir wären noch gefangen.

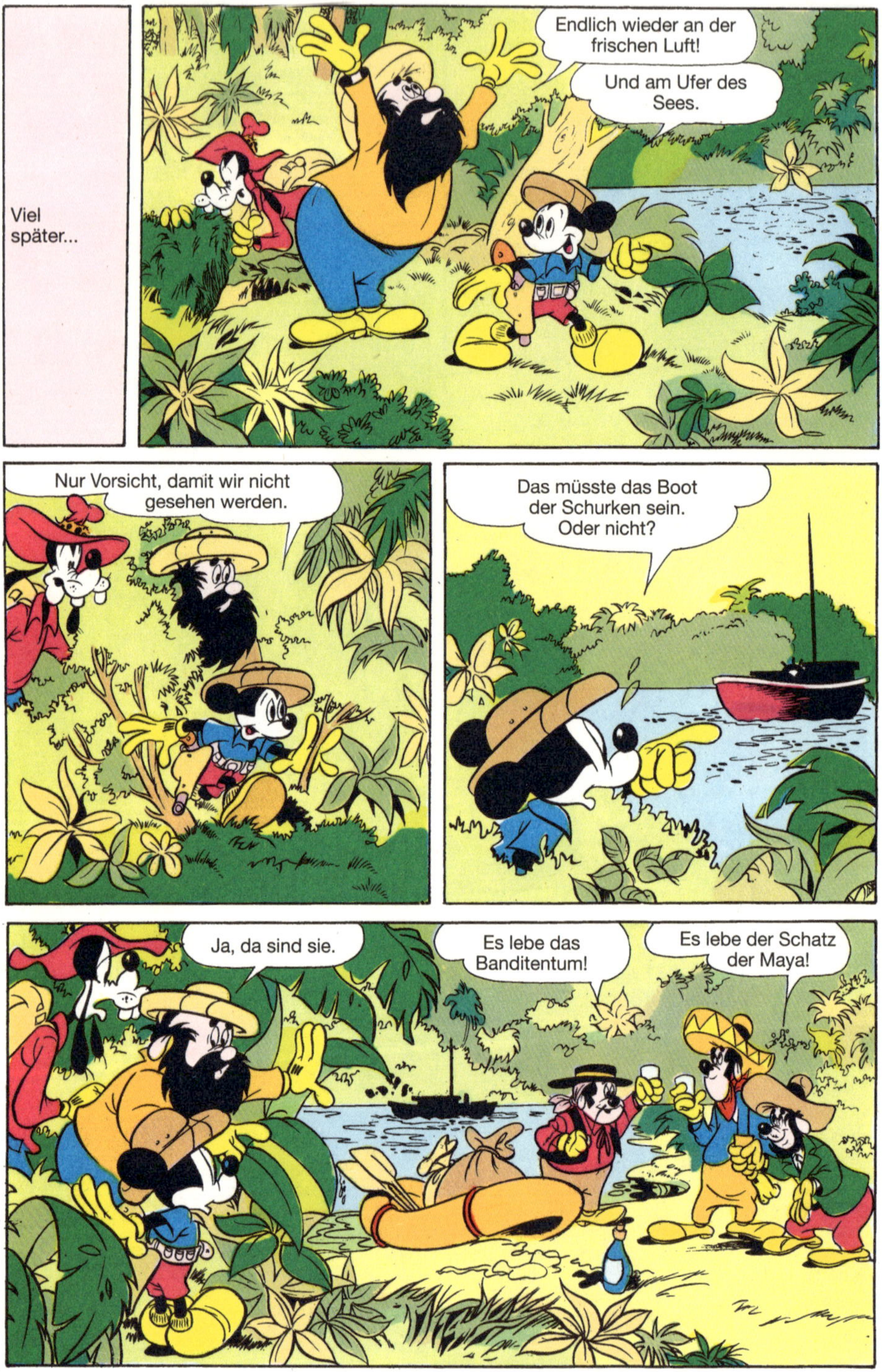
Viel später...
Endlich wieder an der frischen Luft!
Und am Ufer des Sees.
Nur Vorsicht, damit wir nicht gesehen werden.
Das müsste das Boot der Schurken sein. Oder nicht?
Ja, da sind sie.
Es lebe das Banditentum!
Es lebe der Schatz der Maya!

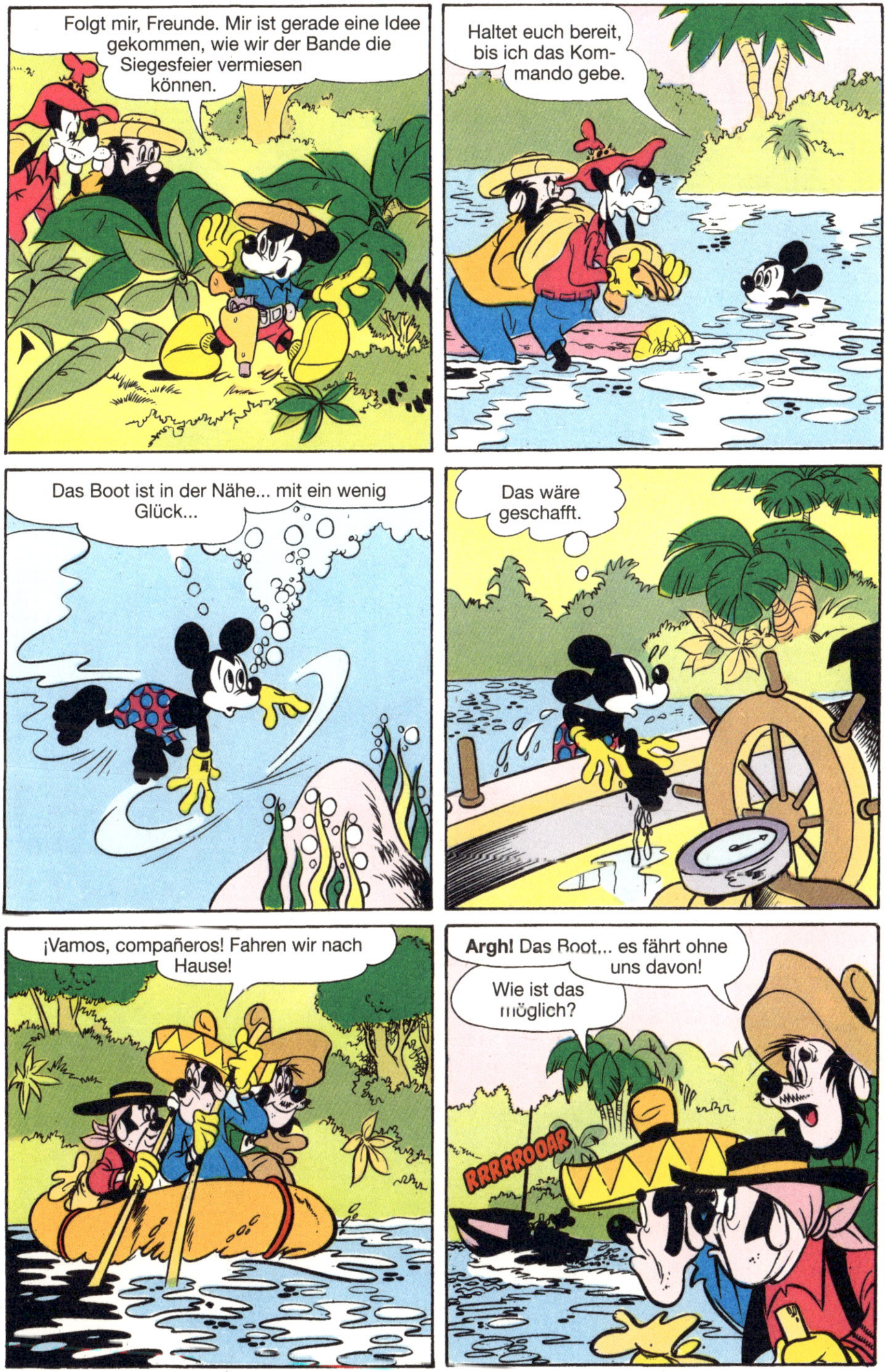
Folgt mir, Freunde. Mir ist gerade eine Idee gekommen, wie wir der Bande die Siegesfeier vermiesen können.
Haltet euch bereit, bis ich das Kommando gebe.
Das Boot ist in der Nähe... mit ein wenig Glück...
Das wäre geschafft.
¡Vamos, compañeros! Fahren wir nach Hause!
Argh! Das Boot... es fährt ohne uns davon!
Wie ist das möglich?
RRRRROOAR

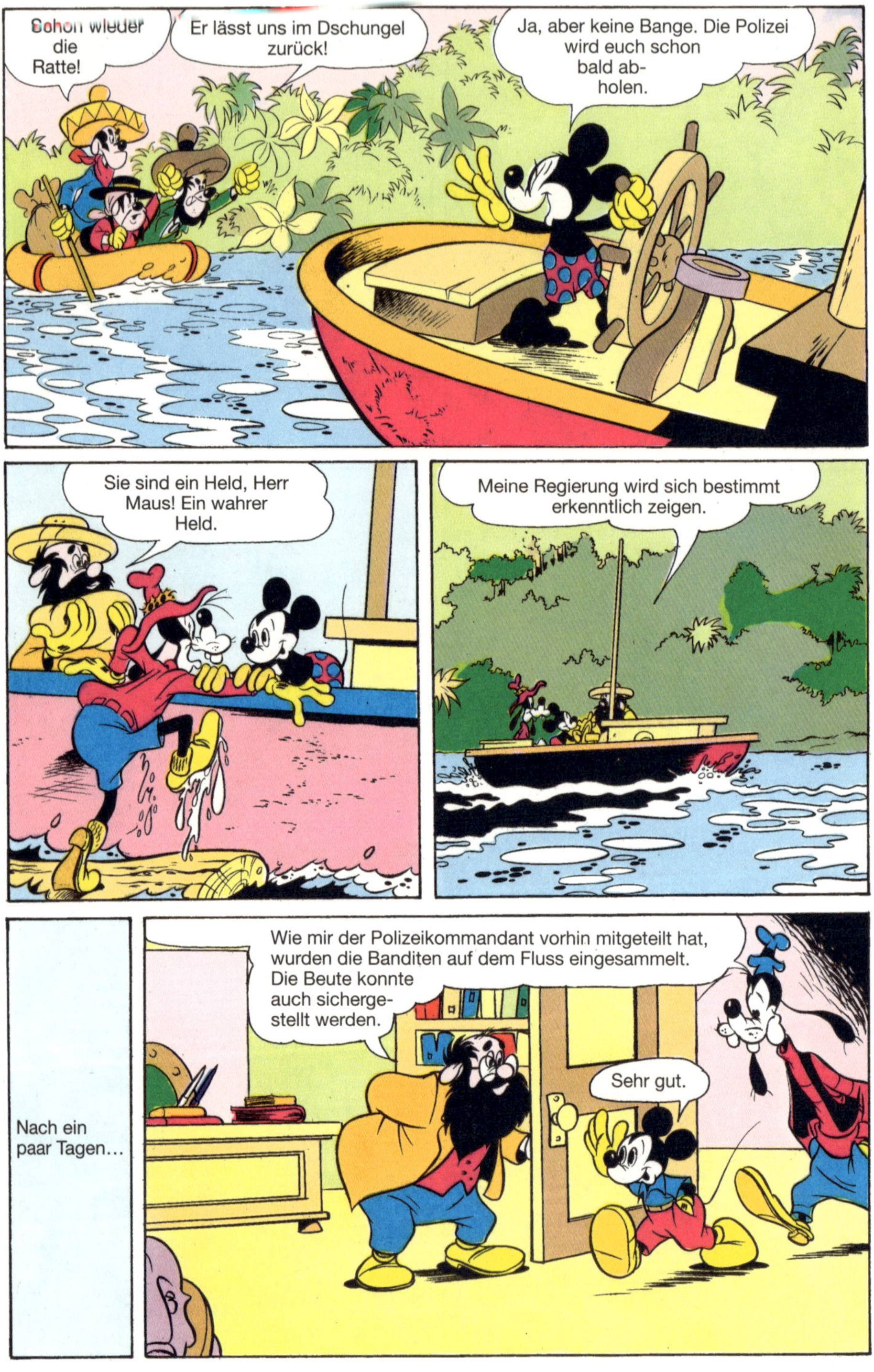
Schon wieder die Ratte!
Er lässt uns im Dschungel zurück!
Ja, aber keine Bange. Die Polizei wird euch schon bald abholen.
Sie sind ein Held, Herr Maus! Ein wahrer Held.
Meine Regierung wird sich bestimmt erkenntlich zeigen.
Nach ein paar Tagen…
Wie mir der Polizeikommandant vorhin mitgeteilt hat, wurden die Banditen auf dem Fluss eingesammelt. Die Beute konnte auch sichergestellt werden.
Sehr gut.

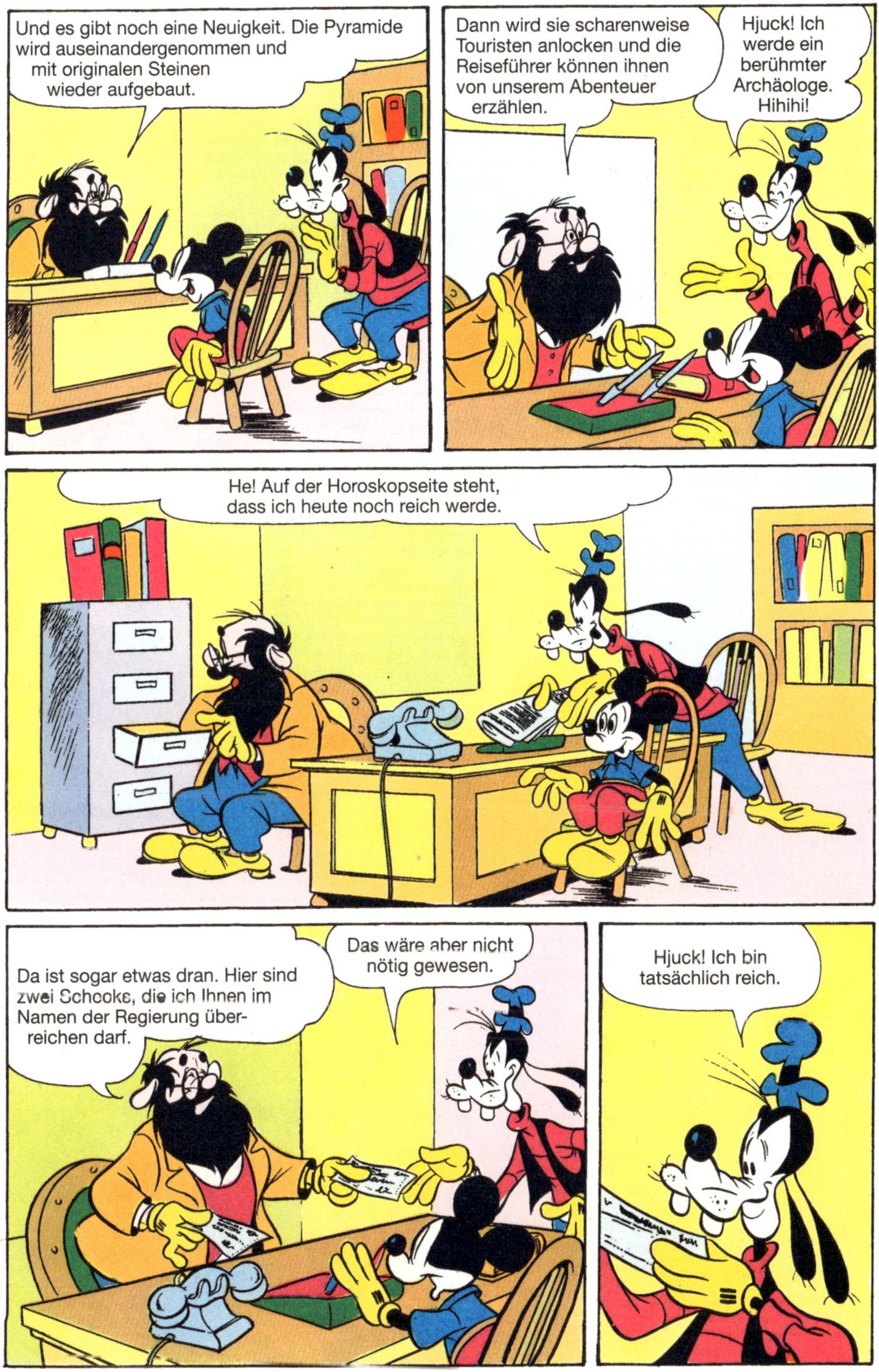
Und es gibt noch eine Neuigkeit. Die Pyramide wird auseinandergenommen und mit originalen Steinen wieder aufgebaut.
Dann wird sie scharenweise Touristen anlocken und die Reiseführer können ihnen von unserem Abenteuer erzählen.
Hjuck! Ich werde ein berühmter Archäologe. Hihihi!
He! Auf der Horoskopseite steht, dass ich heute noch reich werde.
Da ist sogar etwas dran. Hier sind zwei Schecks, die ich Ihnen im Namen der Regierung überreichen darf.
Das wäre aber nicht nötig gewesen.
Hjuck! Ich bin tatsächlich reich.

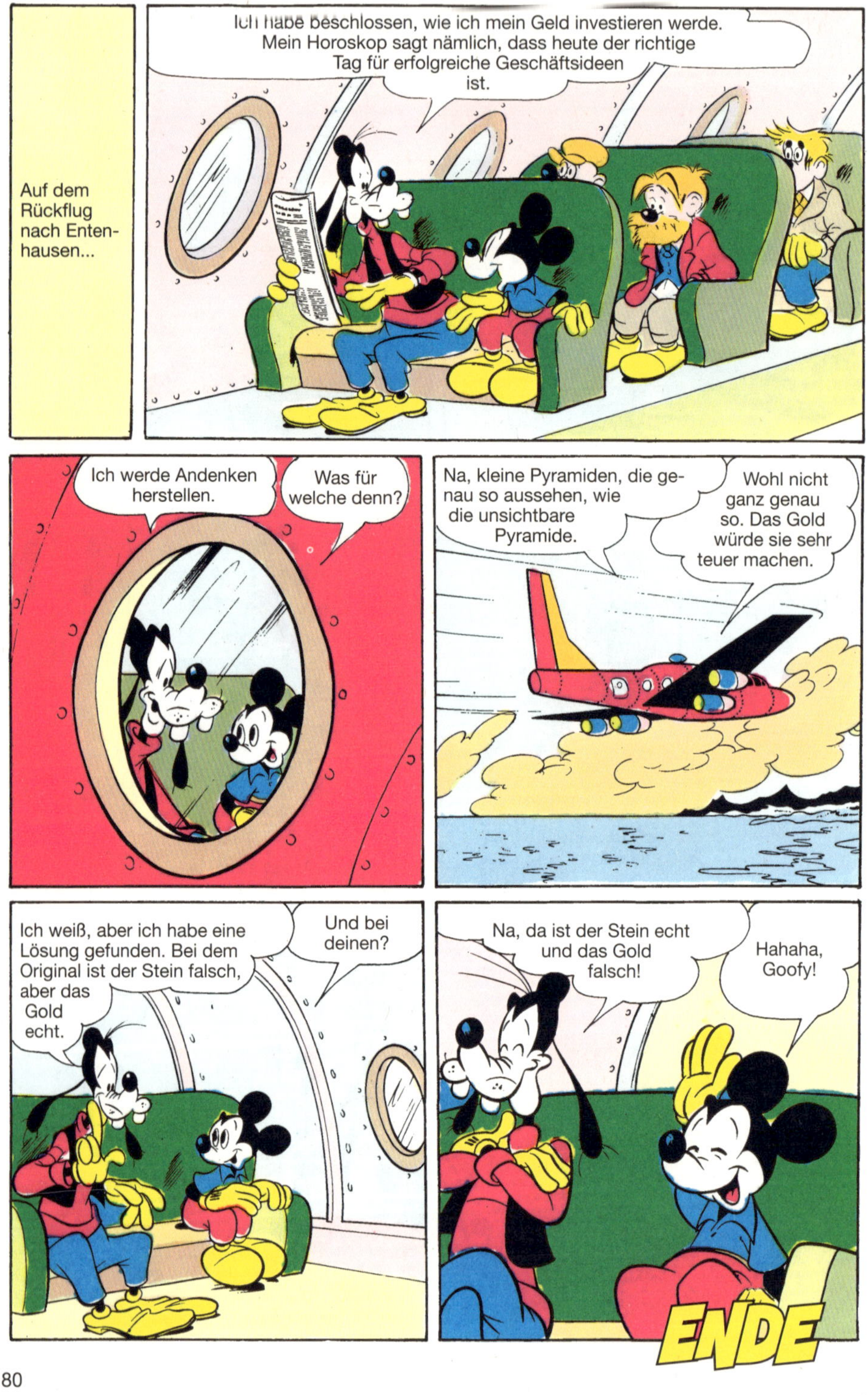
Auf dem Rückflug nach Entenhausen...
Ich habe beschlossen, wie ich mein Geld investieren werde. Mein Horoskop sagt nämlich, dass heute der richtige Tag für erfolgreiche Geschäftsideen ist.
Ich werde Andenken herstellen.
Was für welche denn?
Na, kleine Pyramiden, die genau so aussehen, wie die unsichtbare Pyramide.
Wohl nicht ganz genau so. Das Gold würde sie sehr teuer machen.
Ich weiß, aber ich habe eine Lösung gefunden. Bei dem Original ist der Stein falsch, aber das Gold echt.
Und bei deinen?
Na, da ist der Stein echt und das Gold falsch!
Hahaha, Goofy!
ENDE

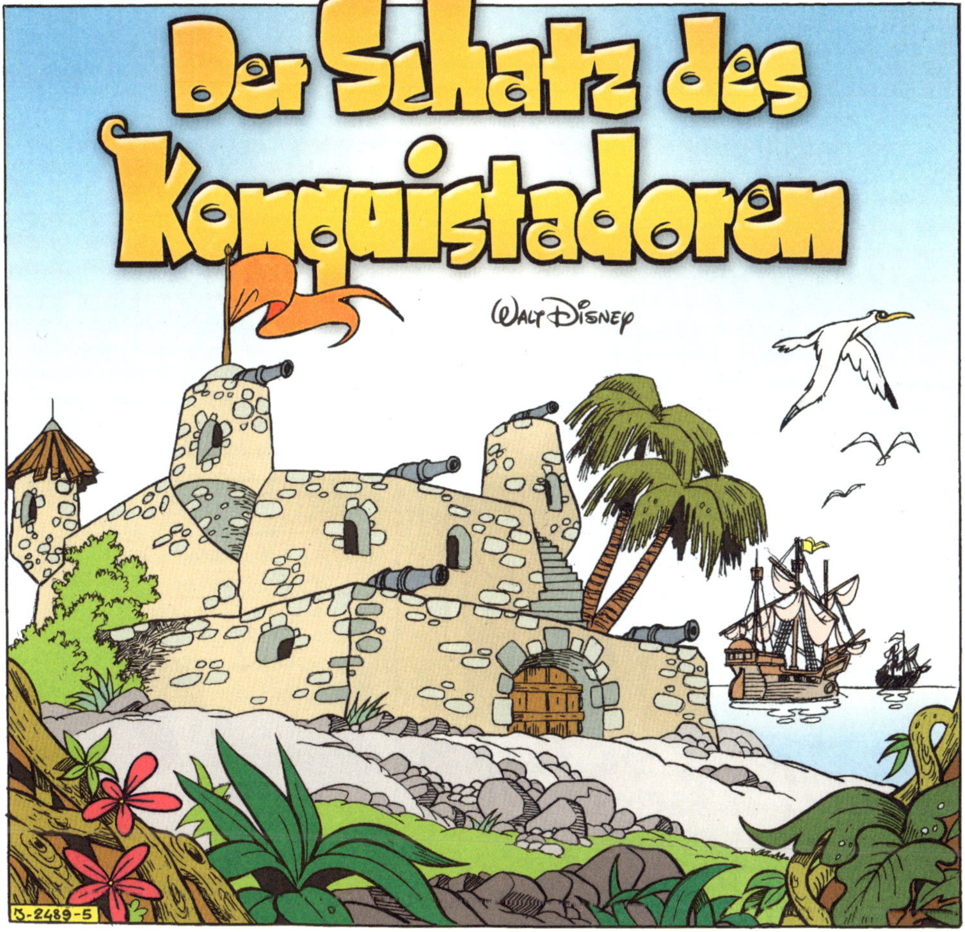

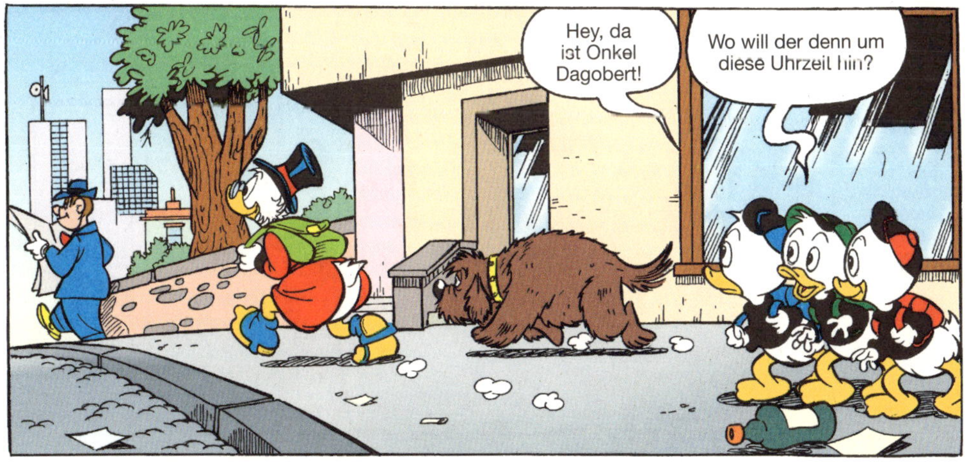

Rodolfo Cimino (Story), **Giulio Chiorchini** (Zeichnungen)

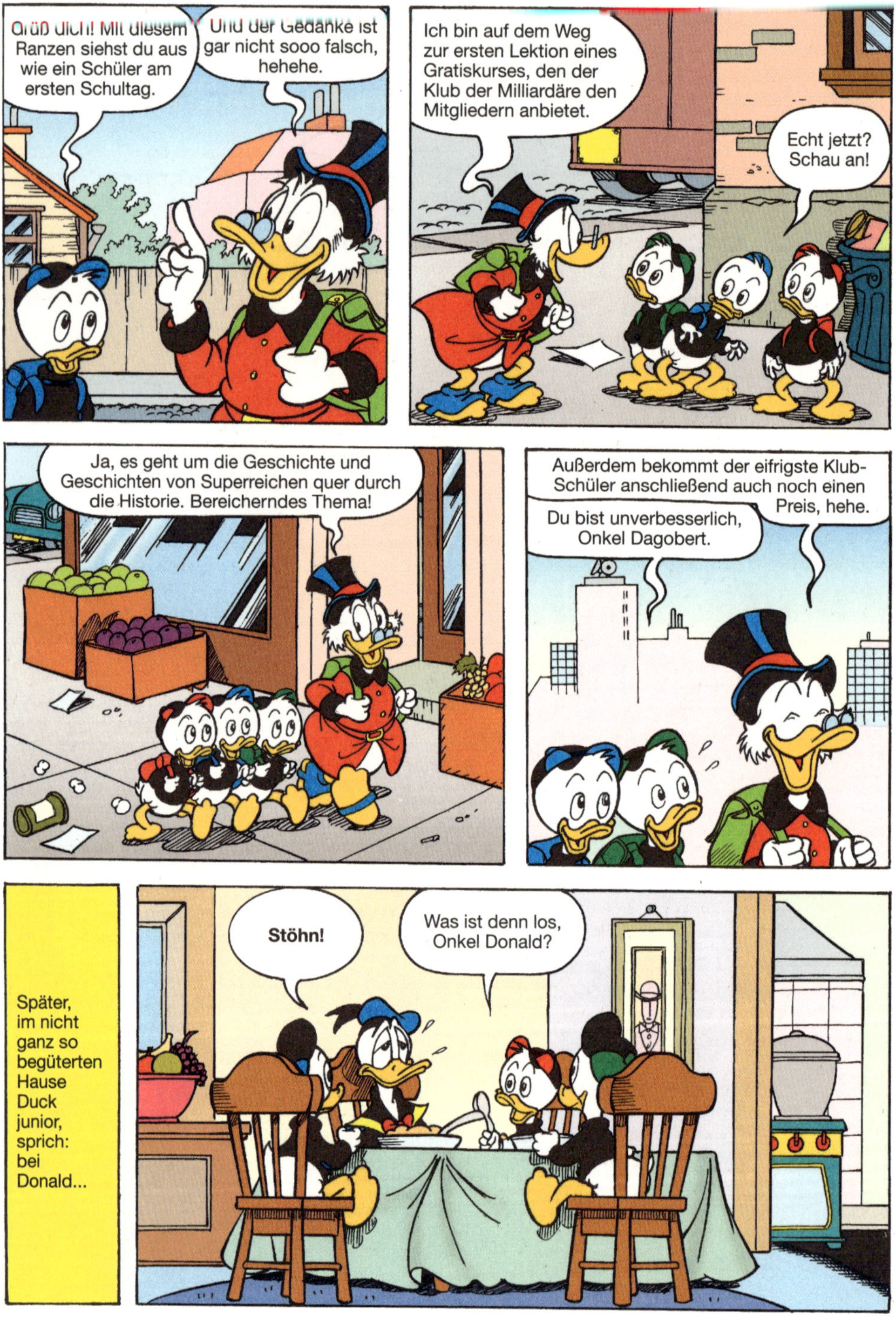
Grüß dich! Mit diesem Ranzen siehst du aus wie ein Schüler am ersten Schultag.
Und der Gedanke ist gar nicht sooo falsch, hehehe.
Ich bin auf dem Weg zur ersten Lektion eines Gratiskurses, den der Klub der Milliardäre den Mitgliedern anbietet.
Echt jetzt? Schau an!
Ja, es geht um die Geschichte und Geschichten von Superreichen quer durch die Historie. Bereicherndes Thema!
Außerdem bekommt der eifrigste Klub-Schüler anschließend auch noch einen Preis, hehe.
Du bist unverbesserlich, Onkel Dagobert.
Später, im nicht ganz so begüterten Hause Duck junior, sprich: bei Donald...
Stöhn!
Was ist denn los, Onkel Donald?

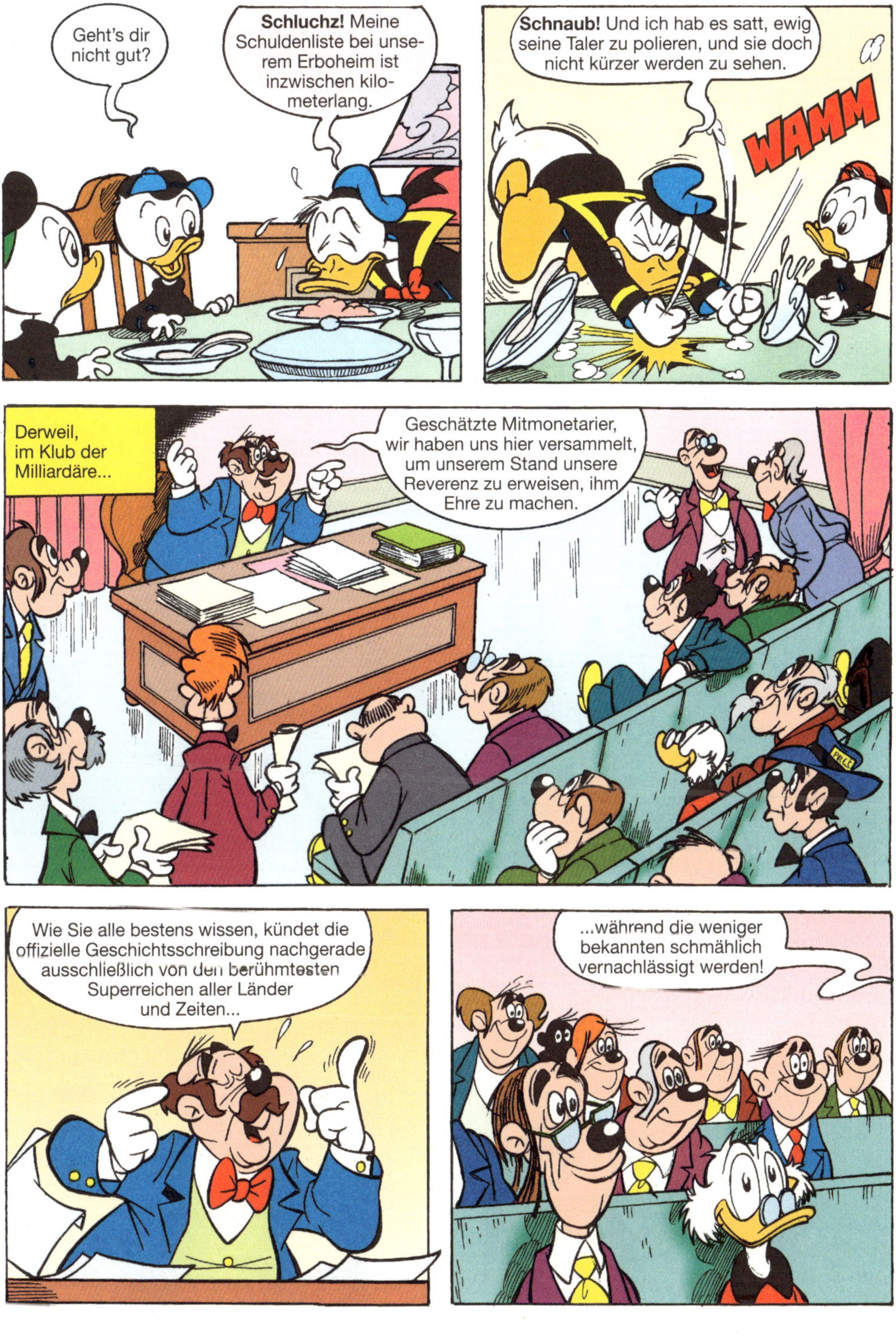

Geht's dir nicht gut?
Schluchz! Meine Schuldenliste bei unserem Erboheim ist inzwischen kilometerlang.
Schnaub! Und ich hab es satt, ewig seine Taler zu polieren, und sie doch nicht kürzer werden zu sehen.
WAMM
Derweil, im Klub der Milliardäre...
Geschätzte Mitmonetarier, wir haben uns hier versammelt, um unserem Stand unsere Reverenz zu erweisen, ihm Ehre zu machen.
Wie Sie alle bestens wissen, kündet die offizielle Geschichtsschreibung nachgerade ausschließlich von den berühmtesten Superreichen aller Länder und Zeiten...
...während die weniger bekannten schmählich vernachlässigt werden!

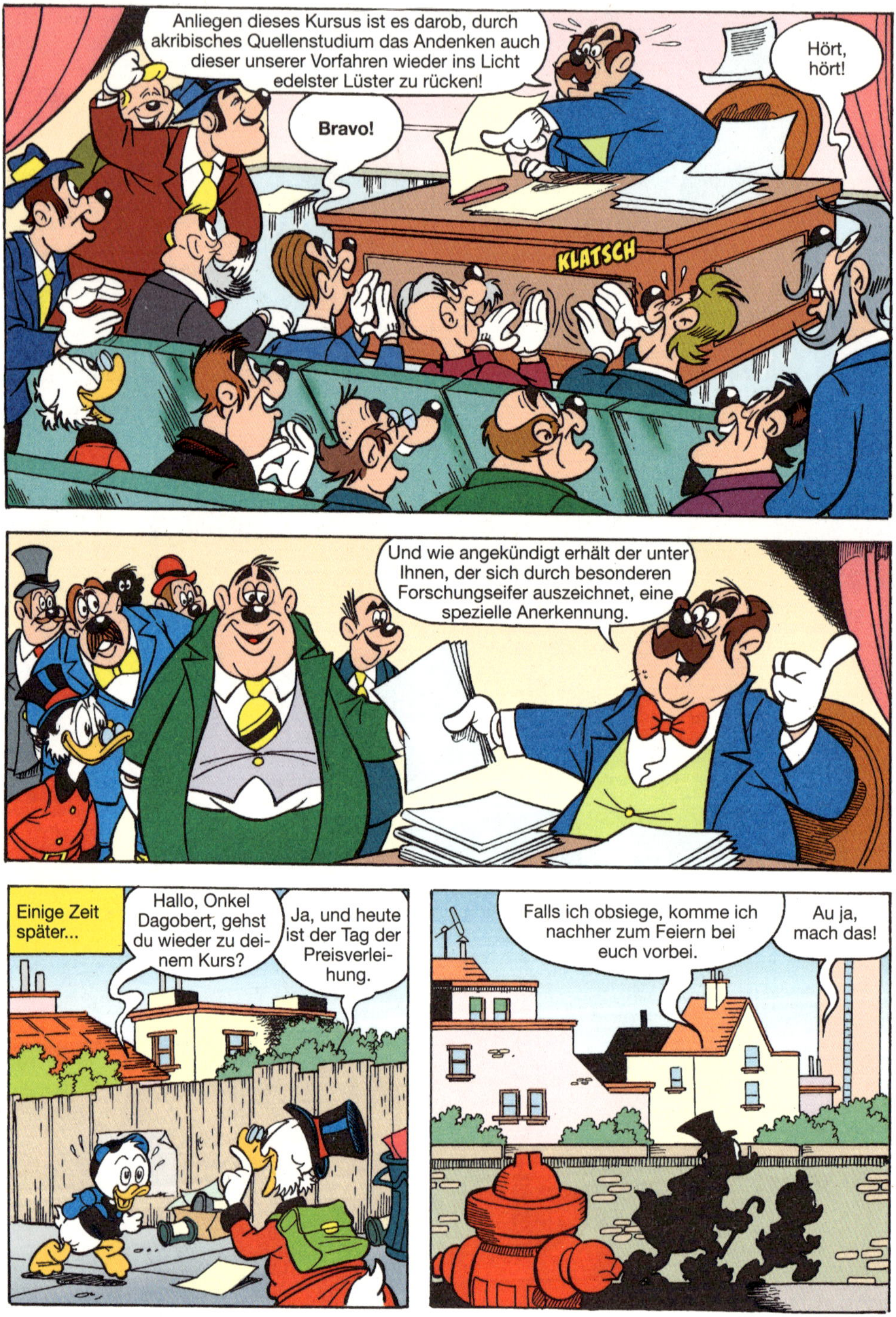

Anliegen dieses Kursus ist es darob, durch akribisches Quellenstudium das Andenken auch dieser unserer Vorfahren wieder ins Licht edelster Lüster zu rücken!
Hört, hört!
Bravo!
KLATSCH
Und wie angekündigt erhält der unter Ihnen, der sich durch besonderen Forschungseifer auszeichnet, eine spezielle Anerkennung.
Einige Zeit später...
Hallo, Onkel Dagobert, gehst du wieder zu deinem Kurs?
Ja, und heute ist der Tag der Preisverleihung.
Falls ich obsiege, komme ich nachher zum Feiern bei euch vorbei.
Au ja, mach das!

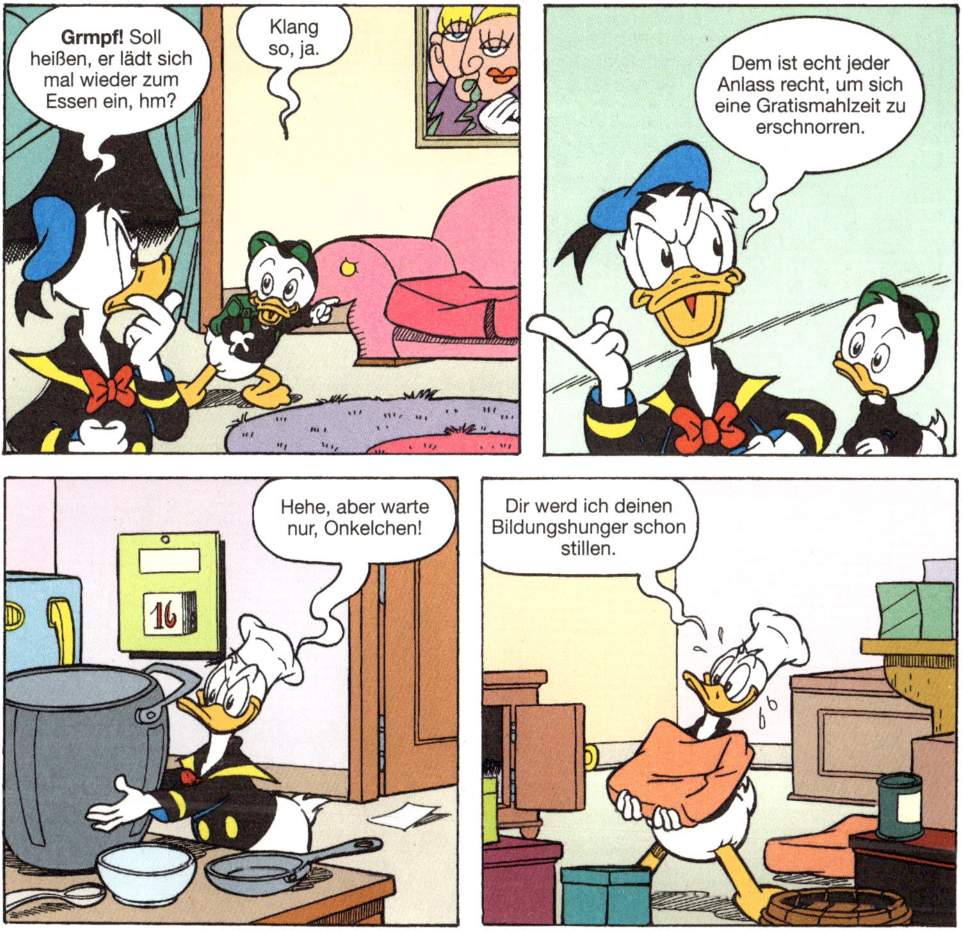

Später am Tag, der Gast ist wie erwartet eingetroffen...

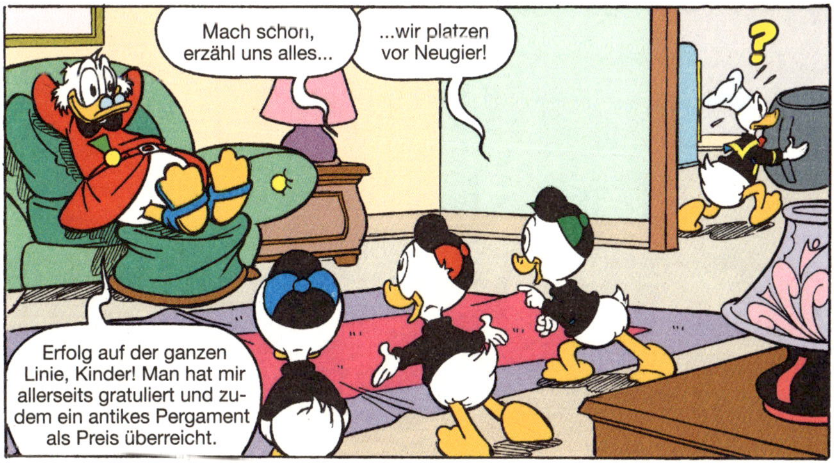

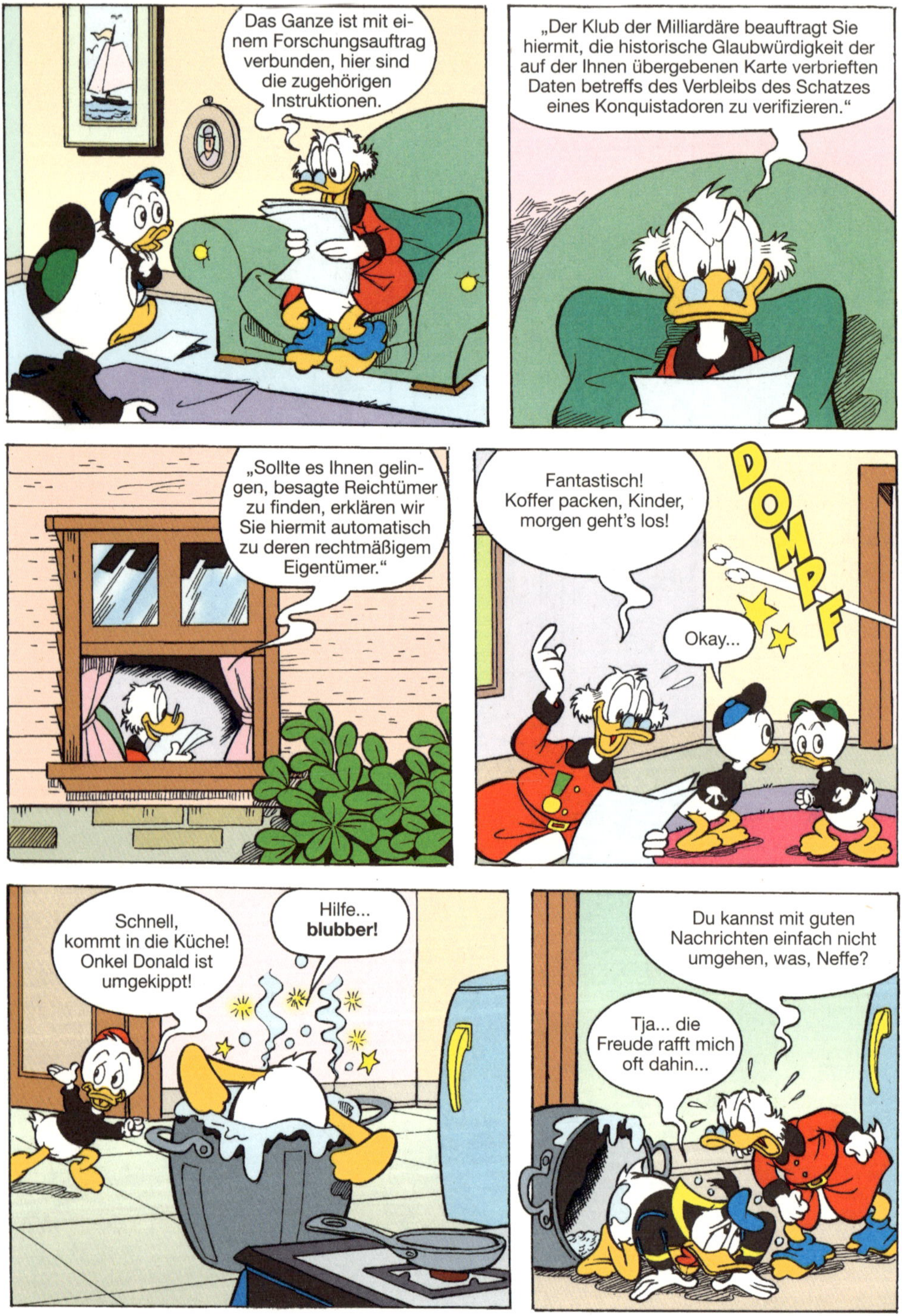
Das Ganze ist mit einem Forschungsauftrag verbunden, hier sind die zugehörigen Instruktionen.
„Der Klub der Milliardäre beauftragt Sie hiermit, die historische Glaubwürdigkeit der auf der Ihnen übergebenen Karte verbrieften Daten betreffs des Verbleibs des Schatzes eines Konquistadoren zu verifizieren."
„Sollte es Ihnen gelingen, besagte Reichtümer zu finden, erklären wir Sie hiermit automatisch zu deren rechtmäßigem Eigentümer."
Fantastisch! Koffer packen, Kinder, morgen geht's los!
DOMPF
Okay...
Schnell, kommt in die Küche! Onkel Donald ist umgekippt!
Hilfe... **blubber!**
Du kannst mit guten Nachrichten einfach nicht umgehen, was, Neffe?
Tja... die Freude rafft mich oft dahin...

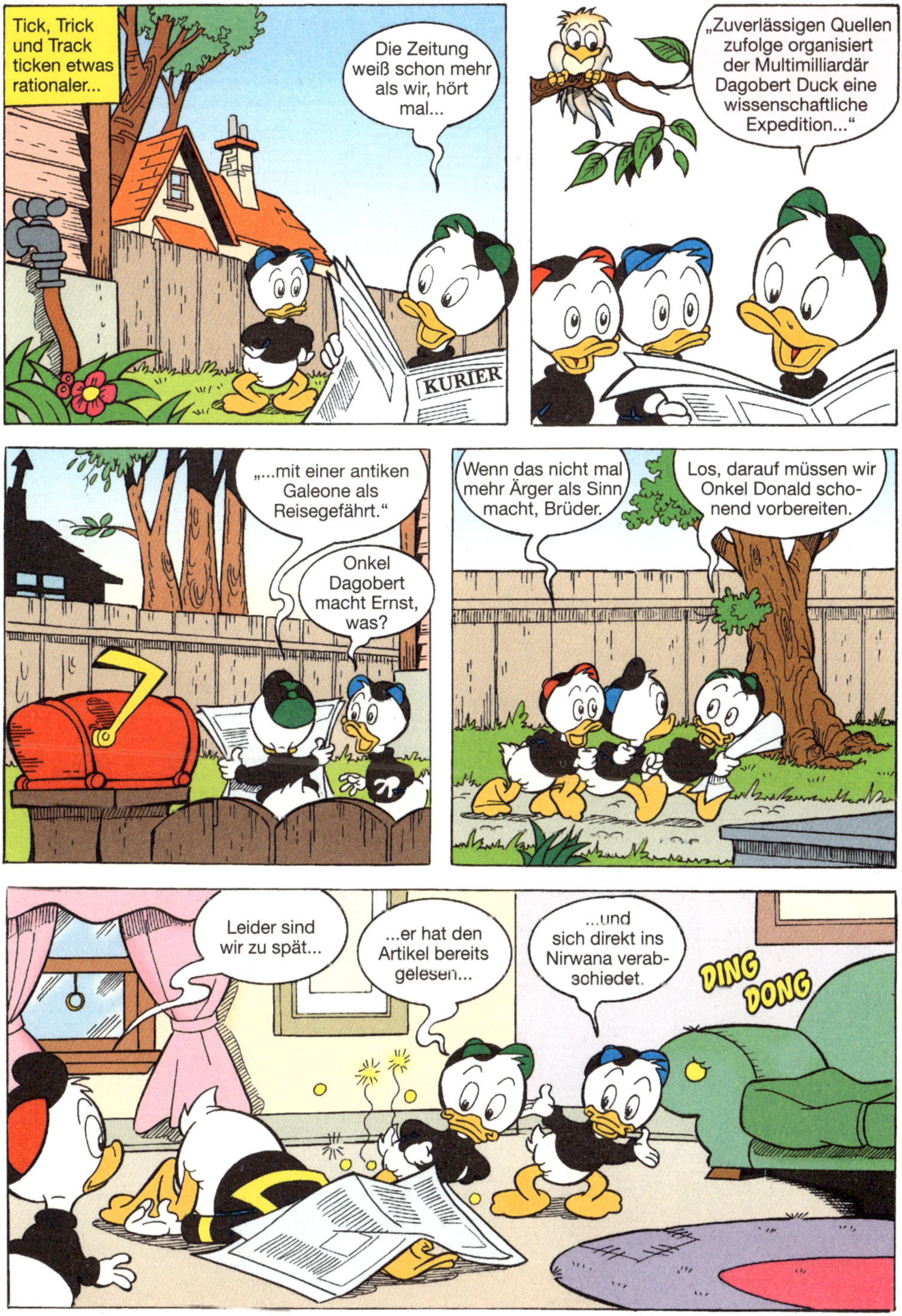
Tick, Trick und Track ticken etwas rationaler...
Die Zeitung weiß schon mehr als wir, hört mal...
KURIER
„Zuverlässigen Quellen zufolge organisiert der Multimilliardär Dagobert Duck eine wissenschaftliche Expedition..."
„...mit einer antiken Galeone als Reisegefährt."
Onkel Dagobert macht Ernst, was?
Wenn das nicht mal mehr Ärger als Sinn macht, Brüder.
Los, darauf müssen wir Onkel Donald schonend vorbereiten.
Leider sind wir zu spät...
...er hat den Artikel bereits gelesen...
...und sich direkt ins Nirwana verabschiedet.
DING DONG

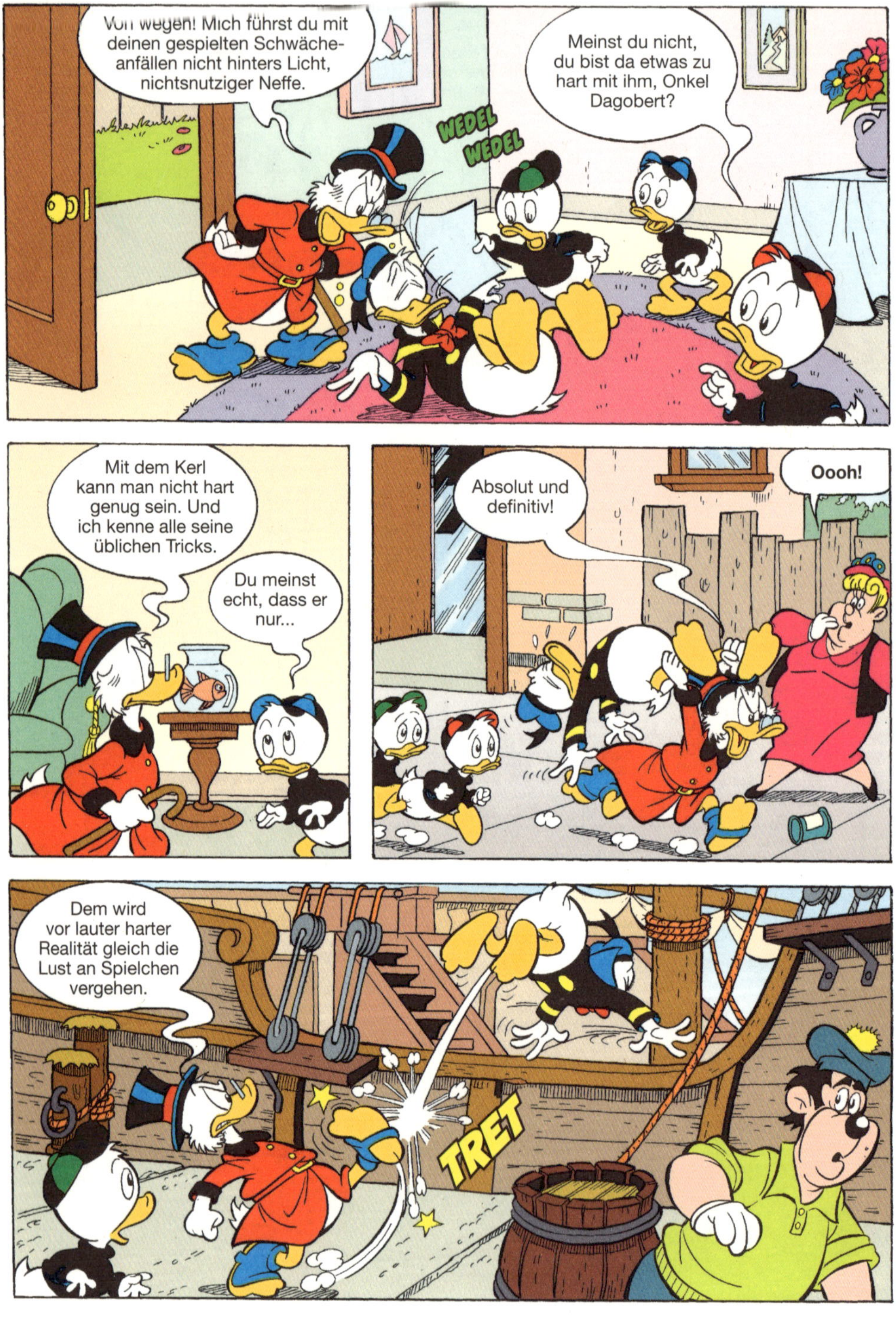

Von wegen! Mich führst du mit deinen gespielten Schwächeanfällen nicht hinters Licht, nichtsnutziger Neffe.
WEDEL WEDEL
Meinst du nicht, du bist da etwas zu hart mit ihm, Onkel Dagobert?
Mit dem Kerl kann man nicht hart genug sein. Und ich kenne alle seine üblichen Tricks.
Du meinst echt, dass er nur...
Absolut und definitiv!
Oooh!
Dem wird vor lauter harter Realität gleich die Lust an Spielchen vergehen.
TRET

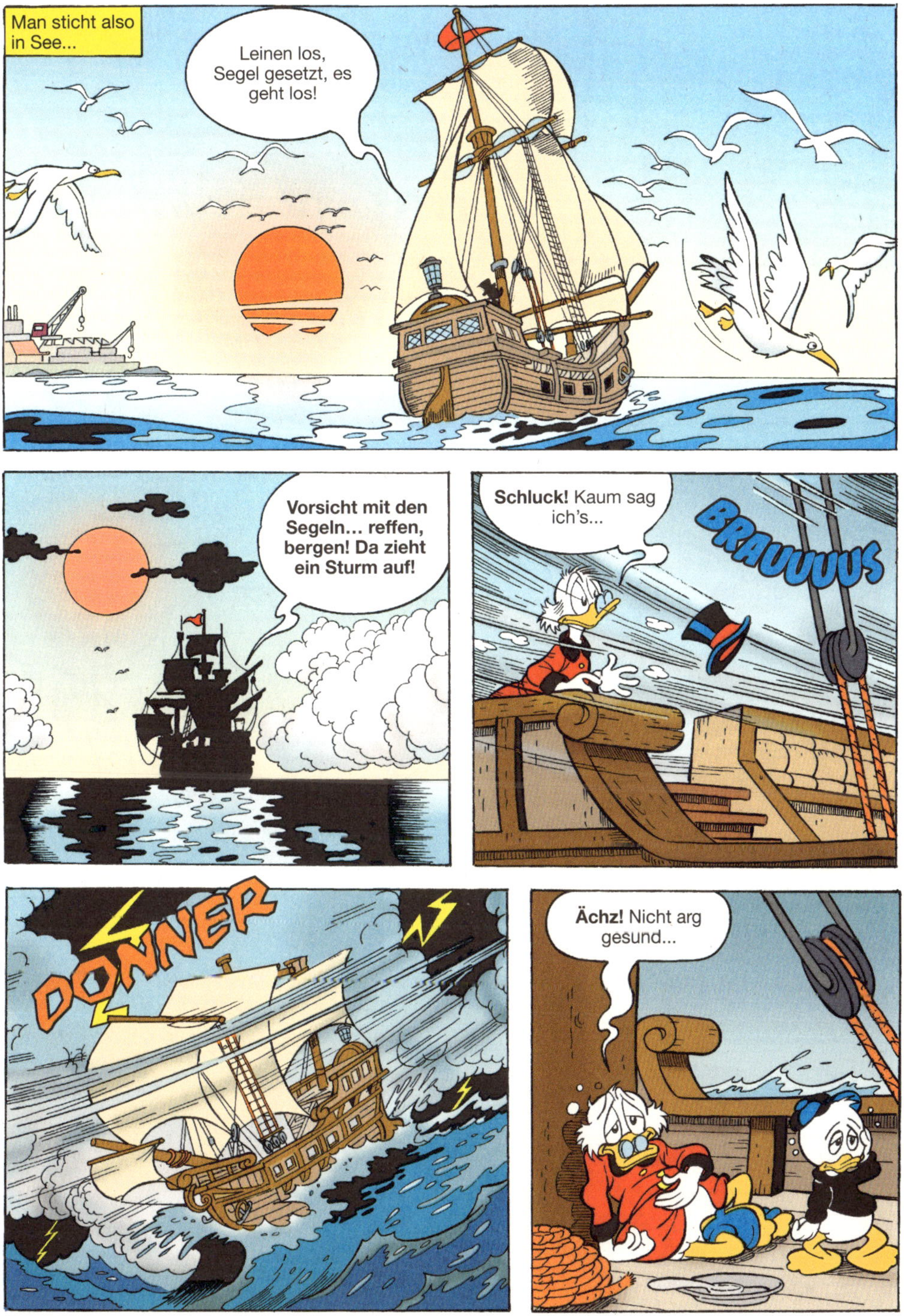
Man sticht also in See...
Leinen los, Segel gesetzt, es geht los!
Vorsicht mit den Segeln... reffen, bergen! Da zieht ein Sturm auf!
Schluck! Kaum sag ich's...
BRAUUUUS
DONNER
Ächz! Nicht arg gesund...

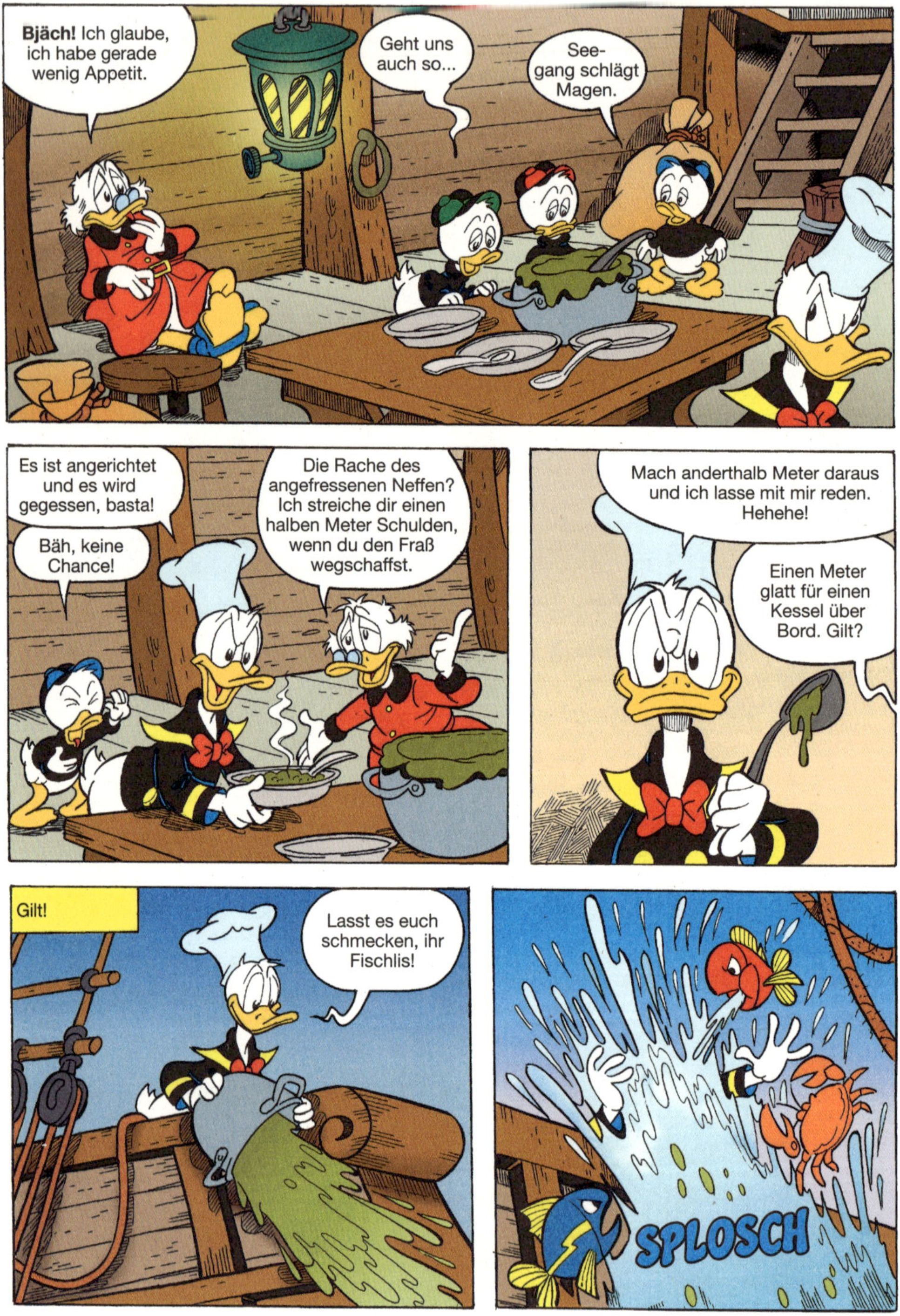
Bjäch! Ich glaube, ich habe gerade wenig Appetit.
Geht uns auch so...
See-gang schlägt Magen.
Es ist angerichtet und es wird gegessen, basta!
Bäh, keine Chance!
Die Rache des angefressenen Neffen? Ich streiche dir einen halben Meter Schulden, wenn du den Fraß wegschaffst.
Mach anderthalb Meter daraus und ich lasse mit mir reden. Hehehe!
Einen Meter glatt für einen Kessel über Bord. Gilt?
Gilt!
Lasst es euch schmecken, ihr Fischlis!
SPLOSCH

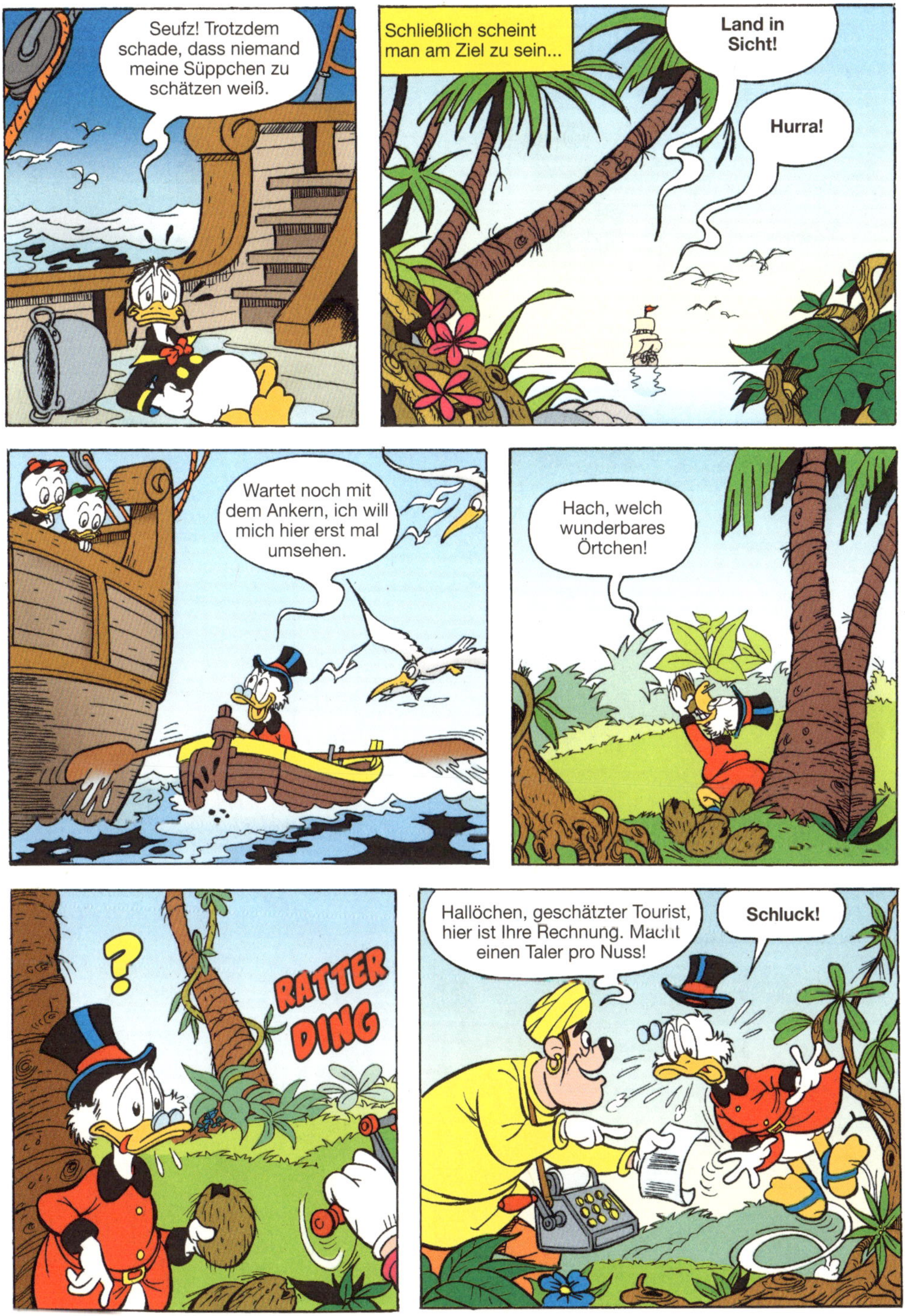
Seufz! Trotzdem schade, dass niemand meine Süppchen zu schätzen weiß.
Schließlich scheint man am Ziel zu sein...
Land in Sicht!
Hurra!
Wartet noch mit dem Ankern, ich will mich hier erst mal umsehen.
Hach, welch wunderbares Örtchen!
?
RATTER DING
Hallöchen, geschätzter Tourist, hier ist Ihre Rechnung. Macht einen Taler pro Nuss!
Schluck!

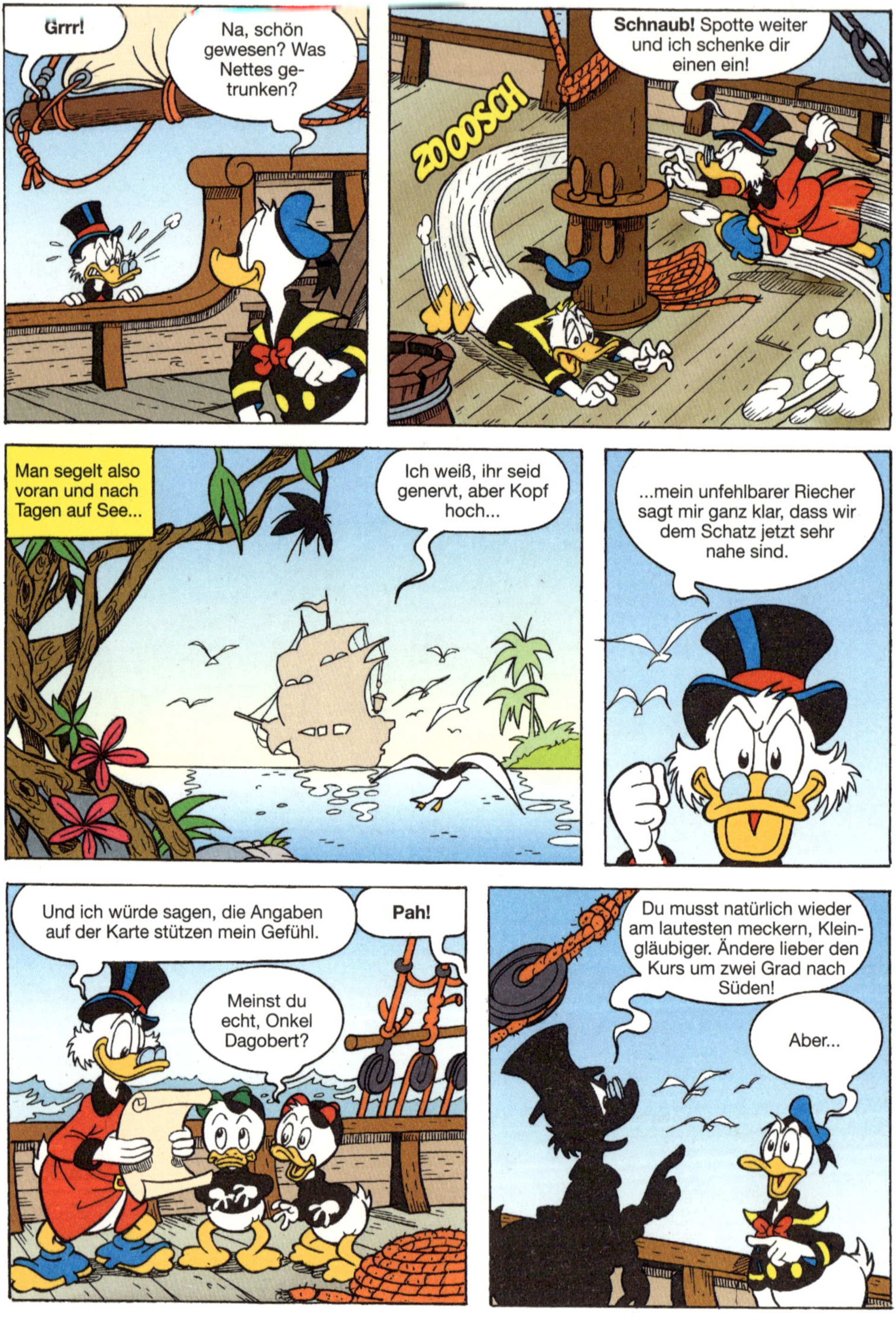
Grrr!
Na, schön gewesen? Was Nettes getrunken?
Schnaub! Spotte weiter und ich schenke dir einen ein!
ZOOOSCH
Man segelt also voran und nach Tagen auf See...
Ich weiß, ihr seid genervt, aber Kopf hoch...
...mein unfehlbarer Riecher sagt mir ganz klar, dass wir dem Schatz jetzt sehr nahe sind.
Und ich würde sagen, die Angaben auf der Karte stützen mein Gefühl.
Pah!
Meinst du echt, Onkel Dagobert?
Du musst natürlich wieder am lautesten meckern, Kleingläubiger. Ändere lieber den Kurs um zwei Grad nach Süden!
Aber...

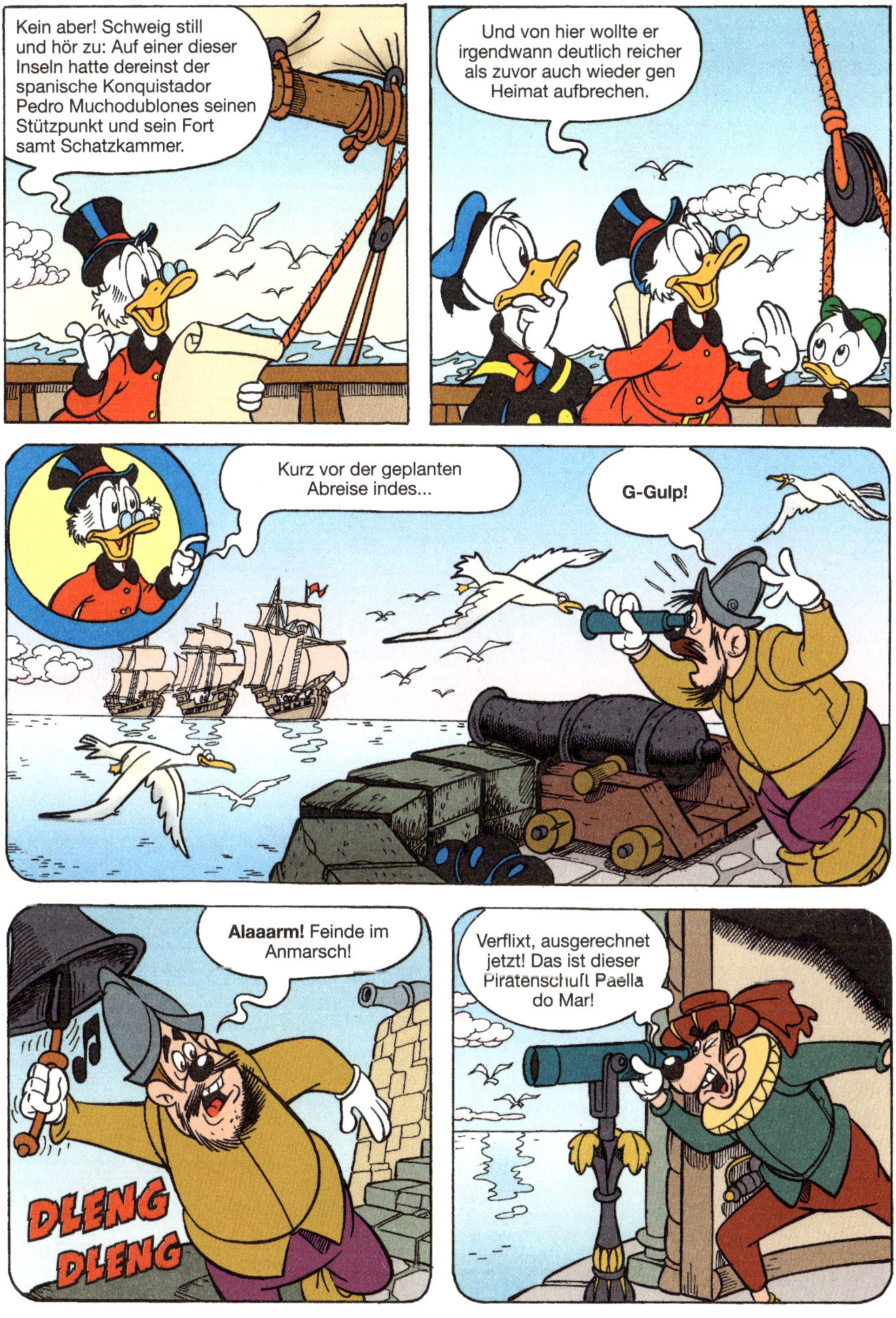
Kein aber! Schweig still und hör zu: Auf einer dieser Inseln hatte dereinst der spanische Konquistador Pedro Muchodublones seinen Stützpunkt und sein Fort samt Schatzkammer.
Und von hier wollte er irgendwann deutlich reicher als zuvor auch wieder gen Heimat aufbrechen.
Kurz vor der geplanten Abreise indes...
G-Gulp!
Alaaarm! Feinde im Anmarsch!
DLENG DLENG
Verflixt, ausgerechnet jetzt! Das ist dieser Piratenschuft Paella do Mar!

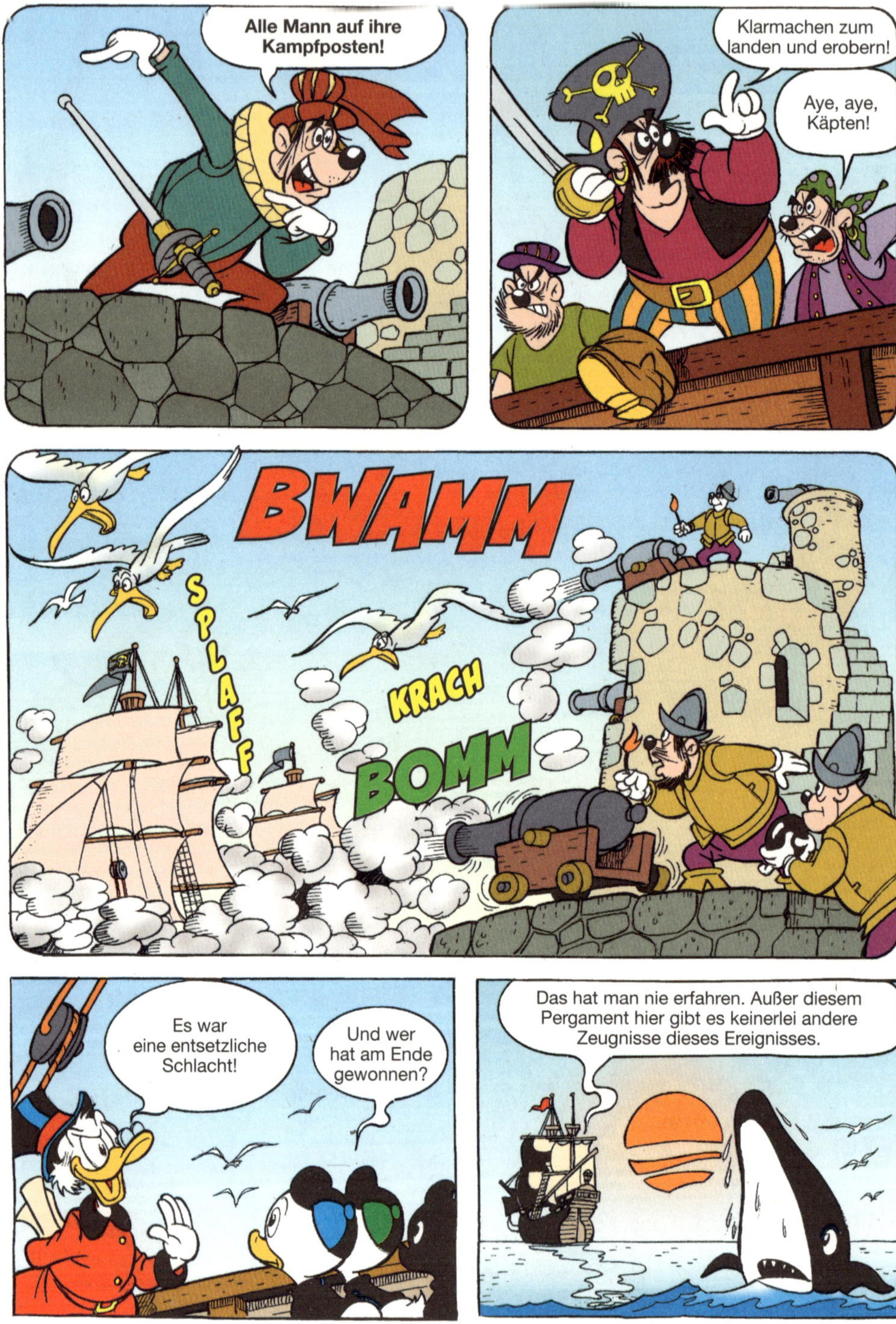
Alle Mann auf ihre Kampfposten!
Klarmachen zum landen und erobern!
Aye, aye, Käpten!
BWAMM
SPLAFF
KRACH
BOMM
Es war eine entsetzliche Schlacht!
Und wer hat am Ende gewonnen?
Das hat man nie erfahren. Außer diesem Pergament hier gibt es keinerlei andere Zeugnisse dieses Ereignisses.

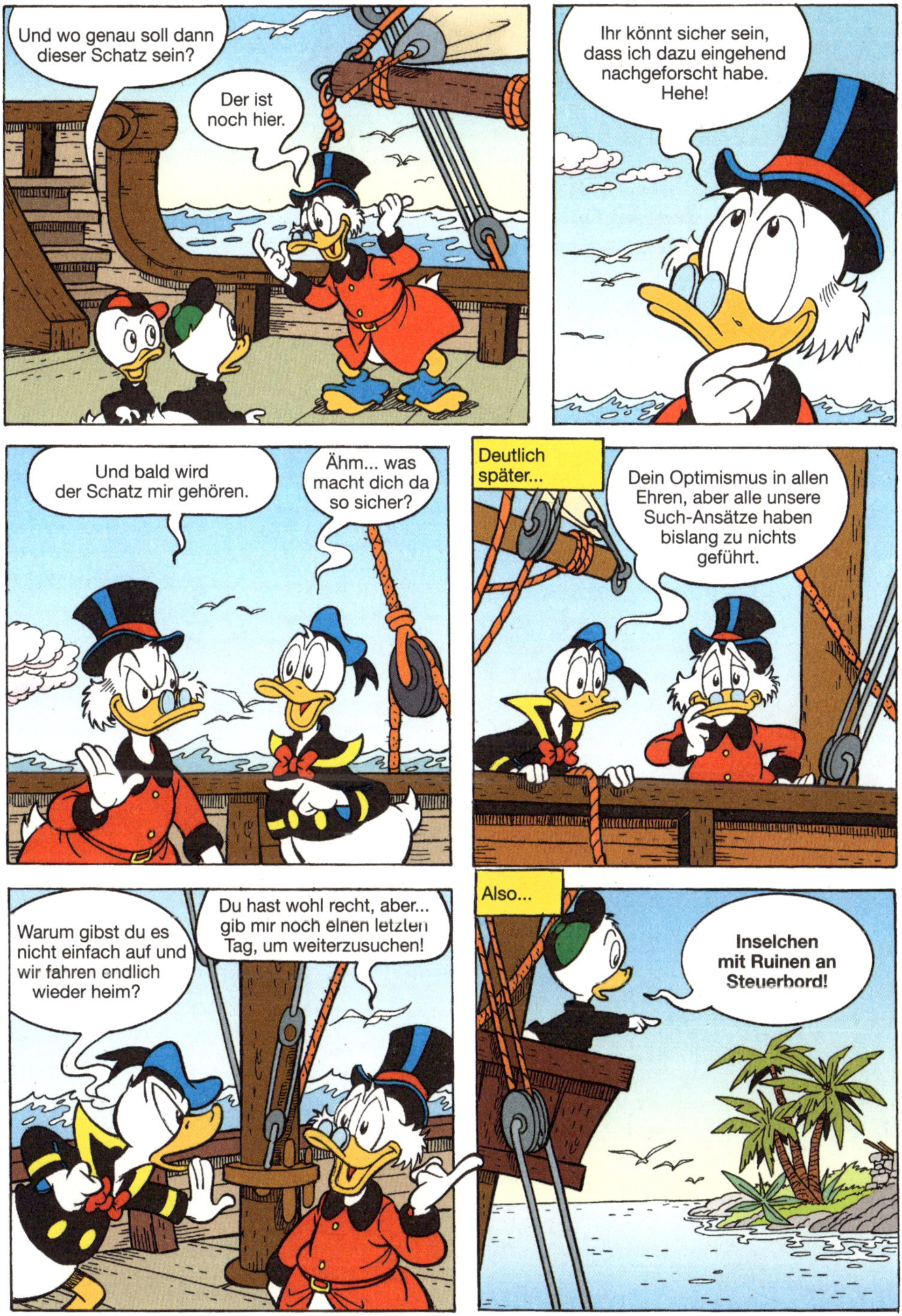
Und wo genau soll dann dieser Schatz sein?
Der ist noch hier.
Ihr könnt sicher sein, dass ich dazu eingehend nachgeforscht habe. Hehe!
Und bald wird der Schatz mir gehören.
Ähm... was macht dich da so sicher?
Deutlich später...
Dein Optimismus in allen Ehren, aber alle unsere Such-Ansätze haben bislang zu nichts geführt.
Warum gibst du es nicht einfach auf und wir fahren endlich wieder heim?
Du hast wohl recht, aber... gib mir noch einen letzten Tag, um weiterzusuchen!
Also...
Inselchen mit Ruinen an Steuerbord!

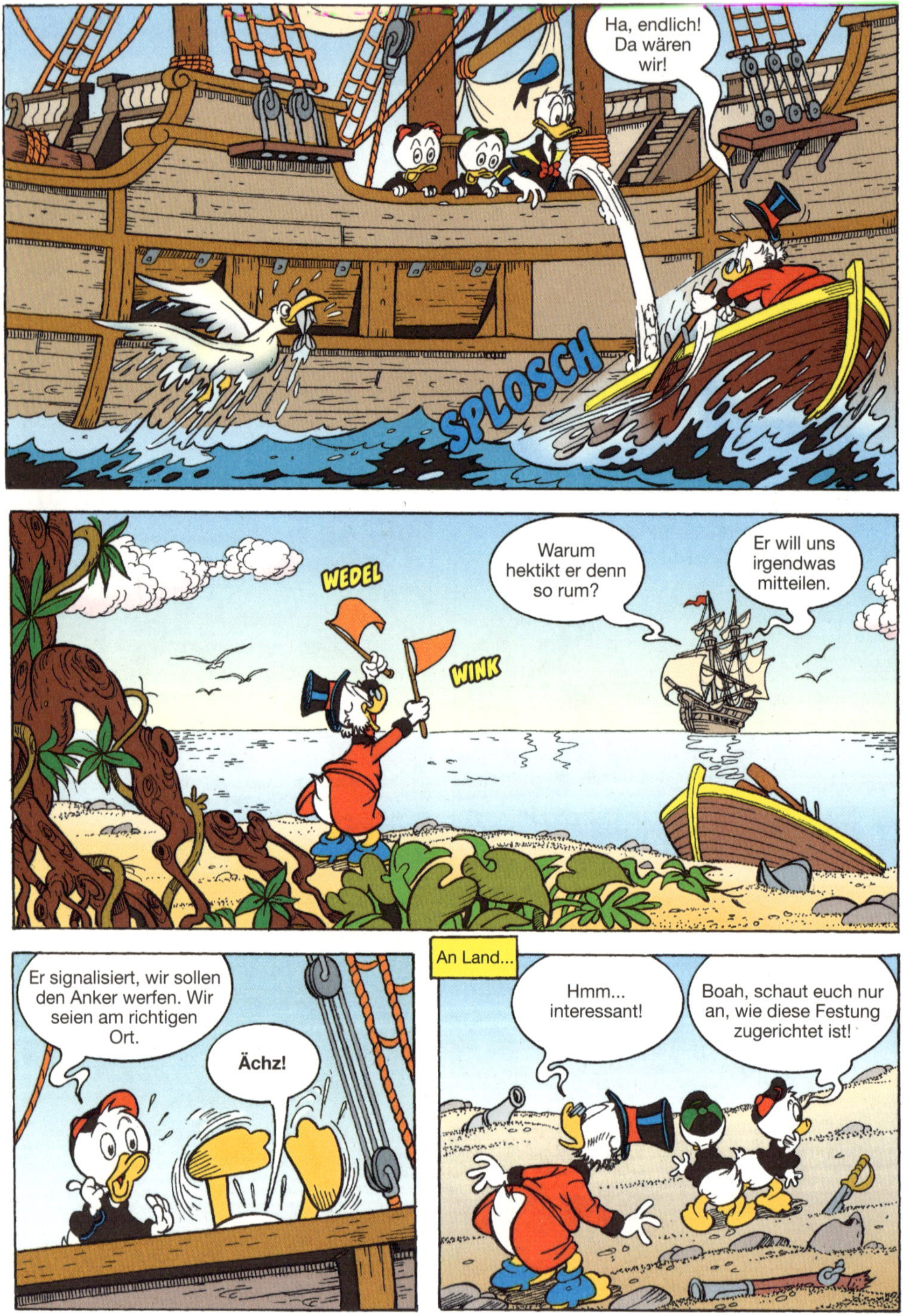
Ha, endlich! Da wären wir!
SPLOSCH
WEDEL
WINK
Warum hektikt er denn so rum?
Er will uns irgendwas mitteilen.
Er signalisiert, wir sollen den Anker werfen. Wir seien am richtigen Ort.
Ächz!
An Land...
Hmm... interessant!
Boah, schaut euch nur an, wie diese Festung zugerichtet ist!

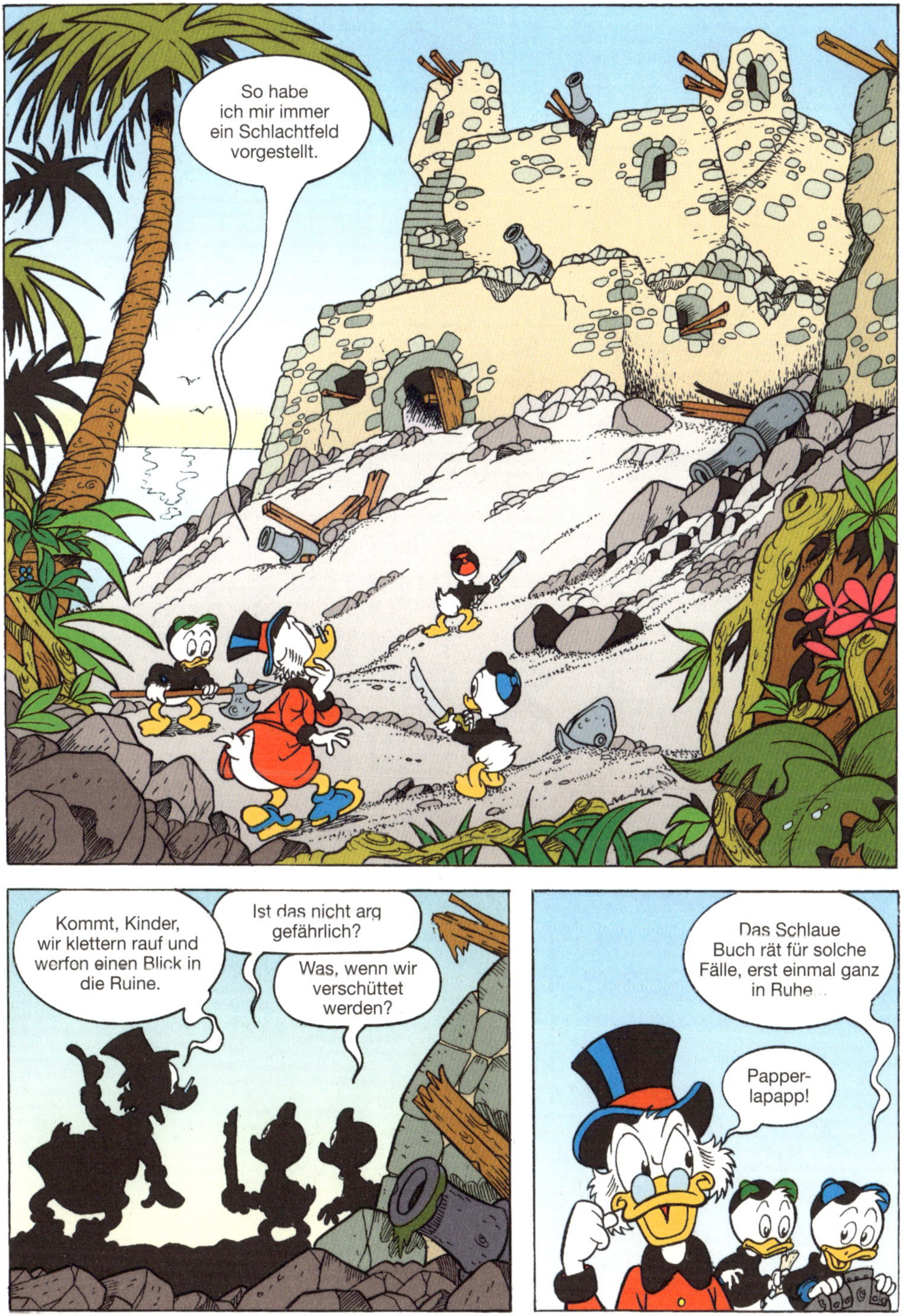
So habe ich mir immer ein Schlachtfeld vorgestellt.
Kommt, Kinder, wir klettern rauf und werfen einen Blick in die Ruine.
Ist das nicht arg gefährlich?
Was, wenn wir verschüttet werden?
Das Schlaue Buch rät für solche Fälle, erst einmal ganz in Ruhe ...
Papper-lapapp!

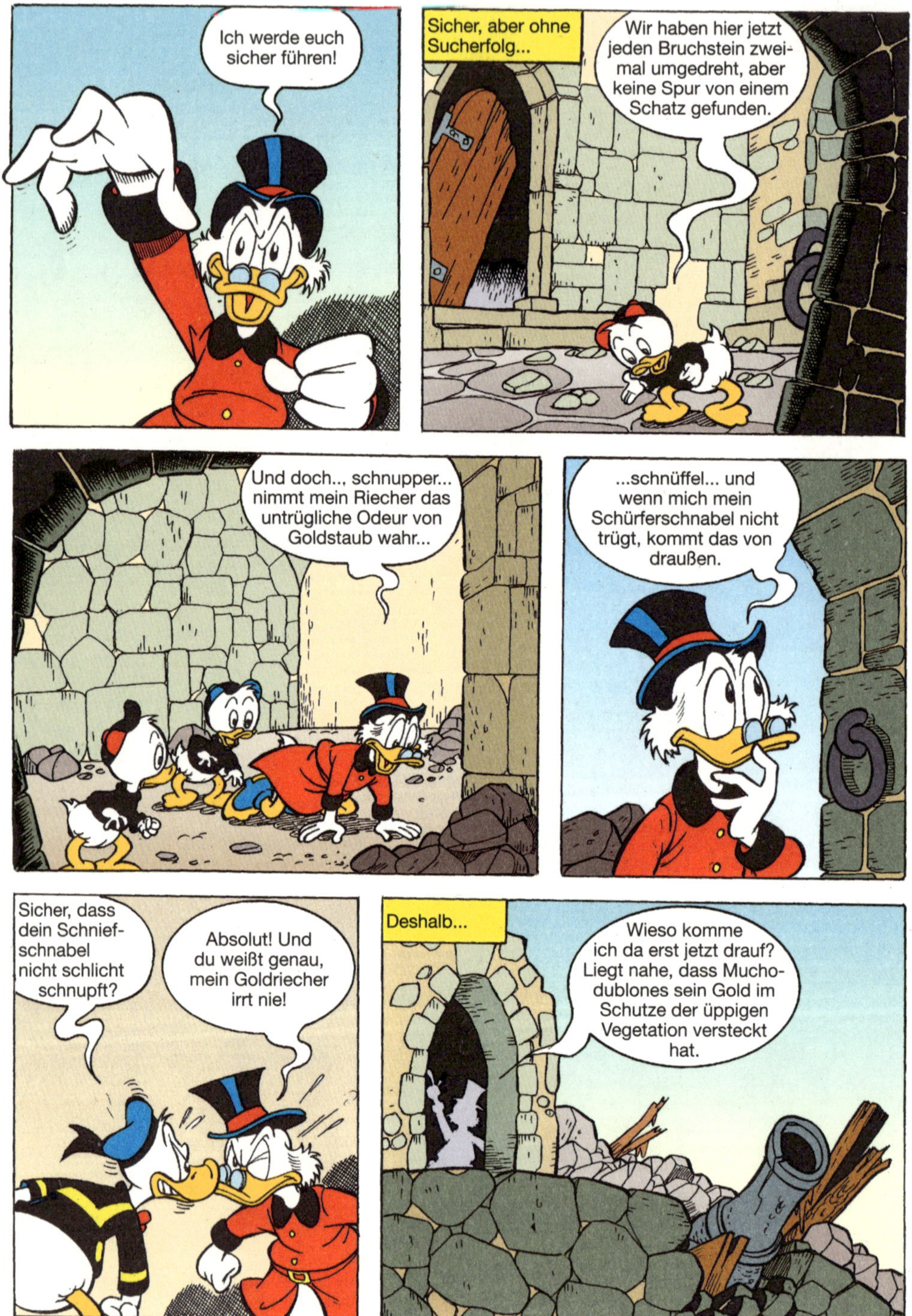

Ich werde euch sicher führen!
Sicher, aber ohne Sucherfolg...
Wir haben hier jetzt jeden Bruchstein zweimal umgedreht, aber keine Spur von einem Schatz gefunden.
Und doch..., schnupper... nimmt mein Riecher das untrügliche Odeur von Goldstaub wahr...
...schnüffel... und wenn mich mein Schürferschnabel nicht trügt, kommt das von draußen.
Sicher, dass dein Schniefschnabel nicht schlicht schnupft?
Absolut! Und du weißt genau, mein Goldriecher irrt nie!
Deshalb...
Wieso komme ich da erst jetzt drauf? Liegt nahe, dass Muchodublones sein Gold im Schutze der üppigen Vegetation versteckt hat.

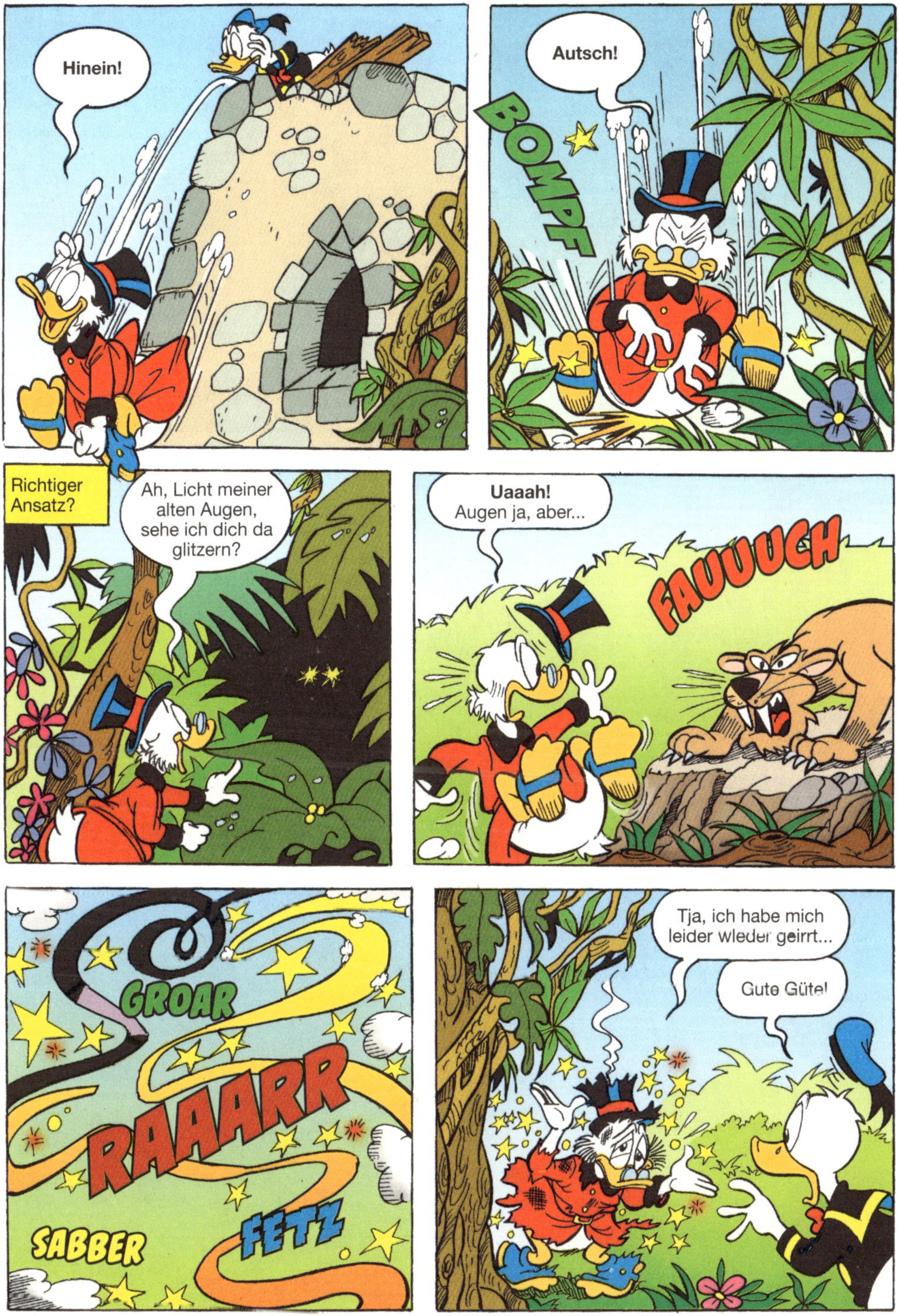
Hinein!
Autsch!
BOMPF
Richtiger Ansatz?
Ah, Licht meiner alten Augen, sehe ich dich da glitzern?
Uaaah!
Augen ja, aber...
FAUUUCH
GROAR
RAAARR
SABBER
FETZ
Tja, ich habe mich leider wieder geirrt...
Gute Güte!

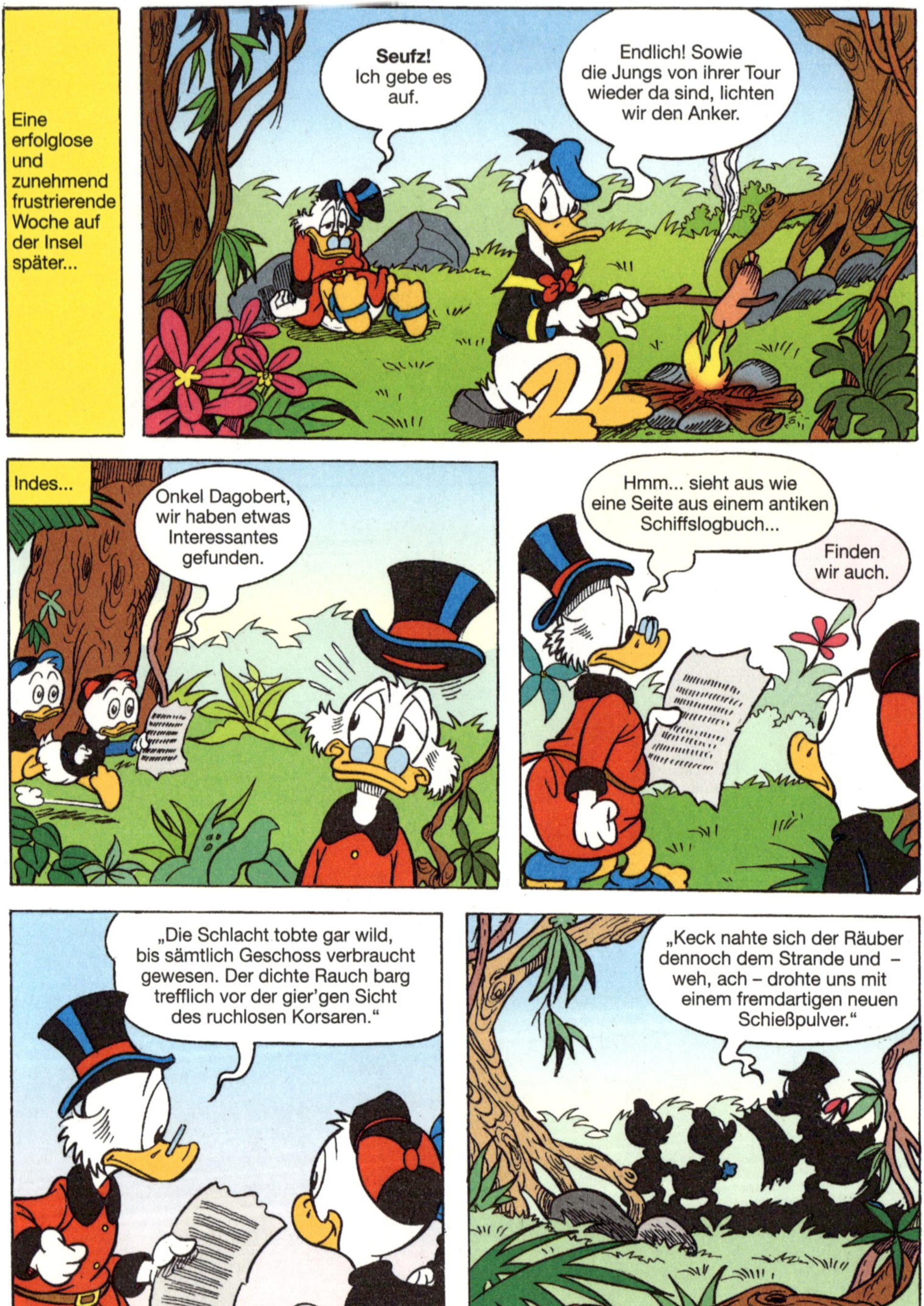
Eine erfolglose und zunehmend frustrierende Woche auf der Insel später...
Seufz! Ich gebe es auf.
Endlich! Sowie die Jungs von ihrer Tour wieder da sind, lichten wir den Anker.
Indes...
Onkel Dagobert, wir haben etwas Interessantes gefunden.
Hmm... sieht aus wie eine Seite aus einem antiken Schiffslogbuch...
Finden wir auch.
„Die Schlacht tobte gar wild, bis sämtlich Geschoss verbraucht gewesen. Der dichte Rauch barg trefflich vor der gier'gen Sicht des ruchlosen Korsaren."
„Keck nahte sich der Räuber dennoch dem Strande und – weh, ach – drohte uns mit einem fremdartigen neuen Schießpulver."

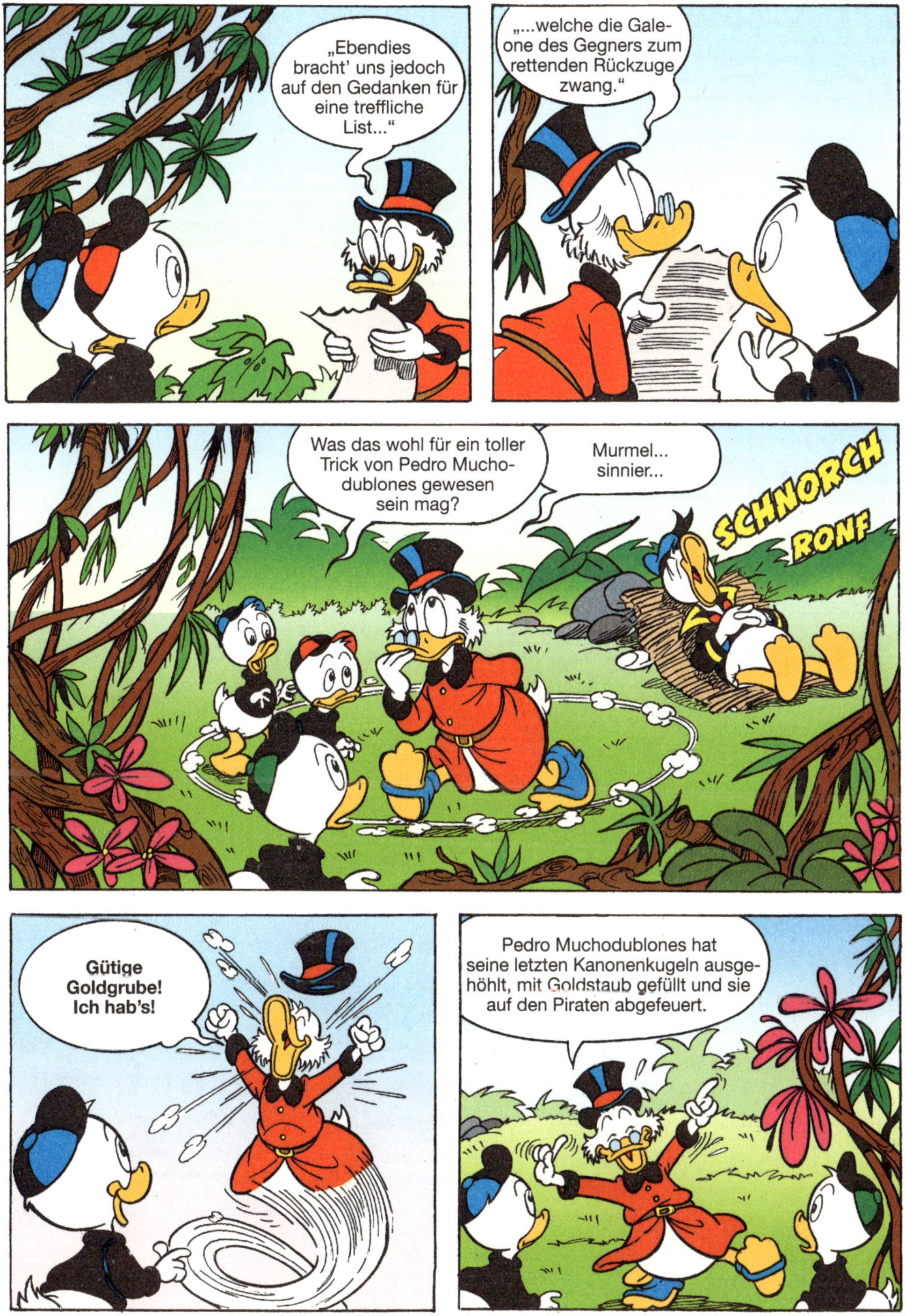
„Ebendies bracht' uns jedoch auf den Gedanken für eine treffliche List..."
„...welche die Galeone des Gegners zum rettenden Rückzuge zwang."
Was das wohl für ein toller Trick von Pedro Muchodublones gewesen sein mag?
Murmel... sinnier...
SCHNORCH
RONF
Gütige Goldgrube! Ich hab's!
Pedro Muchodublones hat seine letzten Kanonenkugeln ausgehöhlt, mit Goldstaub gefüllt und sie auf den Piraten abgefeuert.

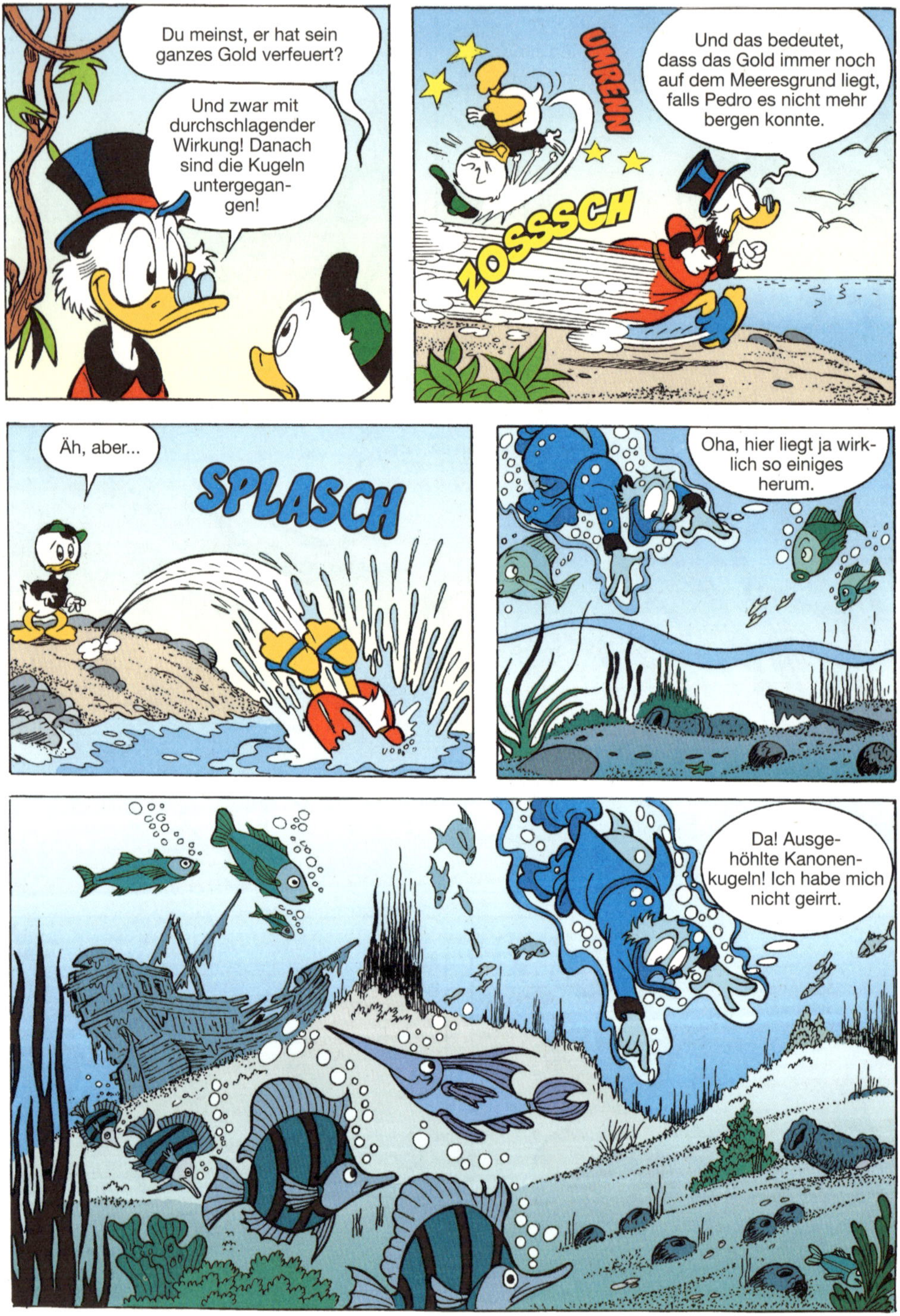
Du meinst, er hat sein ganzes Gold verfeuert?
Und zwar mit durchschlagender Wirkung! Danach sind die Kugeln untergegangen!
UMRENN
ZOSSSCH
Und das bedeutet, dass das Gold immer noch auf dem Meeresgrund liegt, falls Pedro es nicht mehr bergen konnte.
Äh, aber...
SPLASCH
Oha, hier liegt ja wirklich so einiges herum.
Da! Ausgehöhlte Kanonenkugeln! Ich habe mich nicht geirrt.

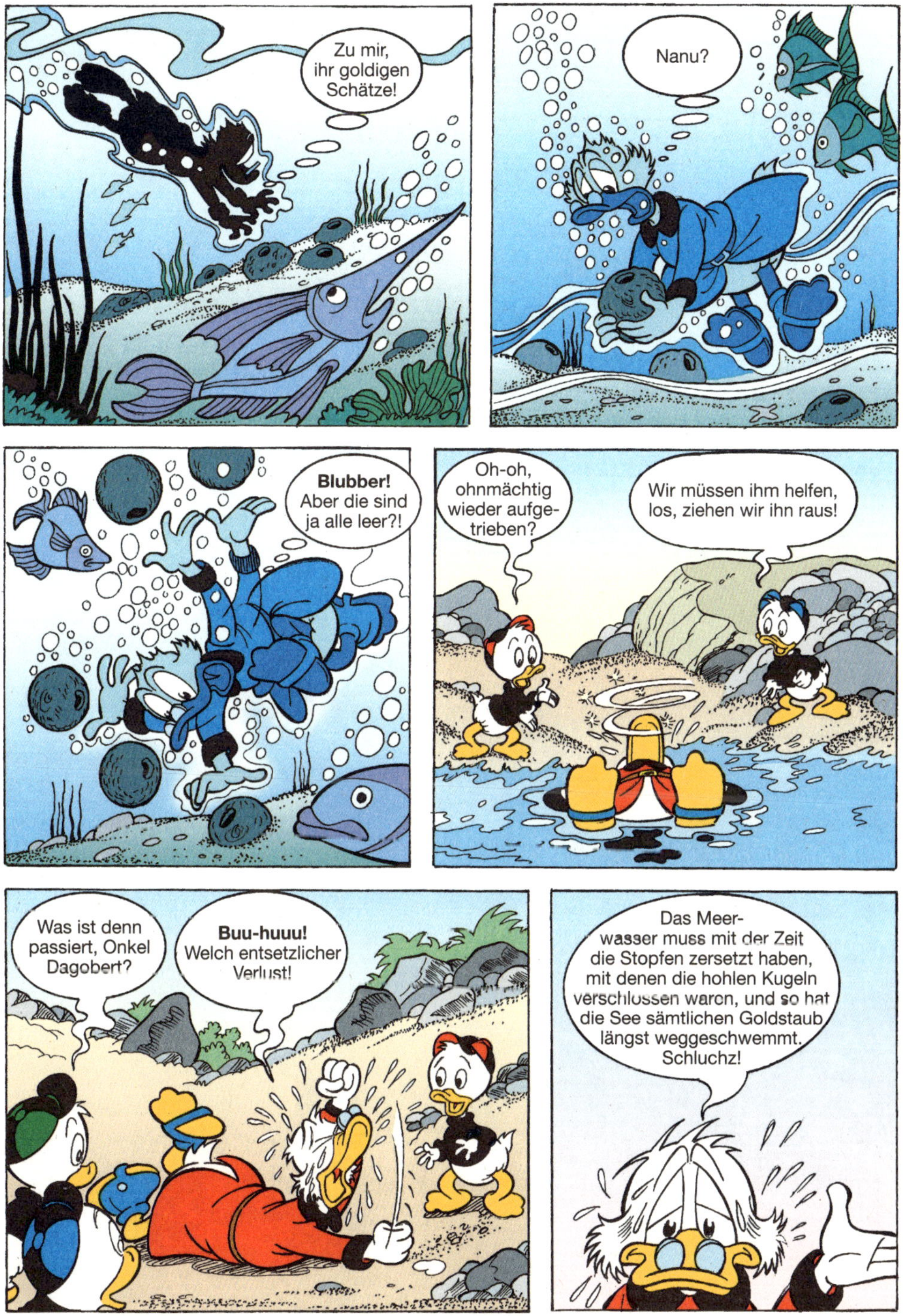
Zu mir, ihr goldigen Schätze!
Nanu?
Blubber! Aber die sind ja alle leer?!
Oh-oh, ohnmächtig wieder aufgetrieben?
Wir müssen ihm helfen, los, ziehen wir ihn raus!
Was ist denn passiert, Onkel Dagobert?
Buu-huuu! Welch entsetzlicher Verlust!
Das Meerwasser muss mit der Zeit die Stopfen zersetzt haben, mit denen die hohlen Kugeln verschlossen waren, und so hat die See sämtlichen Goldstaub längst weggeschwemmt. Schluchz!

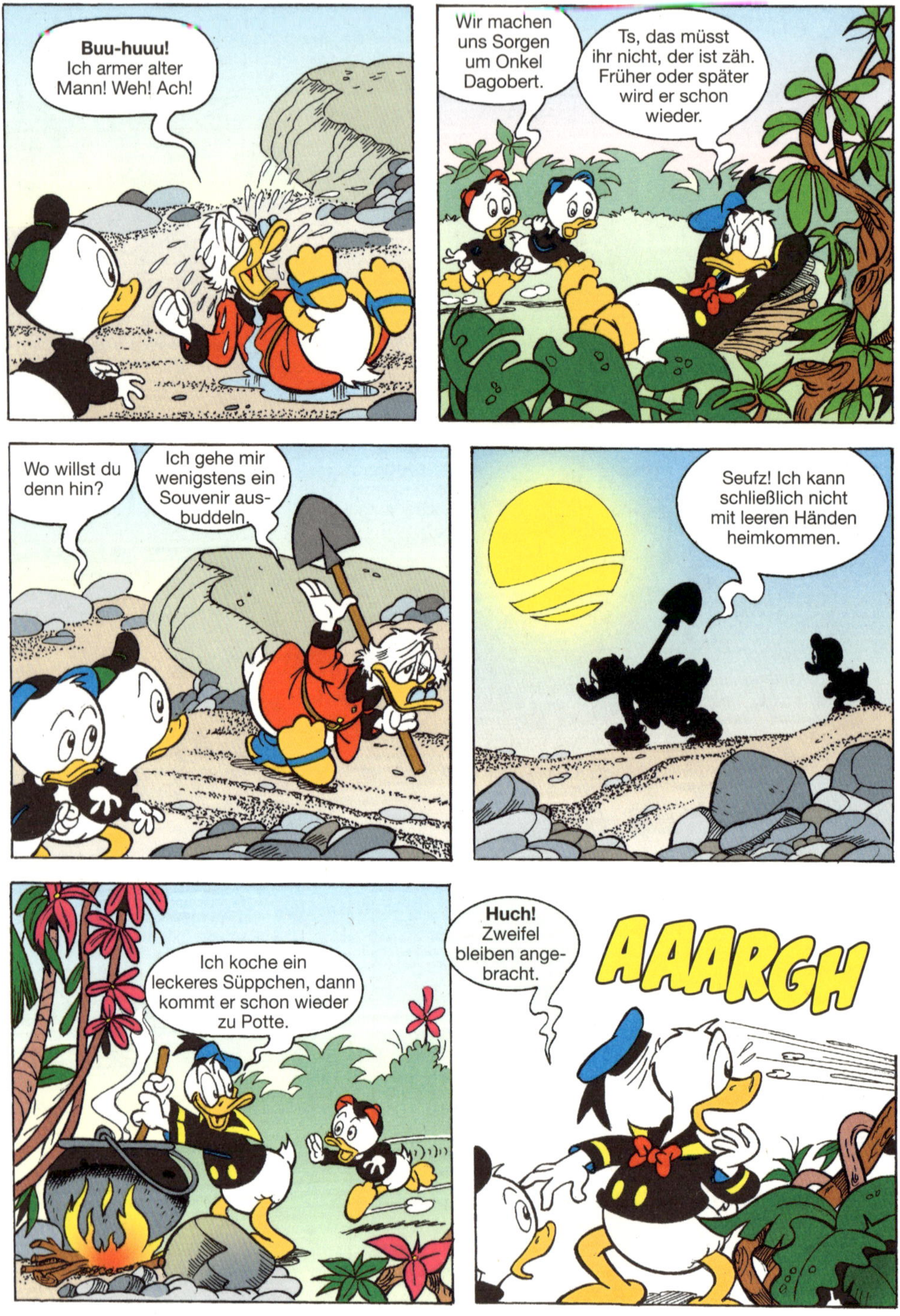
Buu-huuu! Ich armer alter Mann! Weh! Ach!
Wir machen uns Sorgen um Onkel Dagobert.
Ts, das müsst ihr nicht, der ist zäh. Früher oder später wird er schon wieder.
Wo willst du denn hin?
Ich gehe mir wenigstens ein Souvenir ausbuddeln.
Seufz! Ich kann schließlich nicht mit leeren Händen heimkommen.
Ich koche ein leckeres Süppchen, dann kommt er schon wieder zu Potte.
Huch! Zweifel bleiben angebracht.
AAARGH

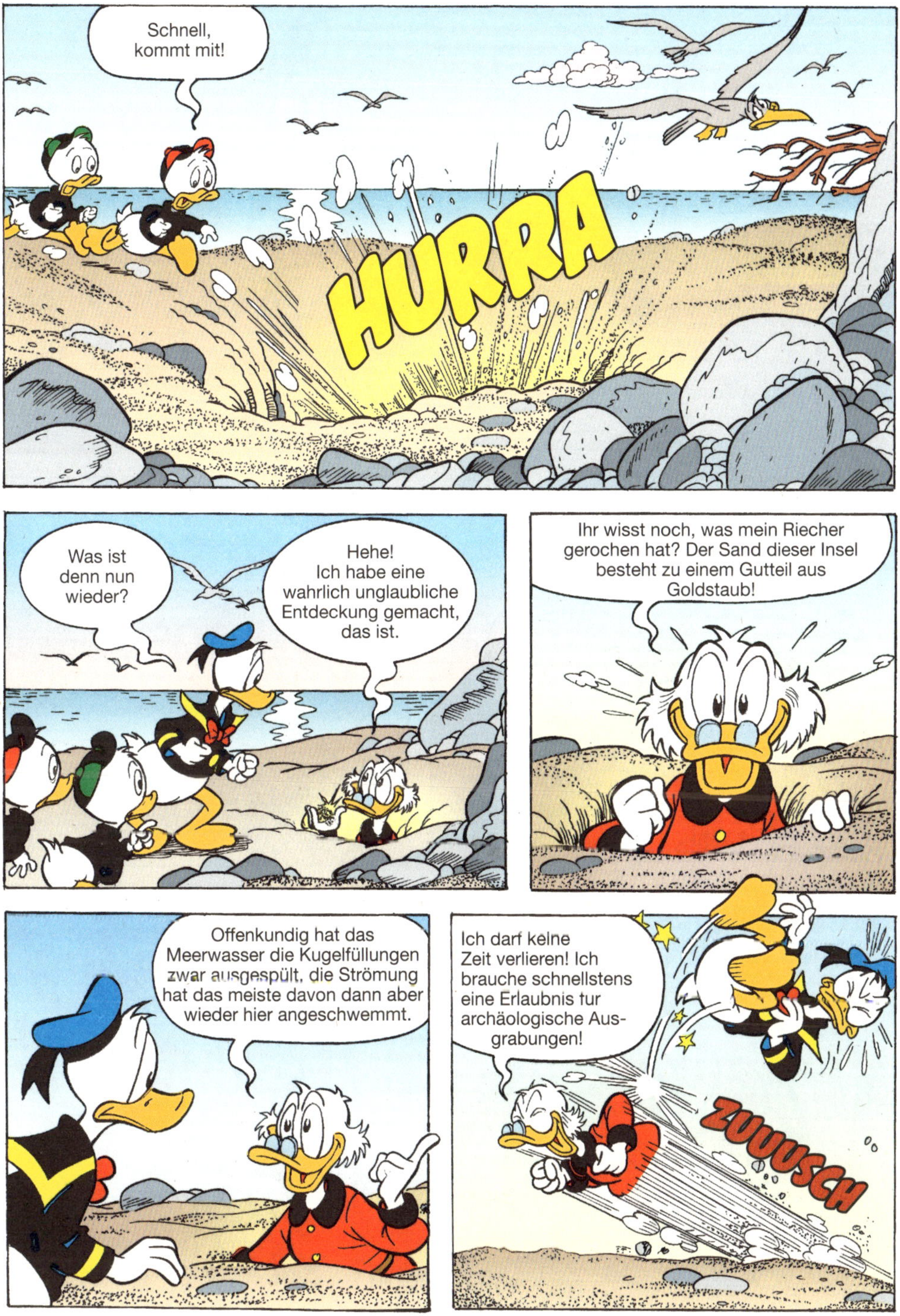
Schnell, kommt mit!
HURRA
Was ist denn nun wieder?
Hehe! Ich habe eine wahrlich unglaubliche Entdeckung gemacht, das ist.
Ihr wisst noch, was mein Riecher gerochen hat? Der Sand dieser Insel besteht zu einem Gutteil aus Goldstaub!
Offenkundig hat das Meerwasser die Kugelfüllungen zwar ausgespült, die Strömung hat das meiste davon dann aber wieder hier angeschwemmt.
Ich darf keine Zeit verlieren! Ich brauche schnellstens eine Erlaubnis für archäologische Ausgrabungen!
ZUUUSCH

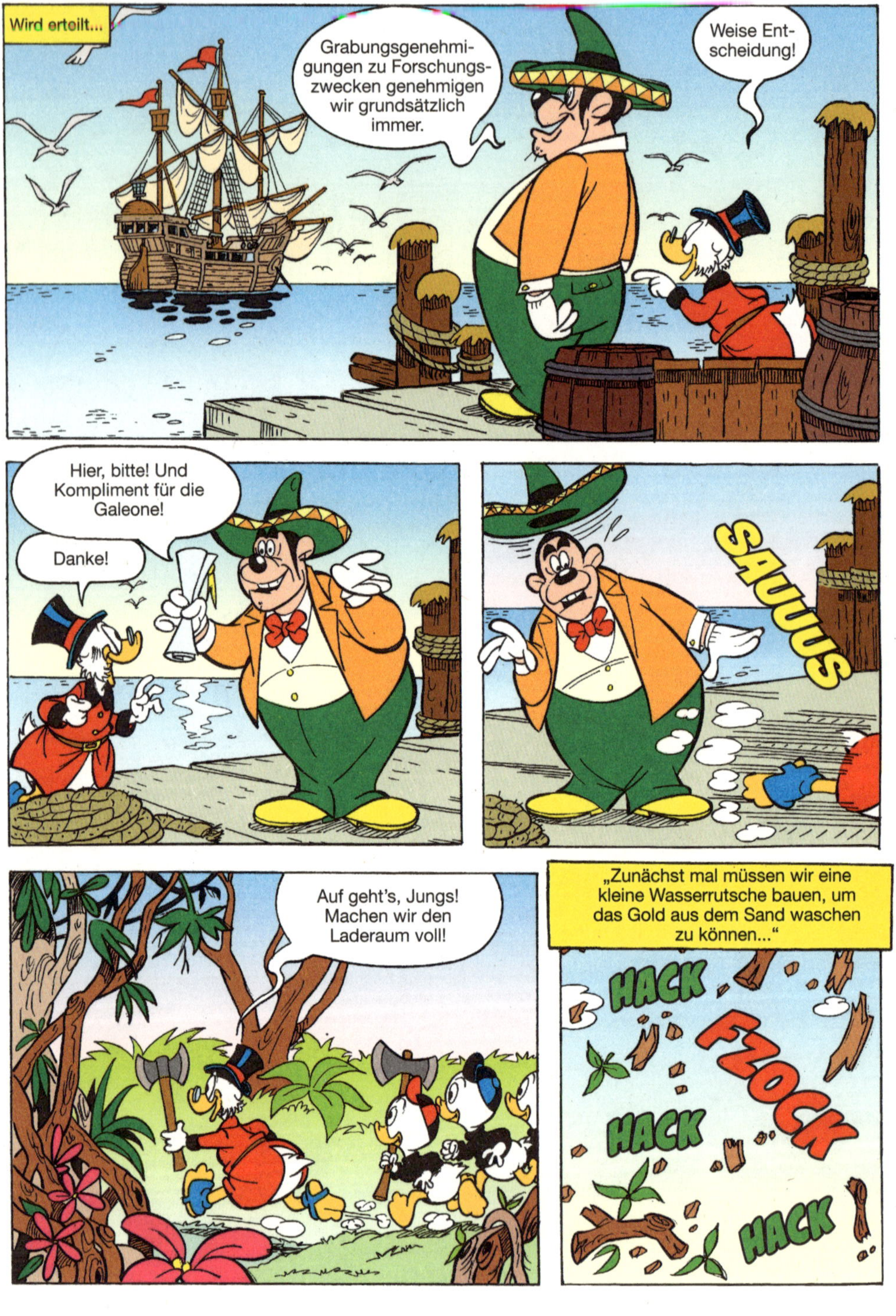
Wird erteilt...
Grabungsgenehmigungen zu Forschungszwecken genehmigen wir grundsätzlich immer.
Weise Entscheidung!
Hier, bitte! Und Kompliment für die Galeone!
Danke!
SAUUUS
Auf geht's, Jungs! Machen wir den Laderaum voll!
„Zunächst mal müssen wir eine kleine Wasserrutsche bauen, um das Gold aus dem Sand waschen zu können..."
HACK
FZOCK
HACK
HACK

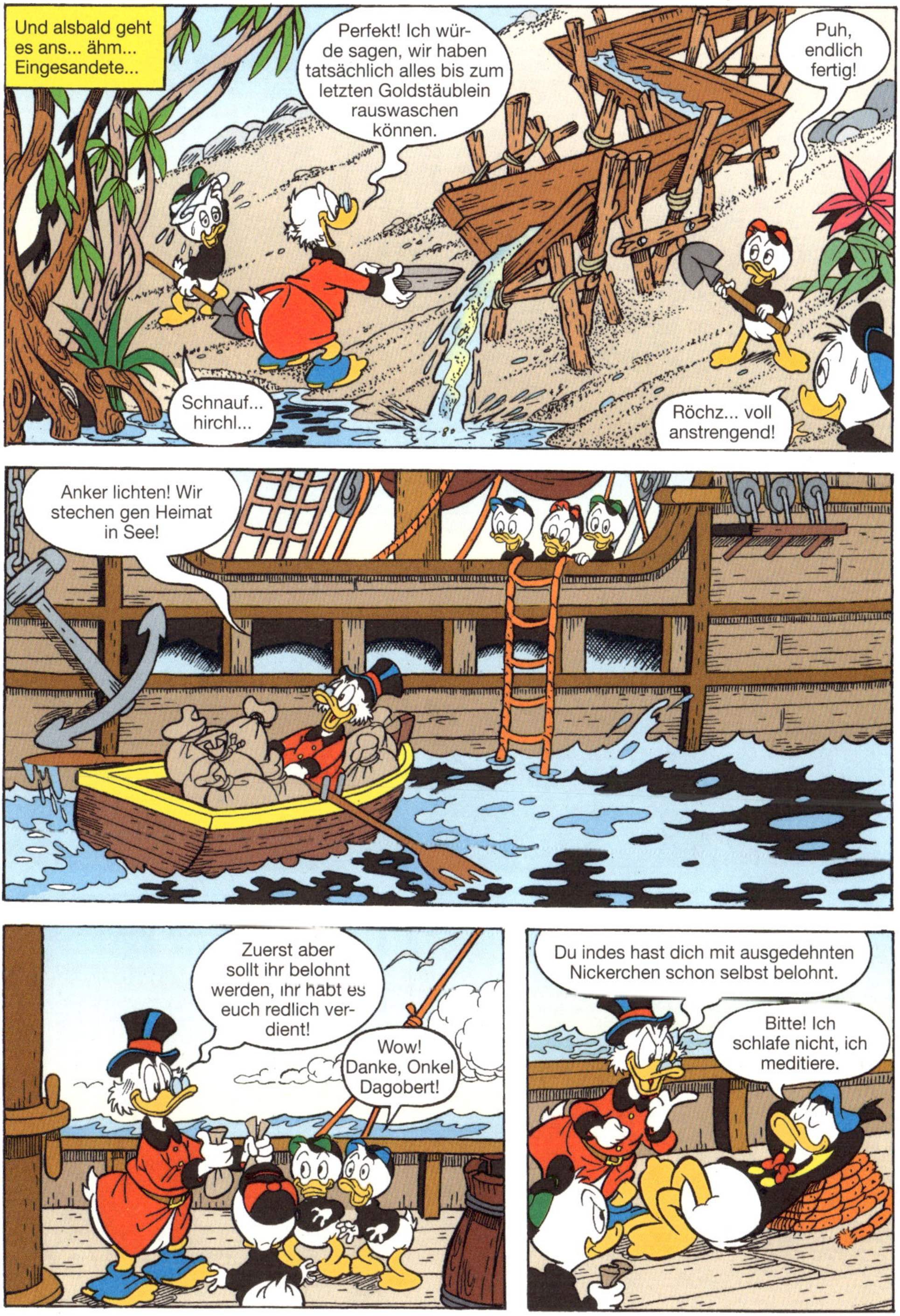
Und alsbald geht es ans... ähm... Eingesandete...
Perfekt! Ich würde sagen, wir haben tatsächlich alles bis zum letzten Goldstäublein rauswaschen können.
Puh, endlich fertig!
Schnauf... hirchl...
Röchz... voll anstrengend!
Anker lichten! Wir stechen gen Heimat in See!
Zuerst aber sollt ihr belohnt werden, ihr habt es euch redlich verdient!
Wow! Danke, Onkel Dagobert!
Du indes hast dich mit ausgedehnten Nickerchen schon selbst belohnt.
Bitte! Ich schlafe nicht, ich meditiere.

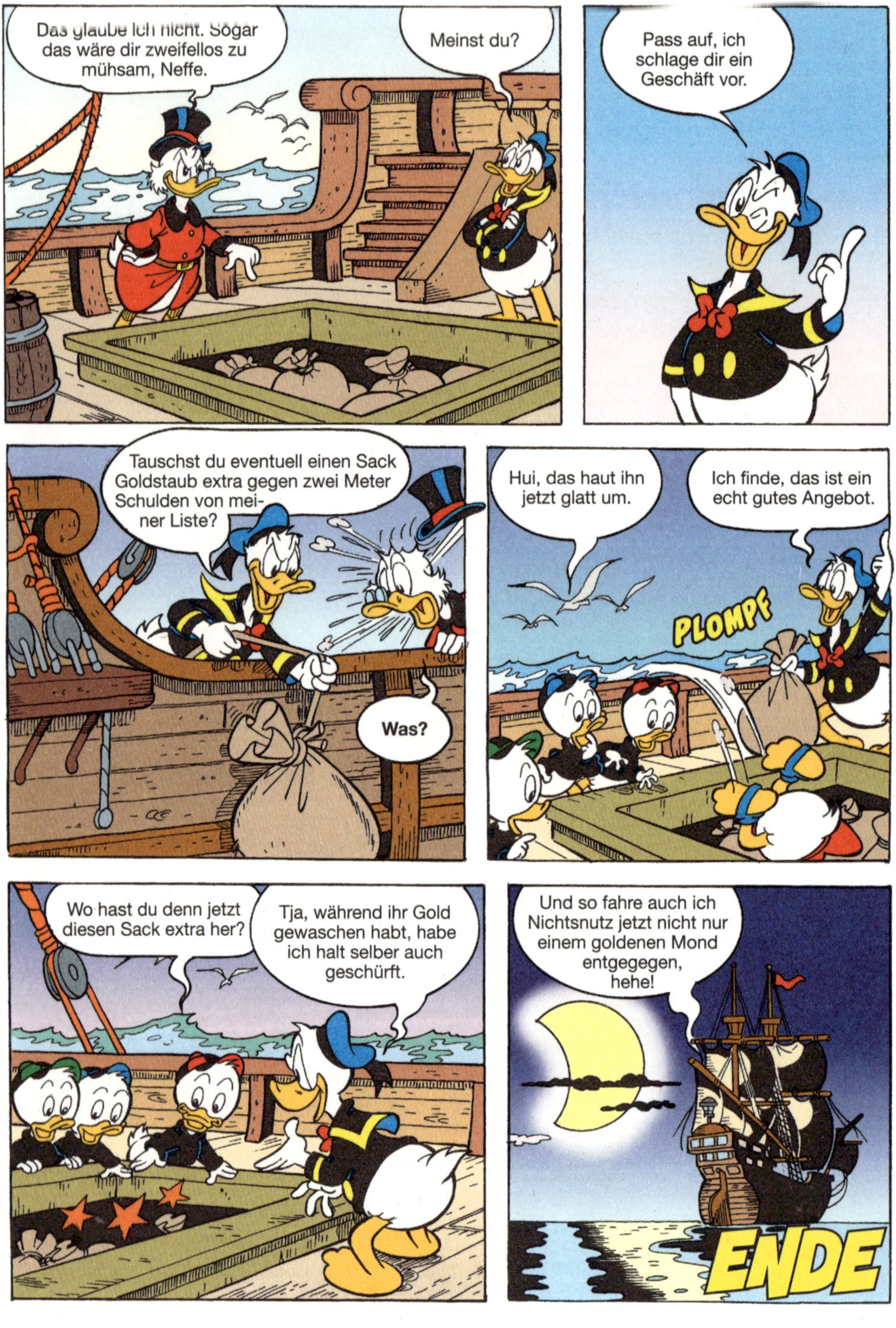

Das glaube ich nicht. Sogar das wäre dir zweifellos zu mühsam, Neffe.
Meinst du?
Pass auf, ich schlage dir ein Geschäft vor.
Tauschst du eventuell einen Sack Goldstaub extra gegen zwei Meter Schulden von meiner Liste?
Was?
Hui, das haut ihn jetzt glatt um.
Ich finde, das ist ein echt gutes Angebot.
PLOMPF
Wo hast du denn jetzt diesen Sack extra her?
Tja, während ihr Gold gewaschen habt, habe ich halt selber auch geschürft.
Und so fahre auch ich Nichtsnutz jetzt nicht nur einem goldenen Mond entgegegen, hehe!
ENDE

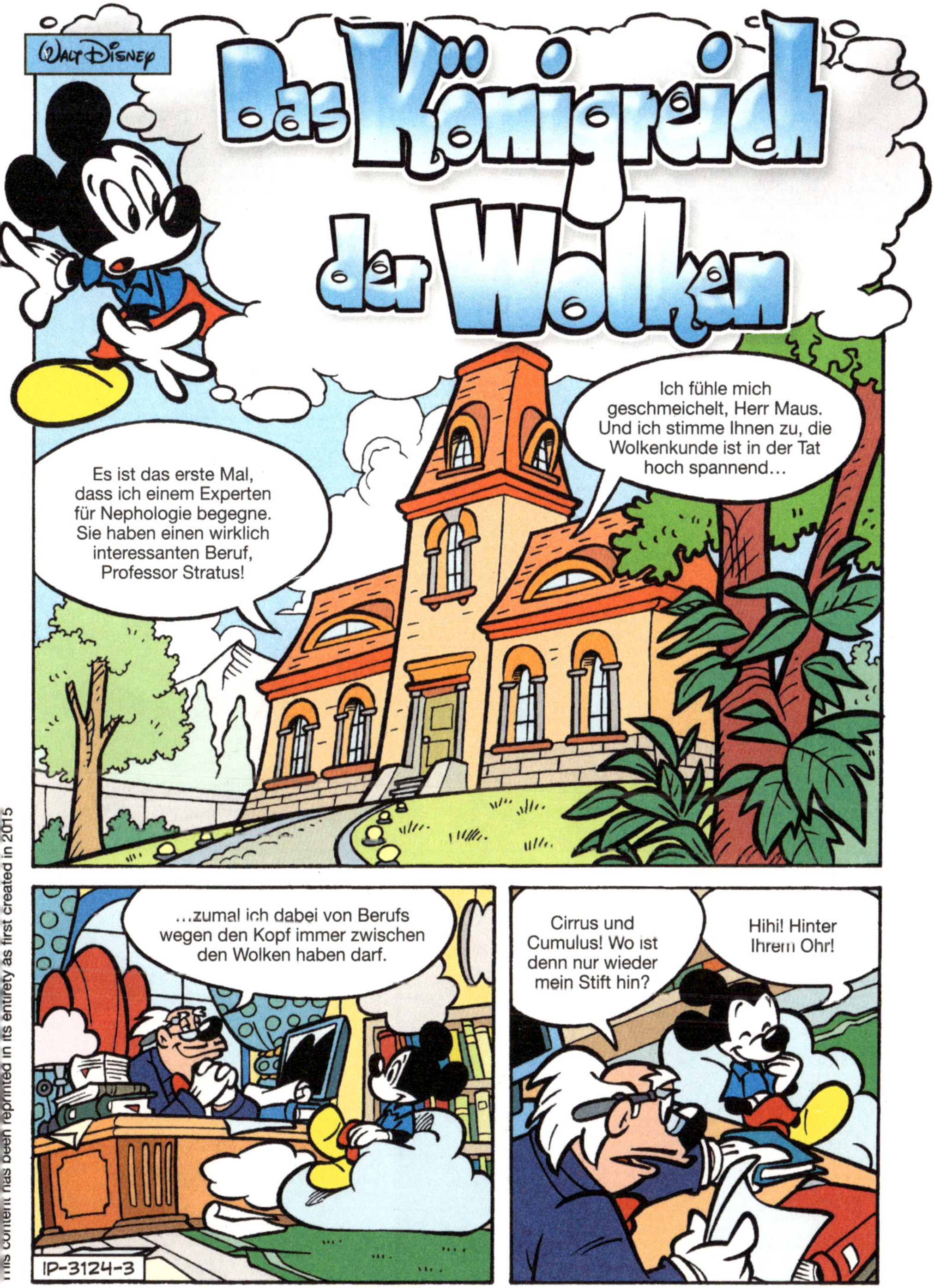

Carlo Panaro (Story), **Ettore Gula** (Zeichnungen)

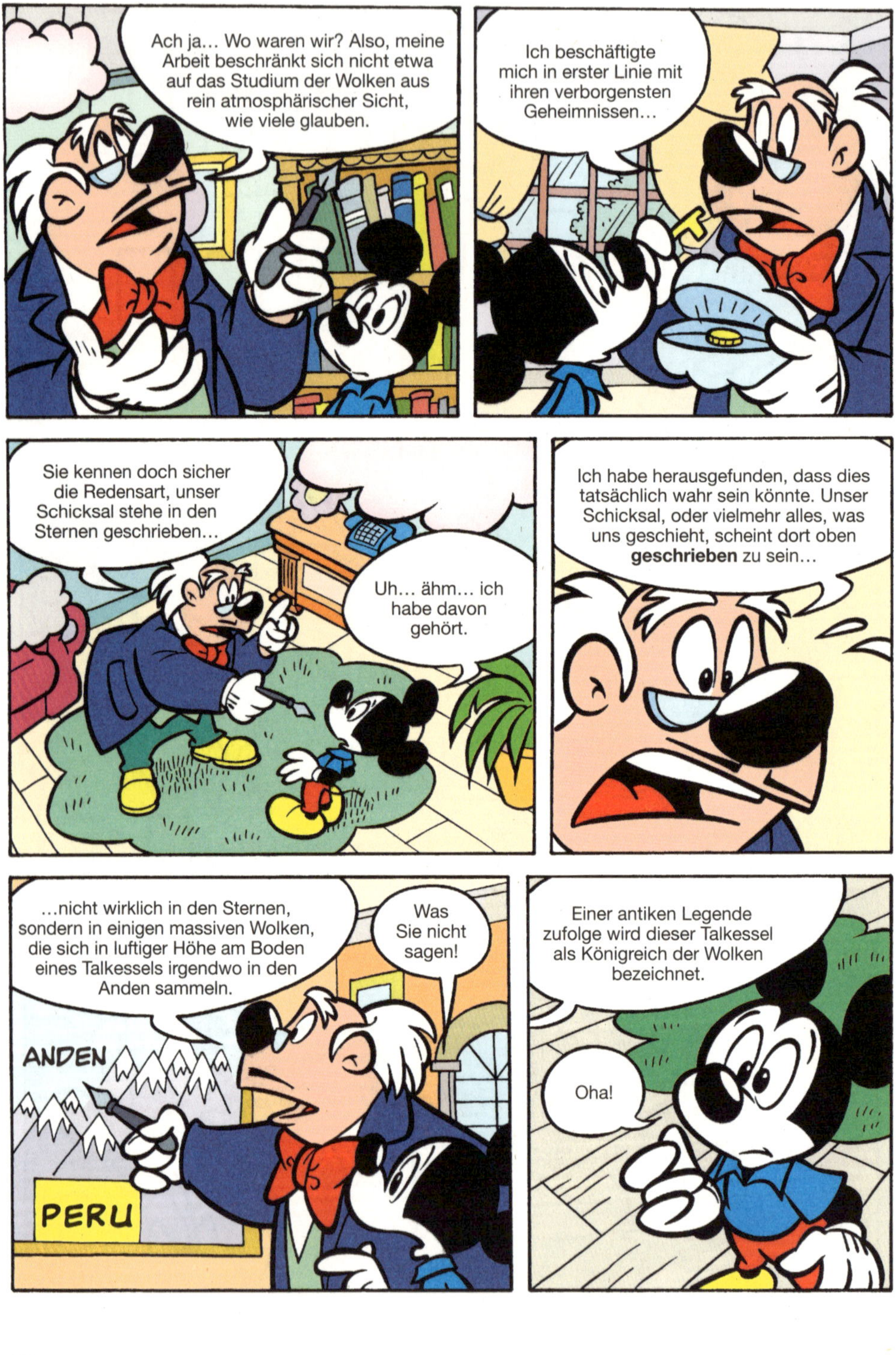
Ach ja… Wo waren wir? Also, meine Arbeit beschränkt sich nicht etwa auf das Studium der Wolken aus rein atmosphärischer Sicht, wie viele glauben.
Ich beschäftigte mich in erster Linie mit ihren verborgensten Geheimnissen…
Sie kennen doch sicher die Redensart, unser Schicksal stehe in den Sternen geschrieben…
Uh… ähm… ich habe davon gehört.
Ich habe herausgefunden, dass dies tatsächlich wahr sein könnte. Unser Schicksal, oder vielmehr alles, was uns geschieht, scheint dort oben **geschrieben** zu sein…
…nicht wirklich in den Sternen, sondern in einigen massiven Wolken, die sich in luftiger Höhe am Boden eines Talkessels irgendwo in den Anden sammeln.
Was Sie nicht sagen!
ANDEN
PERU
Einer antiken Legende zufolge wird dieser Talkessel als Königreich der Wolken bezeichnet.
Oha!

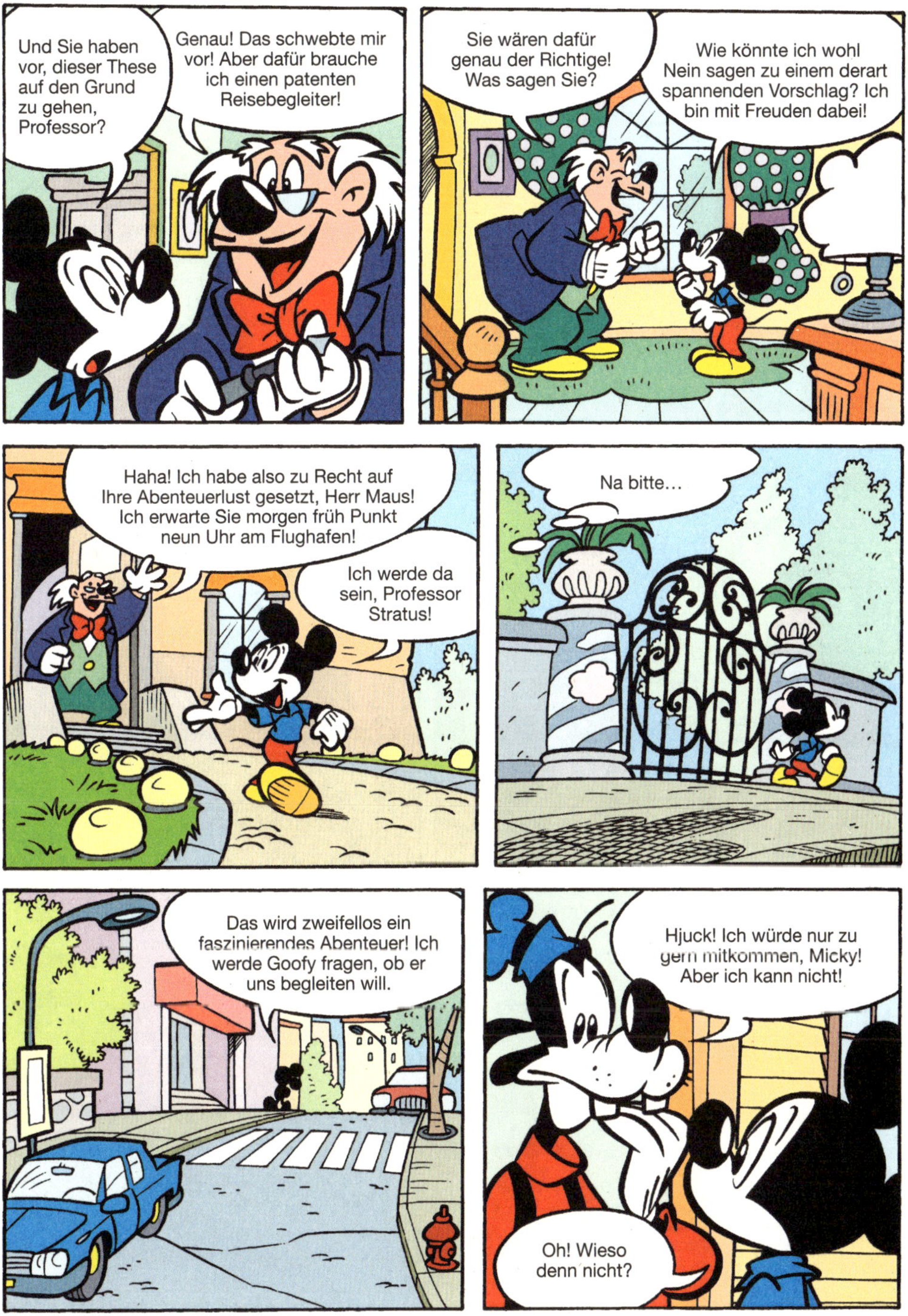
Und Sie haben vor, dieser These auf den Grund zu gehen, Professor?
Genau! Das schwebte mir vor! Aber dafür brauche ich einen patenten Reisebegleiter!
Sie wären dafür genau der Richtige! Was sagen Sie?
Wie könnte ich wohl Nein sagen zu einem derart spannenden Vorschlag? Ich bin mit Freuden dabei!
Haha! Ich habe also zu Recht auf Ihre Abenteuerlust gesetzt, Herr Maus! Ich erwarte Sie morgen früh Punkt neun Uhr am Flughafen!
Ich werde da sein, Professor Stratus!
Na bitte…
Das wird zweifellos ein faszinierendes Abenteuer! Ich werde Goofy fragen, ob er uns begleiten will.
Hjuck! Ich würde nur zu gern mitkommen, Micky! Aber ich kann nicht!
Oh! Wieso denn nicht?

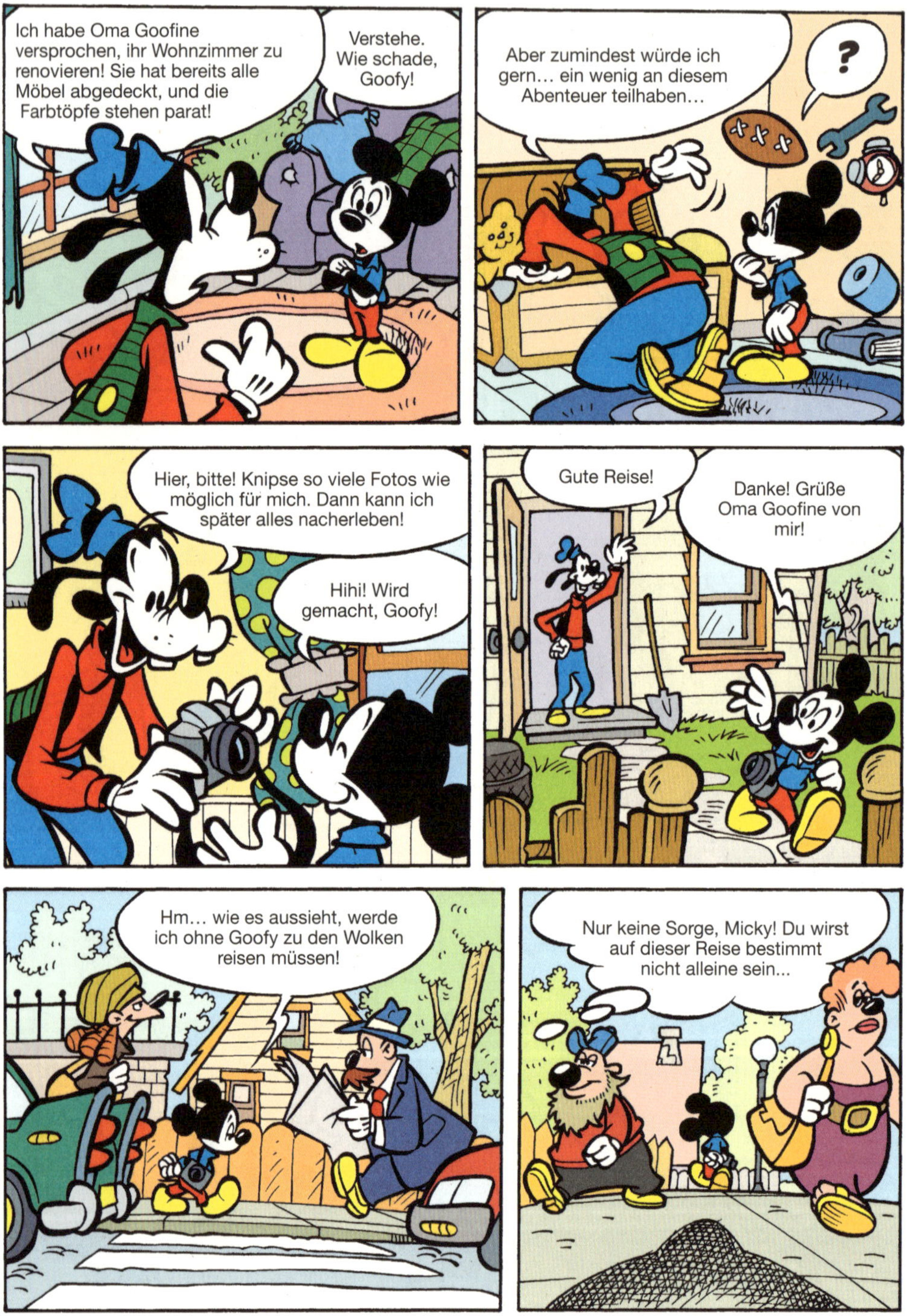
Ich habe Oma Goofine versprochen, ihr Wohnzimmer zu renovieren! Sie hat bereits alle Möbel abgedeckt, und die Farbtöpfe stehen parat!
Verstehe. Wie schade, Goofy!
Aber zumindest würde ich gern… ein wenig an diesem Abenteuer teilhaben…
?
Hier, bitte! Knipse so viele Fotos wie möglich für mich. Dann kann ich später alles nacherleben!
Hihi! Wird gemacht, Goofy!
Gute Reise!
Danke! Grüße Oma Goofine von mir!
Hm… wie es aussieht, werde ich ohne Goofy zu den Wolken reisen müssen!
Nur keine Sorge, Micky! Du wirst auf dieser Reise bestimmt nicht alleine sein...

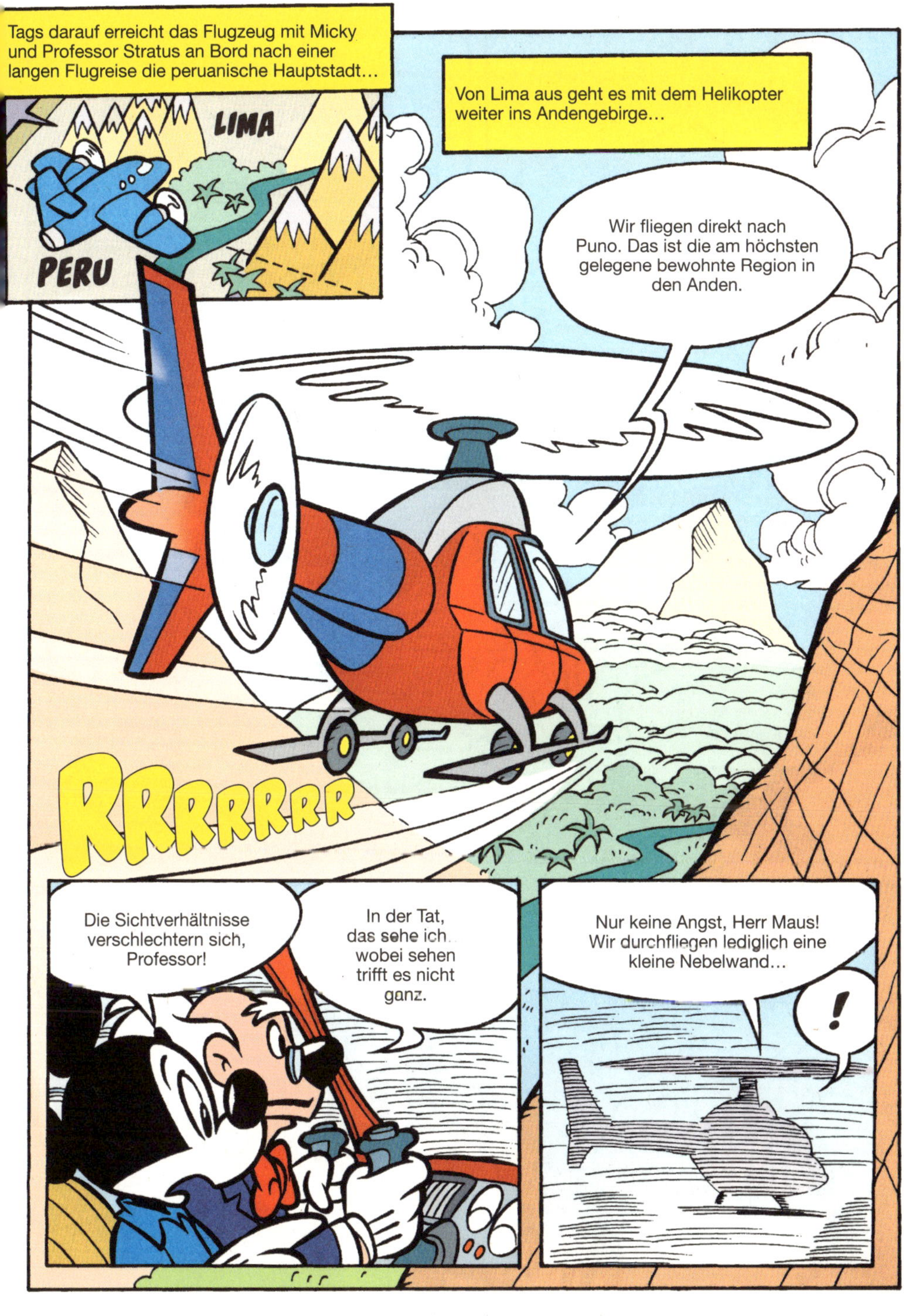
Tags darauf erreicht das Flugzeug mit Micky und Professor Stratus an Bord nach einer langen Flugreise die peruanische Hauptstadt…
LIMA
PERU
Von Lima aus geht es mit dem Helikopter weiter ins Andengebirge…
Wir fliegen direkt nach Puno. Das ist die am höchsten gelegene bewohnte Region in den Anden.
RRRRRRR
Die Sichtverhältnisse verschlechtern sich, Professor!
In der Tat, das sehe ich… wobei sehen trifft es nicht ganz.
Nur keine Angst, Herr Maus! Wir durchfliegen lediglich eine kleine Nebelwand…
!

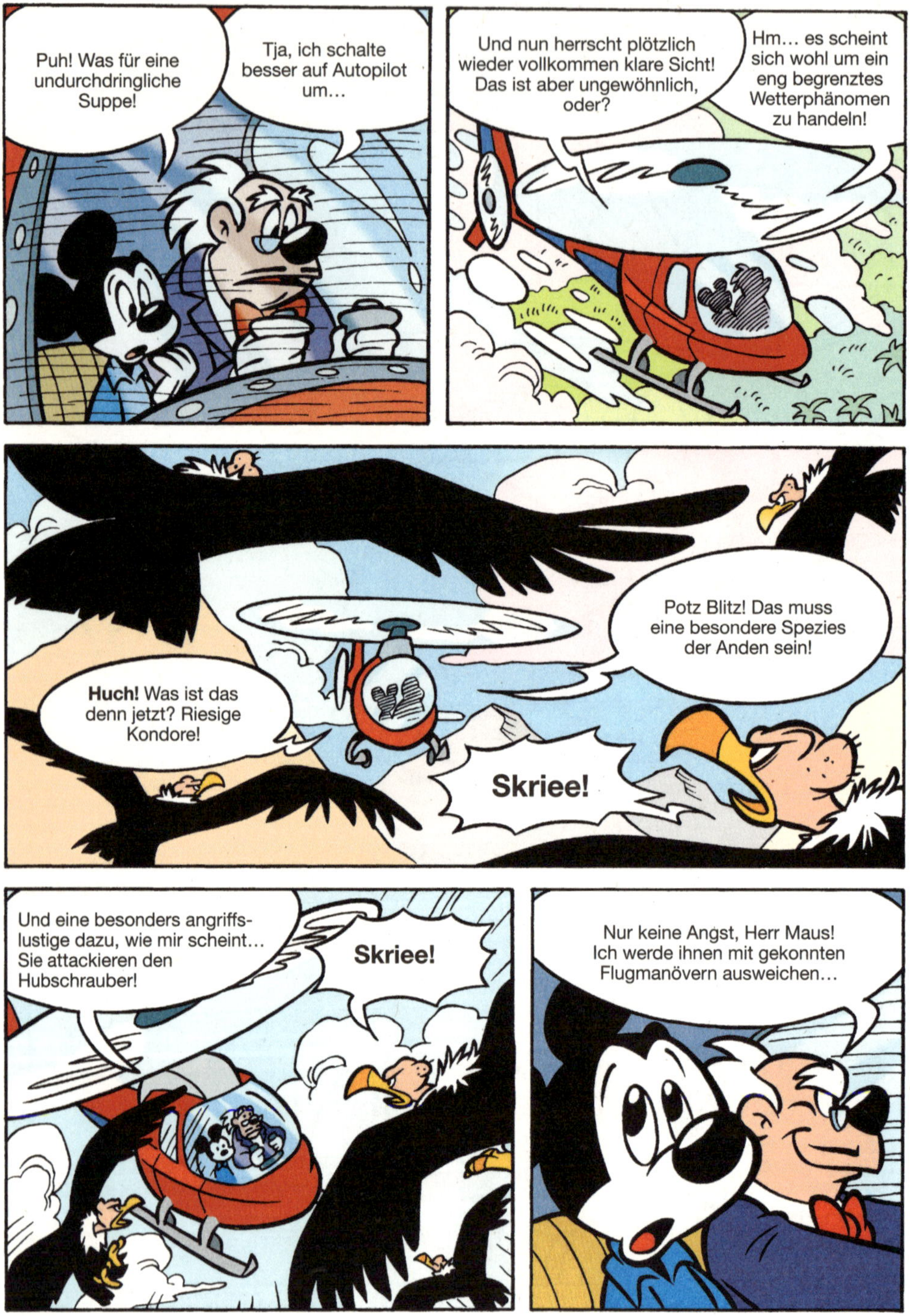
Puh! Was für eine undurchdringliche Suppe!
Tja, ich schalte besser auf Autopilot um…
Und nun herrscht plötzlich wieder vollkommen klare Sicht! Das ist aber ungewöhnlich, oder?
Hm… es scheint sich wohl um ein eng begrenztes Wetterphänomen zu handeln!
Huch! Was ist das denn jetzt? Riesige Kondore!
Potz Blitz! Das muss eine besondere Spezies der Anden sein!
Skriee!
Und eine besonders angriffslustige dazu, wie mir scheint… Sie attackieren den Hubschrauber!
Skriee!
Nur keine Angst, Herr Maus! Ich werde ihnen mit gekonnten Flugmanövern ausweichen…

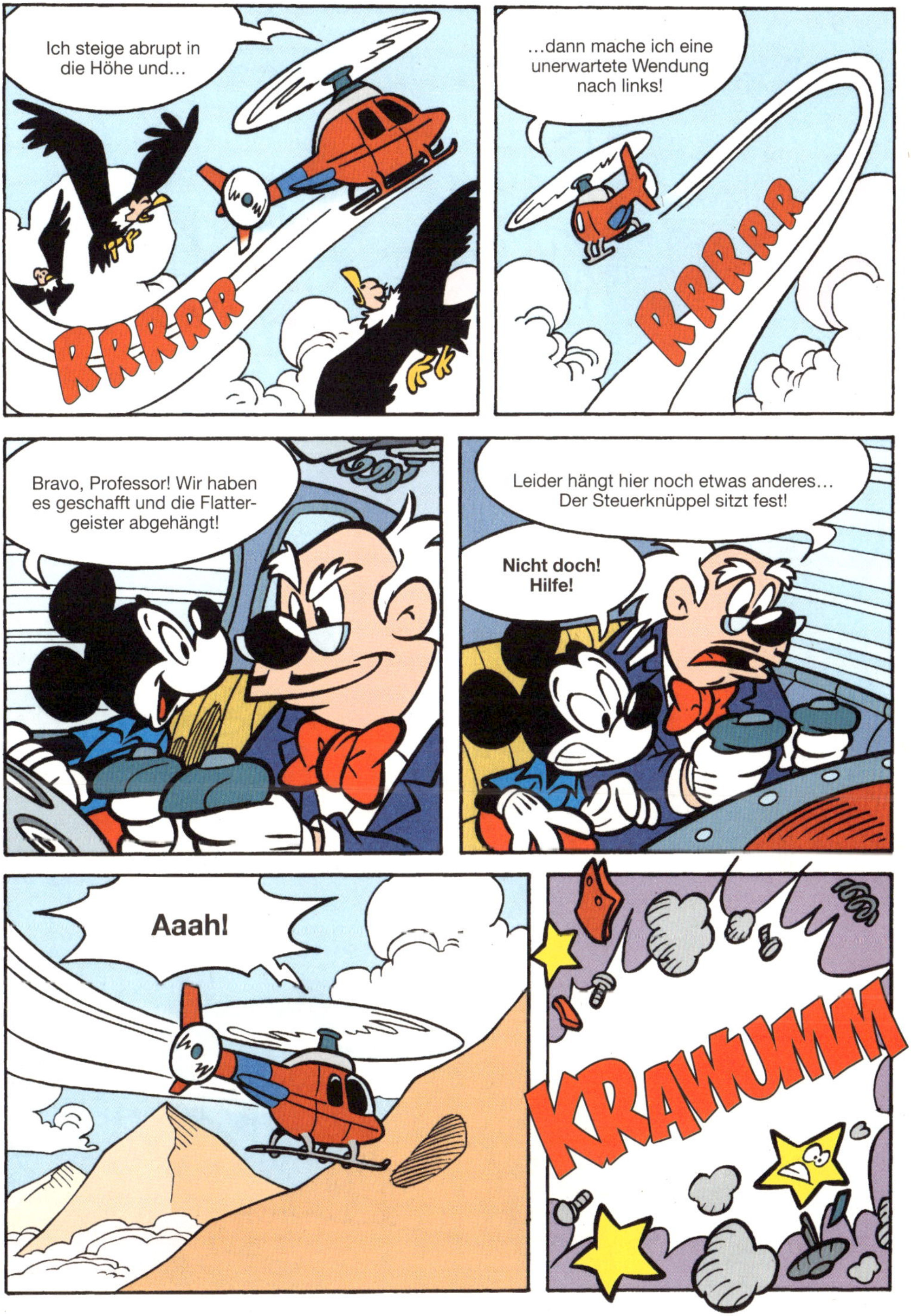
Ich steige abrupt in die Höhe und…
RRRRR
…dann mache ich eine unerwartete Wendung nach links!
RRRRR
Bravo, Professor! Wir haben es geschafft und die Flattergeister abgehängt!
Leider hängt hier noch etwas anderes… Der Steuerknüppel sitzt fest!
Nicht doch! Hilfe!
Aaah!
KRAWUMM

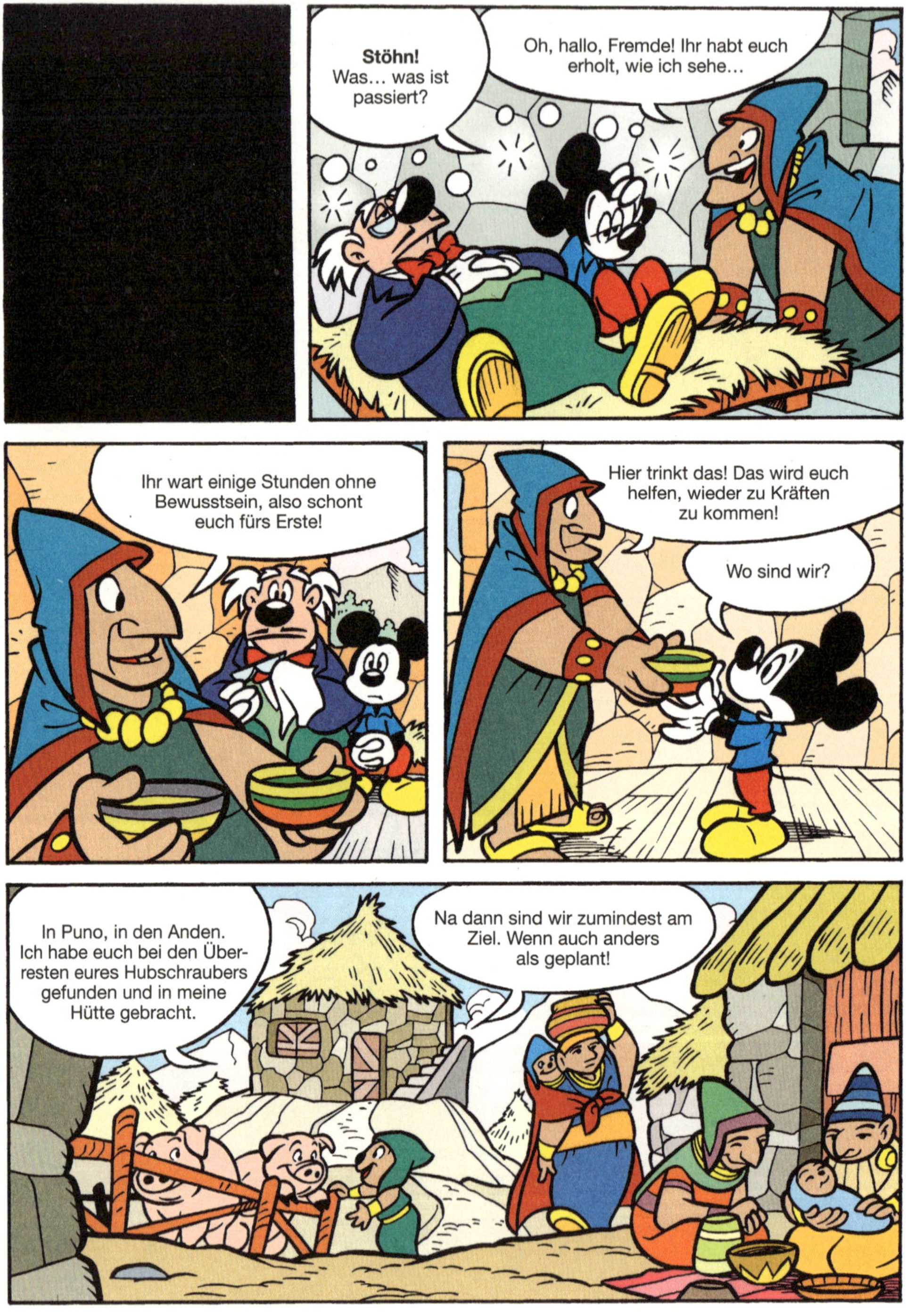
Stöhn!
Was… was ist passiert?
Oh, hallo, Fremde! Ihr habt euch erholt, wie ich sehe…
Ihr wart einige Stunden ohne Bewusstsein, also schont euch fürs Erste!
Hier trinkt das! Das wird euch helfen, wieder zu Kräften zu kommen!
Wo sind wir?
In Puno, in den Anden. Ich habe euch bei den Überresten eures Hubschraubers gefunden und in meine Hütte gebracht.
Na dann sind wir zumindest am Ziel. Wenn auch anders als geplant!

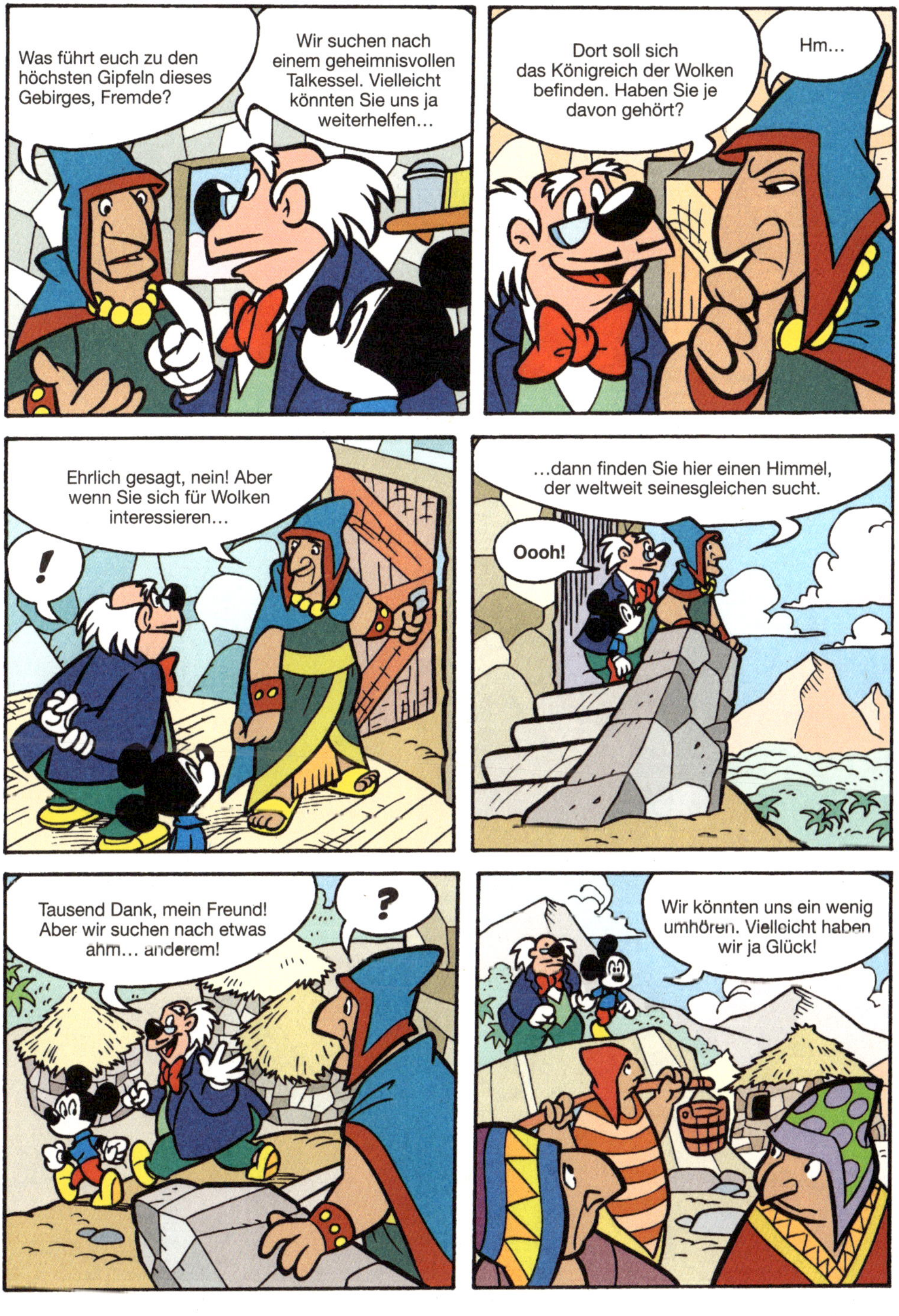
Was führt euch zu den höchsten Gipfeln dieses Gebirges, Fremde?
Wir suchen nach einem geheimnisvollen Talkessel. Vielleicht könnten Sie uns ja weiterhelfen…
Dort soll sich das Königreich der Wolken befinden. Haben Sie je davon gehört?
Hm…
Ehrlich gesagt, nein! Aber wenn Sie sich für Wolken interessieren…
!
…dann finden Sie hier einen Himmel, der weltweit seinesgleichen sucht.
Oooh!
Tausend Dank, mein Freund! Aber wir suchen nach etwas ahm… anderem!
?
Wir könnten uns ein wenig umhören. Vielleicht haben wir ja Glück!

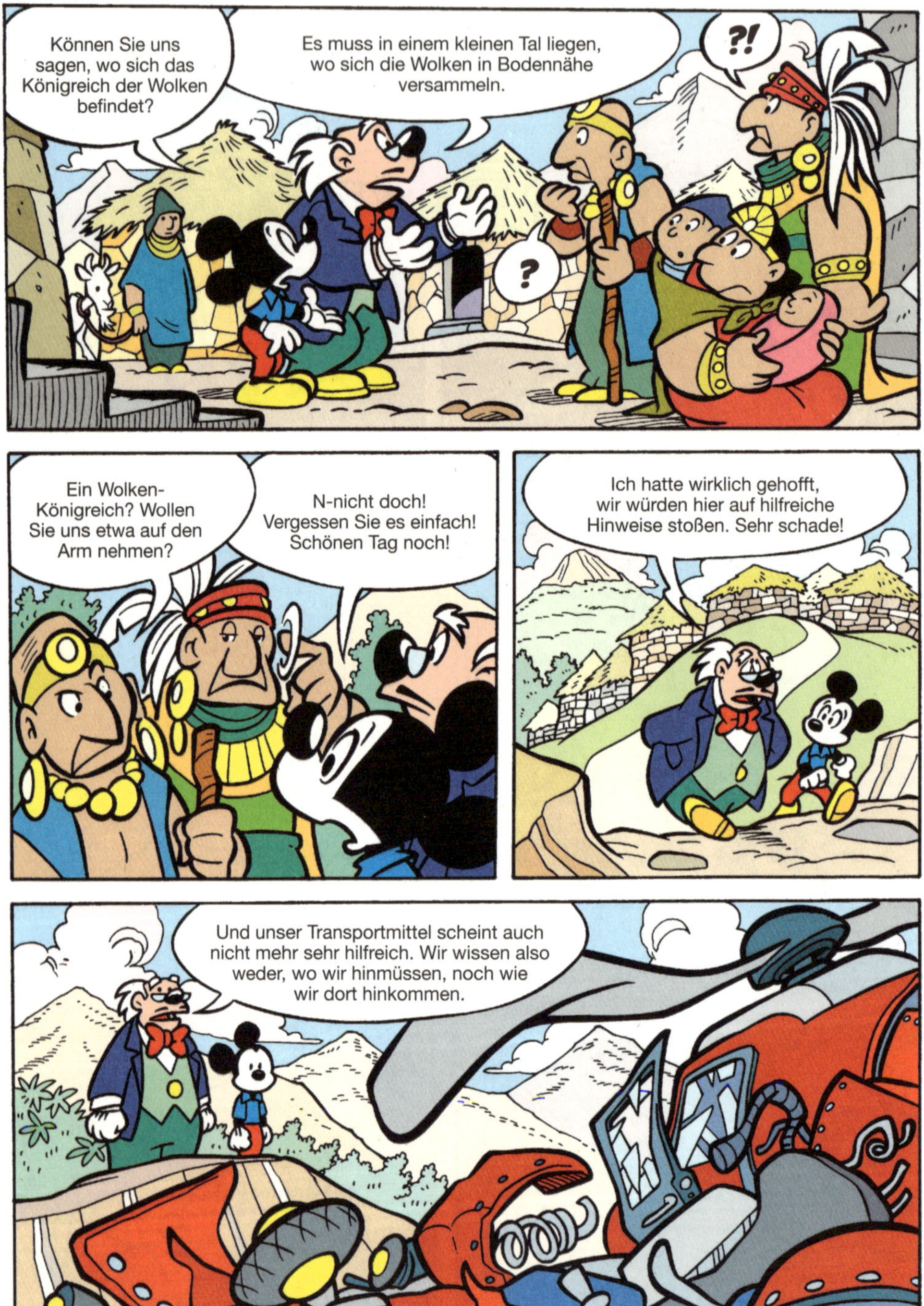
Können Sie uns sagen, wo sich das Königreich der Wolken befindet?
Es muss in einem kleinen Tal liegen, wo sich die Wolken in Bodennähe versammeln.
?!
?
Ein Wolken-Königreich? Wollen Sie uns etwa auf den Arm nehmen?
N-nicht doch! Vergessen Sie es einfach! Schönen Tag noch!
Ich hatte wirklich gehofft, wir würden hier auf hilfreiche Hinweise stoßen. Sehr schade!
Und unser Transportmittel scheint auch nicht mehr sehr hilfreich. Wir wissen also weder, wo wir hinmüssen, noch wie wir dort hinkommen.

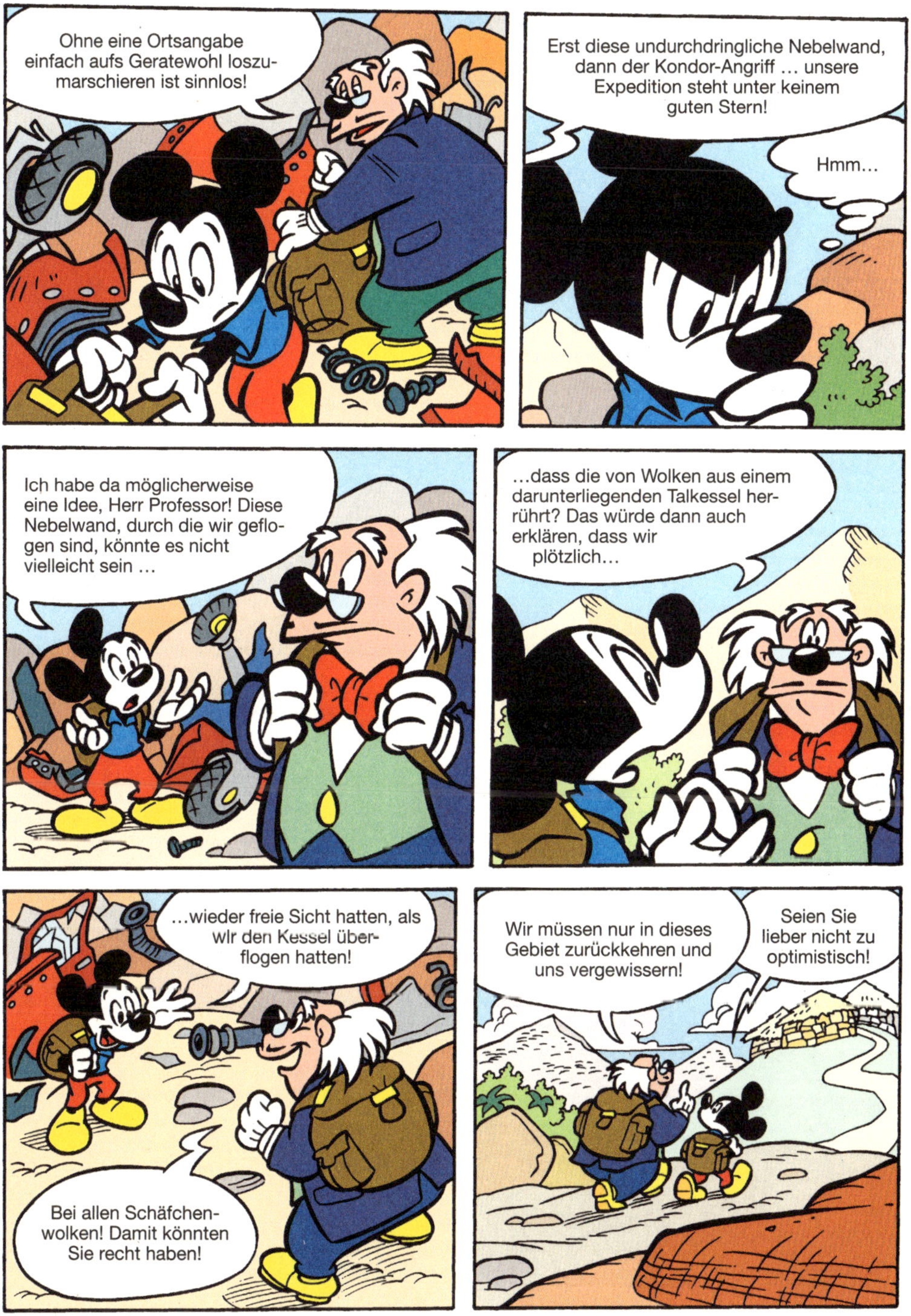
Ohne eine Ortsangabe einfach aufs Geratewohl loszumarschieren ist sinnlos!
Erst diese undurchdringliche Nebelwand, dann der Kondor-Angriff … unsere Expedition steht unter keinem guten Stern!
Hmm…
Ich habe da möglicherweise eine Idee, Herr Professor! Diese Nebelwand, durch die wir geflogen sind, könnte es nicht vielleicht sein …
…dass die von Wolken aus einem darunterliegenden Talkessel herrührt? Das würde dann auch erklären, dass wir plötzlich…
…wieder freie Sicht hatten, als wir den Kessel überflogen hatten!
Bei allen Schäfchenwolken! Damit könnten Sie recht haben!
Wir müssen nur in dieses Gebiet zurückkehren und uns vergewissern!
Seien Sie lieber nicht zu optimistisch!

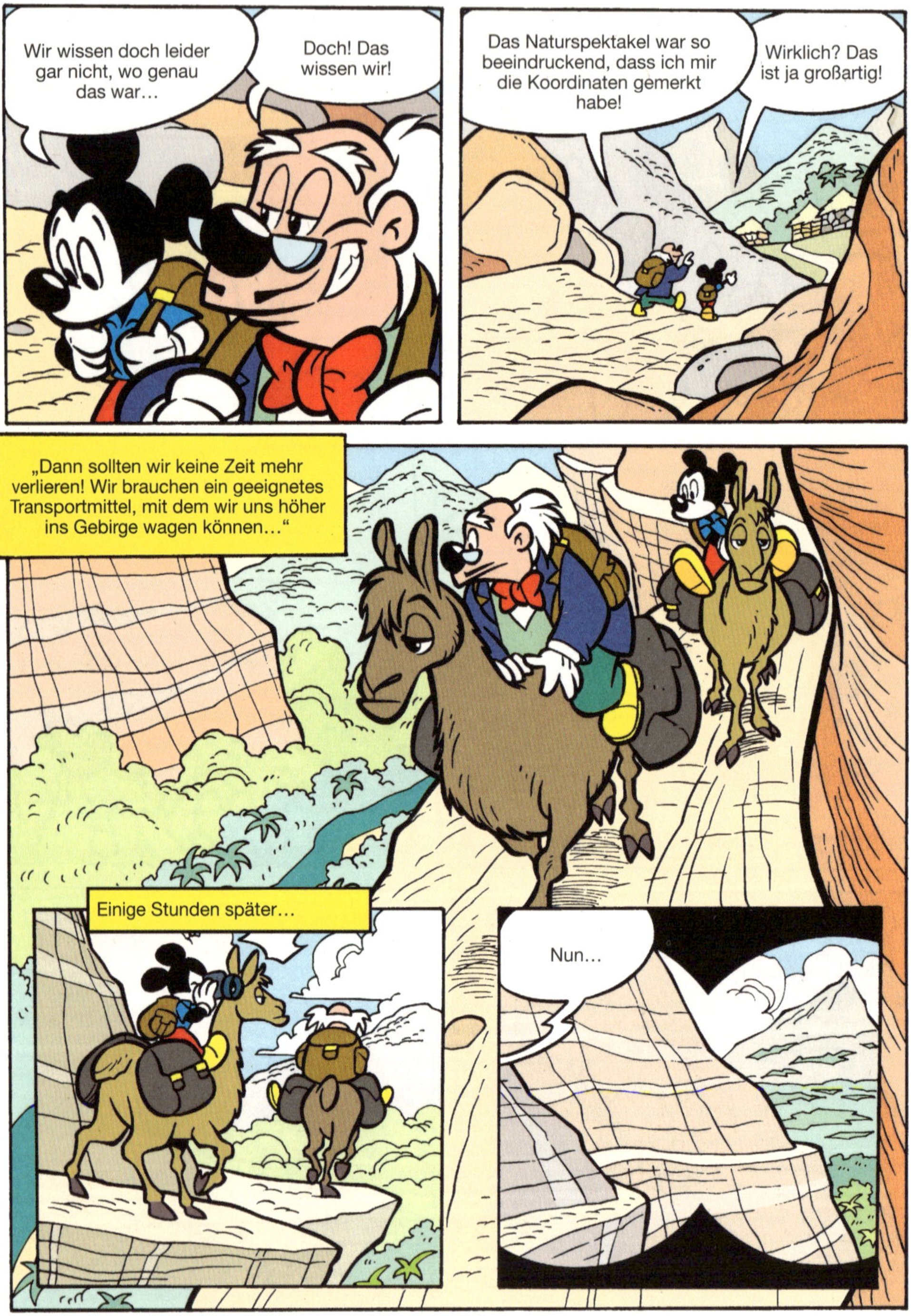
Wir wissen doch leider gar nicht, wo genau das war…
Doch! Das wissen wir!
Das Naturspektakel war so beeindruckend, dass ich mir die Koordinaten gemerkt habe!
Wirklich? Das ist ja großartig!
„Dann sollten wir keine Zeit mehr verlieren! Wir brauchen ein geeignetes Transportmittel, mit dem wir uns höher ins Gebirge wagen können…“
Einige Stunden später…
Nun…

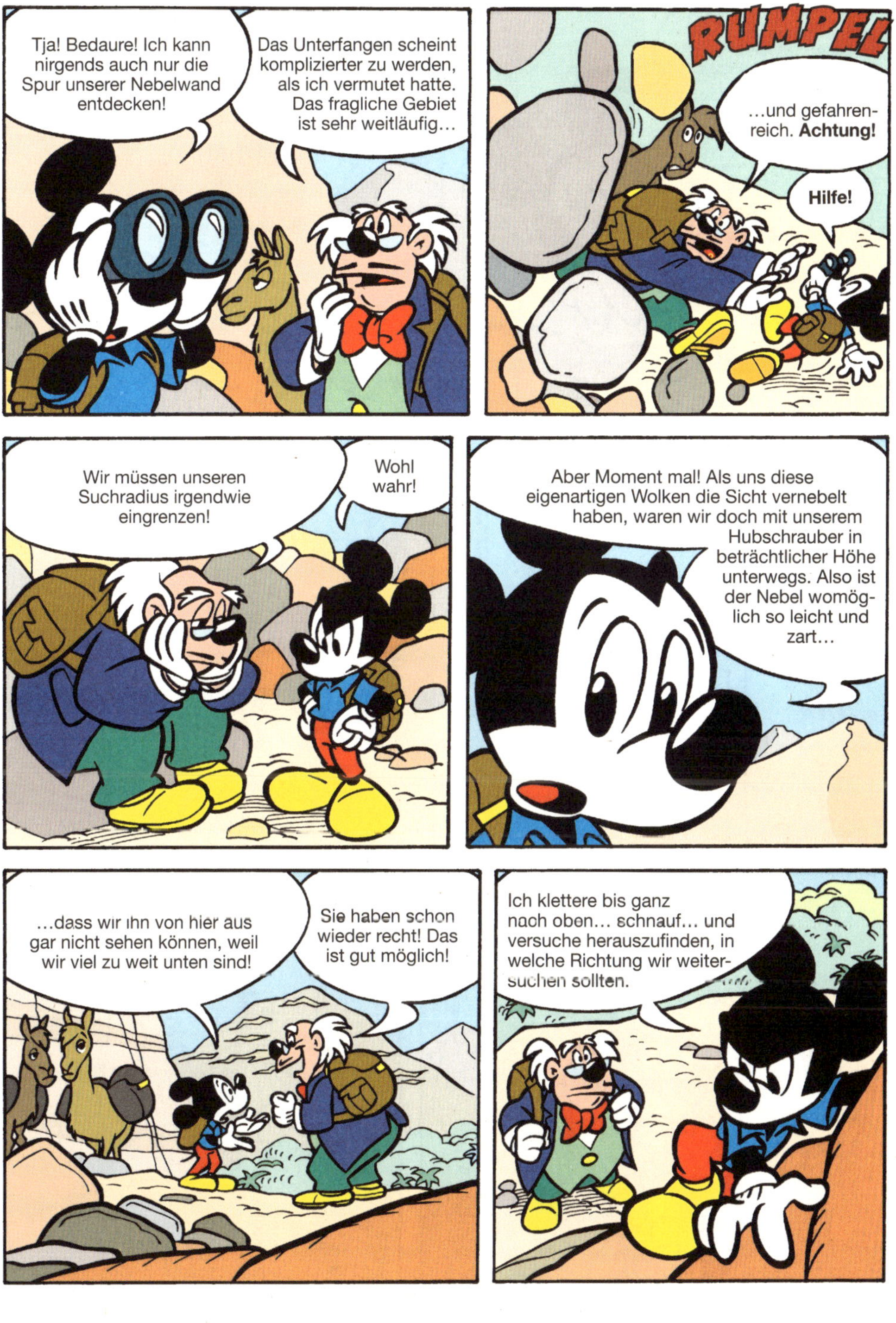

Tja! Bedaure! Ich kann nirgends auch nur die Spur unserer Nebelwand entdecken!
Das Unterfangen scheint komplizierter zu werden, als ich vermutet hatte. Das fragliche Gebiet ist sehr weitläufig…
RUMPEL
…und gefahrenreich. **Achtung!**
Hilfe!
Wir müssen unseren Suchradius irgendwie eingrenzen!
Wohl wahr!
Aber Moment mal! Als uns diese eigenartigen Wolken die Sicht vernebelt haben, waren wir doch mit unserem Hubschrauber in beträchtlicher Höhe unterwegs. Also ist der Nebel womöglich so leicht und zart…
…dass wir ihn von hier aus gar nicht sehen können, weil wir viel zu weit unten sind!
Sie haben schon wieder recht! Das ist gut möglich!
Ich klettere bis ganz nach oben… schnauf… und versuche herauszufinden, in welche Richtung wir weitersuchen sollten.

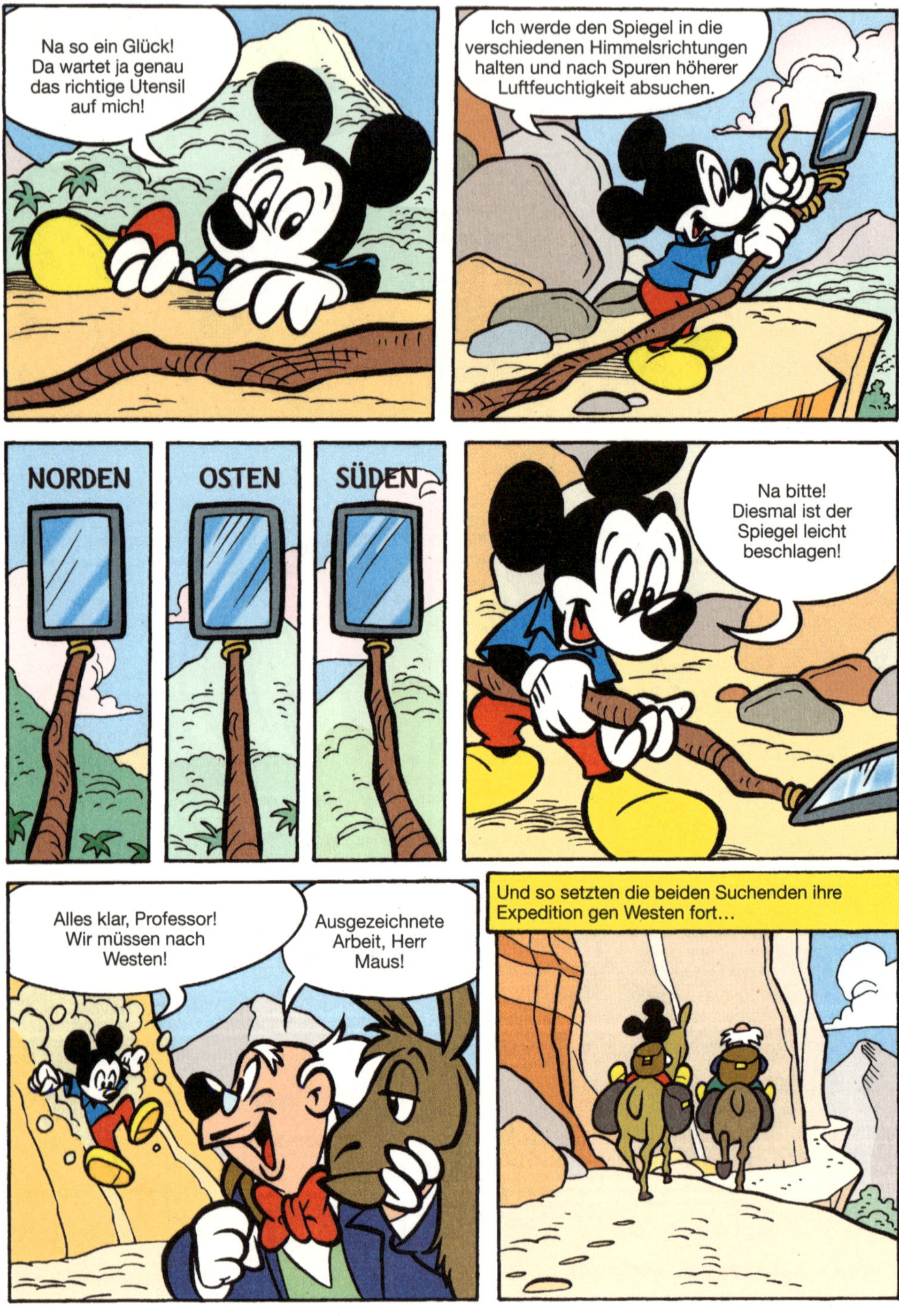

Na so ein Glück! Da wartet ja genau das richtige Utensil auf mich!
Ich werde den Spiegel in die verschiedenen Himmelsrichtungen halten und nach Spuren höherer Luftfeuchtigkeit absuchen.
NORDEN
OSTEN
SÜDEN
Na bitte! Diesmal ist der Spiegel leicht beschlagen!
Alles klar, Professor! Wir müssen nach Westen!
Ausgezeichnete Arbeit, Herr Maus!
Und so setzten die beiden Suchenden ihre Expedition gen Westen fort…

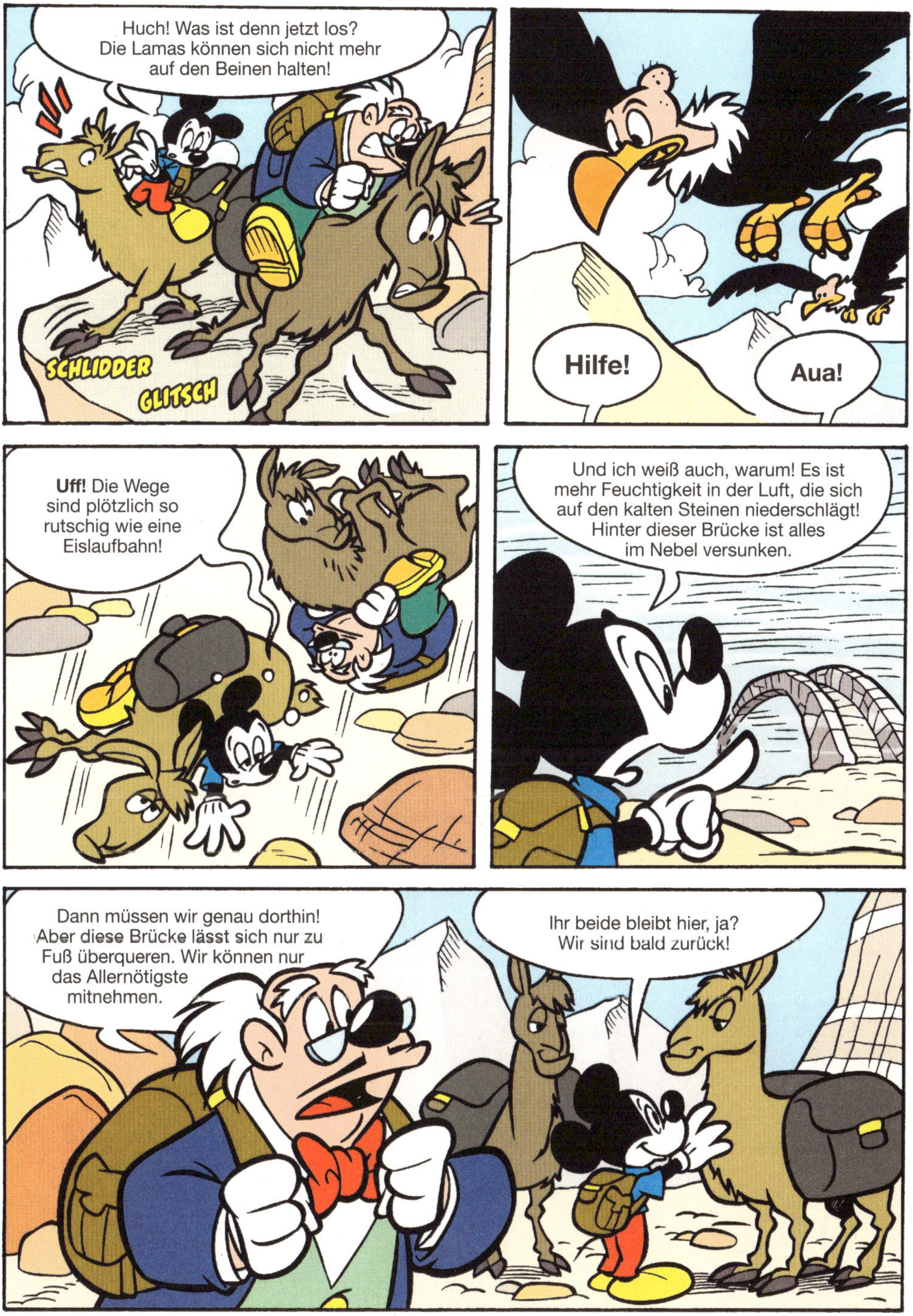

Huch! Was ist denn jetzt los? Die Lamas können sich nicht mehr auf den Beinen halten!
SCHLIDDER
GLITSCH
Hilfe!
Aua!
Uff! Die Wege sind plötzlich so rutschig wie eine Eislaufbahn!
Und ich weiß auch, warum! Es ist mehr Feuchtigkeit in der Luft, die sich auf den kalten Steinen niederschlägt! Hinter dieser Brücke ist alles im Nebel versunken.
Dann müssen wir genau dorthin! Aber diese Brücke lässt sich nur zu Fuß überqueren. Wir können nur das Allernötigste mitnehmen.
Ihr beide bleibt hier, ja? Wir sind bald zurück!

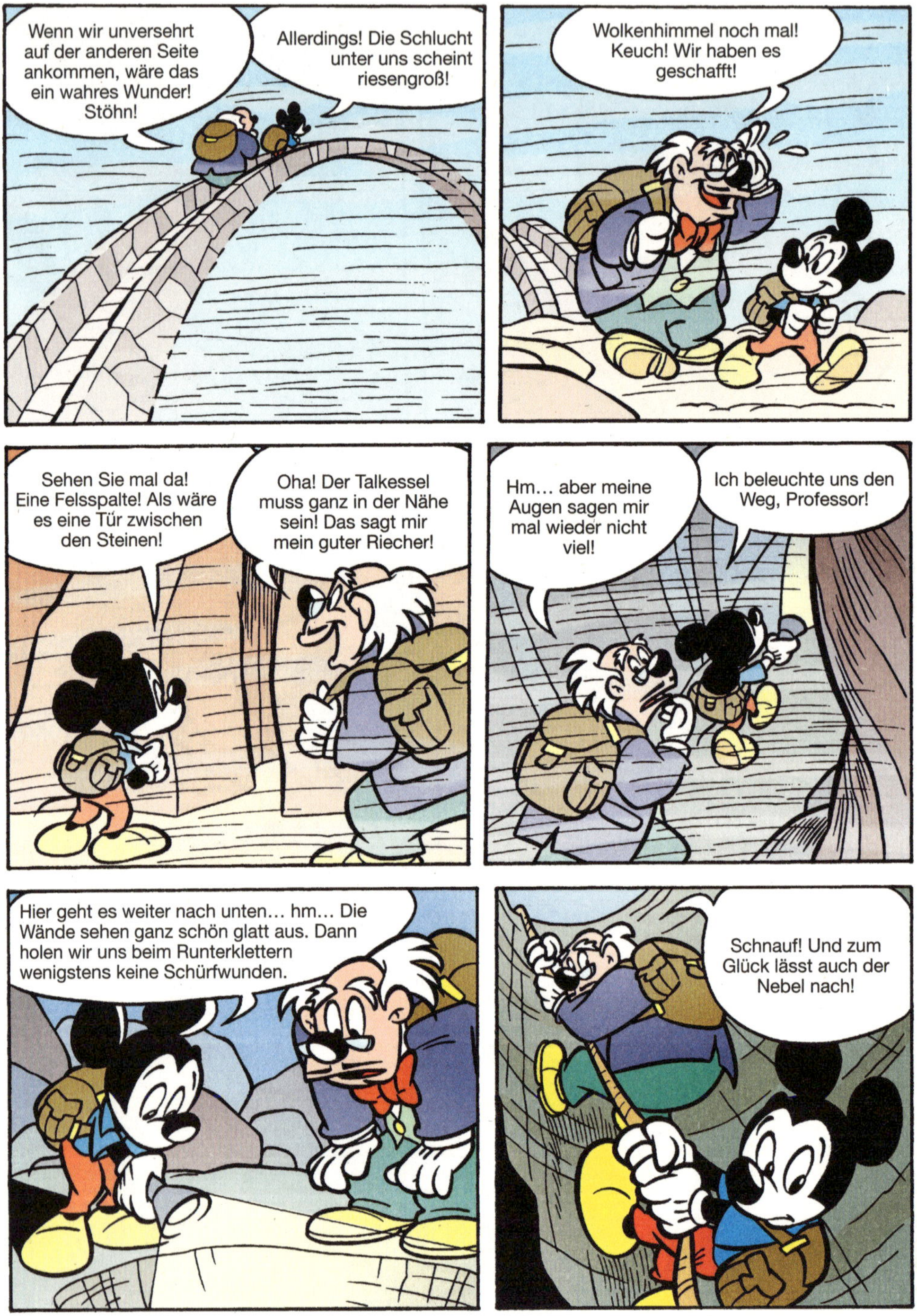
Wenn wir unversehrt auf der anderen Seite ankommen, wäre das ein wahres Wunder! Stöhn!
Allerdings! Die Schlucht unter uns scheint riesengroß!
Wolkenhimmel noch mal! Keuch! Wir haben es geschafft!
Sehen Sie mal da! Eine Felsspalte! Als wäre es eine Tür zwischen den Steinen!
Oha! Der Talkessel muss ganz in der Nähe sein! Das sagt mir mein guter Riecher!
Hm… aber meine Augen sagen mir mal wieder nicht viel!
Ich beleuchte uns den Weg, Professor!
Hier geht es weiter nach unten… hm… Die Wände sehen ganz schön glatt aus. Dann holen wir uns beim Runterklettern wenigstens keine Schürfwunden.
Schnauf! Und zum Glück lässt auch der Nebel nach!

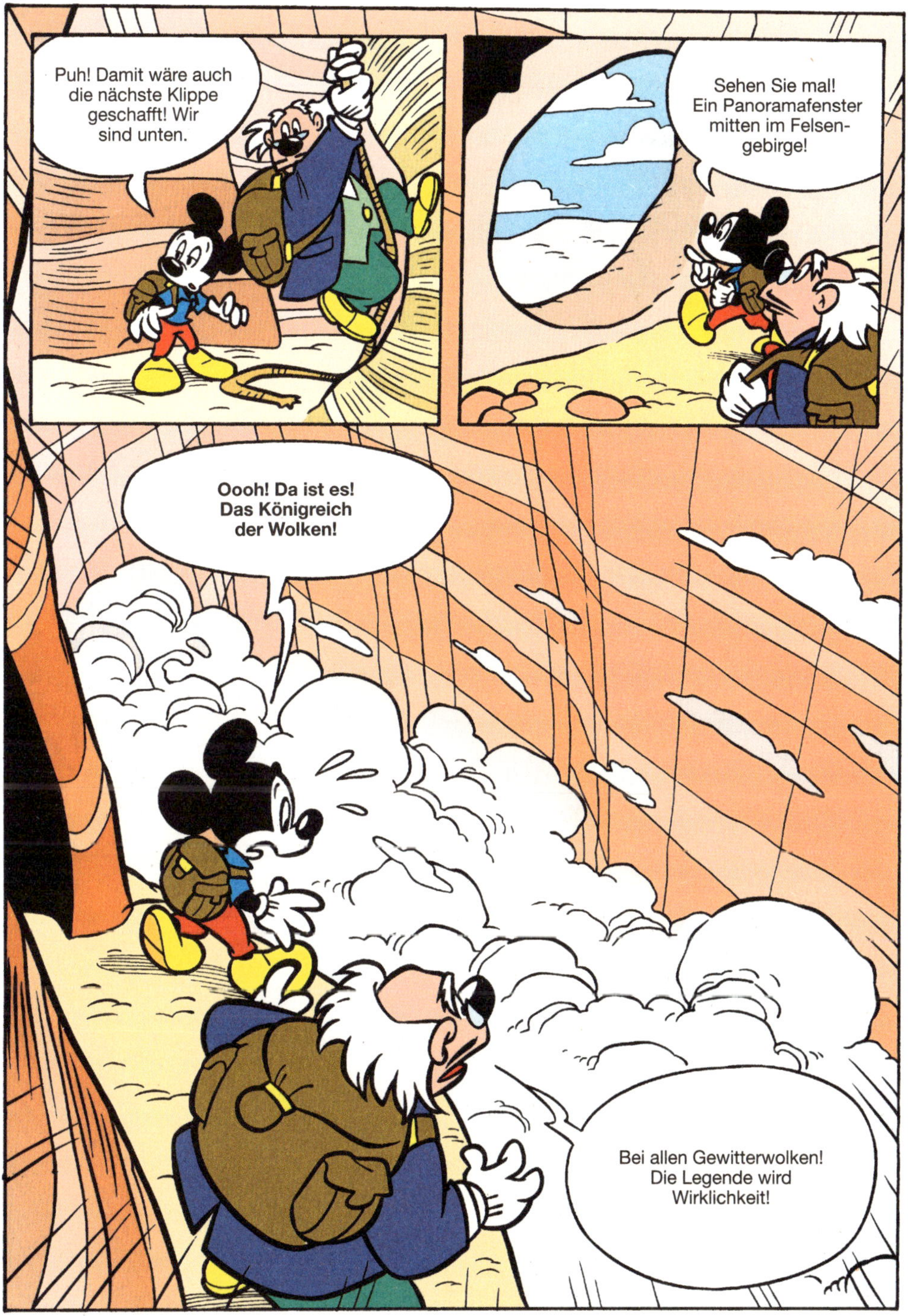
Puh! Damit wäre auch die nächste Klippe geschafft! Wir sind unten.
Sehen Sie mal! Ein Panoramafenster mitten im Felsengebirge!
Oooh! Da ist es! Das Königreich der Wolken!
Bei allen Gewitterwolken! Die Legende wird Wirklichkeit!

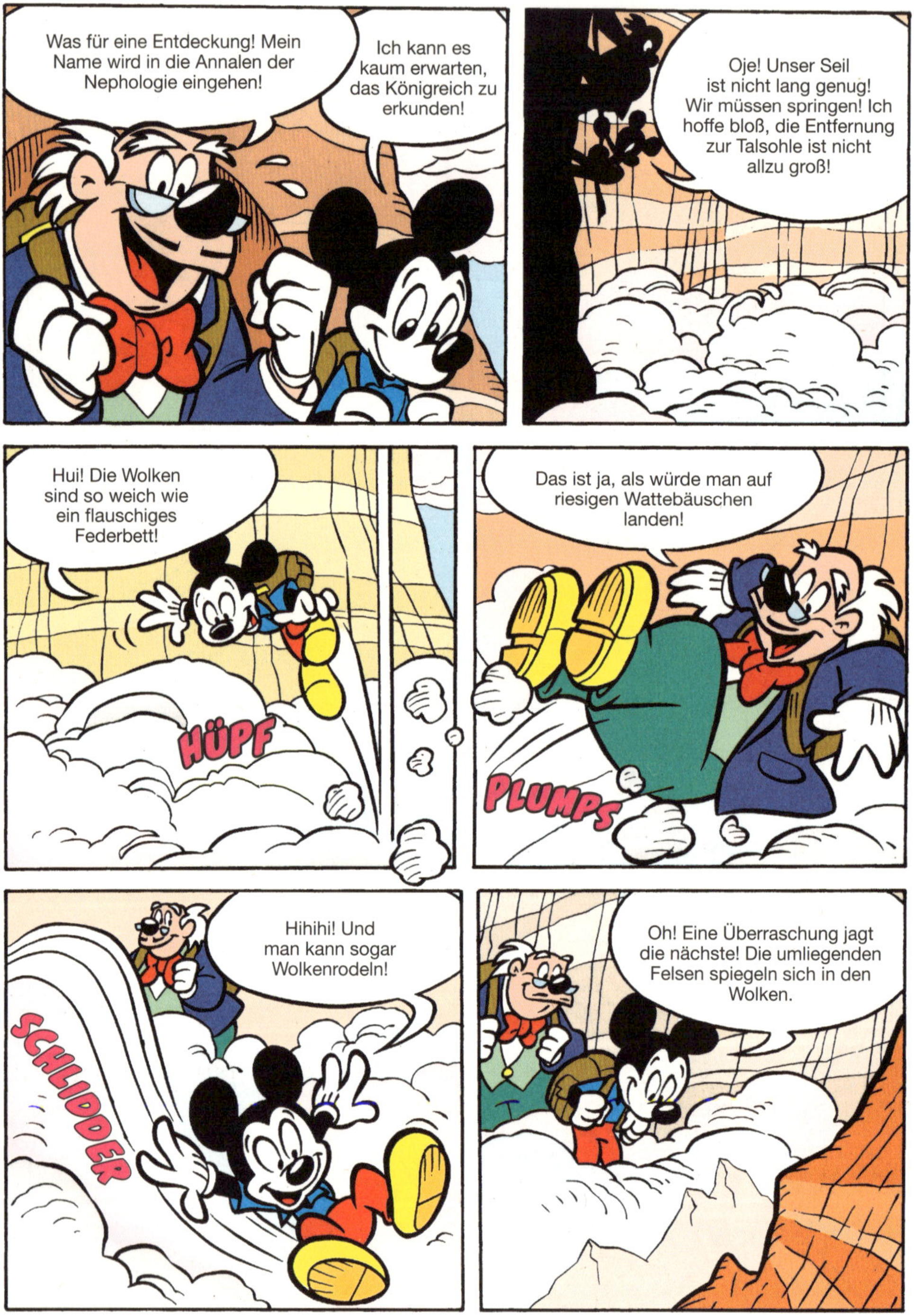
Was für eine Entdeckung! Mein Name wird in die Annalen der Nephologie eingehen!
Ich kann es kaum erwarten, das Königreich zu erkunden!
Oje! Unser Seil ist nicht lang genug! Wir müssen springen! Ich hoffe bloß, die Entfernung zur Talsohle ist nicht allzu groß!
Hui! Die Wolken sind so weich wie ein flauschiges Federbett!
HÜPF
Das ist ja, als würde man auf riesigen Wattebäuschen landen!
PLUMPS
Hihihi! Und man kann sogar Wolkenrodeln!
SCHLIDDER
Oh! Eine Überraschung jagt die nächste! Die umliegenden Felsen spiegeln sich in den Wolken.

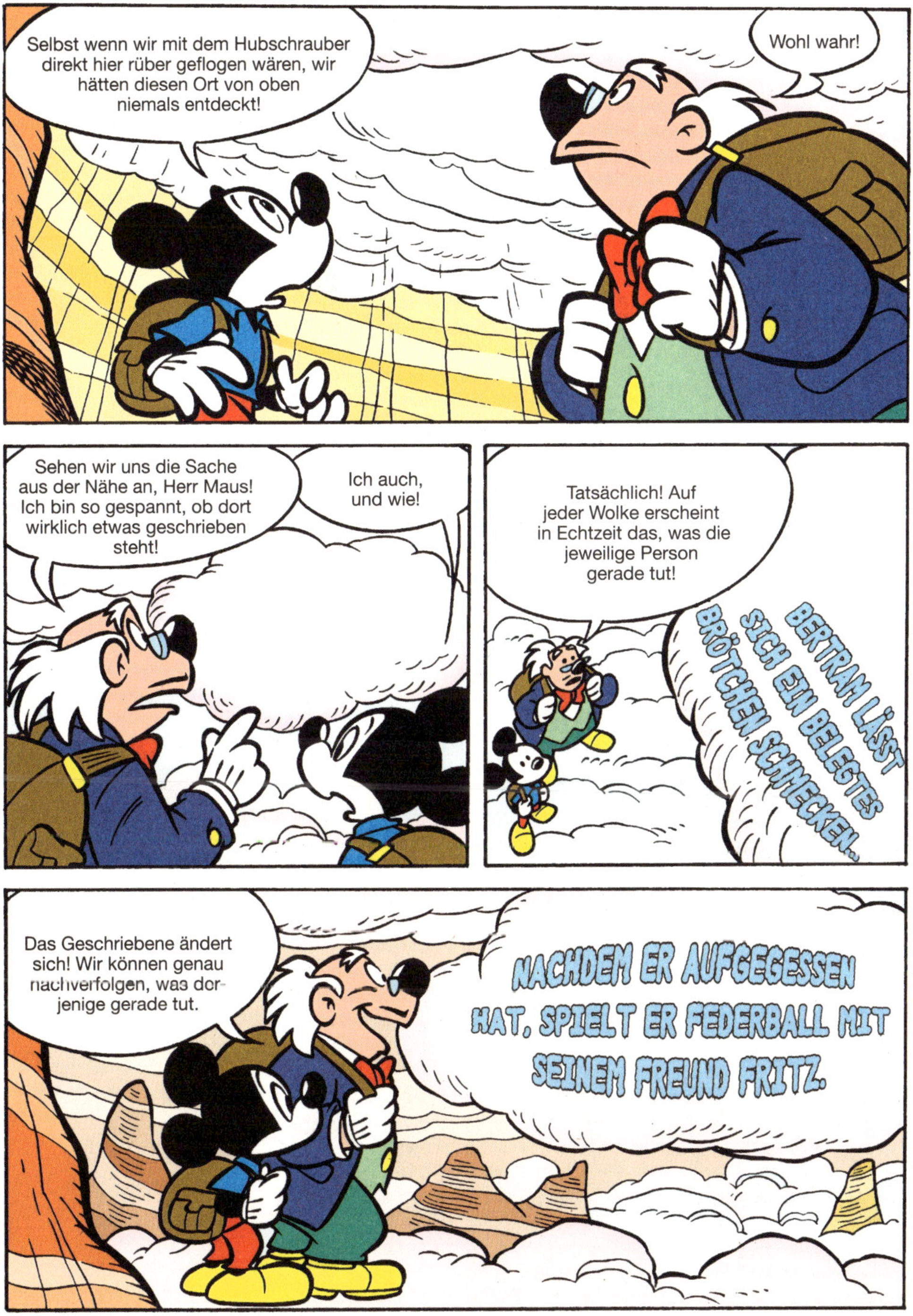

Selbst wenn wir mit dem Hubschrauber direkt hier rüber geflogen wären, wir hätten diesen Ort von oben niemals entdeckt!
Wohl wahr!
Sehen wir uns die Sache aus der Nähe an, Herr Maus! Ich bin so gespannt, ob dort wirklich etwas geschrieben steht!
Ich auch, und wie!
Tatsächlich! Auf jeder Wolke erscheint in Echtzeit das, was die jeweilige Person gerade tut!
BERTRAM LÄSST SICH EIN BELEGTES BRÖTCHEN SCHMECKEN...
Das Geschriebene ändert sich! Wir können genau nachverfolgen, was derjenige gerade tut.
NACHDEM ER AUFGEGESSEN HAT, SPIELT ER FEDERBALL MIT SEINEM FREUND FRITZ.

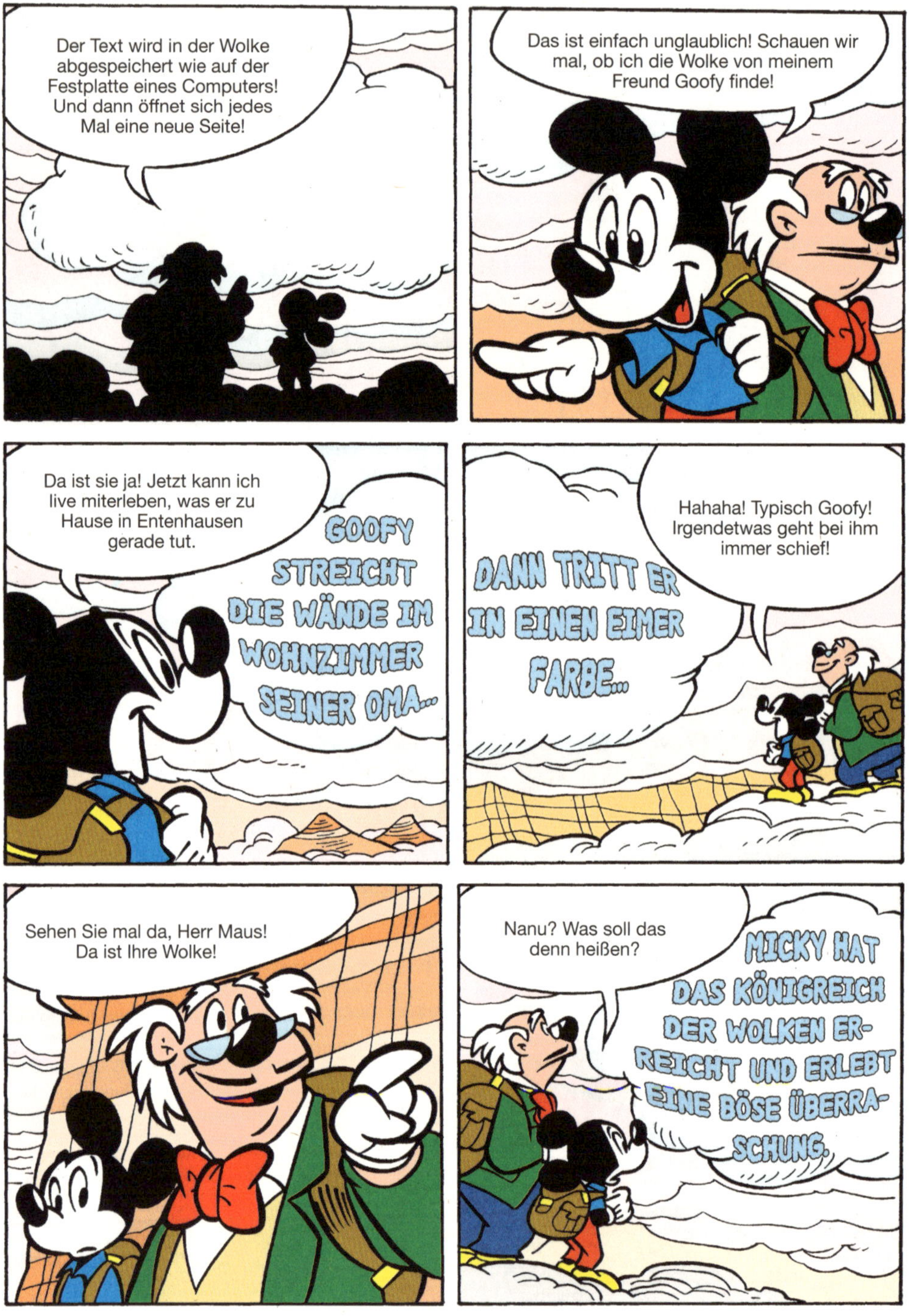
Der Text wird in der Wolke abgespeichert wie auf der Festplatte eines Computers! Und dann öffnet sich jedes Mal eine neue Seite!
Das ist einfach unglaublich! Schauen wir mal, ob ich die Wolke von meinem Freund Goofy finde!
Da ist sie ja! Jetzt kann ich live miterleben, was er zu Hause in Entenhausen gerade tut.
GOOFY STREICHT DIE WÄNDE IM WOHNZIMMER SEINER OMA...
DANN TRITT ER IN EINEN EIMER FARBE...
Hahaha! Typisch Goofy! Irgendetwas geht bei ihm immer schief!
Sehen Sie mal da, Herr Maus! Da ist Ihre Wolke!
Nanu? Was soll das denn heißen?
MICKY HAT DAS KÖNIGREICH DER WOLKEN ERREICHT UND ERLEBT EINE BÖSE ÜBERRASCHUNG.

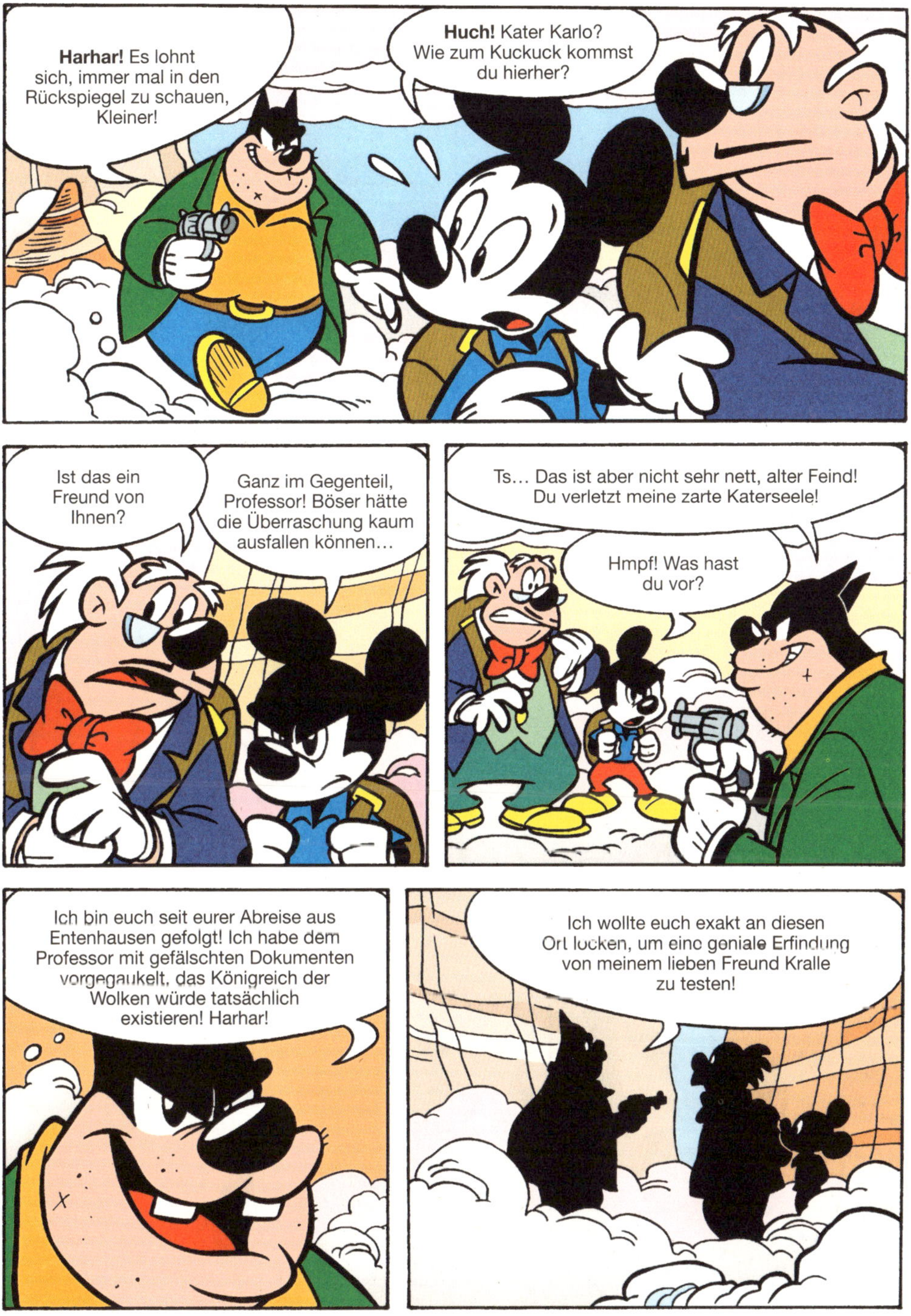
Harhar! Es lohnt sich, immer mal in den Rückspiegel zu schauen, Kleiner!
Huch! Kater Karlo? Wie zum Kuckuck kommst du hierher?
Ist das ein Freund von Ihnen?
Ganz im Gegenteil, Professor! Böser hätte die Überraschung kaum ausfallen können…
Ts… Das ist aber nicht sehr nett, alter Feind! Du verletzt meine zarte Katerseele!
Hmpf! Was hast du vor?
Ich bin euch seit eurer Abreise aus Entenhausen gefolgt! Ich habe dem Professor mit gefälschten Dokumenten vorgegaukelt, das Königreich der Wolken würde tatsächlich existieren! Harhar!
Ich wollte euch exakt an diesen Ort locken, um eine geniale Erfindung von meinem lieben Freund Kralle zu testen!

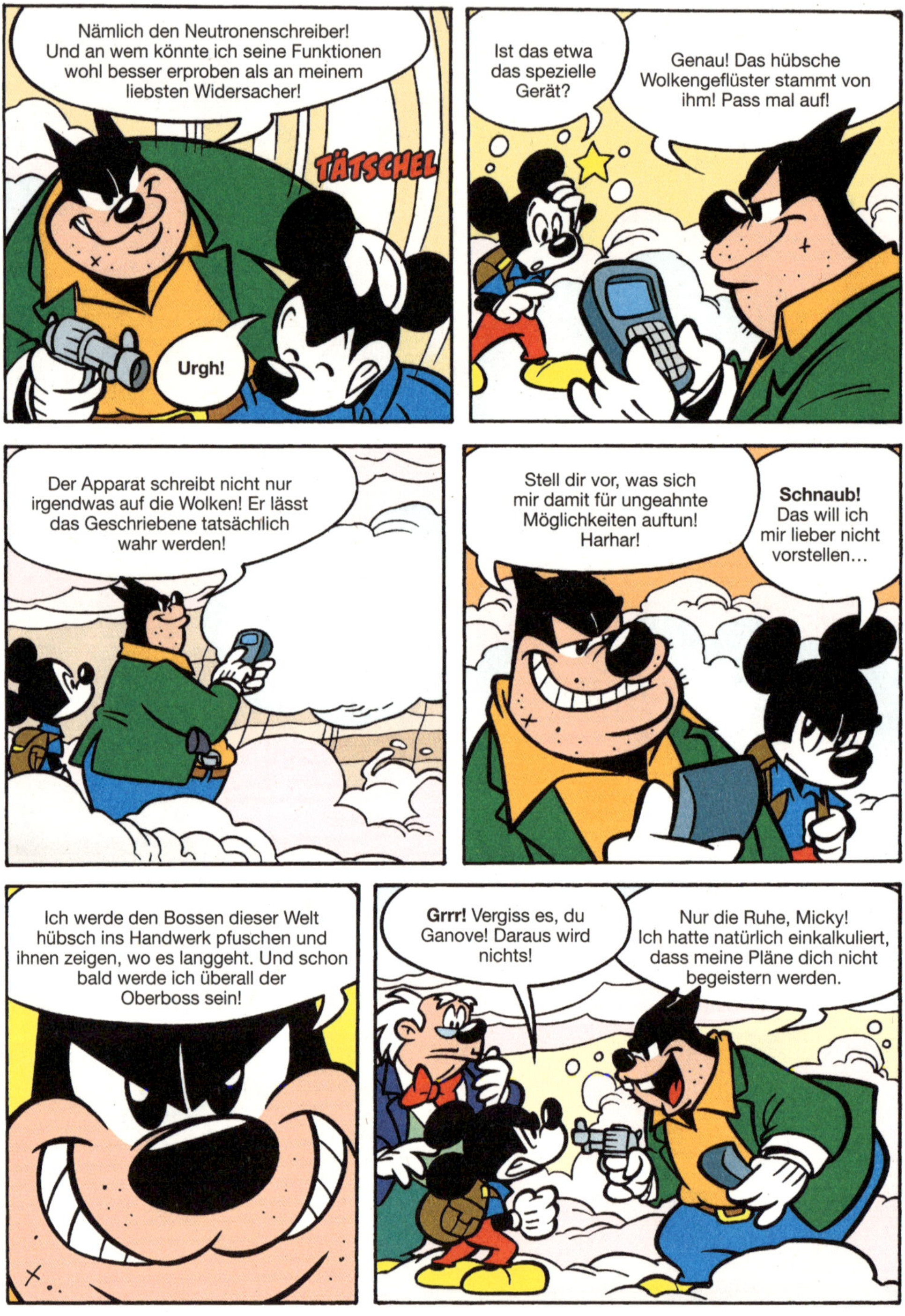
Nämlich den Neutronenschreiber! Und an wem könnte ich seine Funktionen wohl besser erproben als an meinem liebsten Widersacher!
TÄTSCHEL
Urgh!
Ist das etwa das spezielle Gerät?
Genau! Das hübsche Wolkengeflüster stammt von ihm! Pass mal auf!
Der Apparat schreibt nicht nur irgendwas auf die Wolken! Er lässt das Geschriebene tatsächlich wahr werden!
Stell dir vor, was sich mir damit für ungeahnte Möglichkeiten auftun! Harhar!
Schnaub! Das will ich mir lieber nicht vorstellen…
Ich werde den Bossen dieser Welt hübsch ins Handwerk pfuschen und ihnen zeigen, wo es langgeht. Und schon bald werde ich überall der Oberboss sein!
Grrr! Vergiss es, du Ganove! Daraus wird nichts!
Nur die Ruhe, Micky! Ich hatte natürlich einkalkuliert, dass meine Pläne dich nicht begeistern werden.

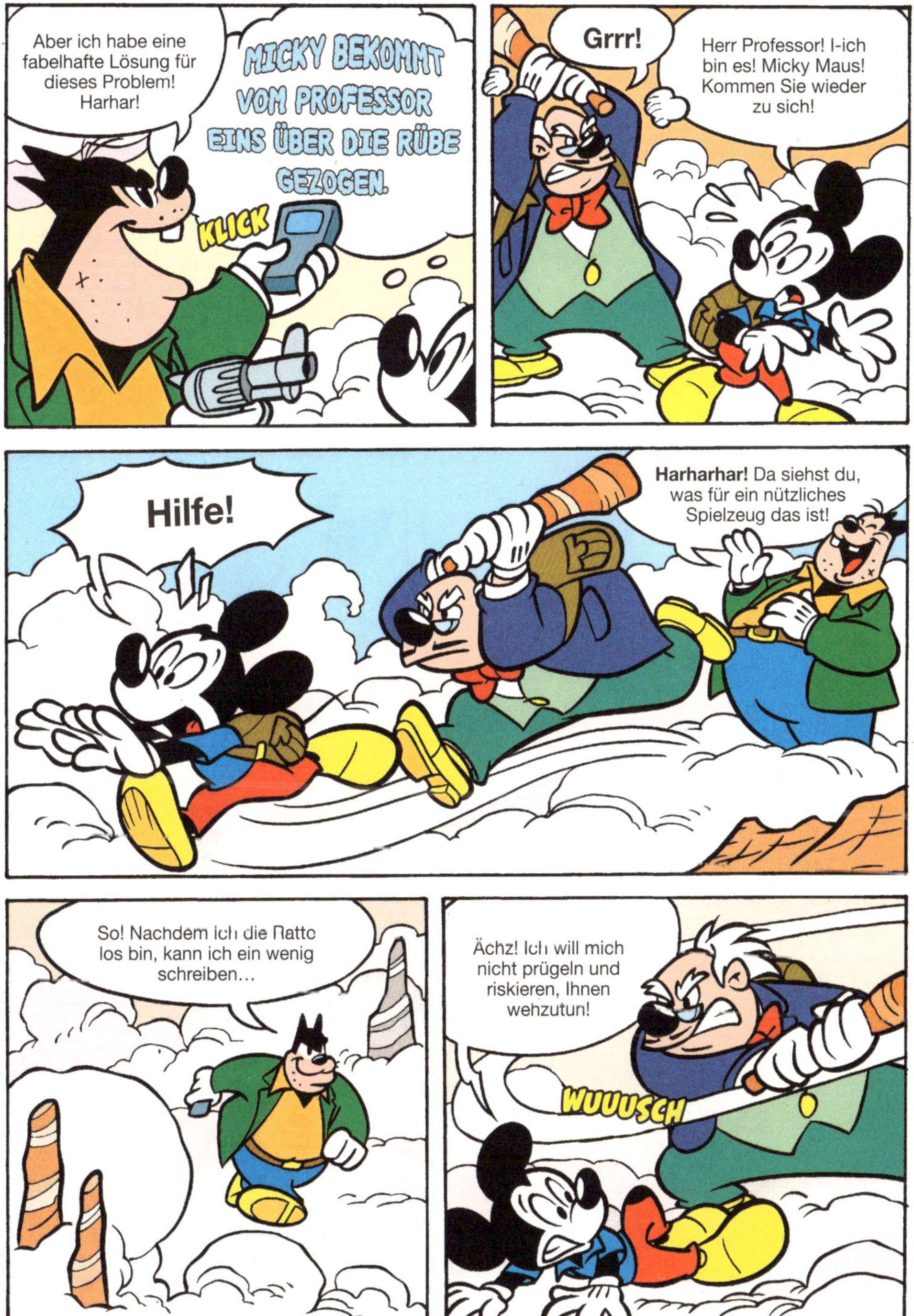

Aber ich habe eine fabelhafte Lösung für dieses Problem! Harhar!
MICKY BEKOMMT VOM PROFESSOR EINS ÜBER DIE RÜBE GEZOGEN.
KLICK
Grrr!
Herr Professor! I-ich bin es! Micky Maus! Kommen Sie wieder zu sich!
Hilfe!
Harharhar! Da siehst du, was für ein nützliches Spielzeug das ist!
So! Nachdem ich die Ratte los bin, kann ich ein wenig schreiben…
Ächz! Ich will mich nicht prügeln und riskieren, Ihnen wehzutun!
WUUUSCH

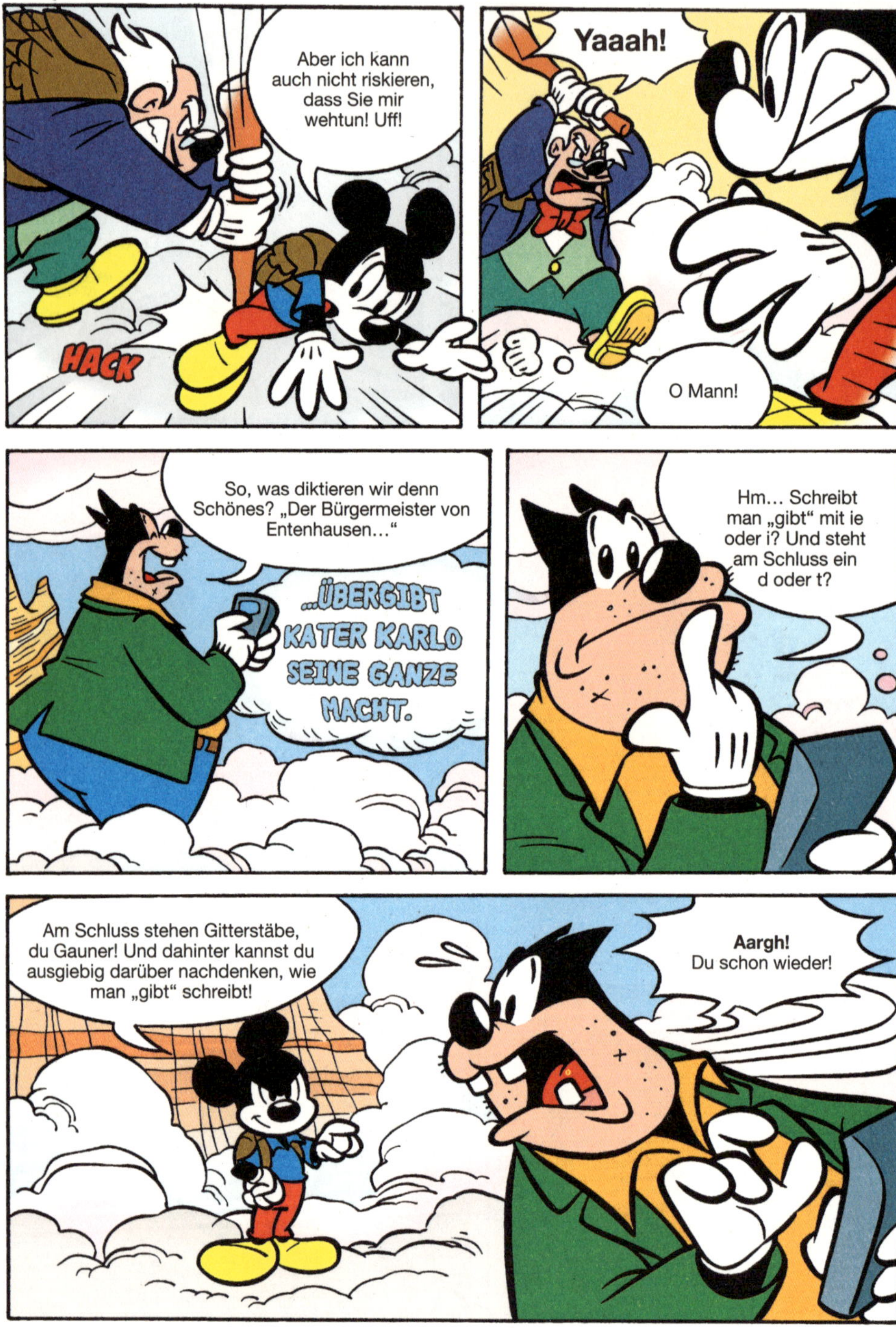
Aber ich kann auch nicht riskieren, dass Sie mir wehtun! Uff!
HACK
Yaaah!
O Mann!
So, was diktieren wir denn Schönes? „Der Bürgermeister von Entenhausen…“
…ÜBERGIBT KATER KARLO SEINE GANZE MACHT.
Hm… Schreibt man „gibt“ mit ie oder i? Und steht am Schluss ein d oder t?
Am Schluss stehen Gitterstäbe, du Gauner! Und dahinter kannst du ausgiebig darüber nachdenken, wie man „gibt“ schreibt!
Aargh! Du schon wieder!

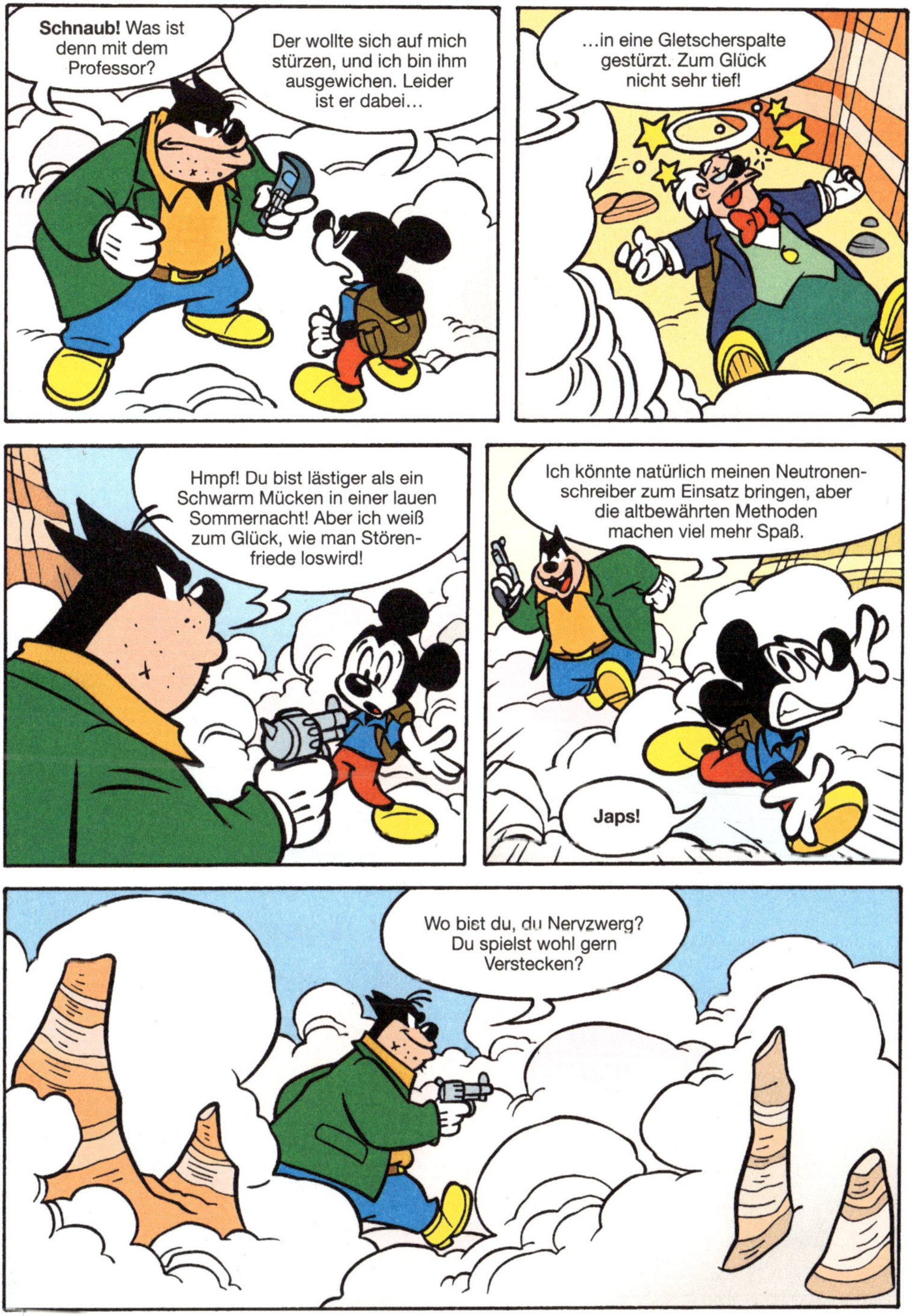
Schnaub! Was ist denn mit dem Professor?
Der wollte sich auf mich stürzen, und ich bin ihm ausgewichen. Leider ist er dabei…
…in eine Gletscherspalte gestürzt. Zum Glück nicht sehr tief!
Hmpf! Du bist lästiger als ein Schwarm Mücken in einer lauen Sommernacht! Aber ich weiß zum Glück, wie man Störenfriede loswird!
Ich könnte natürlich meinen Neutronenschreiber zum Einsatz bringen, aber die altbewährten Methoden machen viel mehr Spaß.
Japs!
Wo bist du, du Nervzwerg? Du spielst wohl gern Verstecken?

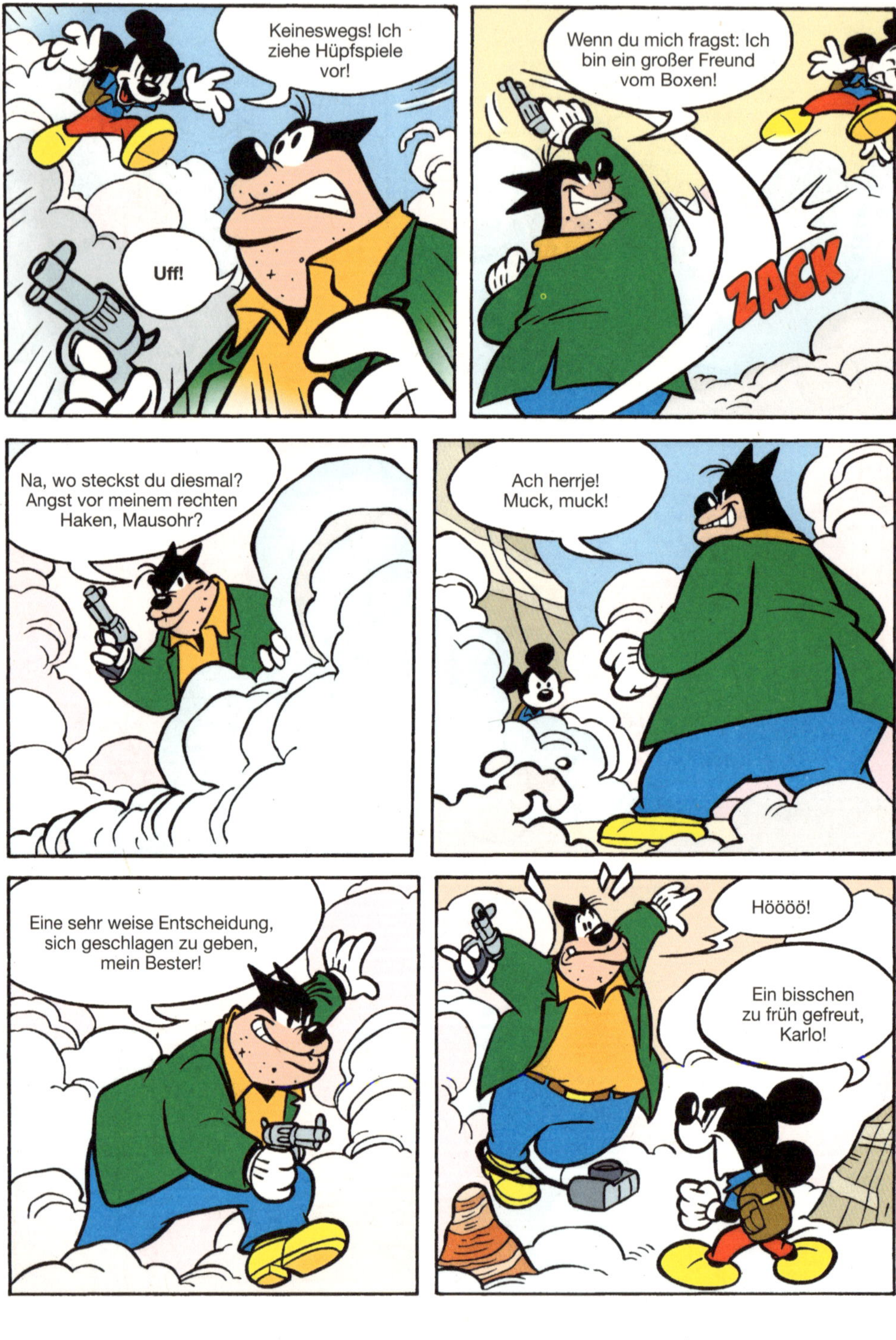
Keineswegs! Ich ziehe Hüpfspiele vor!
Uff!
Wenn du mich fragst: Ich bin ein großer Freund vom Boxen!
ZACK
Na, wo steckst du diesmal? Angst vor meinem rechten Haken, Mausohr?
Ach herrje! Muck, muck!
Eine sehr weise Entscheidung, sich geschlagen zu geben, mein Bester!
Höööö!
Ein bisschen zu früh gefreut, Karlo!

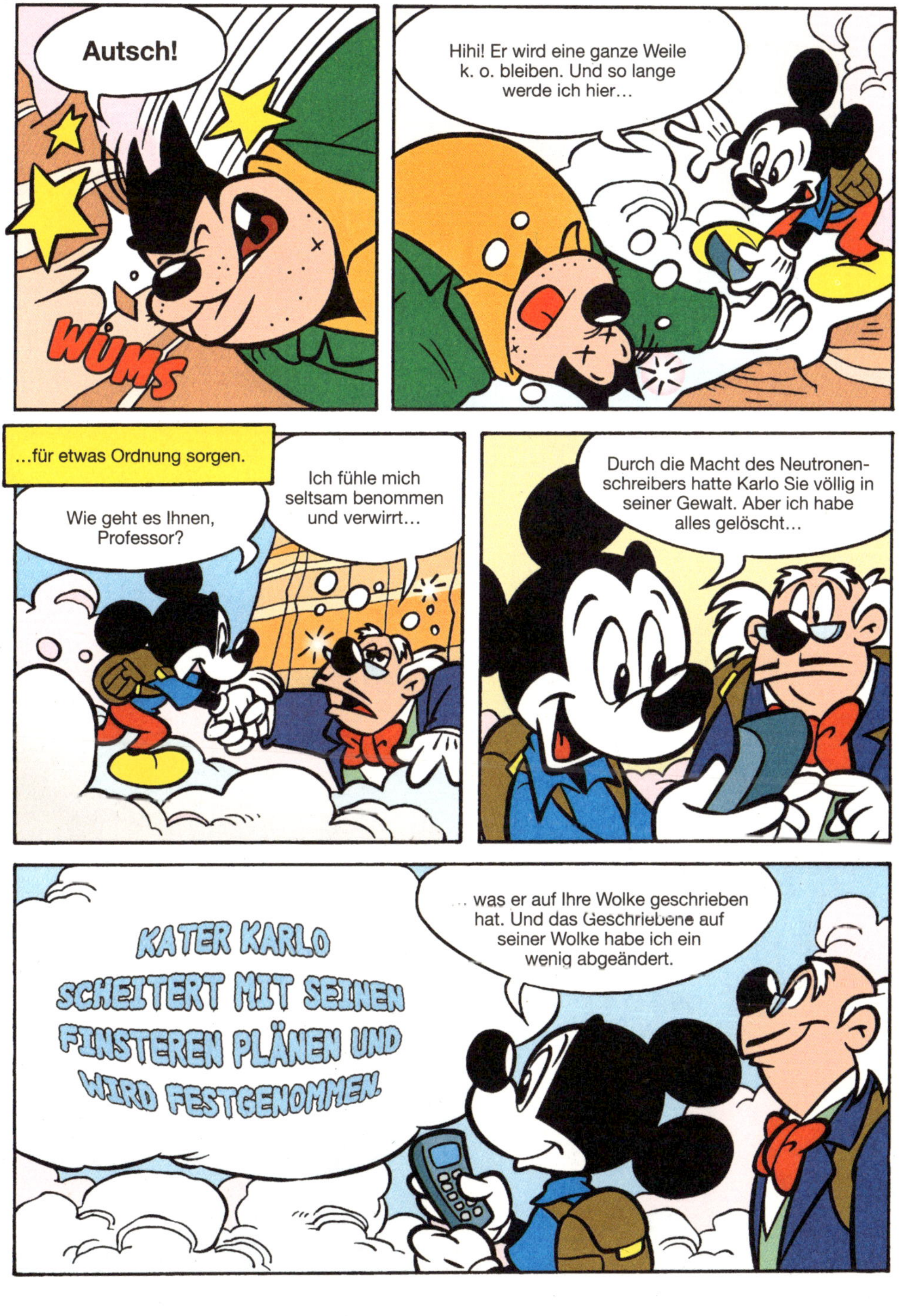
Autsch!
WUMS
Hihi! Er wird eine ganze Weile k. o. bleiben. Und so lange werde ich hier…
…für etwas Ordnung sorgen.
Wie geht es Ihnen, Professor?
Ich fühle mich seltsam benommen und verwirrt…
Durch die Macht des Neutronenschreibers hatte Karlo Sie völlig in seiner Gewalt. Aber ich habe alles gelöscht…
KATER KARLO SCHEITERT MIT SEINEN FINSTEREN PLÄNEN UND WIRD FESTGENOMMEN.
… was er auf Ihre Wolke geschrieben hat. Und das Geschriebene auf seiner Wolke habe ich ein wenig abgeändert.

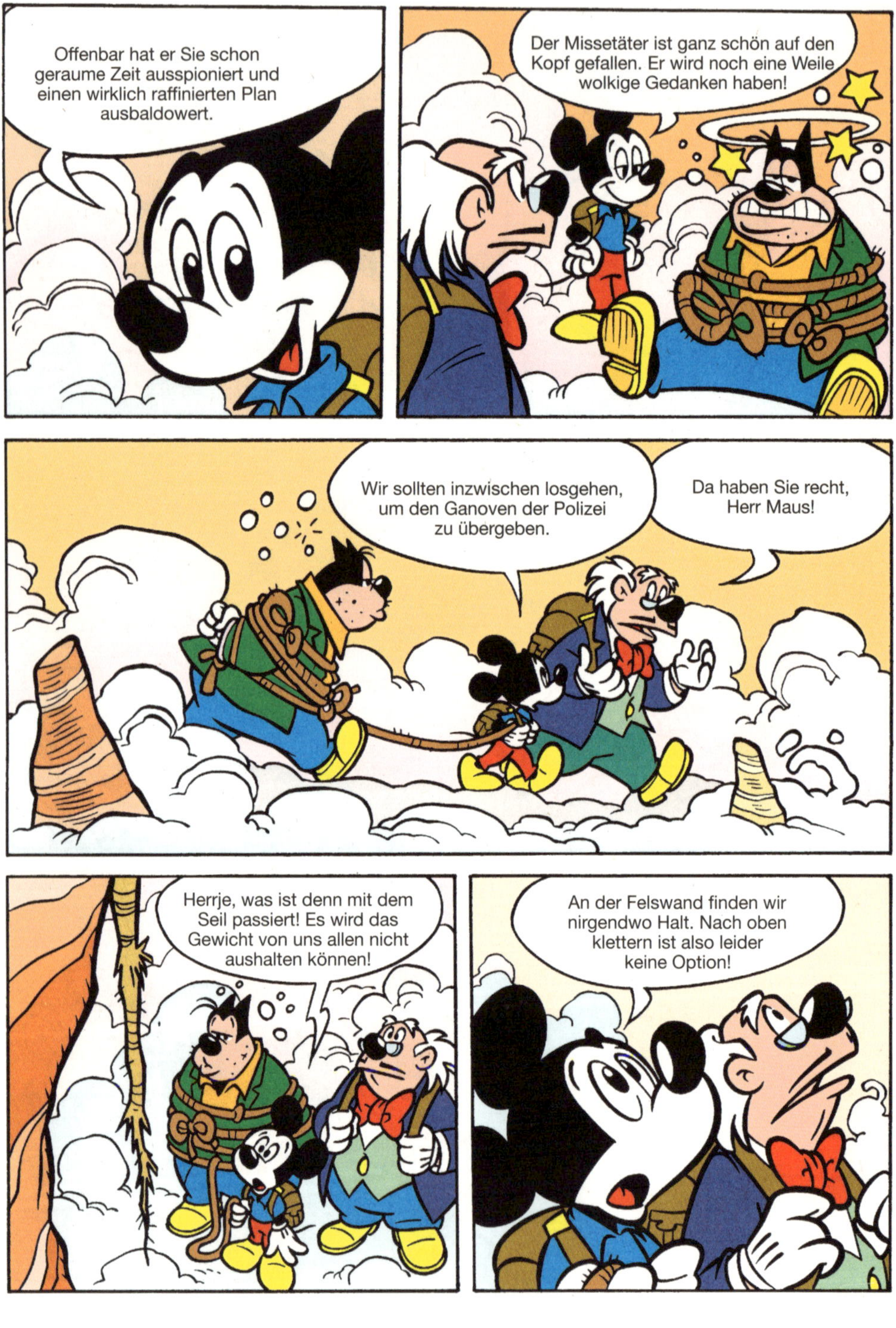

Offenbar hat er Sie schon geraume Zeit ausspioniert und einen wirklich raffinierten Plan ausbaldowert.
Der Missetäter ist ganz schön auf den Kopf gefallen. Er wird noch eine Weile wolkige Gedanken haben!
Wir sollten inzwischen losgehen, um den Ganoven der Polizei zu übergeben.
Da haben Sie recht, Herr Maus!
Herrje, was ist denn mit dem Seil passiert! Es wird das Gewicht von uns allen nicht aushalten können!
An der Felswand finden wir nirgendwo Halt. Nach oben klettern ist also leider keine Option!

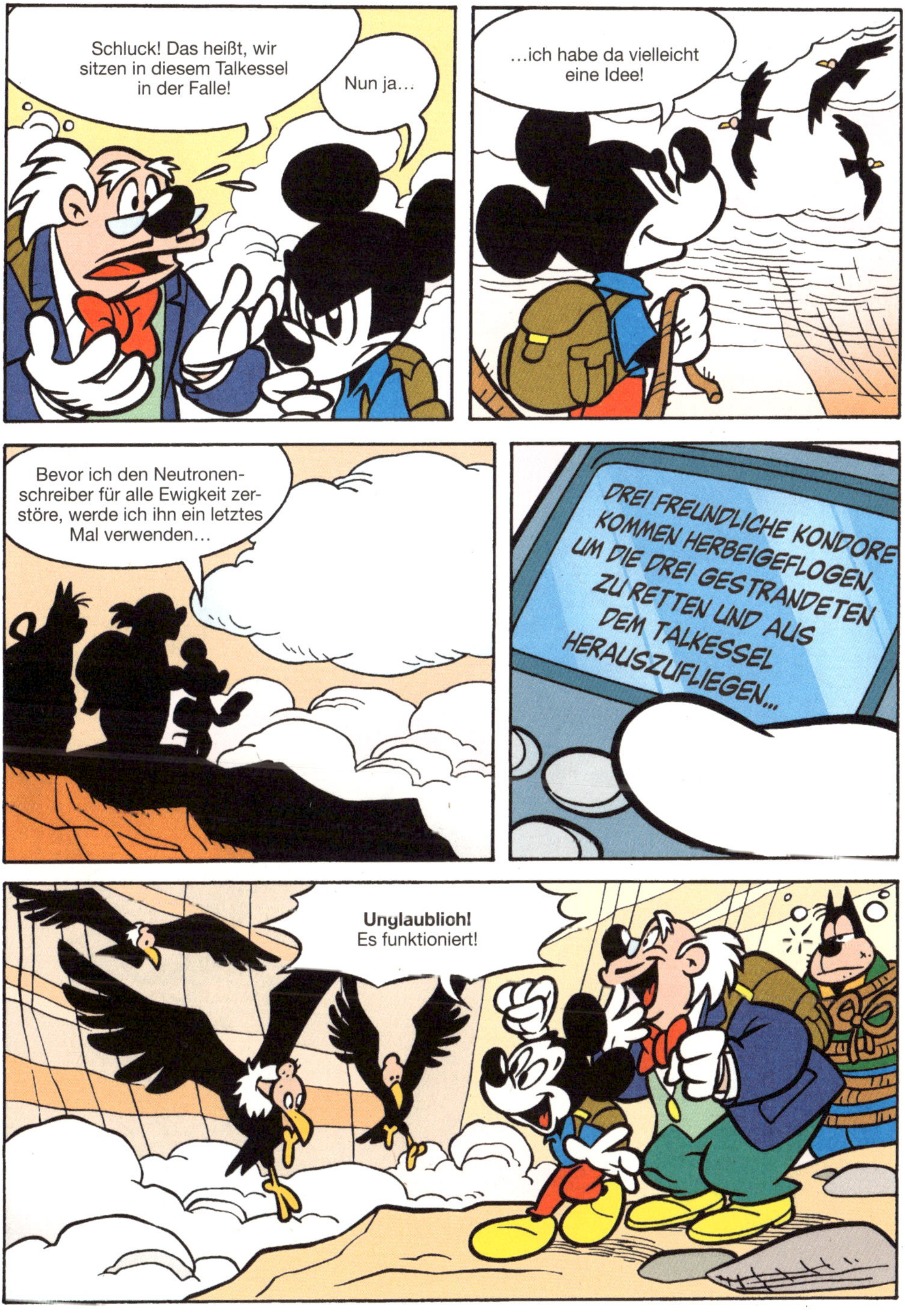
Schluck! Das heißt, wir sitzen in diesem Talkessel in der Falle!
Nun ja…
…ich habe da vielleicht eine Idee!
Bevor ich den Neutronen-schreiber für alle Ewigkeit zer-störe, werde ich ihn ein letztes Mal verwenden…
DREI FREUNDLICHE KONDORE KOMMEN HERBEIGEFLOGEN, UM DIE DREI GESTRANDETEN ZU RETTEN UND AUS DEM TALKESSEL HERAUSZUFLIEGEN…
Unglaublich! Es funktioniert!

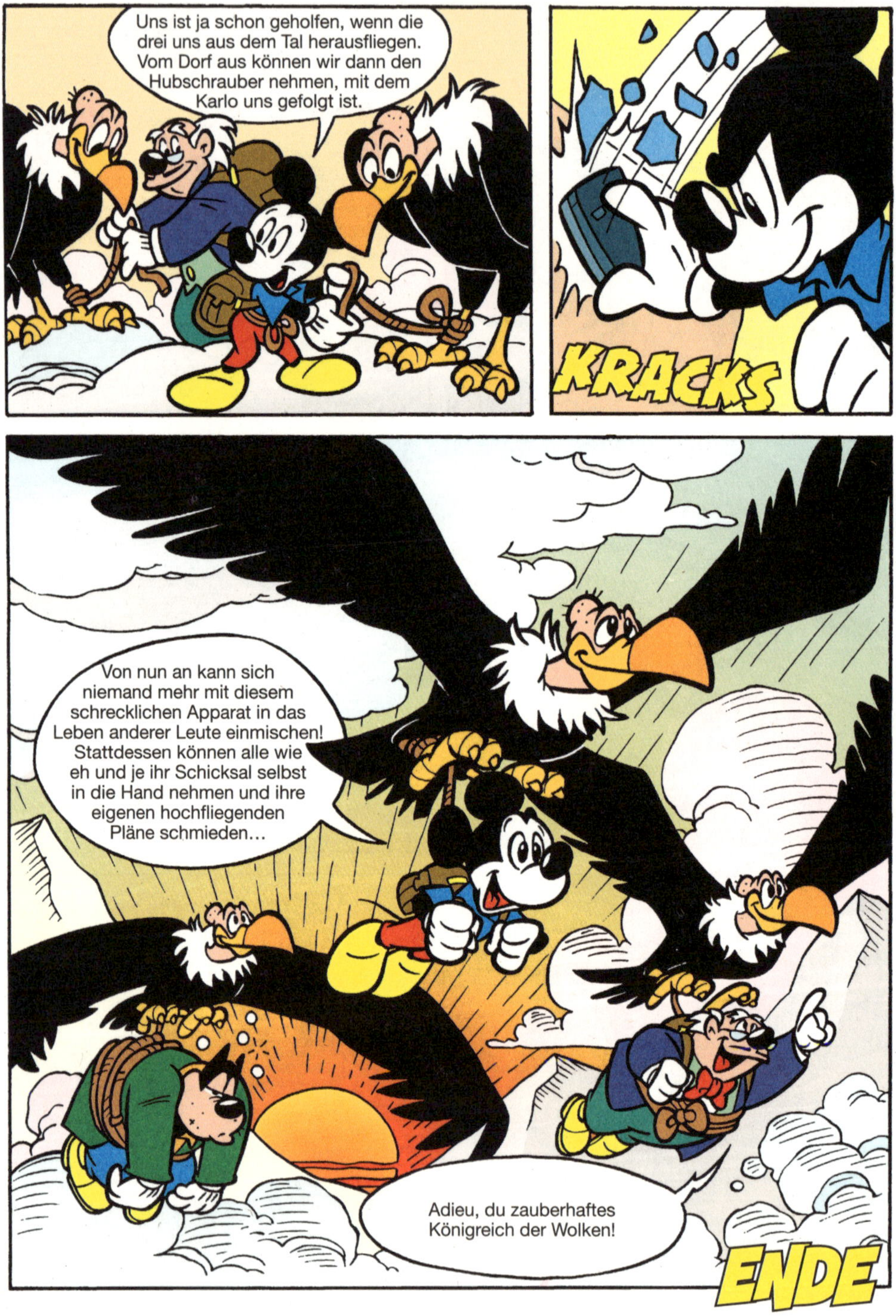
Uns ist ja schon geholfen, wenn die drei uns aus dem Tal herausfliegen. Vom Dorf aus können wir dann den Hubschrauber nehmen, mit dem Karlo uns gefolgt ist.
KRACKS
Von nun an kann sich niemand mehr mit diesem schrecklichen Apparat in das Leben anderer Leute einmischen! Stattdessen können alle wie eh und je ihr Schicksal selbst in die Hand nehmen und ihre eigenen hochfliegenden Pläne schmieden…
Adieu, du zauberhaftes Königreich der Wolken!
ENDE

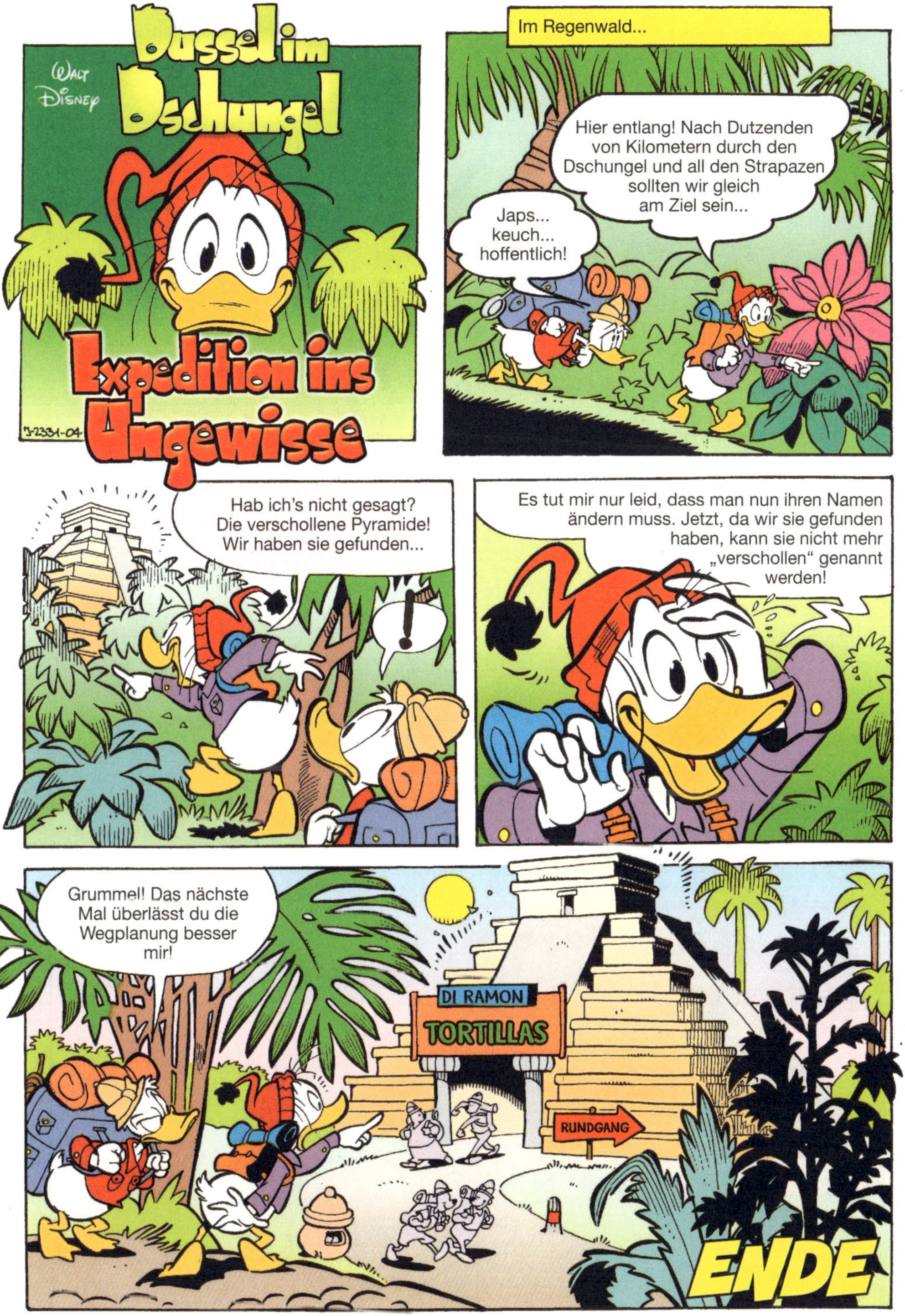

Rudy Salvagnini (Story), **Lara Molinari** (Zeichnungen)

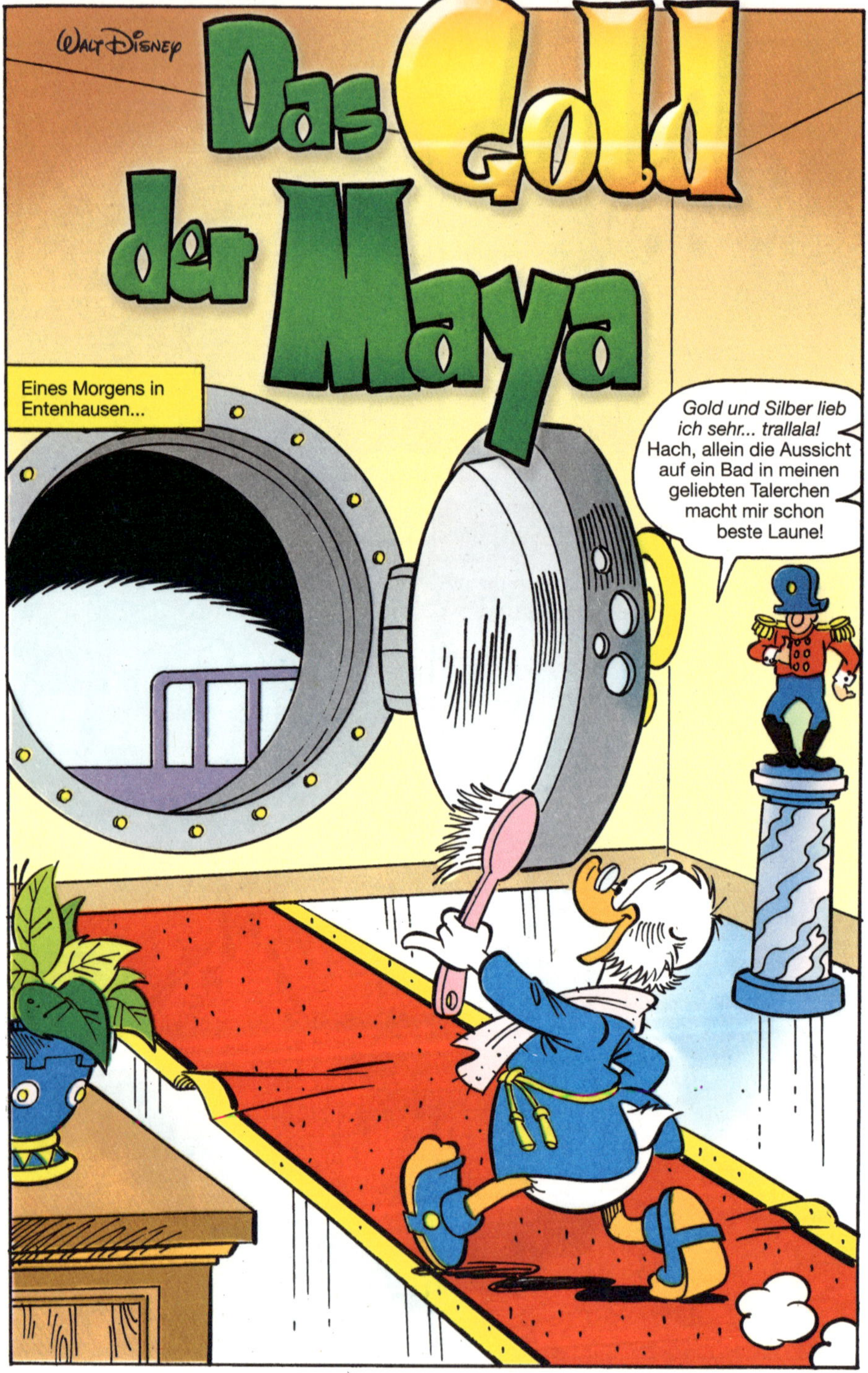

Staff di IF (Story), **Sandro Dossi** (Zeichnungen)

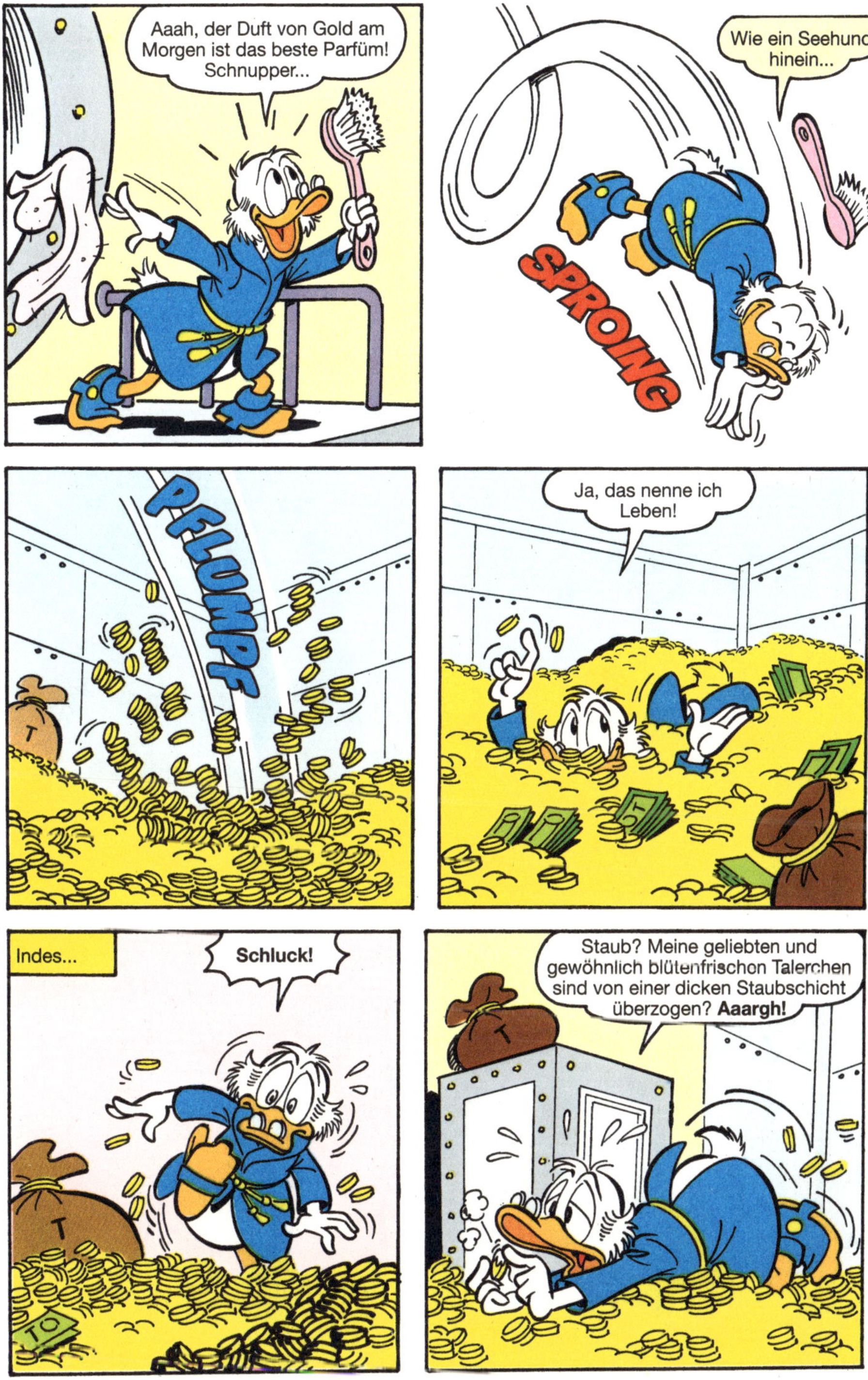
Aaah, der Duft von Gold am Morgen ist das beste Parfüm! Schnupper...
Wie ein Seehund hinein...
SPROING
PFLUMPF
Ja, das nenne ich Leben!
Indes...
Schluck!
Staub? Meine geliebten und gewöhnlich blütenfrischon Talerchen sind von einer dicken Staubschicht überzogen? **Aaargh!**

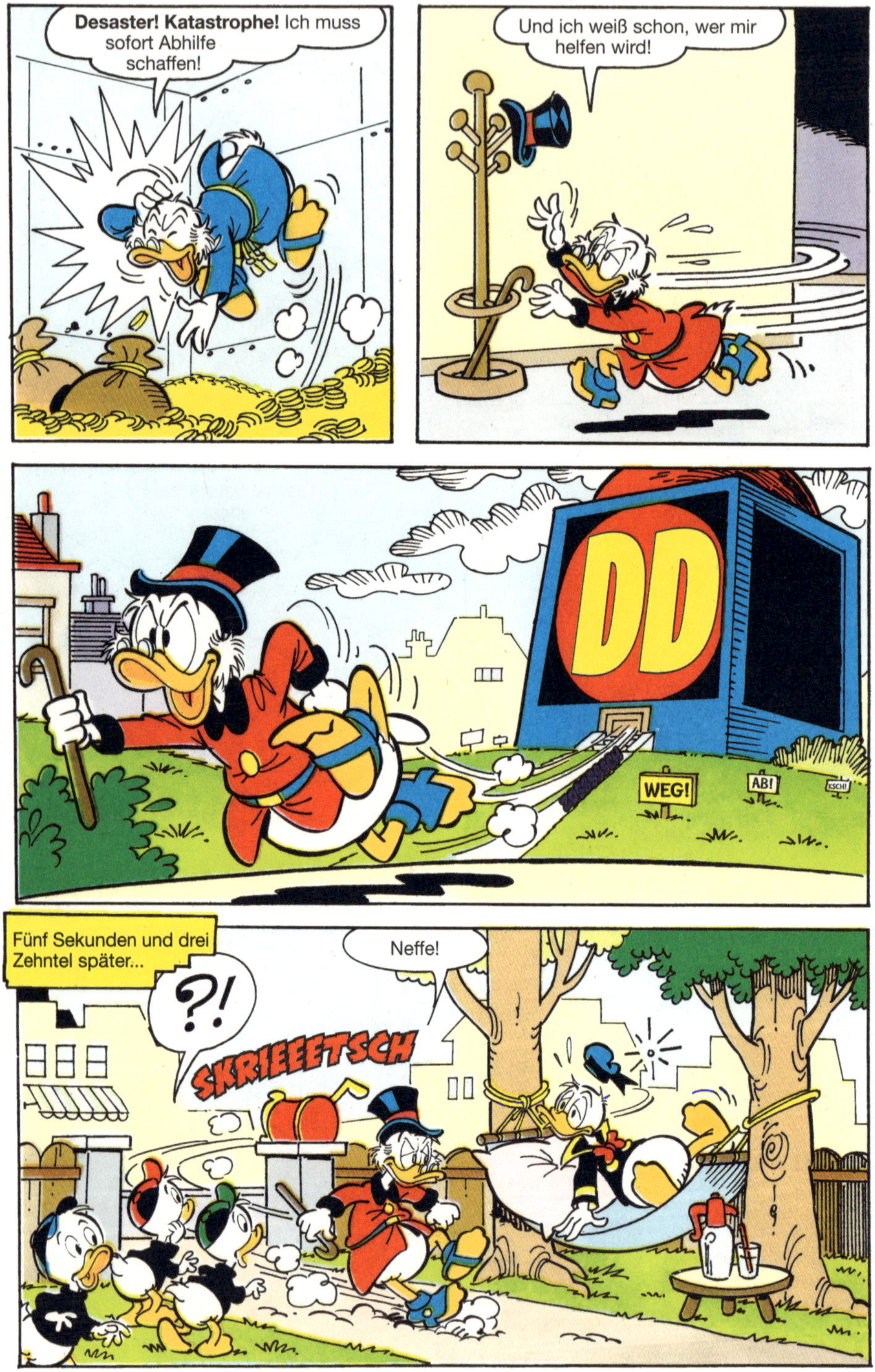
Desaster! Katastrophe! Ich muss sofort Abhilfe schaffen!
Und ich weiß schon, wer mir helfen wird!
DD
WEG!
AB!
KSCH!
Fünf Sekunden und drei Zehntel später...
Neffe!
?!
SKRIEEEETSCH

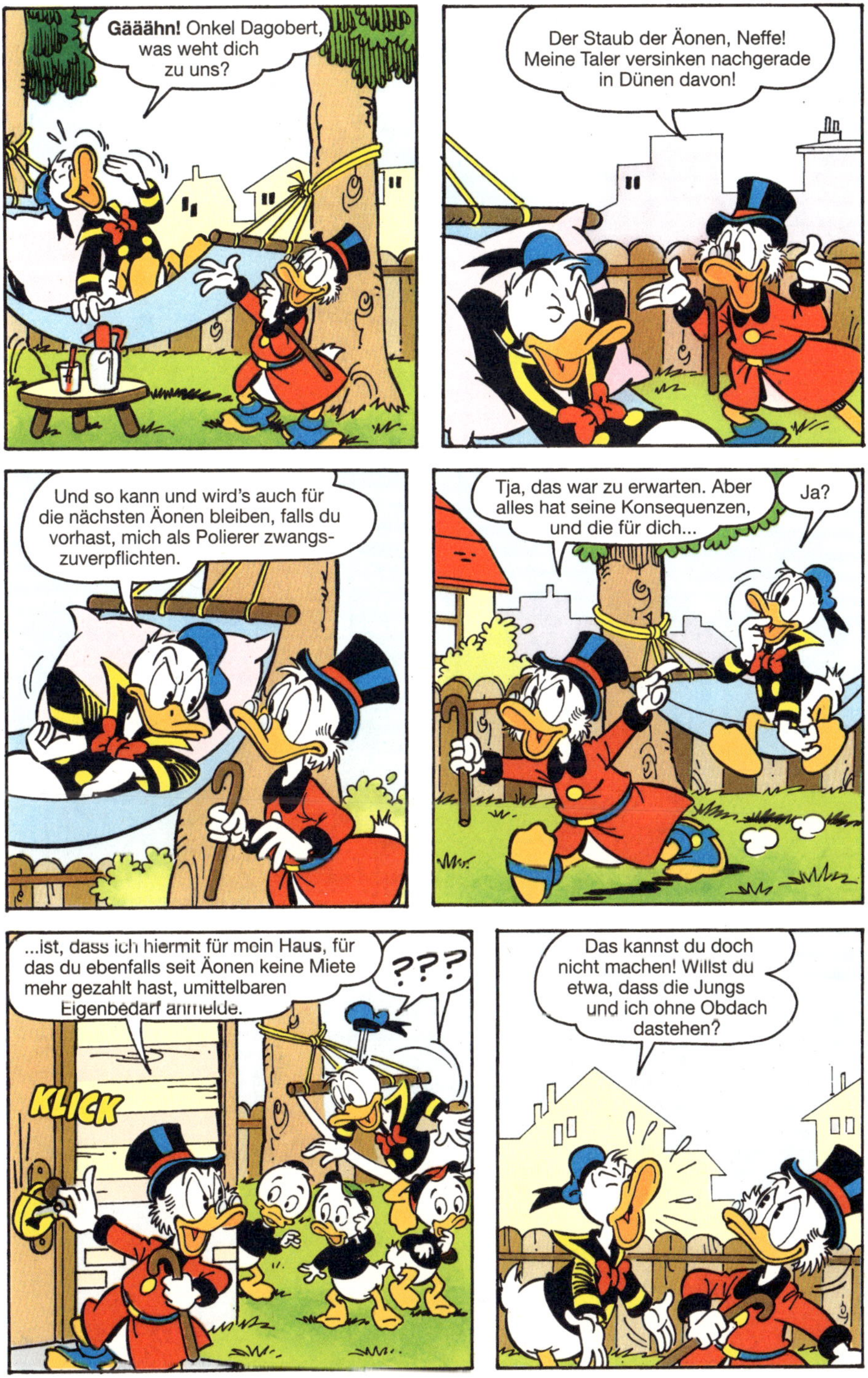
Gääähn! Onkel Dagobert, was weht dich zu uns?
Der Staub der Äonen, Neffe! Meine Taler versinken nachgerade in Dünen davon!
Und so kann und wird's auch für die nächsten Äonen bleiben, falls du vorhast, mich als Polierer zwangszuverpflichten.
Tja, das war zu erwarten. Aber alles hat seine Konsequenzen, und die für dich...
Ja?
...ist, dass ich hiermit für moin Haus, für das du ebenfalls seit Äonen keine Miete mehr gezahlt hast, umittelbaren Eigenbedarf anmelde.
KLICK
???
Das kannst du doch nicht machen! Willst du etwa, dass die Jungs und ich ohne Obdach dastehen?

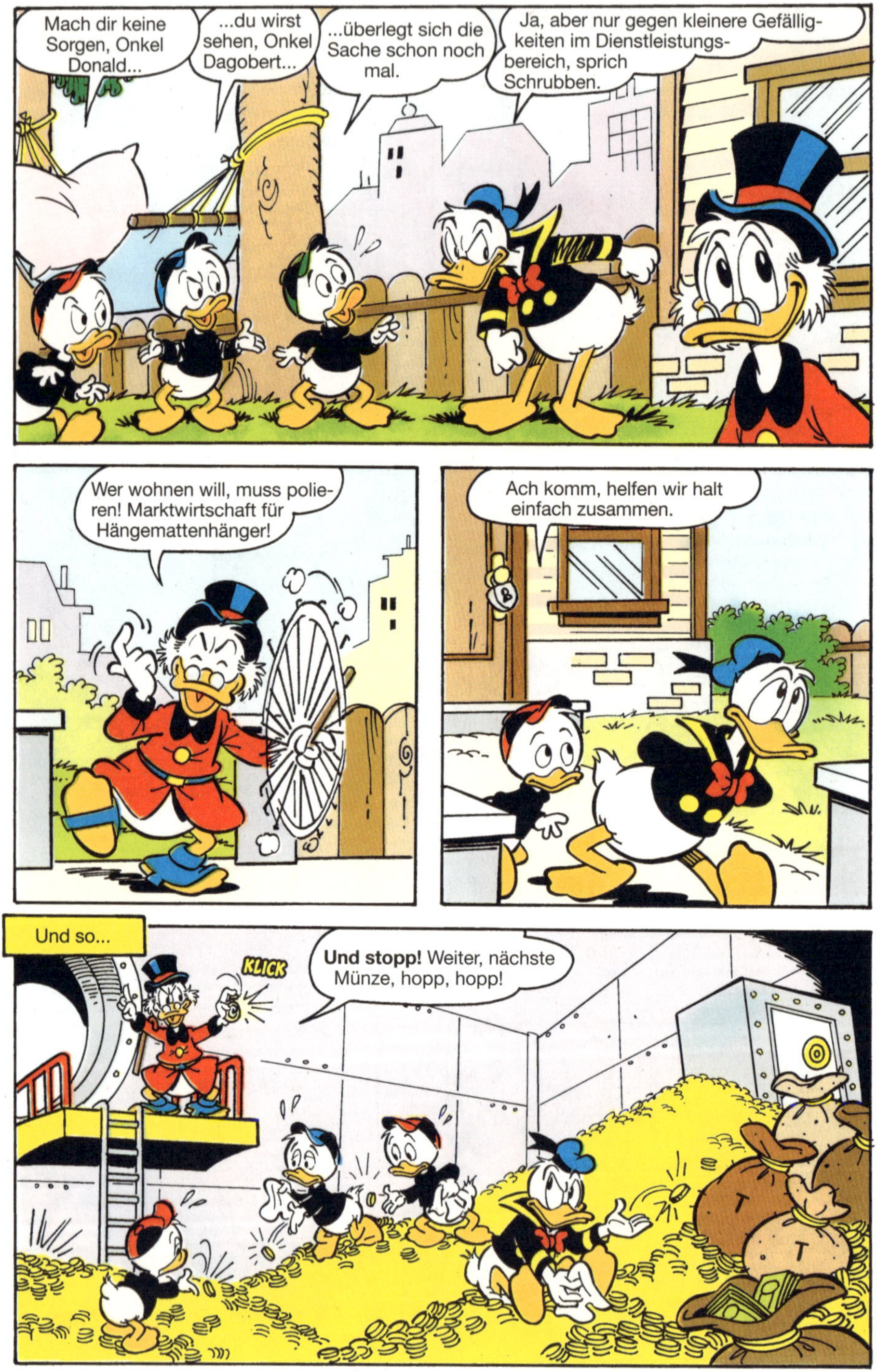
Mach dir keine Sorgen, Onkel Donald...
...du wirst sehen, Onkel Dagobert...
...überlegt sich die Sache schon noch mal.
Ja, aber nur gegen kleinere Gefälligkeiten im Dienstleistungsbereich, sprich Schrubben.
Wer wohnen will, muss polieren! Marktwirtschaft für Hängemattenhänger!
Ach komm, helfen wir halt einfach zusammen.
Und so...
KLICK
Und stopp! Weiter, nächste Münze, hopp, hopp!

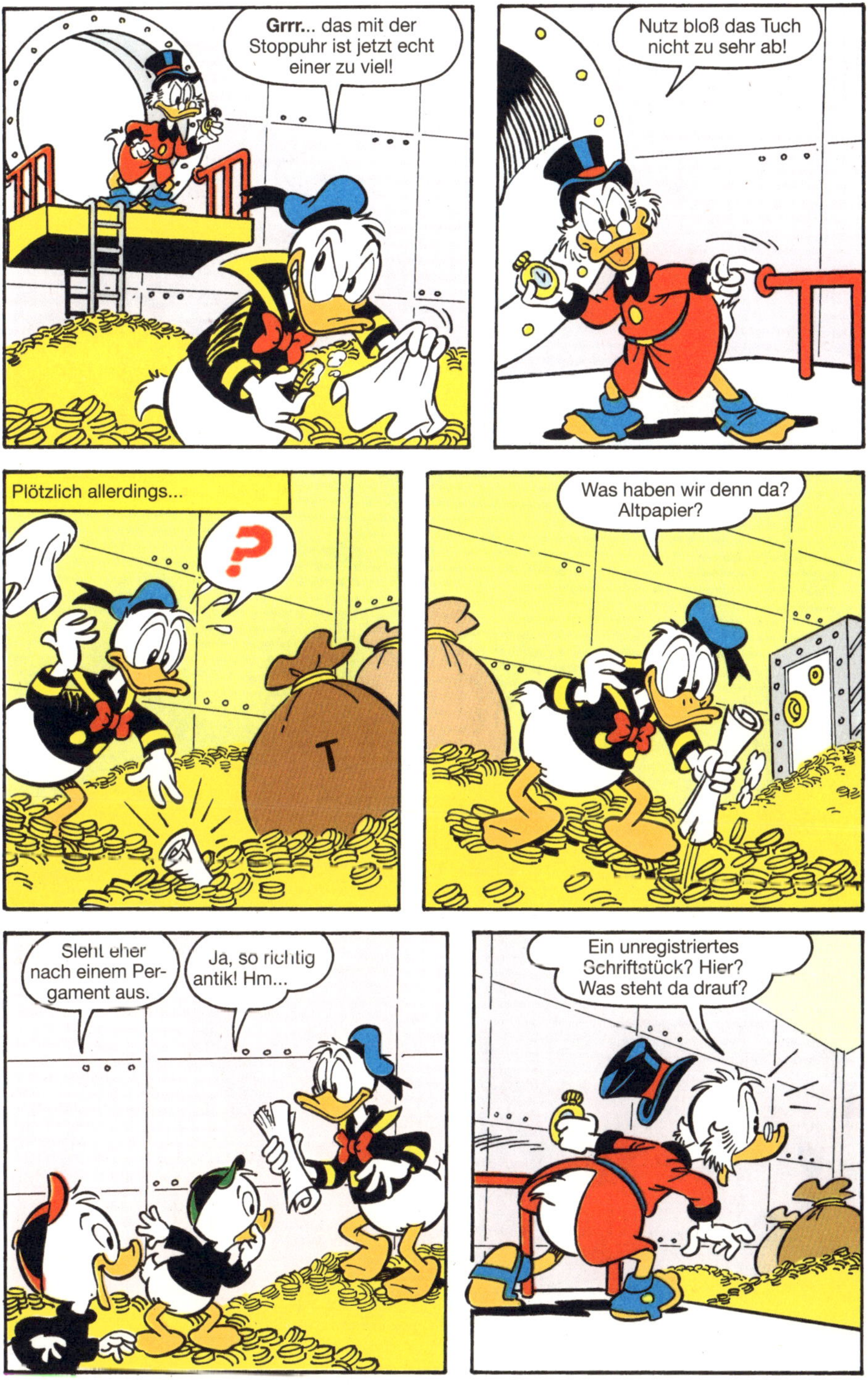

Grrr... das mit der Stoppuhr ist jetzt echt einer zu viel!
Nutz bloß das Tuch nicht zu sehr ab!
Plötzlich allerdings...
?
Was haben wir denn da? Altpapier?
T
Sieht eher nach einem Pergament aus.
Ja, so richtig antik! Hm...
Ein unregistriertes Schriftstück? Hier? Was steht da drauf?

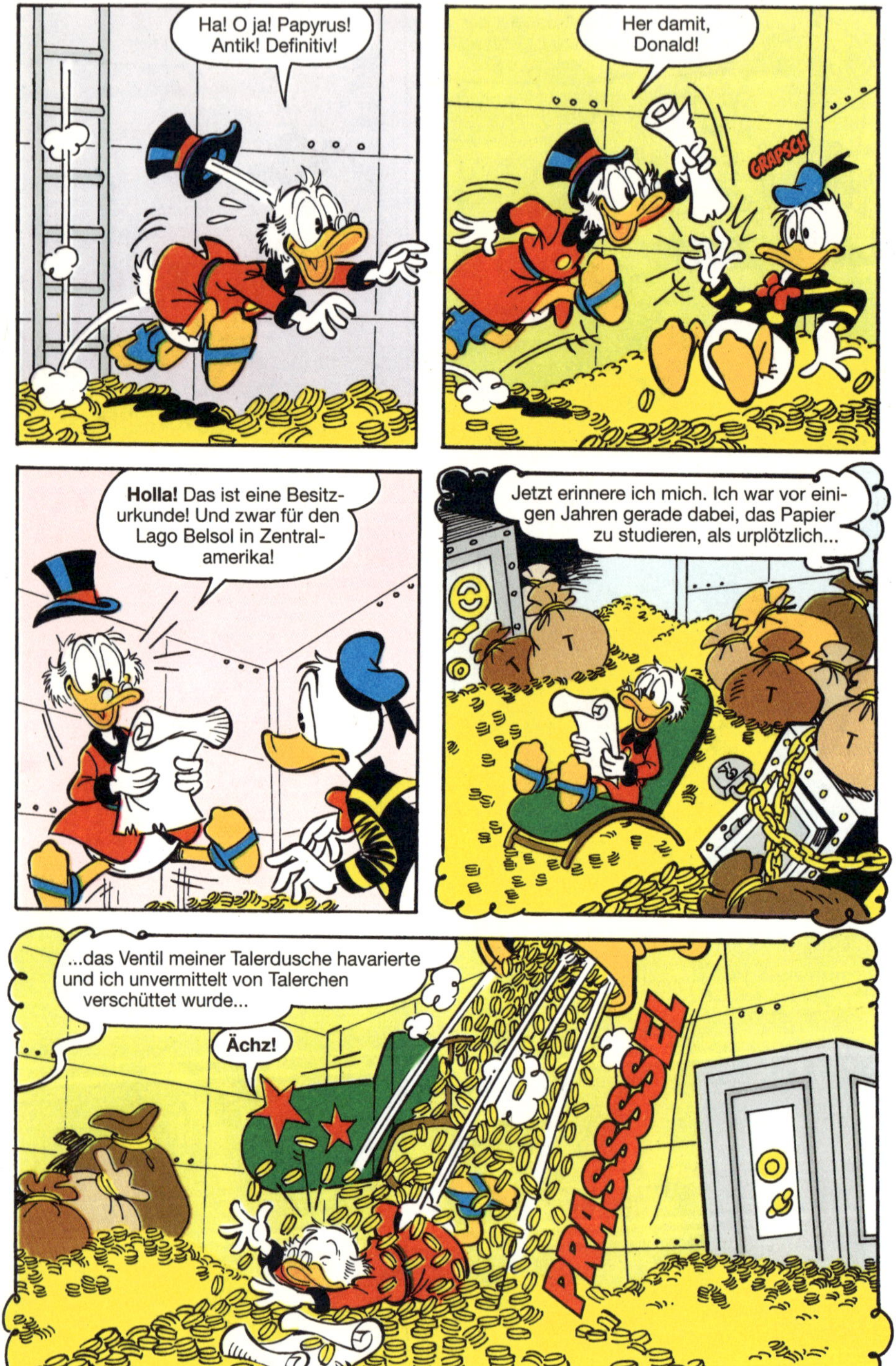
Ha! O ja! Papyrus! Antik! Definitiv!
Her damit, Donald!
GRAPSCH
Holla! Das ist eine Besitzurkunde! Und zwar für den Lago Belsol in Zentralamerika!
Jetzt erinnere ich mich. Ich war vor einigen Jahren gerade dabei, das Papier zu studieren, als urplötzlich...
...das Ventil meiner Talerdusche havarierte und ich unvermittelt von Talerchen verschüttet wurde...
Ächz!
PRASSSSEL

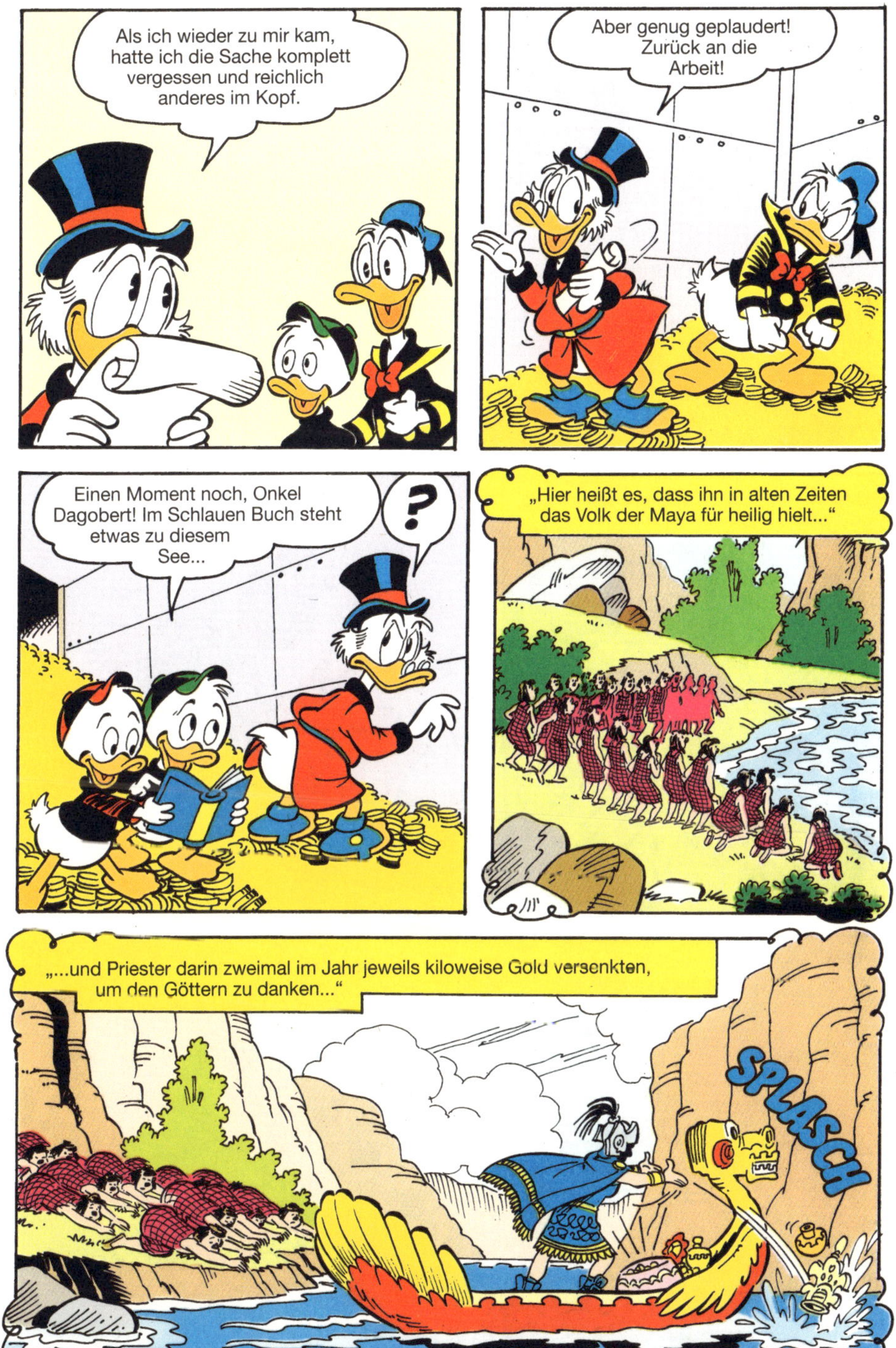
Als ich wieder zu mir kam, hatte ich die Sache komplett vergessen und reichlich anderes im Kopf.
Aber genug geplaudert! Zurück an die Arbeit!
Einen Moment noch, Onkel Dagobert! Im Schlauen Buch steht etwas zu diesem See...
?
„Hier heißt es, dass ihn in alten Zeiten das Volk der Maya für heilig hielt..."
„...und Priester darin zweimal im Jahr jeweils kiloweise Gold versenkten, um den Göttern zu danken..."
SPLASCH

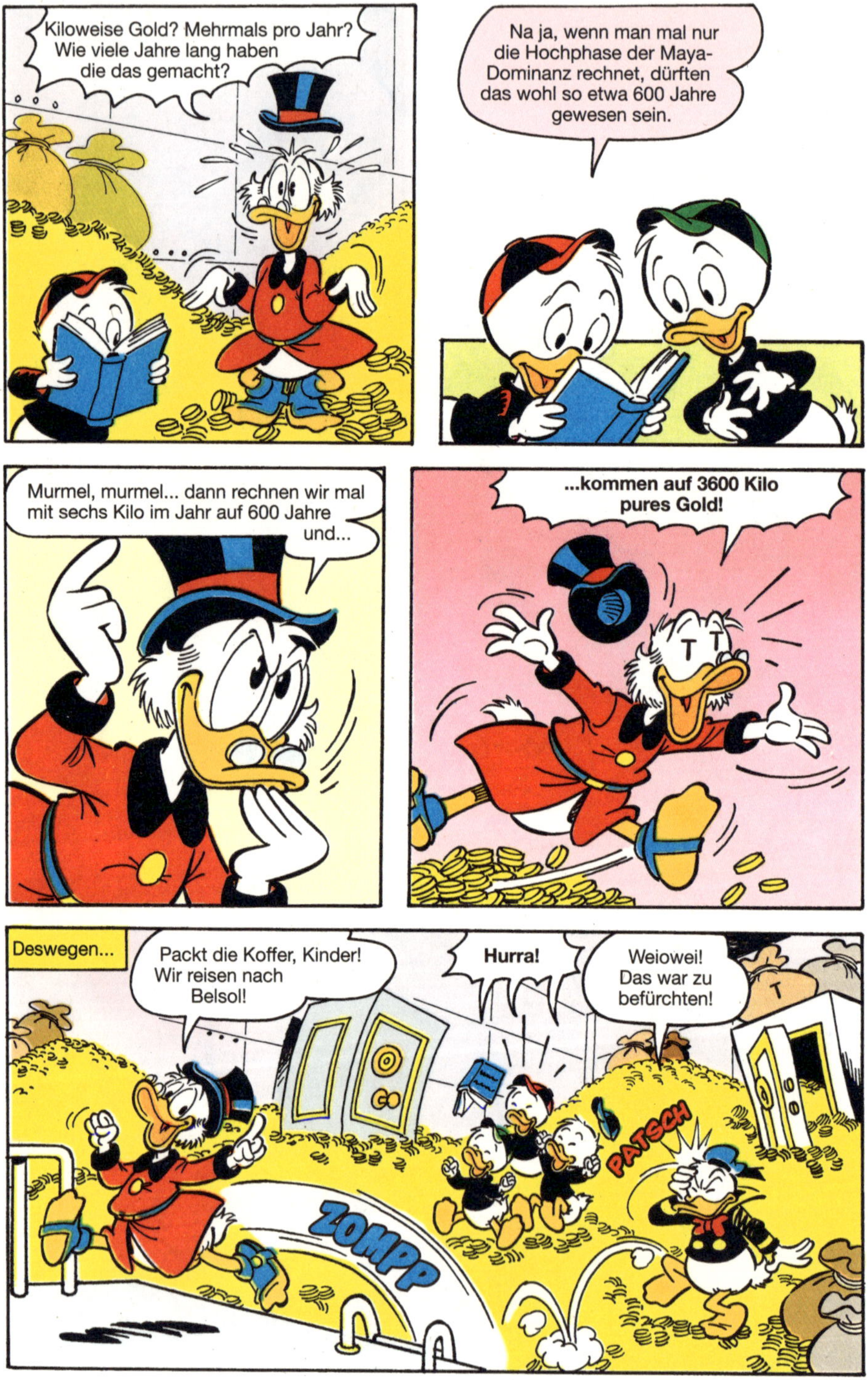

Kiloweise Gold? Mehrmals pro Jahr? Wie viele Jahre lang haben die das gemacht?
Na ja, wenn man mal nur die Hochphase der Maya-Dominanz rechnet, dürften das wohl so etwa 600 Jahre gewesen sein.
Murmel, murmel... dann rechnen wir mal mit sechs Kilo im Jahr auf 600 Jahre und...
...kommen auf 3600 Kilo pures Gold!
Deswegen...
Packt die Koffer, Kinder! Wir reisen nach Belsol!
Hurra!
Weiowei! Das war zu befürchten!
PATSCH
ZOMPP

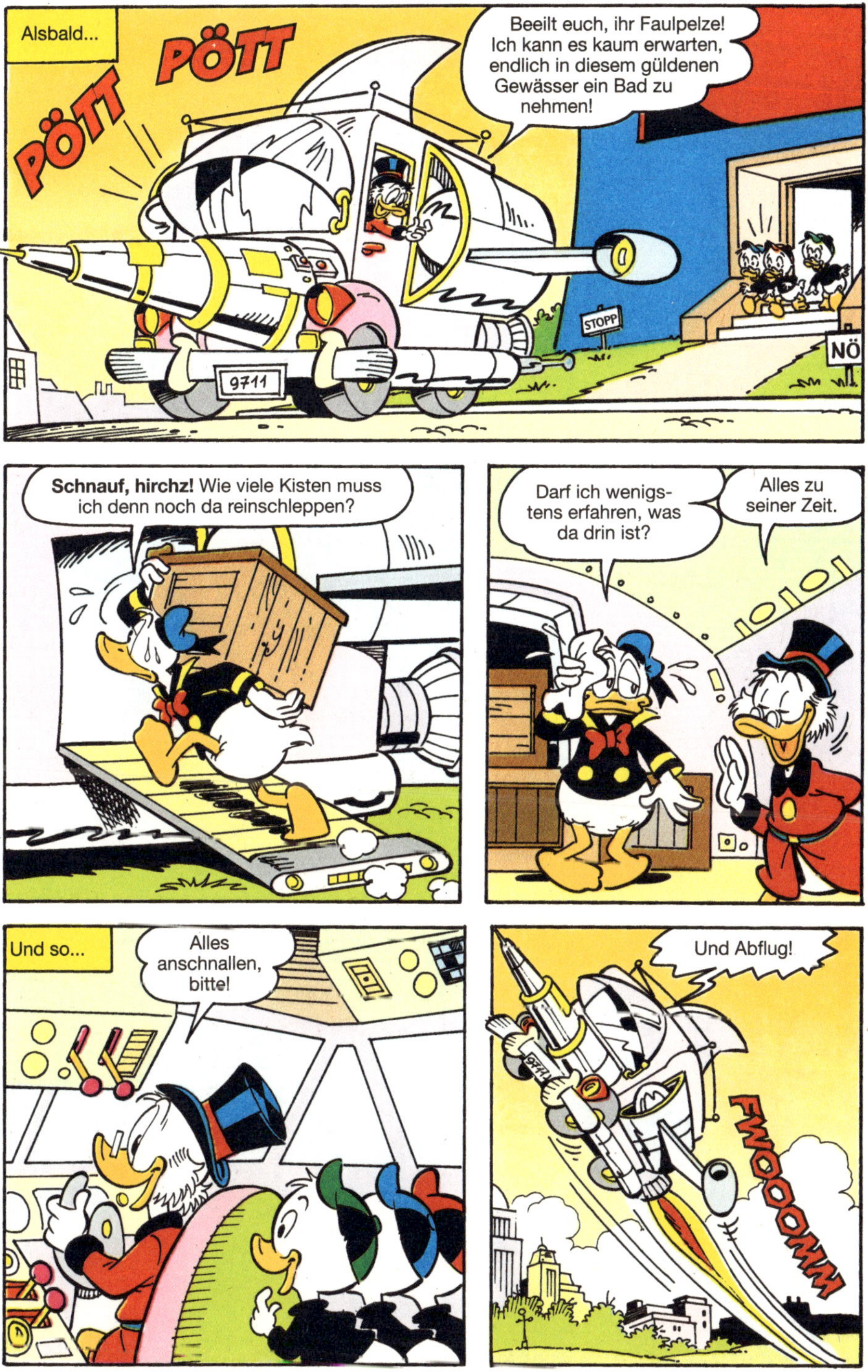
Alsbald...
PÖTT PÖTT
Beeilt euch, ihr Faulpelze! Ich kann es kaum erwarten, endlich in diesem güldenen Gewässer ein Bad zu nehmen!
STOPP
NÖ
9711
Schnauf, hirchz! Wie viele Kisten muss ich denn noch da reinschleppen?
Darf ich wenigstens erfahren, was da drin ist?
Alles zu seiner Zeit.
Und so...
Alles anschnallen, bitte!
Und Abflug!
FWOOOMM

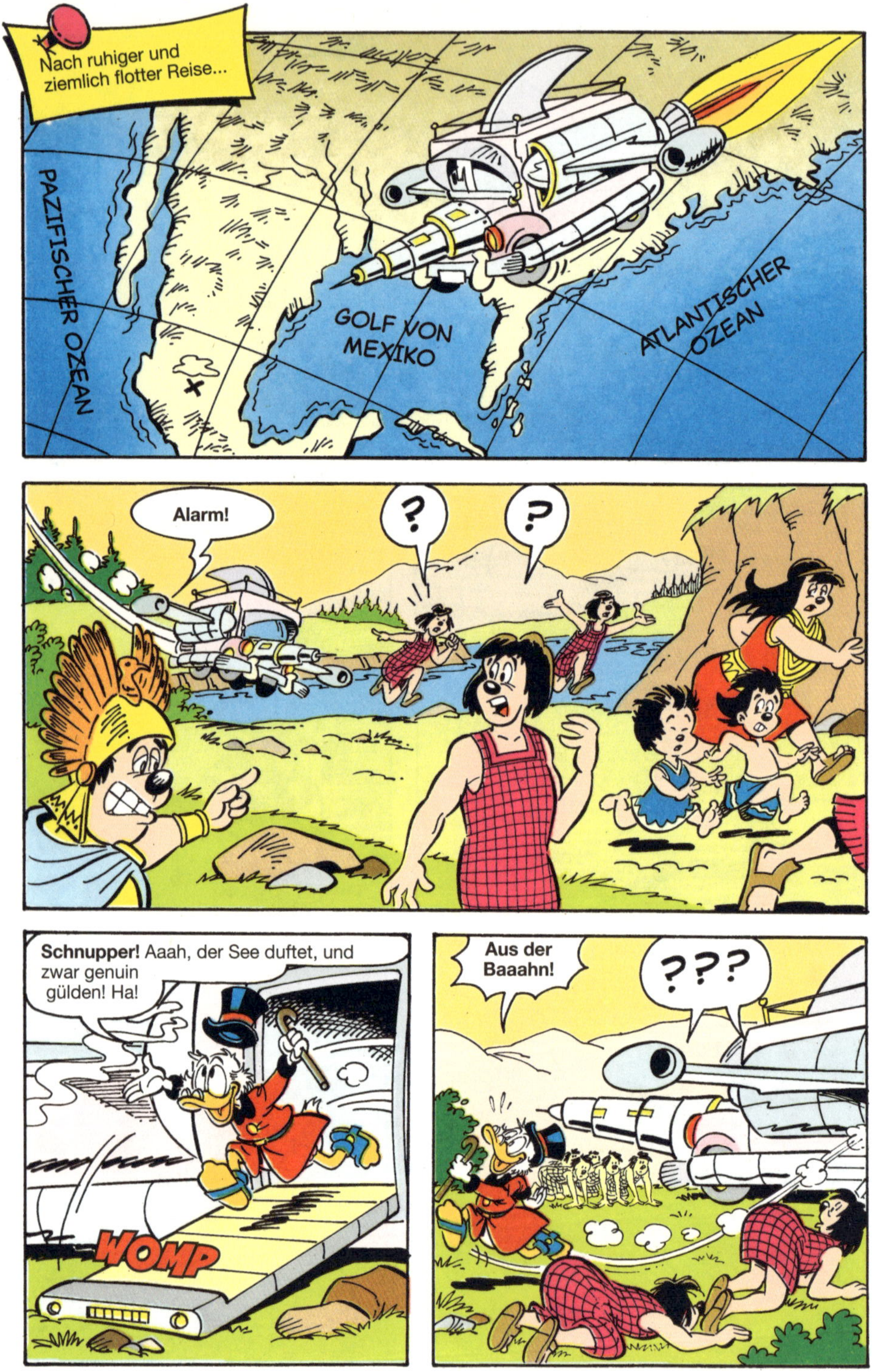
Nach ruhiger und ziemlich flotter Reise...
PAZIFISCHER OZEAN
GOLF VON MEXIKO
ATLANTISCHER OZEAN
Alarm!
?
?
Schnupper! Aaah, der See duftet, und zwar genuin gülden! Ha!
WOMP
Aus der Baaahn!
???

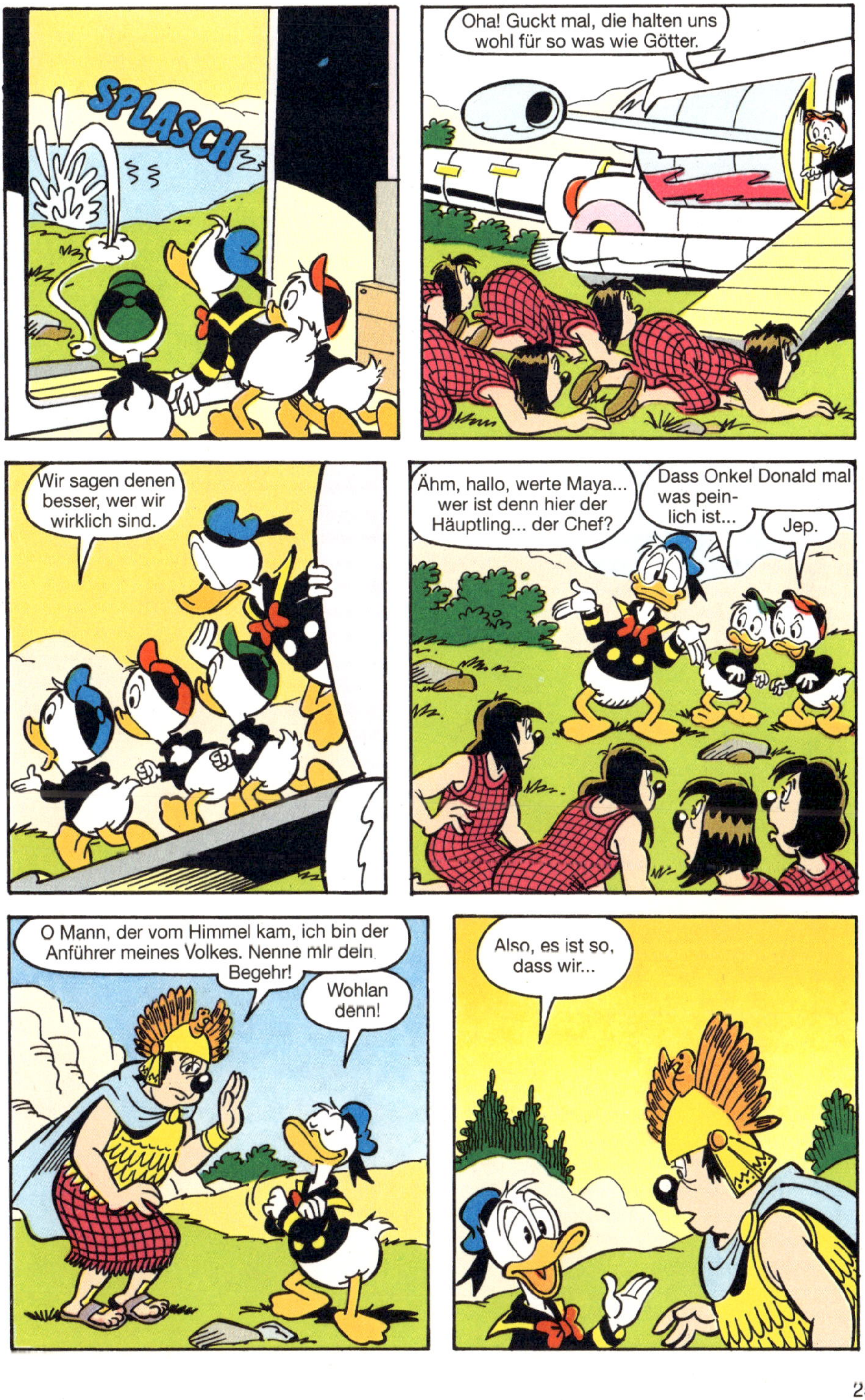
SPLASCH
Oha! Guckt mal, die halten uns wohl für so was wie Götter.
Wir sagen denen besser, wer wir wirklich sind.
Ähm, hallo, werte Maya... wer ist denn hier der Häuptling... der Chef?
Dass Onkel Donald mal was peinlich ist...
Jep.
O Mann, der vom Himmel kam, ich bin der Anführer meines Volkes. Nenne mir dein Begehr!
Wohlan denn!
Also, es ist so, dass wir...

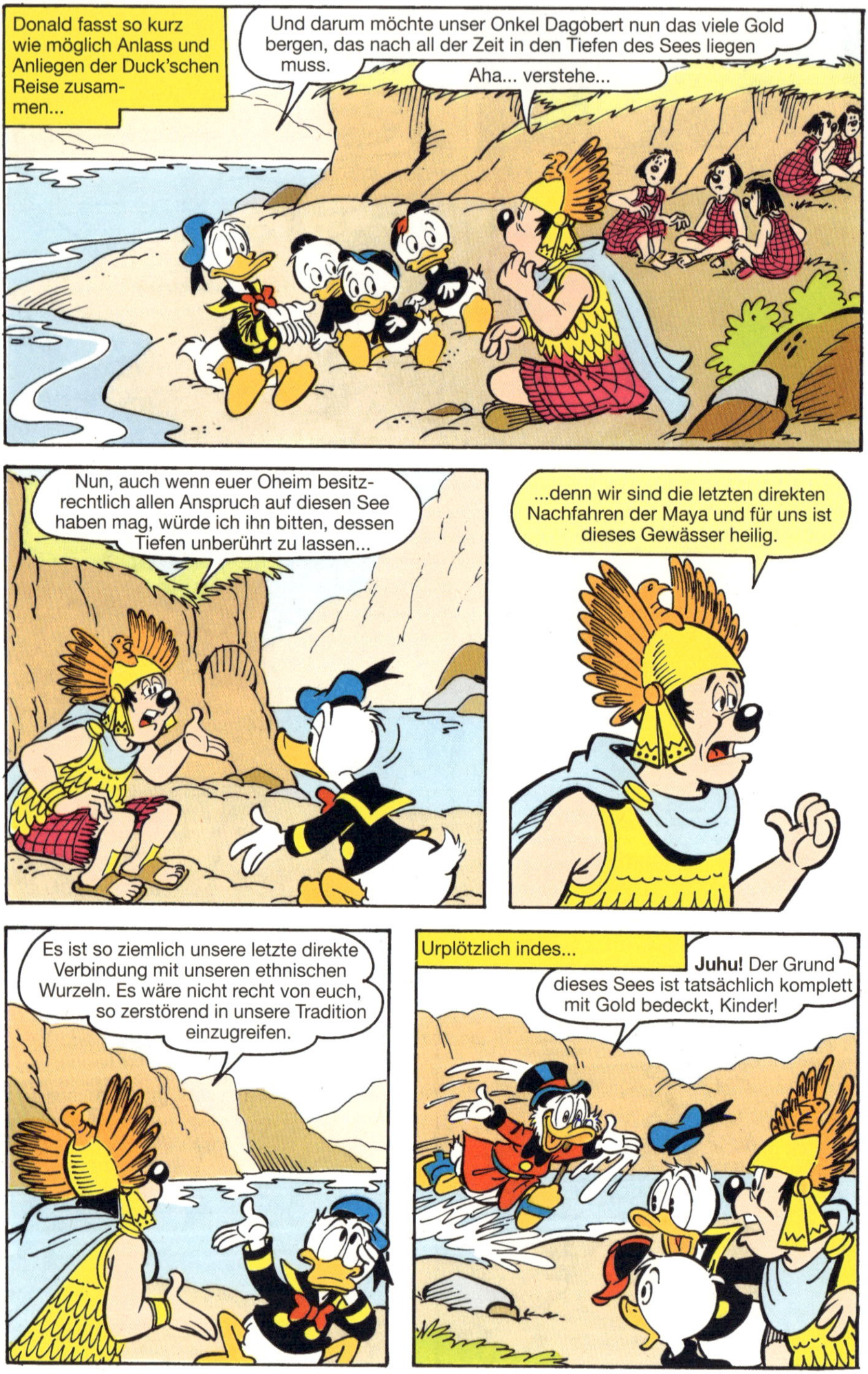
Donald fasst so kurz wie möglich Anlass und Anliegen der Duck'schen Reise zusammen...
Und darum möchte unser Onkel Dagobert nun das viele Gold bergen, das nach all der Zeit in den Tiefen des Sees liegen muss.
Aha... verstehe...
Nun, auch wenn euer Oheim besitzrechtlich allen Anspruch auf diesen See haben mag, würde ich ihn bitten, dessen Tiefen unberührt zu lassen...
...denn wir sind die letzten direkten Nachfahren der Maya und für uns ist dieses Gewässer heilig.
Es ist so ziemlich unsere letzte direkte Verbindung mit unseren ethnischen Wurzeln. Es wäre nicht recht von euch, so zerstörend in unsere Tradition einzugreifen.
Urplötzlich indes...
Juhu! Der Grund dieses Sees ist tatsächlich komplett mit Gold bedeckt, Kinder!

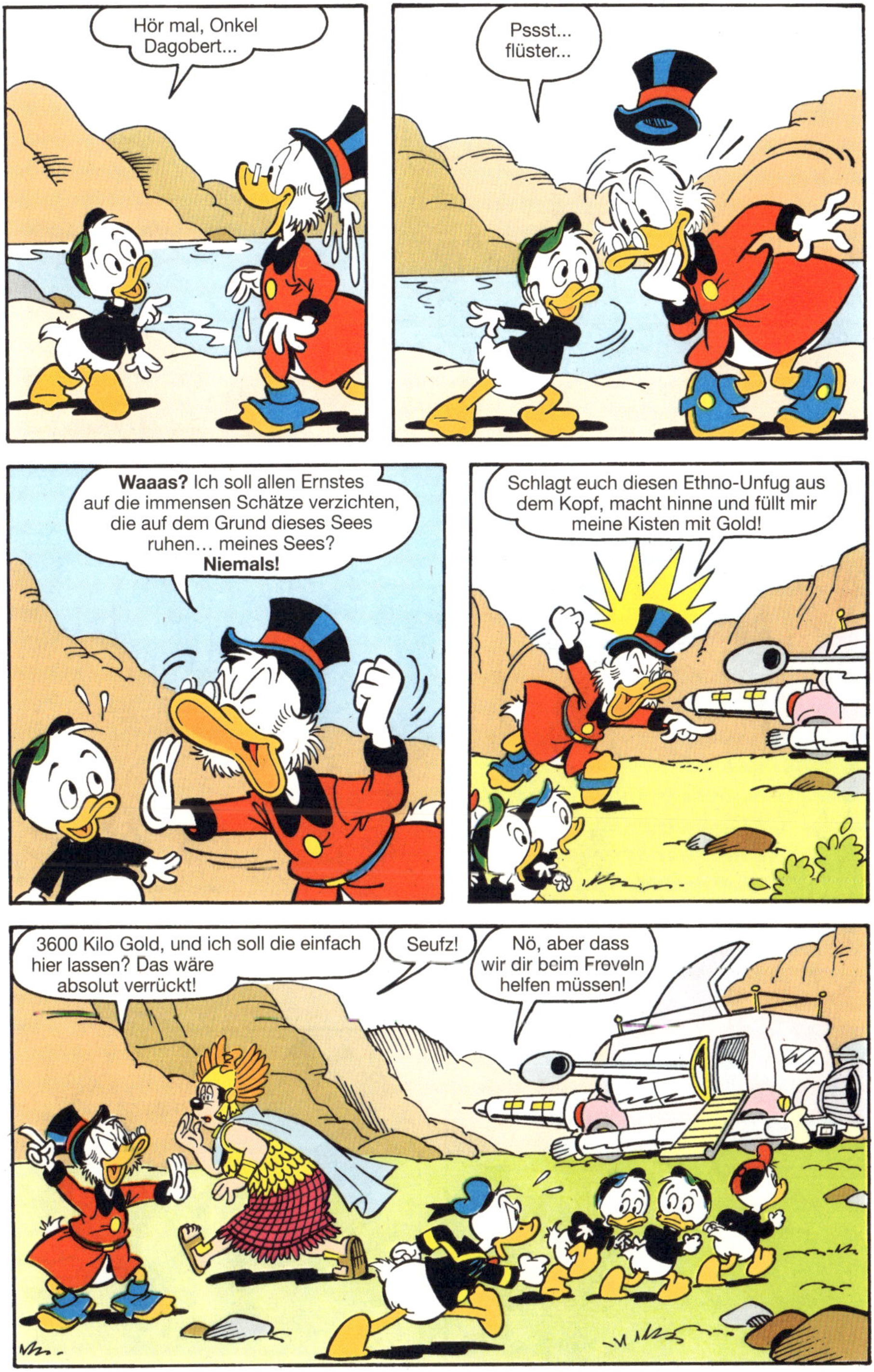
Hör mal, Onkel Dagobert...
Pssst... flüster...
Waaas? Ich soll allen Ernstes auf die immensen Schätze verzichten, die auf dem Grund dieses Sees ruhen… meines Sees? **Niemals!**
Schlagt euch diesen Ethno-Unfug aus dem Kopf, macht hinne und füllt mir meine Kisten mit Gold!
3600 Kilo Gold, und ich soll die einfach hier lassen? Das wäre absolut verrückt!
Seufz!
Nö, aber dass wir dir beim Freveln helfen müssen!

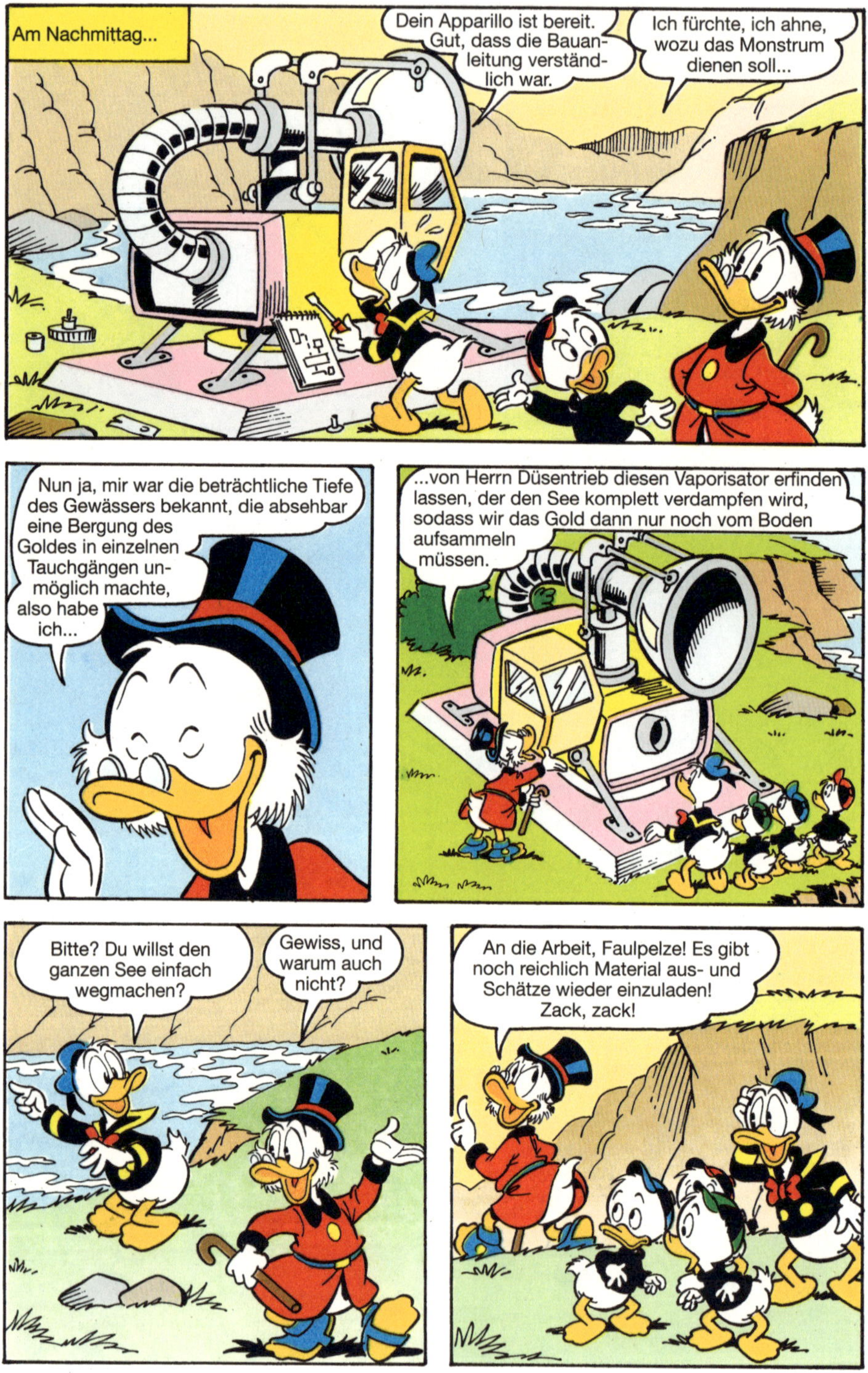
Am Nachmittag...
Dein Apparillo ist bereit. Gut, dass die Bauanleitung verständlich war.
Ich fürchte, ich ahne, wozu das Monstrum dienen soll...
Nun ja, mir war die beträchtliche Tiefe des Gewässers bekannt, die absehbar eine Bergung des Goldes in einzelnen Tauchgängen unmöglich machte, also habe ich...
...von Herrn Düsentrieb diesen Vaporisator erfinden lassen, der den See komplett verdampfen wird, sodass wir das Gold dann nur noch vom Boden aufsammeln müssen.
Bitte? Du willst den ganzen See einfach wegmachen?
Gewiss, und warum auch nicht?
An die Arbeit, Faulpelze! Es gibt noch reichlich Material aus- und Schätze wieder einzuladen! Zack, zack!

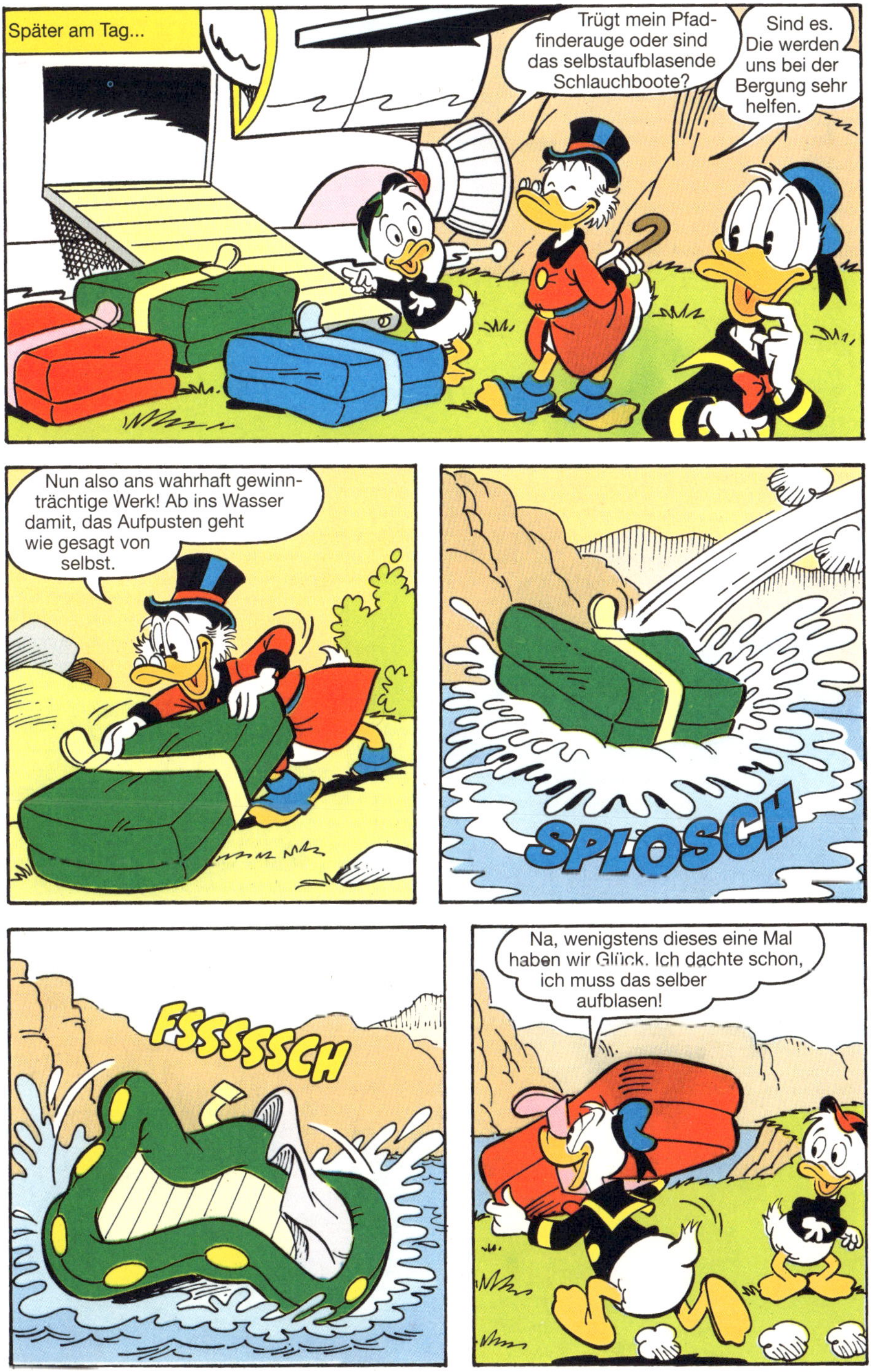

Später am Tag...
Trügt mein Pfadfinderauge oder sind das selbstaufblasende Schlauchboote?
Sind es. Die werden uns bei der Bergung sehr helfen.
Nun also ans wahrhaft gewinnträchtige Werk! Ab ins Wasser damit, das Aufpusten geht wie gesagt von selbst.
SPLOSCH
FSSSSSCH
Na, wenigstens dieses eine Mal haben wir Glück. Ich dachte schon, ich muss das selber aufblasen!

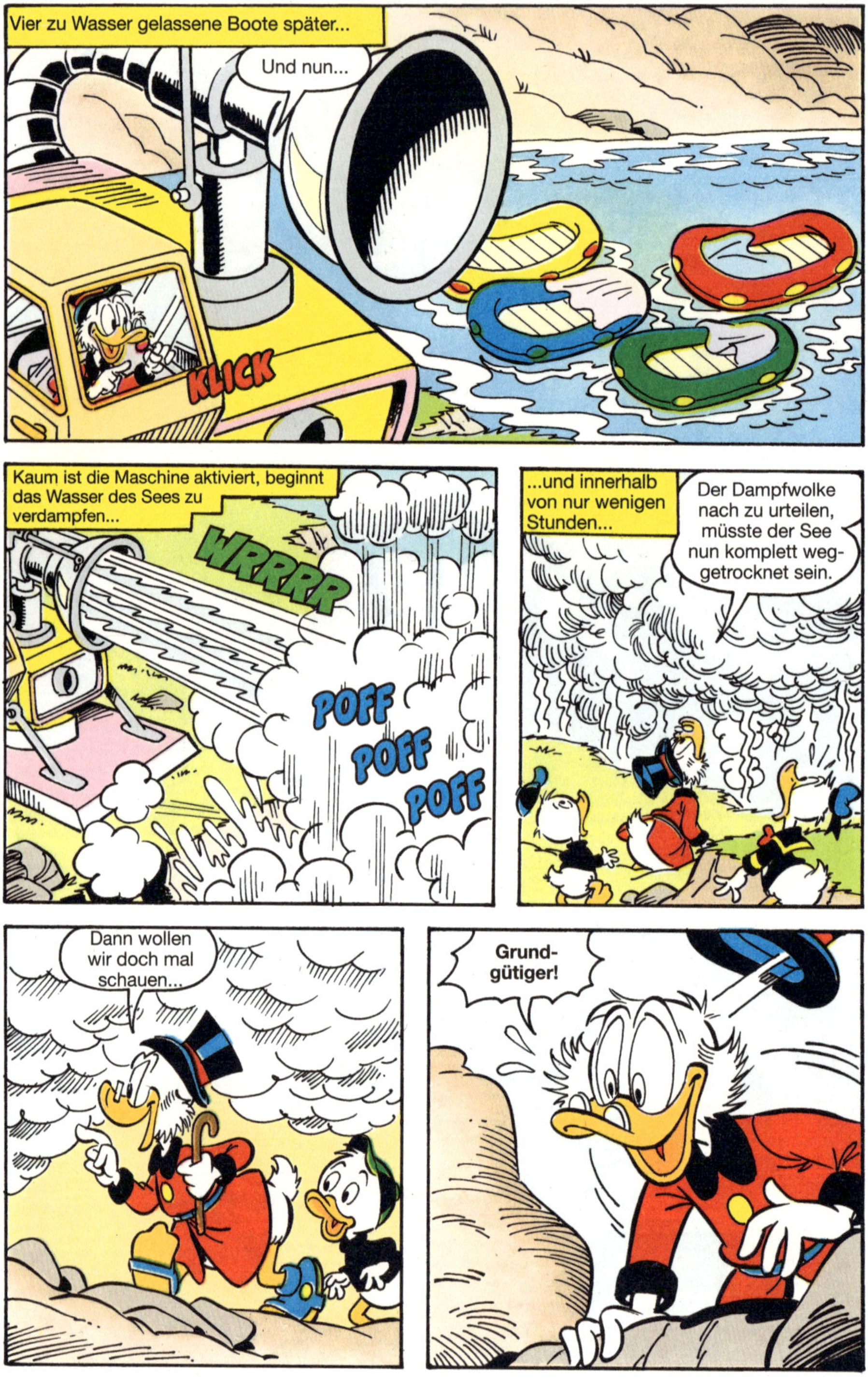
Vier zu Wasser gelassene Boote später...
Und nun...
KLICK
Kaum ist die Maschine aktiviert, beginnt das Wasser des Sees zu verdampfen...
WRRRRR
POFF
POFF
POFF
...und innerhalb von nur wenigen Stunden...
Der Dampfwolke nach zu urteilen, müsste der See nun komplett weggetrocknet sein.
Dann wollen wir doch mal schauen...
Grundgütiger!

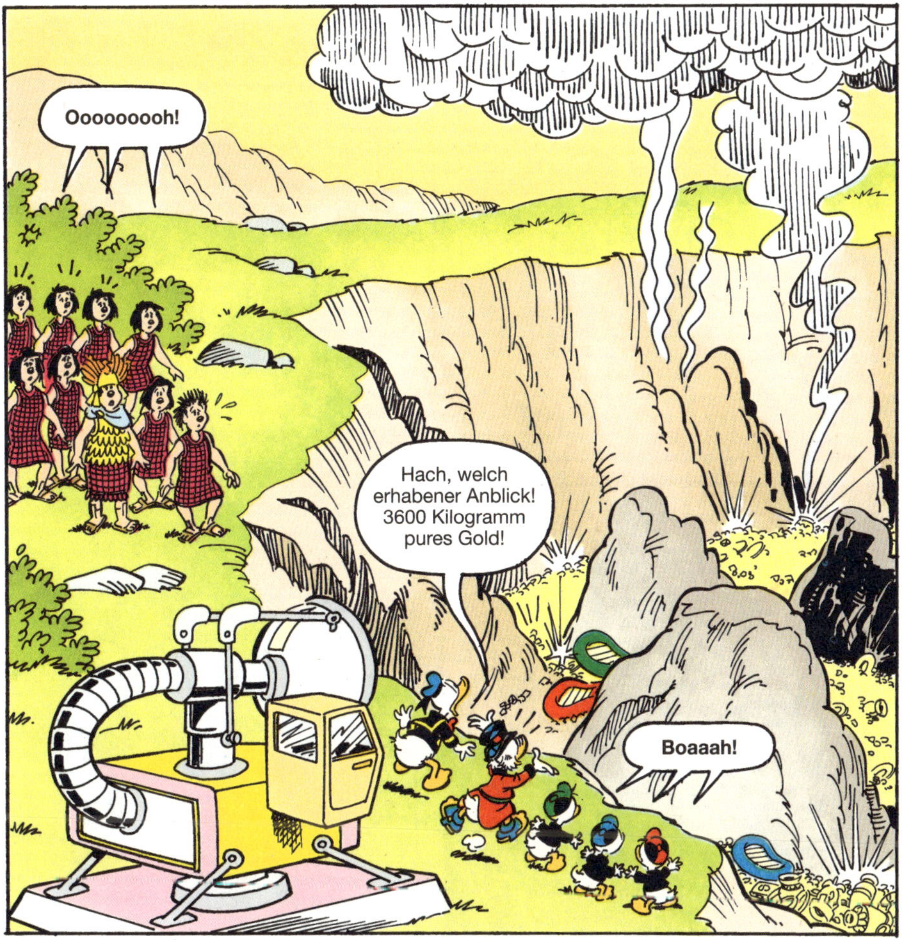
Oooooooh!
Hach, welch erhabener Anblick! 3600 Kilogramm pures Gold!
Boaaah!

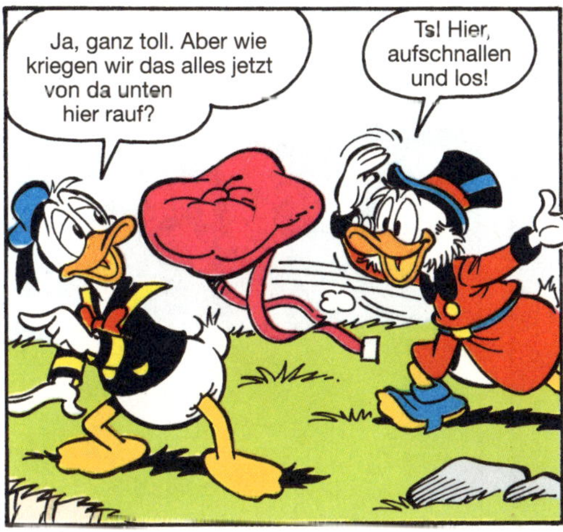
Ja, ganz toll. Aber wie kriegen wir das alles jetzt von da unten hier rauf?
Ts! Hier, aufschnallen und los!

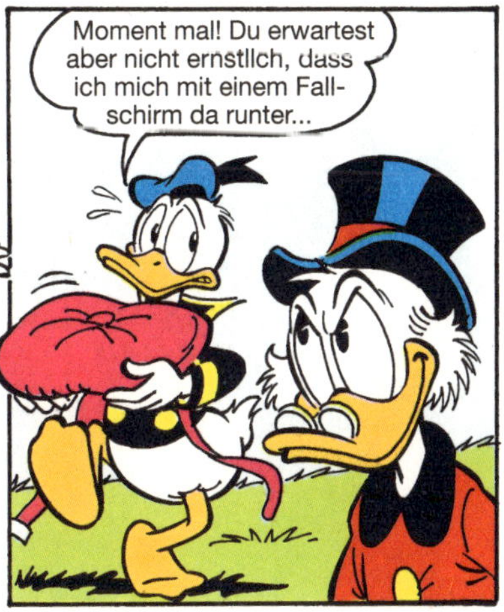
Moment mal! Du erwartest aber nicht ernstlich, dass ich mich mit einem Fallschirm da runter...

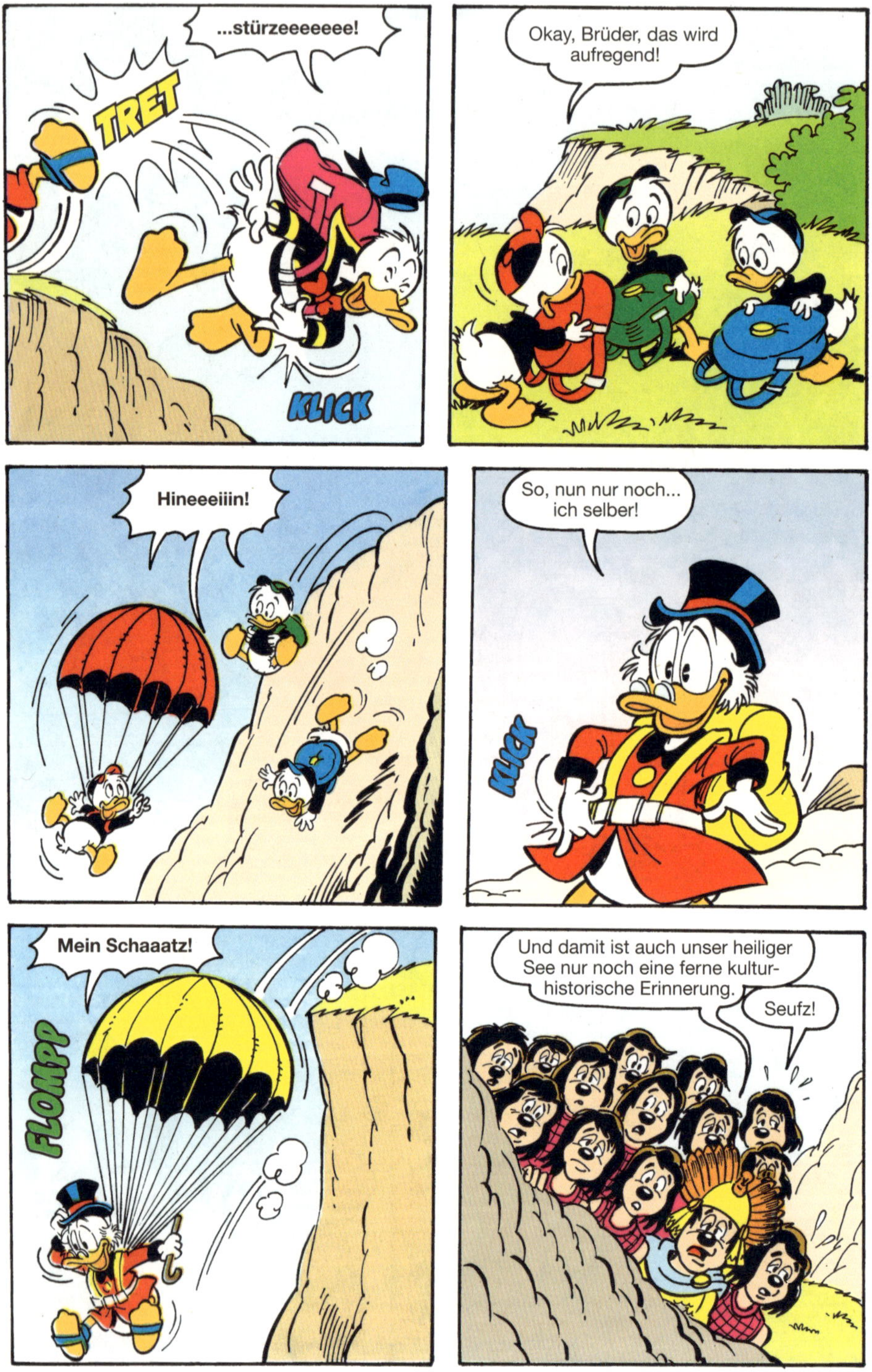
...stürzeeeeeee!
TRET
KLICK
Okay, Brüder, das wird aufregend!
Hineeeiiin!
So, nun nur noch... ich selber!
KLICK
Mein Schaaatz!
FLOMPP
Und damit ist auch unser heiliger See nur noch eine ferne kultur-historische Erinnerung.
Seufz!

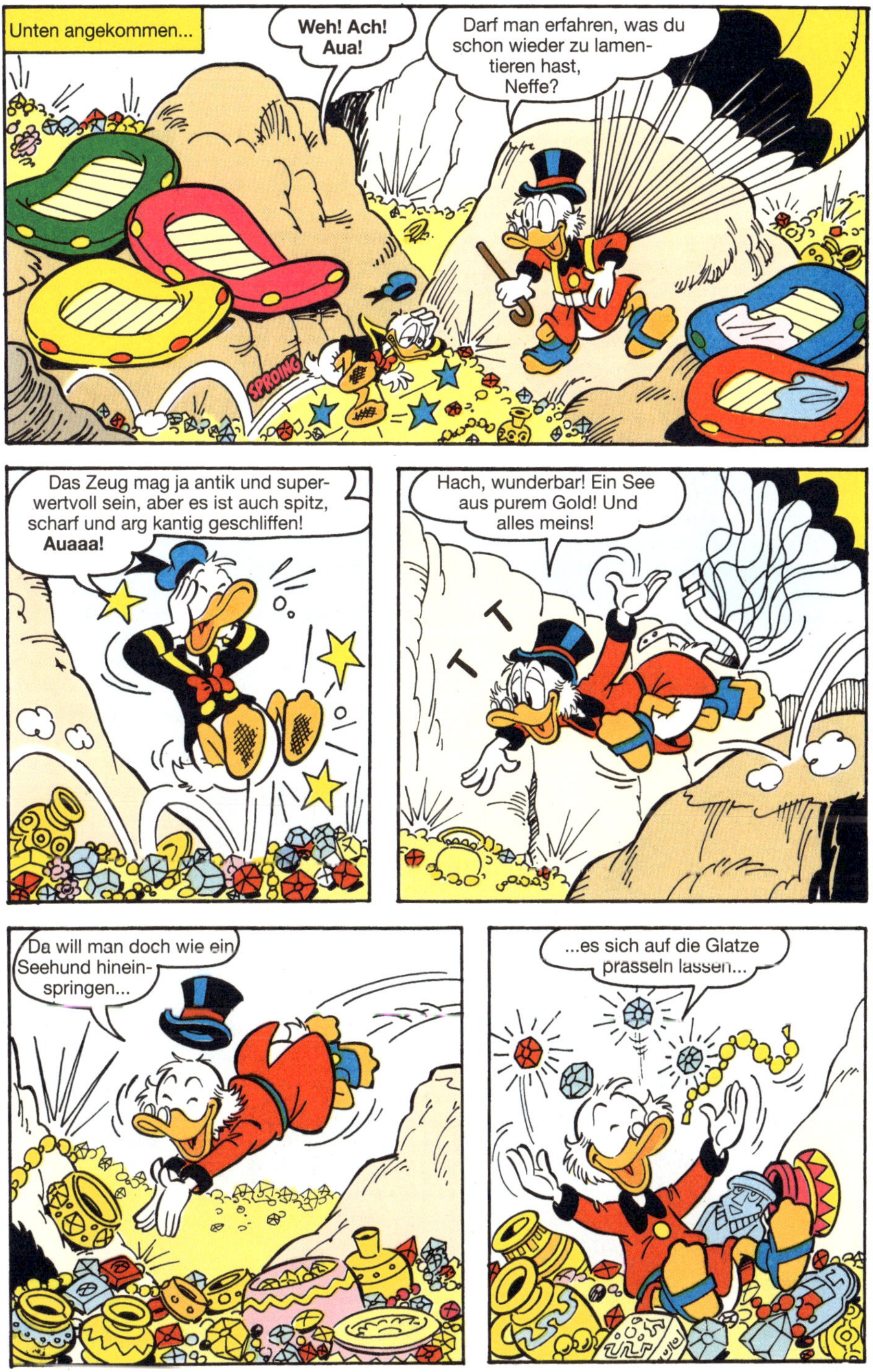
Unten angekommen...
Weh! Ach! Aua!
Darf man erfahren, was du schon wieder zu lamentieren hast, Neffe?
SPROING
Das Zeug mag ja antik und superwertvoll sein, aber es ist auch spitz, scharf und arg kantig geschliffen! Auaaa!
Hach, wunderbar! Ein See aus purem Gold! Und alles meins!
Da will man doch wie ein Seehund hineinspringen...
...es sich auf die Glatze prasseln lassen...

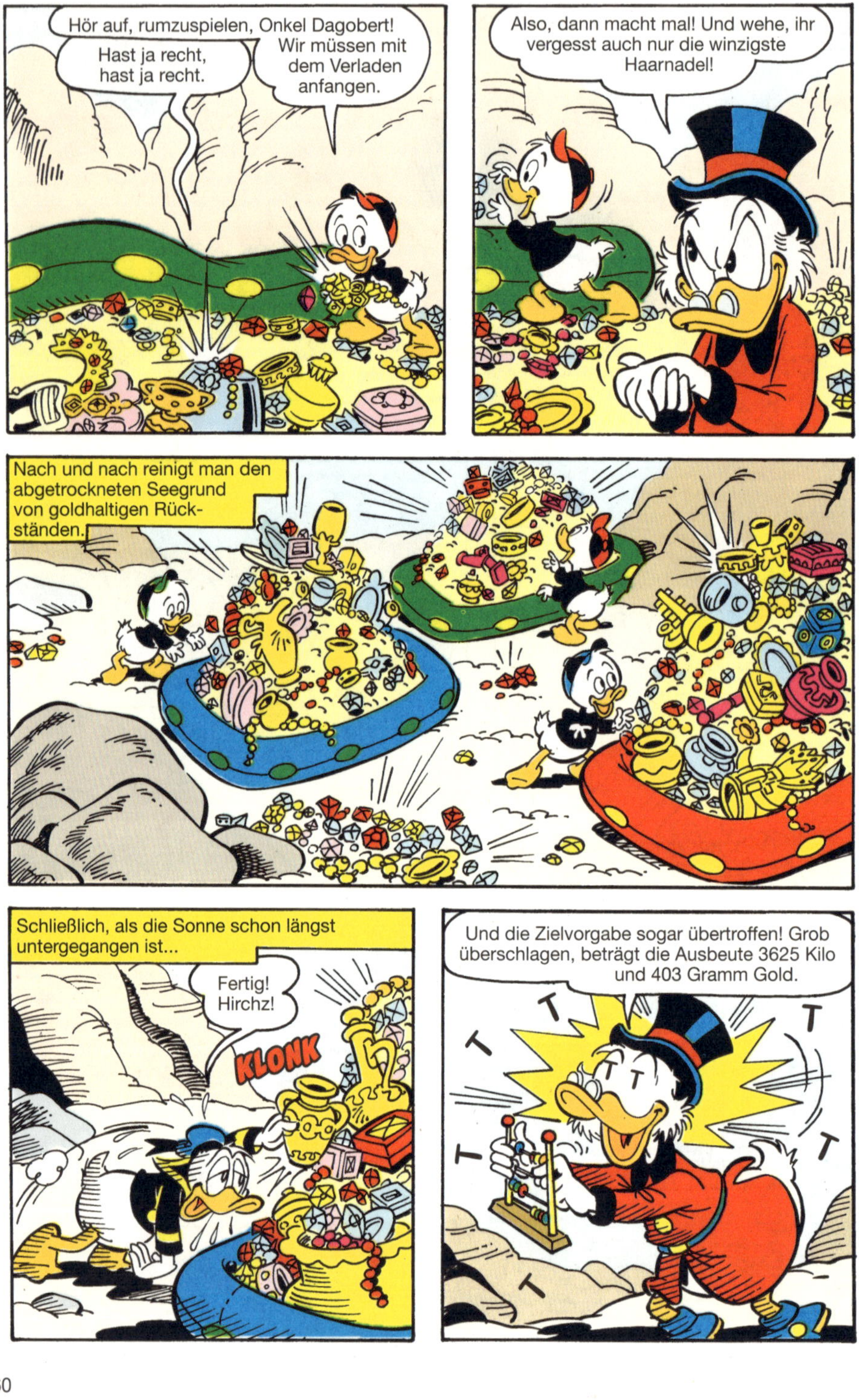
Hör auf, rumzuspielen, Onkel Dagobert!
Wir müssen mit dem Verladen anfangen.
Hast ja recht, hast ja recht.
Also, dann macht mal! Und wehe, ihr vergesst auch nur die winzigste Haarnadel!
Nach und nach reinigt man den abgetrockneten Seegrund von goldhaltigen Rückständen.
Schließlich, als die Sonne schon längst untergegangen ist...
Fertig! Hirchz!
KLONK
Und die Zielvorgabe sogar übertroffen! Grob überschlagen, beträgt die Ausbeute 3625 Kilo und 403 Gramm Gold.

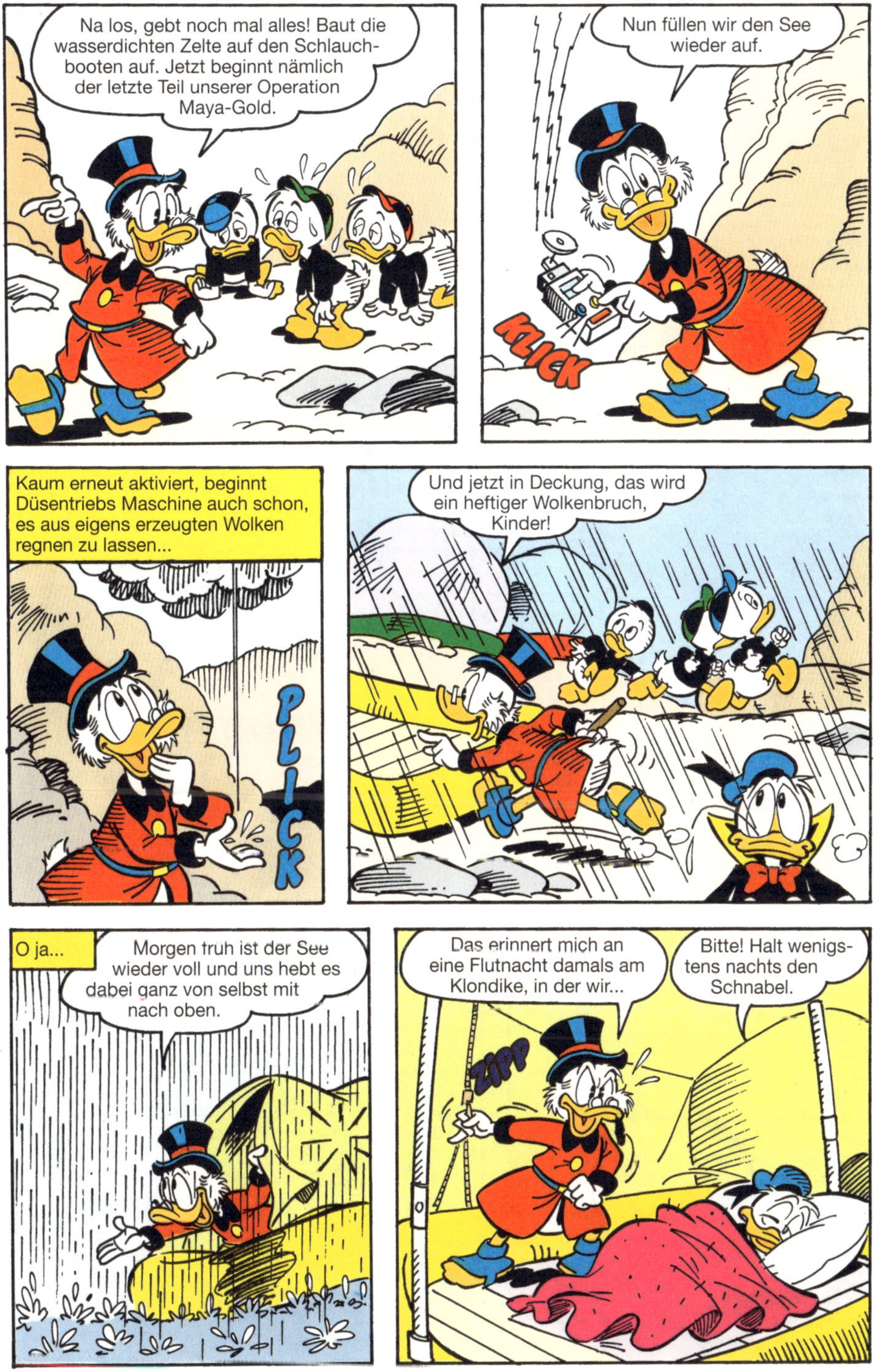
Na los, gebt noch mal alles! Baut die wasserdichten Zelte auf den Schlauchbooten auf. Jetzt beginnt nämlich der letzte Teil unserer Operation Maya-Gold.
Nun füllen wir den See wieder auf.
KLICK
Kaum erneut aktiviert, beginnt Düsentriebs Maschine auch schon, es aus eigens erzeugten Wolken regnen zu lassen...
PLICK
Und jetzt in Deckung, das wird ein heftiger Wolkenbruch, Kinder!
O ja...
Morgen früh ist der See wieder voll und uns hebt es dabei ganz von selbst mit nach oben.
Das erinnert mich an eine Flutnacht damals am Klondike, in der wir...
ZIPP
Bitte! Halt wenigstens nachts den Schnabel.

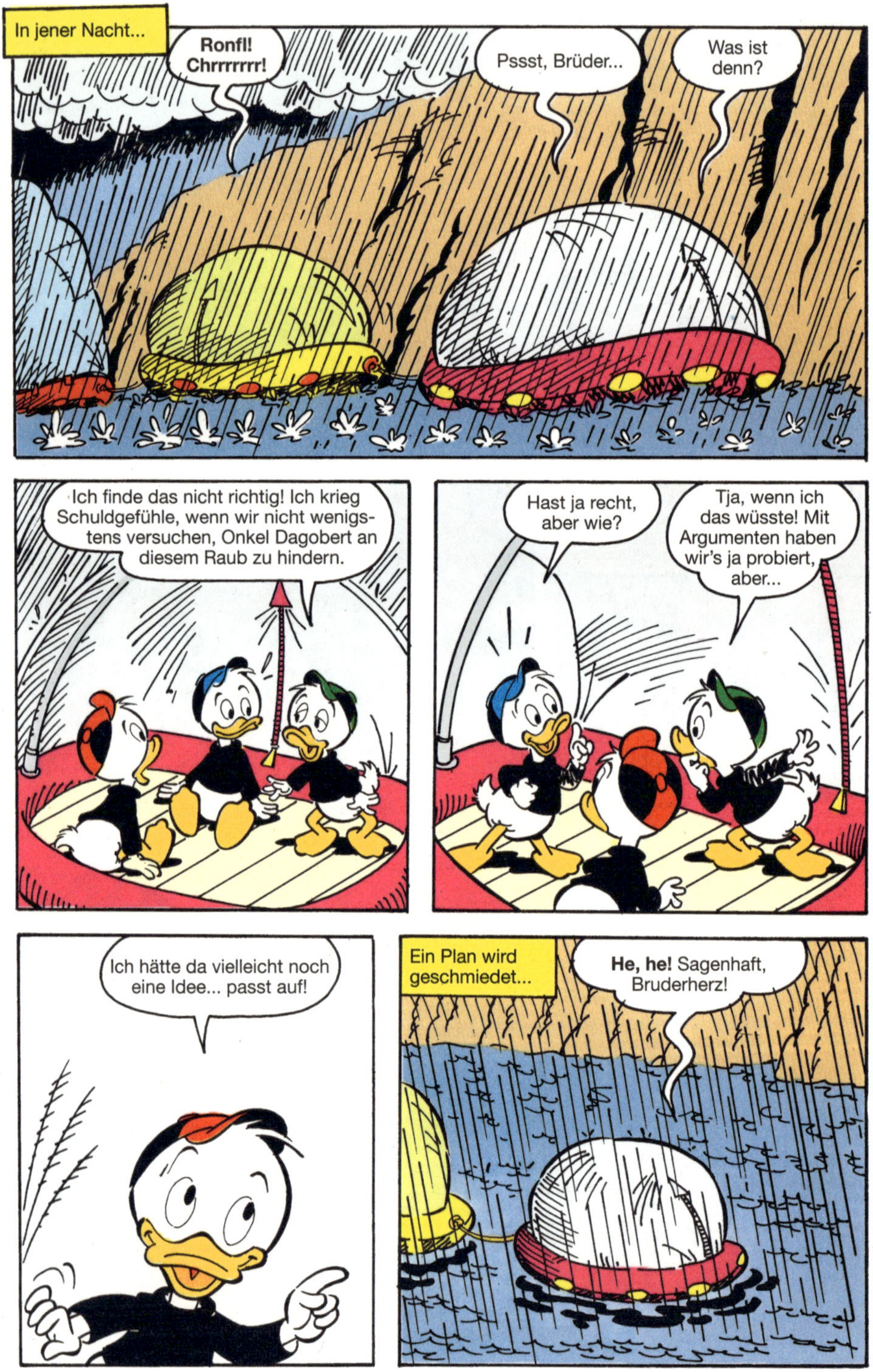
In jener Nacht...
Ronfl! Chrrrrrrr!
Pssst, Brüder...
Was ist denn?
Ich finde das nicht richtig! Ich krieg Schuldgefühle, wenn wir nicht wenigstens versuchen, Onkel Dagobert an diesem Raub zu hindern.
Hast ja recht, aber wie?
Tja, wenn ich das wüsste! Mit Argumenten haben wir's ja probiert, aber...
Ich hätte da vielleicht noch eine Idee... passt auf!
Ein Plan wird geschmiedet...
He, he! Sagenhaft, Bruderherz!

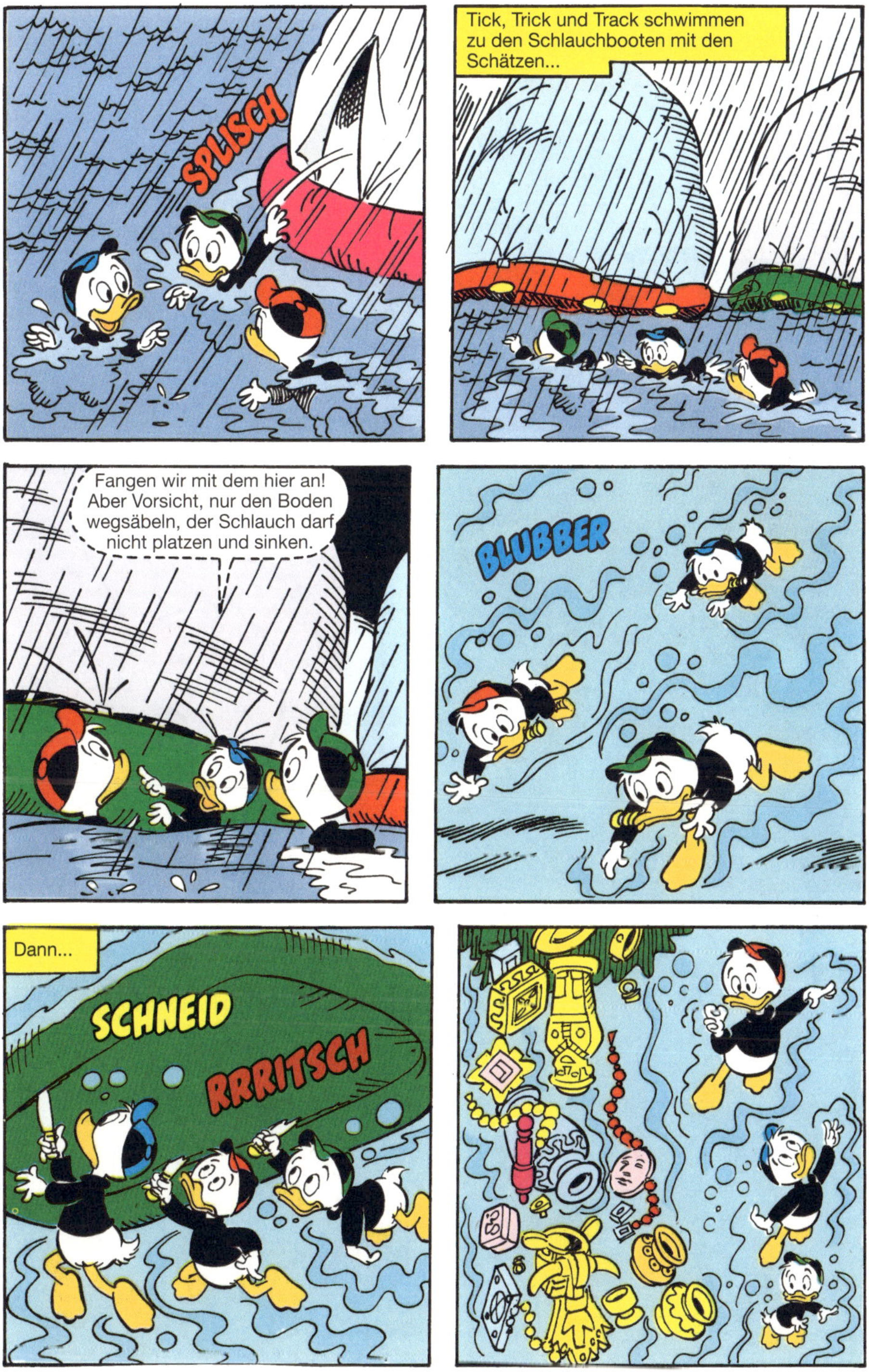
SPLISCH
Tick, Trick und Track schwimmen zu den Schlauchbooten mit den Schätzen...
Fangen wir mit dem hier an! Aber Vorsicht, nur den Boden wegsäbeln, der Schlauch darf nicht platzen und sinken.
BLUBBER
Dann...
SCHNEID
RRRITSCH

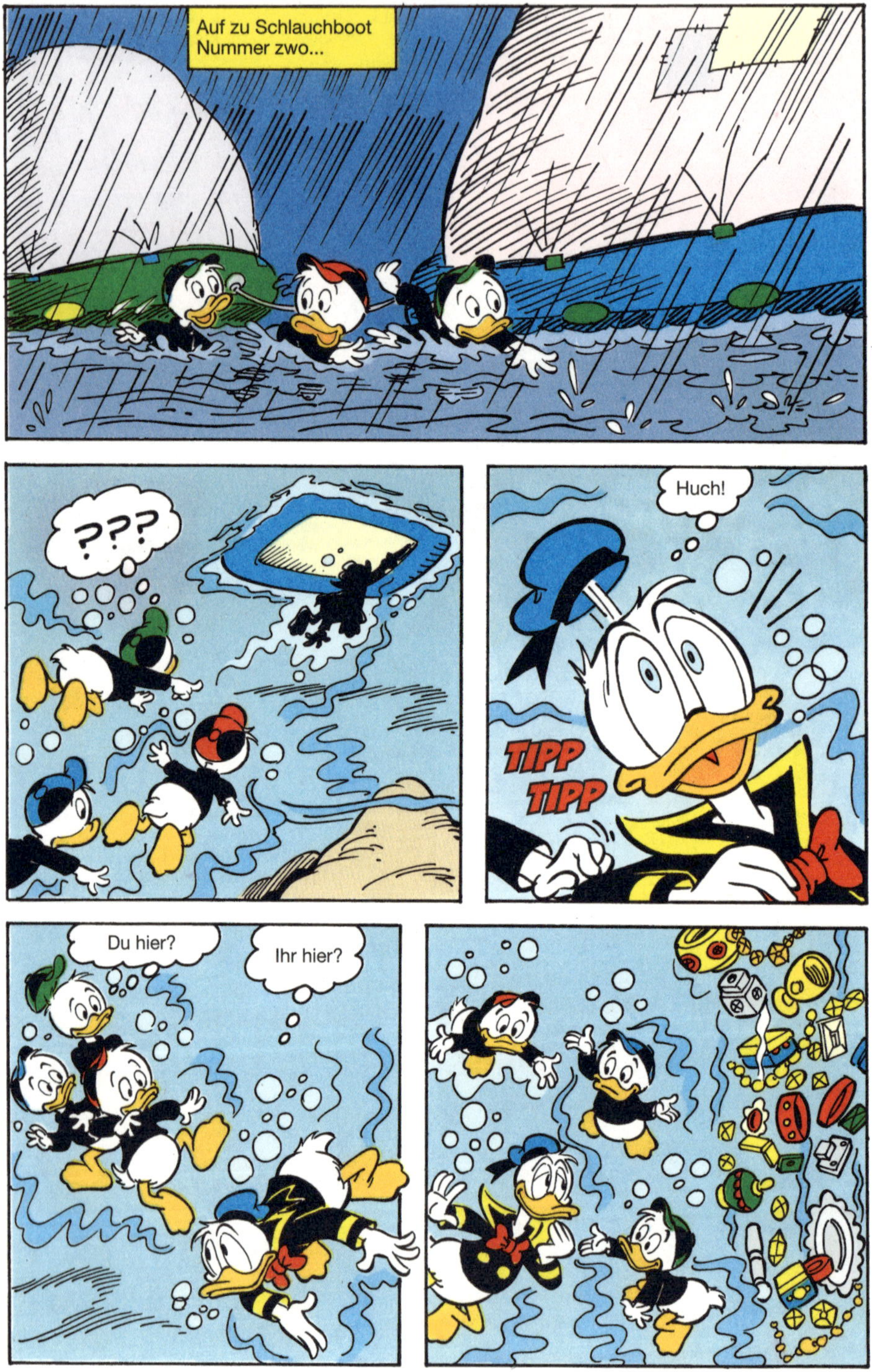
Auf zu Schlauchboot
Nummer zwo...
???
Huch!
TIPP
TIPP
Du hier?
Ihr hier?

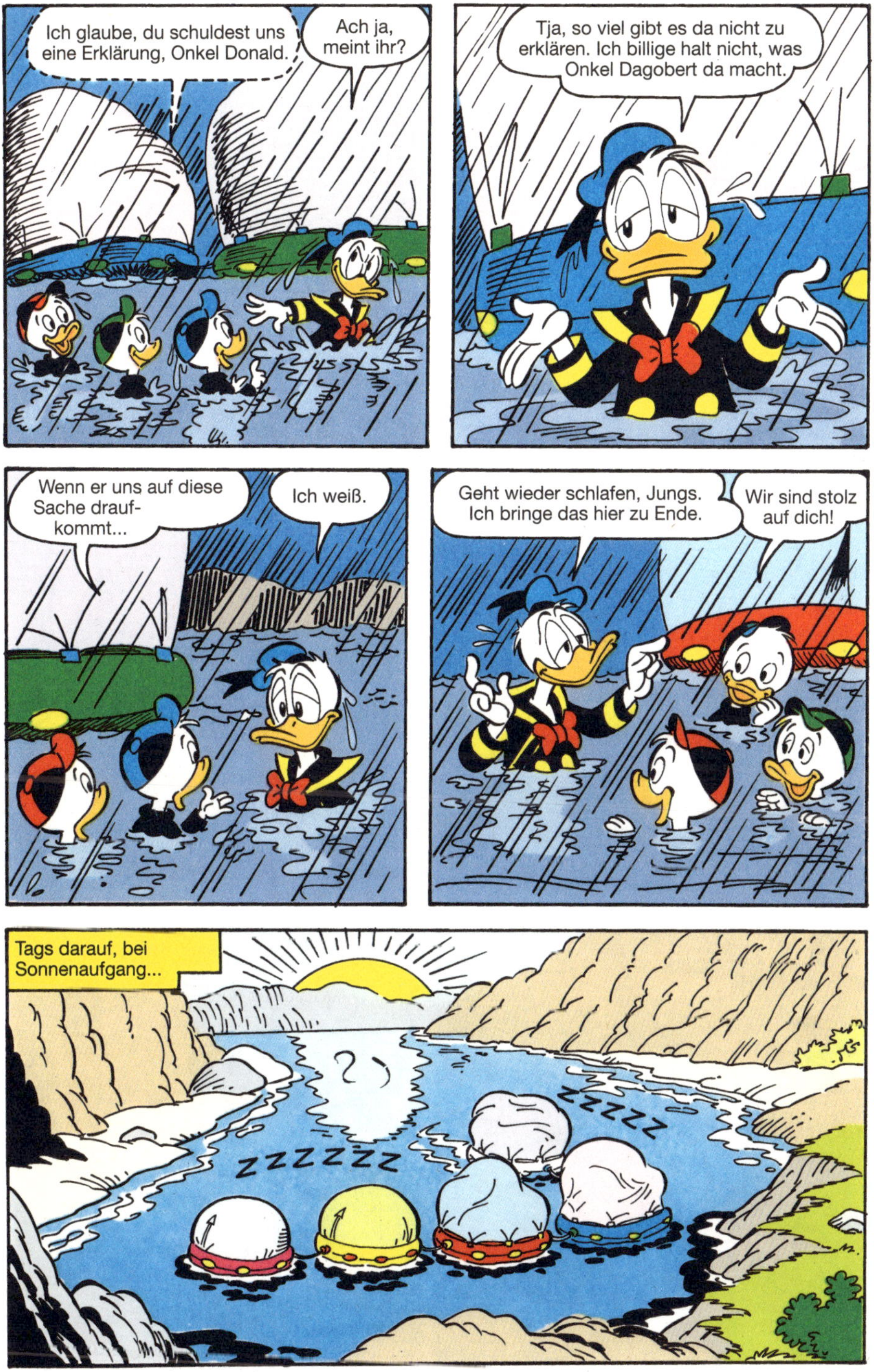
Ich glaube, du schuldest uns eine Erklärung, Onkel Donald.
Ach ja, meint ihr?
Tja, so viel gibt es da nicht zu erklären. Ich billige halt nicht, was Onkel Dagobert da macht.
Wenn er uns auf diese Sache drauf-kommt...
Ich weiß.
Geht wieder schlafen, Jungs. Ich bringe das hier zu Ende.
Wir sind stolz auf dich!
Tags darauf, bei Sonnenaufgang...
ZZZZZ
ZZZZZZ

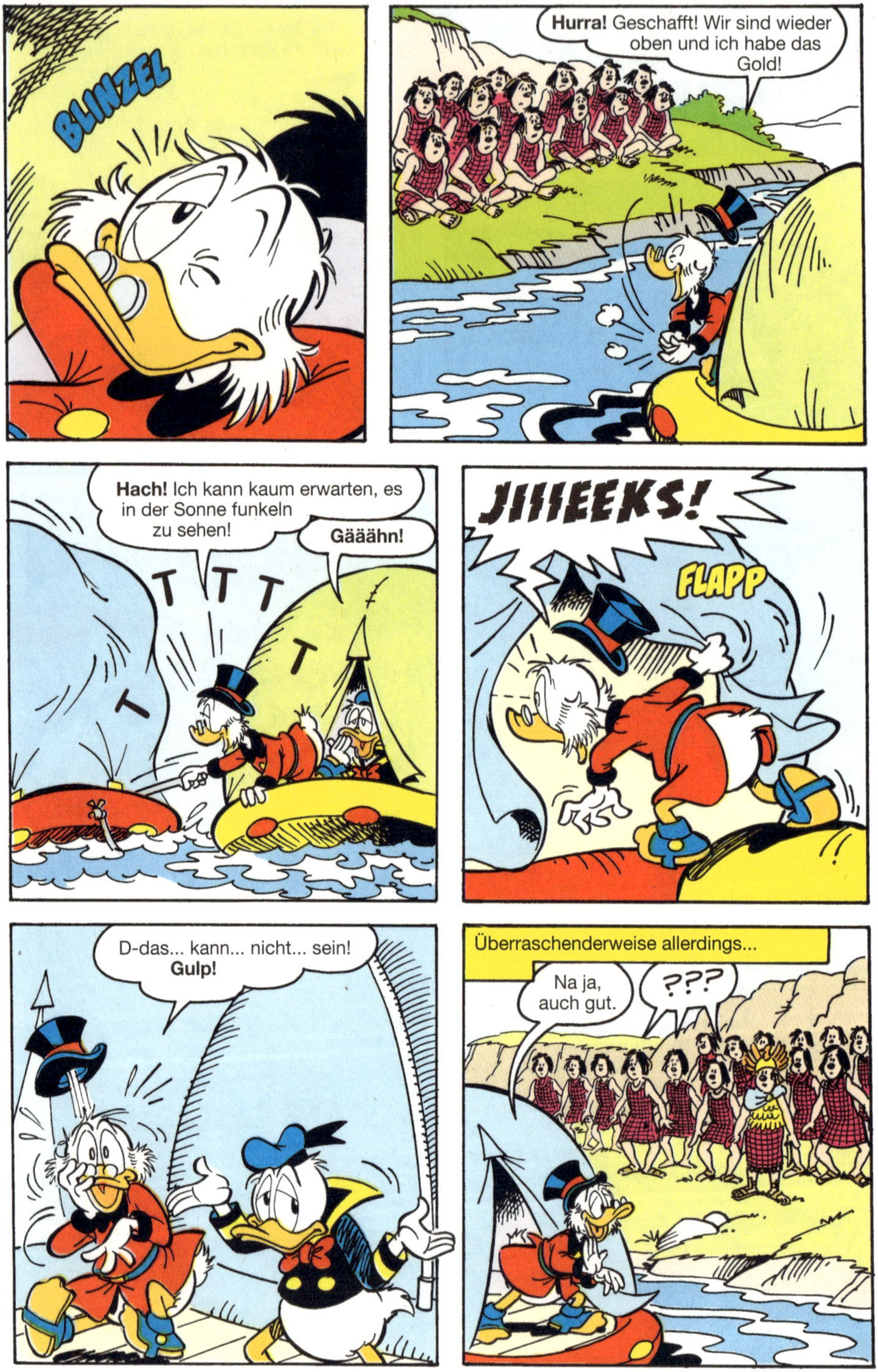
BLINZEL
Hurra! Geschafft! Wir sind wieder oben und ich habe das Gold!
Hach! Ich kann kaum erwarten, es in der Sonne funkeln zu sehen!
Gäääähn!
JIIIIEEKS!
FLAPP
D-das... kann... nicht... sein! Gulp!
Überraschenderweise allerdings...
Na ja, auch gut.
???

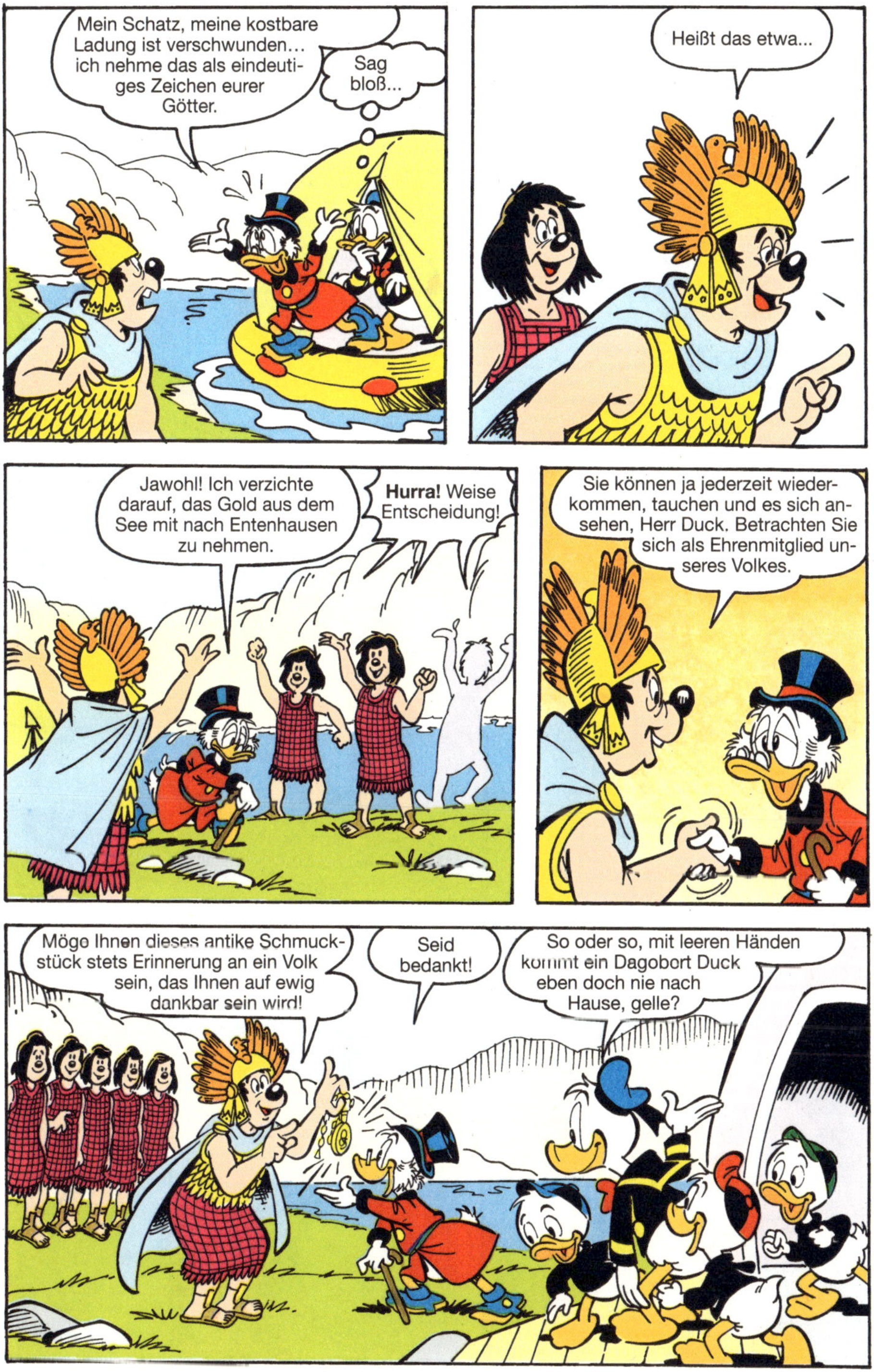
Mein Schatz, meine kostbare Ladung ist verschwunden... ich nehme das als eindeutiges Zeichen eurer Götter.
Sag bloß...
Heißt das etwa...
Jawohl! Ich verzichte darauf, das Gold aus dem See mit nach Entenhausen zu nehmen.
Hurra! Weise Entscheidung!
Sie können ja jederzeit wiederkommen, tauchen und es sich ansehen, Herr Duck. Betrachten Sie sich als Ehrenmitglied unseres Volkes.
Möge Ihnen dieses antike Schmuckstück stets Erinnerung an ein Volk sein, das Ihnen auf ewig dankbar sein wird!
Seid bedankt!
So oder so, mit leeren Händen kommt ein Dagobert Duck eben doch nie nach Hause, gelle?

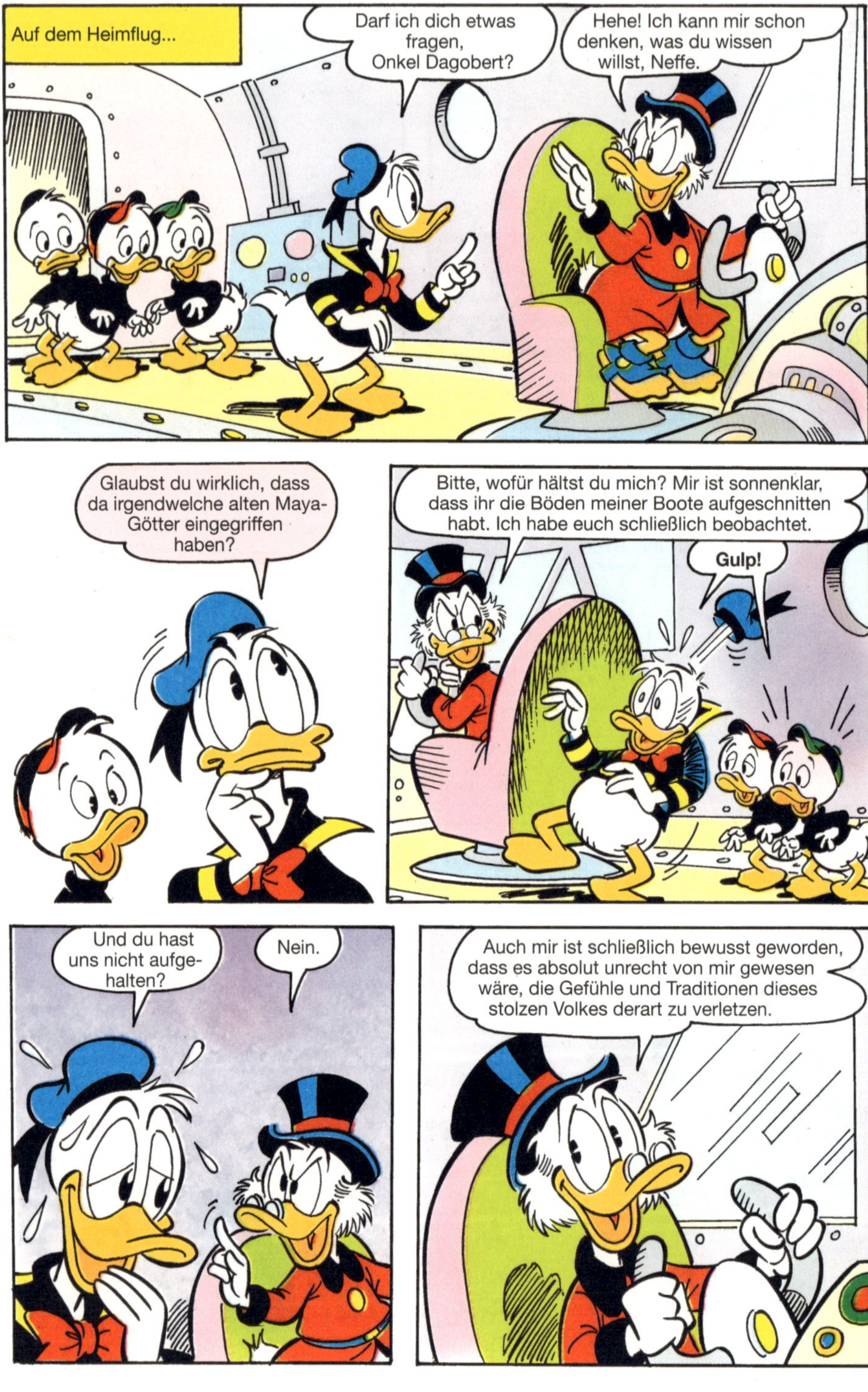
Auf dem Heimflug...
Darf ich dich etwas fragen, Onkel Dagobert?
Hehe! Ich kann mir schon denken, was du wissen willst, Neffe.
Glaubst du wirklich, dass da irgendwelche alten Maya-Götter eingegriffen haben?
Bitte, wofür hältst du mich? Mir ist sonnenklar, dass ihr die Böden meiner Boote aufgeschnitten habt. Ich habe euch schließlich beobachtet.
Gulp!
Und du hast uns nicht aufgehalten?
Nein.
Auch mir ist schließlich bewusst geworden, dass es absolut unrecht von mir gewesen wäre, die Gefühle und Traditionen dieses stolzen Volkes derart zu verletzen.

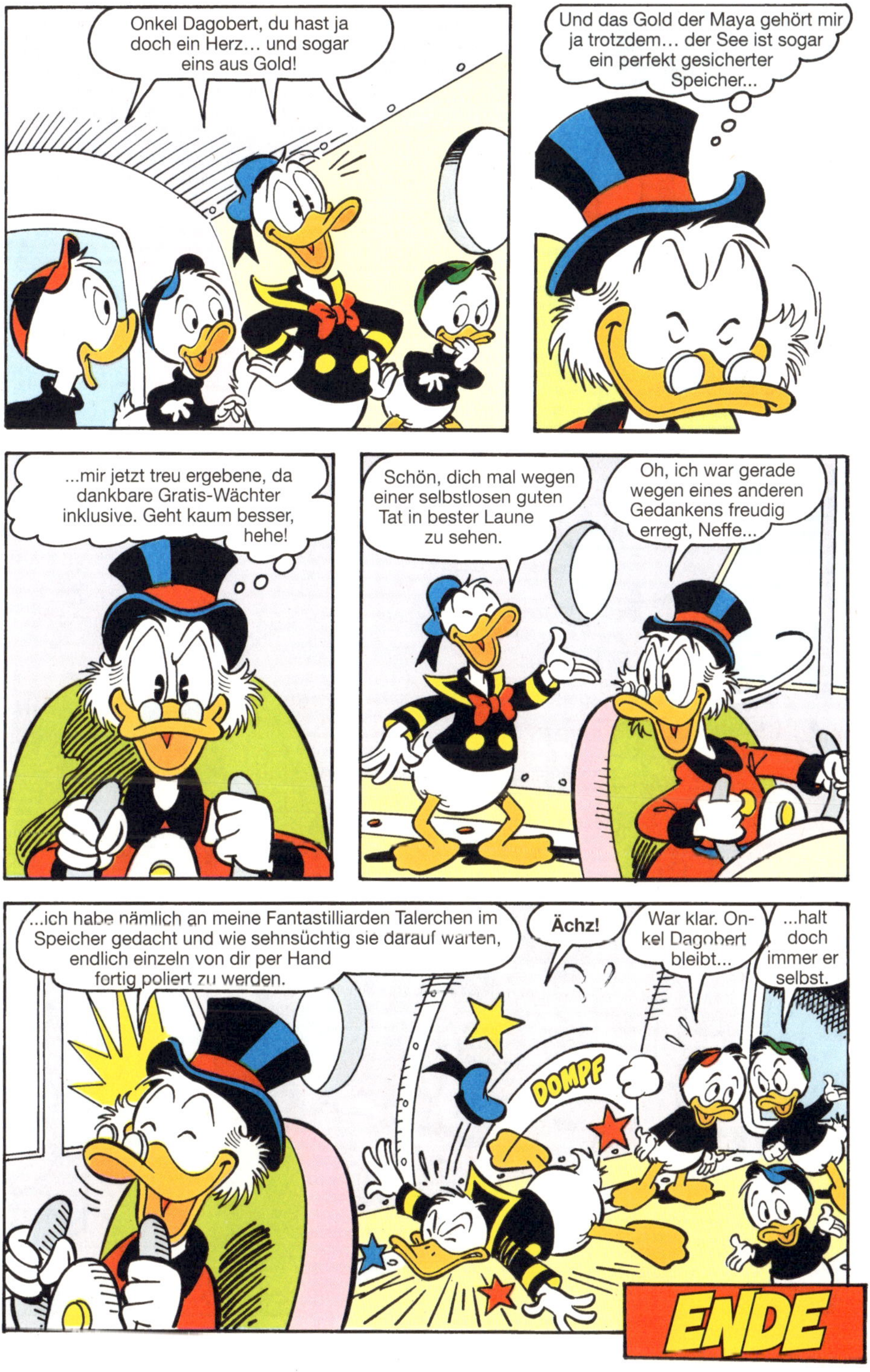
Onkel Dagobert, du hast ja doch ein Herz… und sogar eins aus Gold!
Und das Gold der Maya gehört mir ja trotzdem… der See ist sogar ein perfekt gesicherter Speicher...
...mir jetzt treu ergebene, da dankbare Gratis-Wächter inklusive. Geht kaum besser, hehe!
Schön, dich mal wegen einer selbstlosen guten Tat in bester Laune zu sehen.
Oh, ich war gerade wegen eines anderen Gedankens freudig erregt, Neffe...
...ich habe nämlich an meine Fantastilliarden Talerchen im Speicher gedacht und wie sehnsüchtig sie darauf warten, endlich einzeln von dir per Hand fertig poliert zu werden.
Ächz!
DOMPF
War klar. Onkel Dagobert bleibt...
...halt doch immer er selbst.
ENDE

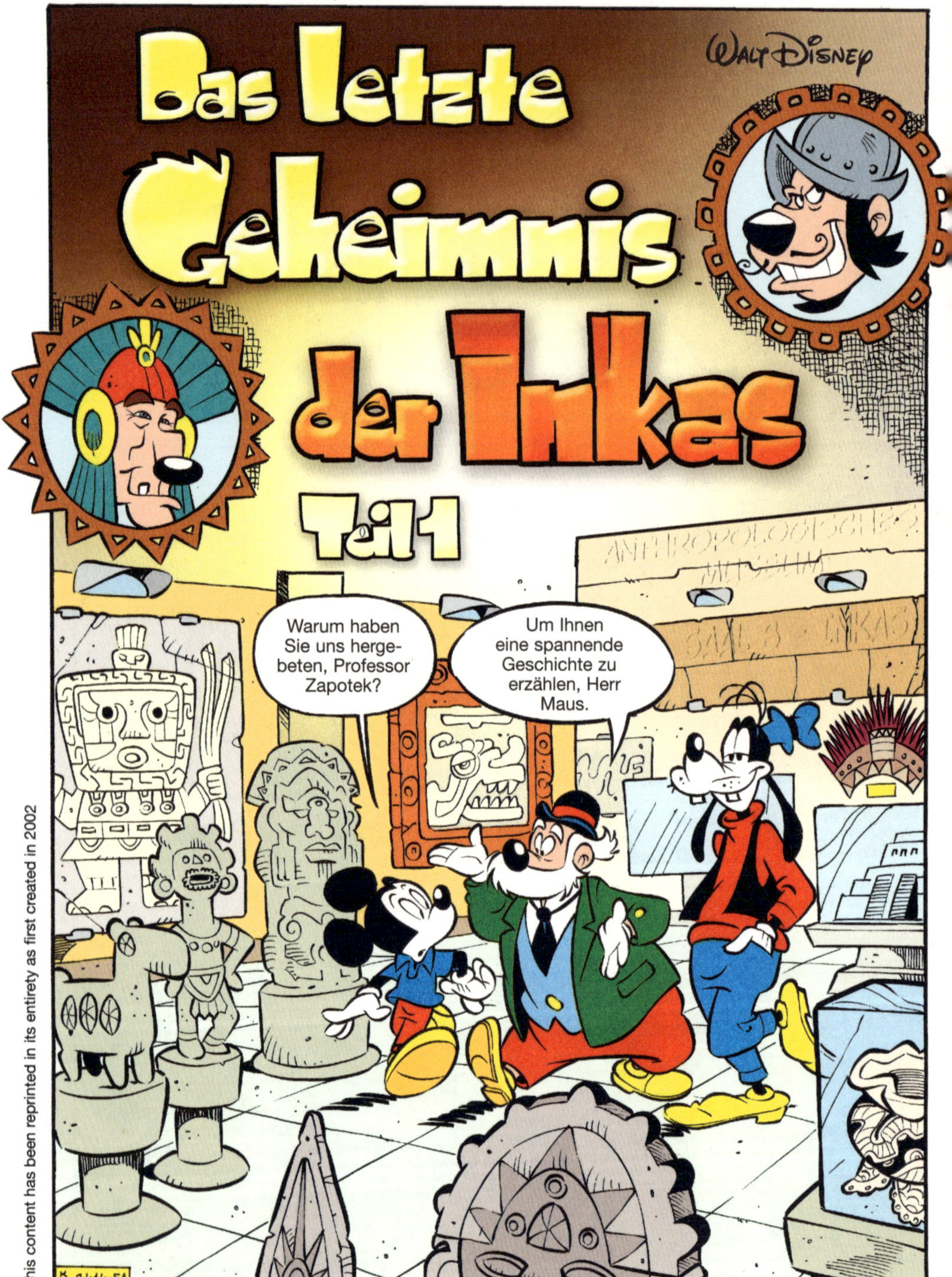

Giorgio Figus (Story), **Marco Palazzi** (Zeichnungen)

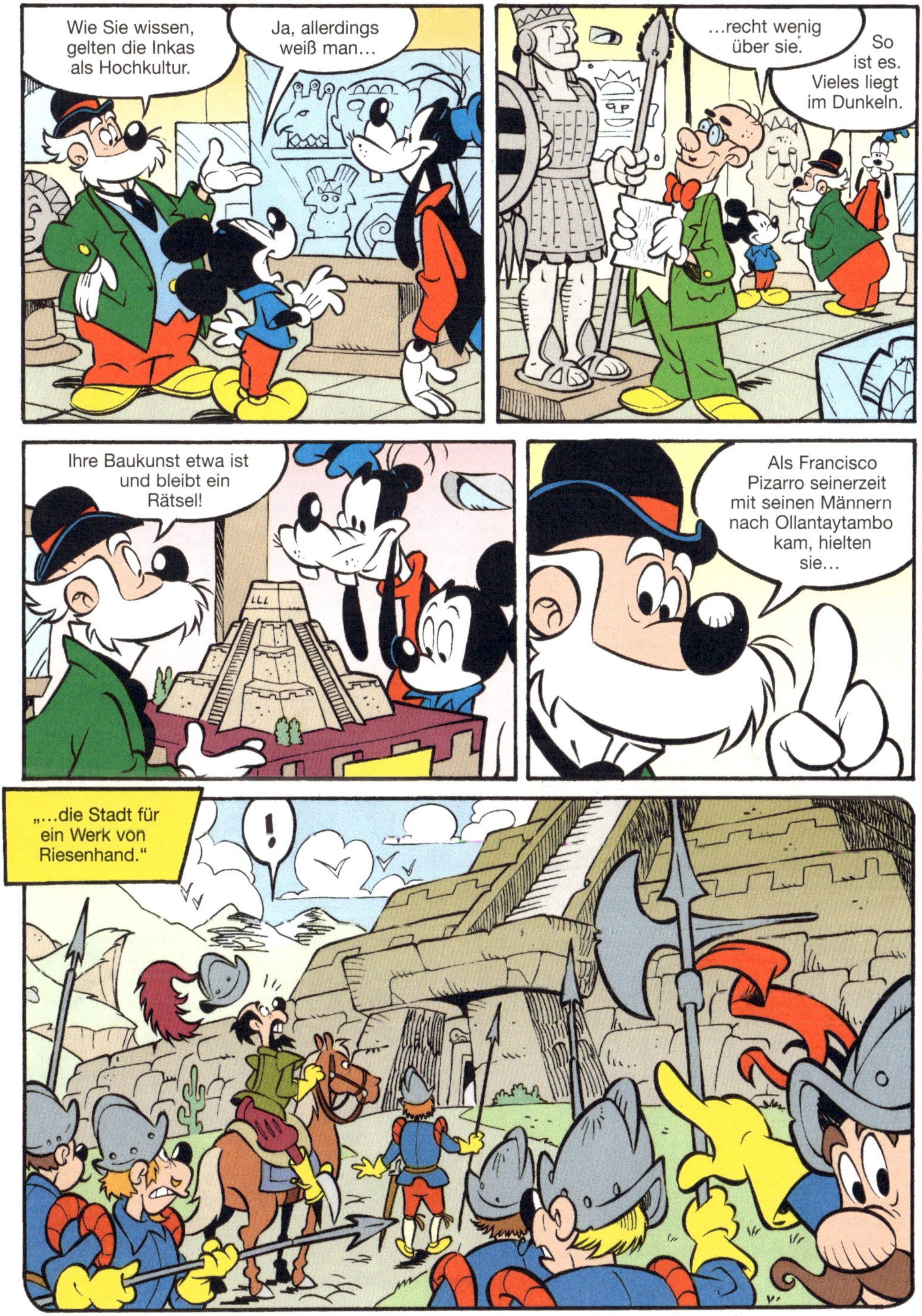
Wie Sie wissen, gelten die Inkas als Hochkultur.
Ja, allerdings weiß man…
…recht wenig über sie.
So ist es. Vieles liegt im Dunkeln.
Ihre Baukunst etwa ist und bleibt ein Rätsel!
Als Francisco Pizarro seinerzeit mit seinen Männern nach Ollantaytambo kam, hielten sie…
„…die Stadt für ein Werk von Riesenhand.“
!

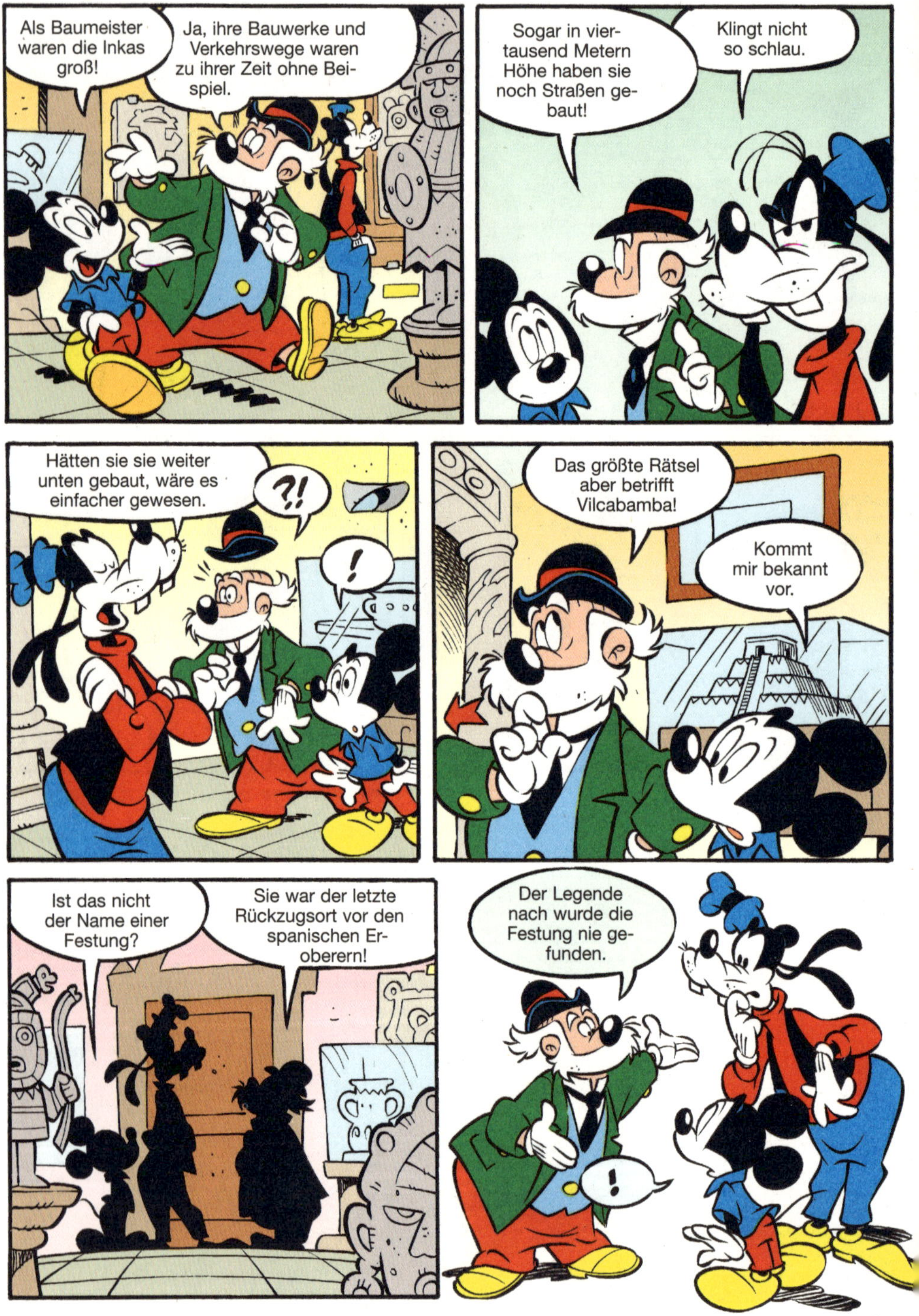
Als Baumeister waren die Inkas groß!
Ja, ihre Bauwerke und Verkehrswege waren zu ihrer Zeit ohne Beispiel.
Sogar in viertausend Metern Höhe haben sie noch Straßen gebaut!
Klingt nicht so schlau.
Hätten sie sie weiter unten gebaut, wäre es einfacher gewesen.
?!
!
Das größte Rätsel aber betrifft Vilcabamba!
Kommt mir bekannt vor.
Ist das nicht der Name einer Festung?
Sie war der letzte Rückzugsort vor den spanischen Eroberern!
Der Legende nach wurde die Festung nie gefunden.
!

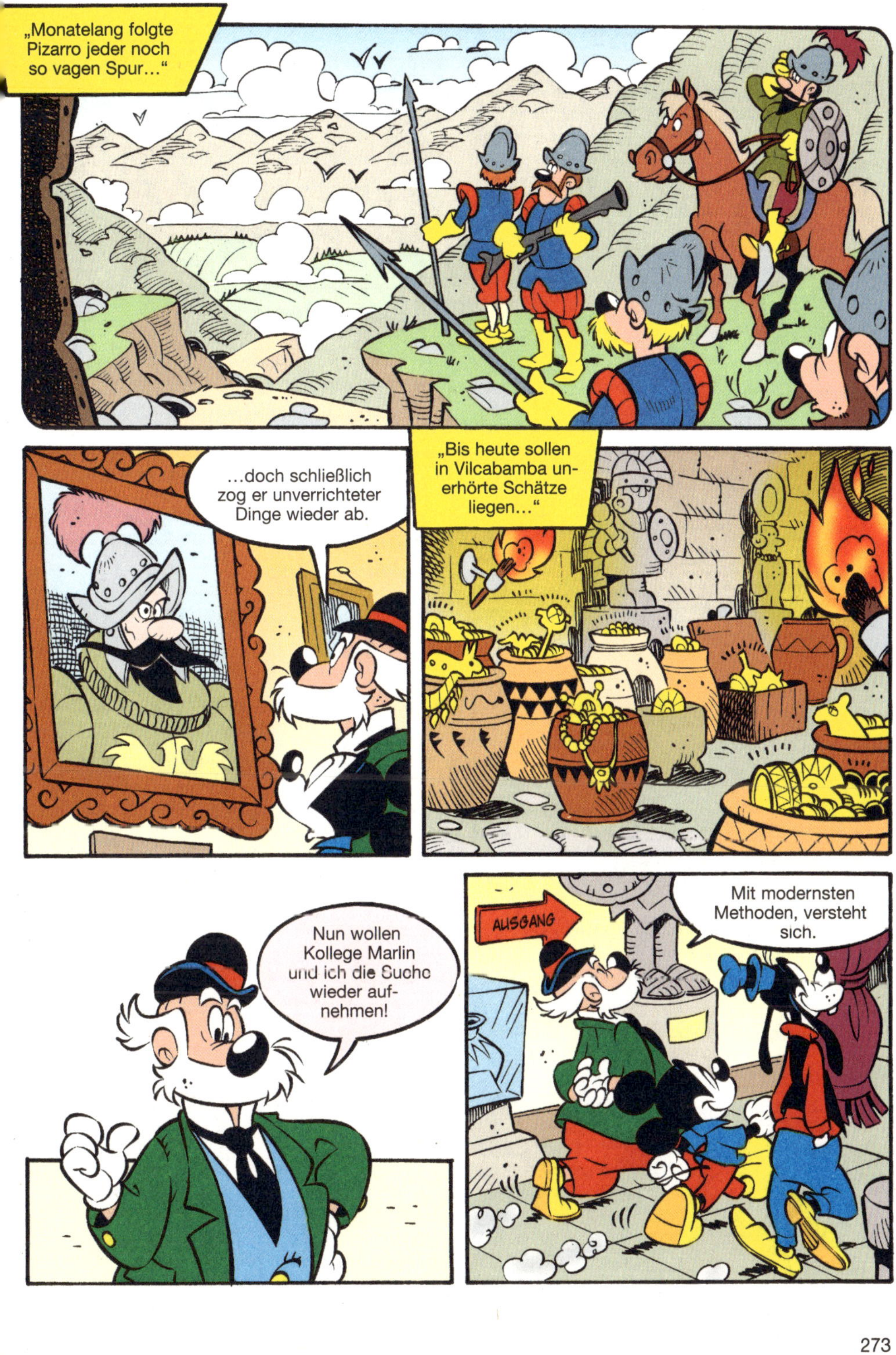
„Monatelang folgte Pizarro jeder noch so vagen Spur…“
…doch schließlich zog er unverrichteter Dinge wieder ab.
„Bis heute sollen in Vilcabamba unerhörte Schätze liegen…“
Nun wollen Kollege Marlin und ich die Suche wieder aufnehmen!
AUSGANG
Mit modernsten Methoden, versteht sich.

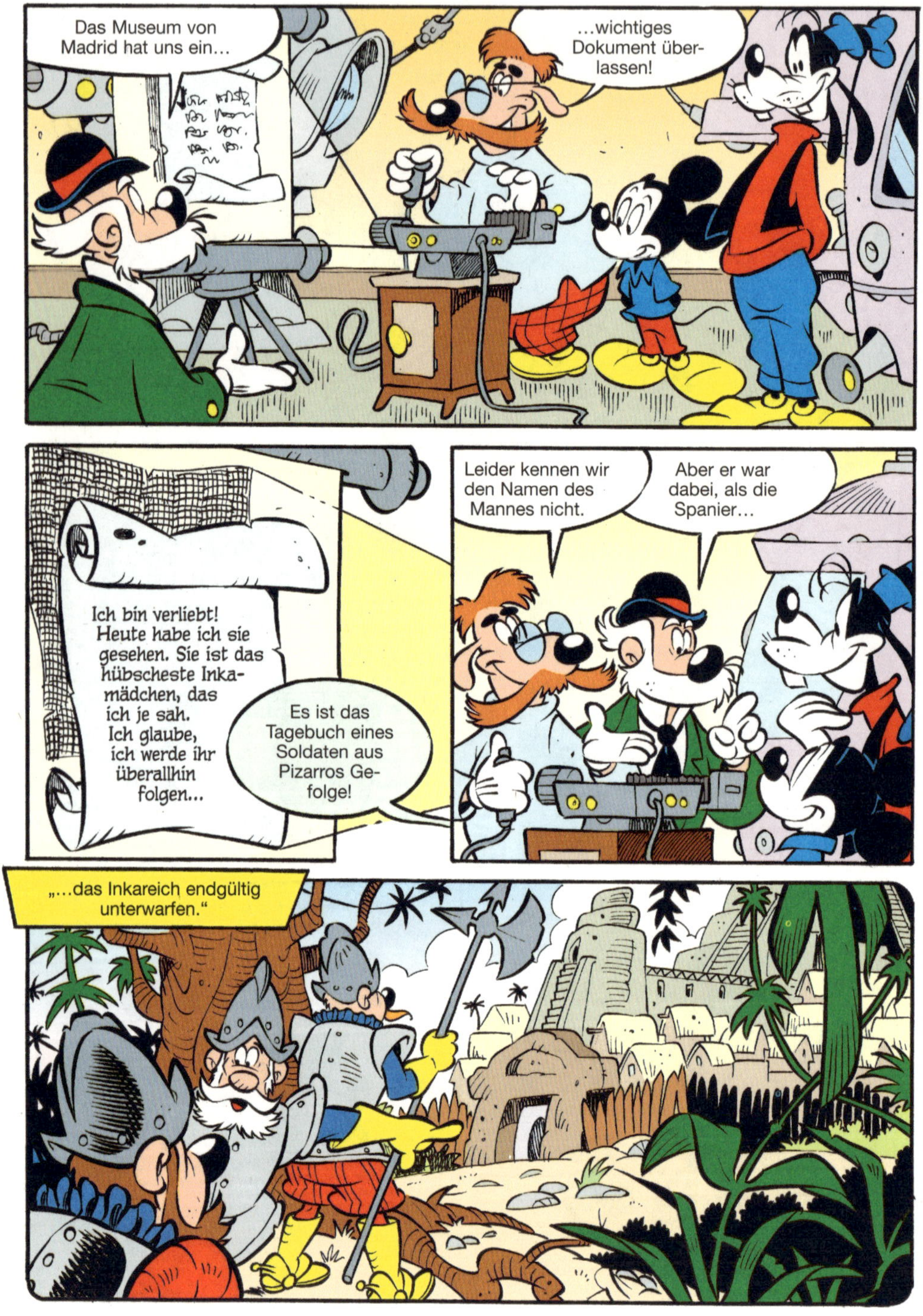
Das Museum von Madrid hat uns ein…
…wichtiges Dokument überlassen!
Ich bin verliebt! Heute habe ich sie gesehen. Sie ist das hübscheste Inkamädchen, das ich je sah. Ich glaube, ich werde ihr überallhin folgen…
Es ist das Tagebuch eines Soldaten aus Pizarros Gefolge!
Leider kennen wir den Namen des Mannes nicht.
Aber er war dabei, als die Spanier…
„…das Inkareich endgültig unterwarfen."

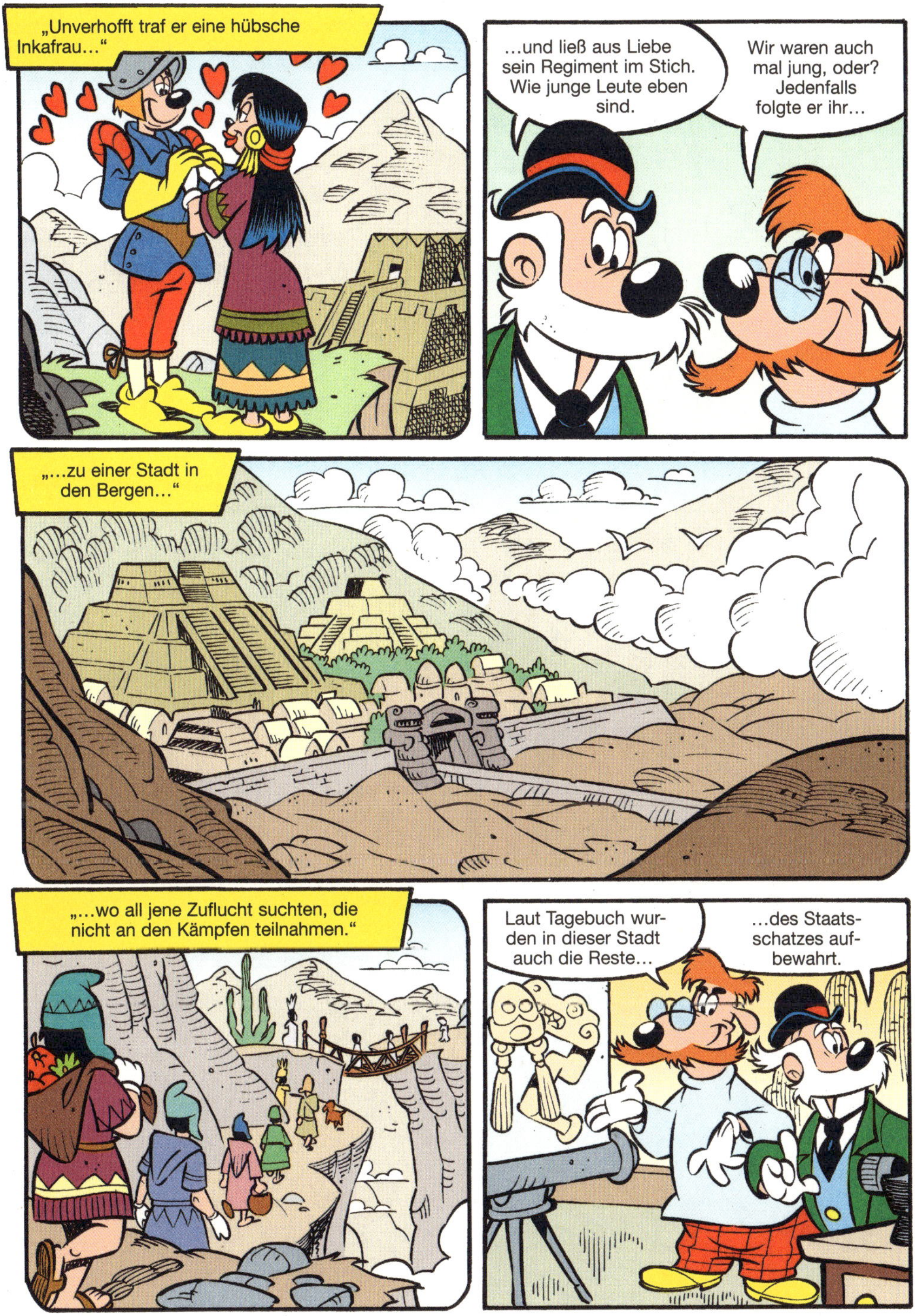
„Unverhofft traf er eine hübsche Inkafrau…“
…und ließ aus Liebe sein Regiment im Stich. Wie junge Leute eben sind.
Wir waren auch mal jung, oder? Jedenfalls folgte er ihr…
„…zu einer Stadt in den Bergen…“
„…wo all jene Zuflucht suchten, die nicht an den Kämpfen teilnahmen.“
Laut Tagebuch wurden in dieser Stadt auch die Reste…
…des Staatsschatzes aufbewahrt.

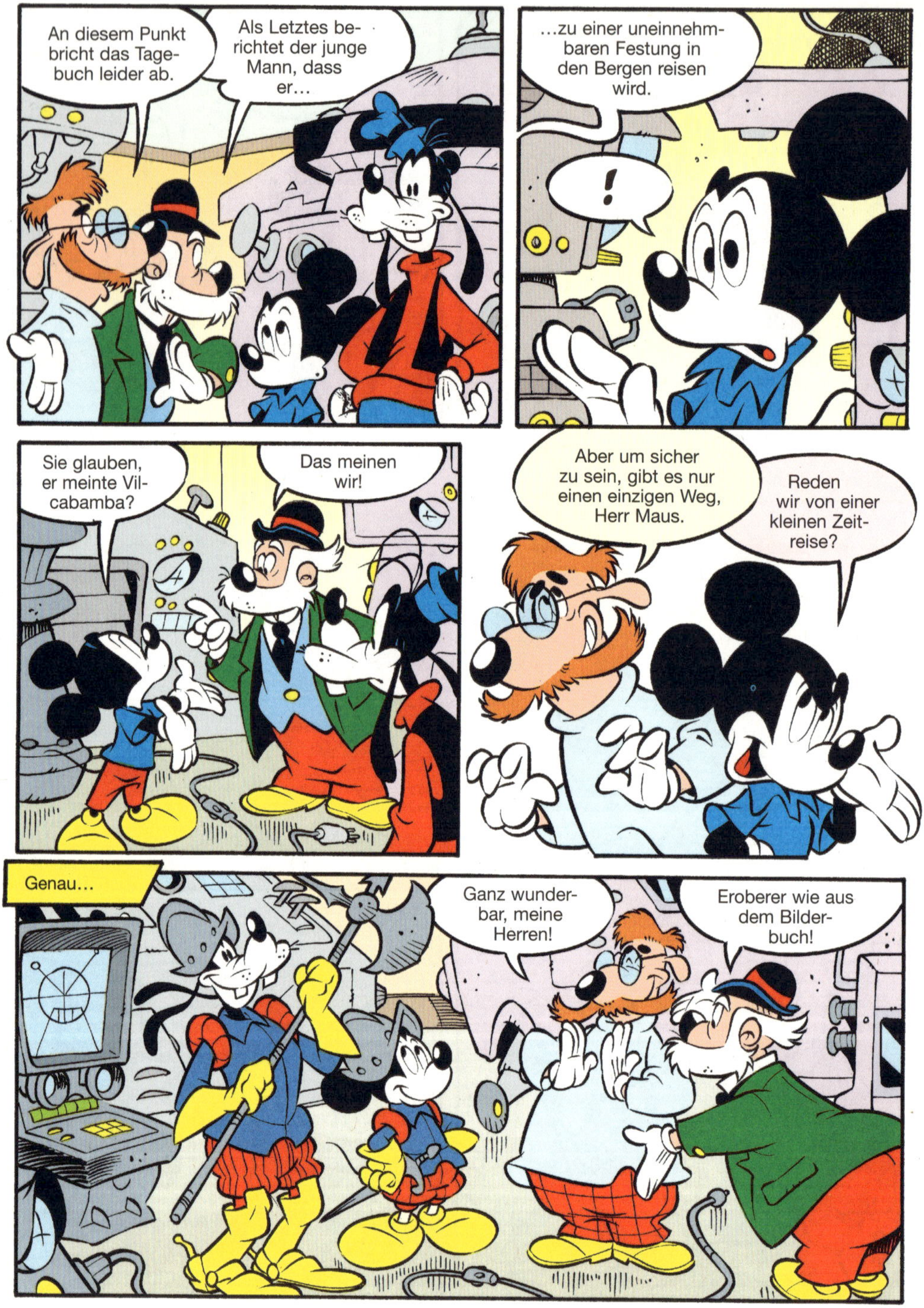
An diesem Punkt bricht das Tagebuch leider ab.
Als Letztes berichtet der junge Mann, dass er…
…zu einer uneinnehmbaren Festung in den Bergen reisen wird.
!
Sie glauben, er meinte Vilcabamba?
Das meinen wir!
Aber um sicher zu sein, gibt es nur einen einzigen Weg, Herr Maus.
Reden wir von einer kleinen Zeitreise?
Genau…
Ganz wunderbar, meine Herren!
Eroberer wie aus dem Bilderbuch!

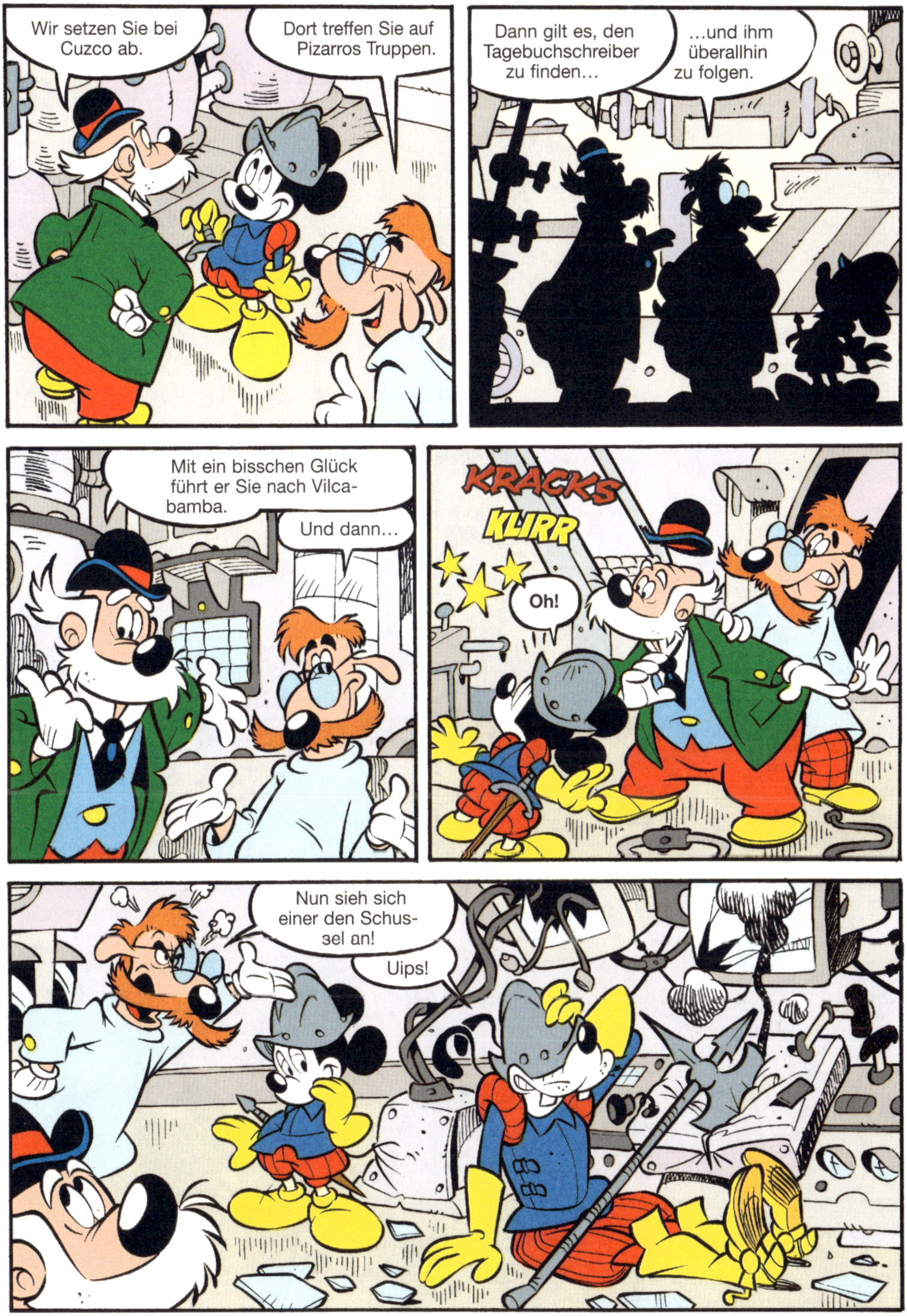
Wir setzen Sie bei Cuzco ab.
Dort treffen Sie auf Pizarros Truppen.
Dann gilt es, den Tagebuchschreiber zu finden…
…und ihm überallhin zu folgen.
Mit ein bisschen Glück führt er Sie nach Vilca-bamba.
Und dann…
KRACKS
KLIRR
Oh!
Nun sieh sich einer den Schus-sel an!
Uips!

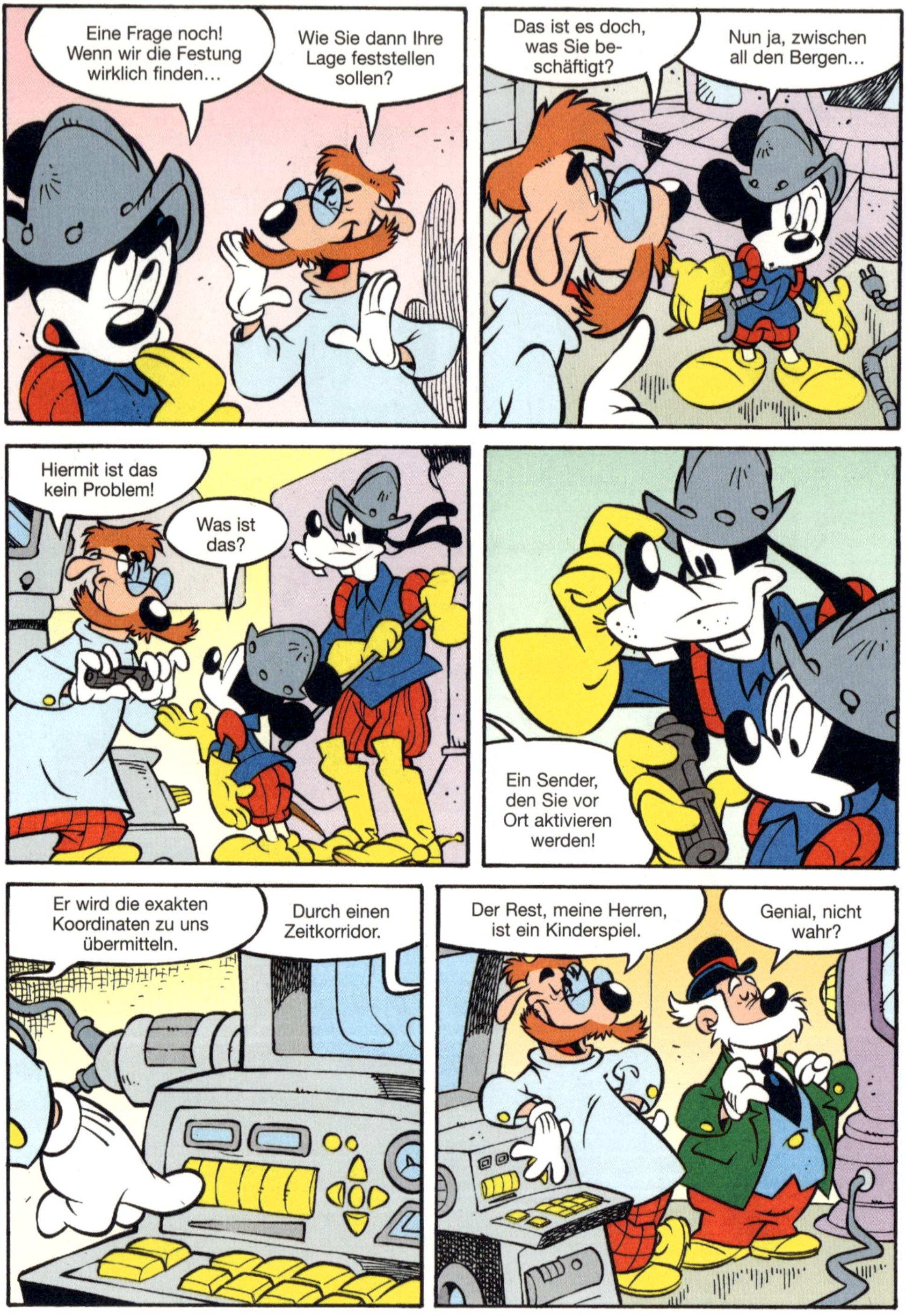
Eine Frage noch! Wenn wir die Festung wirklich finden…
Wie Sie dann Ihre Lage feststellen sollen?
Das ist es doch, was Sie beschäftigt?
Nun ja, zwischen all den Bergen…
Hiermit ist das kein Problem!
Was ist das?
Ein Sender, den Sie vor Ort aktivieren werden!
Er wird die exakten Koordinaten zu uns übermitteln.
Durch einen Zeitkorridor.
Der Rest, meine Herren, ist ein Kinderspiel.
Genial, nicht wahr?

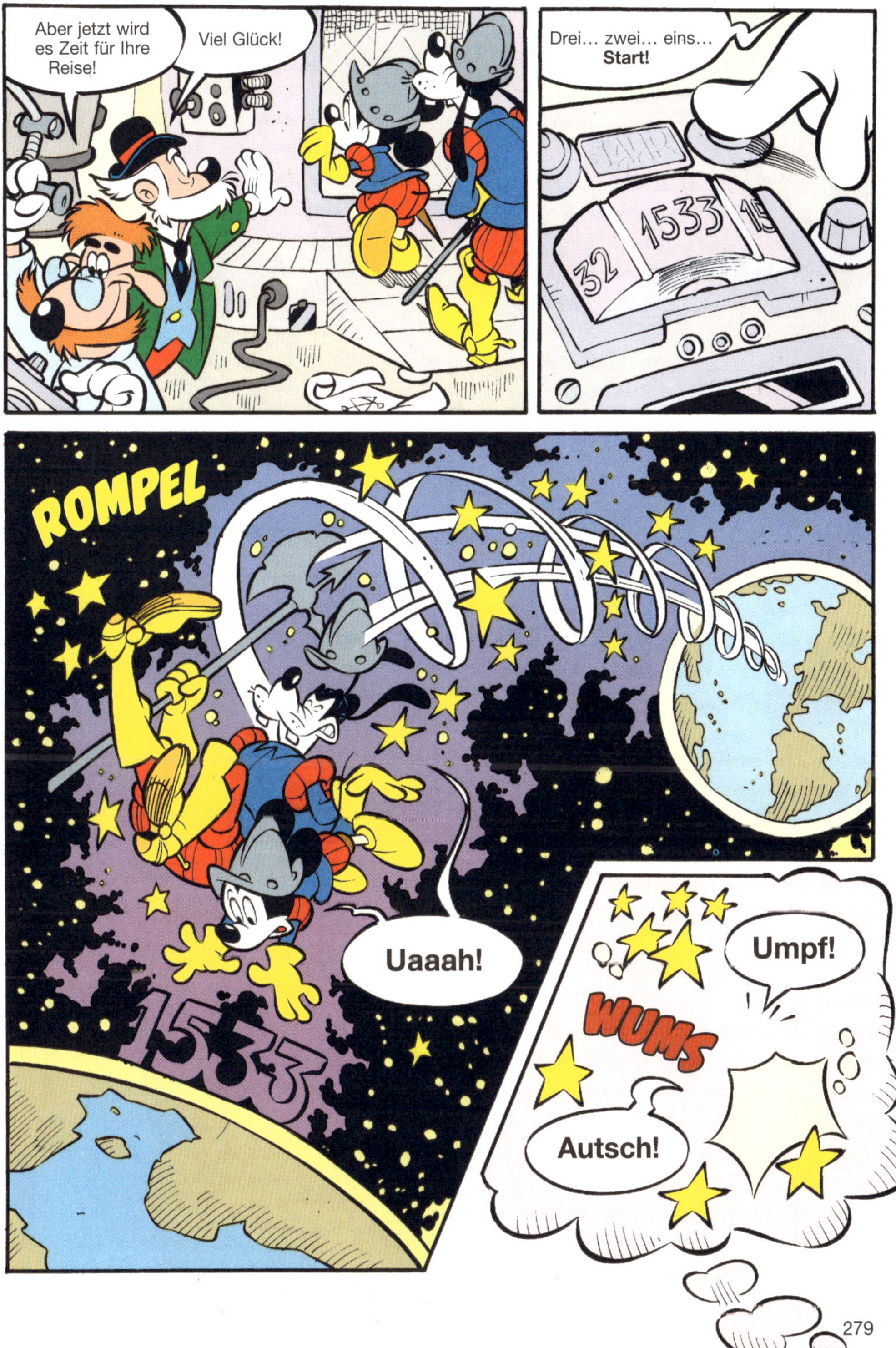
Aber jetzt wird es Zeit für Ihre Reise!
Viel Glück!
Drei… zwei… eins… **Start!**
1533
ROMPEL
Uaaah!
1533
Umpf!
WUMS
Autsch!

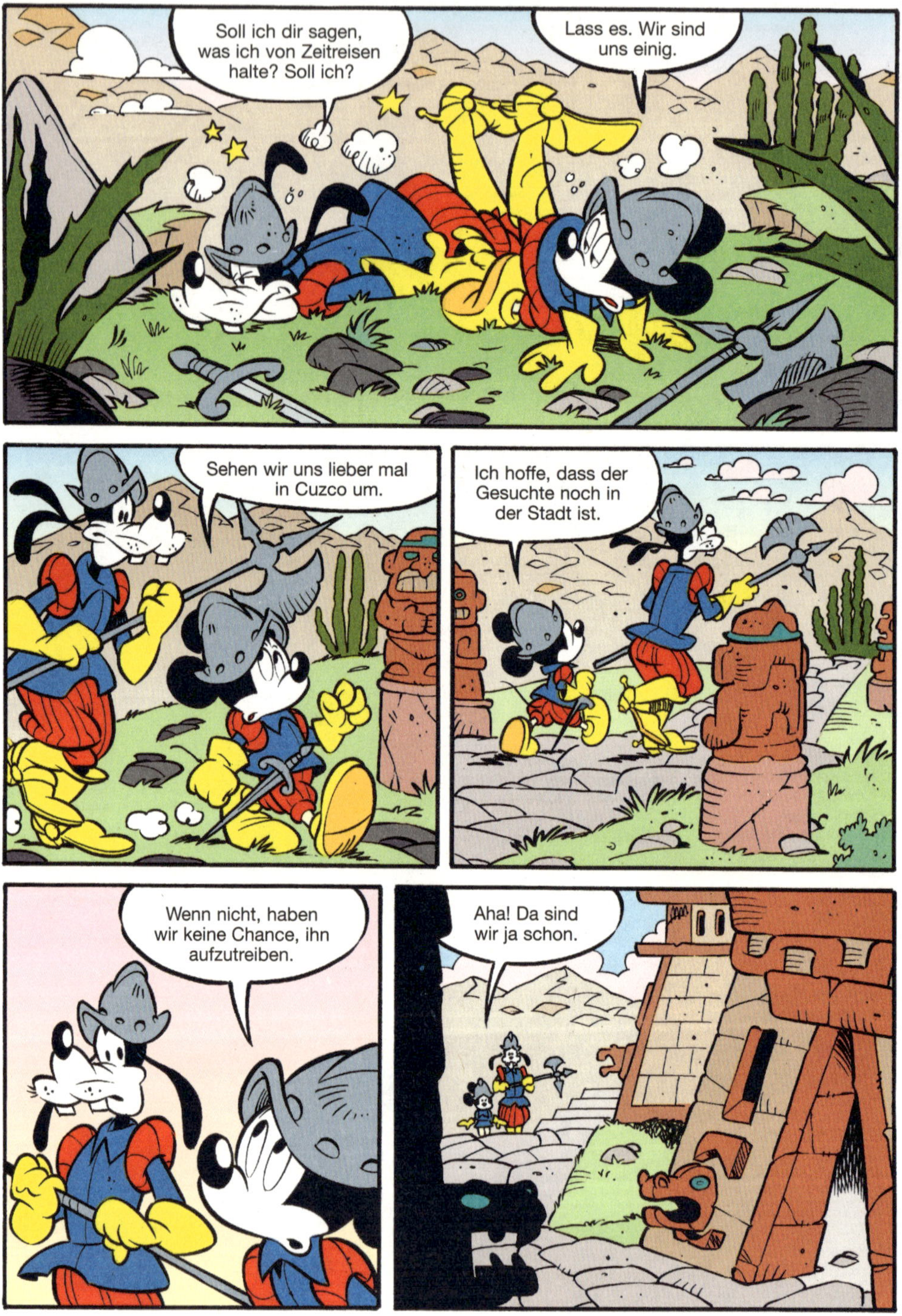
Soll ich dir sagen, was ich von Zeitreisen halte? Soll ich?
Lass es. Wir sind uns einig.
Sehen wir uns lieber mal in Cuzco um.
Ich hoffe, dass der Gesuchte noch in der Stadt ist.
Wenn nicht, haben wir keine Chance, ihn aufzutreiben.
Aha! Da sind wir ja schon.

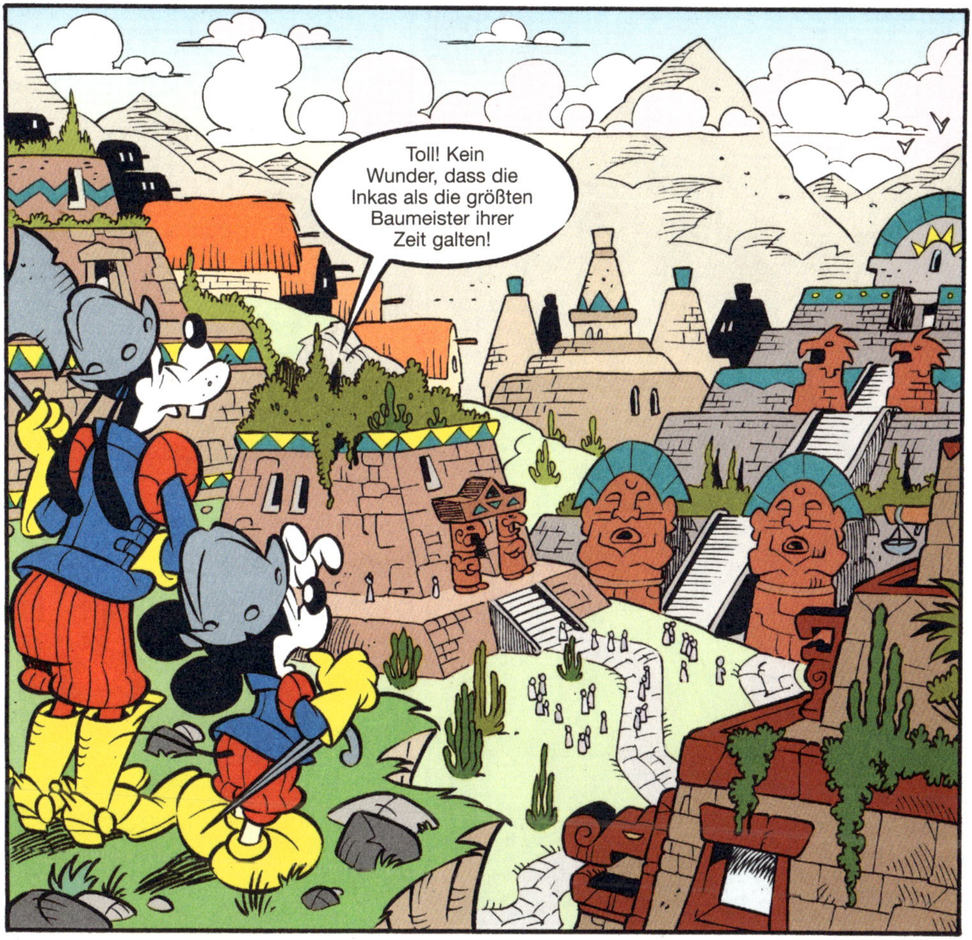
Toll! Kein Wunder, dass die Inkas als die größten Baumeister ihrer Zeit galten!

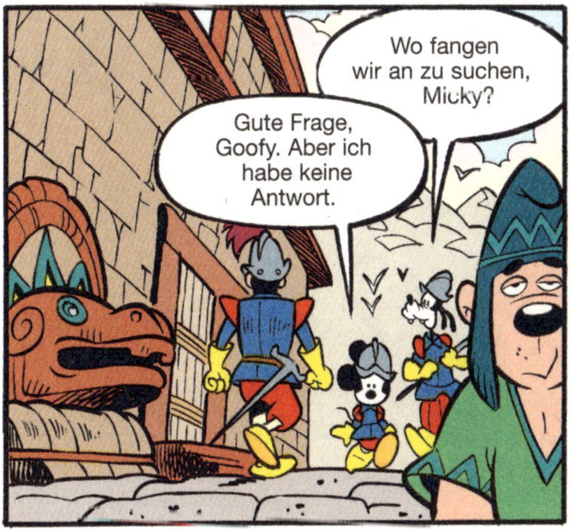
Wo fangen wir an zu suchen, Micky?
Gute Frage, Goofy. Aber ich habe keine Antwort.

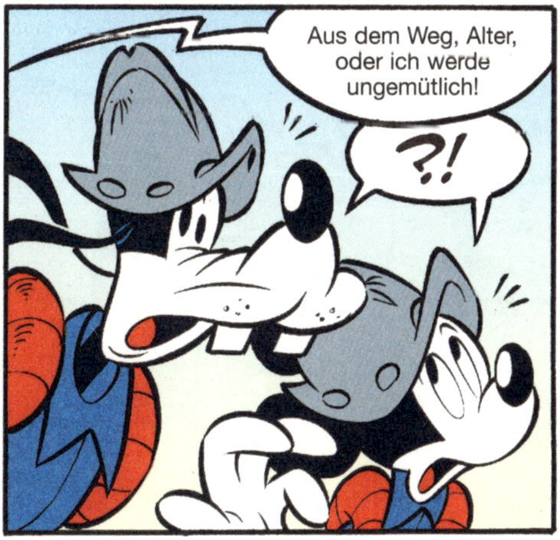
Aus dem Weg, Alter, oder ich werde ungemütlich!
?!

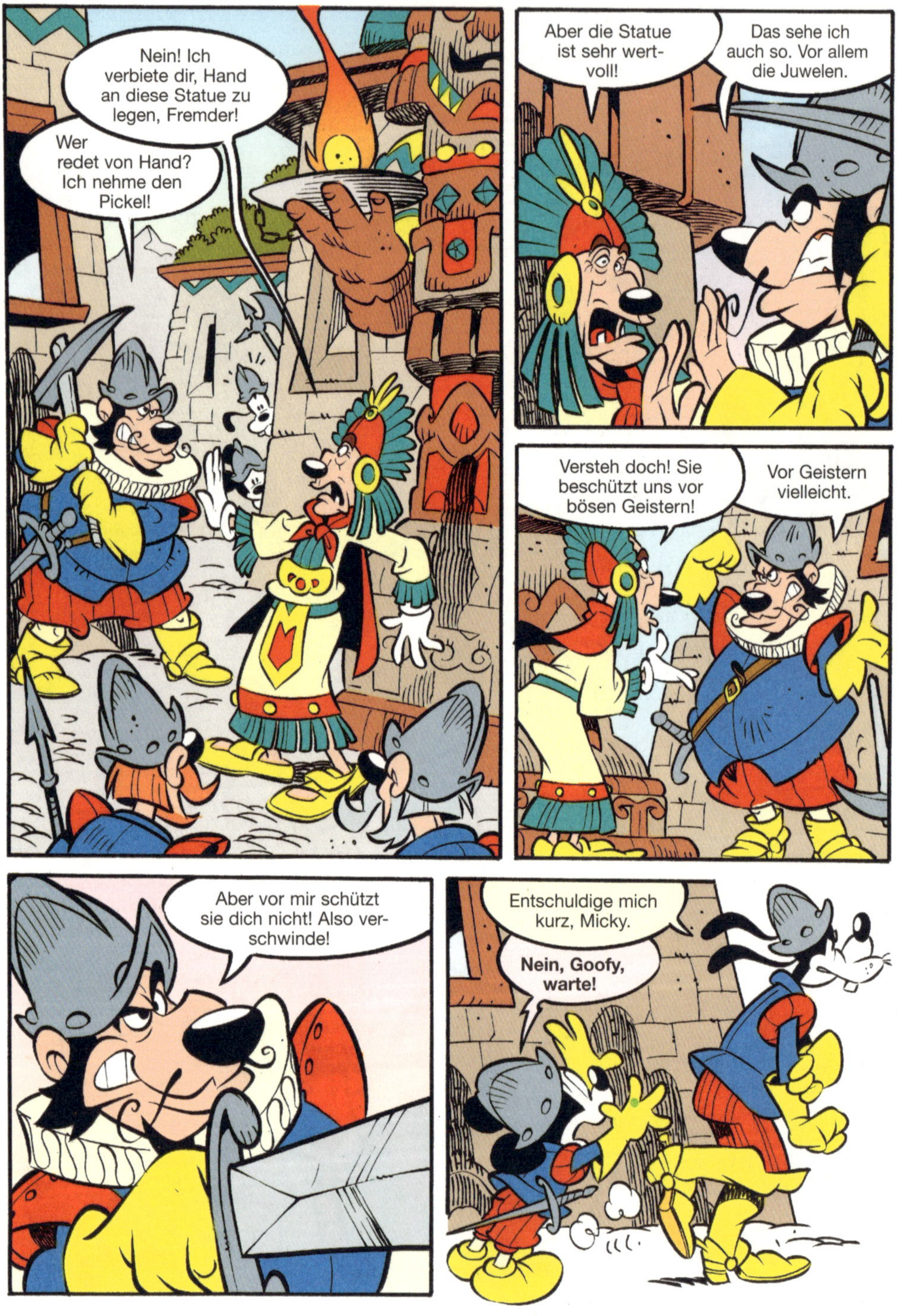
Nein! Ich verbiete dir, Hand an diese Statue zu legen, Fremder!
Wer redet von Hand? Ich nehme den Pickel!
Aber die Statue ist sehr wertvoll!
Das sehe ich auch so. Vor allem die Juwelen.
Versteh doch! Sie beschützt uns vor bösen Geistern!
Vor Geistern vielleicht.
Aber vor mir schützt sie dich nicht! Also verschwinde!
Entschuldige mich kurz, Micky.
Nein, Goofy, warte!

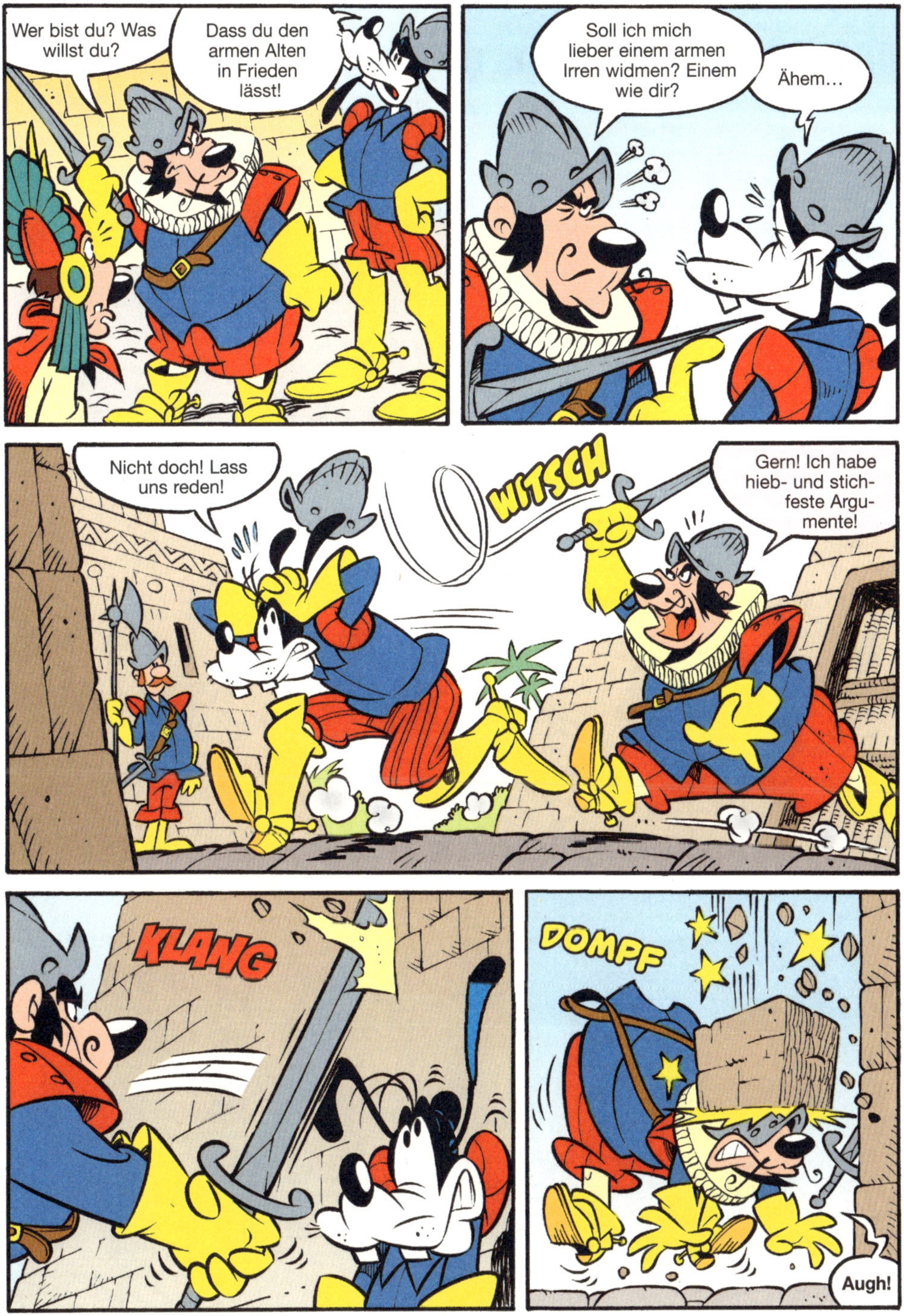

Wer bist du? Was willst du?
Dass du den armen Alten in Frieden lässt!
Soll ich mich lieber einem armen Irren widmen? Einem wie dir?
Ähem…
Nicht doch! Lass uns reden!
WITSCH
Gern! Ich habe hieb- und stichfeste Argumente!
KLANG
DOMPF
Augh!

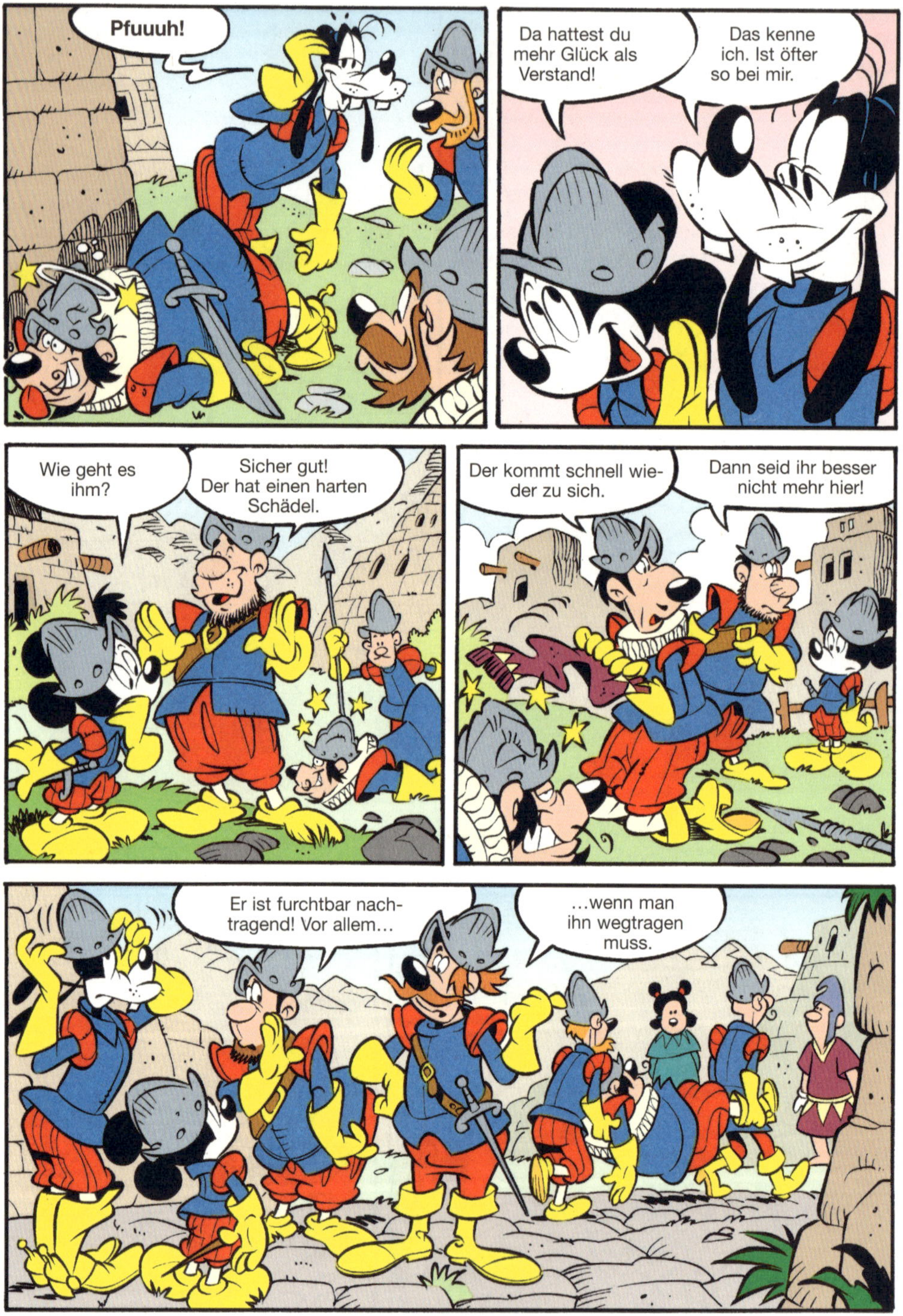
Pfuuuh!
Da hattest du mehr Glück als Verstand!
Das kenne ich. Ist öfter so bei mir.
Wie geht es ihm?
Sicher gut! Der hat einen harten Schädel.
Der kommt schnell wieder zu sich.
Dann seid ihr besser nicht mehr hier!
Er ist furchtbar nachtragend! Vor allem...
...wenn man ihn wegtragen muss.

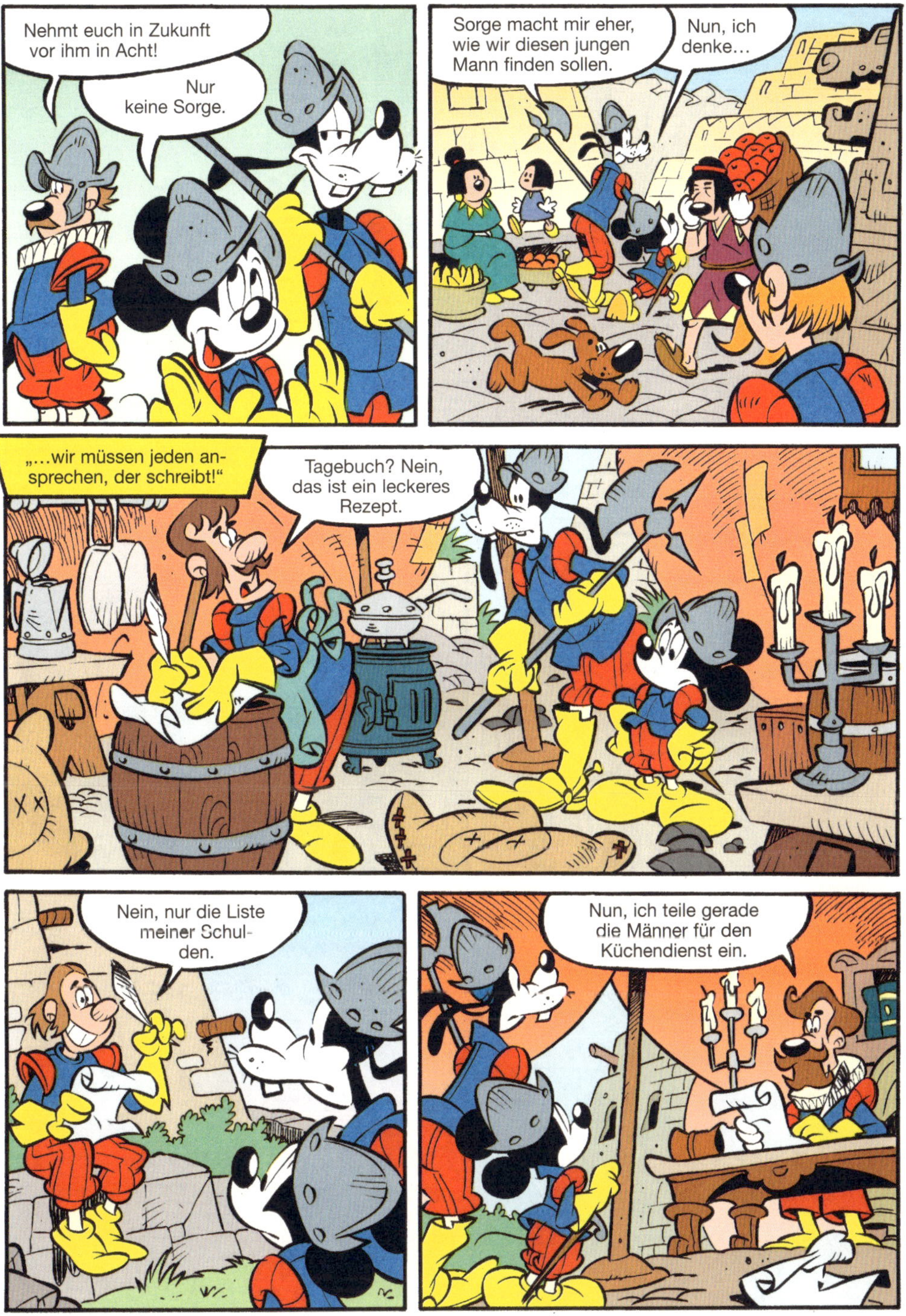
Nehmt euch in Zukunft vor ihm in Acht!
Nur keine Sorge.
Sorge macht mir eher, wie wir diesen jungen Mann finden sollen.
Nun, ich denke…
„…wir müssen jeden ansprechen, der schreibt!“
Tagebuch? Nein, das ist ein leckeres Rezept.
Nein, nur die Liste meiner Schulden.
Nun, ich teile gerade die Männer für den Küchendienst ein.

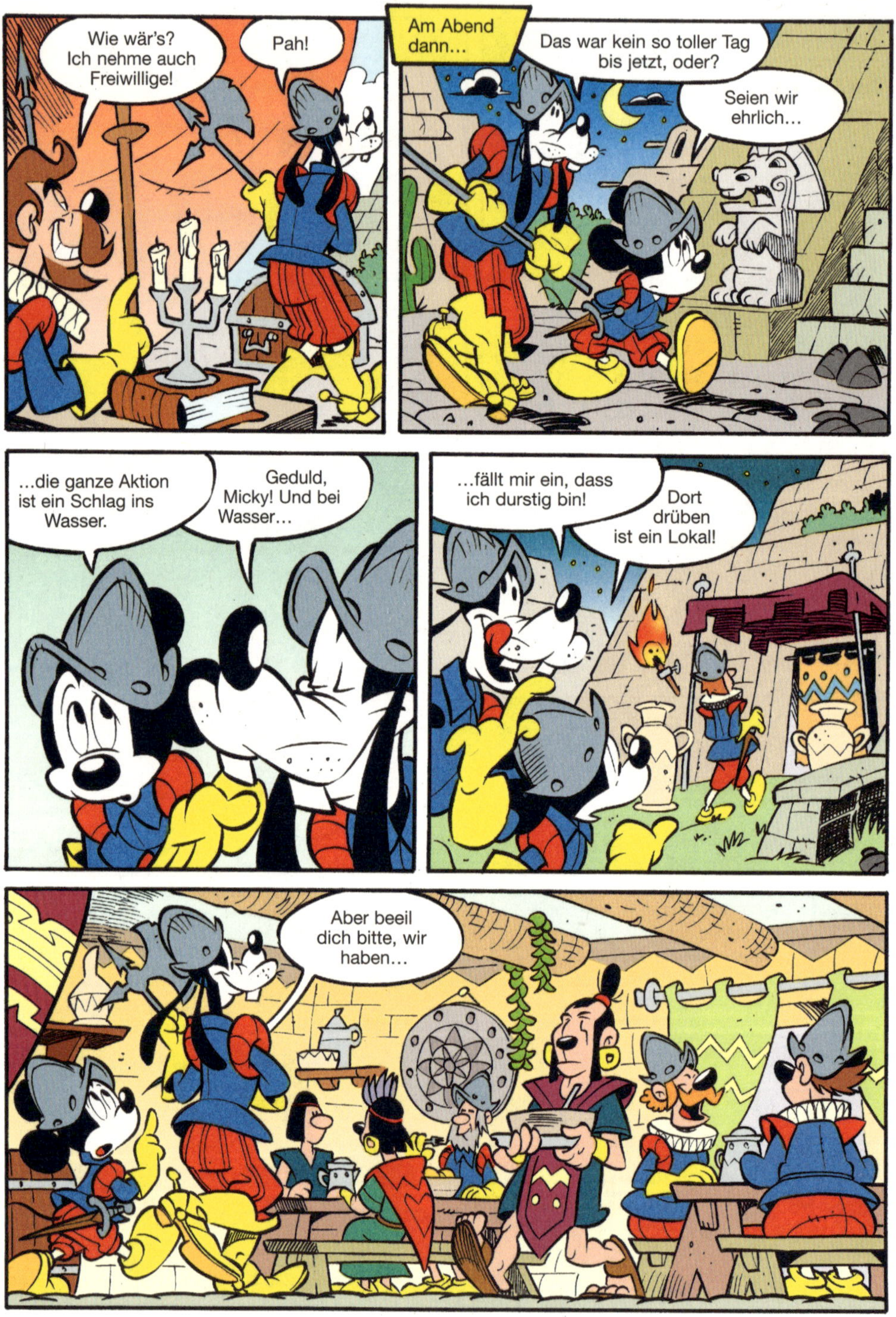
Wie wär's? Ich nehme auch Freiwillige!
Pah!
Am Abend dann…
Das war kein so toller Tag bis jetzt, oder?
Seien wir ehrlich…
…die ganze Aktion ist ein Schlag ins Wasser.
Geduld, Micky! Und bei Wasser…
…fällt mir ein, dass ich durstig bin!
Dort drüben ist ein Lokal!
Aber beeil dich bitte, wir haben…

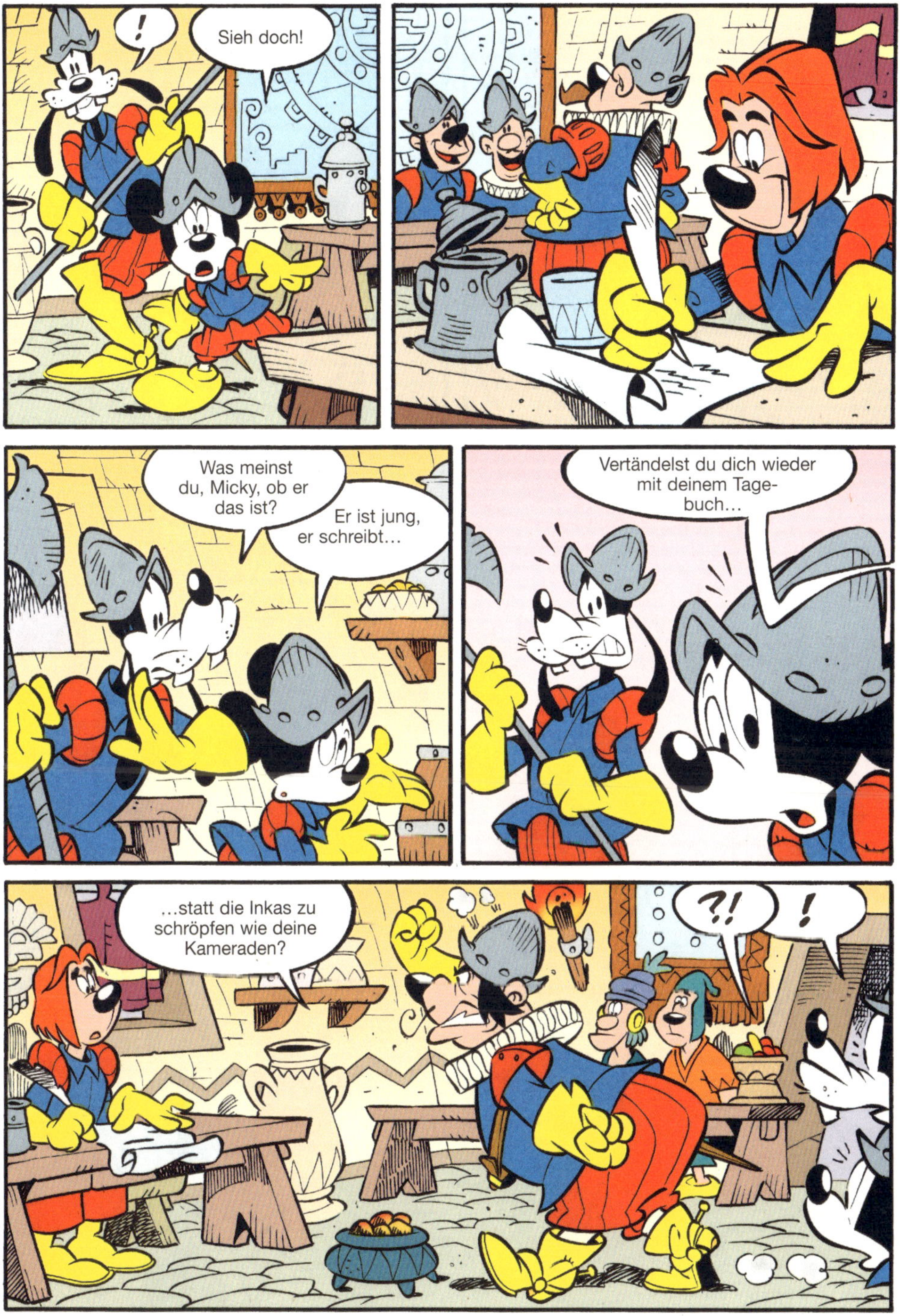
!
Sieh doch!
Was meinst du, Micky, ob er das ist?
Er ist jung, er schreibt…
Vertändelst du dich wieder mit deinem Tage-buch…
…statt die Inkas zu schröpfen wie deine Kameraden?
?!
!

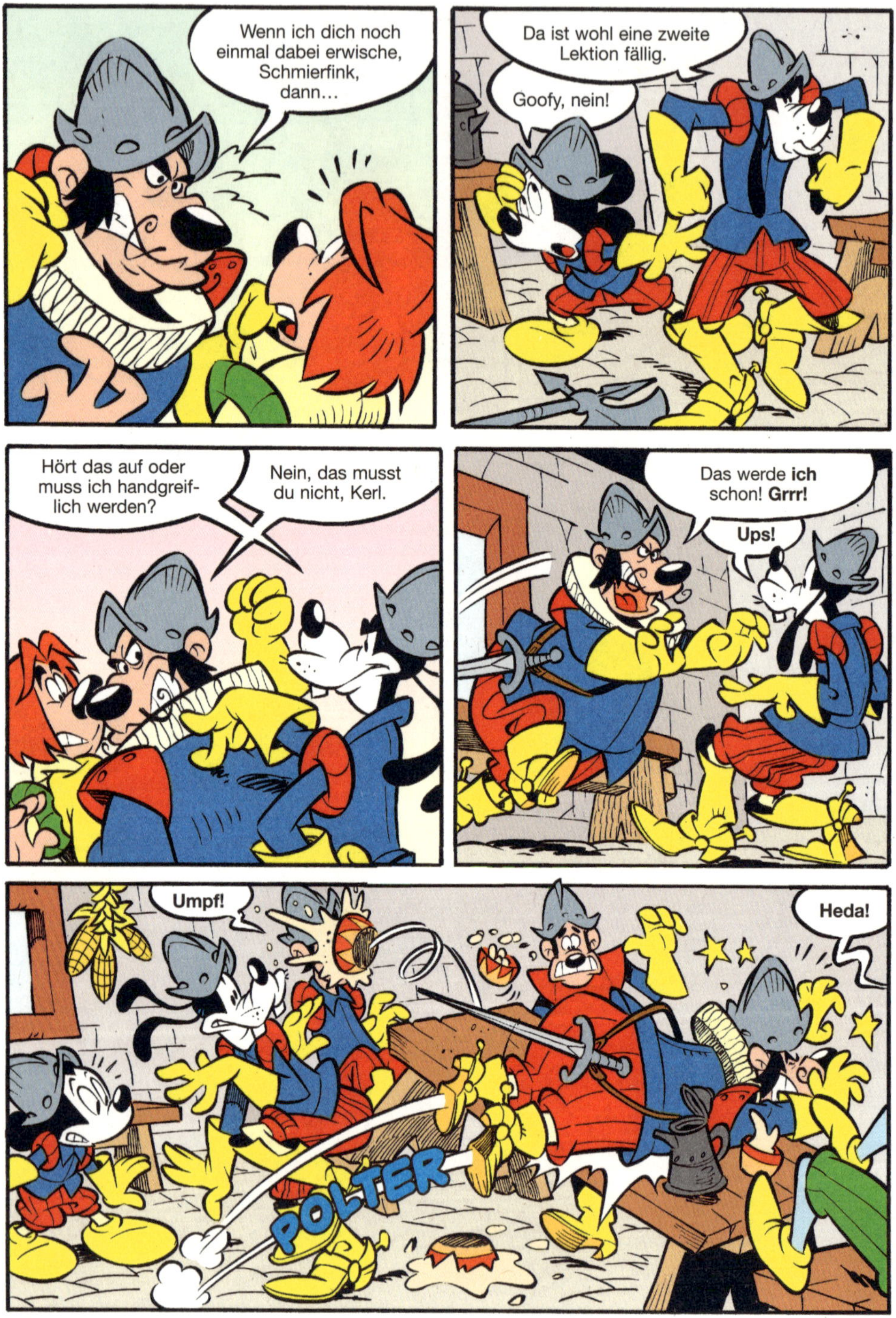
Wenn ich dich noch einmal dabei erwische, Schmierfink, dann…
Da ist wohl eine zweite Lektion fällig.
Goofy, nein!
Hört das auf oder muss ich handgreiflich werden?
Nein, das musst du nicht, Kerl.
Das werde **ich** schon! **Grrr!**
Ups!
Umpf!
Heda!
POLTER

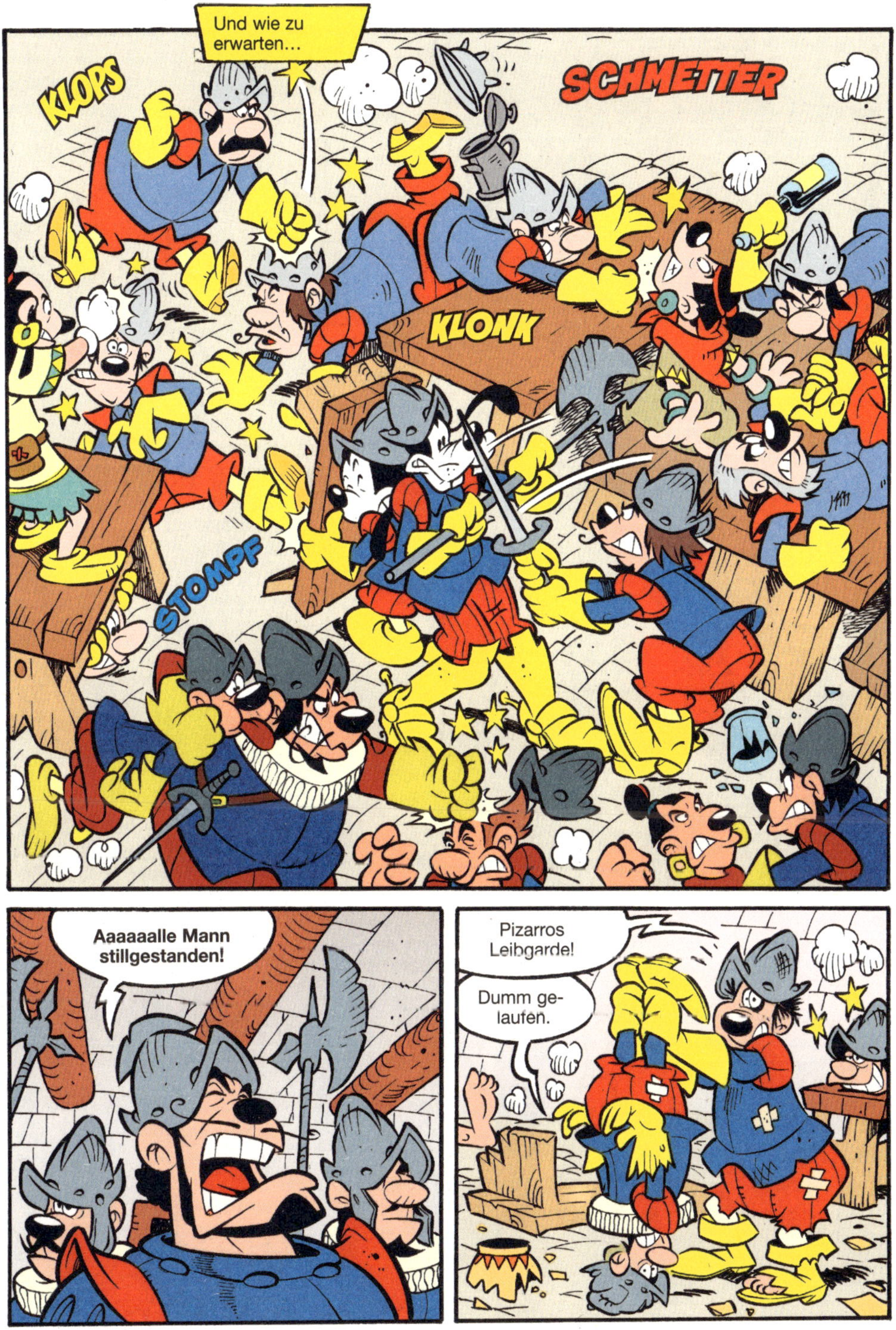
Und wie zu erwarten…
KLOPS
SCHMETTER
KLONK
STOMPF
Aaaaaalle Mann stillgestanden!
Pizarros Leibgarde!
Dumm gelaufen.

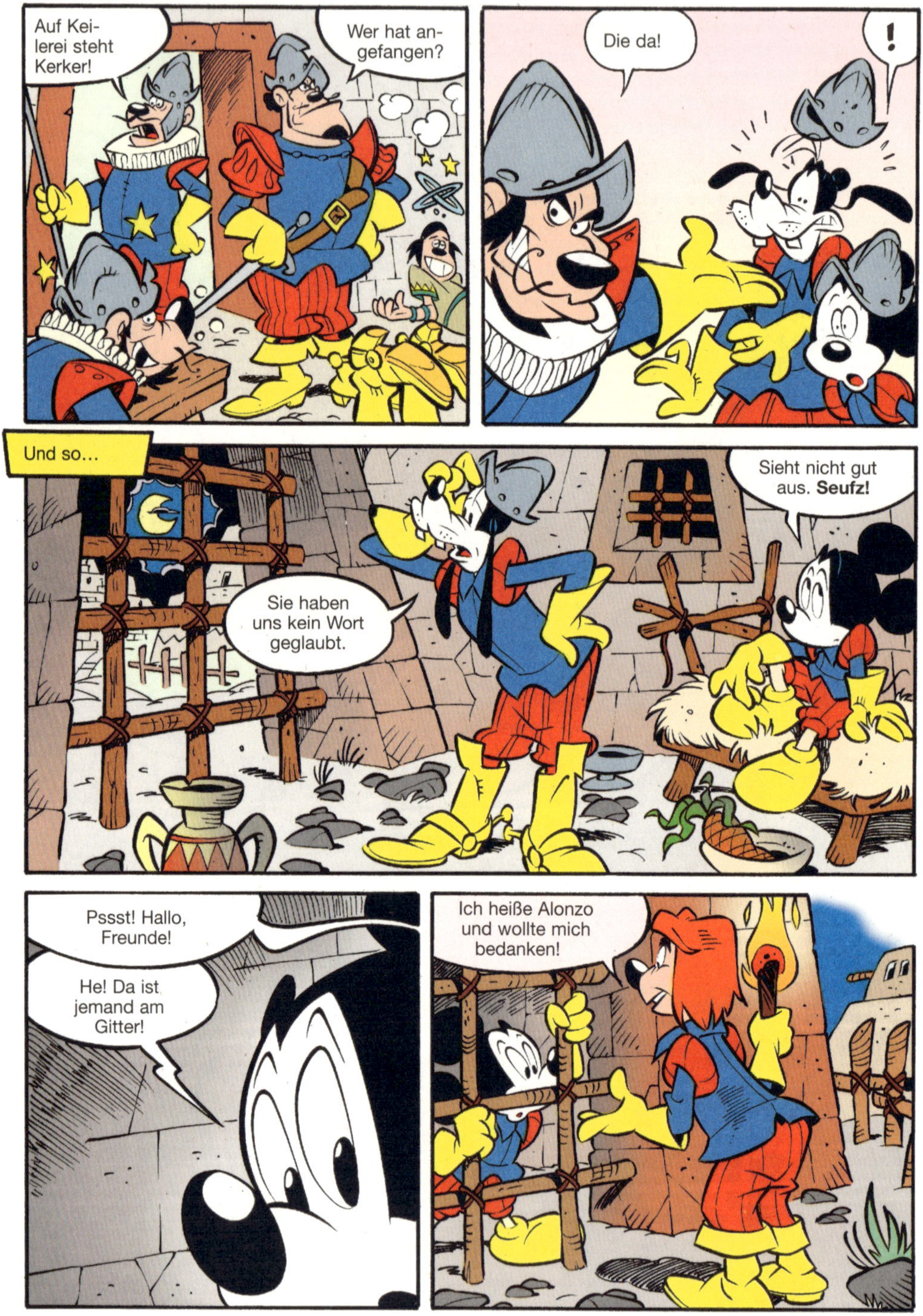
Auf Keilerei steht Kerker!
Wer hat angefangen?
Die da!
!
Und so…
Sieht nicht gut aus. **Seufz!**
Sie haben uns kein Wort geglaubt.
Pssst! Hallo, Freunde!
He! Da ist jemand am Gitter!
Ich heiße Alonzo und wollte mich bedanken!

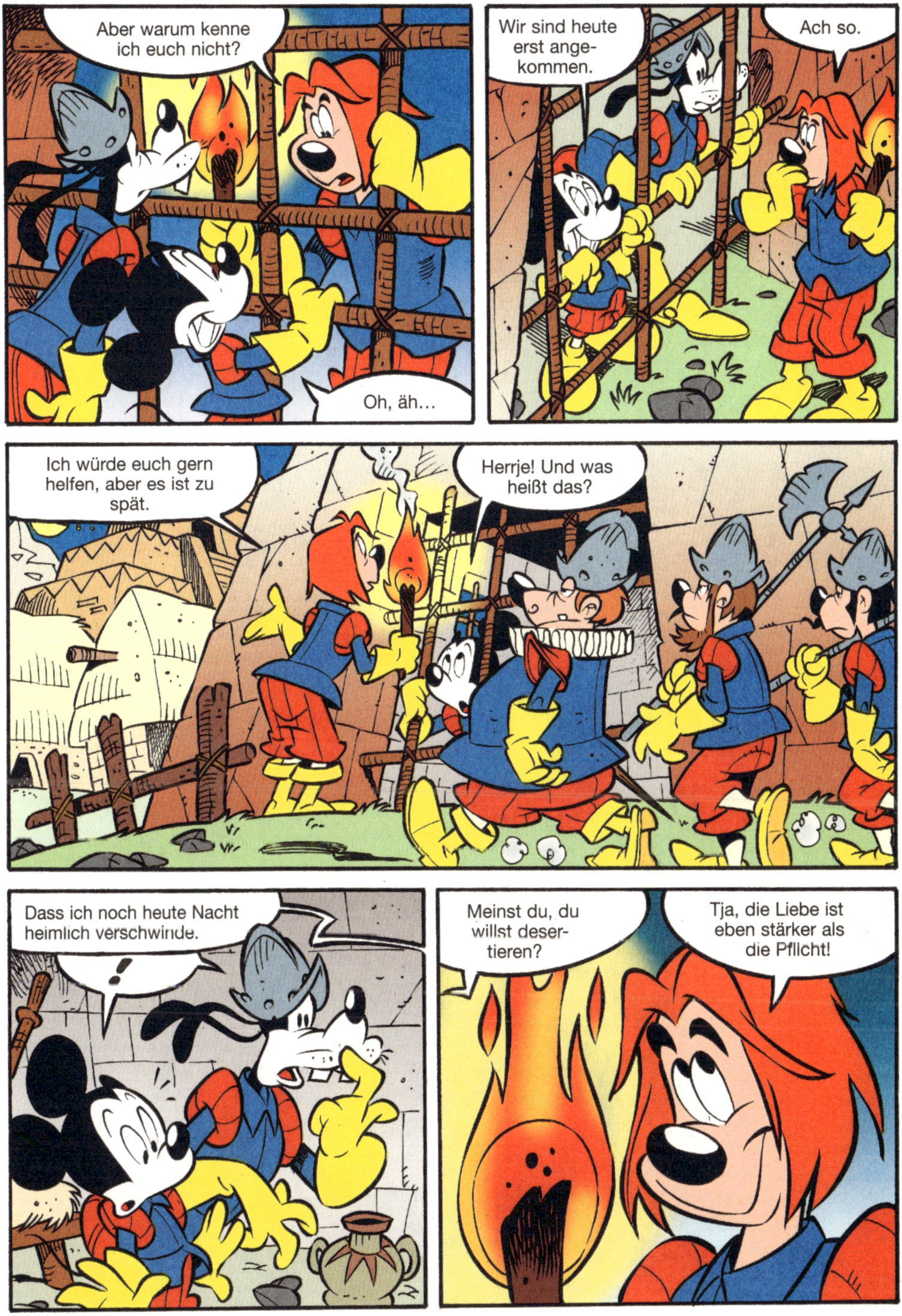
Aber warum kenne ich euch nicht?
Oh, äh…
Wir sind heute erst angekommen.
Ach so.
Ich würde euch gern helfen, aber es ist zu spät.
Herrje! Und was heißt das?
Dass ich noch heute Nacht heimlich verschwinde.
!
Meinst du, du willst desertieren?
Tja, die Liebe ist eben stärker als die Pflicht!

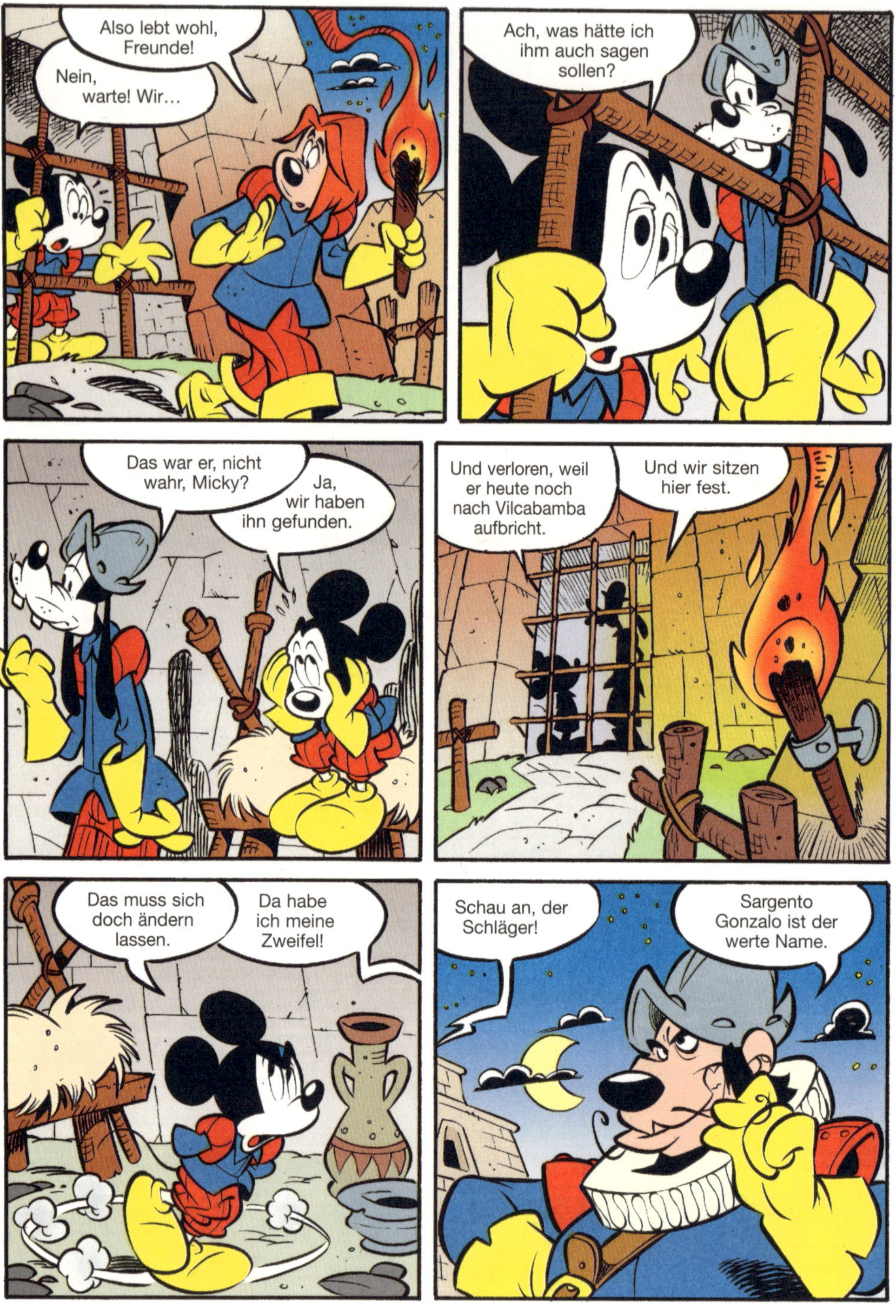
Also lebt wohl, Freunde!
Nein, warte! Wir…
Ach, was hätte ich ihm auch sagen sollen?
Das war er, nicht wahr, Micky?
Ja, wir haben ihn gefunden.
Und verloren, weil er heute noch nach Vilcabamba aufbricht.
Und wir sitzen hier fest.
Das muss sich doch ändern lassen.
Da habe ich meine Zweifel!
Schau an, der Schläger!
Sargento Gonzalo ist der werte Name.

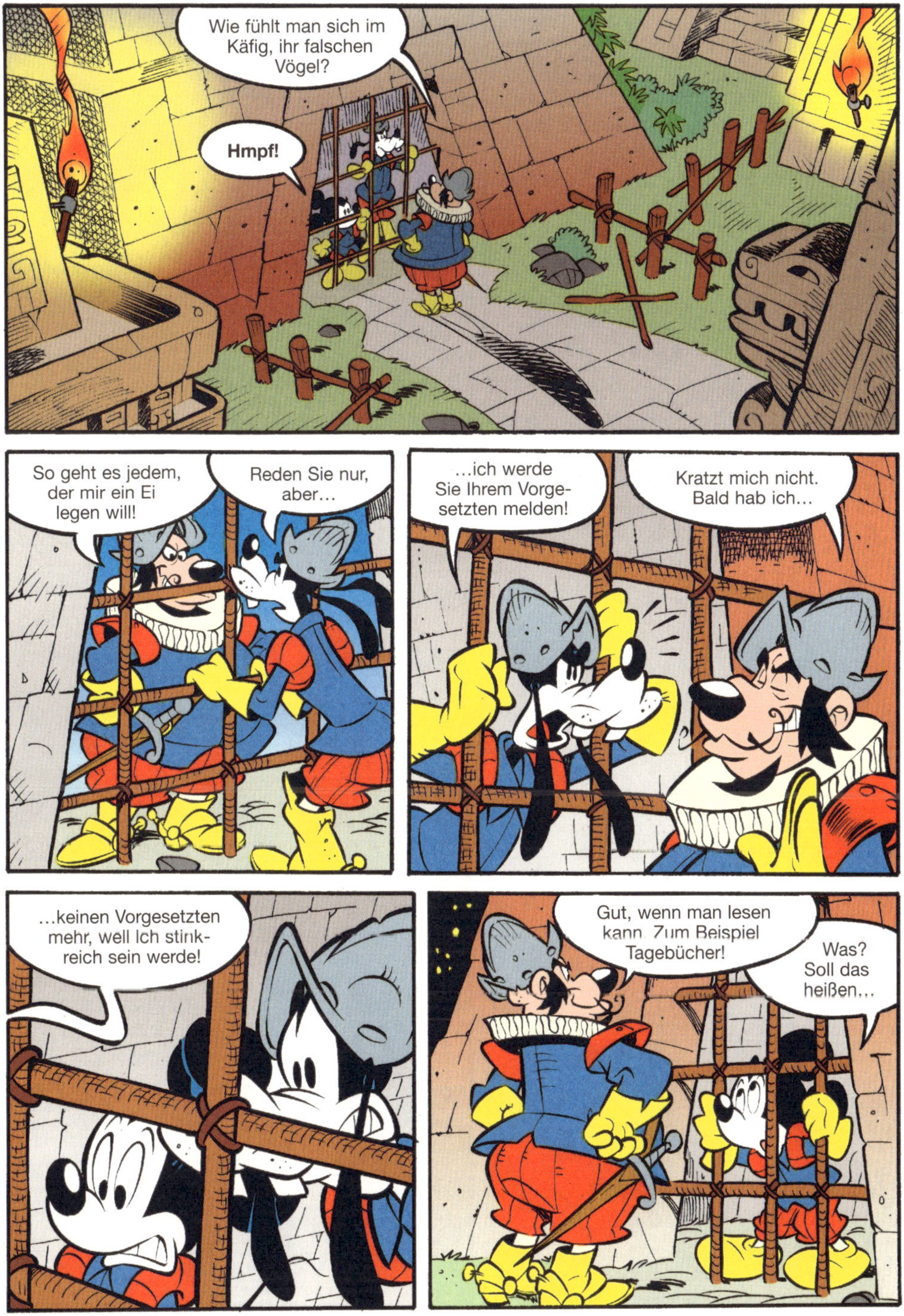

Wie fühlt man sich im Käfig, ihr falschen Vögel?
Hmpf!
So geht es jedem, der mir ein Ei legen will!
Reden Sie nur, aber…
…ich werde Sie Ihrem Vorge-setzten melden!
Kratzt mich nicht. Bald hab ich…
…keinen Vorgesetzten mehr, weil ich stink-reich sein werde!
Gut, wenn man lesen kann. Zum Beispiel Tagebücher!
Was? Soll das heißen…

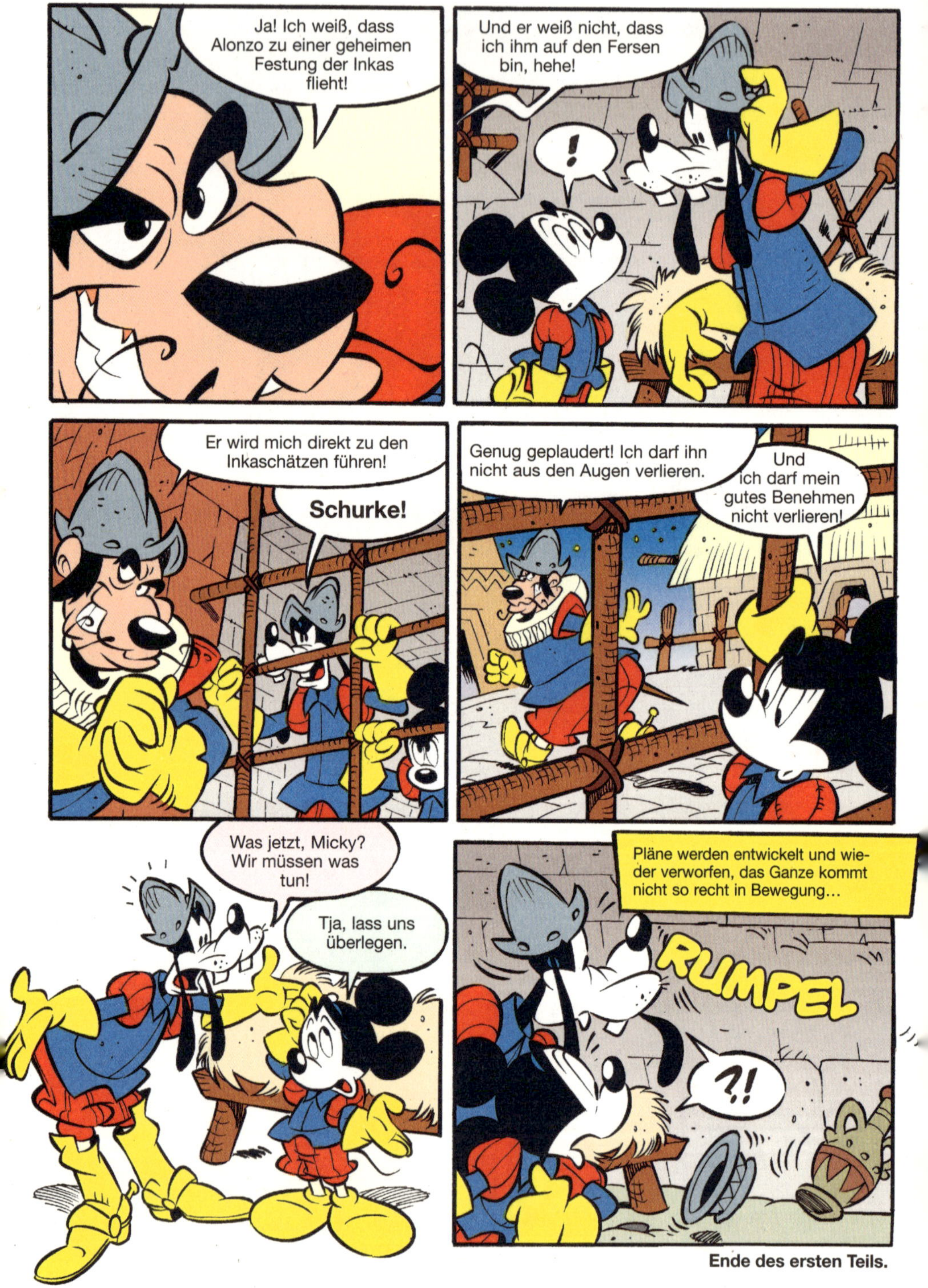

Ende des ersten Teils.

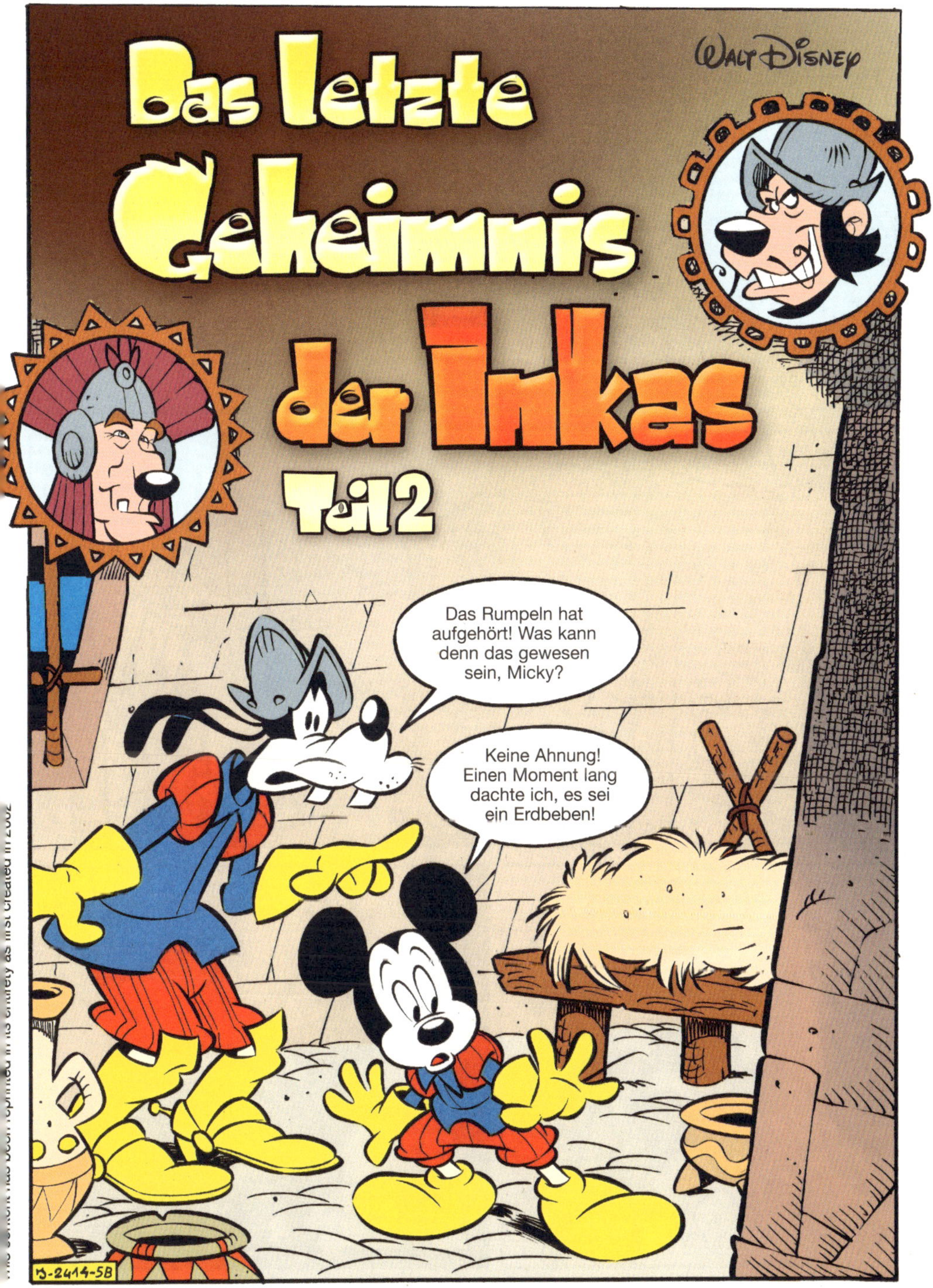

Giorgio Figus (Story), **Marco Palazzi** (Zeichnungen)

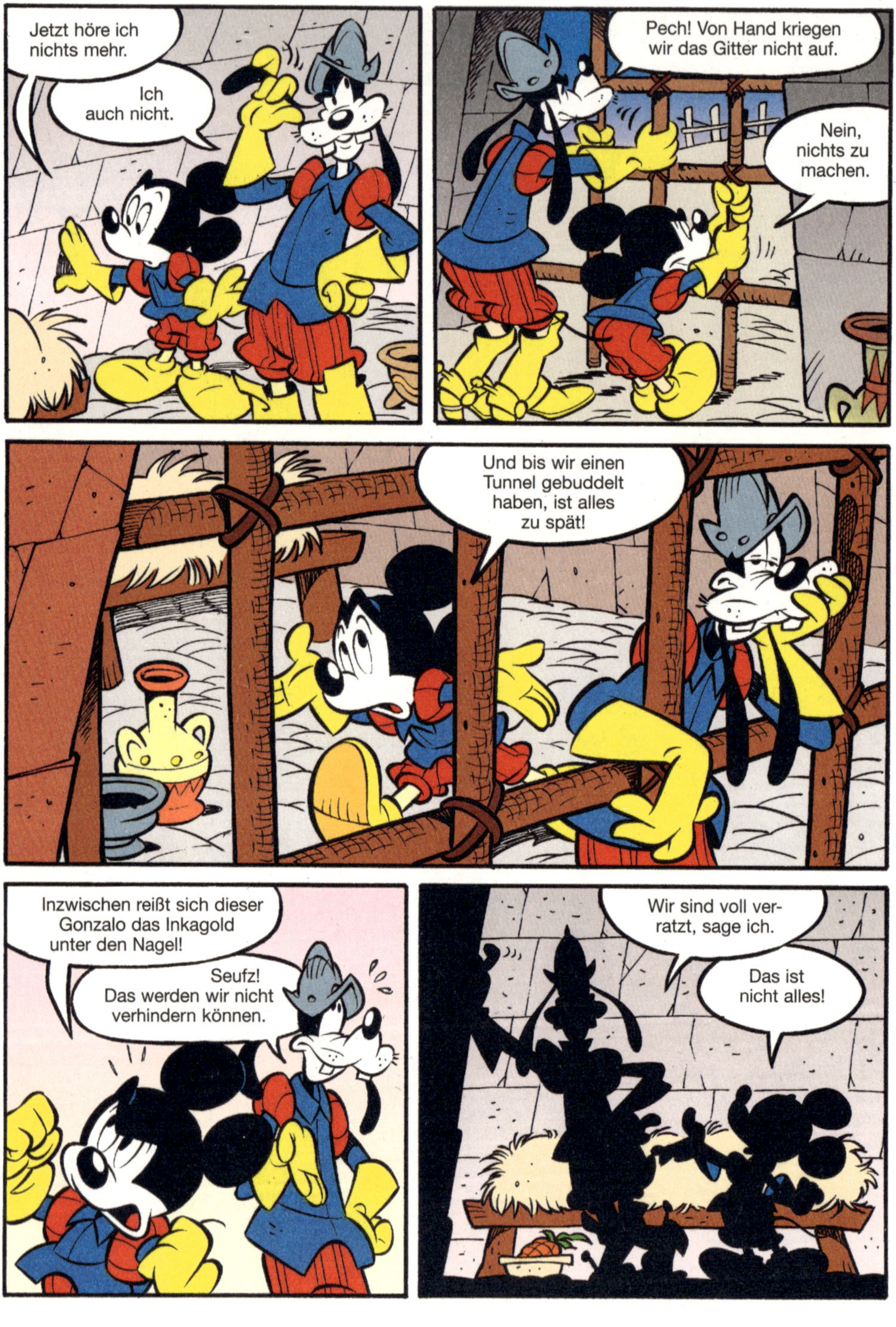

Jetzt höre ich nichts mehr.
Ich auch nicht.
Pech! Von Hand kriegen wir das Gitter nicht auf.
Nein, nichts zu machen.
Und bis wir einen Tunnel gebuddelt haben, ist alles zu spät!
Inzwischen reißt sich dieser Gonzalo das Inkagold unter den Nagel!
Seufz! Das werden wir nicht verhindern können.
Wir sind voll verratzt, sage ich.
Das ist nicht alles!

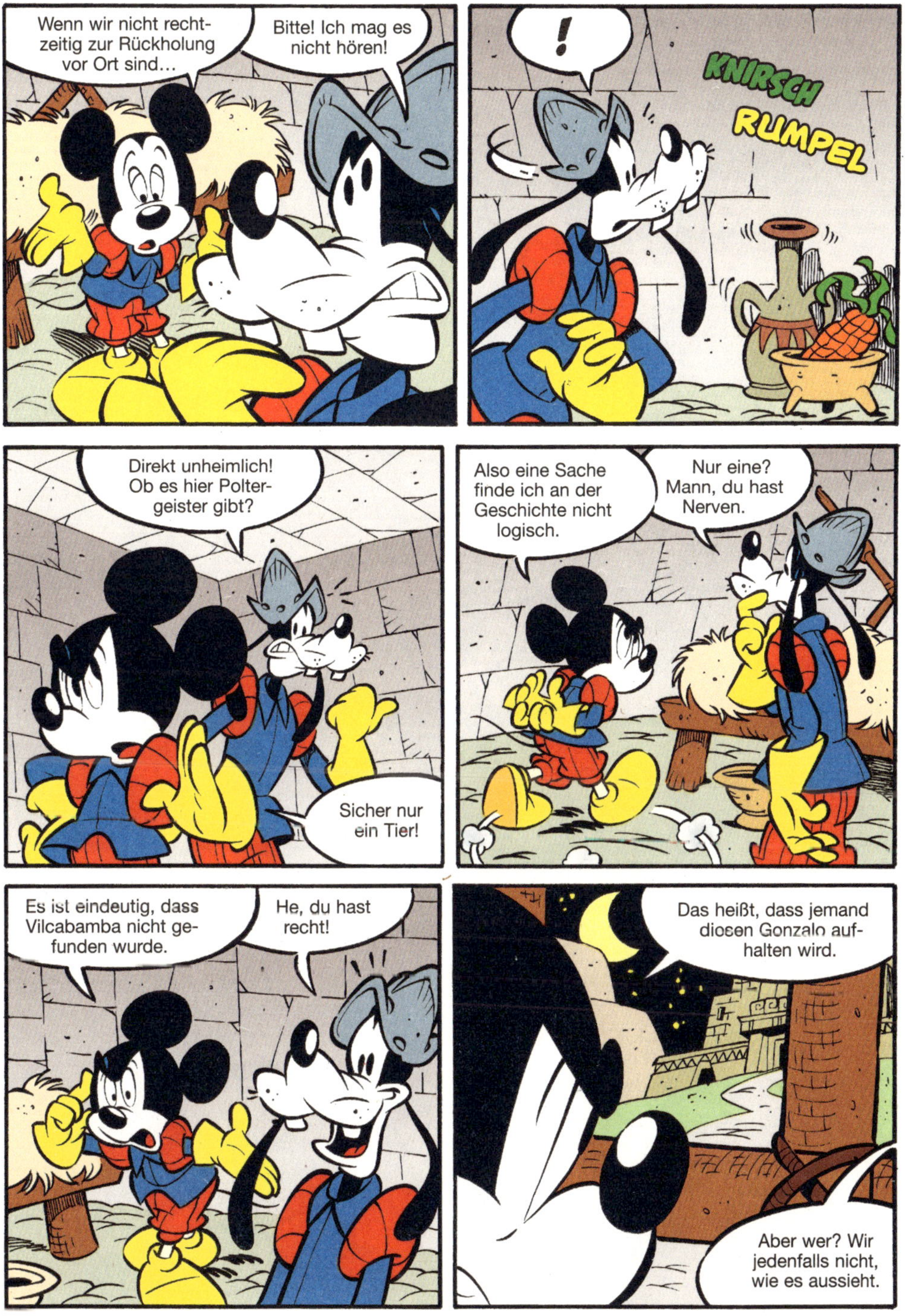
Wenn wir nicht rechtzeitig zur Rückholung vor Ort sind…
Bitte! Ich mag es nicht hören!
!
KNIRSCH
RUMPEL
Direkt unheimlich! Ob es hier Poltergeister gibt?
Sicher nur ein Tier!
Also eine Sache finde ich an der Geschichte nicht logisch.
Nur eine? Mann, du hast Nerven.
Es ist eindeutig, dass Vilcabamba nicht gefunden wurde.
He, du hast recht!
Das heißt, dass jemand diesen Gonzalo aufhalten wird.
Aber wer? Wir jedenfalls nicht, wie es aussieht.

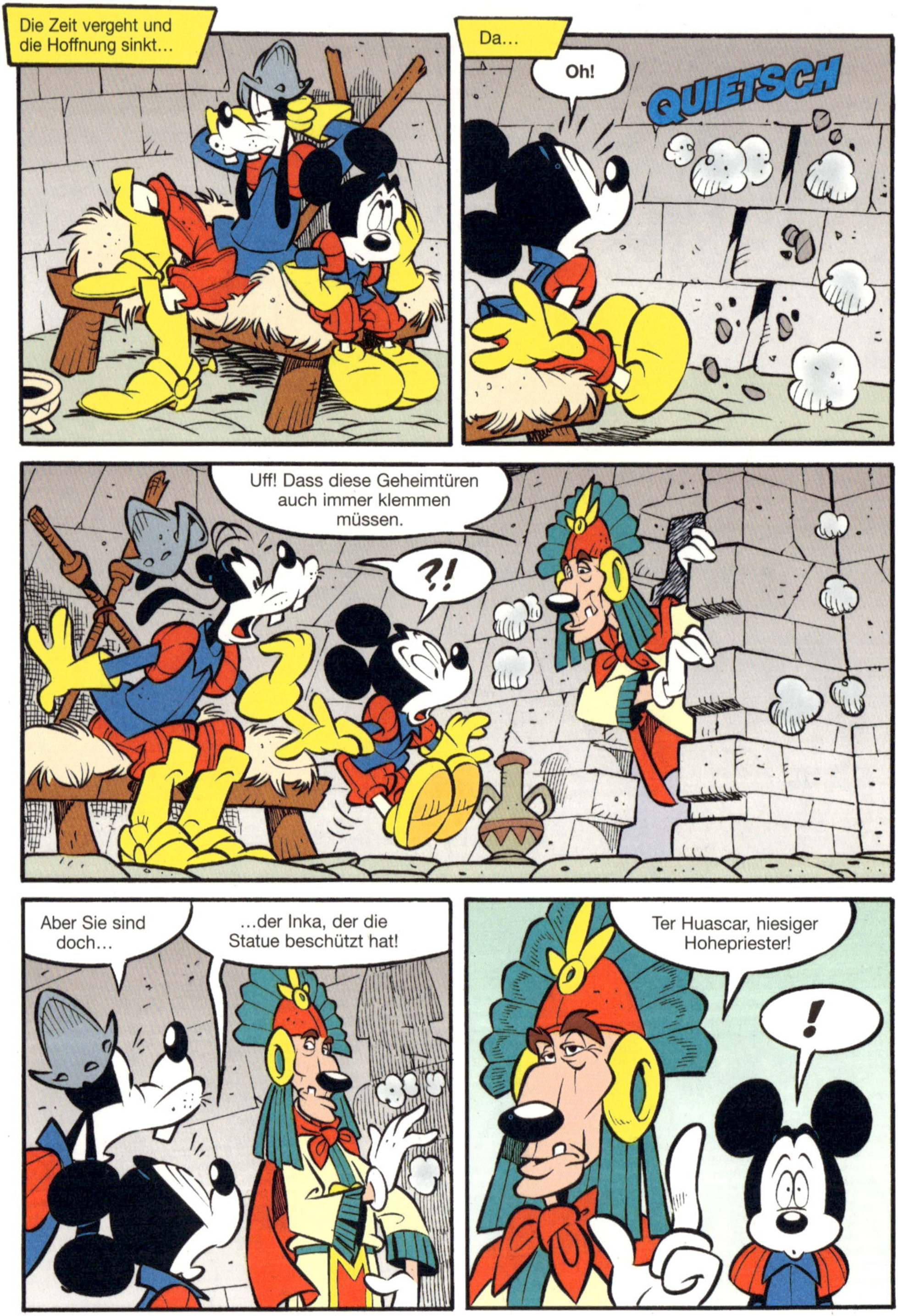
Die Zeit vergeht und die Hoffnung sinkt…
Da…
Oh!
QUIETSCH
Uff! Dass diese Geheimtüren auch immer klemmen müssen.
?!
Aber Sie sind doch…
…der Inka, der die Statue beschützt hat!
Ter Huascar, hiesiger Hohepriester!
!

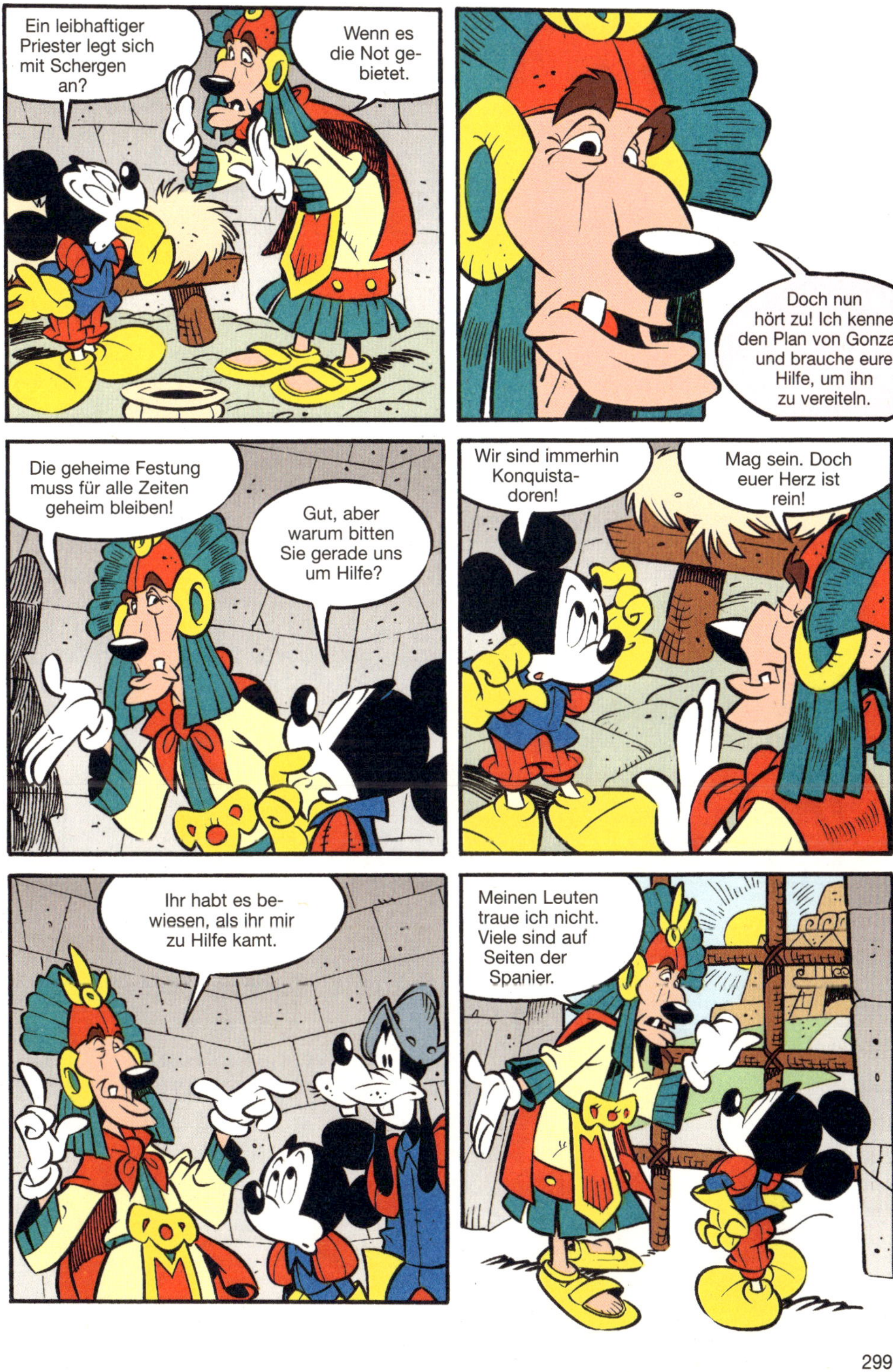
Ein leibhaftiger Priester legt sich mit Schergen an?
Wenn es die Not gebietet.
Doch nun hört zu! Ich kenne den Plan von Gonzalo und brauche eure Hilfe, um ihn zu vereiteln.
Die geheime Festung muss für alle Zeiten geheim bleiben!
Gut, aber warum bitten Sie gerade uns um Hilfe?
Wir sind immerhin Konquistadoren!
Mag sein. Doch euer Herz ist rein!
Ihr habt es bewiesen, als ihr mir zu Hilfe kamt.
Meinen Leuten traue ich nicht. Viele sind auf Seiten der Spanier.

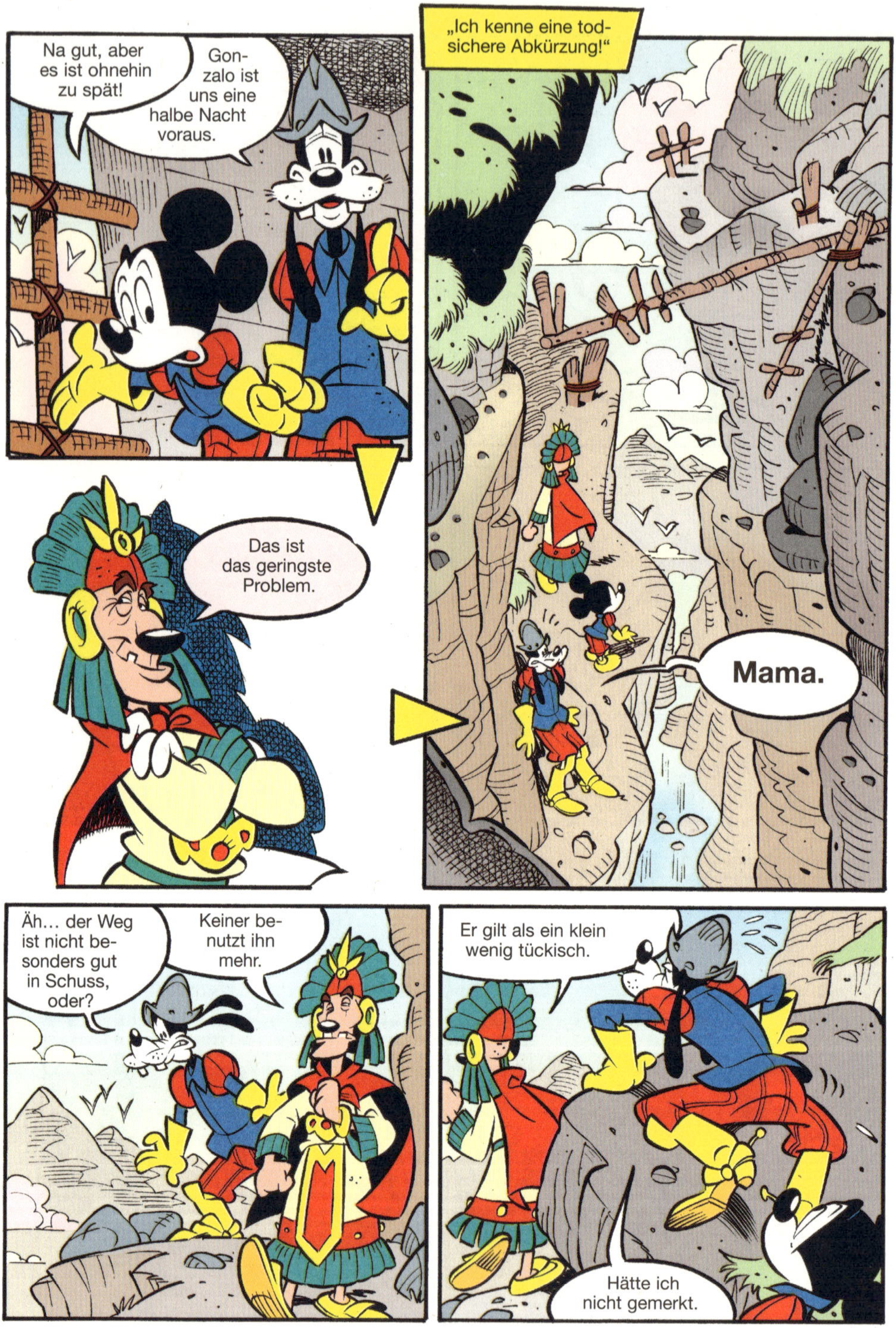
Na gut, aber es ist ohnehin zu spät!
Gonzalo ist uns eine halbe Nacht voraus.
Das ist das geringste Problem.
„Ich kenne eine todsichere Abkürzung!“
Mama.
Äh… der Weg ist nicht besonders gut in Schuss, oder?
Keiner benutzt ihn mehr.
Er gilt als ein klein wenig tückisch.
Hätte ich nicht gemerkt.

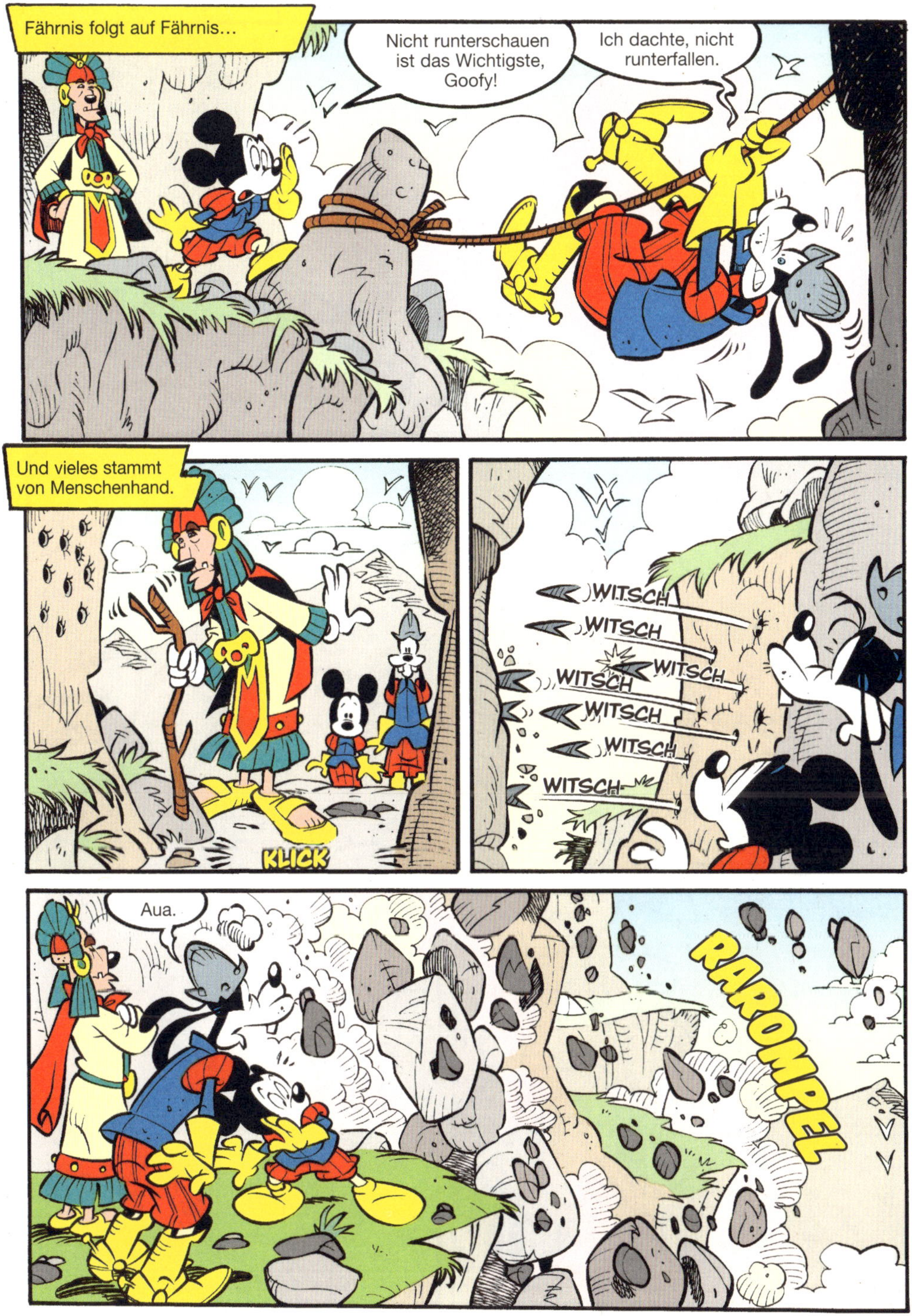
Fährnis folgt auf Fährnis…
Nicht runterschauen ist das Wichtigste, Goofy!
Ich dachte, nicht runterfallen.
Und vieles stammt von Menschenhand.
KLICK
WITSCH
WITSCH
WITSCH
WITSCH
WITSCH
WITSCH
WITSCH
Aua.
RAROMPEL

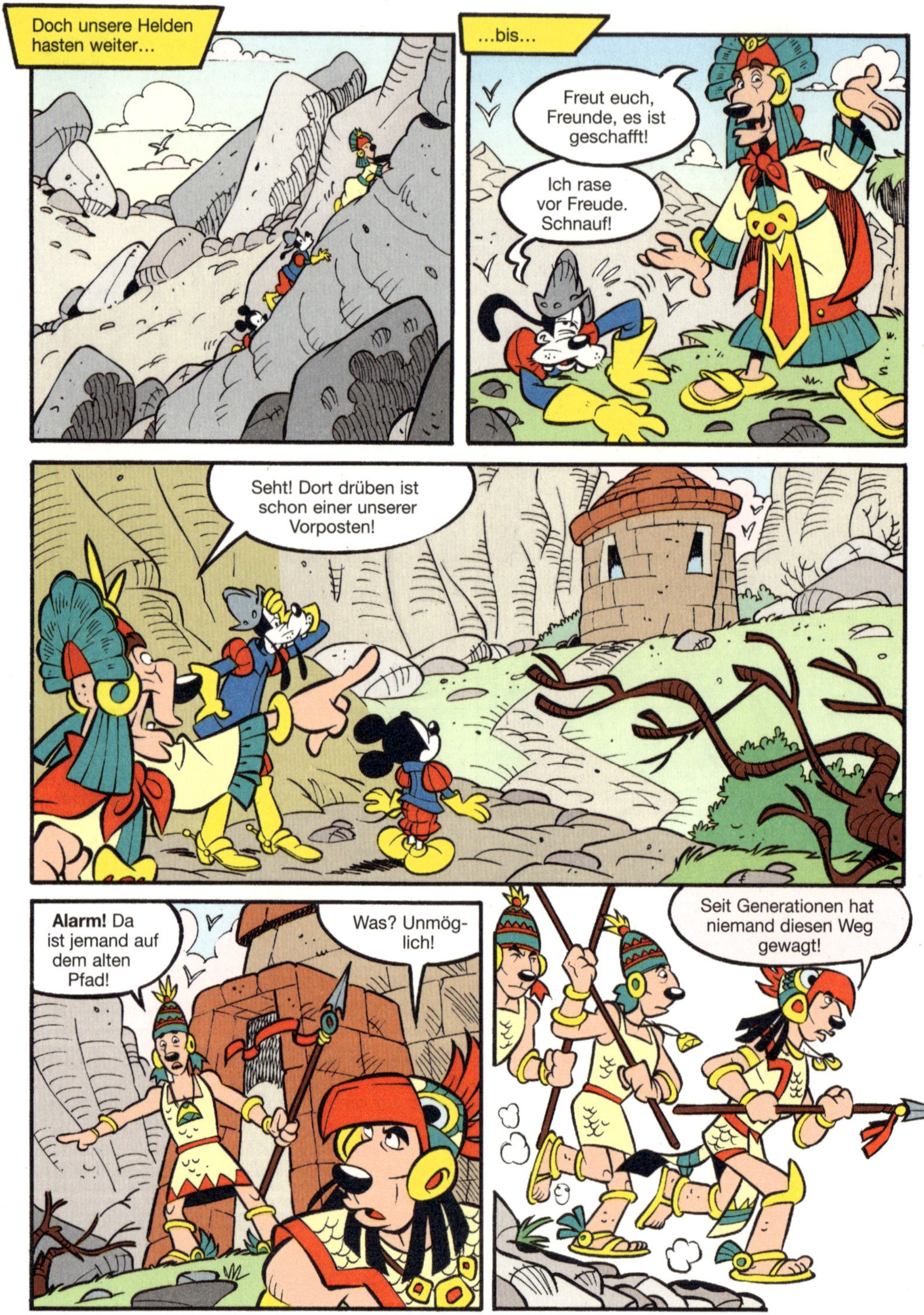
Doch unsere Helden hasten weiter…
…bis…
Freut euch, Freunde, es ist geschafft!
Ich rase vor Freude. Schnauf!
Seht! Dort drüben ist schon einer unserer Vorposten!
Alarm! Da ist jemand auf dem alten Pfad!
Was? Unmöglich!
Seit Generationen hat niemand diesen Weg gewagt!

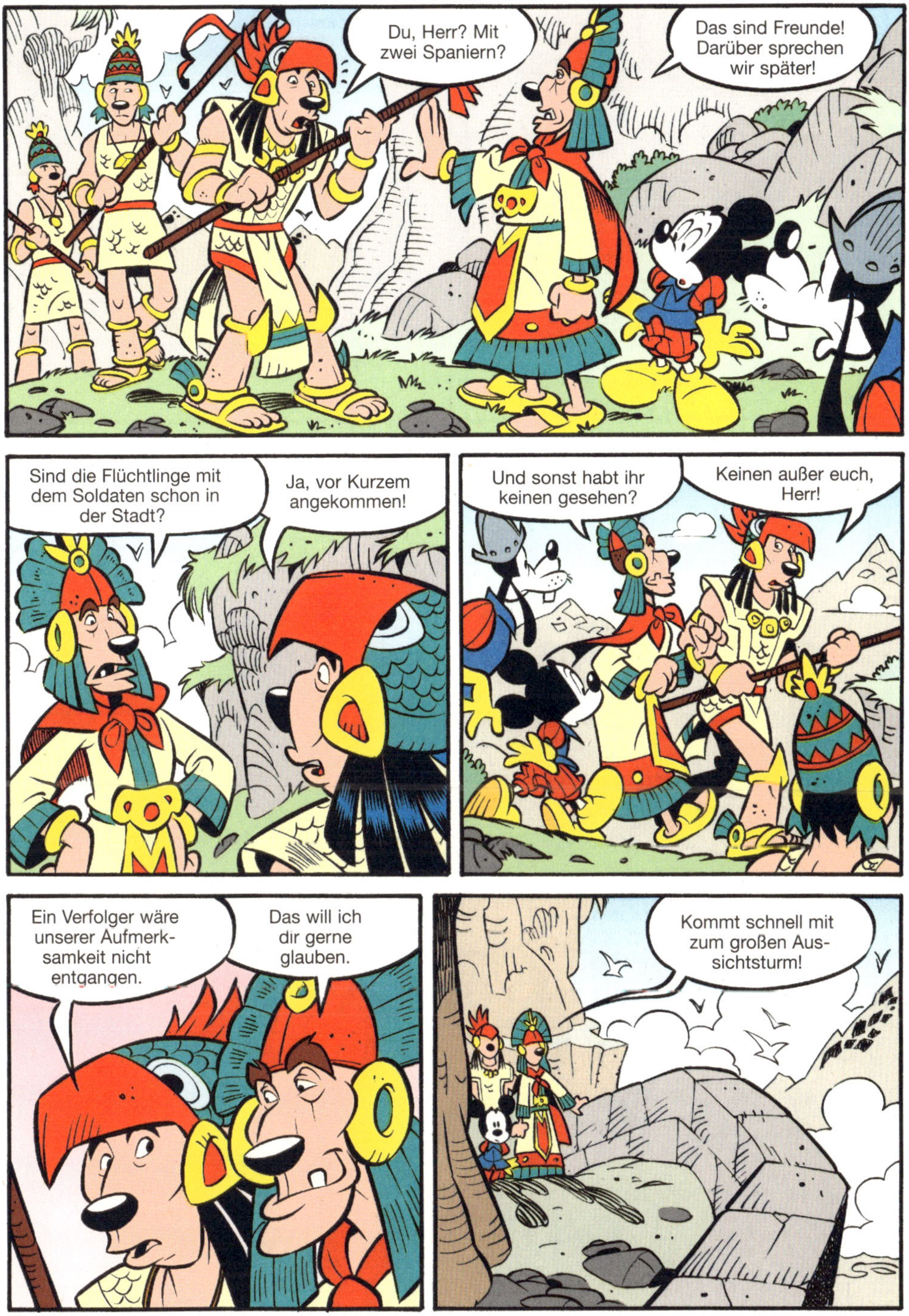
Du, Herr? Mit zwei Spaniern?
Das sind Freunde! Darüber sprechen wir später!
Sind die Flüchtlinge mit dem Soldaten schon in der Stadt?
Ja, vor Kurzem angekommen!
Und sonst habt ihr keinen gesehen?
Keinen außer euch, Herr!
Ein Verfolger wäre unserer Aufmerksamkeit nicht entgangen.
Das will ich dir gerne glauben.
Kommt schnell mit zum großen Aussichtsturm!

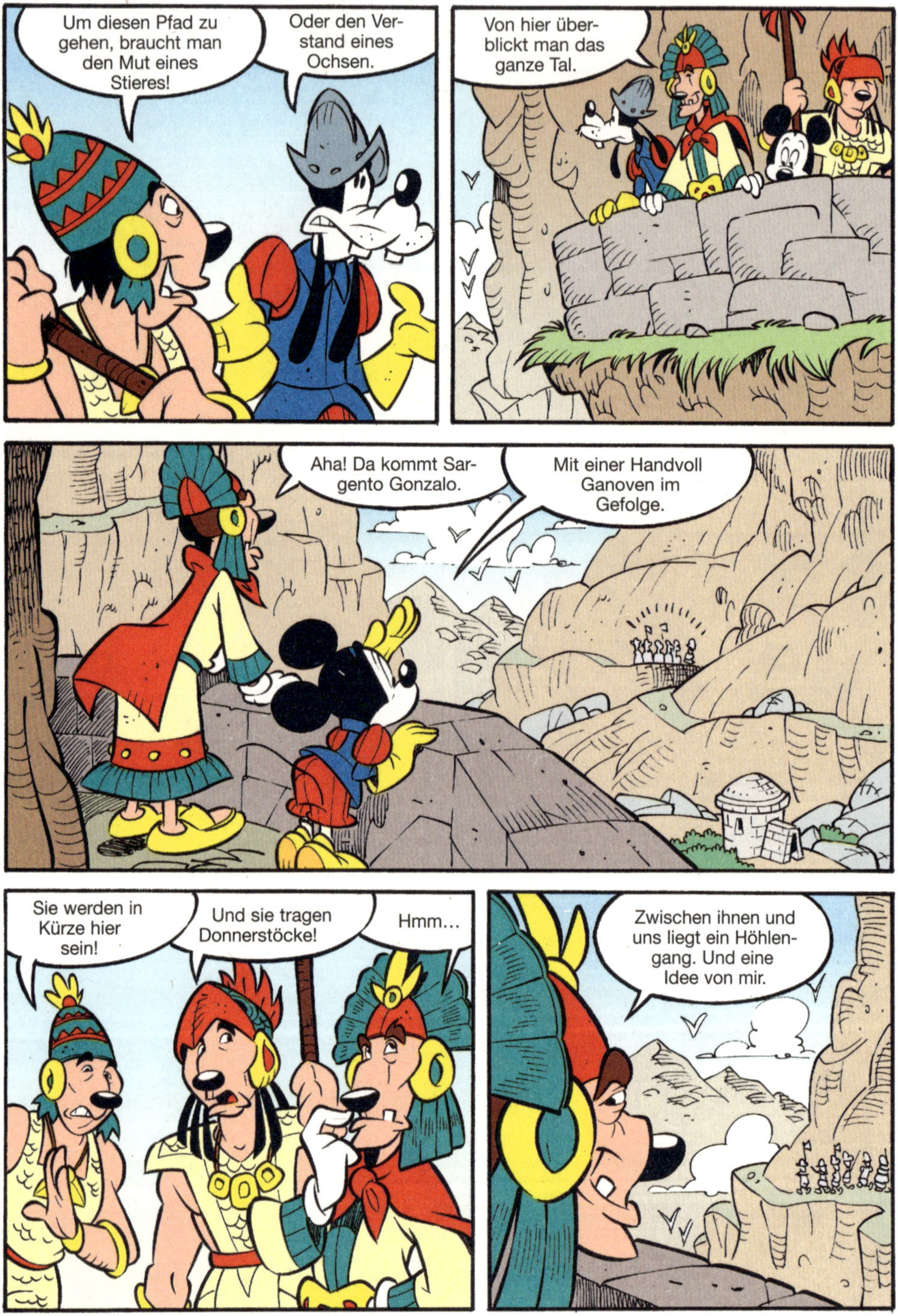
Um diesen Pfad zu gehen, braucht man den Mut eines Stieres!
Oder den Verstand eines Ochsen.
Von hier überblickt man das ganze Tal.
Aha! Da kommt Sargento Gonzalo.
Mit einer Handvoll Ganoven im Gefolge.
Sie werden in Kürze hier sein!
Und sie tragen Donnerstöcke!
Hmm…
Zwischen ihnen und uns liegt ein Höhlengang. Und eine Idee von mir.

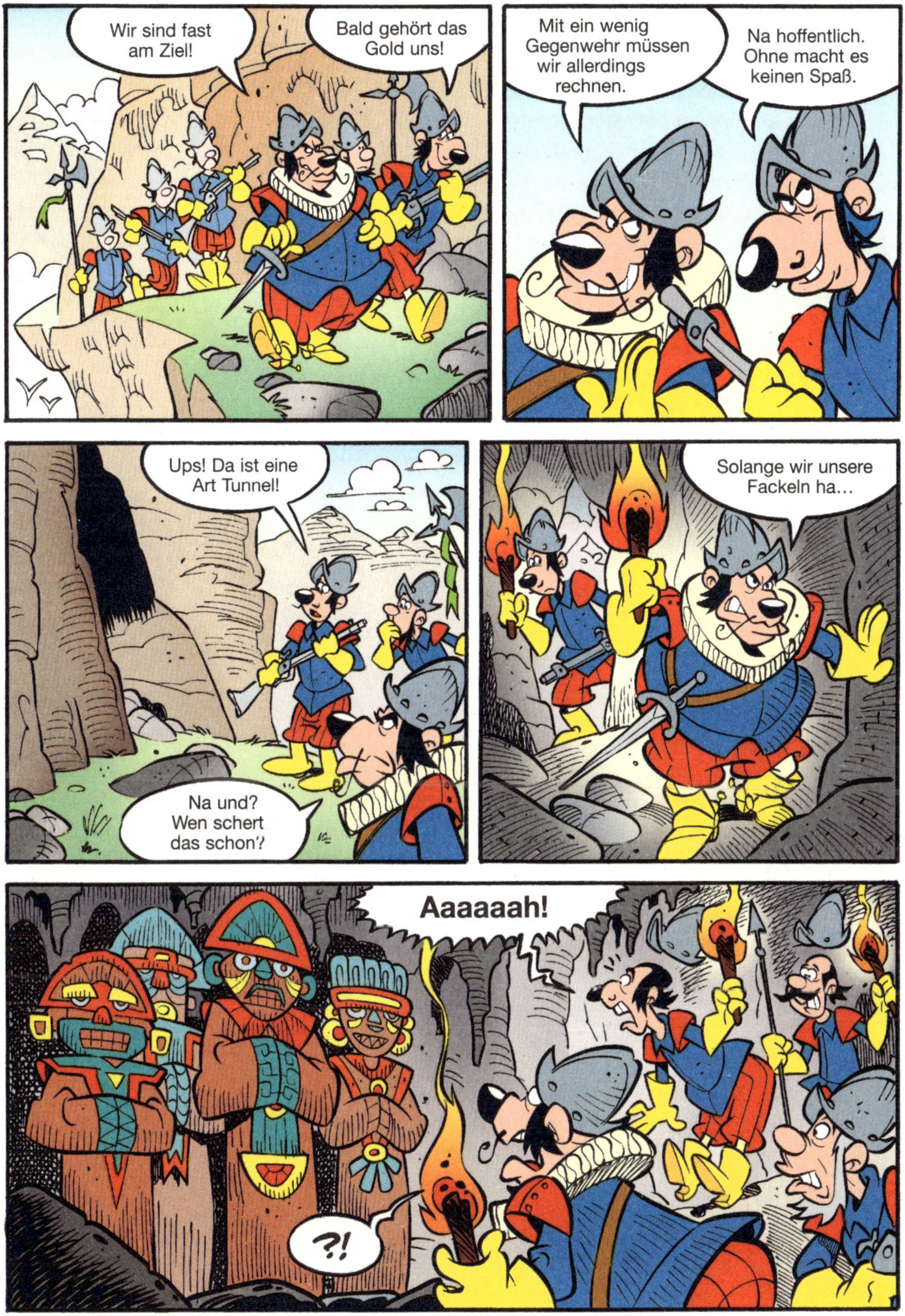
Wir sind fast am Ziel!
Bald gehört das Gold uns!
Mit ein wenig Gegenwehr müssen wir allerdings rechnen.
Na hoffentlich. Ohne macht es keinen Spaß.
Ups! Da ist eine Art Tunnel!
Na und? Wen schert das schon?
Solange wir unsere Fackeln ha…
Aaaaaah!
?!

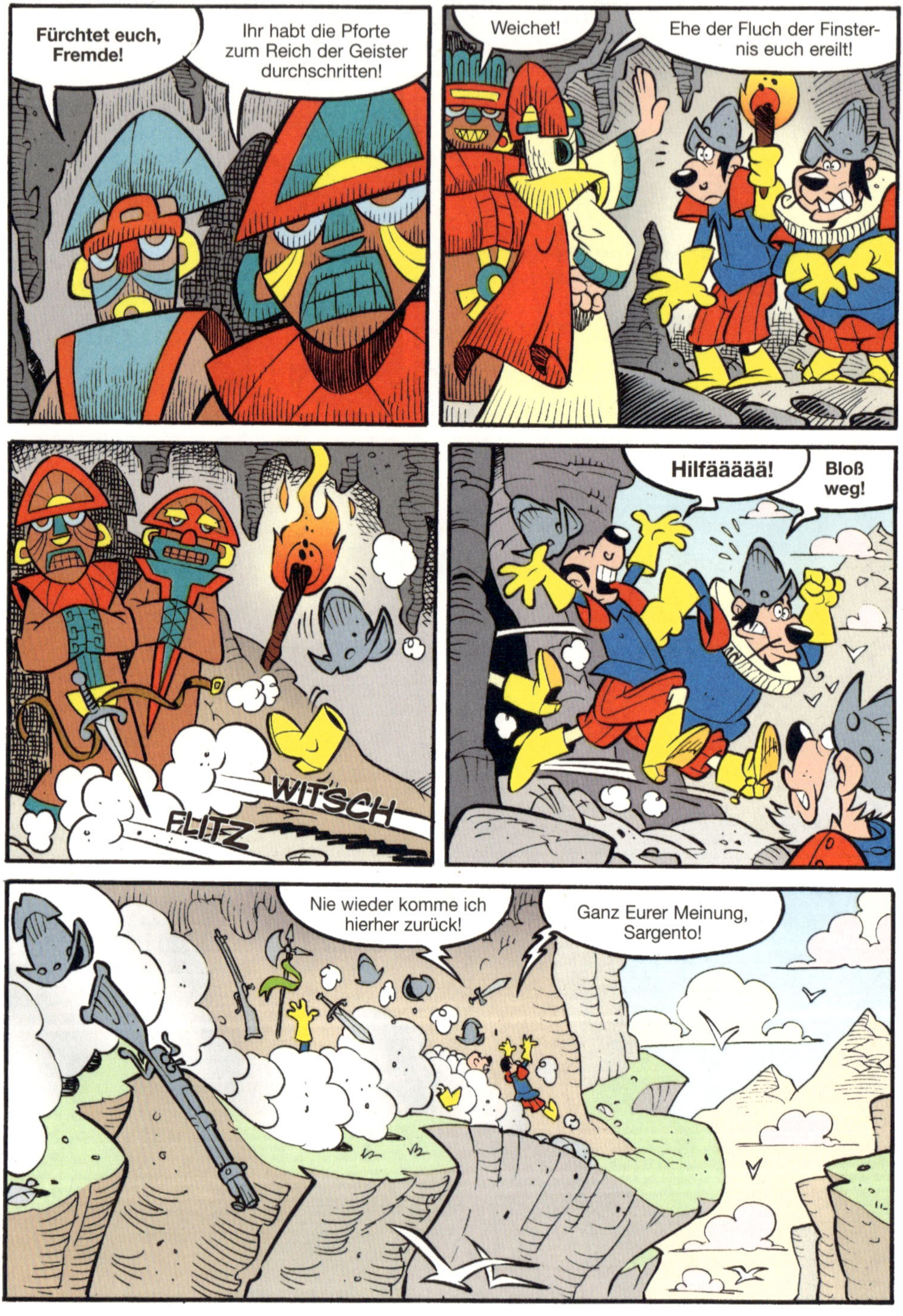
Fürchtet euch, Fremde!
Ihr habt die Pforte zum Reich der Geister durchschritten!
Weichet!
Ehe der Fluch der Finsternis euch ereilt!
WITSCH
FLITZ
Hilfäääääää!
Bloß weg!
Nie wieder komme ich hierher zurück!
Ganz Eurer Meinung, Sargento!

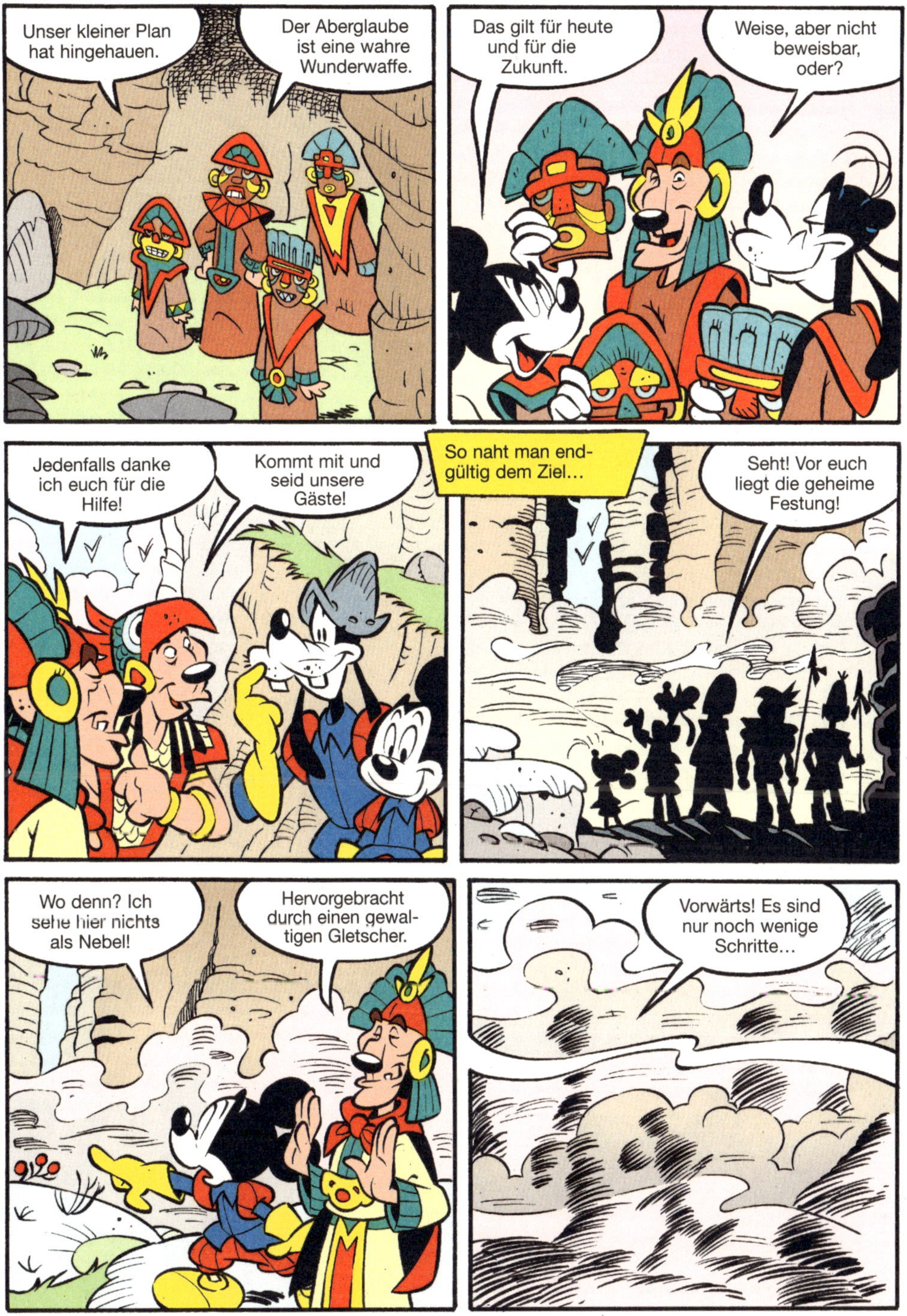
Unser kleiner Plan hat hingehauen.
Der Aberglaube ist eine wahre Wunderwaffe.
Das gilt für heute und für die Zukunft.
Weise, aber nicht beweisbar, oder?
Jedenfalls danke ich euch für die Hilfe!
Kommt mit und seid unsere Gäste!
So naht man endgültig dem Ziel…
Seht! Vor euch liegt die geheime Festung!
Wo denn? Ich sehe hier nichts als Nebel!
Hervorgebracht durch einen gewaltigen Gletscher.
Vorwärts! Es sind nur noch wenige Schritte…

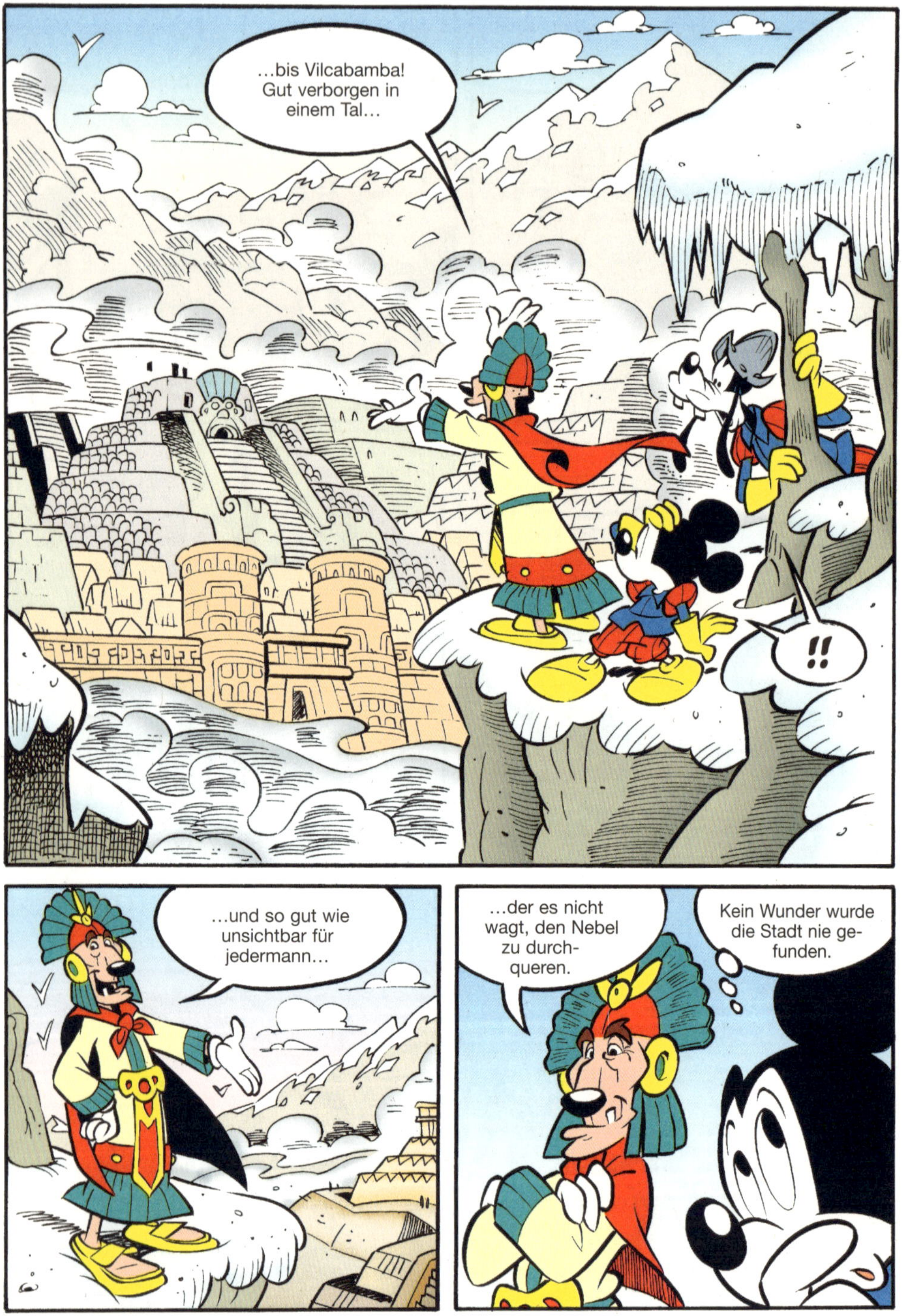
...bis Vilcabamba! Gut verborgen in einem Tal...
!!
...und so gut wie unsichtbar für jedermann...
...der es nicht wagt, den Nebel zu durch-queren.
Kein Wunder wurde die Stadt nie ge-funden.

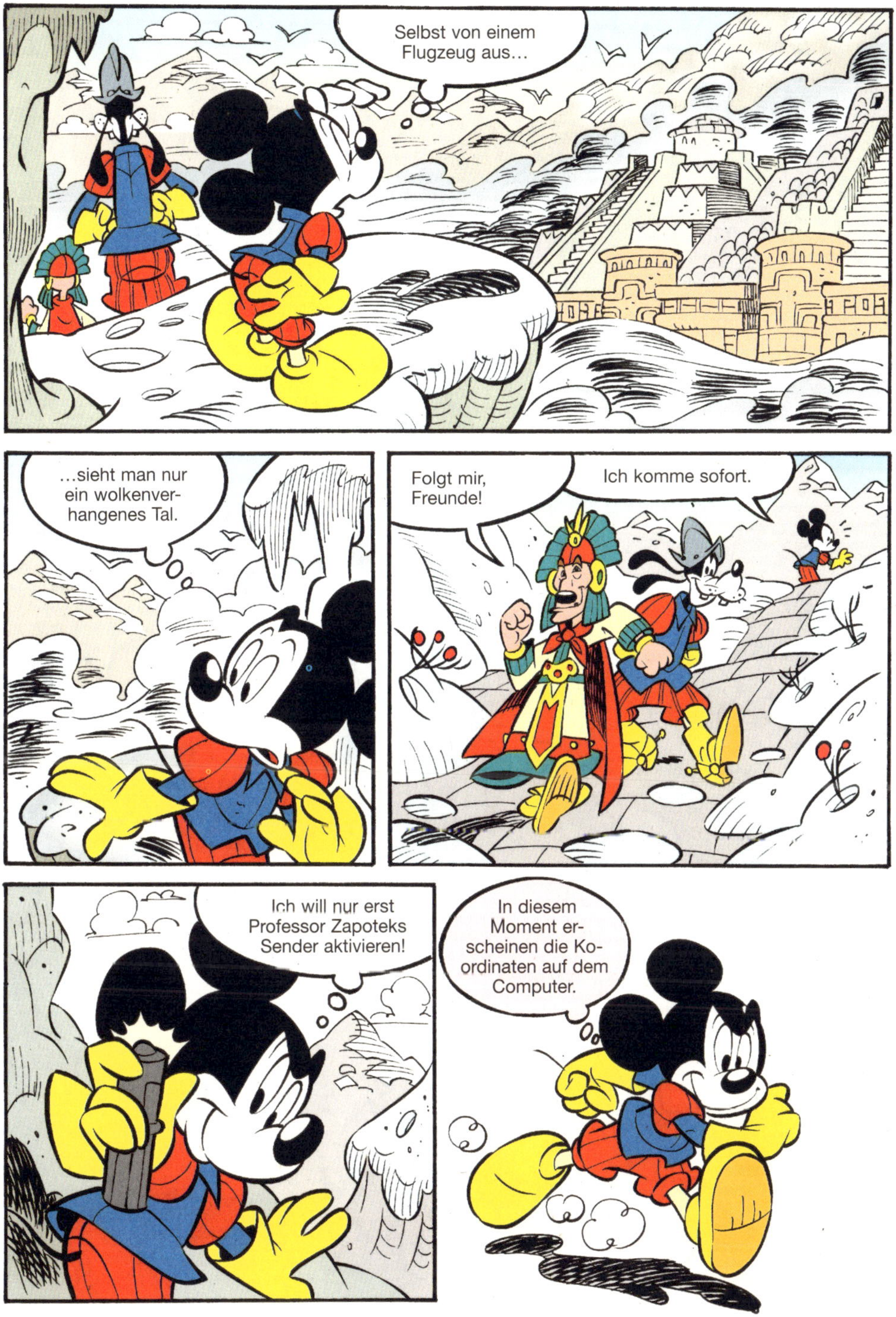
Selbst von einem Flugzeug aus…
…sieht man nur ein wolkenverhangenes Tal.
Folgt mir, Freunde!
Ich komme sofort.
Ich will nur erst Professor Zapoteks Sender aktivieren!
In diesem Moment erscheinen die Koordinaten auf dem Computer.

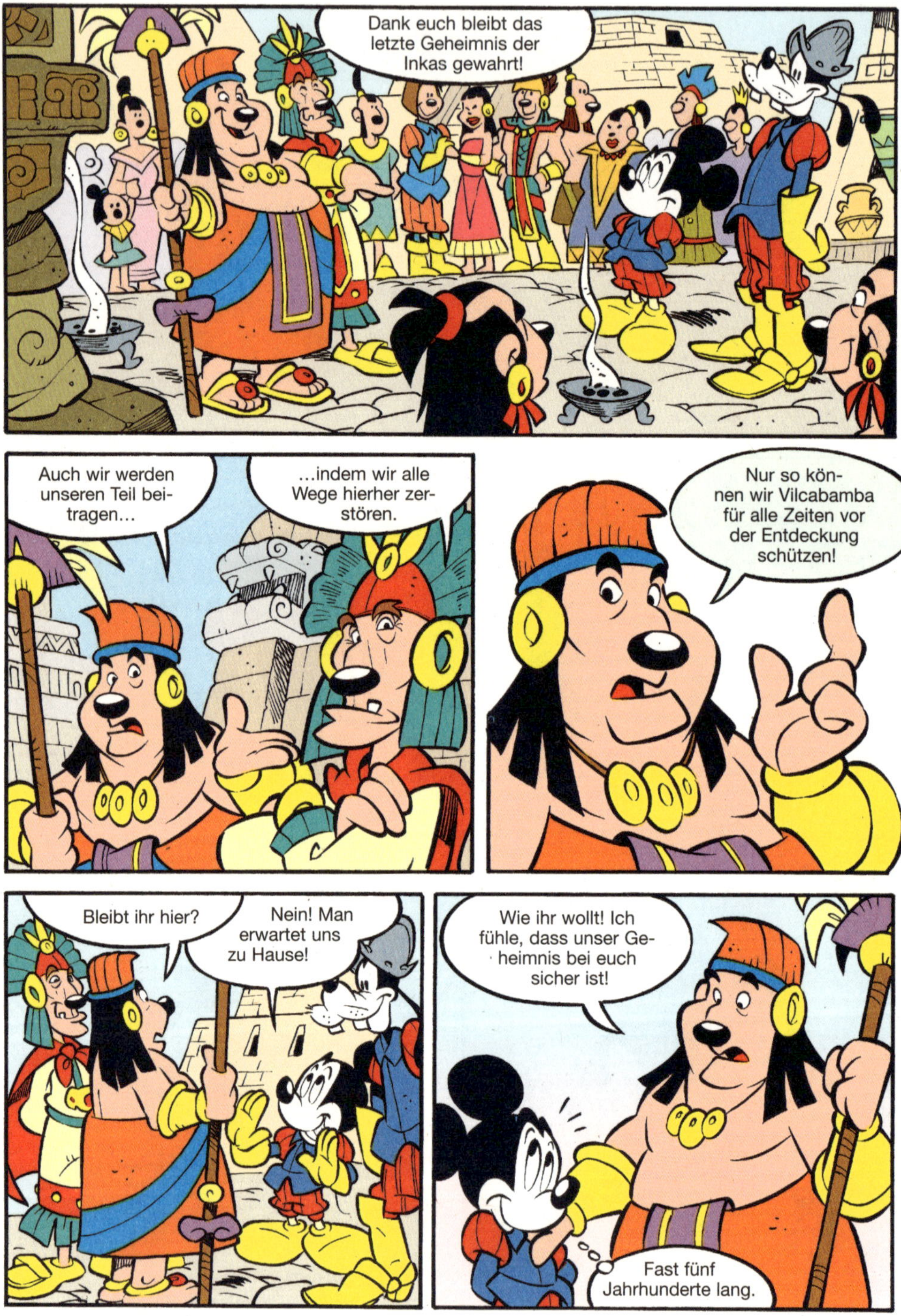
Dank euch bleibt das letzte Geheimnis der Inkas gewahrt!
Auch wir werden unseren Teil beitragen…
…indem wir alle Wege hierher zerstören.
Nur so können wir Vilcabamba für alle Zeiten vor der Entdeckung schützen!
Bleibt ihr hier?
Nein! Man erwartet uns zu Hause!
Wie ihr wollt! Ich fühle, dass unser Geheimnis bei euch sicher ist!
Fast fünf Jahrhunderte lang.

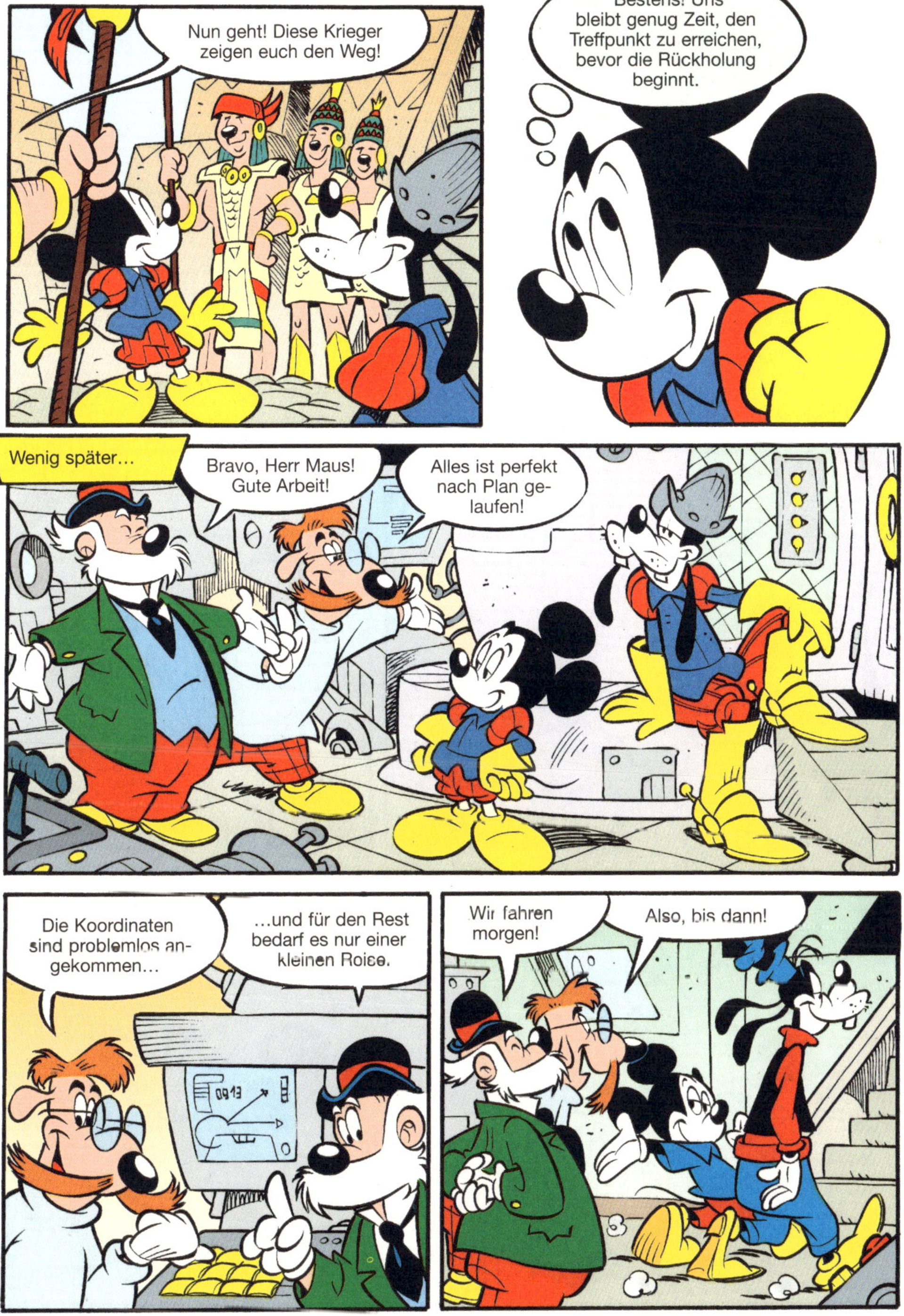
Nun geht! Diese Krieger zeigen euch den Weg!
Bestens! Uns bleibt genug Zeit, den Treffpunkt zu erreichen, bevor die Rückholung beginnt.
Wenig später…
Bravo, Herr Maus! Gute Arbeit!
Alles ist perfekt nach Plan gelaufen!
Die Koordinaten sind problemlos angekommen…
…und für den Rest bedarf es nur einer kleinen Reise.
Wir fahren morgen!
Also, bis dann!

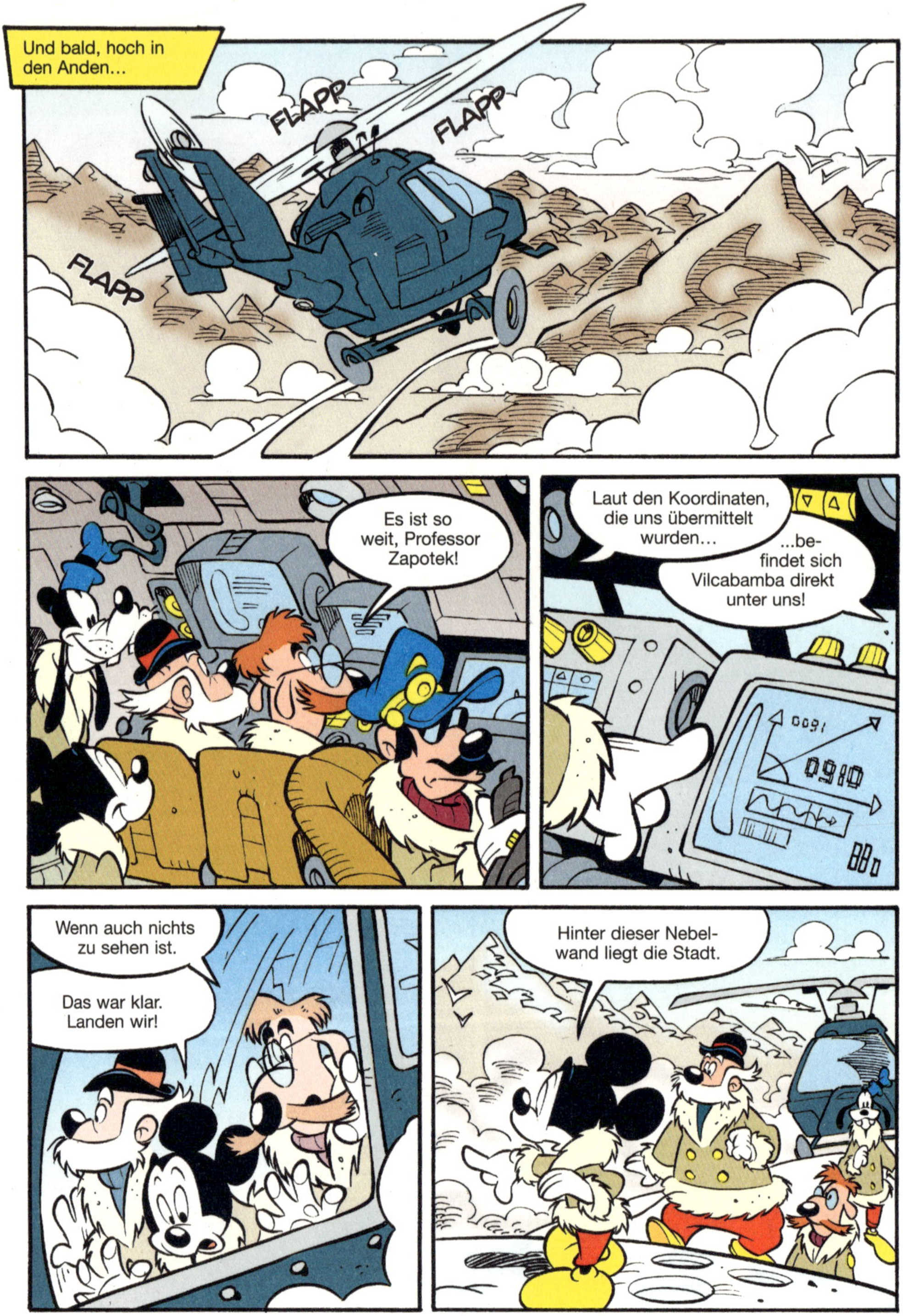
Und bald, hoch in den Anden…
FLAPP
FLAPP
FLAPP
Es ist so weit, Professor Zapotek!
Laut den Koordinaten, die uns übermittelt wurden…
…befindet sich Vilcabamba direkt unter uns!
Wenn auch nichts zu sehen ist.
Das war klar. Landen wir!
Hinter dieser Nebelwand liegt die Stadt.

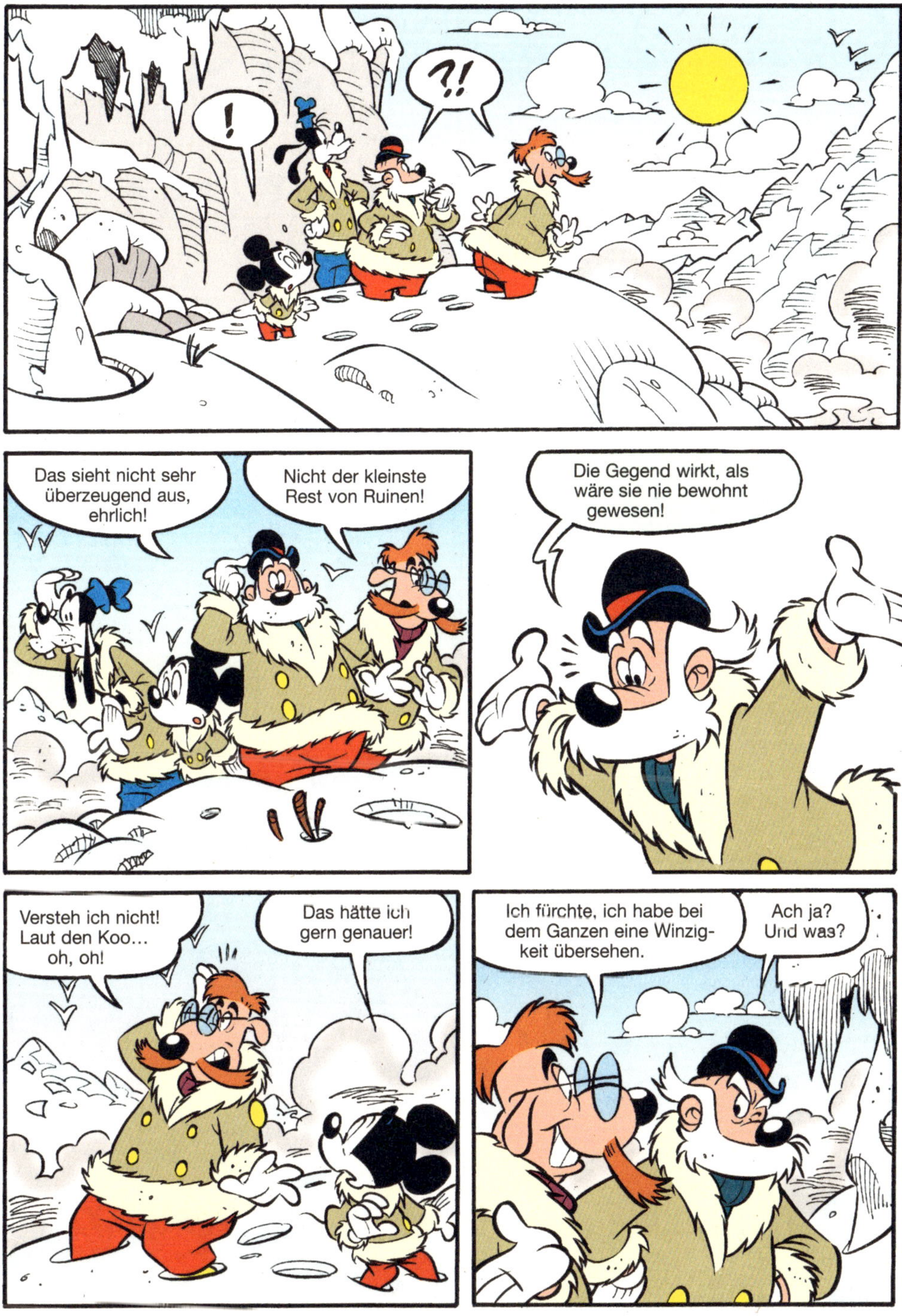
!
?!
Das sieht nicht sehr überzeugend aus, ehrlich!
Nicht der kleinste Rest von Ruinen!
Die Gegend wirkt, als wäre sie nie bewohnt gewesen!
Versteh ich nicht! Laut den Koo… oh, oh!
Das hätte ich gern genauer!
Ich fürchte, ich habe bei dem Ganzen eine Winzigkeit übersehen.
Ach ja? Und was?

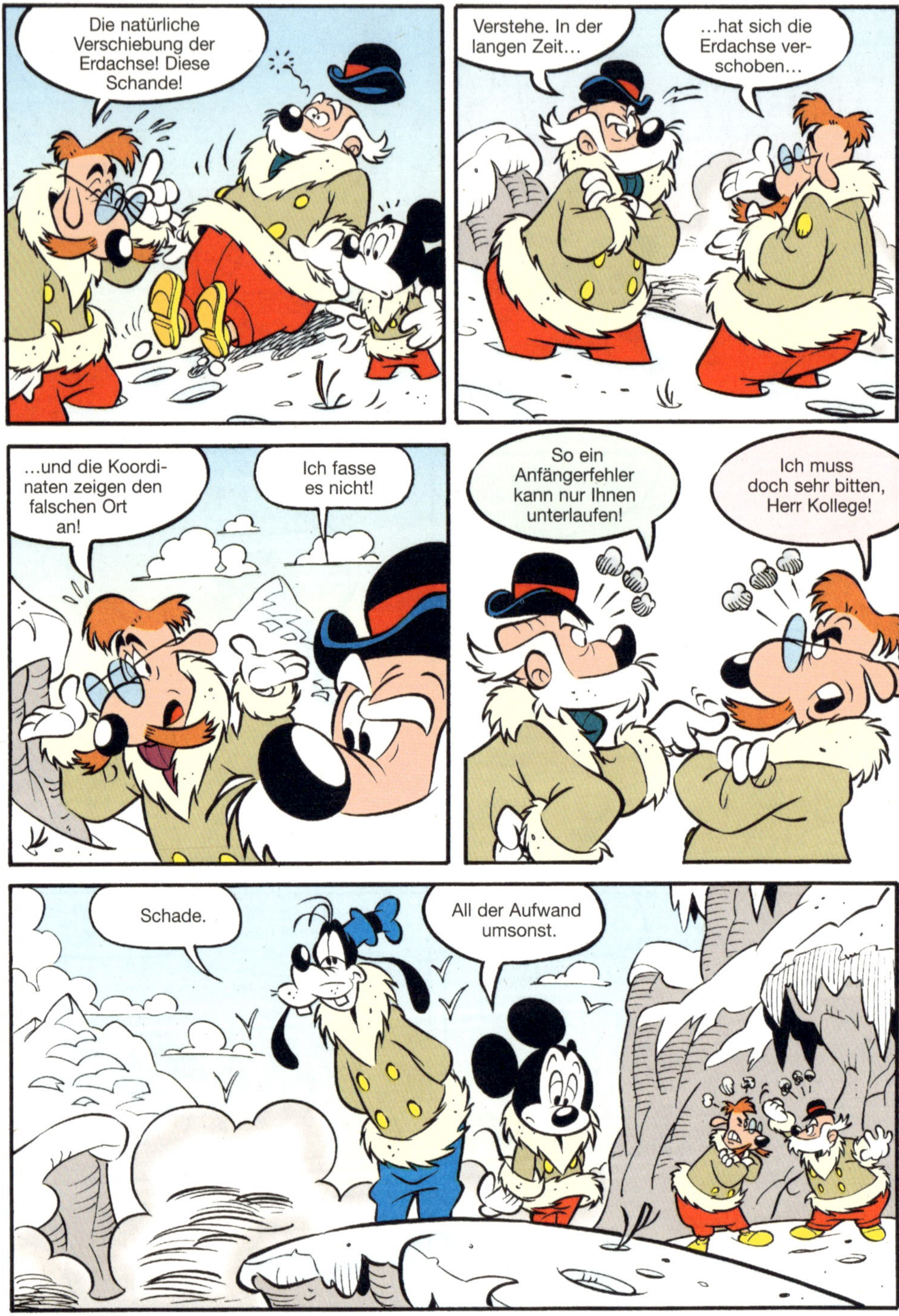
Die natürliche Verschiebung der Erdachse! Diese Schande!
Verstehe. In der langen Zeit…
…hat sich die Erdachse verschoben…
…und die Koordinaten zeigen den falschen Ort an!
Ich fasse es nicht!
So ein Anfängerfehler kann nur Ihnen unterlaufen!
Ich muss doch sehr bitten, Herr Kollege!
Schade.
All der Aufwand umsonst.

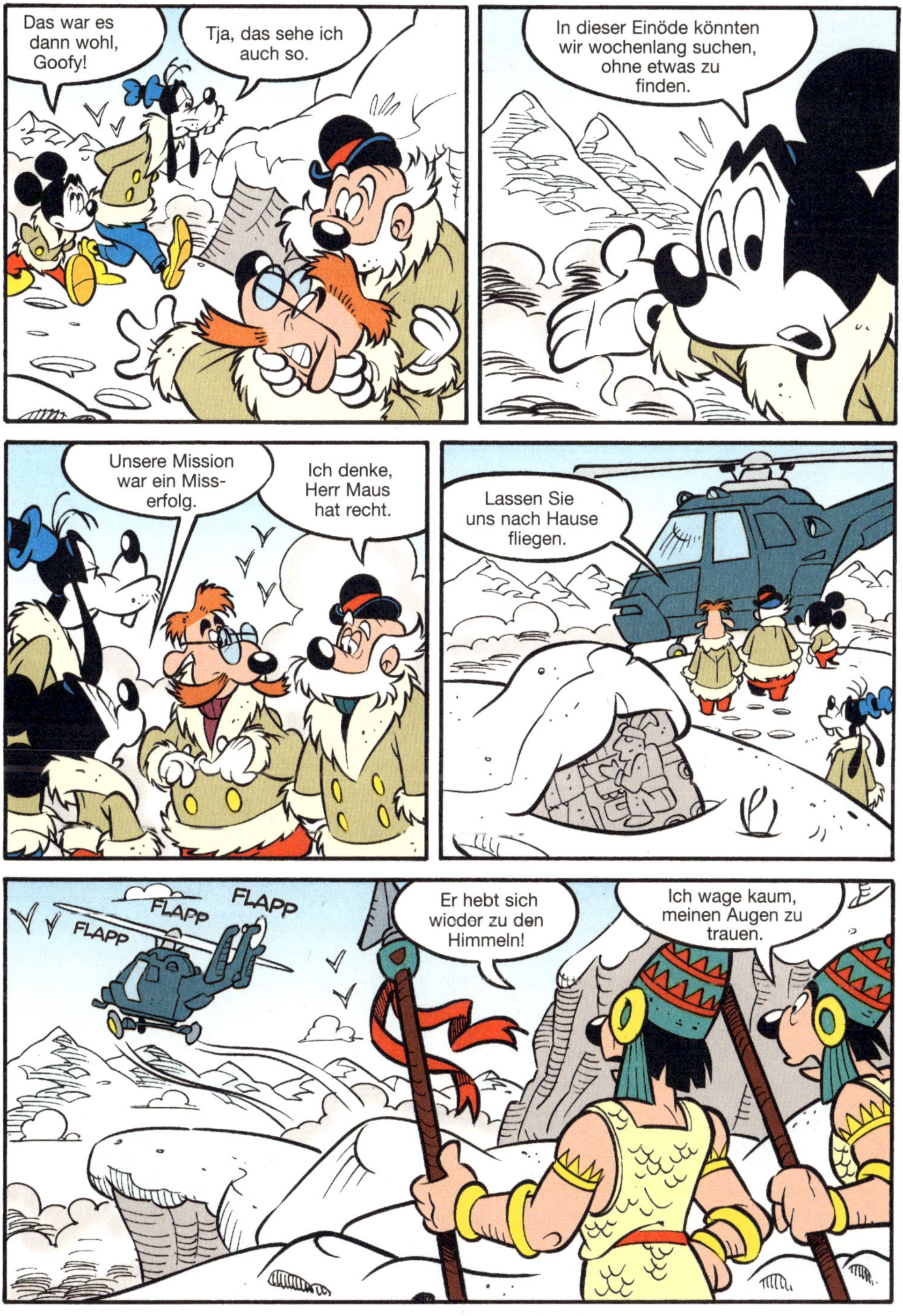
Das war es dann wohl, Goofy!
Tja, das sehe ich auch so.
In dieser Einöde könnten wir wochenlang suchen, ohne etwas zu finden.
Unsere Mission war ein Miss-erfolg.
Ich denke, Herr Maus hat recht.
Lassen Sie uns nach Hause fliegen.
FLAPP
FLAPP
FLAPP
Er hebt sich wieder zu den Himmeln!
Ich wage kaum, meinen Augen zu trauen.

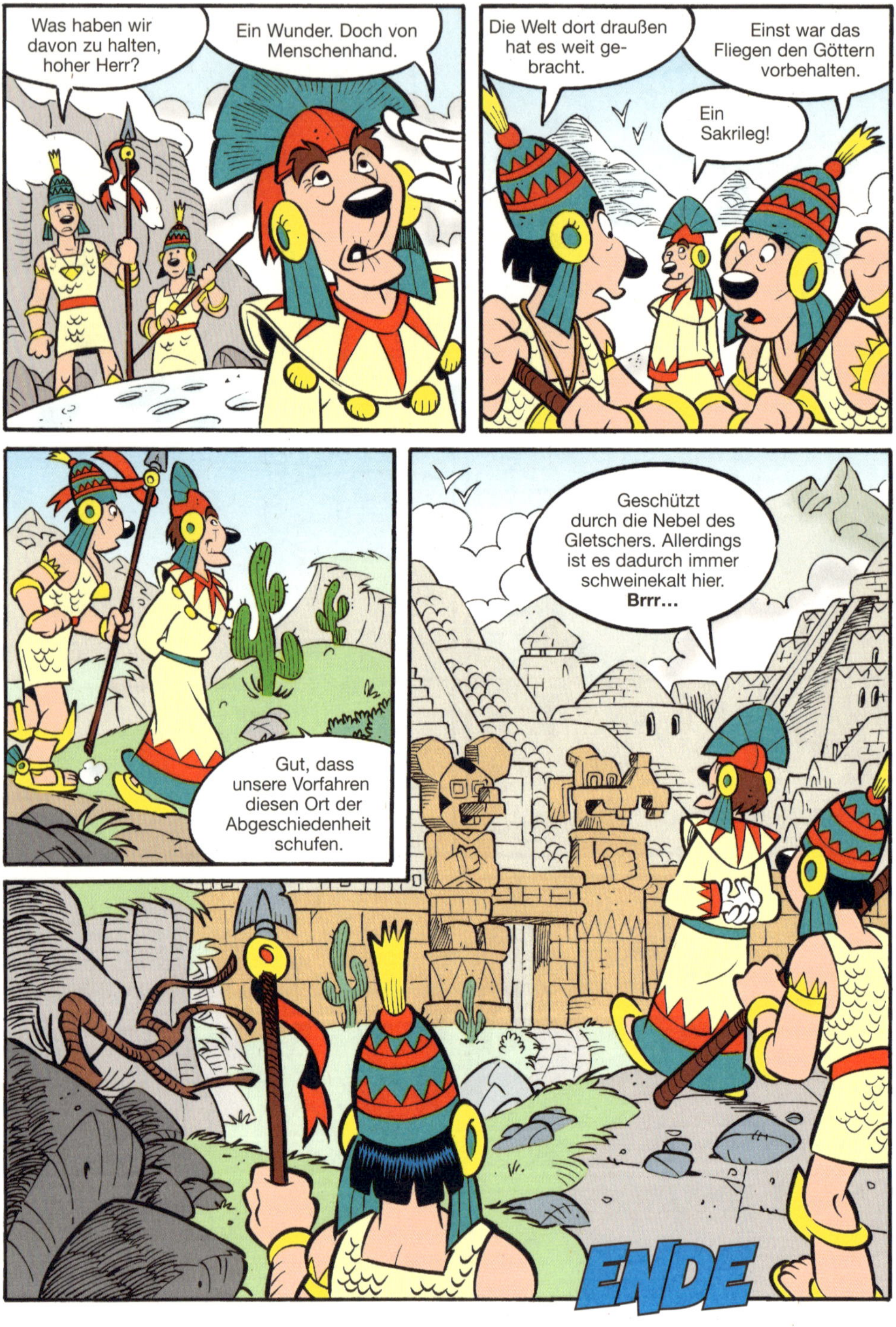
Was haben wir davon zu halten, hoher Herr?
Ein Wunder. Doch von Menschenhand.
Die Welt dort draußen hat es weit gebracht.
Einst war das Fliegen den Göttern vorbehalten.
Ein Sakrileg!
Gut, dass unsere Vorfahren diesen Ort der Abgeschiedenheit schufen.
Geschützt durch die Nebel des Gletschers. Allerdings ist es dadurch immer schweinekalt hier. **Brrr…**
ENDE

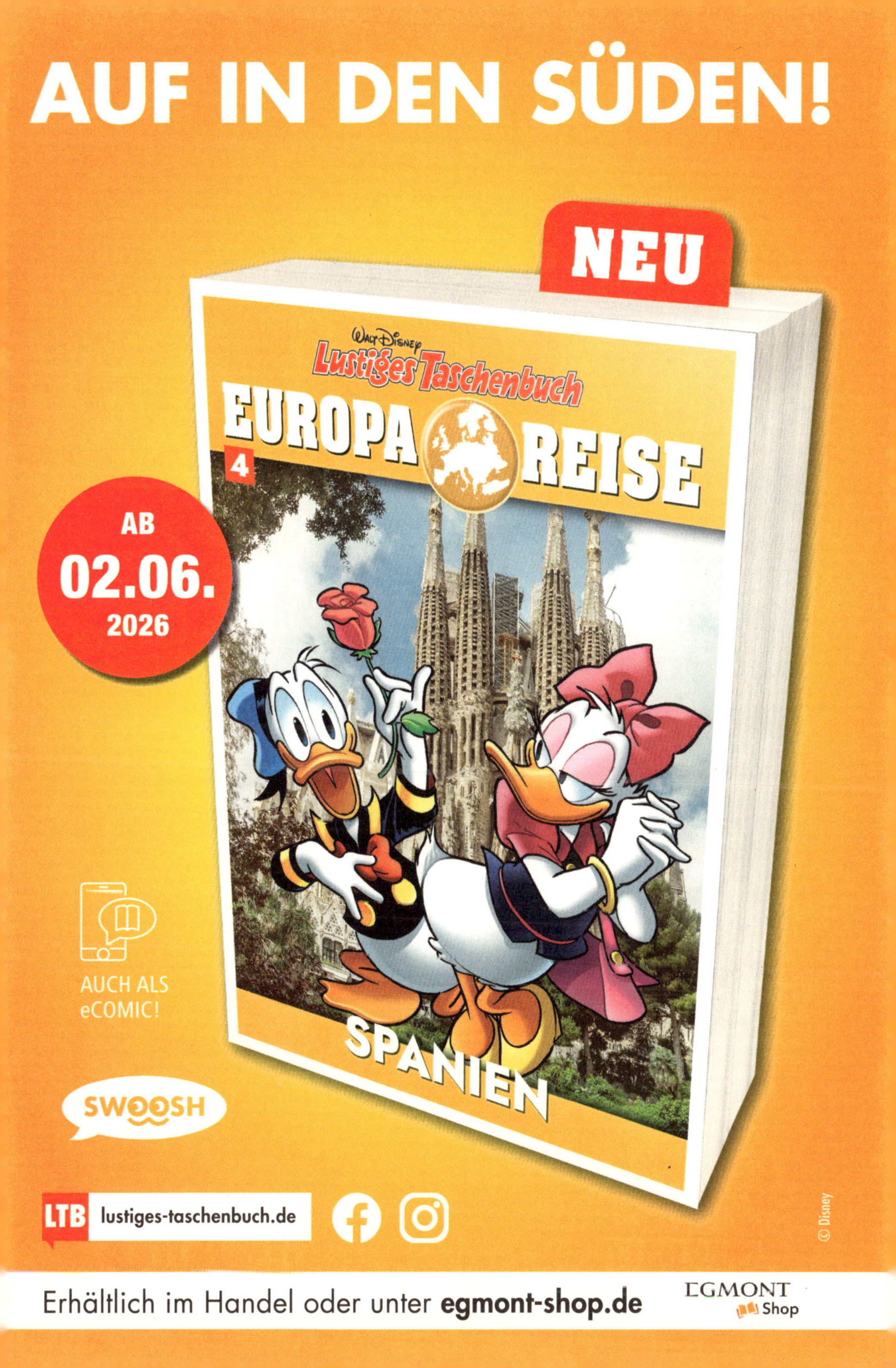
AUF IN DEN SÜDEN!
NEU
Walt Disney
Lustiges Taschenbuch
EUROPA REISE
4
SPANIEN
AB
02.06.
2026
AUCH ALS
eCOMIC!
SWOOSH
LTB
lustiges-taschenbuch.de
© Disney
Erhältlich im Handel oder unter egmont-shop.de
EGMONT
Shop

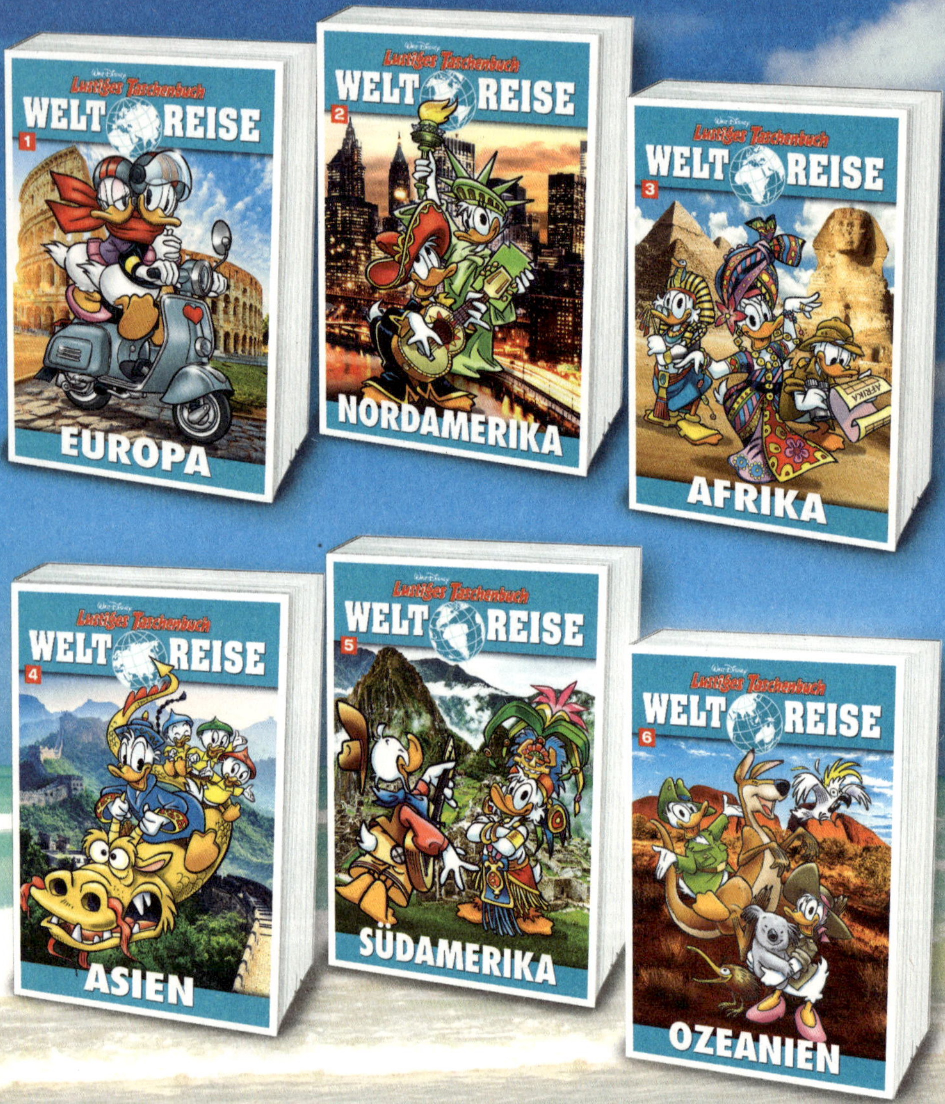
Lustiges Taschenbuch
WELT REISE
1
EUROPA
Lustiges Taschenbuch
WELT REISE
2
NORDAMERIKA
Lustiges Taschenbuch
WELT REISE
3
AFRIKA
Lustiges Taschenbuch
WELT REISE
4
ASIEN
Lustiges Taschenbuch
WELT REISE
5
SÜDAMERIKA
Lustiges Taschenbuch
WELT REISE
6
OZEANIEN

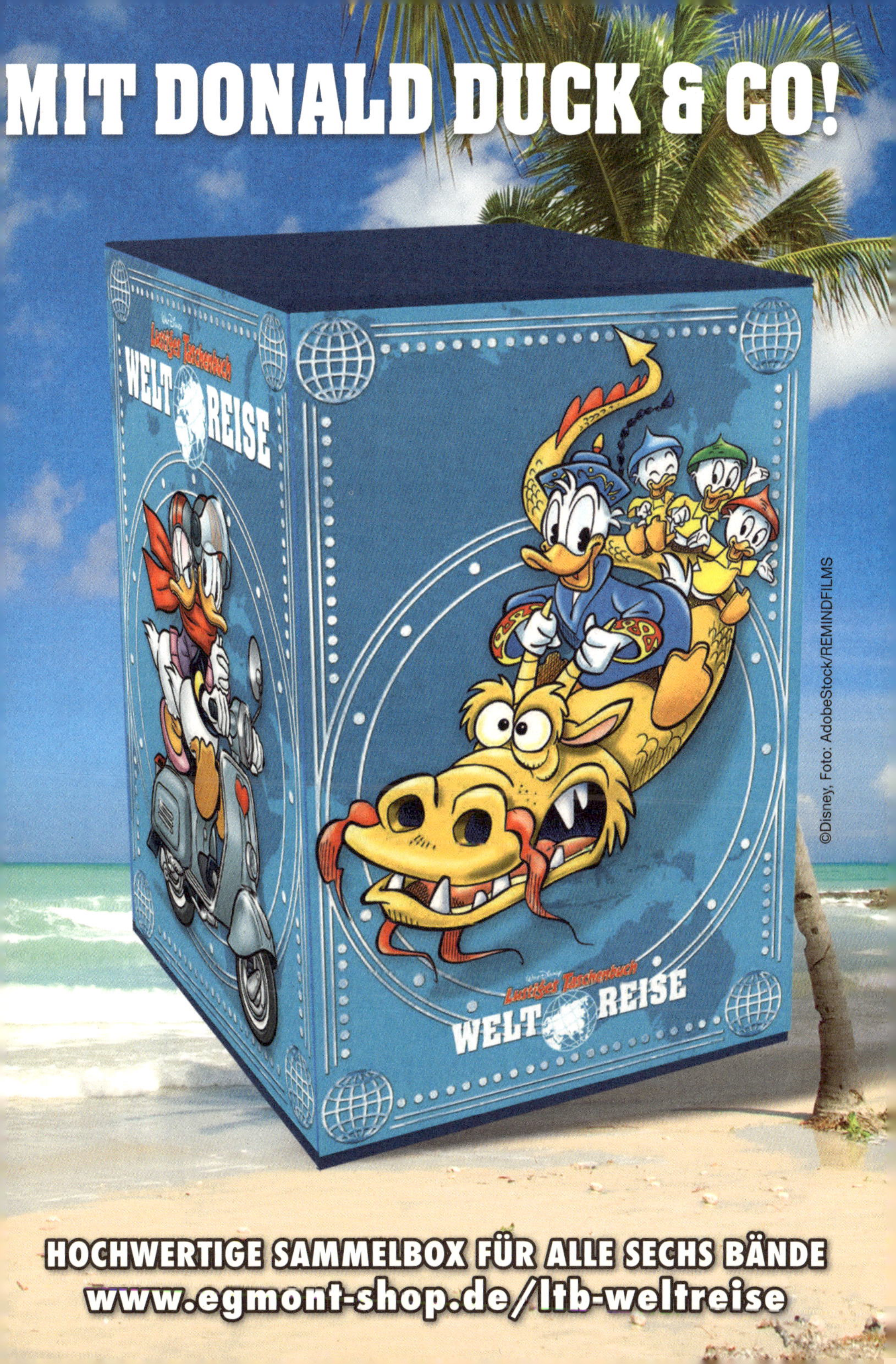
MIT DONALD DUCK & CO!
Lustiges Taschenbuch
WELT REISE
Lustiges Taschenbuch
WELT REISE
©Disney, Foto: AdobeStock/REMINDFILMS
HOCHWERTIGE SAMMELBOX FÜR ALLE SECHS BÄNDE
www.egmont-shop.de/ltb-weltreise